품질경영

김용철

최근 품질경영은 예방품질경영과 혁신적 변화 경영을 요구하며, 기업 전체가 통합적으로 추구할 수 있고 사내 모든 기능이 종합적으로 참여하는 품질관리를 추진해야 한다는 필요성에 따라 종합적 품질경영(TQM)이 추진되어 기업의 전 종사원이 참여 하는 혁신운동으로 승화 되었다. 종합적 품질경영은 고객만족을 목표로 최고경영자의 리더십을 주축으로 품질을 경영의 최우선 과제로 하는 것이 원칙이다. 고객만족을 통한 경영활동 전반에 걸쳐 모든 구성원의 참가와 총체적 수단을 활용하는 전사적, 종합적인 경영관리체계인 것이다.

Quality Management

우용출판사
1997
www.choolpansa.com

머리말

최근 기업의 경쟁력은 민족과 국경을 초월한 세계적 경영환경에서 극심한 경쟁에 따른 경영 위협을 받고 있다. 따라서 기업은 경쟁우위를 갖추어야 만이 생존할 수 있는 경영환경에 진입하고 있다. 이와 같은 경쟁력은 종합적 품질경영을 통하여 제품과 서비스의 경쟁력 향상을 위한 전략적 과제가 되고 있다.

그동안 업계의 선두를 지키던 기업도 기업의 환경변화에 둔감하고 전략적 실수에 의하여 경영에 실패하는 기업이 출현하고 있다. 이와 같은 현실은 현재 성공한 기업의 향후 10년 후를 보장 할 수 없는 경영환경을 보여주고 있다. 이와 같은 경영환경의 변화에 따라 지난 수년간 많은 경영자 및 학자들은 기업의 경쟁력 약화에 따른 퇴출을 예측하고 경쟁력 향상 방법과 개선에 노력하여 왔다. 이와 같은 기업의 경쟁력 향상과 지속 가능경영의 하나가 종합적 품질경영이다.

품질경영은 생산과정에서 불량을 제거하기 위한 검사의 의미로서 인식되어 왔다. 그러나 검사는 품질관리 기능 중 하나로서 품질개선이나 불량예방에는 도움이 되지 못한다. 따라서 최근 품질경영은 예방품질경영과 혁신적 변화 경영을 요구하며, 이와 같은 요구를 충족시키기 위한 도구로서 통계적 품질경영으로 발전하게 되었다. 그러나 통계적 품질경영은 품질관리 담당자를 중심으로 통계적 방법만이 강조되어 한계성이 나타났다. 이에 따라 기업 전체가 통합적으로 추구할 수 있고 사내 모든 기능이 종합적으로 참여하는 품질관리를 추진해야 한다는 필요성에 따라 종합적 품질경영(TQM)이 추진되어 기업의 전 종사원이 참여 하는 혁신운동으로 승화 되었다.

종합적 품질경영은 고객만족을 목표로 최고경영자의 리더십을 주축으로 품질을 경영의 최우선 과제로 하는 것이 원칙이다. 즉, 품질경영은 고객만족을 통한 기업의 장기적인 성공은 물론 경영활동 전반에 걸쳐 모든 구성원의 참가와 총체적 수단을 활용하는 전사적, 종합적인 경영관리체계인 것이다.

이와 같은 경영환경 변화 속에서 세계초일류 기업으로 진입하기 위하여 우수한 품질의 제품과 서비스를 창출하고 기술력과 조직력이 탄탄하고 지속 가능경영과 고객과 조직원으로부터 신뢰와 존경받는 기업만이 초일류 기업으로 살아남을 수 있다. 따라서 기업들은 그동안 경영의 초점을 품질경영에 집중하여 왔다. 현재 기업에서 도입한 경영기법들도 이와 같은 품질경영을 기반으로 하고 있다. 또한 수많은 경영혁신 기업들도 고객만족을 위한 종합적 품질경영을 강조하고 있다.

본 교재는 종합적 품질경영의 중요성을 이해하고 최근 경영환경의 요구에 맞추어 집필하였다. 제1장은 품질경영의 이해와 시대적 변화를 다루었고, 제 2장은 품질비용과 품질비용 절감 방법을 살펴보았으며, 제 3 장은 종합적 품질경영을 다루었으며, 제 4 장은 설계품질관리와 동시공학을 연구하였으며, 제 5 장은 통계적 품질경영 기법들을 소개하였다. 제 6장은 품질관리를 위한 관리도를 살펴보았으며, 제 7 장은 공정능력 분석과 공정개선을 다루었으며, 제 8 장은 샘플링검사 방법을 살펴보았다. 제 9 장은 신뢰성공학을 통한 보전관리 및 품질향상을 살펴보았으며, 제 10 장은 실험계획을 다루었다. 제 11장은 기업이 요구하는 품질 인증제동와 인증방법을 다루었으며, 제 12 장은 서비스품질경영을 살펴보았다. 제 13 장은 통계적 품질 관리를 활용한 식스 시그마 경영 기법에 대하여 살펴보았으며, 제 14 장은 종합적 품질경영이 요구하는 고객만족 경영에 대하여 살펴보았다.

이 책을 집필하면서 노력하였지만 매끄럽지 못한 문장과 설명하지 못한 부분이 있으며, 저자의 학문적 소양부족으로 책의 한계가 있다. 이는 독자들의 충분한 이해를 구하는 바이며, 개정판에서 보완할 것을 약속드린다.

책이 나올 수 있도록 도움을 주신 김병태 교수님과 우용출판사 고우용 사장님, 그리고 모든 분께 감사드린다.

2011년 9월

저자드림

목차

제1장 품질경영의 이해

제2장 품질비용

제3장 전사적 품질경영(TQM)

제4장 설계품질 관리

제5장 통계적 품질경영

제6장 관리도

제7장 공정능력과 공정개선

제8장 샘플링 검사

제9장 신뢰성공학

제10장 실험계획법

제11장 품질경영 인증제도

제12장 서비스품질경영

제13장 시그마 품질경영

제14장 고객만족 품질경영

제 1 장

품질경영의 이해

세계 속의 기업으로 변화하면서 소비자의 욕구수준이 높아지고 기업의 경쟁력을 위하여 품질경영의 이해를 재검토가 필요한 시기이다. 이와 같이 국제환경에 적응 가능한 품질수준의 제품과 서비스를 개발하기 위한 기초 단계인 품질경영의 이해가 필요하다. 따라서 본장에서는 품질경영의 이해에 대하여 논하자고 하였다.

1. 품질경영의 시작

1.1 품질관리의 정의

품질관리란 넓은 의미로는 시장성이 높은 제품 및 서비스를 경제적으로 생산하기 위한 일련의 체계적 관리를 의미한다. 그러나 일반적으로는 품질관리는 좁은 뜻의 해석이 통용된다.

초기의 품질관리(QC : quality control)는 제품 및 서비스의 규격, 중량 등과 재료의 화학적 성분 등을 측정하고, 그것을 미리 정해 놓은 품질표준과 비교하여 적부를 판정하는 방법이 취해졌다. 이 경우 그 측정은 과학성이 낮으며 또 전품검사(全品檢査)이기 때문에 비용에서도 부담이 컸다. 이 같은 결점을 극복하고자 1920년대에 벨전화연구소의 W.A.슈하트 등이 통계학을 품질관리(QC)에 응용하였다. 이로써 근대적 QC로서 통계적 품질관리의 성립을 보게 되었는데, 그것이 SQC(statistical quality control)이다. 현재의 품질관리는 품질수준의 유지·향상을 도모하는 SQC만으로는 불충분하므로, 넓은 뜻의 개념으로서 앞에 밝힌 바와 같은 활동까지도 QC 속에 포함시켜야 한다는 주장이 있어, 그 경우를 SQC에 비교해 종합적 품질관리 또는 TQC(total quality control)라고 한다. QC는 품질표준의 설정, 품질의 검사 및 보정(補整)으로 구성된다.

[품질관리의 목적]

① 문제점을 발견하여 원인을 찾고 개선하고, 개선 상태가 유지되도록 작업표준을 만들고 관리한다.
② 공정 및 프로세스 중에서 발생할 수 있는 품질의 변화를 최소화 한다.
③ 예상되는 결함을 사전에 예방한다.
④ 제품 및 서비스의 신뢰성을 증대한다.
⑤ 제품 및 프로세스에서 발생한 문제를 신속하게 해결한다.

품질표준의 설정에서 기본적으로 중요사안은 다음과 같다.

첫째, 품질의 최종판정자는 소비자이므로 품질표준에 소비자의 동향을 투영하는 일이다. 제품이 소비자의 요구를 만족시키기에 충분한 성능을 지니고 있는지의 여부에서 본 품질가치와 그것을 달성하는 데 소요되는 비용, 즉 품질비용(불량품비용·평가비용·예방비용)의 면에서 볼 때 균형이 잡힌 것인가, 아닌가 하는 것이 문제이다.

둘째, 검사에는 전품검사와 발취검사(拔取檢查 : 샘플링 검사))가 있는데 SQC에서는 관리도를 사용하는 발취검사에 의존한다. 관리도란, 품질에 관한 측정치를 시계열적(時系列的)으로 상한과 하한의 관리한계선으로 나타낸 것으로, 한계 안에 있으면 품질은 정상이다. 보정활동은 품질보고를 바탕으로 하여 불량원인을 찾아내고 이에 대하여 발견과 시정조치를 취하는 것을 말한다.

또한 QC에서는 소정의 품질수준을 유지하여 신뢰받는 제품을 생산하기 위해서는 어느 단계에, 즉 하자를 예방하고 계획하는 단계에 역점을 둘 것인가, 또는 공정검사의 단계에 중점을 둘 것인가, 아니면 애프터서비스의 단계에 주력할 것인가 등을 경험적으로 인식하는 것도 중요하다(두산백과사전).

1.2 품질관리의 분류

품질이란 고객이 제품 및 서비스를 이용하는 동안 나타나는 모든 유형의 가치 및 고객의 요구조건에 일치하는 것으로서 다음과 같은 조건의 제품을 생산하기위한 수단이다.

① 고객이란 제조자 중심이 아닌 사용자 중심으로 고객은 최종 제품을 구매하여 사용하는 구매자 및 제조공정에서는 다음공정도 고객으로 본다.

② 유형이란 제품의 결함 또는 부적합으로 인한 손실을 의미한다.

③ 무형이란 불친절 또는 눈에 보이지 않는 손실 등 고객의 심적 불만족 이다.

④ 가치란 고객이 제품 및 서비스를 사용 후 기대치의 만족과 실제치의 만족도 차이이다.

따라서 과거 품질은 회사에서 제정한 사양(specification)에 일치하는 제품생산에서 최근에는 고객요구 조건에 일치하는 더 나아가 고객을 기절할 수 있는 고객중심의 품질경영으로 전환 되고 있다. 여기서 고객만족 품질경영의 요소는 다음과 같다.

① 기능이 다양하여야 하며, 성능이 우수하고 외관이 독특하여야 한다.

② 제품은 사용자가 편리하여야 하며, 조작이 간편하고 안전하여야 한다.

③ 가격이 저렴하고 유지관리비가 적게 들어야 하며, 환경오염을 유발하지 않아야 한다.

1.2.1 목표품질

목표품질은 자사의 기술수준과 공정 능력상 실현 가능하다고 인정하여 제품의 설계에 반영된 품질 특성을 실현하기 위하여 기획하고, 사양으로 정리하여 체계화한 품질기준이다.

1.2.2 설계품질

설계품질은 신제품의 도입이나 제품 개발단계에서 제품 설계시 목표로 하는 품질로서 생산과정에서 제조된 제품의 품질로서 현장의 품질관리는 제조품질을 설계품질에 적합하도록 향상시키는 노력을 뜻하며 제조품질이 설계품질의 허용오차를 벗어 날 때 이를 부적합품이라고 한다.

설계품질은 품질을 높이면 품질코스트가 올라가고 아울러 품질가치도 올라가지만 최적수준을 지나면 가치와 코스트의 차이가 점점 작아진다. 반대로 설계품질이 최적수준 이하로 내려오면 품질코스트는 적게 들지만 품질저하로 인한 시장가치는 더 크게 하락한다.

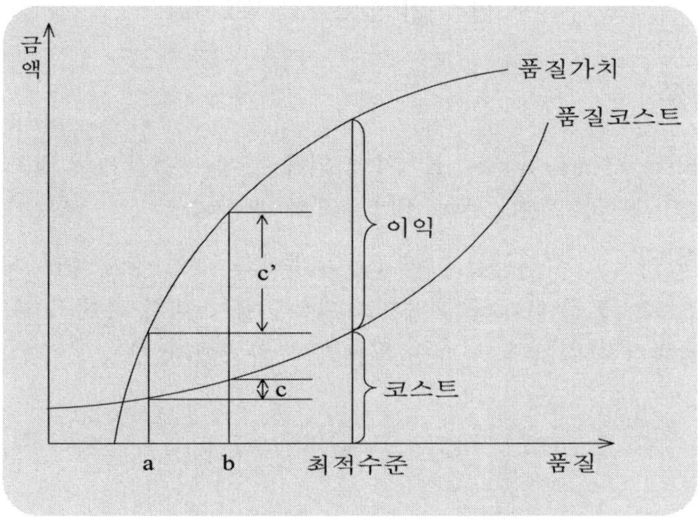

[그림 1-1] 코스트와 설계품질

1.2.3 제조품질

제조품질과 설계품질이 합치된 합격품이 출하되어 소비자가 사용 시 만족을 주는 품질이다.

제조품질의 총비용은 공정코스트와 품질코스트의 합계로, 공정코스트를 높여 제조품질을 향상시키면 품질코스트는 감소되나 공정코스트가 상대적으로 증가하여 총원가가 높아진다. 또한 공정코스트가 낮아지면 공정능력이 나빠지기 때문에 제조품질이 저하되어 부적합품이 많이 발생하고, 상대적으로 품질코스트는 높아져 총원가가 급상승하게 된다.

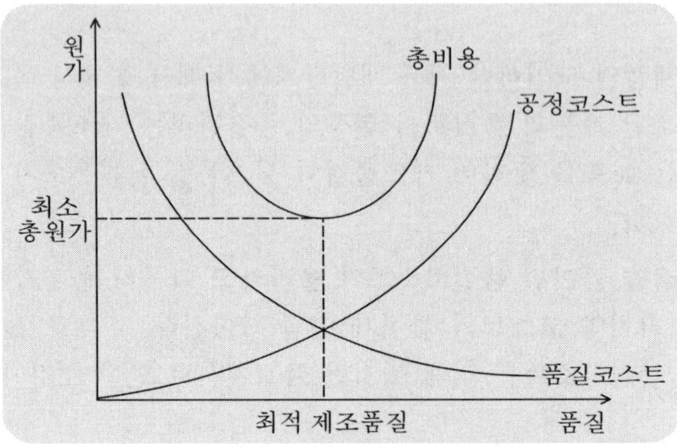

[그림 1-2] 코스트와 제조품질

1.2.4 시장품질

시장품질(quality of market)은 소비자에 의해 실제 사용상에서 평가되는 품질로 사용품질(quality of use)이라고도 하며 설계품질의 결정에 중요한 정보가 된다.

시장품질에 있어서도 설계품질과 제조품질에서와 같이 경제적인 최적수준의 품질을 고려할 수 있다. 즉, 품질에 대한 소비자의 만족도를 소비자 측에서 부담하는 소비자 비용과 생산자 측에서 부담하는 서비스 비용과의 관계에서 찾을 수 있다.

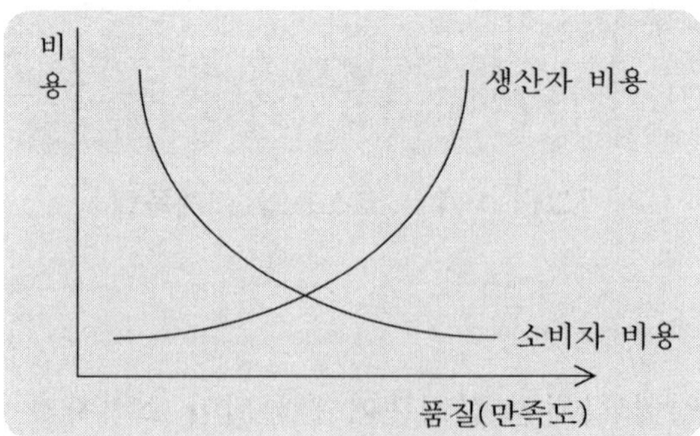

[그림 1-3] 비용과 시장품질

그림에서와 같이 소비자로 하여금 만족할 수 있도록 시장품질수준을 높이려면 생산자 측면에서는 많은 비용을 부담해야 하고, 반대로 소비자 비용은 감소하게 된다. 또한 시장품질 수준을 낮추면 생산자 비용은 감소하지만 소비자 비용은 증가한다. 결국 소지자 측에서 불만이 컸던 제품이나 서비스에 대해서는 재구매 의욕이 없어지게 되므로 생산자 측의 기회손실이 발생하게 된다. 따라서 시장품질은 기업의 장기적 이윤을 고려하여 적정수준에서 결정되어야 한다.

1.2.5 서비스품질

일반적인 품질경영은 제품의 품질 향상에만 중점을 두었으나 제품에 녹아 들어간 서비스라는 무형적인 가치를 간과하여야 한다. 따라서 제품 자체뿐만 아니라 서비스를 포함한 광의의 제품을 고객들이 만족하도록 설계하고 제공하는 것이 중요하다. 이와 같이 무형의 품질을 서비스품질이라고 한다. 서비스품질이란 서비스 프로세스를 설계하여 전달된 서비스를 고객이 얼마나 만족하는가로 평가된다.

[품질의 분류]

설계품질

1)제품기획 (product planning)
- 제품의 성능, 수명, 안정성, 가격 등에 관한 계획 단계

2) 제품설계 (product design)
- 기획에서 정해진 내용을 가질 수 있도록 하는 제품의 개발설계

3) 공정설계 (process design)
- 설계된 제품을 만들어 내기 위한 제조공정의 설계

제조품질

1) 생산 (production)
- 공정설계에 따라 만들어진 제조공정에서 제품설계에서 작성된 설계품질의 제품을 생산하는 활동

서비스품질

1) 판매 (sales)
- 생산된 제품을 소비자에게 파는 활동

2) 애프터서비스 (after-service)
- 소비자가 제품을 사용하면서 발생되는 문제에 대한 서비스 활동

2. 품질의 개념과 중요성

컴퓨터를 생산하는 A전자의 품질부장을 맡고 있는 홍길동부장은 자사에서 생산되는 컴퓨터에 대하여 「불량률 0%」로 완벽한 품질을 보장한다고 자부하고 있다. 그런데 시장에서 고객들은 A전자의 제품에 대하여 품질이 너무 나빠서 구입하지 않으려 하고 있다. 동일한 컴퓨터라는 제품을 두고 홍길동 품질부장과 고객이 각각 상반되는 품질인식을 하고 있는 이유가 무엇일까?

앞의 가상의 사례에서와 같이 품질의 개념은 품질을 정의하는 사람이 살고 있는 시대상황에 따라, 종사하는 업종에 따라, 경영과정에 따라, 회사 내의 근무부서에 따라, 생산자와 고객의 입장 차이에 따라 각각 다르게 인식된다. 여기서는 품질개념을 정확히 이해하기 위하여 다양한 관점에서 설명되는 품질의 유형 및 그 내용을 살펴보고자 한다.

2.1 시대변화와 품질

기업의 시장 환경이 1970년대 후반부터 생산자중심에서 고객중심으로 변화함에 따라 품질관리에 대한 접근방법도 변화하였다. 품질의 개념을 정의한 수많은 학자들의 정의 내용을 생산자관점과 고객관점에서 구분할 수 있다.

2.1.1 생산자관점의 품질

생산자중심의 시대에 기업은 내부생산 효율성 측면에서 품질을 관리하였다. 그 결과 기업의 품질관리노력은 「어떻게 하면 불량률을 줄여서 생산성을 향상시킬 것인가?」에 집중되었다. 즉, 동일한 투입물(inputs)을 가지고 어떻게 하면 낭비를 줄여 더 많이 생산할 수 있을 것인가 하는 것이 품질관리의 주된 관심사였다.

생산공정에서 생산된 제품의 특성이 설계단계에서 정한 제품의 품질표준에 어느 정도 적합하게 생산되었는지를 나타내는 설계규격에 대한 적합성(conformance with specification)이 곧 생산자관점의 품질이다. 생산자관점의 품질은 품질에 대한 주관적 요소는 제거되고 오로지 객관적이고 계량적으로 품질수준을 측정한다. 그러나 오늘날 고객중심의 시대로 넘어옴에 따라 비록 설계규격에 맞는 제품을 생산하더라도 설계규격이 고객의 요구를 제대로 충족하고 있느냐 하는 것이 문제로 제기되고 있다.

[우리나라 품질관리 역사]

1. 1950년대 말~1960년대 초반

   한국생산성본부와 외국의 학자로부터 품질관리의 개념이 부분적으로 전파

2. 1955년

   ICA(International Cooperation Administration; 국제협력기구)원조자금으로 충주비료공장을 설립할 때 참가했던 외국인 기술자들에 의해 본격적으로 도입

3. 1962년

   공업표준심의회가 발족되고 한국생산성본부와 한국규격협회가 처음으로 국내강사진으로 품질관리강좌를 개최하면서 본격적인 품질관리 보급이 전개

4. 1965년

   USOM당국의 적극적인 후원 하에 한국품질관리학회가 창립되어 품질관리용어해설집, QC교재 등이 발간하기 시작

5. 1966년 이후

   한국규격협회와 더불어 품질관리사 양성을 위한 장기 QC강습회를 실시하였다.

6. 1967년

   정부는 KS 표시제도의 효율적인 활용을 위해 우리나라 특유의 품질관리제도를 실시하였다.

7. 1970년대

   제1회 전국 QC 서클대회를 개최되었고, 이후 많은 기업체에서 QC서클을 도입하는 전기를 마련되었다.

8. 1973년

   상공부의 외청으로 공업진흥청이 발족되면서 표준화와 품질관리사업이 보다 적극화하기 시작하였다.

9. 1975년

   공업진흥청은 이 해를 '품질관리의 해'로 정하고 품질관리추진본부를 설치하여 품질관리운동을 범산업적으로 전개하여 국내산업의 질적 향상을 도모하고 기업경영의 내실화를 기하는 전기를 마련하였다.

10. 1970년대 이후

    양산보다는 좋은 제품의 생산이 더 중요시되어 소비자가 구입한 상품을 오랫동안 고장 없이 사용하기를 바라게 됨으로써 신뢰성(Reliability) 혹은 신뢰성공학이 품질관리 안에 들어오게 되고, 여기에 호응하여 완전품질(Perfect Quality)과 생산자에게 책임을 추궁하는 제품책임 또는 생산책임이 표면화되었다. 또 소비자에게 판매된 제품의 품질까지 보증하는 품질보증(Quality Assurance)이 TQC안에 큰 비중을 차지하게 된다.

11. 1990년대 초

품질관리의 개념이 경영조직시스템 전체가 협력하여 표준화를 실행하며 전사적이고 종합적인 품질관리를 실시하여야 한다는 품질경영의 개념으로 전환되었다.

12. 2000년대

국가품질상 승격, 무결점 추진, 종합적 품질경영 혁신으로 승화, 식스 시그마경영, TQM 등 경영혁신으로 승화

[출처:web.donga.ac.kr/hssong/qchisto2.html]

2.1.2 고객관점의 품질

생산자중심에서 고객중심으로 시장 환경이 변화함에 따라서 「이 제품이 고객의 사용용도에 얼마나 적합한 제품인가? 고객을 얼마나 만족시키는 제품인가?」하는 것이 품질평가의 기본 잣대가 되고 있다. 즉 내부효율성은 물론 시장에서의 외부효과성 측면의 품질노력이 요구된다.

고객관점의 품질은 여러 정의를 종합할 때 결국 고객만족과 이용적합성(fitness for use)을 의미한다.

오늘날 대다수의 경영자는 품질지향의 주된 이유를 고객만족에 두고 있다. 미국표준협회(ANSI)와 미국품질관리협회(ASQC)는 「고객의 욕구를 만족시키기 위한 능력에 관계가 있는 제품과 서비스의 특징(features) 및 특성(characteristics)의 총체적 품질」이라고 정의하고 있다. 고객만족으로서 품질의 견해는 종종 「사용상의 적합성」으로 불리어진다.

경쟁이 매우 심한 시장에서 단지 고객요구만을 만족시켜 성공할 수는 없을 것이다. 경쟁자를 이기려면 필요한 경우 고객이 원하는 기대수준을 능가하는 접근을 하여야 한다. 우량기업들은 품질을 다음과 같이 정의한다. 「품질이란 고객의 기대치를 만족시키거나 그 이상을 실현하는 것이다.」

2.2 품질의 중요성

품질의 중요성은 다음과 같이 요약할 수 있을 것이다.

① 경쟁전략 : 세계화와 개방화 속에 경쟁우위의 가장 확고한 요인은 품질이다.

② 비관세장벽 : WTO 체제하에서 관세장벽은 서서히 사라져 갈 것이다. 대신에 비관세 장벽이 자국의 경제를 위해 등장할 것이다. 현재는 ISO9000 시리즈의 국제품질

인증을 받는 것이 무역의 장벽을 극복하는 길이다.

③ 수익성 향상 : 소득수준이 높아짐에 따라, 고객들의 품질요구도 높아진다. 따라서 품질 좋은 제품은 시장점유율 증대 및 프리미엄 가격 형성 등으로 수익성 향상의 첩경으로 보고 있다.

④ 제조물책임(PL)법 : 불량품의 사용에 따른 피해보상 책임이 증대되고 있다. 따라서 품질 좋은 제품을 생산하는 것이 최상의 대응책이다.

⑤ 고객만족 / 고객감동 : 품질이 주요 결정요인이다.

국제화의 추세에 따라 한 나라의 제품은 다른 나라의 초일류기업의 제품과 비교·평가된다. 품질경쟁은 이제 지역적인 것이 아니라 범세계적이다. 물론 양과 가격에 의해 성공적인 결과를 가져온 나라도 있으나, 이제는 꾸준한 품질개선만이 급변하는 세계경제 속에서 고객만족과 시장점유를 통해 매출액을 증가시키고 원가절감과 생산성 향상을 통해 이윤을 증대시키는 유일한 길임을 모든 나라의 초일류기업들이 보여주고 있다.

소비자가 제품이나 서비스를 구매할 때 고려하는 요소에는 품질 외에도 가격이나 시간 등이 있지만 품질만큼 중요한 위치를 점하고 있지는 않다. 그 이유는 높은 품질은 모방하기 힘들 뿐 아니라 단기간에 달성하기가 어려워서 높은 품질의 확보는 곧 경쟁우위의 확보로 이어지기 때문이다. 즉, 기업의 경쟁적 위치에 영향을 미치는 요인 중에서 비용, 기술, 유통채널 등은 모방이 어느 정도 가능하지만 품질은 이전이 불가능하므로 경쟁전략으로 활용될 수 있다는 것이다. 여기서 품질의 개념은 상대적이고 동적인 개념이기 때문에 지속적으로 품질개선에 노력한 기업만이 경쟁우위를 누릴 수 있게 된다. 이러한 경쟁우위는 사실 경쟁이 치열하지 않았던 시기에는 크게 중요시 되지 않았으나 근래에 들어 범세계적으로 경쟁이 치열해지면서 품질은 더욱 더 커다란 중요성을 갖게 되었다.

2차 대전 후 막강한 경쟁력을 바탕으로 세계시장의 80%를 점하던 미국기업들이 70년대 말에서 80년대 초에 이르러 외국기업의 강력한 도전을 받으면서 해외시장뿐만 아니라 미국 시장의 많은 부분에서 경쟁력을 잃고 시장을 내주고 있다. 유럽과 아시아의 기업들이 새롭고 효율적이며 유연한 생산능력으로 무장하고 소비자의 요구를 잘 충족시키는 제품을 효율적으로 제공함에 따라 미국은 세계시장과 미국 국내시장을 잠식당하게 되었다.

〈표 1-1〉 미국무역적자

(단위 : 억 $)

2003년	2004년	2005년	2006년	2007년
4,894	6,178	7,258	7,635	6,310

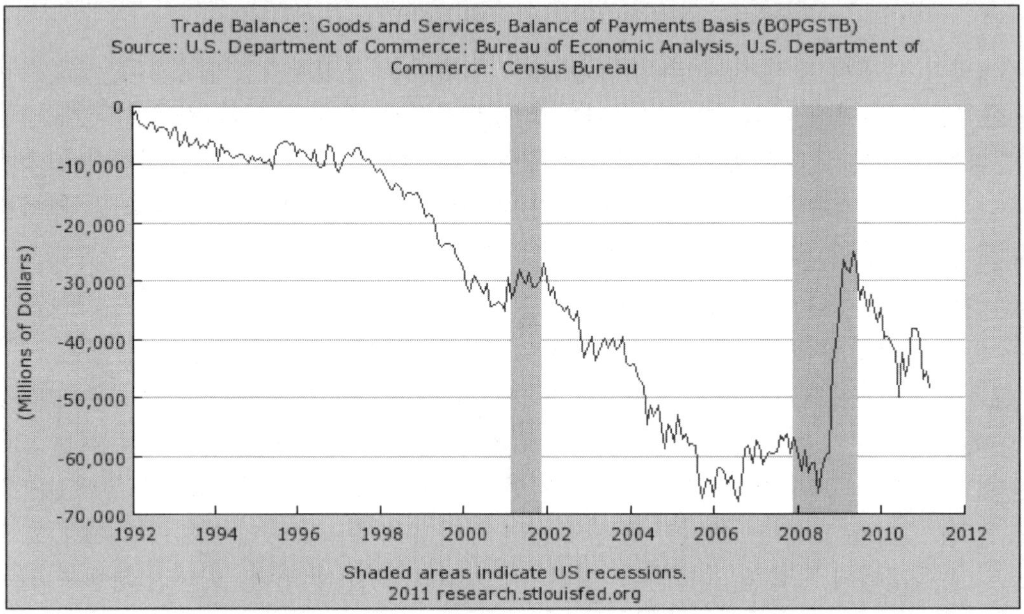

전 세계적인 기업환경의 변화로 인해 발생한 위기에 대응하기 위해 1980년 중반부터 미국기업은 저원가로 양질의 제품을 생산하는 일본의 품질관리를 도입하기 시작했다. 이러한 노력의 결과로 〈표 1-1〉에 나타나 있는 것처럼 90년대 들어 주요 산업을 비롯한 전체 무역적자의 개선이 이루어졌다.

이런 개선이 전적으로 TQM도입의 결과라 하기는 어려울지라도 80년대 들어 많은 미국기업들이 TQM을 통해 경쟁력을 강화하려고 노력하고 있다. 모토롤라는 세계시장에서 경쟁하기 위해서 TQM의 첫걸음을 내딛었고, 제록스는 일본의 TQM 관행을 도입함으로서 시장점유율을 성공적으로 회복하였다. 플로리다 전력회사(Florida Power and Light : FP&L)는 TQM을 도입하여 품질을 극적으로 개선함으로써 초우량 전력회사로 발돋움하게 되었다. TQM의 효익을 보이기 위해 모토롤라와 플로리다 전력회사의 극적인 반전을 소개하기로 한다.

2.2.1 모토롤라(Motorola)

1980년대 초반 모토롤라는 반도체와 휴대전화, 삐삐(Pager) 등과 같은 핵심 제품라인에서 일본경쟁사에게 시장점유율을 빼앗기고 있었다. 일본을 방문한 후 모토롤라의 최고경영자들은 경쟁이란 보다 좋은 품질의 제품을 더 낮은 원가로 생산하는 것이라는 사실을 깨달았다. 모토롤라가 합격품질수준(Acceptable Quality Level)에 만족하고 있을 때 일본은 완벽함을 위해 노력하고 있었다. 전통적으로 더 좋은 품질을 얻기 위해서는 더 높은 원가가 필요하다고 생각되었으나 일본인들은 이러한 이론이 틀렸다는 것을 증명하였다. 모토롤라사의 회장이었던 밥 갈빈(Bob Galvin)은 일본을 이기기 위해서 1983년부터 종합적 품질관리 프로그램(Total Quality Management Program : TQMP)을 시작하였다. 1987년까지 모토롤라는 일본과 데밍(W. Edward Deming) 및 조셉 쥬란(Joseph Juran) 등 품질 선구자로부터 배운 개념을 그들의 문화에 맞게 변경하였다.

모토롤라는 이 품질운동을 식스-시그마 프로그램(Six-Sigma Program)으로 명명하였다. 그 결과 불량률이 1986년에 천 개당 6개에서 1991년 말 백만 개당 40개의 수준으로 떨어졌다. 그러나 모토롤라는 TQM기법을 제조과정에만 적용하는데 멈추지 않았다. TQM기법을 사용함으로써 재무부서는 장부를 처리하는데 걸리는 시간을 12일에서 4일로 줄였고, 서비스센터는 수리 시간을 12일에서 7일로 줄일 수 있었다. 프로그램의 직접적인 결과로 새로운 상품을 시장에 더 빨리 출시되었다. 1988년에 모토롤라는 미 정부가 수여하는 말콤 발드리지 품질대상(Malcolm Baldridge National Quality Award)을 받았다. 표창을 받았을 뿐 아니라 모토롤라는 시장점유율을 되찾았고 이익을 늘릴 수 있었다.

2.2.2 플로리다 전력회사

1981년 플로리다 전력회사의 전력원가는 플로리다 주 전력규제위원회의 규제보다 빠르게 증가했다. 또한 다른 주의 전력회사들보다 성과가 열악하였다. 위기를 느낀 마샬 맥도널드(Marshall McDonald)회장은 당시 눈부신 성과를 이루고 있는 일본의 간사이전력회사의 TQM개념을 도입하도록 존 휴디버그(John Hudiburg)사장을 독려하였다.

이때 잘못된 경보로 인한 원자로 가동중지가 플로리다 전력회사에서는 연간 5~7회인데 반해 간사이전력에서는 한 번도 없었고, 연간 불시정전이 플로리다전력에서는 평균 85분이었는데 간사이전력에서는 7분에 불과했다.

TQM을 도입한 결과 1986년에서 1989년 사이 고객불만은 60%가 감소했으며 신뢰성은 30% 증가하였다. 1989년 플로리다전력은 비 일본계 기업으로는 처음으로 TQM을 훌륭하게 수행한 기업에 수여되는 일본의 저명한 데밍품질상(Deming Prize for Quality)

을 수상하였다. 미국 원자력 규제위원회에 의해 최저등급을 받았던 터키 포인트(Turkey Point)원자력 발전소는 1993년에 최우수 원자력 발전소로 평가되었다. 오늘날 플로리다 전력회사의 에너지 단가는 실질가격으로 따지면 1980년 이래 최저치를 기록하고 있다.

2.3 품질과 기업성과

품질은 경쟁력의 주요한 요소로 인식되고 있다. 많은 연구들이 시장점유율과 수익성을 높이는데 품질이 결정적으로 주요한 역할을 한다는 것을 보여주고 있다. 이러한 연구 가운데 가장 포괄적인 연구는 전략계획연구소(Strategic Planning Institute : SPI)에 의해 수행된 PIMS 보고서이다.

전략계획연구소(SPI)는 품질의 영향을 종합적으로 파악하기 위해 3,000여개 기업의 시장상황, 경쟁적 지위 및 성과에 대해 2년에서 12년에 걸친 자료를 수집한 뒤 분석하였다. 시장상황은 시장의 규모와 성장률, 인플레이션 및 유통경로에 관한 자료를, 경쟁적 지위는 시장점유율, 경쟁, 품질, 가격과 원가 및 수직적 통합의 정도에 관한 자료를, 성과는 재무 및 영업성과에 관한 자료를 포함했다. 광범위하고도 다양한 자료를 분석한 PIMS 보고서의 결과는 다음과 같이 요약되었다. “장기적 관점에서, 기업의 성과에 영향을 미치는 가장 중요한 요소는 경쟁자와 비교되는 제품과 서비스의 질이다.”

제품과 서비스의 품질이 기업성과에 가장 큰 영향을 미치는 이유 중의 하나는 고객이 더 나은 품질을 위해 프리미엄 가격을 지불하려고 하기 때문이다. 1989년 미국 품질관리학회(ASQC : American Society for Quality Control)의 의뢰로 갤럽(Gallup)이 포춘 선정 1,000대 기업의 경영자를 대상으로 품질에 관해 조사한 적이 있다. 경영자들에게 보통의 소비자가 보다 양질의 제품을 위해 얼마나 더 지불할 것으로 생각하느냐고 물었을 때 답변은 30달러짜리 신발의 경우 20달러의 프리미엄을 지불하고, 12,000달러의 차에 대해 2,700달러의 프리미엄까지 지불하는 것으로 나타났다. 모든 가격수준에서 프리미엄은 최소한 20%이었다.

또 다른 이유는 가격조건이 같다면 소비자가 품질이 나은 제품을 구매하기 때문에 더 나은 품질이 시장점유율을 증가시켜 주며, 시장점유율의 증가로 인해 규모의 경제가 실현되어 원가를 줄일 수 있기 때문이다.

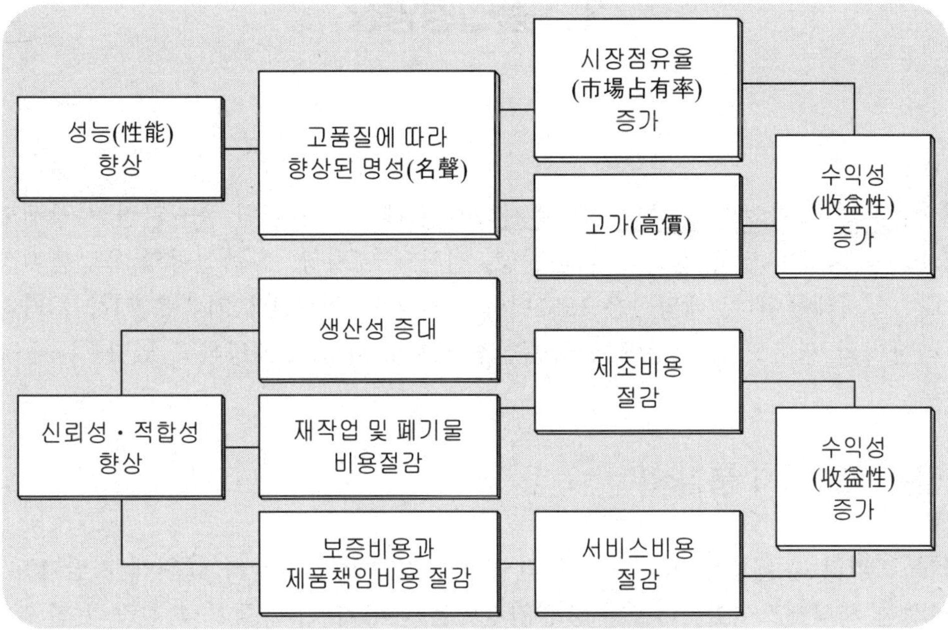

성능(性能)
향상
고품질에 따라
향상된 명성(名聲)
시장점유율
(市場占有率)
증가
고가(高價)
수익성
(收益性)
증가
생산성 증대
신뢰성 · 적합성
향상
재작업 및 폐기물
비용절감
제조비용
절감
보증비용과
제품책임비용 절감
서비스비용
절감
수익성
(收益性)
증가

[그림 1-4] 품질과 수익성

3. 품질경영상

선진국들은 자국기업의 품질경영을 촉진하기 위해 국가차원의 품질관련 시상제도를 운영하고 있다. 미국의 말콤 볼드리지 품질상, 일본의 데밍상, 유럽연합의 유럽품질상 등이 그 대표적인 사례들이다. 데밍상은 1951년에 제정되어 반세기에 가까운 역사를 가지고 있다. 우리나라의 경우도 1994년에 한국품질경영대상 제도를 운영하고 있다.

3.1 말콤 볼드리지 품질상

말콤 볼드리지 품질상은 미국의회가 기업의 품질인식을 자극하기 위해 지난 1987년 법률로 제정한 시상제도이다. 미국의 품질경쟁력을 높이기 위해 국가적 전략의 한 부분으로 품질정책을 추진했던 말콤 볼드리지 전상무장관의 이름을 땄다.

이 상은 제조업·서비스업·중소기업 등 3개 부문으로 나눠 부문당 최대 2개 기업에게 수상된다. 일본의 데밍상과 달리 이 상은 고객만족에 최우선적인 비중을 두고 있다. 볼드리지상의 심사기준은 강제적인 기법이 거의 없고 본질적으로 예방중심적인 성격을 지닌 것이 특징이다.

말콤 볼드리지 품질상을 받기 위하여 기업들은 위의 4가지 기본요소를 구성하고 있는 다음 7가지 평가항목 분야에서 빼어나야 한다.

3.1.1 경영자 리더십(senior executive leadership)

세계적 품질경영 모델로 자리 잡고 있는 말콤 볼드리지상이 제시하는 7개 평가 항목 중 가장 중요한 것이 '리더십'이다. 경쟁에서 품질에 대한 가치가 중요해지면서 경영자의 품질에 대한 철학이 기업의 운명을 결정하는 사례가 많기 때문이다. 품질경영을 중시한 세계적 경영자의 리더십 특징을 알아본다.

첫째, 품질에 대한 계량적 접근이다. IBM사의 대표적 리더인 거스너는 품질에 대한 책임은 생산단계만의 것이 아니라고 말한다. 그는 품질이 일정기준에 미달하는 것은 기업시스템이 완전하지 못하기 때문에 생기며 결국 기업 전체가 부담하는 비용이 된다고 설명한다. 따라서 품질의 문제를 생산라인만의 문제로 좁혀서 해결하려는 것은 어리석은 일이라고 강조한다. 제너럴일렉트릭(GE)의 잭 웰치회장은 품질 향상을 위해서는 품질을 동전 세듯이 계량화할 수 있어야 한다고 지적한다. 이는 전 종업원에게 품질의 중요성을 인식시키고 철저히 관리할 수 있도록 하기 위해서라고 설명한다.

둘째, 리더의 고객 지향적 가치관이다. 최상의 품질은 곧 고객의 요구 사항을 충족했을 때 달성된다. 실패한 기업은 경영자나 엔지니어들이 고객의 요구 사항을 무시했던 기업들이다. 이들은 대부분이 고객 요구사항을 분석하는 틀이 낡았거나 경영자가 고객에 관해 많이 안다고 착각한 것으로 지적되고 있다. 제품에 고객의 요구를 반영하기 위해서는 우선 고객이 제품에서 얻고자 하는 가치가 무엇인가를 알아야 한다. 그렇다면 기업이 지속적으로 성장하자면 최고경영자는 어떠해야하는가. 이에 대해 하버드대 경영학 교수인 레빗은 “기업이 성장하기 위한 첫째조건은 고객의 소리에 귀를 기울이는 것이며, 기업이 망하기 위해서는 이를 무시하거나 외면하는 것으로 충분하다”고 지적한다. 바로 이런 경영환경에서 리엔지니어링의 주창자인 마이클 해머가 지적한 3C(Customer, Competition, Change)의 중요성이 부각된다.

셋째, 단순 일관성 있는 목표제시이다. 리더는 품질에 대한 이해를 쉽게 전달할 수 있어야 하고 손으로 만지듯이 손쉽게 관리할 수 있도록 시스템을 운영해야 한다. Drucker가 “기업에는 단순 명료하고 일관된 목표가 있어야 한다. 그 목표는 전체 구조원에게 ‘공통의 비전’과 함께 공유되고 용해되어야 하며 리더 스스로 그 목표에 따라 행동하지 않으면 안 된다”고 명쾌하게 지적한 것도 이런 이유다.

비전과 기업이 나아갈 방향을 단순하고 일관되게 제시하는 것이 리더십의 기본이다. 변화의 시기에 비전이나 목표가 명확하지 않으면 기업은 자칫 비대해진 조직의 무게에 눌려 기동성과 적응력을 잃고 쇠락하게 된다.

3.1.2 정보와 분석(information and analysis)

이 분야는 우수한 품질을 만들고 경쟁성과를 향상시키기 위하여 필요한 데이터와 정보의 범위, 타당성, 용도, 관리의 문제를 평가한다. 품질 프로그램을 지원하기 위한 데이터 선정을 위하여 건전한 기준이 사용되어야 한다. 기업의 전반적인 운영 및 계획목적을 지원하기 위하여 기업의 데이터가 사용되어야 한다. 데이터와 정보 그리고 분석을 통하여 기업이 품질 및 고객만족을 위하여 예방적 차원에서 어떻게 지원하는가를 기업은 설명하여야 한다. 데이터는 일관성, 표준화, 재검토, 보완, 시의성을 지니고 있어야 한다. 산업전체 혹은 경쟁사들에 비하여 자기 기업의 위치를 정확하게 평가하기 위하여 경쟁적 벤치마크 척도(competitive benchmark measures)가 정의되어야 한다. 이러한 벤치마크를 개선하기 위하여 계획이 수립되어야 한다.

3.1.3 전략적 품질계획(strategic quality planning)

이 분야는 기업이 품질리더십을 실현하고 유지하기 위하여 필요한 품질계획 수립과정 및 품질개선계획을 전사적 기업계획과 통합하는 기업계획 수립과정을 심사한다. 계획수립과정이란 계획이 어떻게 실행되어야 하는지? 자원이 어떻게 가장 중요한 요소들과 연결되어야 하는 지를 설명해 준다. 또한 품질 리더십의 위치를 달성하고 유지하기 위하여 기업의 단기계획과 장기계획도 심사 받아야 한다.

3.1.4 인적자원의 개발 및 관리(human resource development and management)

이 분야에서 심사하는 영역은 작업자(관리자 포함)들의 잠재력을 개발하고 실현하기 위한 기업노력과 전체 조직원, 품질리더십, 개인성장 및 조직성장을 유도하기 위한 여건을 조성하고자 하는 기업의 노력에 대한 효과를 평가한다. 조직은 종업원 참여, 임파우워먼트, 팀워크, 기술혁신 등을 유도하여야 한다. 품질 교육 및 훈련 프로그램은 품질개선을 위하여 필요하며, 그러한 프로그램의 효과는 측정되어야 한다. 성과측정시스템은 종업원이 자신들이 어떻게 평가받고 있는가를 알 수 있게 만들어져야 한다. 그리고 기업은 성과측정척도가 실제로 측정하고자 하는 결과를 이 척도를 통하여 확보할 수 있는지 평가할 수 있어야 한다.

종업원 복지는 품질에 중요한 영향을 준다. 건강, 안전, 만족, 인간공학 등은 품질에 영향을 주는 기본적인 작업조건이다. 상담, 원조, 오락, 문화 등 기타 특수한 프로그램들도 종업원들 복지의 중요 구성요소이다. 마지막으로 조직은 종업원 만족수준을 결정하여야 한다. 그리고 이러한 정보를 품질개선을 위하여 사용하여야 한다.

3.1.5 프로세스품질의 관리(management of process quality)

이 분야는 기업이 지속적으로 고품질과 기업성과를 추구하기 위하여 사용하는 체계적 과정을 심사한다. 프로세스설계, 모든 작업 단위와 공급자의 프로세스품질관리, 체계적인 품질개선, 품질평가활동 등이 이 분야의 심사대상 활동들이다.

고객요구는 적합한 제품요건과 프로세스요건으로 전환되어야 한다. 제품, 프로세스, 서비스를 적시에 설계하고, 개발, 평가할 수 있는 방법을 개발하여야 한다. 프로세스관리는 지속적인 품질개선활동과 연결되어야 한다. 제품, 프로세스, 서비스가 설계규격에 맞지 않게 되면 문제의 근본 원인을 찾아 향후에는 이러한 문제가 재발하지 않도록 수정되어야 한다. 프로세스관리방법은 품질을 지속적으로 개선하기 위하여 사용되어야 한다.

품질시스템을 지원하기 위해 문서화를 추진하여야 한다. 그리고 지원서비스의 품질도 평가, 개선되어야 한다. 여기에는 내부 지원과 더불어 외부 공급자도 포함된다(원중호 외, 2009).

〈표 1-2〉 말콤 볼드리지 품질상 점수 평가 시스템

		평가항목 / 세부평가항목	점 수	
1.0		리더십		95
	1.1	경영자 리더십	45	
	1.2	품질경영	25	
	1.3	사회적 책임	25	
2.0		정보와 분석		75
	2.1	품질, 성과 데이터 및 정보의 관리	15	
	2.2	경쟁력 비교와 벤치마킹	20	
	2.3	회사차원의 데이터 분석 및 사용	40	
3.0		전략적 품질계획		60
	3.1	품질성과 및 기업성과의 전략적 계획 과정	35	
	3.2	품질 및 성과 계획	25	
4.0		인적자원 개발 및 관리		150
	4.1	인적자원계획 및 관리	20	
	4.2	종업원 참여	40	
	4.3	종업원 교육 및 훈련	40	
	4.4	종업원 성과 및 포상	25	
	4.5	종업원 복지 및 만족	25	
5.0		프로세스품질관리		140
	5.1	제품 및 서비스품질의 설계, 도입	40	
	5.2	프로세스관리 : 제품 및 서비스 생산과 운반 과정	35	
	5.3	프로세스관리 : 관리과정과 지원서비스	30	
	5.4	공급자 품질	20	
	5.5	품질 평가	15	
6.0		품질성과와 운영성과		180
	6.1	제품 및 서비스의 품질성과	70	
	6.2	기업 운영성과	50	
	6.3	관리과정 및 지원서비스의 성과	25	
	6.4	공급자 품질 성과	35	
7.0		고객중시와 고객만족		300
	7.1	고객의 기대 : 현재와 미래	35	
	7.2	고객과의 관계 관리	65	
	7.3	고객참여	15	
	7.4	고객만족 내용 결정	30	
	7.5	고객만족 성과	85	
	7.6	고객만족 비교	70	
총 점				1,000

3.2 데밍상

데밍상은 일본의 품질원칙을 채택하고 표준사용에 크게 기여한 미국인 통계학자이자 품질관리기법의 전문가인 데밍 박사를 기념하기 위해 일본과학기술자연맹(JUSE)이 1951년 제정한 품질시상제도이다.

이 상은 전사적 품질관리를 모범적으로 수행하고 있는 기업이나 공공기관에 주어진다. 한 해에 수여되는 기업의 수에는 제한이 없으나 매년 주어지는 상은 아니다. 그 해에 어느 정도 품질수준을 달성한 조직이 없는 경우, 즉 수상대상이 없는 해에는 시상되지 않는다. 1950년대 34개사가 수상한데 이어 1960년대에 15개사, 1970년대 30여개사, 1980년대에 56여개사, 1990년 20여개 등 지금까지 모두 150여개사가 데밍상을 받았다. 데밍상에는 중소기업과 개별사업부에 수여하는 「중소기업상」과 「사업부상」도 있다.

〈표 1-3〉 일본 데밍상 평가 시스템

심사항목		비 고
1. 방침	1.1 품질방침 : 경영에서의 위치, 명확성 1.2 방침결정 방법 : 프로세스 1.3 장단기 계획과의 관계 1.4 경영자 관리자의 리더십	10 %
2. 조직	2.1 조직구성의 적절성, 종업원의 참여도 2.2 책임과 권한의 명확성 2.3 스탭 프로젝트 팀의 활용상황 2.4 관련기업과의 관계 : 제휴 등	10 %
3. 정보	3.1 사내·외 정보의 수집 적절성 3.2 정보해석에서의 통계적 기법활용 사항 3.3. 정보 활용사항 : 컴퓨터 활용도 등	10 %
4. 표준화	4.1 표준체계의 적절성 4.2 표준의 내용 : 제정, 실적 4.3 표준의 활용과 준수 사항	10 %
5. 인재육성과 능력개발	5.1 교육훈련의 교육과 실적 5.2 자기개발, 모티베이션 사항 5.3 QC서클의 육성과 개선실태 5.4 통계적 사고 및 품질관리 기법의 이해와 활용	10 %
6. 품질보증	6.1 품질보증 시스템 및 신제품, 기술개발상황 6.2 공정관리(해석, 개선) 상황 6.3 품질검사 감독상황 6.4 고객만족도의 파악사항 6.5 신뢰성 및 안정성	10 %
7. 유지관리 상황	7.1 PDCA 사이클 7.2 관리항목, 관리수준 7.3 관리도 등의 활용상황 7.4 관리시스템 운용상황	10 %

	7.5 대책마련상황 7.6 종업원만족에 대한 측정	
8. 개선활동	8.1 분석에서의 통계적 기법활용 상황 8.2 분석결과 활용 8.3 중요과제선정방법 8.4 개선효과 확인과 유지관리 상황	10 %
9. 효과	9.1 유·무형의 효과 9.2 효과의 측정, 파악방법 9.3 고객만족도, 종업원만족도 9.4 지역사회, 국제사회에 대한 영향	10 %
10. 장래계획	10.1 관리상태 품질보증시스템과 관리시스템과의 관계 10.2 PDCA사이클 회전방법 10.3 관리시스템 운용상황 : 납기, 원가 등	10 %
총점		100 %

3.3 유럽품질상

유럽연합에서는 유럽품질상(EQA)을 운영하고 있다. 이 상은 지난 1992년 유럽품질경영재단(EFQM)이 제정·관리하고 있으며, 전사적 품질경영활동에서 최고의 성과를 거둔 유럽지역 내 기업에 주어진다. EFQM은 1988년 품질향상 없이는 경쟁에서 생존 할 수 없다는 생각을 가진 유럽의 대표적인 기업 14개 업체가 설립한 단체이다.

조직의 경쟁력 확보를 위해서 제품품질의 확보가 최우선이라는 인식하에 제정된 이 시상제도는 회사정책 및 전략, 리더십, 종업원 관리, 지원, 종업원 만족도, 고객만족도, 사회기여도, 활동성 등을 주로 평가한다.

〈표 1-4〉 유럽품질상 심사기준

심사항목		주요측정항목
1. 리더십(100)	1a. TQM문화에 대한 비전제시 1b. 적절한 자원과 지원을 통한 향상과 참여유도 1c. 고객, 공급자, 협력업체 참여 1d. 종업원의 노력과 성과 이해	조직의 사명과 비전 및 가치제공 방향 설정, 경영진의 헌신도 등
2. 정책과 전략(80)	2a. 정보에 기반을 둔 정책과 전략 2b. 정책과 전략 개발 2c. 정책과 전략에 대한 의사교환과 수행 2d. 지속적인 정책과 전략의 개발과 향상	조직의 사명과 비전을 달성하기 위한 전략개발
3. 종업원 관리(90)	3a. 인적자원 계획 3b. 종업원 능력 유지와 개발	종업원들의 지식과 잠재력 개발과 활용도

	3c. 목표일치와 계속적인 성과평가 3d. 참여를 통한 권한 위양 3e. 효과적인 의사소통 3f. 종업원 복지	
4. 자원(90)	4a. 재무자원 관리 4b. 정보자원관리 4c. 공급자 관계와 원자재 관리 4d. 자산관리 4e. 기술 및 지적 소유권 관리	효과적인 프로세스 운영을 위한 외부자원의 협력관계 및 내부자원의 계획 및 관리
5. 프로세스(140)	5a. 사업성공의 비결 인식 5b. 시스템적 프로세스 관리 5c. 목표를 위한 프로세스 관리 5d. 혁신과 창조를 통한 향상 5e. 프로세스의 변화와 평가	고객과 다른 이해관계자 만족과 가치증진을 위한 프로세스
6. 고객만족(200)	6a. 상품, 서비스, 고객관계에서의 고객의 인식 6b. 고객만족에 대한 측정	외부조직과 관련하여 조직이 어떤 성과를 이루었는지 검토
7. 종업원만족(90)	7a. 조직에 대한 종업원의 인식 7b. 종업원만족에 대한 측정	종업원 만족도 측정
8. 사회적 책임(60)	8a. 조직에 대한 사회의 인식 8b. 조직의 사회적 책임에 대한 측정	지역사회, 국가, 국제사회에 기여한 성과
9. 사업결과(150)	9a. 조직성과에 대한 재무적 측정 9b. 조직성과에 대한 추가적 측정	핵심적 성과 영역에서 계획대비 성과 측정
총점		1000점

3.4 한국품질경영대상

전국품질경영대회는 한 해 동안 기업의 품질경영활동을 총 결산하는 자리로「품질의 달」인 매년 11월에 열린다. 정부가 품질경영을 확산시키기 위해 지난 1975년부터 매년 11월을「품질의 달」로 정하고 전국품질경영대회를 통해 품질경영활동 우수업체와 유공자들을 선발, 포상하는 행사이다. 시행 초기에는 전국품질관리대회로 출발했다가 지난 1992년부터 대통령 참석행사로 격상되면서「전국품질경영대회」로 명칭이 바뀌었다.

품질경영대회에서는 그 동안 200여개의 업체가 포상을 받았다. 특히 지난 1994년부터 한국품질경영대상을 신설, 운영하고 있다.

〈표 1-5〉 한국의 품질경영상 공통항목

심사항목		배점	소항목
Ⅰ. 리더십 (120)	1. 경영진의 리더십	70	1) 비전과 가치 2) 커뮤니케이션과 조직성과
	2. 지배구조와 사회적 책임	50	1) 조직의 지배구조 2) 합법적 및 윤리적 사업수행 3) 사회공헌
Ⅱ. 전략기획 (85)	1. 전략의 개발	40	1) 전략개발 프로세스 2) 전략목표
	2. 전략의 전개	45	1) 실행계획 개발과 전개 2) 성과추정
Ⅲ. 고객과 시장 중시 (85)	1. 고객과 시장지식	40	1) 고객과 시장지식
	2. 고객관계와 고객만족	45	1) 고객관계 구축 2) 고객만족관리
Ⅳ. 측정, 분석 및 지식경영 (90)	1. 측정, 분석 및 조직성과의 개선	45	1) 성과측정 2) 성과의 분석, 검토 및 개선
	2. 정보, 정보기술 및 지식관리	45	1) 정보자원의 관리 2) 데이터, 정보 및 지식의 관리
Ⅴ. 인적자원 중시 (85)	1. 인적자원 관리의 체계	45	1) 인적자원 충실화 2) 인적자원 개발 3) 인적자원 헌신의 평가
	2. 인적자원 복지와 근무환경	40	1) 인적자원 잠재력과 수용능력 2) 근무환경
Ⅵ. 프로세스 관리 (85)	1. 업무시스템 체계	40	1) 핵심역량 2) 업무프로세스 설계 3) 긴급사태 대비
	2. 업무프로세스 관리와 개선	45	1) 업무프로세스 관리 2) 업무프로세스 개선
Ⅶ. 경영성과 (450)	1. 제품과 서비스 성과	100	1) 제품 및 서비스 성과의 수준과 경향
	2. 고객중시 성과	70	1) 고객중시성과의 수준과 경향
	3. 재무와 마케팅 성과	70	1) 재무와 마케팅 성과의 수준과 경향
	4. 인적자원 중시성과	70	1) 인적자원 중시 성과의 수준과 경향
	5. 프로세스 성과	70	1) 프로세스 효과성 성과의 수준과 경향
	6. 리더십 성과	70	1) 리더십과 사회적 책임성과의 수준과 경향

〈표 1-6〉 국가품질상 비교

국가	모형	제정 년도	주요 기관	특징
한국	국가품질상(NQA)	1975	한국표준협회	- 품질경영 및 공산품 안전관리 - 품질경영 우수기업 선정 - MB상을 벤치마킹
미국	말콤 볼드리지국가품질상(MBNQA)	1987	국립표준기술원	- 대일경쟁력 회복 - TQM 촉진 - 고객에게 개선된 가치제공 - 업종에 관계없이 적용
일본	일본경영품질상(JQA)	1996	일본사회경제생산성본부	- MB상을 벤치마킹 - 고객만족 경영을 중점 - 경영전사의 질을 향상
	데밍상(일본품질관리상)	1951	일본과학기술연맹	- 일본식 방침관리와 통계적 품질관리 - 현장중심 개선
유럽	유럽품질상(EQA)	1992	유럽품질경영재단	- 데밍상과 MB상을 벤치마킹 - 기업의 경영성과 향상 - 유럽품질상과 유럽품질대상으로 구분
	국제초우량기업경영모형(IBEC)	1998	IQNet	- ISO, MBNQA, EQA를 통합 - 기업을 세계적 수준으로 발전 - 미국, 유럽, 일본의 선진 기업들이 경영품질 평가 및 혁신활동에 활용 - 기업수준별 접근이 용이
	IQRS모형	1993	DNV	- MBNQA, EQA 벤치마킹 - 주주중심의 이해관계자 만족 - 조직 내 품질경영 시스템의 모든 측면을 체계적으로 분석 - 경영관리의 효율화

4. 품질선구자의 사상과 철학

검사중심의 품질관리가 통계적 품질관리를 거쳐 고객지향의 총체적 품질경영(TQM)에 이른 것은 품질선구자들(quality gurus)의 사상과 철학이 있었기 때문이다. 현대 품질경영에 지대한 공헌을 한 품질선구자로는 슈하트, 데밍, 쥬란, 크로스비, 파이겐바움, 이시가와 등을 꼽을 수 있다.

4.1 슈하트의 품질사상과 철학

검사지향적 품질관리로는 품질개선이나 불량예방에 직접적인 영향을 주지는 못한다. 예방의 원칙에 입각해서 공정관리에 통계적 방법을 처음으로 적용한 것은 미국의 슈하트(W. A. Shewhart : 1891~1967)이다. 그래서 그는 통계적 품질관리의 시조로 꼽힌다.

캘리포니아 대학(UC Berkeley)에서 물리학 박사를 받은 다음 해인 1918년에 벨 전화 계열기업인 웨스턴 전기에 취업하여 1925년에 벨 전화연구소로 옮긴 후, 1956년 퇴직할 때까지 통계적 품질관리 발전에 온 힘을 기울였다. 1931년 「제품품질의 경제적 관리」를 출간한 그는 공정에서 품질의 변동을 관리하는 관리도를 개발하였다.

이 저서에서 그는 "제품 소비자 개개인의 욕구를 충족시키려면, 고객들의 다양한 욕구를 가능한 한 제품의 물리적 특성으로 변화시켜야 한다"고 했는데, 이것이 바로 품질특성이다. 그리고 이들 품질특성을 표준으로 설정한 슈하트는 그때 이미 고객요구에 초점을 맞추어 품질표준을 모색했던 것이다. 품질문제의 해결은 주로 생산공정에서의 품질변동을 줄이기 위한 관련 데이터의 취급과 분석방법에 주어졌다.

슈하트는 품질관리의 1차 목표를 공정관리와 품질변동 감소에 두었다. 품질변동 원인을 우연원인(chance cause)과 이상원인(assignable cause)으로 구분하여 현장에서는 후자에 치중하도록 하였다. 뿐만 아니라 오늘날 '데밍사이클'이라고도 부르는 PDMA사이클, 즉 슈하트 사이클(Shewhart Cycle)을 창안하였다. 「품질관리 관점에서 본 통계적 방법」이라는 저서를 간행하여 통계분야에서 명성을 얻기도 하였다.

그는 품질관리의 현대적 관점에 지대한 영향을 주었던 바, 현대 품질철학의 시조로서 슈하트를 꼽을 만하다. 제품품질은 생산공정과 관련이 깊다고 보는 슈하트와 데밍의 사상은 공정관리 종합품질(process control integrated quality)로서 분류할 수 있다. 슈하트의 품질사상을 이어받은 품질선구자로는 데밍과 쥬란을 꼽을 수 있는데, 특히 이들은 슈하트의 공정품질의 통계적 관리에 동조하였다.

> **[슈하트(Shewhart : 1891–1967)]**
>
> 슈하트는 19630년대 벨연구소에서 근무한 통계학자이다. 생산제품의 품질을 개선하기 위한 노력에 획기적인 기여를 한 통계학자이다.

4.2 데밍의 품질사상과 철학

한때 슈하트와 벨 전화연구소에서 함께 일했던 데밍(W. Edwards Deming : 1900 ~ 1993)은 슈하트의 통계철학에 영향을 받아 품질경영에서 통계적 관점을 강조하였다. 그러나 그는 품질변동의 원인을 공통원인(chance cause : 우연원인)과 특수원인(special cause : 이상원인)으로 구분하고, 전자는 경영자가 후자는 현장에서 추구하도록 권고하였다. 아울러 품질문제의 해결은 경영자의 적극적인 참여 아래 시스템과 프로세스 개선을 지속적으로 추진할 것을 주장하였다.

1950년 일본과학기술연맹(JUSE)의 초청으로 실무자들에게는 통계적 품질관리를 지도하고 경영자들에게는 리더십, 공급자 파트너십과 프로세스의 지속적 개선의 중요성을 역설하는 등 일본산업의 품질관리 도입에 결정적인 역할을 하였다. 이에 JUSE는 그의 업적을 기려 1951년에 「데밍상」을 제정하기에 이르렀다.

1980년 NBC TV 프로(If Japan Can, Why Can't We?)의 방영 이후 데밍은 1993년 12월 작고할 때까지 미국 품질경영 재건의 기수로 활약하였다. 그의 품질경영철학은 통계적 품질관리를 기초로 하는 통계적 사고를 바탕으로 한 일본적 경영의 이론과 관행을 중심으로 하고 있다. 데밍이 일본의 경영자들에게 QC를 가르쳤지만 그 자신 일본의 품질관리에서 많은 것을 배웠는데, 인간을 구성원으로 하는 조직은 인간본위여야 한다는 것이었다.

품질은 작업자의 행위결과라기보다는 경영자의 의사결정과 행동에 의해 크게 좌우되는 것이라고 역설하였다. 데밍과 쥬란 두 사람은 품질경영에서 최고경영자의 역할을 강조하였다. 그들은 경영자의 품질문제에 대한 책임이 막중하므로 경영자 자신이 품질문제에 혼신을 다해야만 지속적인 품질개선을 이룰 수 있다고 하였다. 데밍은 작업자의 잠재능력을 극대화하여 작업수행뿐만 아니라 시스템 개선에 중추적인 역할을 수행하게 해야 한다고 주장했다. 품질문제는 결국 시스템의 문제로서 이는 장기적 안목에서 계획적으로 시스템과 프로세스 개선에 주목할 것을 강조했다.

데밍이 행한 프로세스 개선 실천사항으로는 첫째, 외부고객과 공급자를 포함한 확장된 프로세스 개념에서의 고객요구사항의 반영, 고객만족, 공급자들과의 장기적 파트너십 강화, 둘째, 통계적 공정관리(SPC)의 발전과 실용화, 셋째, PDMA사이클에 의한 지속적인 프로세스 개선을 꼽을 수 있다.

데밍의 품질사상은 다음 '경영전환 14개항(14 Point for the Transformation of Management)'으로 요약할 수 있다.

① 기업의 경쟁력과 발전을 위해 제품 및 서비스의 품질향상 목표를 일관되게 추구해야 한다.
② 변화의 리더십을 발휘할 수 있는 새로운 철학을 정립하여야 한다.
③ 품질은 검사에 의존하지 말고 처음부터 좋게 만들어라.
④ 공급자 선정시 최저가격 관행을 버리고, 신의·성실의 바탕아래 공급자와 장기적 유대관계를 유지한다.
⑤ 생산 및 서비스 시스템을 지속적으로 개선하여 품질과 생산성을 향상시켜 원가를 줄인다.
⑥ 직무에 대한 훈련을 제도화한다.
⑦ 리더십을 제도화하라. 감독의 목적은 부하가 일을 보다 잘 하도록 돕는데 있다.
⑧ 두려움을 없애고 서로 신뢰하는 분위기를 만들어 구성원 모두가 열심히 일할 수 있도록 한다.
⑨ 부서간의 장벽을 제거하라. 연구·설계·판매·생산에 종사하는 사람들은 한 팀으로 일한다.
⑩ 생산성이나 품질향상에 대한 강요는 삼가라. 현장에서 어쩔 수 없는 시스템 문제들은 슬로건이나 설교 또는 현장목표치 따위로 개선될 수 없다.
⑪ 능력이나 여건을 무시한 목표량은 강요되지 말아야 한다. 그 대신 리더십을 발휘하라.
⑫ 장인정신과 같은 자부심을 저해하는 장벽을 제거한다.
⑬ 구성원들에 대한 교육과 자기개발을 장려해야 한다.
⑭ 위에 열거한 변혁(전환)을 이루기 위해 구성원 전원이 참여하여 실천해야 한다.

이상의 14가지 포인트는 품질경영 도입과정에서 준수되어야 할 사항들이다. 데밍은 말년에 이르러 위의 14개항과 그의 주장들을 종합하여 '심오한 지식체계(A System of

Profound Knowledge)'라 불렸다.

데밍의 품질철학이라 할 수 있는 심오한 지식체계는 다음 4개 부분으로 구성된다.

① 시스템사고(system thinking)

② 변동의 이해(understanding of variation) : 통계적 이론과 품질변동의 이해

③ 지식이론 (theory of knowledge)

④ 심리학(psychology) : 심리학은 사람, 인간과 환경의 상호작용, 상사와 부하관계, 모든 경영시스템에 대한 이해를 돕는다.

[데밍]

데밍은 생산라인에서 가장 중요한 요소는 소비자이며, 소비자의 요구사항 이상으로 만족시켜주는 일이 기업의 모든 종업원이 해결해야할 우선과제라고 하였다. 또한 모든 직원은 내부고객을 상대로 자기가 만든 제품의 품질에 대해서 자기가 책임지도록 하는 품질책임제를 구축하였다.

4.3 쥬란의 품질사상과 철학

쥬란(Joseph M. Juran : 1904~)은 1924년 웨스턴 전기(Western Electric)에 입사하여 호손공장(Hawthorn Works)에서 품질검사 업무를 맡아 오던 중, 1926년 슈하트를 비롯한 벨 연구소 팀의 공장방문 이후 검사통계 담당기사가 된 후 품질관리와 산업공학 컨설턴트로 종사하였다.

품질경영의 바이블인 「품질관리의 핸드북」(Quality Control Handbook, 1951, 1962, 1974, 1988, 1998)을 1951년에 편집 출간한 이래, 「경영의 현상타파」(Management Breakthrough, 1964)를 비롯하여 「품질계획과 분석」(Quality Planning & Analysis, 1970, 1980, 1993) 및 「품질 3부작」(Quality trilogy, 1986)을 출간하였다.

쥬란은 1951년에 간행된 「품질관리 핸드북」에서 TQC(Total Quality Control)라는 용어는 사용하지 않았지만 종래의 통계적 품질관리(SQC)에서 다루지 않았던 설계품질, 구매자와 공급자/판매자 관계 등 폭넓게 품질관리기능을 기술하였다. 아울러 품질코스트를 '금광에 묻힌 황금'(gold in the mine)으로 비유하여 세인의 관심을 끌기도 하였다.

그는 「경영의 현상타파」에서 경영자가 솔선수범하는 품질개선의 지속적인 추진을 강조하였다. 품질책임의 80%이상이 경영자에게 있으므로 경영자의 의식변화가 무엇보다 중요하다고 하였다. 만성적인 품질문제를 해결하기 위한 지침을 제안했는데 이는 품질을 개선하고 유지하기 위한 것이다. 아울러 품질문제에 대한 주의를 환기시키는 데 품질코스트를

적용할 것을 권고하였다.

그리나 2세(F.M. Gryna, Jr)와 공동으로 저술한 「품질계획과 분석」에서는 제품의 필수적 요건은 그 제품을 사용하는 고객의 요구(need)를 충족시키는 것이므로 용도의 적합성(fitness for use) 개념을 모든 제품에 보편적으로 적용할 수 있다고 하였다.

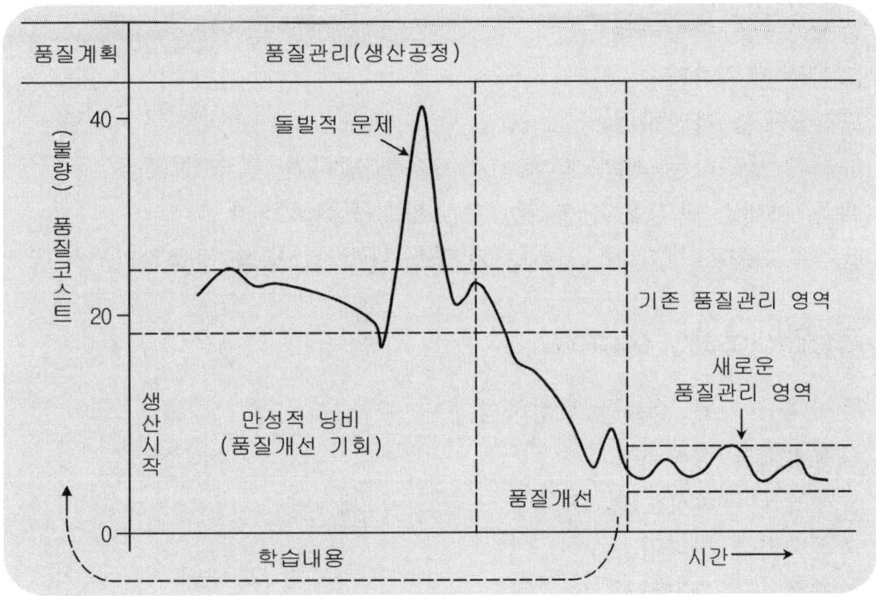

[그림 1-5] 쥬란의 품질 삼부작

「품질 삼부작」에서 품질경영 과정을 품질계획, 품질관리, 품질개선의 3단계로 제시하여 단계적으로 품질경영을 추진할 것을 역설하였는데, 이를 쥬란 트릴러지(Juran Trilogy)라 부르기도 한다.

① **품질계획**(quality planning) : 품질목표 달성에 필요한 전략계획, 운영계획의 과정들이 입안된다.

② **품질관리**(quality control) : 품질계획에서 수립된 과정들이 계획에 따라 운영되고 관리되는 과정이다. 따라서 품질관리의 성과는 품질계획과 상관관계가 깊다.

③ **품질개선**(quality improvement) : 품질관리과정 중 품질의 현상타파를 통하여 품질을 지속적으로 개선하는 과정이다.

[그림 1-5]는 이들 3단계 과정의 상관관계를 보여주고 있다. 즉, 돌발적인 품질문제는 품질관리단계에서 발견되어 제거되지만, 만성적인 품질문제는 지속적인 품질개선으로 점진적으로 개선됨을 볼 수 있다. 이들 품질관리 내지 품질개선 결과는 다음 품질계획에 반영되어 품질관리와 품질개선의 방향을 제시하지만 품질계획이 부실하면, 품질관리와 개선

이 제대로 이루어지지 못하고 품질문제는 만성적인 경향을 보이게 된다.

쥬란이 제시한 품질경영 실천요령을 품질 트릴러지 단계별로 간략히 제시하면 다음과 같다.

4.3.1 품질계획(quality planning)

① 품질목표를 수립하라.
② 고객을 식별하라.
③ 고객요구를 파악하라.
④ 고객이 요구하는 제품·서비스 특징을 개발하라.
⑤ 제품·서비스 특징을 산출하는 프로세스를 개발하라.
⑥ 품질목표를 달성할 수 있는 프로세스 관리시스템을 구축하라.

4.3.2 품질관리(quality control)

① 통제대상이 될 주제를 선정하라.
② 측정척도를 정하라.
③ 통제목표(측정기준)를 정하라.
④ 측정방법을 정하라.
⑤ 실제성과를 측정하라.
⑥ 표준과 실제의 차이를 파악하고 원인을 규명하라.
⑦ 차이원인에 대해 시정·조치하라.

4.3.3 품질개선(quality improvement)

① 경영자가 개선의 필요성을 확신할 수 있도록 설명하고 입증하라.
② 파레토 분석 등의 방법으로 우선 수행할 과제를 선정하라.
③ 프로젝트를 이끌어갈 팀을 편성하라.
④ 문제의 원인을 규명하고 진단하라.
⑤ 대책들을 강구하고 그들의 효과를 제시하라.
⑥ 제시된 대책이나 변화에 대한 저항을 효과적으로 대처하라.
⑦ 개선효과가 지속되도록 통제수단을 강구하라.

이상 3단계의 품질경영 과정이 품질목표 달성을 위해 효과적으로 전개되려면 무엇보다 최고경영자의 강력한 리더십과 구성원들의 적극적인 참여가 필요하다.

기업의 기능별 통합입장에서 품질을 접근한 쥬란은 일찍이 1950년대 초반에 품질은 통합이슈로 꼽았다. 그는 전통적인 '전문화의 원칙'에 따라 품질에 대한 책임을 품질관리 부서에 일임하는 것을 거부했다. 그는 데밍의 주장과 마찬가지로 품질의 단편적인 개선보다는 지속적인 개선을 주장하면서 품질혁신은 현장보다는 경영자들의 적극적인 참여에 의해서만 가능하다고 강조한다. 게하니(Ray Gehani)는 그를 전사적 종합품질론자(company wide integrated quality)로 지목하였다.

따라서 쥬란의 품질철학은 "용도의 적합성" 내지 "고객만족"으로 품질을 정의한 소비자지향 품질경영과 경영자 주도의 단계적 품질경영, 즉 '품질 트릴러지'(품질계획·품질관리·품질개선)에서 찾을 수 있다.

데밍에 이어 1954년에 일본에 간 쥬란 역시 일본 품질관리 발전에 많은 공헌을 하였는데, 특히 그는 품질관리를 경영자들에게 경영기법으로 인식시키는데 공헌하였다. 일본산업 실무자들에게 품질관리를 지도함으로써 일본이 세계시장에 진출하는데 결정적인 도움을 주었던 경험을 토대로 그는 1966년에 "일본이 향후 20년 내에 품질로 세계를 석권하게 될 것"이라 예언하였다.

품질의 중점적 관리를 위해 파레토 법칙의 유용성을 제시한 그는 1969년 품질관리를 통해 대형사고 등을 예방해야 한다고 권고하였다. 그 동안 쌓아온 지식과 경험을 체계적으로 전파하고자 1979년 이래 쥬란 연구소(Juran Institute)를 운영해 오고 있던 중 1993년 12월 20일 데밍이 영면하자 쥬란은 은퇴를 선언하고 여생을 보내고 있다.

4.4 크로스비의 품질사상과 철학

ITT(International Telephone & Telegraph)의 품질담당 부사장을 역임한 필립 크로스비(Philip B. Crosby)의 품질사상은 대별해서 품질활동에서의 무결함 추구와 품질코스트에 의한 품질성과 측정에서 찾을 수 있다.

크로스비는 마틴 마리에트사(Martin Marietta Corp.)의 퍼싱 미사일 프로젝트 품질책임자 시절에 ZD 프로그램(Zero Defect Program)을 추진하여 각광을 받은 바 있는데, 경영자들의 소극적인 참여로 인해 기대했던 만큼의 성과는 올리지 못하였다.

그는 품질경영을 하면 무결함(zero defects)성취가 가능할 뿐만 아니라 바람직한 목표라고 주장했다. 즉 검사를 강화하여 품질코스트를 증가시키는 전통적 방법 대신에 불량예방을 통한 무결함 달성을 주장했다. 1979년에 출간되어 100만부가 팔린 「품질은 공짜」(Quality is Free, 1979)라는 저서에서 무결함 추구의 품질철학을 다음과 같이 간결하게 표현하였다.

"품질은 공짜이다. 품질은 누가 가져다주는 선물이 아니다. 그렇다고 돈이 드는 것도 아니다. 품질이 나쁘면 추가비용이 소요되는 것은 당초에 일을 올바르게 하지 못했기 때문이다. 품질은 돈이 들지 않을 뿐더러 이익을 올릴 수 있는 최선의 방법이다."

그의 무결함 사상은 ZD운동의 침체와 더불어 한계를 드러내는 듯 보였지만, 최근 6시그마 운동과 더불어 진가를 발휘하고 있다. 1980년대 후반 TQM의 태동과 더불어 크로스비의 철학은 지속적 개선의 정신, 그리고 고객만족 내지 고객감동, ppm이나 ppb로 상징되는 품질완벽주의자들로부터 인정을 받게 되었다.

크로스비는 불량품의 재작업, 스크랩, 보증, 검사 및 시험 비용절감을 표적으로 하는 품질코스트 프로그램을 제안하였던 바, ITT는 그의 아이디어를 적용해서 매출액의 5%에 상당하는 품질코스트를 절감한 바 있다. 그래서 게하니 교수는 그를 코스트 통합품질론자(Cost Integrated Quality)로 꼽는다.

크로스비의 품질철학은 그가 제시한 '품질경영의 절대조건'(Absolutes of Quality Management)과 '품질개선 대책'(Quality Improvement Program)에서 그 요체를 이해할 수 있다.

4.4.1 품질경영의 네 가지 절대조건

① 품질은 고객 요구사항(요건)과의 일치성(conformance to requirements)이다.
② 고객의 요구사항을 위해 공급자가 갖추어야 되는 품질시스템은 당초에 올바르게 일을 행하는 것(do it right the first time : DIRTFT), 즉 예방시스템이다.
③ 품질활동의 수행표준은 무결함이다.
④ 품질성과의 측정척도는 품질코스트이다.

크로스비는 '품질경영의 절대조건'을 실현하는 방법으로 다음 14단계의 품질개선 대책을 제시하고 있다.

4.4.2 품질개선 14단계 대책

① 경영자가 품질개선 활동에 적극적으로 참여한다.
② 품질개선 팀을 결성한다.
③ 품질활동의 수행척도를 정한다.
④ 품질코스트를 측정한다.
⑤ 품질의식을 고취시킨다.

⑥ 품질문제에 대한 체계적인 수정조치를 취한다.
⑦ 무결함 프로그램을 실행하기 위한 특별위원회를 구성한다.
⑧ 감독자님들에게 필요한 교육을 실시한다.
⑨ '무결함의 날'을 선포한다.
⑩ 품질개선 목표를 정한다.
⑪ 오류(결함)의 원인을 제거한다.
⑫ 달성한 성과에 대해 표창·포상한다.
⑬ 품질위원회를 구성하고 개선활동을 점검한다.
⑭ 위의 과정을 반복 시행한다.

이들 14단계 대책들은 결국 품질개선에 대한 ① 경영자와 구성원들의 확고한 결의, ② 품질경영 원칙에 대한 교육, ③ 실행으로 요약할 수 있다. 그는 1984년에 출간한 저서(Quality Without Tears : The Art ot Hassle-Free Management)에서 전 구성원들의 품질개선에 대한 ① 결의, ② 교육, ③ 실행의 세 가지 대책을 품질불량을 사전에 예방하는 품질백신(the quality vaccine)이라 하였다.

4.4.3 품질경영 성숙 그리드

크로스비는 품질혁신은 꾸준히 지속되어야 하고 기업발전의 근간이 되는 기틀이 마련되어야 한다고 하였다. 그래서 품질코스트 개념으로 경영진을 동기를 유발시켜야 한다면서, '품질경영 성숙 그리드'(Quality Management Maturity Grid)를 제시하고 불확실한 단계에서 성숙 정착하는 단계로 나아가는 다음의 다섯 단계를 제시했다.

① 불확실한 단계(uncertaininty)
② 눈을 뜨는 단계(awakening)
③ 터득하는 단계(enlightening)
④ 보급하는 단계(wisdom)
⑤ 성숙 정착하는 단계(certainty)

초기단계에서는 경영진이 품질을 수단으로 인식하지 못하고 발등에 떨어진 불끄기에 급급하여 품질문제가 발생하면 그때그때 처리하여 조직구성원의 품질개선 노력도 거의 볼 수 없다. 그러나 최종 성숙단계에 이르면 기업구성원들은 품질이 기업성공에 필수적이라는 것을 확신하고 품질문제를 사전에 예방하고 품질개선활동을 열심히 지속적으로 전개한다.

크로스비의 품질사상에서 보면 전술한 슈하트, 데밍, 쥬란과 달리 품질문제를 통계적 수법보다는 인간문제에 초점을 맞추어 문제를 풀어나가려고 한 점은 평가받을 만하다.

4.5 기타의 품질선구자

4.5.1 파이겐바움의 품질사상

제네랄 일렉트릭(GE)의 품질관리자를 지낸 파이겐바움(A.V. Feigenbaum)의 품질사상은 '전사적 품질관리'(Total Quality Control : TQC)로 집약할 수 있다. 그의 주장은 통계적 기법만으로는 품질관리의 성과를 충분히 얻을 수 없으므로 품질에 영향을 주는 회사내 모든 부문의 노력을 모아서 종합적으로 품질관리를 추진해야 한다는 것이다.

1956년 말 파이겐 바움은 Harvard Business Review(11-12월호)에 '전사적 품질관리(Total Quality Control)'라는 논문을 발표하여 세인의 주목을 끌었다. 1961년 그의 표적 저서인 「전사적 품질관리」(Total Quality Control, 1951, 1961, 1983)의 간행과 더불어 ASQC 회장에 취임하여 TQC시대를 이끌었다.

그는 "전사적 품질관리(TQC)란 소비자가 만족할 수 있는 품질의 제품(서비스)을 가장 경제적인 수준으로 생산 내지 서비스할 수 있도록 조직 내 각 그룹의 품질개발·품질유지·품질개선 노력들을 종합하기(integrating) 위한 효과적인 시스템"이라 정의하였다. 즉, 고객이 요구하는 품질을 경제적으로 이루기 위해서 위로는 사장에서 아래로는 현장의 작업자를 포함하는 모든 계층과 부문들이 QC활동을 전개할 필요가 있다는 것이다.

TQC의 성과측정을 위해 품질코스트의 적용을 제창한 그의 관심사는 기업 내에 많은 활동이 재작업이나 불량 등의 비부가가치 활동을 위해 낭비되는 것이었다. 이로 인해 발생하는 품질코스트는 연간 매출액의 10~40% 정도에 이른다고 경고 하였다.

파이겐바움의 TQC사상이 미국이나 서구 선진국에서보다는 일본에서 알찬 결실을 보게 된 것은 서구의 여러 나라에서는 전사적인 품질관리가 전개되지 못했기 때문이다. 즉, 구미제국은 직능주의(Professionalism)에 입각해서 QC요원을 중심으로 QC활동이 전개된 데 반해서 일본에서는 전 부문 전원참가의 전사적 품질관리가 실시된 데 기인한다.

4.5.2 이시가와의 품질사상

일본식 품질관리, 즉 '전사적 품질관리'(CWQC)와 'QC서클활동'을 적극 추진한 이시가와 가오루(1915~1989)는 나라나 기업마다 역사와 사회적 요인이 각기 다르므로 품질관리는 그것을 실시하는 국가나 기업에 적합하게 실시되어야 한다고 주장하였다. 일본동경대학 교수를 지낸 그의 대표적인 저서로는 「일본적 품질관리」(1981)를 꼽을 수 있다.

일본산업의 품질초점을 공정작업의 통제로부터 불량품 예방으로 바꿀 것을 주장하면서 톱의 품질전략과 전체 구성원에 대한 품질교육을 강조하였다. 그 이유는 일본의 원자재에 대한 해외 의존도가 지나치게 높기 때문이었다. 불량품 생산을 방지하고 자재와 인력을 절약하기 위해서는 좀 더 많은 정보를 수집하고 공정과 그들의 결과에 대하여 보다 나은 이해를 위해 교육이 필요하다는 것이었다.

현장 작업자에 대한 통계적 수법의 이해을 위해 '7가지 통계수법'의 교육을 강조했다. 불량을 원천적으로 근절시키기 위한 방편으로 인과관계를 체계적으로 규명할 수 있는 특성요인도(cause and effect or Ishikawa diagram)를 개발하여 이의 사용을 일반화시켰다.

이시가와는 전사적 품질관리 접근방법을 통해 불량예방에 초점을 맞추고 그의 주의를 공정으로부터 고객지향으로 바꾸었다. 그는 외부고객과 마찬가지로 내부고객을 포함시켜 '고객'의 정의를 확대하고, "다음 공정은 나의 고객"이라는 내부고객 지향성(internal customer orientation)도 강조하였다. 시종일관 불량예방을 강조한 이시가와를 '예방통합품질론자'(prevention integrated quality)로 게하니는 꼽는다.

그는 표준화와 품질관리를 수레의 두 바퀴에 비유하면서 양자의 상호보완 관계를 강조하였다. 그렇지만 고객요구에 대한 품질분석을 토대로 표준을 구축하는 것이 효과적이라면서 표준보다는 고객요구에 초점을 맞출 것을 권고하였다.

이시가와 품질철학의 요체를 정리하면 다음과 같다.

① QC는 교육에서 시작해서 교육으로 끝난다.
② 품질의 첫단계는 고객의 요구사항을 이해하는 것이다.
③ 품질관리가 이상적인 수준에 이르면 검사는 필요없다.
④ 품질문제는 증상이 아닌 근본원인을 제거한다.
⑤ 품질관리는 전 부문과 구성원들의 책임이다.
⑥ 목적과 수단을 혼동하여서는 안 된다.
⑦ 품질제일로 장기이익을 추구한다.
⑧ 마케팅은 품질의 입구이며 출구이다.
⑨ 품질문제의 95%는 간단한 7가지 문제해결 수법으로 풀 수 있다.
⑩ 산포가 없는 (예 : 변동)데이터는 엉터리이다.

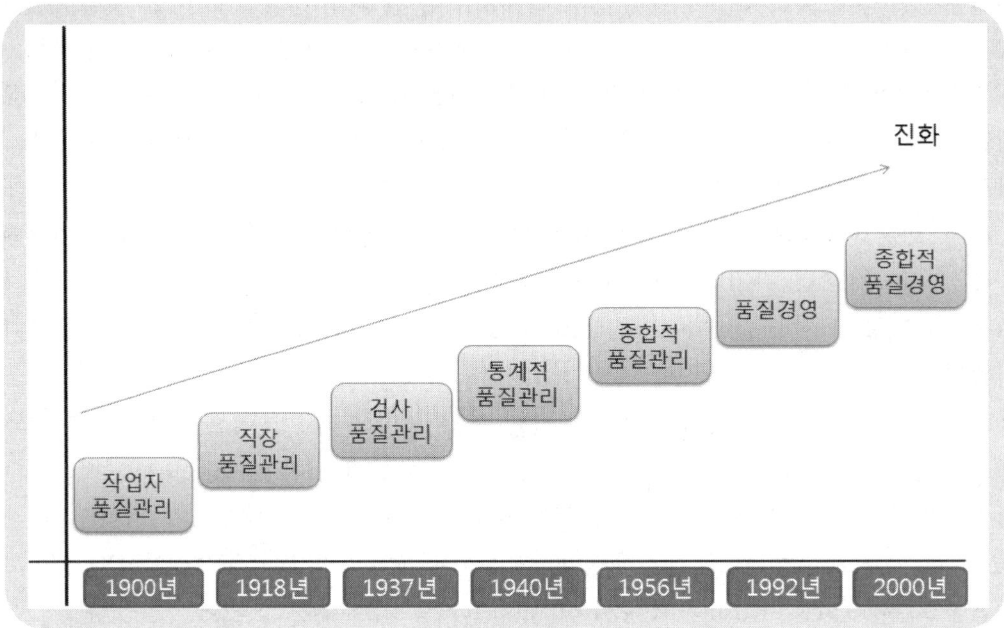

[그림 1-6] 품질관리의 진화과정

4.6 품질관리와 품질경영

4.6.1 품질경영의 도입배경

우리나라 기업들은 1970년대 중반 이래로 품질관리(quality control : QC)를 도입하여 불량률을 줄이기 위한 각종 기법을 개발하는 한편 품질관리분임조 활동을 통해 생산현장에서의 품질향상에 주력해 왔다. 그러나 품질관리의 중요성에 비해 우리의 대응은 미약했을 뿐만이 아니라 최근의 대내외적인 환경변화로 인하여 품질관리는 여러 가지 취약점을 드러내게 되었다.

특히 최근 들어 고객만족(CS)의 중요성이 강조되면서 공급자(생산자)중심의 활동인 QC의 보완이 더욱 필요하게 되었다. 이에 따라 제조, 생산부분뿐만이 아니라 설계, 검사, 판매 등 모든 부문을 체계적으로 관리하면서 품질제고를 노리는 품질경영(Quality Management : QM)이 각광을 받게 되었다.

4.6.2 품질경영의 개념

품질경영(QM)은 품질제일주의를 기업경영 최상의 가치로 두고 위로는 최고경영자로부터 아래로는 현장근로자에 이르기까지 전사적인 차원에서 동원가능한 모든 수단을 활용하여 제품의 기획단계에서부터 설계, 제조, 애프터서비스 등 모든 단계에 걸쳐 품질혁신을 관리하는 데 관심을 기울이는 활동이다. 다시 말해 단순히 제도나 기법을 도입하고 적용하는 활동이 아니라 기업종사자 모두의 의식개혁을 바탕으로 품질에 대한 인식을 새롭게 하고 모든 경영활동을 고객지향적으로 전개하려는 운동이다.

최근 유행하고 있는 ISO 9000시리즈, ISO 14000시리즈, 100PPM운동, VE(value engineering : 가치공학), 공장자동화 운동 등은 이 같은 품질경영의 최종목적을 달성하기 위한 하나의 도구이다.

품질경영은 품질방침, 목표 및 책임을 결정하고, 이들을 품질계획, 품질관리, 품질보증, 품질개선 등과 같은 수단에 의해 품질시스템 내에서 실행하는 전반적 관리기능에 관한 모든 활동이다.

4.6.3 품질관리와 품질경영의 차이

품질관리의 명칭이 앞의 품질관리역사에서 설명한 바와 같이 통계적 품질관리(SQC) → 종합적 품질관리(TQC) → 종합적 품질경영(TQM)으로 바뀌었다. 이때 용어상의 가장 큰 차이는 품질관리(quality control)에서 품질경영(quality management)으로 바뀐 것이다.

다시 말해 품질을 「control」하던 시대에서 「management」하는 시대로 변화한 것이다. 그러므로 품질관리와 품질경영의 차이를 알기 위해서는 이들 두 단어의 의미를 살펴보아야 한다.

관리라는 용어는 그다지 명확한 정의에 따라서 사용된다고는 할 수 없으며, 사람마다 이것이 지닌 의미는 상당한 차이가 있다. 관리의 어원인 「control」을 「통제」라고 해석할 때, 이는 다른 곳에서 들어오는 투입물(input)을 사용하여 기존구조와 기능을 지닌 시스템의 산출물(output)을 자기의사에 따르도록 할 때 사용되는 것이 일반적이다.

그러나 품질관리에서 말하는 「control」이란 시스템의 산출물이 지정된 범위를 벗어날 때 시스템에 대한 투입물을 조정하여 벗어난 것을 원래의 상태로 되돌리는 순수한 의미의 통제활동(control)뿐 아니라, 시스템 자체의 개선」까지도 포함한다. QC분임조 활동은 특히 후자를 중시한 것이며 순수한 의미의 통제활동은 아니다.

control과 management의 차이는 적용범위의 차이라고 할 수 있다. 원래 경영 사이클

(management cycle)이란 특정의 문제 상황이 발생할 때 그 문제를 해결하기 위하여 목표 설정 등 계획을 수립하고(planning), 설계하고(designing), 시스템을 운영하고(operating), 그 결과를 계획과 비교하여 통제하는 (controlling) 것을 말한다.

생산자중심의 시대에서는 시스템 운영상의 효율이 강조된 반면, 고객중심의 시대로 넘어옴에 따라 운영효율은 물론이거니와 더욱 중요한 것은 고객의 요구를 제대로 파악하고 이를 설계단계에 제대로 반영하는 계획 및 설계단계의 중요성이 더욱 강조되고 있다. 따라서 과거 품질관리란 운영과 통제활동에 중심을 두고 있는 반면, 오늘날 품질경영은 과거 품질관리의 통제영역은 기본적으로 포함하고 이를 계획 및 설계단계로 확대한 개념이다.

연 습 문 제

1. 품질경영을 정의하고, 그 일차적 목표를 말해 보시오.

2. 최근 품질의 중요성이 증가된 주요 이유는 무엇인가?

3. 세계 각국이 품질경영상을 제정한 이유를 말하시오.

4. 데밍과 쥬란의 품질사상을 간략히 비교하시오.

5. 품질 트릴러지 세 가지를 간략히 기술하시오.

6. 크로스비의 품질경영의 네 가지 절대조건은 무엇인가?

7. TQC란 무엇인가?

8. QC와 QM을 간략히 비교하시오.

제2장

품질비용

품질비용은 품질을 유지 및 개선 그리고 품질 실패에 따라 발생하는 비용으로 품질관리 활동에서의 문제점을 파악하고 발견된 문제점을 개선하여 경제적 성과를 증진시키기 위하여 필요한 비용이다. 따라서 본장에서는 품질코스트를 분석하여 품질향상 및 목표달성을 촉진하기 위한 전략을 논하자고 하였다.

1. 품질비용의 정의와 분류

1.1 품질비용의 정의

'품질비용'(quality cost) 개념은 1951년에 출간된 「품질관리 핸드북」(Quality Control Handbook)에서 쥬란(J.M. Juran)이 회피가능 품질코스트를 "금광에 묻힌 황금"(gold in the mine)으로 묘사한 데서 비롯된다. 1953년 미국 필라델피아에서 열렸던 ASQC(American Society for Quality Control) 대회에서 GE에 근무하던 레써(W.H. Lesser)는 "품질코스트"라는 논문을 발표하였다. 품질시스템의 유효성(effectiveness)을 높이기 위해서 최소의 품질코스트를 추구하는 전사적 품질관리(TQC)를 파이겐바움(A.V. Feigenbaum)이 제창한 것은 1950년대 후반이다. 그는 TQC에 의해서 원가절감과 품질향상을 기할 수 있음은 이것이 품질코스트의 분석을 토대로 하기 때문이라고 주장하였다.

전통적인 품질관리에서 추구하던 불량률· 결점수 등의 물량적 평가척도로는 경제적 품질관리를 이루는 데 한계가 있다. 품질을 화폐척도로 나타내고 이에 따라 품질개선활동을 측정·평가하고 관리하는 능력을 갖춘 객관적인 평가척도는 품질경영에서 필수적 요소이다. 품질의 경제성 향상과 품질경영에서 전제되어야 하는 것은 경제성 평가이며, 이에 긴요한 평가척도는 품질코스트라 할 수 있다.

품질코스트란 물품이나 서비스의 품질과 관련해서 발생되는 코스트로 기회비용을 포괄한 개념이다. 즉, 품질코스트에는 품질을 이룩하고 이를 관리하는 데 소요되는 일치비용과 품질불량 즉 품질이 일정(시방·요구·고객만족 등) 수준에 미달되어 발생하는 손실, 즉 불일치비용이 포함된다.

품질코스트는 품질이나 품질문제의 중요도를 화폐가치로 나타내고 불합리한 품질개선활동을 객관적으로 나타낼 수 있어 품질경영의 목적을 구체적으로 제시하고 품질개선활동을 객관적(화폐가치)으로 측정·평가할 수 있다. 또한 품질을 품질코스트로 제시함으로써 최고경영층이나 구성원들의 품질에 대한 관심을 불러일으키고, 불량을 손실이나 비용의 값으로 나타냄으로써 품질개선활동의 성과를 정확히 평가하고, 조치를 시급히 취해야 할 품질활동의 우선순위와 중점을 명확히 규명할 수 있다. 품질비용의 주요 기능을 이용주체별로 열거하면 다음과 같다.

(1) 경영자로 하여금 품질경영이나 품질문제의 중요성을 이해시키려고 독려하는데 필요한 정보와 지표를 제공하여 경영자원의 효과적 배분을 도모한다.

(2) 현장의 경영자나 관리자로 하여금 품질코스트의 절감목표를 설정하고 이들 계획을 수립하는데 필요한 정보와 지표를 제시한다.

(3) 품질의 문제가 어디에 있는지, 어느 정도 심각한지를 제시하여 현장관리자로 하여금 효과적인 해결방안을 모색하도록 한다.

(4) 경영자가 현장의 관리자나 구성원들로 하여금 야심적인 목표를 설정하도록 동기를 부여하고 아울러 목표를 달성하도록 한다.

1.2 품질비용의 종류

품질비용을 분석하기 위해서는 기본적으로 세 가지의 관점에 입각하여 분석하여야 한다. 첫째는 불량품이 왜 발생하는지 그 원인을 분석해 보아야 한다. 둘째는 어떻게 하면 불량품의 발생을 보다 경제적으로 예방할 수 있는지에 대하여 분석을 하여야 한다. 셋째로는 성과에 대한 측정방법이다.

품질비용은 크게 품질통제비용과 품질실패비용으로 구분한다. 그러나 품질비용에 속하는 자세한 항목은 산업에 따라 다르다. 그래서 호텔에서의 품질비용이 자동차 공장에서의 품질비용과 동일할 수는 없다.

1.3 품질통제비용

품질통제비용은 생산의 흐름에서 불량품을 제거하는 활동과 관련된 비용으로써, 경영자가 스스로 통제할 수 있는 비용이다. 품질통제비용은 품질 보증비용이라고도 한다. 품질통제비용은 다시 예방비용과 평가비용으로 구분된다.

1.3.1 예방비용

예방비용은(prevention cost)은 P-cost라고도 하며, 기업이 고객에게 제공하는 제품과 서비스에서 불량품이 발생하지 않도록 예방하는 일체의 비용을 말한다. 예방비용은 불량의 원인을 분석하고, 그 원인을 제거하기 위하여 필요한 비용으로써, 제품을 실제로 생산하기 이전에 발생하는 비용이다. 그래서 대개 예방비용은 제품설계단계나 공정개발단계에서 발생한다. 불량품을 방지하기 위해서는 처음부터 품질이 좋은 제품과 서비스를 만들어야 한다. 그래야만 비용도 감소되고 불량률도 감소된다.

예방비용은 점차로 그 중요성이 증가하고 있다. 이것은 일본의 경쟁력 강화에 그 영향이 있다. 일본 제품이 높은 품질수준을 유지하는 데에는 여러 가지 이유들이 있지만, 그 중 한 가지는 바로 일본 기업들의 예방비용에 대한 강렬한 관심이다. 또 불량품을 사전에 방지하는 것이 품질비용을 가장 적게 하는 최선의 방법이라고 일본 기업들은 굳게 믿고 있다. 그래서 지속적으로 불량의 원인을 파악하고, 제거하여 불량의 원인을 사전에 방지한다.

미국 품질학회(American Society for Quality Control)의 품질비용위원회에서는 예방비용을 〈표 2-1〉과 같이 열거하였다.

〈표 2-1〉 예방비용

1. 기업의 제품과 서비스에 대한 고객과 사용자의 욕구 조사 1) 고객과 사용자의 욕구에 대한 마케팅 조사 2) 경쟁자와 비교하여 고객과 사용자에 대한 의식 조사 3) 고객과 사용자의 계약서와 문서 검토
2. 제품과 서비스의 설계와 개발 1) 실제로 생산이 이루어지기 이전의 설계비용 2) 품질에 관련된 설계지원 활동 3) 시제품에 대한 타당성 테스트 4) 새로운 서비스에 대한 타당성 테스트 5) 시제품에 대한 실제 현장 테스트
3. 구매 예방비용 1) 공급업자 조사 2) 공급업자 평가 3) 주문서에 있는 기술적인 자료에 대한 검토 4) 공급업자의 제품에 대한 품질계획
4. 운영(생산 또는 서비스) 예방비용 1) 확실하게 규격에 맞는 제품을 생산할 수 있도록 하기 위한 비용 2) 운영 품질계획 ① 품질측정과 통제기구의 설계와 개발 3) 운영보조 품질계획 4) 작업자들에 대한 품질교육 5) 품질 프로그램을 집행하기 위한 교육비
5. 품질관리 1) 품질관리 직원들에 대한봉급 2) 집행비용 3) 품질매뉴얼 작성과 보관, 품질기록, 예산, 품질전략 4) 품질성과 보고 5) 품질교육 6) 품질개선 7) 품질 시스템 감사
6. 기타 품질비용

1.3.2 평가비용

기업은 생산한 제품이 불량인지 아닌지를 조사해야 하며, 또 발생한 불량품을 제거하여야 한다. 이러한 행위에 관련된 모든 비용이 평가비용이다.

즉, 평가비용(appraisal cost)은 제품의 품질특성이 미리 정한 기술적인 품질규격에 접합한지를 측정 및 평가하는 비용으로 일명 A-cost라 부른다. 그래서 원자재, 부품, 완제품의 품질특성이 표준규격에 적합한지를 검사하며, 표준규격에 적합한 제품을 공정에서 생산할 수 있는지를 측정하고, 검사하고, 분석하는 데 소요되는 모든 비용이 평가비용이다. 그리고 평가비용은 소비자에게 제품을 판매하기 이전에 발생하는 비용이다. 미국 품질학회의 품질비용위원회에서는 평가비용에 속하는 비용을 〈표 2-2〉와 같이 열거하였다.

〈표 2-2〉 평가비용

1. 구매업자 평가비용 1) 외부에서 구매하는 부품과 원자재에 대한 검사와 테스트 2) 검사 측정기구 3) 공급업자의 제품에 대한 인증 4) 구매업자의 공장에서 실시하는 검사비용
2. 운영(생산 또는 서비스)에 대한 평가비용 1) 계획하는 검사, 테스트, 검사비용 ① 검사자가 아닌 작업자의 검사비용 ② 검사자의 작업비용 ③ 검사와 테스트를 할 때 사용되고 파괴되는 자재 2) 기계작동 준비검사와 처음 생산되는 제품에 대한 테스트 3) 특수테스트(제조) 4) 공정통제 측정 5) 실험실비용 6) 검사측정기기와 테스트 측정기구 ① 감가상각비 ② 자산으로 처리되지 않는 모든 측정기구 비용 ③ 보전과 측정에 사용되는 인건비 7) 외부에 검사를 의뢰하였을 때의 비용
3. 외부 평가비용 1) 고객에게 실시하는 제품에 대한 검사, 테스트, 감사활동 2) 수명, 환경과 신뢰성 테스트 3) 엔지니어링 변경과 장기간의 보관으로 인한 재고 조사
4. 테스트와 검사 자료에 대한 평가
5. 다양한 품질 평가

1.4 품질실패비용

품질실패비용(failure cost)은 일명 F-cost라고도 하며, 제품의 품질이 표준규격에 미달되어 발생하는 비용이다. 품질실패비용은 공정 중 또는 제품이 고객에게 판매된 후에 발생하며, 대부분의 제조업체에서 품질비용 중 가장 많은 비중을 차지하고 있다. 대개는 실패비용이 품질 총비용의 70% 이상을 차지하고 있다. 그러나 실패비용이 관심을 많이 받지 못하고 있는 이유는 실패비용을 측정하기가 쉽지 않기 때문이다.

제품이 불량으로 된 이면에는 반드시 원인이 있다. 그러므로 실패비용을 측정하는 이유는 실패를 야기한 원인들을 파악하고, 그 원인을 제거하여 품질을 향상시키려고 하는 것이다. 실패비용은 다시 내부실패비용과 외부실패비용으로 구분된다.

1.4.1 내부실패비용

내부실패비용(internal failure cost)은 기업 내에서 발생하는 실패비용을 말한다. 즉, 내부실패비용은 불량품이 고객에게 전달되기 이전에 기업 내에서 발생하는 비용이다. 미국 품질학회의 품질비용위원회에서는 내부실패비용을 〈표 2-3〉과 같이 열거 하였다.

〈표 2-3〉 내부실패비용

1. 제품 또는 서비스 설계에 대한 실패비용
   1) 설계수정비용
   2) 잘못된 설계 때문에 발생하는 재가공
   3) 설계변경 때문에 발생하는 폐품
   4) 잘못된 설계 때문에 발생하는 계획하지 않은 지원부서의 비용

2. 구매와 관련된 실패비용
   1) 불량품 때문에 발생하는 쓸데없는 문서, 수송비, 평가
   2) 불량품 때문에 새로 교체하는 비용
   3) 불량품 때문에 발생하는 시정조치비용
   4) 인수하였지만 불량품 때문에 기업에서 수행하는 재가공
   5) 도난, 파손 때문에 발생하는 자재손실

3. 운영(생산 또는 서비스) 실패비용
   1) 자재 조사와 시정조치비용
      ① 폐품
      ② 실패분석비용
      ③ 실패분석을 위해 사용하는 추가적인 분석비용
      ④ 시정조치비용
   2) 재가공과 수리비용
      ① 재가공
      ② 수리
   3) 재검사와 재테스트 비용

4) 부가적인 작업비용
5) 재가공을 다시 할 수 없어 발생하는 폐품
6) 등급조정
7) 불량품 때문에 발생하는 근로자와 기계의 유휴시간

4. 기타 내부실패비용

1.4.2 외부실패비용

외부실패비용(external failure cost)은 불량품이 고객에게 판매된 다음에 발생하는 비용이다. 그래서 외부실패비용은 고객 서비스와 관련된 비용에 해당된다. 미국 품질학회의 품질비용위원회에서는 외부실패비용을 〈표 2-4〉와 같이 열거하였다.

〈표 2-4〉 외부실패비용

1. 소비자 불만조사와 고객서비스
2. 반환품
3. 재조정비용
   1) 리콜비용
4. 품질보증비용
5. 위약금
6. 벌금
7. 이미지 훼손
8. 판매량 감소
9. 기타 외부 실패비용

1.5 숨겨진 실패비용

좋지 않은 품질은 기업의 경영성과와 이미지에 나쁜 영향을 끼치며, 기업의 실패비용을 증가시킨다. 이 나쁜 품질은 지금까지 설명한 실패비용 이외에 또 다른 실패비용을 발생시킨다. 이 비용이 숨겨진 실패비용(hidden quality costs)이다. 숨겨진 실패비용은 기업에게 상당한 손실을 발생시키지만, 경영자들이 잘 인식하지 못하는 비용이다. 그리고 이 비용은 실패비용에 비해 불가능하지는 않지만 파악하고 측정하기가 상당히 어렵다. 우리가 실제로 측정하는 실패비용은 총실패비용의 아주 미미한 부분에 지나지 않고, 숨겨진 실패비용이 엄청나게 많은 사실을 알 수 있다. 그러므로 경영자는 기업의 경쟁력에 크게 영향을 끼치는 이 숨겨진 실패비용을 반드시 파악하고 측정하여 개선하도록 하여야 한다.

구체적으로 숨겨진 실패비용으로는 다음과 같은 비용을 들 수 있다.

- 종업원의 이직
- 종업원의 사기 저하
- 생산성의 저하
- 취소된 주문
- 생산능력의 감소
- 증가된 재고
- 낭비되는 엔지니어와 경영자의 시간
- 품질문제 때문에 발생하는 재설계 비용
- 품질규격을 만족시키지 못하는 제조공정을 변경하는 비용
- 보고되지 않은 폐품
- 기계와 설비의 유휴시간

1.6 품질비용의 체계

1.6.1 분류체계

일반적으로 품질코스트는 예방비용(Prevention Cost), 평가비용(Appraisal Cost), 실패비용(Failure Cost)으로 분류하였다. 여기에 파이겐바움(A. V. Feigenbaum, 1983)은 실패비용을 내부 실패비용과 외부 실패비용으로 세분화하였다.

송재근(2006)에 의하면 유럽품질관리기구(EOQC : European Organization for Quality Control)의 품질비용위원회는 품질비용은 적어도 4가지의 의미로 사용되는데 첫째, 생산기업의 입장에서의 품질비용, 둘째, 소비자입장에서의 사용자품질비용, 셋째, 판매자 입장에서의 품질보증원가, 넷째, 일정품질의 제품을 제조하는 경우의 총 품질비용의 의미로 사용될 수 있다고 하였으며 이와 같은 분류는 라이프사이클의 관점에서 제시된 것이라고 분석된다.

라이프사이클 관점에서 품질비용으로 파이겐바움(A. V. Feigenbaum, 1983)은 품질비용을 생산자비용과 사용자비용 등으로 나누고 생산자비용은 조업품질비용, 품질평가설비의 품질비용 및 공급자품질비용으로 분류하였다.

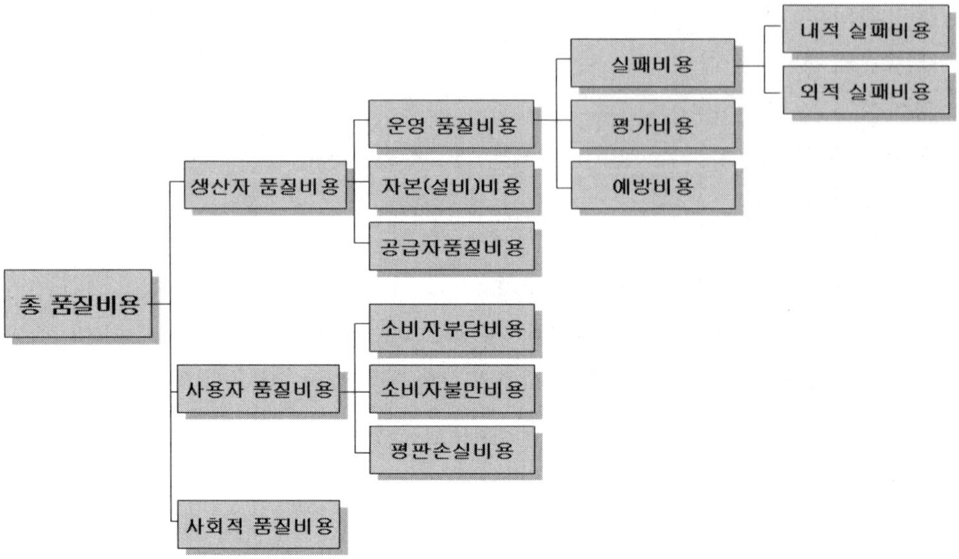

출처 : 송재근(2006), 「Q-COST & COPQ」.

[그림 2-1] 품질코스트 분류체계

1.6.2 생산자 품질코스트

이순룡(1998)의 제조업을 대상으로 분류한 품질코스트의 항목은 다음의 표와 같다. 그러나 이와 같은 분류는 제조방식, 설비방식, 생산방식 등에 따라 차이가 발생할 수 있으므로 개선팀은 명칭에 대하여 동일한 개념을 구축하여 추진하는 것이 효과적이다.

〈표 2-5〉 제조업의 품질비용의 분류

분 류	주요 비용 명칭	
예방비용	• 품질계획비 • QC기술비 • 외주업체 지도 및 평가비 • 품질시스템의 개발 및 관리비 • 제품에 대한 오용방지 안내 및 소비자 교육비 • 기타 예방비용	• 검사 및 시험 계획비 • 품질/교육 훈련비 • 인정 시험비 • QC사무비
평가비용	• 수입검사 • 완성품검사비 • 검사 및 시험기기의 보전비 • 제품출하시의 품질검토 및 현지 시험비	• 공정검사 • 시험비 • 구성품 및 제품의 품질 인증비 • 기타 평가비용
내부	• 스크랩비	• 재작업비

실패비용	• 외주불량비 • 고장발견 및 불량분석비	• 등급 저하 손실비 • 기타 내부 실패비용
외부 실패비용	• 보증기간 중의 불만비(반품 및 클레임 포함) • 보증기간 만료 후의 불만비 • 지참 서비스비 • 기타 외부 실패비용	• 현지 서비스비 • 제품 책임비

1.6.3 사용자 품질코스트

사용자 품질은 사용의 적합성으로 쥬란(J.M. Juran, 1974)에 의하여 주장되었다. 사용자 품질비용은 소비자부담비용과 소비자불만비용, 명성상실비용으로 해링턴(H. J. Harrington, 1981)은 분류하였다.

제품 중심적 사고의 품질경영의 모순으로 소비자의 불만을 소비자에게 전가시키는 것으로 이러한 불만은 기업의 이미지 실추와 재 구매, 충성고객 확대 등에 영향을 미치게 된다. 이와 같은 모순은 기업의 잘못된 품질경영이 소비자에 넘어가는 잘못된 경영정책으로 이와 반대되는 개념은 사용자 관점의 품질경영이 추진되는 것이다.

〈표 2-6〉 생산자와 소비자 관점의 차이

구 분	생산자 관점	소비자 관점
판매 대상	• 생산자에 의해 만들어진 제품	• 사용자에 의해 요구되는 서비스
품질의 정의	• 시방과의 일치	• 사용자 적합성
품질비용	• 생산자 품질비용	• 사용자 품질비용
서비스 책임	• 보증기간 내	• 내용연수 전체

출처 : 송재근(2006), 「Q-COST & COPQ」.

1.6.4 사회적 품질비용

송재근(2006)은 사회적 품질비용으로 기업이 제공하는 제품 또는 서비스의 부적합이나 결함 또는 환경 등에 미치는 영향이 과거에는 단순히 직접 구매하여 사용하는 소비자에게만 미쳤으며 그에 따른 A/S나 배상으로 해결이 가능했다. 지금은 소비자뿐만 아니라 이해관계자 나아가서 국가 전체에 미치는 영향으로까지 부적합이나 결함에 따른 기업의 책임이 확산되고 있는 추세이다. 예를 들면 지구온난화에 직접적인 영향이 있었던 냉장고의 프레온가스는 이제는 환경친화적인 대체물질로 바뀐 제품을 출시하지 않으면 안 되며, 대기오염의 주범이자 자동차 배기가스의 오염으로 인해 앞으로는 무공해 자동차를 만들어 판매하지 않으면 안 된다는 것이 이를 잘 설명해주고 있다. 다시 말해 프레온가스가 내장된 제품들로 인하여 범지구적인 측면에서의 환경문제는 이상기온 및 호수 등과 같은 자연재해를 부르고 있는 것이다. 이러한 자연재해에 따르는 피해복구를 위해 들어가는 상상초월의 천문학적인 비용이 바로 사회적 품질이다.

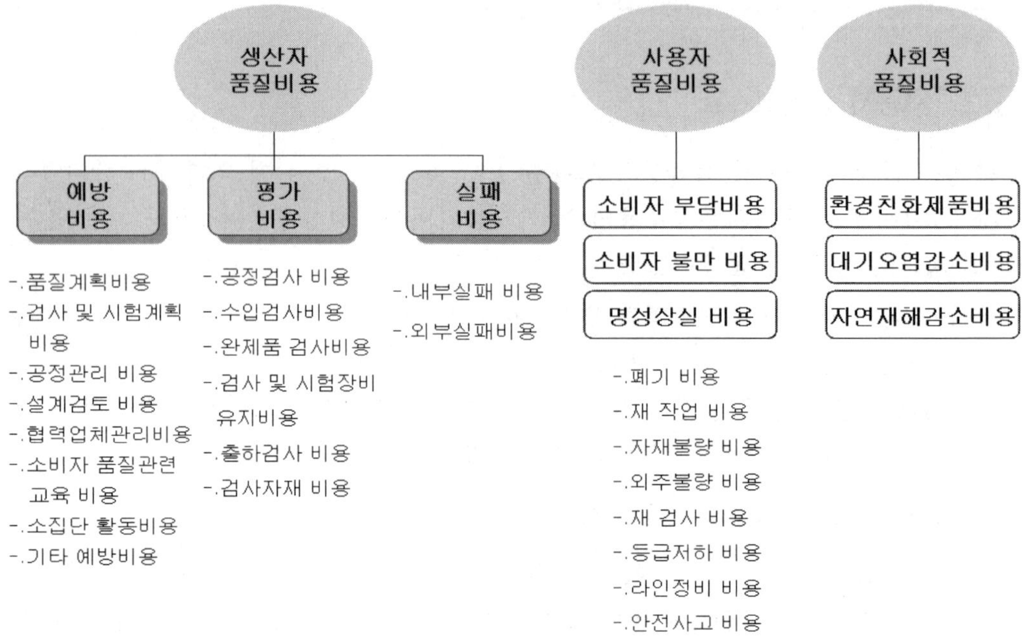

[그림 2-2] 품질코스트의 분류

2. 품질비용의 측정과 분석

2.1 품질비용의 산정

품질코스트를 산정하고 집계하기에 앞서 결정해야 되는 것은 품질코스트 데이터를 수집할 대상을 선정하고 아울러 그 기업이나 공장의 특성을 고려하여 품질코스트의 비용항목들을 정하는 일이다.

2.1.1 품질코스트의 비용항목

품질코스트의 근간을 이루는 운영품질코스트 즉, 예방코스트, 평가코스트, 내부실패코스트, 외부실패코스트의 네 가지 유형별 비용항목들을 제시하면 다음과 같다.

2.1.1.1 예방코스트(Prevention cost : P-cost)

① 품질개발 및 계획 비용
② 검사 및 시험계획 비용
③ QC기술 비용
④ 품질 교육, 훈련비용
⑤ 외주업체 지도 및 평가 비용
⑥ 인정시험 비용
⑦ 품질시스템의 개발 및 관리 비용
⑧ QC/QM 사무비용
⑨ 제품에 대한 오용방지 계몽 및 소비자 교육 비용
⑩ 기타의 예방 코스트 (시장조사, 거래처심사, 계약 및 거래조건 심사, 공정관리 비용)

2.1.1.2 평가코스트(Appraisal cost : A-cost)

① 수입검사 비용
② 공정검사 비용

③ 완성품검사 비용
④ 시험 비용
⑤ 검사 및 시험기기의 보전 비용
⑥ 구성품 및 제품의 품질인증 비용
⑦ 제품출하시 품질검토 및 현지시험 비용
⑧ 기타의 평가코스트(측정기기 및 자동공정시스템의 감가상각비)

2.1.1.3 내부실패코스트(Iternal failure cost : IF-cost)

① 스크랩 비용
② 재작업 비용
③ 수입자재 및 외주가공 불량 비용
④ 고장발견 및 불량분석 비용
⑤ 불량대책 비용
⑥ 등급저하로 인한 손실 비용
⑦ 기타의 내부실패코스트

2.1.1.4 외부실패코스트(External failure cost : EF-cost)

① 보증기간 중의 불만 (반품 및 클레임 포함)
② 보증기간 만료 후의 불만
③ 현지 서비스 비용
④ 지참 서비스 비용
⑤ 대품 서비스 비용
⑥ 제품책임 비용
⑦ 기타의 외부 실패 코스트(판매기획 손실, 영업권 감손 손실 등)

[품질비용]

P-Cost : 계획코스트, 기술코스트, 교육코스트, 사무코스트
A-Cost : 수입검사코스트, 공정검사코스트, 완성품 검사코스트, 시험 코스트, PM 코스트
F-Cost : 납품 전의 불량 코스트, 무상 서비스 코스트, 불량대책 코스트

2.1.2 품질비용의 산정

품질코스트 데이터를 수집함에 있어서 기존의 회계시스템을 이용하면 많은 정보를 손쉽에 얻을 수 있다. 가령 QC부서나 검사부서의 인건비, 출장비, 교육훈련비 등은 회계자료에서 용이하게 파악할 수 있는 것들이다. 이 밖에 품질코스트와 관련된 주요 정보는 관리부서에서 관장하는 회계장표에서 구할 수 있는데, 가령 재작업비는 재작업보고서나 수리일보 또는 작업일보에서 얻을 수 있으며, 시험검사비는 검사보고서나 검사시험 관련서류에서 구할 수 있다.

생산기업에서 사용되는 기존문서 가운데 품질코스트의 주요 자료원이 되는 것으로는 다음의 것이 있다.

① 급여명세서
② 제조경비철
③ 폐각손실보고서
④ 재작업보고서
⑤ 여비·출장비 명세서
⑥ 제조원가 보고서
⑦ 수리일보
⑧ 클레임접수보고서
⑨ 검사·시험기록(보고서)
⑩ 생산작업 분석기록
⑪ A/S 및 제품보증비용 명세서
⑫ 부서별 임률 및 경비율 자료

이상과 같은 자료들이 없을 때는 비용을 추정하거나 간접비를 배부하는 방법이 이용될 수 있다. 가령 설계 담당자가 고객의 품질요구를 시방으로 작성하는 데 소요된 시간과 그의 임률을 곱하여 품질코스트를 산정한다.

2.2 품질비용의 집계

여러 자료에서 수집된 코스트 데이터는 적절한 집계표에 집계되어야 하는데, 이들 코스트 데이터에 비용항목별, 즉 비목별 코드를 부여하여 집계 및 분석이 용이하도록 할 필요가 있다. 더욱이 컴퓨터를 이용하여 품질코스트를 집계함에 있어서 비목별 코드는 필수요소이다.

품질코스트를 부서별로 집계하여 「품질코스트 자료보고서」가 작성되는데, 이들을 모아서 품질코스트 요소별로 집계한 품질코스트를 비용항목별로 분류·집계하여 「품질코스트 집계표」를 작성한다. 부서별 품질 코스트 자료보고서에 집계되지 않은 부문공통비나 간접비는 주어진 배부기준에 의거 부문별로 배부되며, 계량화되지 않은 것은 비용항목별로 추정하여 「품질코스트 집계표」에 산정한다.

2.3 품질비용의 개선

2.3.1 예방활동중심의 품질코스트 개선

검사만으로는 실질적인 불량제거는 어렵다. 불량이 있을 때 아무리 검사를 철저히 하여도 일부가 소비자에게 넘어갈 수 있으며 불량으로 판명된 것은 재작업이나 스크랩으로 처리되므로 그만큼 손실은 있게 마련이다.

파이겐바움(A.V. Feigenbaum)은 총품질코스트의 5~10% 정도에 이르는 예방코스트를 2배 내지 3배로 높일 필요가 있음을 강조한다. 사실 품질기술, 품질교육, 품질정보, 설비기술, 공정관리 및 품질시스템의 개선 등 예방코스트에 적절히 투자하면 불량이 감소되어 실패코스트는 줄게 된다. 불량이 줄게 되면 검사 및 시험업무도 감소되므로 평가코스트도 따라서 줄게 된다.

1980년대 초 미국과 일본의 에어컨 제조업체의 품질코스트를 비교한 자료(〈표 2-7〉 참조)에 의하면 미국기업의 평균 품질코스트는 매출액의 3.9%로서 일본기업1.3%의 3배나 되었다. 품질보증비용도 미국기업은 매출액의 2.2%로서 품질코스트의 반 이상(56%)을 점하고 있는데 비해서, 일본 업체의 그것은 0.6%에 불과하였다.

그 이유는 일본기업은 품질관리의 영역을 전사로 확대시켜 제품설계의 검토, 부품공급업체의 선정 및 관리, 그리고 제조현장에서의 불량예방활동의 강화 등 전사적 품질관리(CWQC)를 전개하였기 때문이다. 미국업체의 경우, 불량예방 활동을 등한히 함으로써 품질보증비용의 증대만으로는 품질문제를 원천적으로 해결할 수 없어 품질코스트는 증가될 수밖에 없었다.

품질의 경제적 관리를 위해서는 품질의 인과관계를 규명하고 종속변수(실패코스트)에 대한 독립변수(예방코스트)의 크기를 가늠해야 한다. 즉, 실패코스트에 대한 영향력이 큰 예방코스트의 효과적인 투입이 요구된다.

예방코스트에는 품질과 관련된 관리비와 사업비가 상당액 내포되는데. 이들을 구분해서 관리할 필요가 있다. 그 한 가지 방법으로 품질경영 추진비와 같이 불량예방에 정기적으로 투입되는 계속예방코스트(continuing preventive cost : p-cost)로 구분하여 관리하는 방법이 있다. 예방코스트의 투입효과는 후자에서 높은 것으로 예방코스트의 효율적 투입은 동태적 시스템에서 가능하다.

결과적으로 예방활동을 중심으로 하는 종합적 품질경영에 의해서 품질수준의 향상과 품질코스트의 감소를 달성하는데, 파이겐바움은 이 경우 품질코스트의 1/3 이상 절감이 어렵지 않다고 주장한다.

〈표 2-7〉 미국과 일본 에어컨 제조업체의 품질코스트 비교

품질수준별 기업집단	품질보증비용 (매출액 대비)		총품질비용 (매출액 대비)	
	중앙값	범 위	중앙값	범 위
일본의 제조업체	0.6%	0.2~1.0%	1.3%	0.7~2.0%
미국의 최상 제조업체	1.8	1.1~2.4	2.8	2.7~2.8
미국의 중상 제조업체	2.4	1.7~3.1	3.4	3.3~3.5
미국의 평균 제조업체	2.2	1.7~4.3	3.9	2.3~5.6
미국의 하위 제조업체	5.2	3.3~7.0	5.8	4.4~7.2

2.3.2 품질코스트의 개선단계

품질경영 수준이 성숙되어 가면서 품질코스트는 점차로 낮아진다. 크로스비에 의하면, 품질경영이 제대로 안 되는 '불확실 단계'에서는 품질코스트는 매출액의 30% 정도 되지만 '정착 단계'에 이르면 2.5%까지 내려간다.

품질코스트는 품질경영의 수준에 따라 그의 크기와 내용면에서 많은 차이가 있다. 따라서 품질코스트 시스템을 도입하여 품질의 경제적 관리를 추진하려면 우선 당해 기업의 품질경영 수준을 판단한 다음에 그에 적합한 접근방법이 선택적으로 모색되어야 한다.

품질경영의 성숙과정을 다섯 단계로 나누어 품질비용의 개선단계를 기술하기로 한다.

(1) 제 1 단계인 수동적 관리에서는 품질관리가 전혀 실시되지 않고 있는 수준이므로 일차적으로 품질개선에 대한 이해의 증진과 더불어 품질향상의 필요성을 인식할 수 있도록 품질코스트를 파악 제시할 필요가 있다. 이 경우 외부실패코스트가 그 대부분을 점하는데, 외부실패코스트를 줄이기 위해서는 우선 출하검사를 강화할 필요가 있다.

(2) 제 2 단계인 검사관리에서는 품질개선의 필요성을 인식하고 품질향상에 대한 동기부여를 단기적으로 시도하는 단계이다. 제품출하검사에 치중하면 외부실패코스트는 줄어드는 대신에 평가코스트의 비중이 증대되고 내부실패코스트가 증대된다. 내부실패코스트를 줄이기 위해서는 출하검사보다는 수입검사 및 중간검사에 힘쓰고 공정관리에 주력해야 한다.

(3) 제 3 단계인 공정관리에서는 공정품질의 개선을 통해서 품질이 안정되어 품질경영

이 점차 제도화되는 단계이다. 품질개선을 위해서 공정관리에 치중하면 관리코스트는 증대되지만, 대신 내부실패코스트가 상당히 줄고 아울러 평가코스트와 외부실패코스트도 다소 개선된다. 그러나 경제적인 품질개선은 초기에 근원적으로 불량이 예방되어야 하는 것으로, 설계 및 외주품의 관리를 비롯한 예방책이 강구되어야 한다.

(4) 제 4단계인 예방적 관리에서는 전사적인 품질경영의 필요성이 인식되고 품질경영에서 톱 및 구성원의 역할이 강조되는 단계이다. 이 단계에서는 예방코스트가 증대되고 실패코스트는 상당히 안정된다. 품질코스트 프로그램의 성과를 올리고 경제적인 품질관리가 전개되려면 보다 체계적인 불량예방대책이 모색되고 궁극적으로 품질코스트의 최적화가 모색되어야 한다.

(5) 마지막 제 5 단계는 품질경영의 정착단계로서, 품질경영이 기업시스템의 필수기능이 되는 단계이다.

특수한 경우를 제외하고 품질문제가 예방·조치되어 품질코스트가 최소에 이르는 최적수준에 이르게 된다. 그리고 이 단계에서 예방·평가·실패코스트가 최적배분을 이루게 되면 품질코스트는 적정수준에 이르게 된다. 그리고 이 단계에서는 품질코스트의 지속적 관리가 필요한데 이 경우 회계자료를 이용할 수 있도록 품질코스트시스템이 제도화되어야 한다.

3. 품질비용의 절감

3.1 Q-Cost 문제원인 분석

3.1.1 목표설정

고객의 욕구를 충족시키고도 남도록 기업의 품질우위를 추구하기 위하여 기업의 품질경영목표를 설정하고 이 목표를 달성하기 위하여 조직원 전원참여가 필요하며 설정된 목표를 달성하기 위하여 최고경영자의 강력한 의지와 리더십을 요구한다. 이와 같이 기업의 큰 목표가 결정되면 이를 달성하기 위한 하부조직의 목표를 설정하고 추진하게 된다. 이러한 하부조직의 목표가 구체적으로 설정되며 설정된 목표를 달성하기 위하여 추진 주제를 선정하게 된다. 따라서 Q-Cost의 세부추진 주제를 선정하는 방법은 다음과 같다.

3.1.1.1 Q-Cost 목표선정 원칙

목표는 처음부터 성과나 발표, 평가 등을 목적으로 너무 크게 잡으면 목표가 어려워 활동에 일관성이 없고 추상적으로 흐르게 된다. 따라서 처음에는 우리주변의 문제 해결에 대한 목표를 설정한다. 또한 목표를 달성하고자 하는 조직원의 공통적이고 전원관심사로 결정하며 단기간에 달성 가능한 목표가 효율적이며, 구체적인 문제와 통계적으로 평가가 가능한 목표를 설정한다.

3.1.1.2 목표선정의 착안점

- 고객에게 불편을 주고 있는 일?
- 고객의 불만요소?
- 낭비와 무리요소?
- 의사소통의 문제점요소?

3.1.2 핵심 프로세스 분석

낭비원인의 모든 핵심 프로세스를 찾아내고 품질비용 항목을 도출하는 것은 불가능할 것이다. 그러나 누구나 낭비의 근본원인을 알고 싶어 하고 문제의 원인과 프로세스를 추적하려고 한다. 처음부터 모든 낭비의 원인을 추적하기는 어렵다. 따라서 전략적으로 개선이 필요한 항목만을 도출하고 여기서 발생되는 낭비의 비용을 정량화하여 개선전략을 추진하는 것도 바람직한 방법이다. 따라서 분석단계를 어느 범위까지 할 것인가를 미리 정하여 두는 것도 효과적인 분석방법의 하나이다.

다른 한편으로 분석단계에서 적용할 부서의 범위를 정한다. 일반적으로 제조기업은 생산부분과 지원부문으로 분류하는데 이들 부서 중 중점 분석대상을 선정하는 것이다. 일반적으로 품질코스트는 생산관련부서에서 발생되는 항목이 크고 많으므로 우선 대상은 생산관련부서이고 추후 지원부서 즉, 간접부문을 대상으로 선정한다.

또한 분석지표로 분석 대상의 기준이 되는 지표를 설정하고 비교분석하는 것이 효율적이다. 분석지표로 사용되는 자료는 사업계획서, 전년도 실적자료, 동종업계 자료 등을 활용하며 분석은 재무적 성과와 비재무적 성과로 나누어 분석할 수 있다. 이러한 부서별 성과지표는 다음의 표와 같다.

〈표 2-8〉 부서별 주요성과 지표

구 분	주요 기능부서	주요 성과지표
영업부문	마케팅	광고비, 판촉비 등
	판매	매출액, 매출이익, 채권회수율, 시장점유율 등
	서비스	유상수리비용, 무상수리비용, 재수리율 등
개발부분	설계	신제품 매출기여도, 시방변경 건수, 개발 달성율 등
	규격인증	규격획득 건, 규격인증비 등
관리부문	총무	복리후생비, 회사버스/중장비 운용비 등
	인사	교육훈련비, 성과포상금 등
	노무	산재율, 산재보상금 등
구매/자재 부문	구매	납기율, 수입검사불합격율, 구매단가 인하 등
	자재관리	물류관리비, 불용자재폐기율, 재고회전율 등
	협력업체관리	기술지도비, 인증지원비, 자금지원비 등
생산부문	부품가공	재가공비, 합격률, 생산성 등
	완성품 조립	재조립비, 생산성, 합격률 등
	자주검사	검사비용, 재검사비용 등
	설비관리	고장수리비용, 불용스크랩 폐기비용 등
생산기술 부문	시제품제작	제작비용, 제작일정 준수 등
	공정설계	시방변경 건, 셋업 타임 절감 등
품질부문	품질경영	규격 인증 및 관리비용
	품질보증	신뢰도 향상, 내구시험시간 단축 등
	품질관리	합격률, 품질개선 건수, 재발방지 건수, 협력업체품질개선 건 등

출처 : 송재근(2006), 「Q-COST & COPQ」.

3.1.3 품질비용 항목 추적

품질비용 발생 원인을 추적하기 위하여 P-cost, F-cost, A-cost의 발생비용을 추적하여 분석한다. 품질비용은 제1절과, 제2절에서 설명하였지만 더욱 세분화하면 다음과 같다.

P-Cost는 계획코스트, 기술코스트, 교육코스트, 사무코스트로 분류되며 계획코스트는 품질경영 계획 및 시스템을 도입하기 위한 조사, 섭외 등에 소요되는 비용으로 조사비, 계획 등이 있다. 기술코스트는 평가, 입증, 기술지원 등에 소요되는 비용으로 통계사무비, 교섭비, 사무비 등이 있다. 또한 교육코스트는 교육 등에 소요되는 비용으로 전사 교육비 등이 있으며, 사무코스트는 사용품, 통계용 기구 등으로 사무용품비, 잡비 등이 있다.

F-Cost에서 폐각코스트는 판매 이전에 불량으로 폐기되는 손실코스트로서 재료비, 검사비, 간접경비 등이 포함되며, 재가공코스트는 판매 이전의 불량으로 사내공정에서 재작업에 따른 손실코스트로서 검사비, 간접 경비, 재가공 직접비 등이 있다, 외주불량코스트는 외주 업체에서 납품하기 이전에 검사 불량에 따른 손실코스트로서 재료비, 검사비, 조달비 등이 있으며, 설계변경 코스트는 설계 변경에 따른 손실코스트로서 설계변경비용, 구입재료비, 치공구비용 등이 있으며, 현지 서비스 코스트는 납품 후 발생되는 무상서비스 비용으로서 보증과 상관없이 생산자 책임에 의하여 발생되는 비용으로 출장비, A/S재료비, 수리비, 경비 등이 있다. 또한 대품 서비스 코스트는 이미 판매된 제품이 제조업체의 책임으로 인하여 대체품으로 교환하여주는 비용으로서 대체품 가격, 운임 등 경비가 있으며, 불량대책 코스트는 불량을 방지하기 위한 회의비, 불량조치비 등에 소요되는 비용이다.

A-Cost에서는 수입검사 코스트로 구입제품, 부품, 원재료, 가공품 등의 검사비 등에 소요되는 비용이며, 공정검사 코스트는 서브공정 및 공정검사에서 발생하는 검사비 등이며, 완성품 검사코스트는 완성품의 최종검사에 소요되는 검사비 등이 있다. 그리고 시험 코스트는 검사 이외의 특정 프로젝트의 실시시험 비용으로 시험재료비, 기능 시험비, 신뢰성검사비 등이 있으며 PM 코스트는 시험기, 측정기 등의 수입검사, 정기검사, 조정수리, 기준기의 점검 등에 소용되는 비용이다.

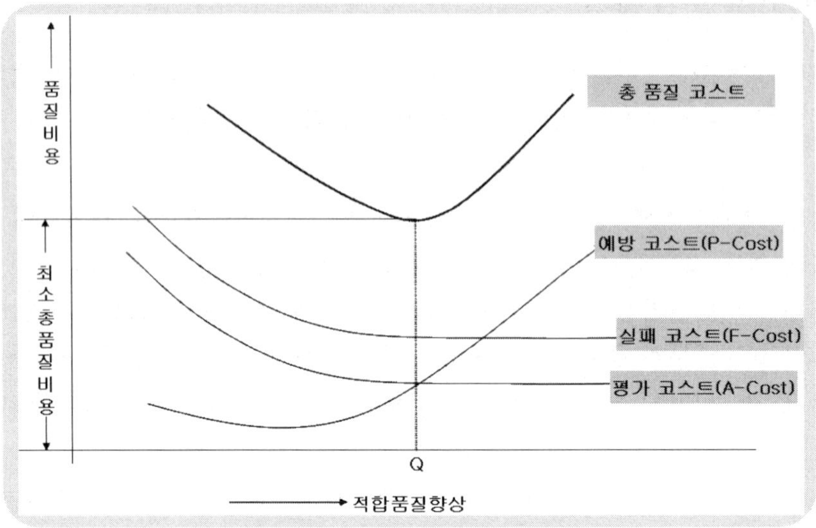

[그림 2-3] 품질비용의 관계곡선

3.2 Q-Cost 낭비원인

도요타가 지적한 7대 낭비원인을 분석하면 다음과 같다. 이와 같이 낭비의 발생 원인을 분석하여 다음단계에서 개선아이디어를 발굴하게 된다.

① 과잉생산의 낭비 발생원인은 과잉인원, 과잉설비, 지나치게 빠른 CAPA, 치우친 자동화생산 등이 있으며 이에 대한 대안으로는 준비의 단일화, 인원의 최소화, 생산의 평준화, 간판의 활용 등이 있다.

② 가공의 낭비 발생원인은 공정순서의 분석미비, 작업내용의 분석미비, 불합리한 치구사용, 재료의 미 검토 등으로 개선대안으로는 공정설계의 적정화, 작업내용의 수정방안, 사양검토방법, 올바른 치구 사용법 등이 있다.

③ 운반의 낭비 발생원인은 비합리적인 공정배치, 무계획적 작업, 단순기능공 등에 따라 발생되며 개선 대안으로는 계획적인 사고방식에 이은 작업진행 방법 등이 있다.

④ 불량의 낭비 발생원인은 공정검사미흡, 검사방법 및 기준 미비, 과잉품질, 표준작업결여 등으로 개선대안으로는 표준작업준수 방안, 공정검사의 혁신적 개선방안 등이 있다.

⑤ 대기의 낭비 발생원인은 공정이상발생, 비효율적인 설비배치, 전 공정 문제발생, 능력 불균형, 대 LOT생산 등으로 개선대안으로는 낭비, 실수의 방지, 자동화방안, 공정 내 준비작업의 평준화 등이 있다.

⑥ 재고의 낭비 발생원인은 설비배치의 불합리, 공정이상 발생, 선행생산, 대량LOT생산 등으로 개선대안으로는 생산흐름의 원활화 방안, 후 공정과의 업무조율 방안 등이 있다.

⑦ 동작의 낭비 발생원인은 자기 자신만의 사고방식, 작업자 근성부족, 불합리한 공정배치 등으로 개선 대안으로는 생산흐름에 대한 혁신적 구조개선 방안논의, 동작개선 원칙의 준수방안 등이 있다.

송재근(2006)은 품질비용 항목도출 방법으로 다음의 표와 같이 8가지 방법을 제시하였다.

〈표 2-9〉 품질비용 항목 도출방법

방 법	목 적	비용화 과정
부서의 조직도 및 개인별 업무분장표	품질비용발생과 관련한 해당업무수행 내용 및 인원수 파악	해당업무 수행 인원의 확인으로 인건비 산정
부서업무와 관련한 표준류	품질비용발생과 관련한 프로세스의 확인과 실제로 비용을 발생시킨 원인부서의 명확한 파악	각종 LOSS의 도출에 의한 비용 산정과 원인부서에 할당
사업계획 성과지표 및 실적	간편하게 품질비용과 관련한 일부항목 및 금액(비용)까지도 파악	금액으로 표시되는 성과는 해당 품질비용항목에 그대로 반영, 정성적인 실적은 비용화하여 산출
각종 실적의 기록문서 자료	품질비용의 항목으로 선정할 수 있는지 없는지의 검증자료로 활용	정량적인 근거자료에 의한 실적은 품질비용항목에 그대로 반영, 정성적인 실적은 비용화하여 산출
예산(비용)계정 자료	부서별 업무수행을 위해 사용되는 비용을 계정별로 배분해 놓은 자료로서 품질비용과 관계가 있는 계정과목을 발굴하거나 또는 집계한 일부의 품질비용의 검증	계정과목의 실제적인 집행용도를 세부적으로 분석하여 품질비용에 해당되는 계정을 찾아내어 품질비용화하여 산출
프로세스맵핑 (PM 또는 SIPOC)	현재의 업무절차를 세부적으로 분석하여 내재되어 있는 문제점을 찾아내거나 프로세스의 성과를 좀 더 향상시킬 수 있는 방법을 찾는 것	세부적인 프로세스의 분석을 통한 잠재되어 있는 문제점이나 로스를 찾아내고 품질비용화하여 산출
VSM(가치흐름맵핑)	협력사에서 기업으로의 자재흐름 및 기업 내에서 자재를 이용하여 완제품을 만드는 과정과 이와 관련한 정보의 흐름을 분석하여 주로 생산현장의 비부가 가치를 찾아내는데 활용	리드타임을 많이 차지하는 요소와 낭비가 되고 있는 요소를 찾아내어 품질비용화하여 산출

Detailed Description of Quality Cost Elements(ASQ 제시)	부서의 기능별로 해당되는 공통적인 항목을 도출하고자 할 때와 부서별로 도출된 항목의 적합성을 검토할 때의 두 가지 측면으로 활용	기능별로 제시한 내용 중에서 기업에서 동일한 기능의 업무가 발생되고 이로 인해 발생되는 품질비용항목을 찾아서 산출

출처 : 송재근(2006), 「Q-COST & COPQ」.

3.3 문제해결을 위한 아이디어 개발

아이디어발굴은 제안활동으로부터 아이디어를 발굴하는 방법과 가치공학(VE : Value Engineering), 식스 시그마 활동 등 다양한 경영혁신기법에서 아이디어를 발굴할 수 있다. 본 장에서는 제안활동과 VE를 통한 아이디어발굴에 대하여 소개하고자 한다.

3.3.1 제안활동을 통한 아이디어 착상법

아이디어를 얻기 위하여 제안제도에는 5W2H기법을 사용하기도 한다. 5W2H는 무엇을, 왜, 어디서, 누가, 어떻게, 얼마나라는 말로 자기 자신에게 질문하고 아이디어를 내어나가면 생각하는데 누락이 없어진다. 개선안을 생각할 때는 5W1H가 아니라 How Much가 추가된 5W2H가 된다.

〈표 2-10〉 5W2H의 아이디어 착상법

구분	5W2H	의 미	조사방법	대 책
1. 대상	What	무엇을 하고 있는가? 이 업무는 그만둘 수 없는가?		불필요한 업무, 또는 그 부분을 제거한다.
2. 목적	Why	왜 이 업무가 필요한가? 목적을 분명히 한다.		
3. 장소	Where	어디서 하는가? 어디서 해야 하는가?	• 레이아웃을 그림으로 그린다.	조합이나 순서를 바꾸어 본다.
4. 순서	When	언제 하는 것이 가장 좋은가? 그 시점에 꼭 해야 하는가?	• Flow Chart • 빈도, 횟수, 시기조사 • 1회당 시간단축	
5. 사람	Who	누가하고 있는가? 다른 사람이 하면 안 되는가? 왜 이일을 당신이 하는가?	• 작업자별 시간 측정	
6. 수단	How	어떻게 하고 있는가?	• 인터뷰, 앙케트 조사,	– 업무를 단순

		이 방법이 가장 좋은 방법 또는 수단인가? 이 방법 외에 다른 더 좋은 방법은 없는가?	만족도 조사	화 한다. - 다른 방법을 생각한다.
7. 비용	How Much	비용이 얼마나 드는가? 개선하면 얼마나 절약할 수 있는가?	• 개별단가산출 • 개별원가산출 • 공정원가산출	개선방법을 선정한다.

3.3.2 오즈본의 체크리스트법

아이디어의 힌트는 업무를 수행하기 어렵거나 효율을 향상시키고자 할 경우에 다음과 같은 그림으로 표시한 오즈본의 체크리스트를 사용하여 생각해 볼 수 있다.

① 다른 용도로 사용할 수는 없을까?

[전통복조리]

[주석복조리 핸드폰 줄]

② 다른데서 아이디어를 응용할 수 없을까?

[피아노 건반]

[전화기 버튼]

③ 형태, 색채, 운동 등을 바꾸면 어떨까?

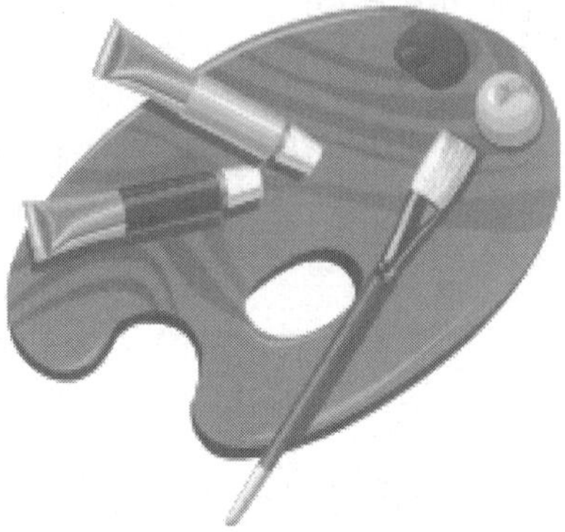

④ 축소해 보면 어떨까?

[비치 파라솔]

[우산]

⑤ 확대해보면 어떨까?

⑥ 대용할 수 있는 것은 없을까?

⑦ 바꾸어 보면 어떨까?

⑧ 반대로 하면 어떨까?

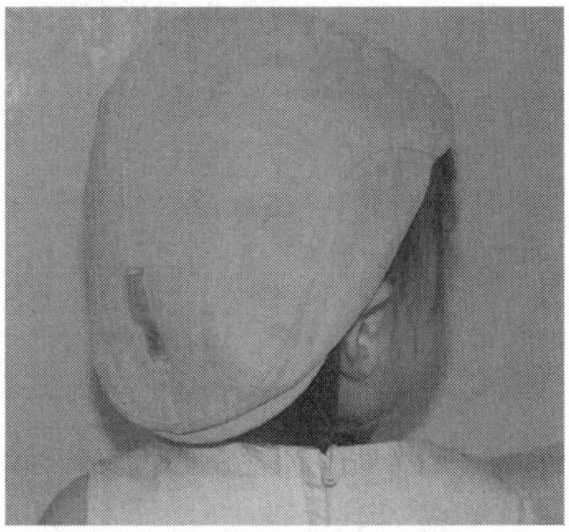

3.3.3 VE를 통한 아이디어 발굴

VE(Value Engineering)은 사람, 재료, 자원, 시간, 공간, 설비 등의 모든 자원을 활용하여 제품이나 제조방법의 개선을 위해 기능과 비용을 분석하여 가치를 높이는 기법이다. VE는 다음과 같은 원칙을 따라 수행한다.

① **제1원칙** : 사용자 우선의 원칙 ⇒ 이상적인 고객의 입장에서 생각한다.

② **제2원칙** : 기능본위의 원칙 ⇒ 기능본위의 사고방법에 철저하다.

③ **제3원칙** : 창조에 의한 변경의 원칙 ⇒ 창조로의 방심하지 않는 노력

④ **제4원칙** : Team Design의 원칙 ⇒ 제1급의 최고의 기술을 집결한다.

⑤ **제5원칙** : 가치향상의 원칙

항상 문제를 기능과 비용의 양면에서 추구한다. 이 원칙은 4가지의 원칙을 종합한 VE

의 기본적인 지침이라고 할 수 있다.

또한 VE는 다음과 같은 단계에 의하여 실시한다. 따라서 다음의 표와 같은 순서에 의하여 실시계획을 수립한다.

〈표 2-11〉 VE를 통한 아이디어 도출절차

<table>
<tr><th>기본 Step</th><th>VE 질문</th><th>세부 Step</th></tr>
<tr><td rowspan="3">기능의 정의</td><td>그것은 무엇인가?</td><td>① VE대상의 정보수집</td></tr>
<tr><td rowspan="2">그 작용은 무엇인가?</td><td>② 기능의 정의</td></tr>
<tr><td>③ 기능의 정리</td></tr>
<tr><td rowspan="3">기능 평가</td><td>그 Cost는 얼마인가?</td><td>④ 기능별 Cost 분석</td></tr>
<tr><td rowspan="2">그 가치는 어떤가?</td><td>⑤ 기능의 평가</td></tr>
<tr><td>⑥ 대상 분야의 선정</td></tr>
<tr><td rowspan="5">대체안 작성</td><td>다른 같은 작용을 하는 것은 없는가?</td><td>⑦ 창조(아이디어 발상)</td></tr>
<tr><td rowspan="4">그 Cost는 얼마인가?
그것은 필요한 기능을 확실히 발휘하는가?</td><td>⑧ 개략평가</td></tr>
<tr><td>⑨ 구체화와 조사</td></tr>
<tr><td>⑩ 상세평가</td></tr>
<tr><td>⑪ 제안</td></tr>
</table>

VE를 통한 정보를 수집하여 수집된 정보를 분석하여 아이디어를 발굴하는 단계로서 정보를 수집하기 위하여 먼저 ‘그것은(대상 테마) 무엇인가?’란 질문을 하여 본다. 또한 정보의 내용으로 제품특성 또는 시장의 데이터로 제품의 종류, 품질, Cost, 생산량, 개발경위, 모델변경, 라이프 싸이클 등의 정보를 수집할 수 있으며, 제품설계 데이터로는 제품, 부품, 재료의 샘플, 제품도면, 제조도면, 조립도면, 부품도면, 제품구성표 등과 부품, 재료 리스트, 부품 카탈로그, 표준, 규격 등의 정보를 수집한다. 또한 자재데이터로 자재구성분석표, 구입량, 구입금액, 기능별 자재 Data, 대체자재 Data 등의 정보를 수집하며, 제조공정 Data로 제조공정분석표, 제조방법과 특징, 설비사양, 개요일람, 제조표준, 작업표준, 공정 QC표, 검사수준 등의 정보를 수집한다. 그리고 신 재료, 새로운 Maker, 신기술 Data, Cost 산출용 Data 등의 자료를 분석한다. 정보를 수집하는 프로세스는 다음과 같다.

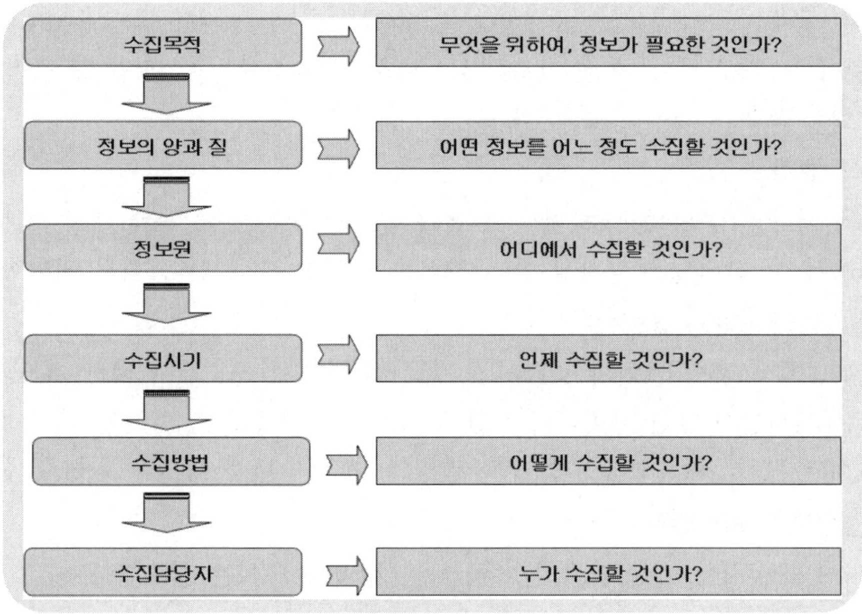

[그림 2-4] VE 정보수집 Process

3.4 아이디어 분석

하나의 문제점에 대하여 여러 가지 도출된 아이디어에 대하여 단 한 가지 안으로 압축하는 단계로서 압축하여 최종 아이디어를 만드는데 있다. 이는 실현 가능성, 실시에 필요한 비용, 시간, 노력 등의 총화, 실시함으로써 얻어지는 이익, 새로운 응용성, 그 효과의 안정적 유지 여부 등의 균형이다. 아무리 매력적인 아이디어라도 이 균형이 깨지면 개선안은 성립될 수 없다. 따라서 최종 아이디어를 결정하는데 다음과 같은 요소를 추가하여 생각하여 접목하여 본다.

① 좀 더 비용을 들이지 않고 개선하는 방법은 없을까?

② 폐품을 적절히 이용할 수는 없는가?

③ 이런 방법이라면 1개월도 지속되지 못한다. 영구적인 방법은 없을까?

수많은 아이디어 착상이 모두 결실이 되는 것은 아니므로 때로는 이것을 버리고 다시 한 번 해야 하는 경우도 있다. 여러 차례 시행착오를 반복하는 가운데 아이디어는 숙성되고 질이 높은 것이 된다. 일관성의 사고에서 생기는 개선안은 결국 단순히 그것으로 그친다. 그리고 좋은 아이디어에 대비하여 자기 채점을 해보아야 한다. 이렇게 함으로써 불충분한 점, 다시 생각해보아야 할 점을 발견하게 된다. 그리고 다음과 같은 아이디어의 평가요소를 적용하여 검토하여 본다.

① 유형의 효과

수입증가, 생산성 향상, 인원 감축, 시간 단축, 재료절감, 공수절감 등 금액으로 환산 가능한 절감 효과의 크기를 검토한다.

② 무형의 효과

품질, 납기, 안전, 위생, 정리정돈, 노동경감, 의욕향상, 인간관계 개선, 제도개선, 기업 이미지향상, 고객 신용도향상 등 금액으로 환산할 수 없는 효과를 파악한다.

③ 실시 가능성(난이도, 응용성)

실시에 따른 비용의 크기와 소요시간, 실시의 완급도(바로실시 해야 하는가, 다음에 해도 되는가)제안에 담긴 아이디어를 다른 현장에도 적용할 수 있는가? 범용성의 정도, 제안 실시에 따라 다른 현장이나 다른 공정에 미치는 나쁜 영향은 없는지 검토한다.

④ 다른 분야에 대한 영향

아이디어의 실시에 따라 다른 분야에 나쁜 영향을 미치는 검토한다.

⑤ 계속성

아이디어의 실시 효과가 상당기간 지속되는 것인가? 또는 단기적인가? 정도를 분석한다.

⑥ 구체성(완전성)

아이디어의 내용이 바로 실시할 수 있는 구체적인가? 또는 수정 및 보충을 해야 하는 것인가를 파악한다.

⑦ 독창성(착상)

스스로 고안한 독창적 아이디어에 의한 것인가? 또는 다른 아이디어를 적절히 응용한 것인가를 분석한다.

⑧ 노력도(연구도)

아이디어가 즉흥적 착상을 그대로 적용한 것인가 등의 연구의 노력도를 분석한다.

⑨ 직무감정

아이디어가 직무에 관계된 것인가를 파악한다.

3.5 아이디어 적용

선택된 아이디어의 적용 및 실시단계로서 아이디어의 실시는 아이디어를 개발한 개인 또는 팀에서 직접 실하는 것도 효과적이지만 기술적인 개선을 요구하는 아이디어는 전문가 혹은 사내 개선제작팀에서 제작한다.

실시할 때는 상사, 동료, 사내 그 분야의 전문가들과 토론하여 협조를 얻는 것이 효과적이면 공정 개선아이디어의 경우 전·후 공정에 대한 영향을 충분히 고려하여 실시한다.

아이디어 개선 제작팀이 회사 내에 구성되어 있으면 제작팀은 제작이 결정된 아이디어에 대하여 빠른 시간 내에 제작한다. 즉실천에서 선정된 아이디어는 당일 아니면 다음날까지 아이디어가 제작되어 적용하도록 하고 있다.

3.6 Q-Cost 개선결과 평가

개선결과에 대한 효과분석은 일반적으로 향후 1년간의 기대효과를 추정하기도 한다. 효과금액 검증은 개선안이 적용되어 일정시점이 지난 후에 확인을 해봤을 때 원래 목표로 했던 효과금액이 발생되었는가를 검토하는 단계로서 다음의 표와 같이 실시한다(송재근, 2006).

〈표 2-12〉 개선효과 금액의 검증방법 비교

<table>
<tr><th colspan="2">구 분</th><th colspan="2">활용자료</th><th>대상품질비용</th><th>검증시점/방법</th></tr>
<tr><td rowspan="10">재무제표에 의한 방법</td><td rowspan="6">대차대조표</td><td colspan="2">대손충당금</td><td>- 영업손실비</td><td>- 회기마감/차이비교</td></tr>
<tr><td rowspan="5">재고자산</td><td>상품</td><td rowspan="5">- 재고금액</td><td rowspan="5">- 회기마감/차이비교</td></tr>
<tr><td>제품</td></tr>
<tr><td>부품</td></tr>
<tr><td>재공품</td></tr>
<tr><td>저장품</td></tr>
<tr><td rowspan="4">손익계산서/제조원가 명세서</td><td colspan="2">경상개발비</td><td>- 수정비</td><td>- 회기마감/차이비교</td></tr>
<tr><td colspan="2">수선비</td><td>- 고장수리비</td><td>- 회기마감/차이비교</td></tr>
<tr><td colspan="2">교육훈련비</td><td>- 교육훈련비</td><td>- 회기마감/차이비교</td></tr>
<tr><td colspan="2">감가상각비</td><td>- 계측장비구입비</td><td>- 회기마감/차이비교</td></tr>
<tr><td colspan="2">ERP회계시스템에 의한 방법</td><td colspan="2">원가계정과목별 Plan Cost와 Actual Cost 차이</td><td>-차이비용 중 절감금액</td><td>Data 발생시점/GAP (Plan-Actual Cost) 분석에 의해 절감비용비교</td></tr>
<tr><td colspan="2" rowspan="7">성과지표에 의한 방법</td><td colspan="2">불량률(불량품수)</td><td>- 불량품발생비용</td><td>지표관리주기/차이비교</td></tr>
<tr><td colspan="2">스크랩률(스크랩량)</td><td>- 원재료손실비용</td><td>지표관리주기/차이비교</td></tr>
<tr><td colspan="2">재작업률(재작업시간)</td><td>- 재작업발생비</td><td>지표관리주기/차이비교</td></tr>
<tr><td colspan="2">폐기량</td><td>- 폐기처리비</td><td>지표관리주기/차이비교</td></tr>
<tr><td colspan="2">수율</td><td>- 손실제조비</td><td>지표관리주기/차이비교</td></tr>
<tr><td colspan="2">무작업률(무작업시간)</td><td>- 무작업손실비</td><td>지표관리주기/차이비교</td></tr>
<tr><td colspan="2">잔업/특근시간</td><td>- 추가작업/특근비</td><td>지표관리주기/차이비교</td></tr>
<tr><td colspan="2">BOM에 의한 방법</td><td colspan="2">부품명 및 단가</td><td>- 시방변경손실비
- 시방변경절감비</td><td>부품변경 및 단가변경 적용시점/차이비교</td></tr>
</table>

출처 : 송재근(2006), 「Q-COST & COPQ」.

3.7 개선아이디어 정착

개선된 아이디어를 실시한 다음 그대로 방치하면 개선효과를 찾을 수 없다. 개선은 능률을 높이고 비용을 낮추며 서비스 등을 개선하기 위하여 실시함으로 실시 결과가 초기 목표와 변경되어 흐르고 있지 않는가를 확인하고 정착하여야 한다.

따라서 개선전의 상황으로 되돌아가는 재발방지를 막기 위하여 개선정보는 회사 내의 모든 관련부서를 비롯하여 협력업체까지도 공유하도록 하여야 한다. 개선결과의 정착단계의 업무흐름은 다음과 같다.

① 효과확인

- 실시 후 데이터를 취합하여 당초 목표한 효과 대비를 한다.
- 결과는 어떤가?
- 결과에 만족하는가?
- 좀 더 개선할 점은 없는가?
- 재 개선의 필요성은 없는가?

② 개선 결과의 정착

- 효과가 안정되기까지 정기적으로 데이터를 취하고 필요한 수정을 가한다.
- 개선된 업무, 작업지침서를 작성한다.
- 새로운 방식, 취급방법 등을 철저히 준수한다.
- 새로운 방식과 더불어 주변 조건을 조정한다.
- 새로운 방식에 익숙하도록 교육훈련을 시킨다.

③ 다음 아이디어로 도전

- 개선 효과를 확인했으면 다음은 재발방지를 한다.
- 새로운 방식을 충분히 알리고 모두에게 익숙하게 하며 표준서를 작성한다.
- 개선이 주변상황에 밀려 유야무야가 되고 원래 상태로 되돌아가가지 않도록 한다.
- 새로운 아이디어에 도전한다.

연 습 문 제

1. 품질비용(Quality cost)을 정의하시오.

2. 품질비용을 구분하고, 각각 간략히 설명하시오.

3. 품질비용의 개선에 대하여 간략히 언급하시오.

4. QM의 성숙과정을 다섯 단계로 나눌 때 품질비용의 개선단계를 간략히 기술하시오.

제3장

전사적 품질경영(TQM)

고객이 만족할 수 있는 제품 및 서비스를 경제적으로 생산하기 위하여 전사적으로 모든 역량을 집결하여야 한다. 이러한 총체적 품질관리를 전사적 품질경영(total quality management)이라고 한다. 전사적 품질경영은 고객이 만족할 때까지 조직적으로 개발, 유지, 개선의 노력을 종합한 것이다. 따라서 본장에서는 전사적 품질경영의 이해와 QC분임조에 대하여 논하자고 하였다.

1. 전사적 품질경영의 특성

1.1 전사적 품질경영의 필요성

기업들이 글로벌 경쟁에서 생존하려면 소비자·고객의 욕구를 정확하게 파악 또는 예측하는 것이 매우 긴요하다. 현재와 장래의 글로벌 경제체제에서는 소비자·고객의 욕구를 만족시키거나 기대수준 이상으로 충족시키는 것이 기업성공의 핵심이라고 아니할 수 없다.

이제 21세기의 세계시장에서 기업이 생존하기 위한 선행조건 중의 하나는 다름 아닌 제품 및 서비스의 품질(quality)이다. 오늘날 엄청난 돈이 매년 품질에 관한 초점(focus)의 부재로 인해 낭비되고 있다.

품질(quality)은 여러 관점에서 정의된다. 즉 제품 탁월성(우수성)의 관점에서, 제품자체에 준하여, 사용자(소비자)의 관점에서, 제조과정의 관점에서, 또 제품의 가치에 기초하여 정의된다.

품질은 제조원가(cost), 유연성(flexibility), 납기준수(delivery) 등과 함께 수많은 최고경영자들이 가장 중요시하는 기업경영의 전략적 요소 중의 하나이다. 그러나 이처럼 품질의 중요성이 강조되고 효율적인 품질관리를 위한 많은 기법들이 개발되었음에도 불구하고 품질개선이 손쉽게 이루어지지 않는 이유는 무엇보다도 품질의 개념이 제대로 정립되어 있지 않기 때문이다. 품질개선은 수익성을 증대시키는 요인이 되므로 기업의 지대한 관심이 요구된다.

이와 같이 품질정의는 올바른 품질관리(QC) 또는 품질경영(QM)의 수행에 대단히 중요한 관건이라고 볼 수 있다. 왜냐하면 품질에 대한 올바른 개념 정의 및 인식이 없이는 품질의 관리나 경영 등의 활동이 제대로 수행되지 못할 뿐만 아니라 경영혁신운동으로서의 품질경영(QM)운동도 진정한 효과를 기대할 수 없기 때문이다. 이와 같은 측면에서 본 장에서는 우선 품질개념의 정의에 대하여 고찰하기로 한다.

기트로우와 오펜하임(Gitlow & Oppenheim)은 「품질이란 저비용과 시장에 적합한 균일성(uniformity) 및 신뢰성(dependability)의 예측가능한 정도」라고 정의한다. 즉, 이들은 품질의 균일성과 품질에 대한 신뢰성을 가능한 한 낮은 코스트와 시장요구에 알맞은 품질을 공급해야 하는 것으로 주장하고 있다.

품질의 개념은 사람에 따라 각각 달라지며 여러 가지 면에서 종교와 비교될 수 있고, 개인적인 동시에 정의하기 어려운 실체이다. 품질의 개념정의는 많지만, 품질이란 고객에 의하여 정의된다는 의견에는 모두 일치한다. 특히 존슨(Richard S. Johnson)은 '품질은 고객만족이다(Quality is customer satisfaction)'이라고 했다.

품질에 관한 탁월한 교사인 데밍(W. Edwards Deming)은 품질을 '지속적인 개선'이라고 불렀다. 또 다른 품질전문가인 쥬란(Joseph M. Juran)은 '용도에의 적합성(fit for use)'이라고 말한다.

반면에, 크로스비(Philip Crosby)는 '요구조건에의 일치(conformance to requirement)'라고 정의한다. 이시카와(Kaoru Ishikawa)는 품질을 '가장 경제적이고 매우 유용하며, 그리고 언제나 소비자에게 만족을 주는 제품'이라고 생각했다.

기업경영자의 입장에서 보면 품질이란 단순히 제조규격 또는 설계규격에 일치하는 정도라고 생각하는 경향이 있으며, 소비자의 경우 디자인이나 기능이 우수한 제품을 좋은 품질의 제품으로 간주하곤 한다. 물론, 이들의 품질에 관한 정의가 완전히 틀린 것은 아니지만, 품질의 개념을 지나치게 좁게 정의하는 데에서 문제가 발생하게 된다.

품질에 대한 이해가 제각기 다를 때에 이로 인해 생기는 문제는 심각하다. 따라서 품질에 대한 상이한 인식은 해소되어야 한다.

오늘날에는 품질의 개념이 '소비자 및 사회에의 모든 현대적, 그리고 잠재적 요구조건에 대한 충족성'이란 매우 포괄적이고 적극적인 개념까지 확장하고 있다고 볼 수 있다. 환언하면, 현대 품질의 개념은 '고객의 필요를 충족시키는 것(meeting the need of customers)'을 중심 개념으로 하고 있다. 즉, 현대의 품질은 최종소비자인 고객만족 없이는 사업목표를 달성할 수 없다는 마케팅철학에 바탕을 두고 있는 것이며, 이는 위에서 인용한 존슨의 품질정의와 일치된다.

아무튼, 품질에 대한 올바른 정의를 내림이 없이 막연하게 품질문제가 거론되고 그의 해결책이 추구된다면 이에는 많은 시행착오와 불합리한 경제활동이 수반되기 쉽다는 사실을 간과해서는 안 될 것이다.

[TQM 이란?]

TQM (종합적 품질경영: total quality management)은 품질을 중심으로 하고, 모든 구성원의 참여와 고객만족을 통한 장기적 성공지향을 기본으로 하여 조직의 구성원과 사회에 이익을 제공하고자 하는 조직의 관리방법(KS A8402-1997)으로 최고경영자의 리더십아래 품질을 최우선 과제로 하고, 고객만족을 통한 장기적인 성공은 물론 기업 구성원과 사회전체의 이익에 기여하기 위하여 경영활동 전반에 걸쳐 모든 구성원의 참여와 총체적 수단을 활용하는 전사적 종합적인 전략적 경영시스템이다.

1.2 TQM의 의의

오늘날 TQM(Total Quality Management)시스템은 기업들이 품질우위(Quality Edge)를 획득하는 데에 효과적이 되어 왔다. 본 절에서는 TQM의 의의를 여러 문헌들을 통해서 정리한 다음 이들을 종합하여 일반적인 정의를 내리고자 한다.

1.2.1 코헨과 브랜드(Cohen & Brand)의 정의

"TQM이란 업무의 모든 국면에서(total) 고객의 요구를 충족시키고도 남도록(quality) 조직의 역량을 개발하고 유지하는(management) 것이다." 여기서 종합적(total)이라는 말은 조직의 모든 기능과 계층과 속하는 모든 종업원이 품질을 추구해야 함을 의미하고 품질(quality)이란 조직의 모든 측면에서의 우수성을 의미하며, 경영(management)이란 품질경영과정을 통한 품질결과의 추구를 의미한다.

1.2.2 베커, 골롬스키 및 로리(Becker, Golomski & Lory)의 정의

"TQM은 경영철학이자 그러한 철학을 실천하기 위한 도구 및 전략들의 집합이다." 김연성 등도 전사적 품질경영(TQM)이란 조직의 모든 기능에 있어서 품질을 향상시키기 위한 개념과 도구들의 총체라고 하였다. 오늘날 더 많은 진보적인 기업들은 TQM을 경영철학으로 삼고 있다. 피터 드러커(Peter F. Drucker)는 경영의 탁월성을 무결점경영(Zero Defect Management)이라 명명했는데 TQM을 경영철학으로 삼고 있는 기업에서는 TQM과 무결점 경영은 동일한 것으로 간주하고 있다.

1.2.3 로스(Ross)의 정의

"TQM은 제품 및 서비스품질의 지속적인 개선을 달성하기 위해서 한 조직 내의 모든 기능들과 과정들을 통합하는 것이다. 그 목적은 바로 고객만족(CS)이다." 쥬란(Juran) 박사는 TQM이란 단순히 품질변동의 원인을 파악하고 개선하는 데 있는 것이 아니라 고객의 욕구를 만족시키는 데 있다고 하였다. 크로스비(Crosby)박사는 TQM은 결함예방의 모든 경영조치를 집중시키고 고객과 공급업자, 그리고 종업원을 만족시키는 데 그 목적이 있다고 하였다. 또 TQM은 전종업원의 참여를 전제로 하기 때문에 현장 근로자를 중심으로 하는 과거의 품질관리와는 다르다고 하였다.

1.2.4 김기영(1999) 등의 정의

"최고경영자의 리더십 아래 품질을 최우선과제로 하고 고객만족을 통한 기업의 장기적인 성공은 물론 기업과 사회전체의 이익에 기여하기 위해 경영활동 전반에 걸쳐 모든 구성원의 참여와 총체적 수단을 활용하는 전략적 경영방식이다."

결국 TQM은 질(quality) 위주의 조직문화를 창출함으로써 조직구성원의 의식을 개혁하고 궁극적으로 경쟁력을 제고하려는 경영시스템이다. TQM은 고객위주의 경영철학이자 전체 조직구성원이 참여하며 특히 최고경영자가 중심이 되는 관리시스템이다. TQM을 시행하는 조직은 품질과 고객만족을 중히 여기며, 이를 위해 팀워크와 유연성을 강조한다.

1.3 TQM의 특성

TQM은 베리(Berry)가 지적한 바와 같이 수익성 및 경쟁력의 제고, 조직유효성의 향상, 그리고 고객만족(CS) 또는 고객감동(customer delight)을 실현할 수 있으며, 〈표 3-1〉에서와 같이 전통적 경영과 차이점을 보이고 있다.

〈표 3-1〉 TQM과 전통적 경영의 차이점

TQM	전통적 경영
· 고객에 초점	· 경영(관리)에 초점
· 품질우선	· 이익우선
· 복수의 품질차원	· 단일의 품질차원
· 경영자/종업원의 헌신노력	· 종업원의 헌신노력 없음
· 공정(process) 지향적	· 결과(results) 지향적

한편, 안영진(1999)은 TQM의 특성으로서 다음과 같은 일곱 가지를 들고 있다.

① 품질의 전략성
② 고객우선주의
③ 종업원의 참여
④ 최고경영자의 적극적인 참여
⑤ 지속적인 개선
⑥ 교육과 훈련
⑦ 공급업자와의 관계

1.4 TQM의 핵심적 가치

고객이 원하는 초점에 맞추는 TQM활동은 다음과 같은 열 가지의 핵심적인 개념에 기초하고 있다(김기영, 1999).

1.4.1 이윤창출을 위한 품질

기업이 생산하는 제품이나 서비스, 경영과정 및 인적자원의 질을 높임으로써 기업은 많은 이윤을 얻을 수 있다. 제품과 서비스 및 경영과정에서 발생할 수 있는 비용은 기업이 아무런 행동을 취하지 않으면 기업에게는 비용으로 작용하여 결국 이윤을 잠식하는 결과가 된다. 인적자원에 관련된 비용을 절감하는 것도 기업의 이윤창출과 증가에 중요한 요소이다. 따라서 세계적인 우수기업들은 전사적 차원의 품질향상 프로그램을 실시하고 있는데, 그 예를 보면 다음의 〈표 3-2〉와 같다.

〈표 3-2〉 품질향상 프로그램

기 업	프로그램
Xerox	품질을 통한 리더십
Texas Instruments	종합적 품질문화
Ford	종합적 품질우수성 추구
IBM	경영과정에서의 품질집중
National Semiconductors	품질향상전략
ICL	ICL방식의 품질
NarWest	품질서비스 프로그램

자료 : 김기영 외 공저, 『품질경영』(서울 : 박영사, 1999), p.165.

1.4.2 적시의 무결점 활동

TQM에서는 결함 없는 작업이 가능하다는 전제를 갖고 있다. 이것은 작업과정에 있어서 완전함을 추구하는 것인데, 목표점에 일치한다는 사실보다는 '완벽한 업무를 달성하기 위한 마음자세'가 더 중요하다. 적시에 적합한 일을 하여 무결점을 추구하는 것은 사전예방에 대한 강조와 함께 측정 및 업무과정통제, 자료에 기초한 낭비와 실수제거 등의 지속적인 활동을 통해 이루어질 수 있다.

'무결점'은 지속적인 향상을 달성하기 위한 목표가 되며, 우수한 품질을 확보하기 위하여 기업은 사후조치가 아니라 예방에 초점을 맞추게 된다. 이는 어느 정도의 불량품을 허용하는 전통적인 품질개념으로부터 벗어날 수 있는 사고전환을 요구하는 것이다. 즉, TQM

에서는 비용과 결점이 동시에 감소할 수 있다는 것으로 전제하여 무결점상태에 도달할 수 있다고 본다. 지속적인 개선과 예방은 바로 이와 같은 사고에 기초하고 있는 것이다.

1.4.3 품질비용

품질비용이라는 것은 양질의 제품이나 서비스를 생산함에 있어서 발생하는 모든 경영상의 비용을 의미하는데, 예방비용, 평가비용, 내부실패비용, 외부실패비용 등이 있으며, 고객의 요구수준을 초과한 비용과 기회비용 등이 포함된다.

1.4.4 경쟁적 벤치마킹

시장에서의 기업성과는 항상 경쟁적인 관점에서 파악되어야 한다. 기업이 경쟁력을 지니기 위한 전략의 수립과 시행, 그리고 경쟁력의 근원으로 작용할 수 있는 기술 및 품질능력의 확보 등은 모두가 고객을 근원으로 하여 경쟁적인 상황에서 이루어지는 것이다. 이러한 측면에서 경쟁적 벤치마킹은 기업의 지속적 성과향상에 기초가 되는데, 기업이 경쟁사와 자신에 대한 평가를 하여 시장에서의 우위성 확보를 위해 활용할 수 있게 하는 지속적인 경영과정을 의미한다.

1.4.5 전 구성원의 참여

제품이나 부품의 어느 부분에서 결함이 발생하게 되면 어느 특정한 사람이나 공정에 문제가 있는 것으로 생각하기 쉬우며, 이러한 요인으로 개선할 수 있는 많은 문제들을 경시해 버리게 된다. 조직구성원 모두가 제품의 결함을 발생시킬 수 있으며, 모든 사람들이 양질의 제품을 생산하고 품질비용을 절감해야 하는 책임이 있다.

1.4.6 팀 활동에 의한 시너지 효과

시너지의 의미는 부분의 합보다 전체가 더 큰 효과를 내는 것을 의미하는데, TQM에서도 협력과 합의, 창조적 갈등과 팀 전체의 성공을 진작시키기 위해서 사용된다.

1.4.7 주인의식과 자율경영

TQM 프로그램은 어떤 문제에 처했을 때 그 문제를 자신의 것이라고 인식하고, 자료조사와 해결책을 강구하여 궁극적으로 바라는 성과를 내는 것이다. TQM은 심리적인 면에서의 소유의식을 강조함으로써 조직구성원에 대한 전통적인 관리·통제보다는 조직개발관점에서의 자율경영을 전략적으로 이용하고 있다.

1.4.8 역할모델로서의 관리자

TQM은 최고경영층으로부터 이끌어져야 하며, 모든 계층의 경영자들은 그들 자신이 역할모델이라고 할 수 있다. TQM 프로그램은 경영피드백 시스템에서 형성됨으로써 경영자들이 품질을 위한 역할모델로서 어떻게 행동해야 하는가를 생각할 수 있도록 해야 한다.

1.4.9 인정과 보상

적절한 인정과 보상시스템은 TQM 프로그램에 중요한 요소이며, 특히 품질개선과정이 이루어지는 일상적인 작업집단에게는 더욱 중요한 의미를 갖는다. 인정이란 개인이나 집단의 실적을 칭찬함으로써 격려하는 것을 의미한다. 보상이란 성과와 관련하여 재정적인 혜택을 주고 인정해 주는 것을 말한다. 실적을 증가시키고 참여적인 문제해결에 의한 지속적인 성과향상을 위해서는 인정과 보상을 통한 적극적인 동기부여가 중요하다.

1.4.10 품질전달체계

품질전달체계를 명확하게 정의함으로써 모든 구성원들에 자신의 일들이 중요한 작업활동이라는 확신을 심어줄 수 있으며, 팀워크를 통해 구성원들의 복합된 기술, 사고와 경험 등을 이용할 수 있다.

2. TQM의 구성요소 및 시행전략

2.1 TQM의 구성요소

콜라릭(Kolarik)은 TQM의 기능적 구성요소들을 [그림 3-1]에서와 같이 세 가지로 구분한다. 즉 고객중심(내부고객/외부고객/고객만족), 지속적 개선(교육/실행) 및 총체적 관여(고객/공급자/납품업체) 등이 그것이다. 이것들은 TQM이 활성화되기 위해서 존재해야 하는 것이다.

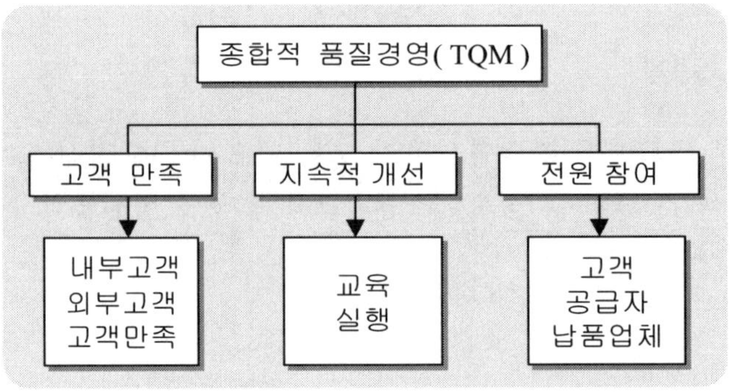

[그림 3-1] TQM의 기능적 요소

미국 연방정부내의 기관들이 TQM을 배우고 추진하는 것을 돕기 위해 설립된 연방품질원(Federal Quality Institute)의 로고(그림 3-2 참조)에도 TQM의 구조와 내용이 잘 묘사되어 있다. 모든 TQM이 성공하기 위해서는 갖추어야 할 세 개의 기본적 요소가 있다. 즉 고객만족, 전원참여, 지속적 개선의 세 방죽 안에 일곱 가지의 TQM활동들을 엮어 놓았다. 각각의 요소들을 간략하게 살펴보면 다음과 같다.

2.1.1 고객만족(customer satisfaction)

고객이 품질을 평가하는 주체라는 사용자중심의 인식이 퍼짐에 따라 품질의 현대적 정의는 고객기대의 충족 내지는 초과만족에 모아지고 있다. 데밍, 쥬란, 파이겐바움 등과 같은 품질의 선구자들은 이러한 고객중심을 강조하고 있으며, 발드리지 상 같은 품질관련 상에서도 고객만족에 큰 비중을 두고 있다.

고객이 제품을 구입할 때 가격, 품질 등을 고려한 가치를 기초로 구매결정을 하므로, 고객을 만족시키기 위해서는 단순히 규격을 지키고, 불평을 줄이는 것을 넘어 고객의 기대에 부응한 제품을 설계하고 변화하는 고객과 시장의 요구에 민첩하게 대응할 태세를 갖추어야 한다. 즉, 고객의 요구에 부응하는 설계품질이 이루어져야 하고 다음에 이 설계규격에 일치하는 품질을 보증하도록 해야 한다. 고객의 요구와 가치를 파악하고 이해하는 수단으로 고객의 의견조사나 표적집단조사(FGI) 등이 있다.

2.1.2 지속적 개선(continuous improvement)

지속적 개선은 고객의 요구 및 기대와 공정 산출물의 차이를 끊임없이 개선하려는 노력이자 경영철학이라고 할 수 있다. 특히 지속적 개선은 기계, 자재, 생산방법 등에 있어서의 끊임없는 개선을 추구한다.

지속적 개선은 생산의 모든 분야와 계층의 활동에서 공정결과와 고객의 기대수준 사이의 차이를 줄여 나가는 체계적인 접근법이지만 좁게는 공정의 개선을 의미하기도 한다.

2.1.3 전원참여(total participation)

조직의 모든 계층 및 부문의 참여는 TQM을 성공적으로 실행하는 데 필요한 중요한 요소이다. 모든 조직구성원들이 적극적으로 참여함으로써 작업자, 관리자, 납품업자의 노력이 통합되어진다. 전원참여는 품질관리 분임조와 작업자팀과 같이 참가하는 것만을 의미하지는 않는다. 모든 계층과 부문의 종업원이 문제해결과 품질개선에 창의적 노력을 기울이는 것을 말한다.

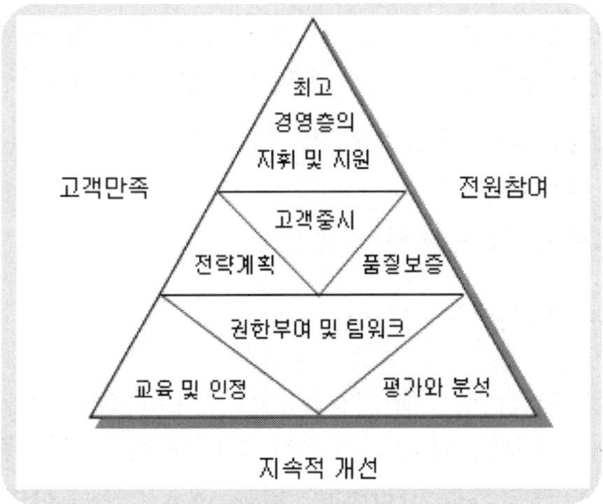

[그림 3-2] FQI의 TQM로고

전원참여에 있어서 중요한 요소는 각 작업자가 자기가 수행하는 작업의 품질을 검사할 책임을 갖는다는 것이다. 불량이 발생하면 생산현장에서 담당작업자가 바로 시정하는 원천적 품질관리가 일상화되어야 한다. 이러한 철학은 작업자를 넘어 모든 계층, 모든 부서, 납품업자에게까지 적용된다.

2.2 TQM의 성공요인 및 시행전략

TQM의 성공요인에 관한 사라프 등(Saraph et. al.)의 연구, 포터와 파커(Porter & Parker)의 연구, 그리고 미국 말콤 볼드리지 상(Malcolm Baldridge National Quality Award)의 기준 등 세 가지 분류를 종합하여 TQM의 성공요인을 정리하면 다음과 같다.

① 최고경영자의 의지와 리더십에 의한 품질방침의 수립 및 경영자 진단
② 수립된 방침의 추진과 관리
③ 조직구성원의 조직적 참여
④ 교육과 훈련에 의한 인적자원의 능력개발
⑤ 공정(process)의 관리와 품질관리기법의 활용

2.3 TQM의 시행전략

2.3.1 1단계 : 품질이 무엇인가를 결정한다.

TQM의 성공적인 시행을 위해서는 품질에 대한 인식을 뚜렷이 하는 것이 선행되어야 하지만, 더 중요한 것은 품질목표를 구체적으로 설정하는 것이다. TQM에서 품질은 고객의 기대를 만족시키거나 능가하는 데에 있으며, 모토롤라사의 6시그마(six sigma) 품질목표는 하나의 좋은 예이다.

2.3.2 2단계 : 조직이 TQM을 받아들일 수 있도록 준비한다.

최고경영진의 TQM전략을 기업 내에 확산시키고, TQM의 지지를 얻기 위해 종업원의 팀워크를 강화해야 하는 단계이다. 준비해야 할 사항은 다음과 같은 것들이다.

① 모든 조직구성원에게 품질은 조직전체의 책임임을 인식시킨다.
② TQM전략을 수용할 인사정책을 수립한다.
③ TQM의 전략시행에 중추적인 역할을 할 인물의 선정한다.

2.3.3 3단계 : 종업원을 교육시키고 권한을 부여한다.

일반적으로 TQM의 성공을 위해서는 두 가지의 필수적인 교육이 요구된다. 즉, 하나는 성과를 측정하고, 문제를 분석하며, 문제의 원인을 제거하기 위해 실시되는 통계적 기법의 교육이며, 다른 하나는 계량적인 방법으로 처리될 수 없는 문제를 해결하는 데에 초점을 둔 교육이다.

2.3.4 4단계 : 성과를 측정하여 피드백을 주고 필요한 조치를 취한다.

품질관련 문제는 그 원인이 알려져 해결책이 제시되기 전에 발견해야만 의미가 있다. 이렇게 하기 위해서는 제품 및 서비스를 생산하는 매 단계마다 품질관련 정보를 알 수 있도록 피드백 시스템이 설치되어야 한다.

또한, TQM을 시행하는 제조업체는 재공품의 품질을 관리하기 위해 생산공정의 각 단계마다 품질의 적합성에 대한 검사를 실시한다.

2.3.5 5단계 : 지속적인 개선에 주력한다.

이 단계는 TQM의 시행에서 오는 어려움 때문에 또는 더 이상의 변화가 필요 없다고 나름대로 판단해서 TQM의 시행을 중단해서는 진정한 시행효과를 거둘 수 없다는 것을 말해준다.

이상에서 언급한 TQM 시행전략의 다섯 단계는 조직(기업)들이 TQM 프로그램을 단계적으로 시행하는 데에 필요하다.

3. 분임조 활동

3.1 QC 분임조의 의의

3.1.1 QC 분임조 이념

QC분임조(품질분임조, QC 서클)는 동일 부서 내에서 자주적으로 품질관리 활동을 하는 작은 집단으로서 분임조는 전사적 품질경영 활동의 일환으로 분임조원은 QC 도구를 활용하여 프로세스 개선 및 자주개선을 전개하는 집단이다. QC 분임조는 다음과 같은 기본이념이 있다.

① 회사의 프로세스 개선 및 품질개선, 원가절감에 기여한다.
② 인간중심의 경영을 통하여 상호 존중하여 생명력 있는 회사를 만든다.
③ 개인의 무한한 능력을 개발하여 가치를 창출한다.

> [분임조란?]
>
> 같은 직장 내에서 품질관리 활동을 자주적으로 행하는 작은 집단으로 전사적 품질경영의 핵심 그룹이다.

3.1.2 QC 분임조활동 목적

QC분임조 활동은 다음과 같은 목적에 역점을 두고 있다.

① 현장의 일선 팀장의 리더십 개발 및 관리 능력을 향상 시켜주며, 자기개발을 통하여 전사적 품질경영의 목적을 달성하고자하는데 있다.
② 전 직원의 참여를 통하여 직장의 신뢰를 높이고 모든 직원이 품질경영의 중요성을 이해하고 품질의식, 문제의식, 개선의식을 증진 시킨다.
③ 전사적 품질경영의 일환으로 기업의 핵심 경영도구도로 활용한다.

3.2 QC 분임조의 추진자 역할

3.2.1 관리 책임자의 역할

자주적인 QC분임조 활동을 위하여 관리책임자는 QC 분임조의 중요성에 대하여 경영자가 충분히 이해할 수 있도록 설명하여 경영자가 적극적으로 분임조 활동을 지원할 수 있도록 하여야 한다.

QC분임조 활동에 전 직원이 참여할 수 있도록 하여야 하며, 분임조의 능률화를 관리하여 분임조 활동이 성공적으로 이루어지도록 하여야 한다. 따라서 관리 책임자는 다음과 같은 역할을 담당한다.

① QC분임조가 자주적으로 활동할 수 있는 분위기를 조성한다.
② QC분임조의 상담역할을 한다.
③ 분임조 편성의 조산부역할을 한다.
④ QC분임조 활동계획 입안의 지도와 조언을 한다.
⑤ 직제의 활동과 분임조 활동과의 업무분담 및 조정역할을 한다.
⑥ QC분임조 팀장을 위하여 교육을 할 수 있는 품질경영능력을 갖춘다.
⑦ QC분임조 팀장 회의 등에 참가하여 상호의견 조정과 조언을 한다.
⑧ QC분임조 활동이 타부문과 연관이 있을 경우 조정역할을 한다.
⑨ 사내의 QC분임조 대회 및 활동 발표회 등을 계획 및 추진하고 평가한다.
⑩ 사내·외 QC분임조 교류를 계획하고 실시한다.
⑫ 활동결과에 대하여 평가하고 확인한다.

3.2.2 분임조 팀장(조장)의 역할

QC분임조를 이끌어가는 팀장(분임조장)은 자기계발과 솔선수범으로 팀의 리더가 되어야 한다. 또한 팀원에게 동기부여 및 분임조 내의 활동을 진행하며, QC교육, 사내대회, QC분임조 간의 상호교류를 진행한다. 이와 같은 분임조 팀장의 역할은 다음과 같다.

① 자주적으로 연수회를 실시하여 리더십을 배양한다.
② 전사적으로 QC분임조를 구성한다.
③ 분임조 활동 계획서를 작성하고 실행한다.
④ 분임조 활동을 개최한다.
⑤ 팀원들의 기능교육 및 실무교육, QC교육을 실시한다.
⑥ 팀원의 의견을 기록하고 개선을 추진한다.
⑦ 분임조 활동 보고회 등에서 활동결과를 발표한다.

3.3 QC분임조의 추진방법

3.3.1 분임조 도입순서

처음 분임조를 시작할 경우 어떻게 하여야 할지 모를 경우가 있다. 이와 같이 초기 도입의 경우 어떤 순서로 할 것인가? 어떻게 편성할 것인가? 팀원은 어떻게 구성할 것인가? 동기부여는 어떻게 할 것인가? 등의 문제점이 발생한다. 이와 같은 문제점을 발견하면 다음과 같은 순서에 의하여 초기분임조를 우선 편성한다.

① 다른 분임조를 견학한다.

분임조 팀장은 다른 분임조, 타사를 견학하거나 QC분임조 대회 등에 참가하여 분임조 활동을 연구한다.

② 우수한 QC분임조의 의견을 듣는다.

③ 관련 책을 연구하거나 분임조원들과 협의한다.

④ 분임조를 구성하여 운영하여 본다.

3.3.2 분임조 편성방법

QC분임조 편성은 같은 직장 내에서 품질관리를 자주적으로 하는 작은 집단으로서 팀장과 팀원은 동일 직장 내의 구성원으로 그림과 같이 편성하면 효율적으로 운영할 수 있다.

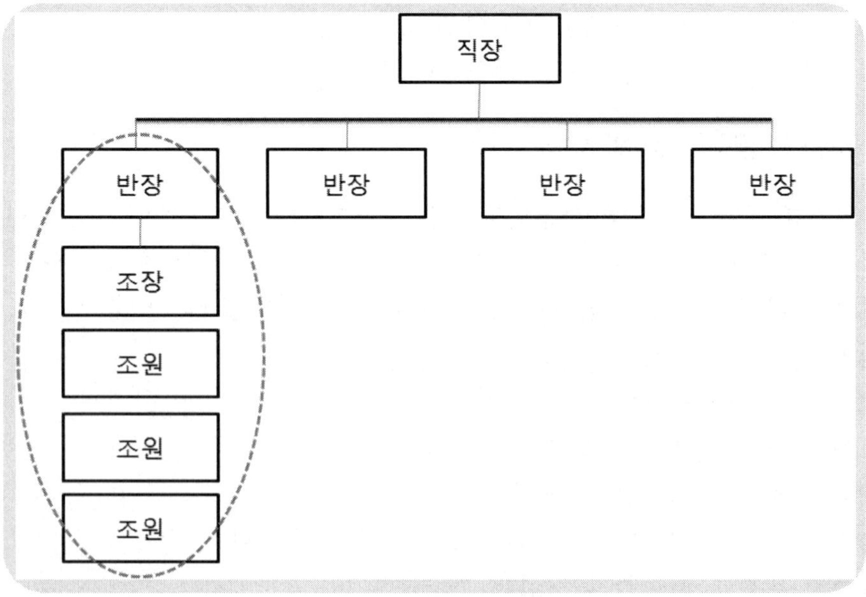

[그림 3-3] 기본형 QC분임조

분임조가 서브 분임조, 미니 분임조의 단계로 분류되는 경우는 다음 그림과 같이 구성할 수 있다.

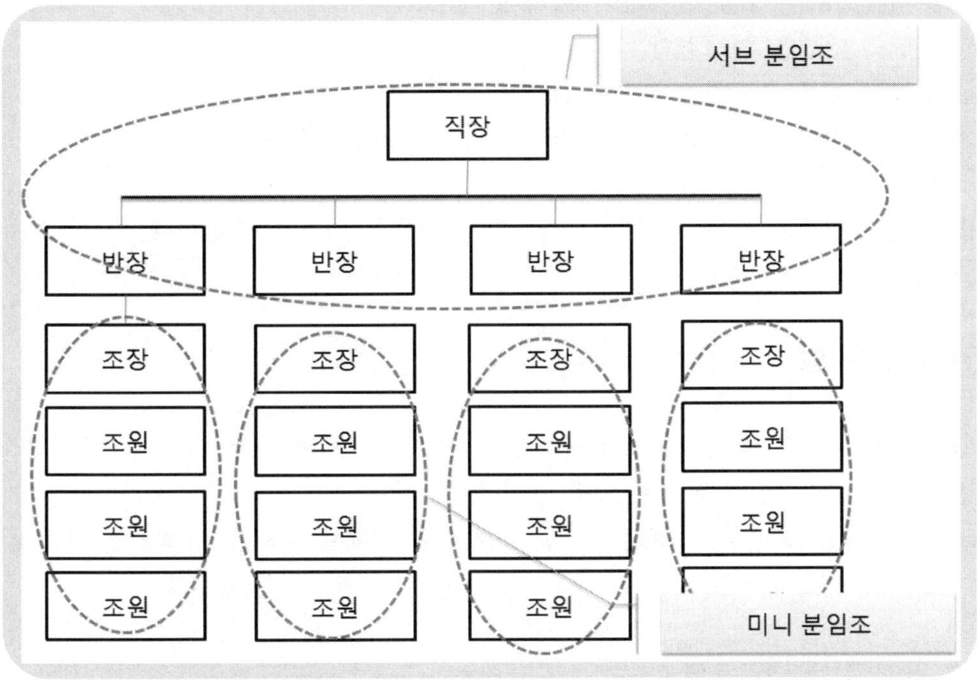

[그림 3-4] 파생형 QC분임조

분임조의 인원수는 생산조직의 경우 한명의 감독자(직장)가 리더가 되고 하부에 많은 조직을 구성할 수 있다. 이와 같은 경우 위의 그림에서와 같이 직장을 중심으로 서브 분임조를 구성하면 된다. QC 분임조 활동에는 10명 이하로 구성원을 구축하는 것이 효율적이나 7명 이하가 가장 바람직한 조직이다. 구성원이 많으면 일상 활동은 소그룹으로 활동하다가 전체 회합을 할 수도 있다.

3.3.3 직장 및 반장의 역할

QC분임조 활동을 하는데 있어서 직장 및 반장(리더 및 팀장)의 역할로 직장 및 반장 등 현장 감독자는 우선 솔선수범해서 QC분임조를 추진하여야 한다. 따라서 직장 및 반장은 다음과 같은 경험을 먼저 하여야 한다.

① QC분임조의 활력성을 먼저 경험한다.

② 주제를 선택하여 솔선해서 먼저 수행하여 본다.

③ 분임조를 편성하여 경험하여 본다.

④ 교류를 통하여 분임조에 대하여 경험한다.
⑤ 분임조 추진 방향에 대하여 논의 한다.
⑥ 구체적으로 주제를 선택하여 토의 한다.
⑦ 분임조 기법을 연구한다.
⑧ 경험 사례를 연구하여 분임조원에게 전달한다.
⑨ 모두가 참여하고, 모두가 발표하고, 업무를 분담하도록 진행한다.
⑩ 분임조원의 의견을 존중한다.
⑪ 현업의 업무와 분임조 활동이 일체라는 것을 명심하고 추진한다.

3.4 주제선정 방법

QC분임조에서 어떤 주제를 선정하느냐는 분임조의 능력에 따라 다르다. 주제선정방법은 제13장 식스 시그마 경영에서 일부 논하였다.

프로세스 분석은 기업의 문제의 원인을 분석하여 문제를 찾아내는 단계로서 문제는 핵심 프로세스 분석과 낭비의 원인 분석의 두 축으로 구분하여 분석한다.

3.4.1 비용발생 원인분석

낭비원인의 모든 핵심 프로세스를 찾아내고 품질비용 항목을 도출하는 것은 불가능할 것이다. 그러나 누구나 낭비의 근본원인을 알고 싶어 하고 문제의 원인과 프로세스를 추적하려고 한다. 처음부터 모든 낭비의 원인을 추적하기는 어렵다. 따라서 전략적으로 개선이 필요한 항목만을 도출하고 여기서 발생되는 낭비의 비용을 정량화하여 개선전략을 추진하는 것도 바람직한 방법이다. 따라서 분석단계를 어느 범위까지 할 것인가를 미리 정하여 두는 것도 효과적인 분석방법의 하나이다.

3.4.2 낭비원인 분석

일반적으로 낭비의 원인은 도요다 경영의 7대 낭비를 중심으로 설명하였다. 낭비의 발생 원인을 분석하여 다음단계에서 개선아이디어를 발굴하게 된다. 도요다가 지적한 7대 낭비원인은 제3장에서 설명하였다.

① 과잉생산의 낭비　② 가공의 낭비
③ 운반의 낭비　④ 불량의 낭비
⑤ 대기의 낭비　⑥ 재고의 낭비

⑦ 동작의 낭비

3.4.3 비 고객과 장애물 추적

블루오션에서는 비 고객을 추적하여 문제의 원인을 발굴하는 방법으로 블루오션 경영에서 제안한 프레임워크를 바탕으로 조직원들의 닫힌 창의력을 열어주는 다양한 시각적 자극 요소를 내포하는 4단계 프로세스를 제시하였다.

〈표 3-3〉 기업의 장애요인들

장애요인	문제점	해결방안
인지적 장애	- 종업원들의 인식이 전략에 공감하지 못함	- 기업의 최악의 운영상 문제점을 보여줌 • 충격적 현실을 보여줌 - 관리자들을 사무실 밖으로 끌어냄 • 끔찍한 현실을 보게 함 • 고객의 목소리를 경청
자원제약의 장애	- 관리자는 자원 확보에만 치중 - 관리자는 예산 확보에만 치중	- Hot Spot • 적은 자원을 투입 높은 실적을 요구 - 자원의 교환 • 부서 내 초과 자원을 타 부서와 교환
동기부여의 장애	- 거대한 혁신만을 추구 - 대규모 경영혁신 활동만을 추진 - 많은 비용과 시간을 요구	- 급소경영 • 집중화 경영추구 - 킹핀에 동기부여 • 조직 내 조직을 움직이는 핵심요원을 감동시킴 - 어항경영 • 킹핀 요원에게 지속적 동기부여 - 원자화 • 조직이 스스로 변하도록 조직구성을 원자화(세분화)
정치적 장애	- 변화에 부정적인 영향력 조직원의 자리지킴 싸움발생	- 급소경영 • 부정적인 조직원과 경영자는 혼자 싸우지 말고 변화를 추구하는 조직을 확대하여 목소리를 키움 - 비난자와 지지자 모두 규명 • 윈-윈 전략 - 수호천사 구축 • 수호천사와 연합하여 세력구축, 비난자를 고립시킴

조직변화에 대한 전래적 이론은 대다수를 변화시키는 것에 바탕을 둔다. 그러나 급소

경영 리더십은 대조적으로 정반대 이다. 대다수를 변화시키기 위해 극단의 것을 전환하는데 중점을 둔다. 바로 성과에 커다란 영향을 미치는 사람, 활동, 업무이다. 이 극단의 것을 변화시킴으로써 급소경영 리더들은 새로운 전략 실행을 위해 신속하면서 낮은 비용으로 핵심을 변화시킬 수 있다.

3.4.4 프로세스 문제의 발굴

문제를 발굴하여 개선의 주제를 선정하는 방법으로 우리는 업무를 처리하는 과정에서 우리들 주변에 변화가 필요한 많은 문제점들이 있다. 그렇다고 이 많은 문제들을 한꺼번에 해결할 수는 없다. 따라서 가장 가깝고 쉬운 것부터 하나하나 단계적으로 해결해 나가야 한다.

이와 같이 주제를 선정하는데 처음부터 성과나 평가, 발표회만을 의식하여 너무 커다란 주제 또는 어려운 주제를 선정하면 효과를 기대하기 어렵게 된다. 따라서 다음과 같이 주제를 선택하기를 바란다.

① 가깝고 비근한 문제선정

일상 업무에서 발생하는 문제를 선정한다.

② 조직원의 공통적인 문제를 선정

전원이 참여할 수 있고 전원이 관심을 갖고 있는 공통적인 문제를 선정한다.

③ 단기간에 해결 가능한 문제를 선정

문제해결에 시간이 너무 오래 걸리고 복잡하면 권태를 느끼게 되어 큰 성과를 기대하기 어렵다.

④ 변화의 필요성을 느끼고 있는 주제 선정

변화가 꼭 필요하다고 평소에 느껴오던 주제를 선정한다.

⑤ 구체적인 주제선정

변화에 대한 문제를 잊어서는 안 되지만 명칭에 얽매여 주제를 국한 시킬 필요는 없다.

이와 같은 주제선정의 착안점에 의하여 전원이 참여한 많은 문제점 가운데서 하나의 주제를 선택한다.

① 고객에게 불편을 주고 있는 일은 무엇인가?

고객 : 타부서, 다음단계, 동료, 상사 등

② 고객이 품고 있는 불만은 무엇인가?

③ 일하는데 낭비나 무리는 없는가?

④ 상·하 또는 횡적 의사소통은 원활한가?

⑤ 업무목표 달성 상황은 어떠한가?

⑥ 일하는데 보람과 긍지를 갖고 있는가?

⑦ 업무지식 및 처리능력은 충분한가?

이와 같이 문제의식을 갖고 현상조사 분석을 통하여 문제에 대한 원인을 철저히 분석하여 대책을 수립할 수 있으며 만족할만한 개선책을 유도해 낼 수 있다. 즉 문제점의 주요 원인이 무엇인가를 경험이나 육감에 의해서 판단하는 것이 아니라 사실에 입각해서 근본원인을 규명하고 확인하는 것이다.

사실에 의해서 원인을 규명함으로써 개선의 중요성을 재확인할 수 있으며 새로운 사실도 발견할 수 있다. 원인을 규명할 때는 구체적으로 숫자화, 표준화하는 등 통계적, 과학적 방법을 사용하는 것이 바람직하다. 현장조사 방법으로는 다음과 같다.

① 모든 것은 숫자로 표시한다.

팀원들이 열심히 자료를 수집했으나 그것이 무엇을 의미하는지를 발견하지 못하면 쓸모가 없다. 수집된 자료를 숫자로 표시함으로써 자료가 뜻하는 바를 알고 적절히 활용할 수 있다.

② 흐름을 파악하라.

정태적인 분석뿐만 아니라 문제에 따라서 동태적인 관찰을 할 필요가 있다.

③ 전체적으로 넓게 관찰하라.

문제가 너무 국한되지 않고 회사전체에 영향을 미치는가 폭넓게 관찰하는 시야를 갖도록 하는 것도 중요하다. 넓은 시야를 갖는다고 주제를 포괄적으로 정하는 것이 아니라 한 항목에 대하여 여러 각도에서 관찰하자는 것이다.

④ 결과를 도표화 한다.

분석 내용을 알맞은 도표를 활용함으로써 신중하게 검토하는데 도움이 된다. 또한 발표나 보고할 때 한눈에 볼 수 있으며 호소력이 있는 알기 쉬운 그래프나 도표를 연구하여 활용하는 것이 효과적이다.

3.4.5 CTQ의 선정

CTQ(Critical to Quality)는 기대품질에 치명적인 영향을 주는 요인으로 소비자의 요구 품질이다. 즉 고객이 평가하는 품질평가에서 가장 중시 되는 요인을 말한다.

CTQ 선정은 고객으로부터 확인 및 요구를 우선으로 하며 고객에게 제공하는 OUTPUT을 파악한다. CTQ를 파악하는 방법으로는 QFD(Quality Function Deployment)를 통해 설계에서부터 고려된 CTQ를 찾아낸다. Green Belt 단계에서 파악한 공정의 FMEA(Failure Mode and Effect Analysis)에서 만성적인 문제가 CTQ가 된다.

3.4.6 COPQ(Cost of Poor Quality)

부적합 품질로 인한 비용으로서 눈에 보이는 비용을 포함하여 경영활동에 고려할 모든 현상을 말한다. 보통 정량적으로 파악할 수 없는 현상이 발생시키는 비용도 포함된다.

〈표 3-4〉 COPQ의 대표적 비용항목

비 용 항 목		
• 수율저하	• 운전 코스트의 상승	• 설계변경지시에 따른 코스트
• 고객의 불만상승(PPM)	• 폐기 비용, 재작업 비용의 상승	• 사이클 타임의 장기화
• 품질비용의 상승	• 재고의 증가	• 과잉품질
• 제품 품질문제의 발생	• 사이클 타임의 증가	• 생산계획 변경
• 예측 불가능한 품질	• 예측 불가능한 제품 성능	• 운전자금의 증가
• 열악한 프로세스(Cp, Cpk)	• 능력의 제약	• 납품지연
• 계측된 시스템 에러	• 생산량의 증대	• 매출저하
• 고객에 대한 과거 부채 증대	• 사내에서 발견된 부적합 품질	• 브랜드 이미지의 손상
• 유지보수 비용 상승	• 사외에서 발견된 부적합품질	
• 기계 가동률의 저하	• 빈번한 라인 준비 교체의 발생	
• 가동 정지 시간의 발생	• 라인변경 준비 교체의 상승	

3.4.7 QFD(Quality Function Deployment)

QFD는 고객의 요구사항을 제품의 기술특성으로 변환하고, 이를 다시 부품특성과 공정특성, 그리고 생산에서의 구체적인 시방과 활동으로 변환하여 고객의 요구사항을 만족시키면서 Time to Market과 Market Share를 확보하고자 하는 목적이다. 고객을 만족시킬 수 있는 제품이나 서비스의 품질을 명확히 한 후 이를 평가 할 수 있는 품질특성의 원인을 관리하는 것이다.

3.4.8 품질의 집(House of Quality)

QFD는 고객의 요구를 기술적 요구로 변형시킴에 있어서 품질의 집이라는 잘 짜여진 표를 이용한다. 품질의 집은 품질의 여러 요소들을 고려하여 각 설계특성에 대한 목표치를 하나의 집과 같이 일목요연하게 나타낸 일람표라 할 수 있다.

〈표 3-5〉 QFD 전개과정

단계		추진업무
품질전개	1단계	원시데이터 수집
	2단계	요구품질로 변환
	3단계	요구품질 전개표 작성
	4단계	품질특성(요소) 전개표 작성
	5단계	품질표 작성
	6단계	요구품질 중요도 산출
	7단계	기획품질의 설정
	8단계	중요도(웨이트)의 변환
	9단계	설계품질의 설정
종합전개	10단계	기술전개
	11단계	Cost 전개
	12단계	신뢰성 전개
	13단계	Sub System 부품전개
	14단계	QA표
공정전개	15단계	공법전개
	16단계	QC공정계획표
	17단계	QC공정표
	18단계	작업표준서, 검사규격서
	19단계	협력업체 관리와 차기계발에 활용

3.4.9 FMEA(Failure Mode and Effects Analysis)

FMEA는 설계된 시스템이나 기기의 잠재적 고장모드(mode)를 찾아내고 시스템이나 기기의 가동 중에 이와 같은 고장이 발생하였을 경우 업무 달성에 미치는 영향을 조사하여 평가하고 영향이 큰 고장 모드에 대하여 적절한 대책을 세워 고장을 사전에 방지하는 방법으로 설계의 평가뿐만 아니라 제조공정의 평가나 안전성 평가에도 널리 사용되고 있다. 미국의 자동차 3사에 의한 QS-9000의 활성화에 의해 Design FMEA, Process FMEA, System FMEA 등과 Circuit FMEA 등에 적용하고 있다.

〈표 3-6〉 FMEA 실행절차

단 계	실 행 프 로 세 스
1단계	시스템 및 서브시스템의 기능 역할을 분석한다.
2단계	시스템 및 서브시스템의 분석 레벨을 결정한다.
3단계	기능별 블록을 결정한다.
4단계	신뢰성 블록도를 작성한다.
5단계	FMEA에 효과적인 고장모드를 선정한다.
6단계	선정된 고장모드에 대한 추정원인을 열거한다.
7단계	FMEA용지에 기입한다.
8단계	평가된 고장 등급을 결정한다.
9단계	고장 등급이 높은 것에 대해 대책을 수립한다.

〈표 3-7〉 FMEA 공정분석

제품(부품)명	제품(부품)명
제품(부품)명	제품(부품)명
제품(부품)명	제품(부품)명
제품(부품)명	제품(부품)명

공정 기능	잠재불량 모드	불량의 잠재영향	치명도 (S)	잠재불량 원인	발생빈도 (O)	현재공정관리방법	검출력 (D)	RPN	개선안	책임 부서	개선결과			RPN
											S	O	D	
폭	폭 초과 및 미달	고속주행시 접힘 발생	10	백 높이 변경	7	백 교환시 조정	5	350	백 교환시 체크 3회/월	영선반				

3.4.10 FAT(Fault Tree Analysis)

FAT는 시스템 고장을 발생시키는 원인과 인과관계를 논리기호를 사용하여 나뭇가지 모양의 그림으로 나타낸 고장목(Fault Tree)을 만들고 이에 따라서 시스템의 확률을 구함으로써 문제가 되는 부분을 찾아내어 시스템을 개선하는 개량적 고장해석 및 신뢰성 평가방법이다.

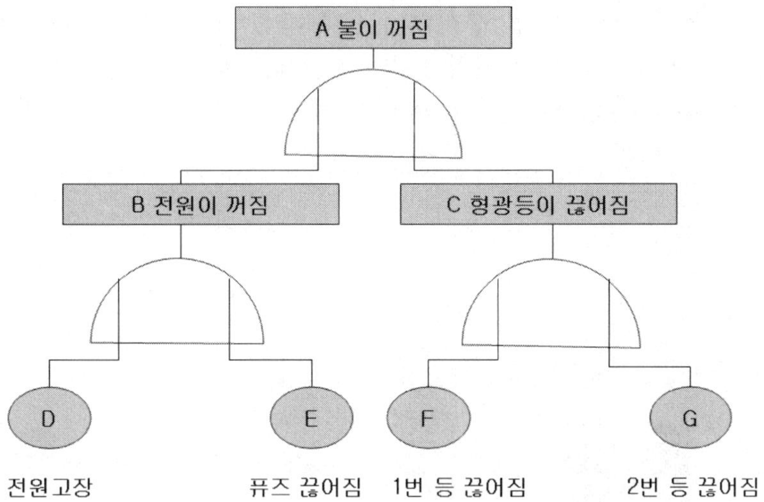

[그림 3-5] 고장확률 계산방법

그림의 고장목에 대하여 고장이 날 확률은 다음과 같다.

F(D)=F(E)=F(F)=F(G)=1/4

전원이 끊길 F(B)는 D와 or 결합이므로 위의 식에 따라 계산하면

F(B)=1-(1-F(D))(1-F(E)=1-(1-1/4)=1-(3/4)(3/4)=7/16

또한 형광등이 끊어질 확률은 F(C)에 따르면 다음과 같다.

F(C)=F(F)XF(G)=1/4 X 1/4 = 1/16

따라서 불이 꺼질 확률은 F(A)는 다음과 같다.

F(A)=1-(1-F(B)(1-F(C)=1-(1-7/16)(1-1/16)=1-(9/16)(15/16)=121/256

3.4.11 데이터에 의한 분석

3.1.11.1 데이터에 의한 관리

분석단계는 구체적인 문제점을 도출하기 위해서 개선기회를 분석하여 쉽게 이해할 수 있도록 문제를 정의한다.

데이터의 분석은 결함의 원인에 관한 이론을 제시하거나 뒷받침해 주거나 혹은 거부하도록 하는 패턴이나 추세 기타 추세를 찾아내기 위해 수집한 데이터를 이용하는 것이며, 프로세스 분석은 사이클 타임이나 재작업, 중단, 기타 고객에게 부가가치가 없는 단계들을 파악하기 위해 고객에게 그들이 원하는 요구사항을 제공해 주고 있는 기존의 주요 프로세스들을 세밀하게 들여다보는 것이다.

분석은 논리적인 원인분석을 통하여 결함을 가진 프로세스나 원료, 방법, 사람들과 기타의 것들 간에 차이나 변동 사항을 파악하는데 도움이 될 만한 질문들을 만들어 내는 것이다(Peter S, Pende et al., 2002).

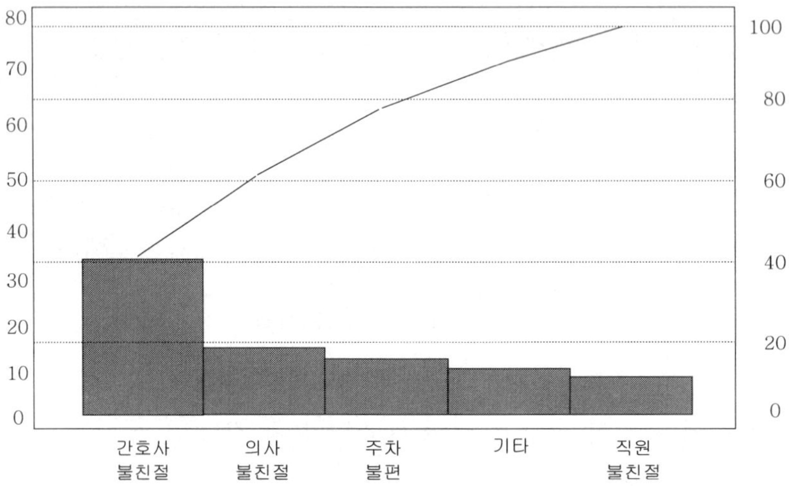

[그림 3-6] 분석을 위한 파레토분석 사례

3.1.11.2 측정(Measurement)

측정은 혁신으로 가는 매우 중요한 전이 단계로서 문제점을 정교하게 다듬고 근원적인 원인 규명을 시작하는데 도움을 준다. 어떤 척도를 사용할 것인가를 결정하는 것이 어려운데, 특히 혁신을 처음 시작한 팀의 경우가 그럴 것이다. 처음에는 그저 무엇을 어디서 측정할 것인가를 파악하는데 있어 가정에 의존할 수밖에 없을지 모른다. 경험이 많아지면 프로세스는 어떻게 수행되고 있는가? 혹은 변동이 고객에 미치는 영향은 무엇인가? 이 문제의 원인은 어디에 있는가? 등과 같은 구체적인 문제를 답하기 위해서 어떤 종류의 데이터를 수집해야 하는지 잘 알 수 있게 될 것이다. 단, 어떤 데이터를 수집하던 간에 반드시 왜/어떻게 우리 팀의 프로세스가 고객의 요구사항들을 만족하고 있는가, 혹은 만족하고 있지 않은가에 대해 해결의 실마리를 가져다 줄 수 있는 데이터여야 한다. 측정의 기본 개념은 다음과 같다(Peter S, Pende et al., 2002).

[기본적인 측정의 개념]

❶ 관찰을 먼저하고 측정은 다음에 한다.
❷ 이산형 척도와 연속형 척도의 차이점에 대해 이해한다.
❸ 근거를 찾기 위한 척도
❹ 측정 프로세스를 마련한다.

3.5 QC분임조 추진전략

3.5.1 분임조 도입 시 주의사항

QC 분임조 활동을 하는데 많은 어려움이 있다. 이러한 문제점들을 개선하지 못하면 분임조 활동은 무의미하게 된다. 따라서 분임조 도입 시 다음과 같은 주의 사항에 유의하여야 한다.

① 기업문화와 어울리는 추진방법을 선택하여야 한다.

오랫동안 지속된 기업문화를 QC분임조를 통하여 바꾸려한다면 많은 문제가 발생된다. 따라서 QC분임조는 기존의 기업문화를 바탕으로 변화를 이끌어가는 활동으로 추진하여야 한다. 따라서 지금까지의 관습, 전통, 풍습 등을 유지하면서 추진하는 것이 효과적이다.

② 서둘지 말고, 강제적으로 추진하지 말고 지속적으로 이끌어가야 한다.

시간을 갖고 여유있게 추진한다. 또한 중도에 포기하지 않고 지속적으로 추진한다.

③ 능력있는 직원을 영입한다.

현장경험이 풍부하고 능력있는 현장 경험직원을 영입한다.

④ 형식에 구애 받지 않는다.

계획서나 지침서, 매뉴얼 등 문서에 치중하지 않는다.

⑤ 개선회의에 적극참여 한다.

상호협력에 의하여 아이디어를 창출하므로 적극적인 아이디어 회의에 참여 한다.

⑥ 모두가 팀장의 능력을 훈련한다.

팀장의 역할을 바꾸어서 추진하여 본다.

⑦ 팀장 혼자서 추진하지 말아야 한다.

팀원 전체가 참여하도록 추진한다.

⑧ 의견을 반대하는 팀원도 존중한다.

아이디어를 부정하거나 분임조 활동을 반대하는 직원을 포용한다. 좋은 계기가 마련되면 이들도 참여한다.

3.6 현장조사 분석

3.6.1 조사분석

현장조사 분석 과정은 QC분임조의 특징으로 가장 중요한 활동이다. 문제에 대한 원인을 분석하고 규명하는 단계로서 만족할만한 개선 아이디어를 창출하는 단계이다. 현장조사는 문제점의 원인을 사실에 의한 분석을 하는 단계로서 현장조사방법은 다음과 같다.

① 숫자로 표현한다.

현장의 모든 데이터를 숫자로 표현한다. 수집된 자료를 숫자로 표현함으로써 자료가 뜻하는 바를 이해하고 활용할 수가 있다.

② 프로세스를 관찰한다.

문제의 흐름에 따라 추적 관찰한다.

③ 전체적으로 폭 넓게 관찰한다.

문제분석을 한 부서에 한정하지 말고 회사 전체적으로 분석한다.

④ 분석결과를 도표화 한다.

도표는 분석내용을 이해하는데 좋은 방법이다. 도표는 한 눈에 문제의 원인을 볼 수 있으며, 설득력이 있다.

3.6.2 목표설정

목표설정은 개선완료 시기, 절차 등을 설정하는 단계로 간단명료하게 설정하며, 분임조 수준에 맞는 목표를 설정한다. 또한 구체적이고 측정 가능한 목표를 설정한다.

3.7 문제해결방법

3.7.1 분할의 원리

분할, 분열, 미시 단계로의 이행은 시스템이나 물체를 분리된 부분으로 나눈다. 물체를 분리하기 쉽게 만든다. 분할이나 분열 정도를 높인다.

분리는 물체나 시스템의 필요한 부품(혹은 성질)이나 방해되는 부품을 분리한다.

문제를 해결할 때 대부분은 시스템의 부분적인 성질이나 형상이 필요하다.

- 우리는 빛이 필요한 것이지 빛을 내는 장치가 필요한 것은 아니다. 오늘날 빛을 내는 시스템의 많은 부분들은 빛이 필요한 곳으로부터 멀리 떨어져 있다. 반사체와 광학 섬유는 램프나 빛을 사용하는 점으로부터 분리될 수 있는 구조로 되어있다. 광학 섬유는 커다란 램프 없이 정확한 수술부위에 정확하게 빛을 비춰줄 수 있도록 만들어진 작은 수술 도구이다.
- 우리는 청소 능력을 원하는 것이지 청소기를 원하는 것이 아니다. 중앙 진공 청소 시스템은 아파트 안에 단지 노즐과 약간의 튜브만을 남겨 놓는다. 소음과 더러운 부분은 사람들의 거주에 방해 받지 않는 곳에 위치시켰다.
- 전동 잔디깍기는 잔디가 그다지 크지 않다면 작동을 잘한다. 생산된 에너지는 잔디에서 제거된다.
- 소음이 나는 공기 압축기는 건물 밖에 놓고, 압축 공기 파이프는 압축 공기가 필요한 곳에 놓는다. - 대부분의 병원과 치과 건물은 이 방법을 사용한다.
- 진화를 하는데 안개를 사용하는 것은 분리의 원리를 사용한 예이다. 단지 작은 직경의 파이프가 불이 난 곳에 필요하다. 무거운 장비는 제거된다.
- 레스토랑이나 인쇄소와 같은 지역 사업의 경영권 분리는 시스템과 개념의 개발 면에서 성공적이다.

3.7.2 국소적 성질

국소적 성질: 물체가 다른 장소나 상황에서 다른 모양이나 기능을 갖게 하기 위하여 물체의 구조나 외부 환경(혹은 외부 영향)을 변화시킨다. 물체의 부분이나 시스템의 작동을 환경에 따라서 가장 효과적으로 만든다. 물체의 각각의 부분을 다른 유용한 기능으로 채운다.

물체는 자주 추가적인 모양을 가져야 하지만 이러한 모양의 도입은 새로운 문제를 일으키거나 시스템을 더욱 복잡하거나 비싸게 만든다. 우리는 시스템을 변형하여야 하지만 변형하면 안 된다.

부분적으로 시스템을 변형하면 쉬워진다. 기술적인 분야에서 이러한 예가 많이 있다. 금속 표면층의 달굼 작업이나 특별 처리들은 전체적인 물질의 성질과 다른 표면 성질을 만든다. 우리는 각각의 너트에 다른 렌치가 필요한데 너트의 크기에 잘 맞는 렌치가 훨씬 큰 힘을 내기 때문이다. 도시락의 특성화 된 칸막이는 뜨거운 것은 뜨겁게, 차가운 것은 차갑게 하고, 노동자나 학생들이 점심을 옮기는데 경제적이고 안정하다.

사업 분야에서 시장의 분리는 국소적 성질을 설명해 준다. 분리는 시장을 특별한 속성에 맞게 작은 규모로 나누는데, 국소적 성질은 각각의 시장을 적절하게 다루는데 사용된다. 재봉사들에게 있어서 이것의 접근 예는 자동 세척기 시장에서 각 그룹의 문화적 선호도를 높이기 위해서 Whirlpool 회사는 18개의 다른 언어를 말하는 인도 사람들을 고용하였다.

국소적 성질은 사람들에게 잘 적용된다. 그들과 다른 이들의 일의 가장 효과적인 것은 팀으로 구성된 것이다. 각각의 경우마다 집중적인 전문성인 신뢰할만한 기술과 폭넓고 진보적인 기술적 배경이 필요하다.

3.7.3 비대칭원리

비대칭을 증가시키는 것은 기하학적 자원을 사용하는 방법이다. 새로운 물질이나 구성물을 넣는 것보다 형상을 바꾸는 것이 더 쉽다.

질량을 맞추는 것은 비대칭을 만드는 사업전략에 해당한다. 사업의 경영법이나 생산품 혹은 서비스는 각각의 소비자에 맞게 특성화 되어 설계되고 다른 소비자들에게 제공되는 것과 같을 필요가 없다.

3.7.4 통합의 원리

통합은 동일하거나 비슷한 물체를 가까이 놓는다. 통합은 동일하거나 비슷한 부분을 조립하여 같은 기능을 수행하도록 한다. 작동을 동일하게 한다. 시간적으로 그것을 일치시킨다.

- 마이크로-전자공학의 통합
- 컴퓨터와 전화의 네트워크
- 종이로 책을 이루고, 책으로 도서관을 이룬다.
- 당근의 씨를 뿌려서 꾸러미 단위로 재배하는 방식에서와 같이 씨앗은 테잎 위의 고정된 위치가 있다면 정확하고 빠르게 뿌리를 내린다. 작은 꾸러미가 각각 붙어 있다면 쉽게 운반할 수 있다.
- 유리판과 같이 망가지기 쉽고 약한 부분은 그것을 꾸러미 단위로 결합함으로 무게 증가 없이 더 강하게 할 수 있다.
- 전파 만원경은 하나의 만원경보다 정렬시켜 놓으면 훨씬 더 큰 분석 능력이 생긴다.
- 교통 체증을 제거하기 위한 아이디어로 컴퓨터 제어를 통하여 작은 자동차 그룹을 만드는 것이다. 이렇게 하면 고속도로는 현재 시간 당 2000대의 자동차에서 6000대의 자동차를 처리할 수 있다.

3.7.5 범용성의 원리

범용성 혹은 다용도 원리는 물체나 시스템의 부분을 다기능을 할 수 있도록 만든다. 다른 부분의 필요를 제거한다. 부분과 작동을 감소시키고 유용한 모양과 기능을 사용한다.

- ■ ABB는 높은 전압의 발전기를 개발해 왔다. 발전기가 직접적으로 전기회로에 전기 공급이 가능해서 재래식의 변압기는 필요 없었다. 어떤 새로운 차는 속도 조절 바퀴와 교류기, 시동장치 그리고 다른 부분들이 하나의 부품으로 결합되어 설계되었다. 하나의 조절 가능한 렌치가 모든 너트를 다룰 수 있는 것도 한 예이다.
- ■ 다용도 원리를 또한 많이 사용한다. 몇 개의 복합적인 기능 훈련은 하나의 기능보다 다 기능들을 익히고 있기 때문 사람들의 일시해고 기간을 짧게 해준다. 이것을 국소적 성질과 비교해 보아라.
- ■ 팀의 지도자는 기록자와 시간관리자의 역할을 한다.
- ■ 한 상점에서 여러 가지 상품을 살 수 있는 것 - 슈퍼마켓에서 보험을 팔기도 하고, 은행 업무, 원료, 신문들을 판다.
- ■ 치약이 들어있는 칫솔을 다루는 것.

3.7.6 포개기 원리

포개기는 하나의 물체를 차례로 다른 것 안에 넣는다. 한 부분을 다른 것의 구멍을 통과하도록 만든다. 이 원리의 이름은 러시아의 전통 인형인 matrushkas에서 나왔는데, 이것은 나무로 된 인형을 하나의 인형이 다른 인형 안에 있도록 만들어진 것이다.

- ■ 기름 탱크의 이중 껍질
- ■ 망원경 구조물(우산 핸들, 라디오 안테나, 포인터)
- ■ 사업의 유사함: 한 디자이너의 특별 전시품은 커다란 상점의 백화점 매장 전시된다.
- ■ 윈도우 운영체제의 컴퓨터에서의 파일구조.
- ■ 컵이나 숟가락의 측정
- ■ 칠면조를 소시지로 채워 넣고, 소시지는 밤으로 채워 넣는다.

3.7.7 평형추 원리

평형추는 시스템이나 물체의 무게를 맞추기 위해서, 다른 물체인 마련된 무게 추와 결합한다. 무게를 맞추기 위하여 환경과 상호작용하게 만든다.(공기역학상, 수력학상, 부력이나 다른 힘).

- ■ 잠수함 안의 공기탱크
- ■ 동체를 들어 올림 - 비행기 동체의 모양은 날개와 같이 작동하여 항력을 만든다. 이것은 비행기와 배에 사용된다.

- 바람이 불 때 시각적 효과를 위해서 국기나 기호가 쓰인다.
- 사업 분석: 커다란 조직의 무게를 맞추기 위하여 프로젝트 조합, 진행 조합, 일시적인 조합과 다른 계층적인 조합이 피라미드 구조를 이루어 무거운 구조를 들어올린다.
- 헬륨 풍선은 광고 문구를 지탱하기 위하여 사용된다.
- 회사는 쇠퇴되는 기미의 제품의 판매를 늘리기 위하여 잘 팔리는 제품과 함께 연계하여 판매한다.

3.7.8 특성변경의 원리

특성변경(Parameter Changes)는 물체(Object)의 물리적 상태를 변화시키거나(가스화, 액체화 또는 고체화 등), 농도(Concentration)나 밀도(Consistency)를 변화시키거나, 온도를 변화시킨다.

3.7.9 상의 전이원리

상(相)전이는 상(相)전이 과정에서 발생하는 현상을 이용함.(즉, 부피변화, 열의 손실이나 흡수 등). 많은 상전이는 일반적으로 고체-액체-기체 플라즈마, 상자성체-강자성체 그리고 전도체-초전도체 등을 포함한다. 그러나 많은 유용한 현상이 '고체-고체'의 결정학적인 변화, 초유동, 반(反)강자성 등과 같은 특이한 전이와 함께 일어난다.

■ 사례

(1) 고체이산화탄소 분출을 이용하면 표면을 청소할 수 있다. 불순물들이 즉시 얼게 되고, 수축이 되어 잘 분리된다. 이 예는 '원리35 특성변경', '원리 37 열팽창' 및 '원리21 고속처리'를 나타내는 것이기도 하다. 불순물은 매우 빨리 얼게 되므로 깨끗해진 물체가 열팽창의 영향을 받지 않는다. 표면에 분사된 이산화탄소는 이 후에 아무런 해로운 작용이 없이 가스로 승화하고, 따라서 따로 다시 청소할 필요가 없어진다.

(2) 가열관은 상전이에 일어나는 현상을 활용한 예로 잘 알려져 있다. 배관내의 유체가 액체에서 가스로 전환됨에 따라 발산되거나 흡수되는 열은 시스템이 구성된 형태에 따라 히터나 에어컨으로 사용될 수 있다.

3.7.10 열팽창의 원리

열팽창원리는 물체의 열팽창(또는 수축)을 이용한다. 만약 열팽창을 이용하려면, 여러 가지의 열팽창계수를 가진 다중물질(Multiple Materials)을 활용한다.

열팽창은 엔진의 밸브와 같이 구성요소의 위치를 잡아주거나 조합하기 위해 사용한다. 구성요소를 니트로겐 액체에서 차갑게 하여 수축시키고 난뒤 조합하고, 그 후에 팽창되어 조합 위치에 고정된다. 주방에서 병뚜껑이 잘 열리지 않을 때 병을 뜨거운 물에 넣어두면 병의 꽉 끼인 금속 뚜껑이 헐렁하게 되어서 쉽게 열수 있게 되는 것도 같은 예이다.

3.7.11 강산화제 원리

강산화제원리는 일반적인 공기를 산소를 충만 시킨 공기로 대체한다. 산소를 충만 시킨 공기를 순수 산소로 대체한다. 산소나 공기를 이온화를 촉진하는 열에 노출시킨다. 이온화된 산소를 활용한다. 이온화된 공기나 산소를 오존으로 대체한다.

■ 사례:

(1) 좌학 강의 대신 모의실습이나 게임 등을 활용한다.
(2) 스쿠바 다이빙에서 더 오래 견뎌낼 수 있도록 나이트록스나 다른 공기외의 혼합물을 활용한다.
(3) 혐기성 박테리아를 죽이기 위해 상처를 높은 압력의 산소가 있는 환경에서 다룸
(4) 활성가스용접(Metal Active Gas Welding)

3.7.12 불활성의 환경원리

불활성 환경은 평상시의 환경을 불활성 환경으로 바꾼다. 중성물질이나 불활성 첨가제를 물체나 시스템에 추가한다.

■ 사례:

(1) 용접시 용접부 금속이 산화되는 것을 막기 위해 이산화탄소나 아르곤 같은 불활가스를 사용한다.
(2) 측정을 쉽게 하기 위해 세제에 불활성 물질을 첨가한다.

3.7.13 복합물질의 원리

복합물질은 단일 물질이나 시스템을 복합 물질이나 시스템으로 바꾼다.

■ 사례

(1) 천을 짜 맞춰 넣은 고무, 강화콘크리트와 유리섬유강화플라스틱 등은 전형적인

이러한 기술의 예이다.

(2) 복합물질의 요소 중의 하나로서 아무것도 사용하지 않는(즉, 공기나 진공을 사용하는) 것은 트리즈의 매우 전형적인 예이다. 즉, 모든 상황에서 활용가능한 자원이 없다. 벌집 모양의 물질(계란 파레트, 비행기 구조), 중공(中空)시스템(골프 클럽, 뼈), 스펀지 물질(포장재, 스쿠버다이빙 옷). 이러한 것들은 '원리31 다공질 재료', '원리40 복합물질'이 통합되어 사용된 것이다.

(3) 사업에서도 복합구조를 얘기할 수 있다. 여러 가지 훈련을 하는 팀이 한 가지 분야의 전문가를 대표하는 그룹보다 효과적인 경우가 가끔 있다. 마케팅, 교육, 학습 및 오락에서도 한 가지 또는 몇 가지로 하는 것보다 멀티미디어 프레젠테이션이 훨씬 효과적인 경우가 많다. 다른 예들은 명백하지 못하지만 전혀 중요하지 않다. 맥도널드의 깨끗함에 대한 절대적인 방침은 유명하다. 철저한 음식의 준비는 또 다른 중요한 방침이다. 이 두 가지 원칙 혹은 가치 또는 근성은 느슨한 조직을 함께 묶어준다.

3.8 개선아이디어 실행

개선이란 제품을 생산하는 과정에 잠재하고 있는 낭비를 제거하여 보다 쉽고, 보다 빠르고, 보다 편하게 제품을 생산하는 활동을 말한다. 따라서 현장 개선활동은 다음과 같은 원칙하에 추진되어야 한다.

❶ 개선(보다 쉽게)

제품을 만드는 방법을 바꾸는 것으로 지금까지의 제조방법을 잊어버리고 백지상태에서 새로운 방법을 찾는 것이다. 제품을 만드는 방법은 한 가지만 있는 것이 아니라 수없이 많은 방법들이 있다. 우리는 다만 그 방법을 찾으려 하지 않거나 아직 찾지 못하였을 뿐이다.

❷ 활동(보다 편하게)

제품을 만드는 형태를 바꾸는 것으로 글씨를 쓰는 자세에 따라서 글씨체가 달라지듯이 제품을 만드는 사람과 제조현장을 최신의 방법으로 개선하고자 하는 것이다.

❸ 원칙(보다 빠르게)

제품을 만들어 이윤을 창출하는 것은 제품을 필요로 하는 고객에게 필요한 시점에 필요한 만큼 가장 싸고 편리하게 제공하여 주어야 한다.

3.8.1 즉실천 활동

개선을 실시하는 단계로서 개선 방법이 확정되면 즉시 개선을 실천한다. 즉실천은 현장의 문제점이 발견되면 개선팀은 철야작업을 통하여서라도 즉시 개선하는 제도를 말한다. 개선은 효과가 큰 개선항목을 우선하며 실현성이 있는 항목을 먼저 추진한다.

선택된 아이디어의 적용 및 실시단계로서 아이디어의 실시는 아이디어를 개발한 개인 또는 팀에서 직접 실하는 것도 효과적이지만 기술적인 개선을 요구하는 아이디어는 전문가 혹은 사내 개선제작팀에서 제작한다.

실시할 때는 상사, 동료, 사내 그 분야의 전문가들과 토론하여 협조를 얻는 것이 효과적이며, 공정 개선아이디어의 경우 전·후 공정에 대한 영향을 충분히 고려하여 실시한다.

아이디어 개선 제작팀이 회사 내에 구성되어 있으면 제작팀은 제작이 결정된 아이디어에 대하여 빠른 시간 내에 제작한다. 즉실천에서 선정된 아이디어는 당일 아니면 다음날 까지 아이디어가 제작되어 적용하도록 하고 있다.

3.8.2 사내 개선팀 구성

사내 개선팀 운영은 즉실천 운영방법과 유사한 개념으로 사내에서 우수한 제작 기술을 가진 숙련된 사원이나 제작에 노하우를 갖춘 나이가 많은 현장직 사원을 중심으로 구성한다. 사내 개선팀은 현업에서 근무를 하면서 개선아이디어가 확정되면 구성된 팀이 모여 개선안을 제작한다. 개선팀에서 제작이 불가능한 아이디어는 개선팀이 주관이 되어 외주의뢰를 한다.

[트리즈적 사고란?]

트리즈(Triz:"teoriya reshniya izobretatelskikh zateorija rezbenija izobretatdatch)는 창의적 문제해결 이론이라고 하는 의미를 갖는 러시아어에서 유래된다. 이 이론은 1946는 러시아의 알트슐러 박사에 의하여 개발되었다. 그는 과학기술의 발전 속에는 예측 가능한 유형이 있다는 사실을 발견하였다. 즉 과학 기술 분야의 발전에는 일정한 법칙이 존재한다는 것이다. 트리즈는 일종의 연산형을 지닌 구체적이고 도식화된 단계를 밟아가는 이론으로 현재까지 수많은 문제를 해결하여 오고 있다. 트리즈는 수십만 건의 특허 및 기술발전의 역사를 분석하여 문제해결 원리를 추출한 것으로 체계화된 연구개발 및 기술혁신 이론이다. 트리즈는 문제 해결자의 사고를 촉진하고 혁신을 위해 요구되는 지식을 제공함으로써 창의성이 높은 해결안을 도출하거나 기술적인 한계를 극복하는데 유용하다. 역사 이래 수많은 발명가가 있었지만 그들의 창의력을 전수한 제자를 단 한 사람도 우리는 알지 못한다. 왜냐하면 창의력은 교육할 수 없기 때문이다. 그러나 앞으로는 트리즈를 통하여 창의력 교육은 아주 일반화 될 것이다(김호종, 2007).

3.9 개선효과 평가 및 보상

개선된 아이디어의 평가는 유·무형 효과 평가와 난이도, 응용성 평가, 독창성 평가 등을 평가 한다.

3.9.1 개선결과 평가

3.9.1.1 유·무형 효과 평가

수입증가, 생산성 향상, 인원 감축, 시간 단축, 재료절감, 공수절감 등 금액으로 환산 가능한 절감 효과의 크기를 검토한다. 품질, 납기, 안전, 위생, 정리정돈, 노동경감, 의욕향상, 인간관계 개선, 제도개선, 기업 이미지향상, 고객 신용도 향상 등 금액으로 환산할 수 없는 효과를 파악한다.

3.9.1.2 난이도 및 응용성 평가

실시에 따른 비용의 크기와 소요시간, 실시의 완급도(바로실시 해야 하는가, 다음에 해도 되는가)제안에 담긴 아이디어를 다른 현장에도 적용할 수 있는가? 범용성의 정도, 제안 실시에 따라 다른 현장이나 다른 공정에 미치는 나쁜 영향은 없는지 검토한다. 또한 아이디어의 실시에 따라 다른 분야에 나쁜 영향을 미치는지 검토한다. 그리고 아이디어의 실시 효과가 상당기간 지속되는 것인가? 또는 단기적인가? 정도를 분석하며, 아이디어의 내용이 바로 실시할 수 있는 구체적인가? 또는 수정 및 보충을 해야 하는 것인가를 파악한다.

3.9.1.3 독창성 평가

스스로 고안한 독창적 아이디어에 의한 것인가? 또는 다른 아이디어를 적절히 응용한 것인가를 분석한다. 또한 아이디어가 즉흥적 착상을 그대로 적용한 것인가 등의 연구의 노력도를 분석한다. 그리고 아이디어가 직무에 관계된 것인가를 파악한다.

3.9.1.4 평가기준

유형효과 금액 산정기준은 다음과 같다.

- 인건비 : 당해사업년도 사업계획 기준적용
- 자재비 : 구매팀에 등록된 자재단가 기준
- 설비비 : 설비관리 팀에서 관리하고 있는 설비의 잔존가, 또는 투자예상 금액 등

- 기타경비 : 객관적인 근거에 산출된 비용
- 유형효과 산출 시점 : 당해월로부터 1년 또는 당해 연도 생산계획 등의 계수치를 적용한다.

3.9.2 개선결과 보상

개선 결과에 대한 보상은 모든 아이디어에 대한 보상과 1년간 기대효과에 대한 보상, 참여자 전원을 대상으로 보상을 한다. 보상은 개선 아이디어를 제안한 제안자 또는 QC 분임조에서 아이디어를 제출하면 즉시 보상하며, 아이디어가 채택되면 결과평가를 통하여 향후 1년간 개선아이디어가 적용되어 나타날 효과를 분석하여 보상한다. 또한 팀원 전원이 보상의 혜택을 받을 수 있도록 한다.

연 습 문 제

1. TQM을 전통적 경영과 비교하시오.

2. TQM의 구성요소에 대하여 간략히 언급하시오.

3. TQM의 성공요인을 열거하고, TQM의 시행전략을 약술하시오.

4. 오늘날 기업경영에서 TQM의 중요성과 전략적 의의를 말해 보시오.

5. QC 분임조 구성 절차에 대하여 연구한다.

6. 분임조 주제 선정방법에 대하여 논한다.

7. 개선 아이디어 개발방법에 대하여 연구한다.

제4장

설계품질 관리

품질관리는 설계품질관리로부터 시작된다. 제품이나 서비스의 품질은 설계품질에서 출발하기 때문에 양산에 앞서 제품을 설계하는 과정에서 예상되는 품질의 문제를 제거하고 소비자가 요구하는 품질특성을 설정하고 관리하는 단계이다. 따라서 본장에서는 설계품질관리의 이해와 관리방법에 대하여 논하자고 하였다.

1. 설계품질의 관리

1.1 설계품질(Quality of design)의 의의

제품·서비스의 품질은 대부분 설계품질에서 좌우되므로 품질관리에서 가장 중요한 단계이다. 시장조사나 연구개발을 통하여 소비자가 요구하는 품질특성을 추구하여 이룩된 제품 설계상의 품질 및 신뢰성 파라미터들을 시작시험(prototype test)이나 인정시험(quality test) 등으로 확인한 다음 채산, 납기 등을 고려하여 합리적인 수준에서 품질표준이나 시방을 설정하고 관리하는 업무이다.

설계품질의 관리기법으로는 제품기능 분석, 품질기능전개(QFD), 시장품질조사, 품질특성 분류, 품질수준 및 표준설정, 공정능력조사, 공정 파라미터설정, 공차해석(公差解析), 품질능력의 해석, 설계검토, 시작시험 및 인정시험, 불량해석, 제품평가, 안전도 조사, 신뢰성표준 설정, 보존성 및 서비스표준개발, 시험생산 등이 이용된다.

설계품질의 관리는 품질의 생성과 불량예방에 긴요한 업무로서 이에 소비되는 비용 모두는 품질코스트 가운데 예방코스트를 구성한다.

1.2 설계품질 목표설정

이와 같은 설계품질은 특정제품을 생산하기 위하여 고객이 요구하는 품질인 시장품질과 생산능력과 타사의 품질 및 가격을 비교하여 결정한다. 이와 같은 설계품질을 높이려면 원가는 상승하지만 시장에서의 가격은 원가에 비례하여 상승하지 않는다. 따라서 시장의 가격을 고려하여 목표에 적합한 설계품질을 결정하여야 한다.

설계품질을 결정하는 방법으로 [그림 4-1]에서와 같이 이익을 최대 목표로 할 때 품질수준은 b의 수준이 되고 가격을 낮추어 시장을 침투하는 가격이라면 a의 수준이 된다. 또한 고가정책의 품질 수준이라면 c의 수준에서 설계한다. 설계품질은 고객의 수준을 결정하여 이익수준을 어느 위치에 두는가에 따라 결정된다.

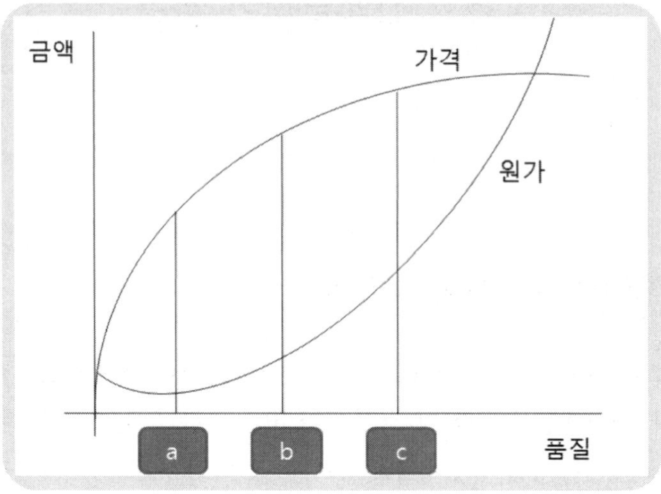

[그림 4-1] 설계품질 곡선

[설계품질이란?]

기업의 품질방침에 따라 결정되는 단계를 목표품질 또는 요구품질이라고 한다. 이와 같은 목표품질을 토대로 고객의 욕구를 반영하여 상세화 되는 품질 형태를 설계품질이라고 한다.

1.3 설계품질의 결정

설계품질은 신제품 또는 제품개발 단계에서 목표로 하는 품질수준으로서 예정판매단가에 최대이익이 되는 품질수준이지만 고객의 요구품질수준과 경쟁사의 품질 수준 그리고 수요와 공급의 관계와 기업의 생산능력, 판매능력, 자금능력과 기업의 이미지를 반영하여 결정한다.

2. 품질기능전개(QFD)

품질기능전개 QFD(Quality function deployment)는 1966년 일본의 아카오요지에 의해 처음으로 제안되었고, 1972년 일본 고베에 있는 미쓰비시 조선소에서 제품개발을 위해 처음으로 시작되었다. 그 이후 QFD는 도요타 자동차와 협력업체들에 의해서 발전되어 왔으며, 다시 일본의 가전산업, 의류산업, 건축설비 그리고 반도체산업 등에서 사용되어 많은 효과를 보았다. 또 QFD는 일본뿐만 아니라 미국으로까지 전파되어 미국의 많은 기업에서도 큰 효과를 보았다. QFD를 도입하여 효과를 본 미국의 대표적인 제품으로는 휴렛 패커드(HP)의 레이저-젯(Laser Jet) 프린터, 포드자동차의 토러스(Taurus) 등을 들 수 있다.

SPC(statistical process control)가 품질의 초점을 검사에서 생산현장으로 옮긴 것과 마찬가지로, QFD는 품질의 초점을 생산에서 설계로 옮겼다고 할 수 있다. 프로세스가 아무리 우수해도 설계가 좋지 않으면 좋은 품질의 제품을 생산할 수 없다.

QFD는 제품을 고객의 욕구와 기호를 반영하여야 한다는 믿음에 근거하여 창안된 개념이다. 이러한 목적을 달성하기 위해서는 제품과 서비스의 품질에 영향을 끼치는 조직내부와 외부의 모든 관련자들을 전부 포함시켜 제품과 서비스를 설계하는 초기단계서부터 서로 협조를 하여야 한다.

QFDI(Quality function deployment international : www.qfdi.org)에서는 고객의 소리를 설계규격으로 전환하고 상품화하여 고객이 원하는 제품과 서비스를 제공함으로써 고객만족과 가치를 향상시키는 품질기법이라고 QFD를 정의하였다. 미즈노(1978)는 QFD를 "품질을 구성하는 직능과 업무를 목적에 의해 단계별로 분류하여 전개하는 것"이라고 정의하였다. 코헨(1995)은 QFD를 "개발팀이 고객의 욕구와 니즈를 분명하게 기술할 수 있도록 체계적으로 제품을 계획하고 개발하며, 또 각 제품과 서비스가 고객의 욕구를 얼마나 잘 충족하는지를 조직적으로 평가하는 기법"이라고 정의하였다.

QFD는 품질기능전개이다. 즉, 기능과 전개를 합성하였다. 품질전개는 고객의 욕구를 엔지니어의 언어인 제품의 기술적 특성으로 전환시키는 것이다. 품질기능은 조직에서 고객의 사용품질을 만족시키는 조직의 중요한 기능이다. 그러므로 QFD는 기업의 품질기능을 수행하는 중요한 기법이다.

이렇게 QFD는 품질을 설계와 생산의 중요한 요소로 만든다. 그리고 품질이 설계단계서부터 확실하게 제품에 주입되도록 만든다. 그리고 QFD는 제품이 설계단계뿐만 아니라 생산단계에서도 고객의 욕구를 충족시키도록 한다. QFD는 CS의 첫 출발점이다. 그래서 고객의 목소리를 제품설계에 반영시키는 중요한 방법이다.

QFD는 다음과 같은 성과를 기업에 제공한다.

① 부서간의 장벽을 제거하고 협조심을 일깨워 준다. ② 제품의 품질이 안정화되고 개선된다. ③ 매출액이 향상된다. ④ 고객만족이 증가한다. ⑤ 전형적인 설계방법에 비해 신제품 개발에 소요되는 시간이 감소된다. ⑥ 기계작동준비시간과 생산 전에 발생하는 비용이 감소된다. ⑦ 설계비용이 감소된다. ⑧ 조직을 고객이라는 공통된 언어로 통합시킨다. ⑨ 고객의 소리를 기업의 전략에 반영한다. ⑩ 설계변경의 횟수가 줄어든다.

QFD가 추구하는 목적을 달성하기 위하여 개발된 기법이 품질의 집인 HOQ(the house of quality)이다. HOQ는 부서와 부서간의 계획과 의사소통을 원활히 하는 수단을 제공하는 방법으로 일종의 개념적인 지도이다. HOQ는 [그림 4-2]에서 볼 수 있듯이 여러개의 요소들로 구성되어 있다.

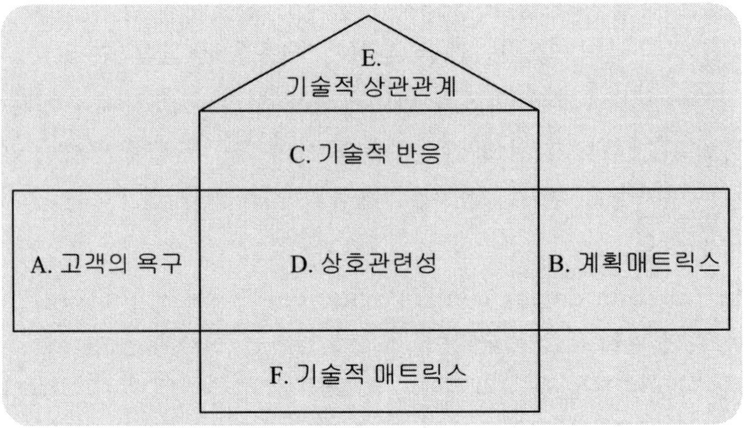

[그림 4-2] HOQ를 구성하는 6개의 요소

HOQ는 6개의 요소들에 의해 작성되고 개발되며, 순서도 A에서 F의 순서대로 작성한다. 이 여섯 개의 구성요소는 고객욕구, 계획 매트릭스, 기술적 반응, 상호관련성, 기술적 상관관계, 그리고 기술적 매트릭스이다.

2.1 고객욕구

QFD는 고객의 욕구로부터 시작한다. 왜냐하면 고객의 욕구를 파악하지 못하면 아무것도 할 수 없기 때문이다. 고객의 욕구는 대개 고객과의 개별 면담이나 포커스그룹을 통해 비계량적으로 파악된다. 기업은 제품을 실제로 사용하는 고객뿐만 아니라, 공급업자, 정부, 판매업자, 그리고 미래 고객의 소리까지도 고려하여야 한다. 수집된 고객의 욕구는 유형별로 분류한 다음, 유사도표를 사용해 조직화한다. 그리고 중요한 순서대로 고객의 욕구를 표기한다.

2.2 계획 매트리스

계획매트리스(planning matrix)는 기업이 현재 공급하는 제품 및 서비스에 대해 파악한 고객 욕구에 대한 상대적 중요성과 만족도를 표시한다. 그래서 고객의 욕구가 상대적으로 얼마나 중요하고, 우리 조직이 고객의 욕구를 경쟁자들에 비해 얼마나 잘 충족시키고 있는지를 기술한다. 이렇게 계획 매트릭스는 전략적인 마케팅 정보와 계획 의사결정을 다루는 QFD의 중요한 요소이다. 계획 매트릭스는 다음처럼 여덟 개의 항목으로 구성되어 있다.

① A에 나와 있는 고객 욕구의 절대적 또는 상대적 중요성, ② 고객 욕구에 대해 고객이 느끼는 실제 만족도, ③ 경쟁자와 비교한 자사 제품의 경쟁력, ④ 고객만족도의 목표 수준, ⑤ 목표에 대한 개선 진척도, ⑥ 판매능력, ⑦ 순수가중치, 그리고 ⑧ 표준화된 순수 가중치이다.

순수가중치는 ①과 ⑤, 그리고 ⑥의 곱에 의해 계산된다. 표준화된 순수가중치는 각 고객욕구의 순수가중치를 순수가중치의 전체의 합으로 나눈 값이다. 그래서 표준화된 순수가중치의 전체의 합은 반드시 1이 되어야 한다. 또 여기에서 고려하여야 할 하나의 문제점은 각 개인의 선호도를 집단선호도로 어떻게 계량화하는 점이다. 이것은 다음에서 설명하는 '불가능이론'과 연계되어 있다.

2.3 기술적 반응

다음에 QFD는 A의 고객의 욕구를 충족시키기 위해 어떻게 하여야 할 것인가를 결정하여야 한다. 기술적 반응은 조직의 내적이며 기술적인 언어로서, 고객의 욕구를 조직의 기술적인 언어로 번역하는 단계이다. 기술적 반응이라고 하는 것은 고객의 욕구에 대해 기업이 기술적으로 어떻게 반응할 것인가를 나타내기 때문에 그렇게 표현되었다. 이것을 검토하기 위해서는 고객의 욕구를 만족시킬 수 있는 기업의 프로세스 능력을 검토하여야 한다. 어떤 원자재 또는 부속품이 필요한가, 어떤 프로세스가 필요한가, 어떤 기술이 필요한가 등이다.

2.4 상호관련성

상호관련성은 각각의 기술적 반응이 소비자의 욕구에 끼치는 영향력을 측정하여 평가한다. 이러한 영향력은 보통 기호에 의해 표시되며, 이 기호는 다시 영향력의 정도를 나타내는 숫자로도 표시된다.

2.5 기술적 상관관계

QFD는 CE의 중요한 요소가 된다고 하였다. 여러 부서의 사람들이 서로 협의하고 상의하는 것은 제품설계에 있어서 상당히 중요하다고 하였다. 이런 역할을 담당하는 부문이 바로 E인 기술적 상관관계이다. 기술적 상관관계에서는 어떤 부서와 부서가 서로 협의하여야 하는가를 시각적으로 보여 준다.

즉, C의 각 항목 간에 있어서의 상호관련성과 상호의존성을 보여 준다. E는 QFD의 제일 위쪽에 있기 때문에 QFD의 지붕이라고 불린다. 기술적 상관관계는 양의 상관관계, 음의 상관관계, 그리고 무상관관계가 존재할 수 있다. 음의 상관관계가 있는 경우에는 기술들이 상호간 장애가 되는 것을 의미한다. 이러한 기술 장애들에 대해 대처하는 방법을 병목공학(bottleneck engineering)이라 한다. QFD에서는 각각의 기술적 반응간의 기술적 상관관계를 표시하는데 보통 5개의 범주를 사용한다.

2.6 기술적 매트릭스

기술적 매트릭스는 경쟁자와 자사를 비교하고 경쟁자와 경쟁하기 위해 어떻게 하여야 할 것인가를 보여준다. 기술적 매트릭스에서는 다음과 같은 4개의 항목을 포함한다. ① 기술적 반응의 우선순위, ② 벤치마킹, ③ 자사의 현재위치, ④ 목표 등이다.

이제 위에서 설명한 QFD의 요소들과 각 요소에 포함된 항목들을 전부 사용하여 QFD를 작성하면 [그림 4-3]과 같다. [그림 4-3]은 [그림 4-2]를 확장한 도표이다.

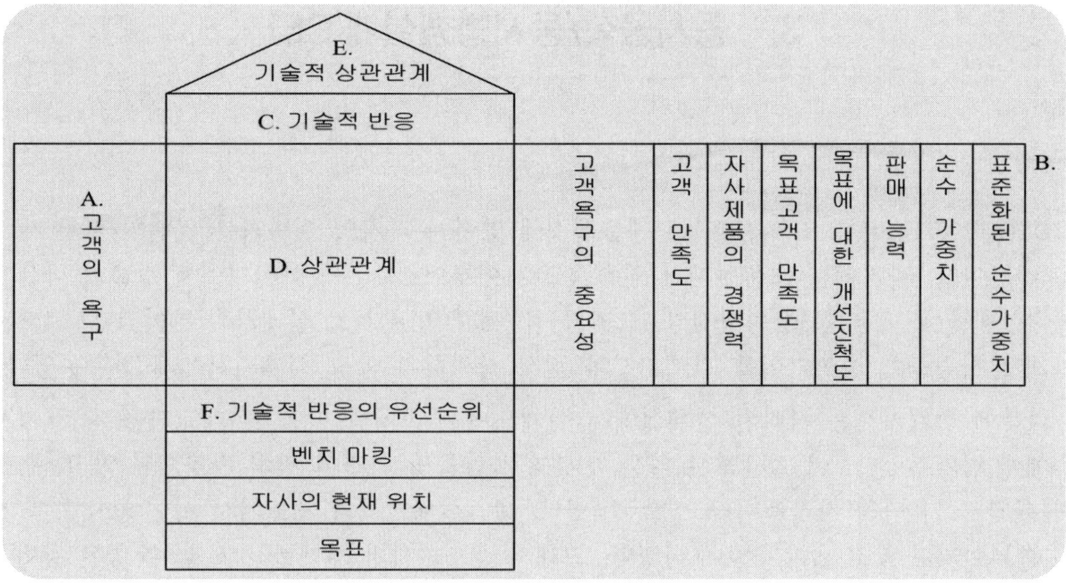
E.
기술적 상관관계
C. 기술적 반응
A. 고객의 욕구
D. 상관관계
고객욕구의 중요성
고객 만족도
자사제품의 경쟁력
목표고객 만족도
목표에 대한 개선진척도
판매 능력
순수 가중치
표준화된 순수가중치
B.
F. 기술적 반응의 우선순위
벤치 마킹
자사의 현재 위치
목표

[그림 4-3] QFD 작성도

3. 동시공학/동시병행설계(CE)

CE(concurrent engineering)는 제품설계에 있어서 과거의 개념과는 완전히 다른 새로운 개념이다. 과거에는 제품설계가 연속적으로 이루어졌다. 즉 아이디어를 창출한 다음에 예비설계를 하고, 다음에 원형개발, 그리고 최종설계의 순서로 설계가 이루어졌다. 그래서 마케팅 사람들은 아이디어를 설계기사와 전혀 상의하지 않고 설계기사에게 전달하였다.

다음에 설계기사는 격리된 설계실에서 설계도면을 작성한 다음, 설계도면을 제조 기사들에게 넘겨주었다. 이 설계도는 다른 부서의 사람들의 의견이 전혀 반영되지 않고, 순전히 설계기사들만의 창작품이라고 할 수 있다. 즉, 설계기사와 제조기사 사이에 대화가 전혀 이루어지지 않고 설계가 이루어졌다. 그래서 제조기사가 설계를 개선할 수 있는 방법을 안다 하더라도 그 의견이 설계도면에 반영이 잘 되지 않았다.

다음에 이 설계도를 검토한 제조기사는 이 설계도면을 현장에 넘겨주고 현장에서는 다시 이 설계도를 품질기사에게 넘겨주었다. 역시 여기에서도 제조기사와 현장, 현장과 품질기사 간에 대화가 잘 이루어지지 않았다.

3.1 과거의 연속적인 설계의 문제점

이런 과정에 의해 이루어지는 제품설계는 다음과 같은 문제점들을 발생시킨다.

- 제품에 대한 정의가 불분명하다.
- 제품비용에 대한 설명이 불충분하다.
- DFMA(design for manufacture and assembly)에 대한 설명이 불충분하다.
- 추후에 설계변경이 잦다.
- 후에 문제가 생겼을 때 서로가 다른 사람들에게 책임을 전가한다.

그러나 CE는 이런 과정을 순서적으로 하지 않고 한꺼번에 동시에 한다. 즉, 설계의 초기단계서부터 관련된 모든 사람들을 전부 참여시켜 설계를 공동으로 작성한다.

3.2 CE란?

CE는 팀워크를 이용하여 제품을 가장 빠르게 그리고 가장 낮은 비용으로 설계하는 개념이다. APICS(American Production and Inventory Control)사전에서는 CE를 "기업의 모든 부서들을 제품설계와 활동에 참여시키는 개념"으로 정의하고 있다. 가끔 이 개념은 외부의 공급업자와 고객까지도 포함시킨다. 즉 CE는 설계에 관련된 모든 부서와 사람들을 처음부터 설계과정에 참여시킴으로서 설계를 보다 효과적으로 수행하고자 하는 개념이다.

ITI(Industrial Technology Institute)의 스톨(1988)은 CE를 다음의 네 가지 'C'로 설명하였다.

① 동시성(concurrence) : 제품설계와 공정설계가 동시에 이루어진다.
② 제약성(constraints) : 공정은 제품설계에 제약을 준다.
③ 협조성(coordination) : 최선의 품질과 비용, 그리고 납기일을 달성하기 위해서는 제품과 공정이 서로 협조하여야 한다.
④ 합의성(consensus) : CE팀의 모든 구성원들의 합의하에 의사결정을 하여야 한다.

CE는 설계와 관련된 모든 분야에 속한 사람들로 구성된 팀에 의해 수행된다. 이 팀은 수행하는 프로젝트가 종료될 때까지 해체되지 않고 지속된다. 물론 처음부터 참여한 사람이 프로젝트의 마지막 단계까지 계속 참여할 수도 있고, 도중에 다른 사람들로 교체될 수도 있다.

그러나 특정프로젝트를 위해 결성된 팀은 그 목적이 완수될 때까지 도중에 해체되지 않고 지속되는 것이 일반적이다. 이렇게 CE는 설계 초기단계에서부터 여러 분야의 사람들을 참여시키기 때문에 초기에 보다 완전한 제품설계를 할 수 있다.

CE는 설계의 후반단계보다 초반단계에 더 많은 시간을 투자한다. 대개 과거에는 설계가 연속적으로 이루어졌기 때문에 설계의 문제점들이 설계의 초기단계보다는 후기에 발생하는 것이 상례였다. 그러나 이러한 현상은 높은 비용을 수반한다. 즉 문제점이 원형검사나 테스트단계 또는 시작단계에서 발견될 때에는 이미 많은 시간과 비용이 투자된 후이다.

그러므로 이 단계에서 문제점을 고치는 것은 기업에게 많은 타격을 준다. 또 어떤 경우에는 문제점을 고치기가 불가능할 때도 있다. 그러므로 잠재적인 문제점들을 설계의 후기단계에서보다는 초기단계에 빨리 발견하여 제거하고 시정하는 것이 기업에게 많은 시간과 비용을 감소시켜 준다. CE는 이러한 점에서 상당히 유용한 개념이라고 할 수 있다.

CE에서는 제품이 먼저 소비자에 의해 정의된다. 그리고 다음에 이 정의가 엔지니어링 규격으로 전환된다. 소비자에 의해 정의된 제품을 CE팀은 다시 기업의 입장에서 보다 명확하게 정의한다. 이때 고객의 소리를 기업의 엔지니어링 규격으로 전환시키는 QFD기법을 사용할 수 있다.

동시공학인 CE는 가끔 PE(parallel engineering) 또는 SE(simultaneous engineering)라고도 불린다. 자동차 산업에서는 주로 SE를 많이 사용한다. 그러나 대부분의 기업들에서는 CE를 가장 많이 사용한다.

3.3 CE와 품질

CE는 완벽한 설계를 통해서 제품의 품질을 보증한다. CE는 어떻게 보면 TQC(Total Quality Control)의 개념과 유사하다. TQC의 기본적인 개념은 품질이 모든 사람들의 책임이라는 것이다. 이 개념은 CE의 개념과 유사하다. CE에서는 설계품질이 모든 부서의 책임이다. 그래서 설계품질에 대한 책임이 과거처럼 설계기사에 국한되지 않고 CE팀에 참여한 모든 부서의 사람들이 공통으로 책임져야 한다.

또 TQC의 중요한 개념 중 하나는 처음부터 제품을 잘 만들자는 것이다. 제품을 처음부터 잘 만들어야 비용이 감소되고 제품의 품질이 좋아진다. 후에 제품의 품질을 검사하여 불량품을 찾아내는 것은 비용도 많이 들뿐 아니라 품질도 좋아지지 않는다. TQC와 마찬가지로 CE도 처음서부터 설계를 잘하자는 것이다. 그래야 비용도 적게 들고 보다 완벽한 설계가 이루어진다는 것이다.

3.4 CE의 참여자

CE에는 많은 부서의 사람들이 참여한다. 그리고 CE에 참여하는 사람들은 시간제로 일하는 것이 아니라 전임제로 일을 한다. 이것은 CE의 효과를 극대화하기 위해서이다.

일본의 혼다(Honda)자동차에서는 CE의 일환으로 SED(sales, engineering, and development)를 조직하였는데, 이 SED에는 다음과 같은 부서들이 참여하였다.

- 서비스를 포함한 판매부
- 공구와 기계를 만드는 엔지니어링
- 신제품개발에 책임을 지닌 연구개발부

일본의 닛산(Nissan)자동차에서는 1988년 기업내에 CE센터를 설립하였다. CE센터의 조직은 다음과 같은 부서의 사람들로 구성되었다.

- 제품개발 엔지니어링(30%)
- 연구실험실(30%)

- 스텝일부(15%)
- 조립공장(15%)
- 테스트와 모형(10%)

미국 GM의 캐딜락(Cadillac)부서는 1987년도부터 CE를 시작하였는데, CE위원회는 다음과 같은 부서의 사람들로 구성되어 있다.

- 자동차 수석엔지니어
- 설계스탭
- 생산부
- 제조 엔지니어링
- 판매와 서비스
- 자금부
- 시장조사와 분석
- 전략
- 인력자원
- 고객만족
- 홍보실
- 프로그램 코디네이터(coordinator)

BMW사의 CE위원회는 다음과 같은 부서의 사람들로 구성되어 있다.

- 연구개발
- 생산기술
- 품질보증
- 가치분석
- 비용통제
- 구매부
- 물류부
- 특허부
- 인력자원

이렇게 볼 때, CE에 참여하는 사람들은 기업의 규모와 목적에 따라 다르다. 그러나 CE에 참여하는 사람들은 제품에 영향을 주는 모든 부서의 사람들이다. 그래서 CE에는 일반적으로 다음과 같은 부서들의 사람들이 참여하여야 한다. 그러나 기업의 특성에 따라 다음에 나오는 부서들의 일부에서만 사람들이 참여할 수도 있다.

- 제품설계 엔지니어
- 마케팅 : 마케팅은 고객의 욕구를 가장 잘 파악하고 있다. 그래서 시장에서 제품의 판매가능성과 기대판매수량을 가장 잘 알고 있는 사람들이다. 특히 CE에서는 고객의 욕구만족을 강조하므로 마케팅의 역할은 다른 어떤 부서 못지않게 중요하다.
- 연구개발부 : 연구개발부는 신소재와 신공정기법을 가장 잘 알고 있는 사람들이다.
- 제조엔지니어 : 제조엔지니어는 제품에 관해 풍부한 지식을 가지고 있다. 그래서 주로 설계초기에 많은 정보를 CE의 구성원들에게 제공한다.
- 자금부
- 구매부
- 주요 공급업자

3.5 CE를 이용하는 기업

CE는 전 세계적으로 많이 사용되고 있다. CE를 가장 먼저 사용한 국가는 일본이다. 그러나 CE는 일본뿐만 아니라 세계의 많은 기업들에 의해서 사용되고 있다. 특히 미국의 국방부는 국방부와 거래하는 모든 거래처에게 CE의 사용을 강력하게 권장하고 있다. CE는 국방부가 수행하는 CALS(computer aided acquisition and logistic support)의 일환으로 사용되고 있다.

CE를 사용하는 목적은 모든 군수무기 시스템을 CE환경 하에서 개발하고자 하는 데 있다. 그래서 국방부와 거래하는 모든 서비스, 연방기관, 거래업자, 하청업자들은 CALS를 도입하여야 한다.

CE를 이용하는 세계의 주요한 기업들을 살펴보면 일본의 혼다자동차, 마쯔다 자동차, 닛산자동차, 미국의 GM, 포드, 크라이슬러, 블랙 & 데커, 제록스, 그리고 유럽의 폭스바겐, 벤츠, BMW, 아담오펠 등이다.

3.6 CE의 효과

CE는 제품개발과 그 제품을 생산하는 공정, 판매와 유통, 구매과정을 동시에 수행함으로써 처음부터 완전한 설계를 할 수가 있으며, 불필요한 시간낭비를 제거할 수 있다.

CE는 다음과 같은 효과를 기업에게 제공한다.

- CE는 제품을 시장에 신속하게 도입할 수 있다. 이것은 제품을 설계하고, 생산하고, 판매할 때까지 소요되는 시간을 단축시키기 때문이다.
- CE는 개발비용을 감소시킨다.
- CE는 팀워크를 증진시킨다. 왜냐하면 CE는 여러 사람들이 모여 함께 의사결정을 하는 일종의 팀제도이기 때문이다. 그래서 CE에서는 서로가 의사를 결정하고 공동으로 책임을 진다.
- CE는 품질을 향상시킨다. CE가 추구하는 중요한 목적 중 하나는 설계초기단계부터 제품에 품질을 집어넣는 것이다. 그래서 품질을 떨어뜨리는 모든 변동들을 미리 검토하고 파악하여 설계단계서부터 제거하는 것이다. 그래서 TQC(total quality control)의 개념처럼 CE에서도 모든 사람들이 품질에 대해 책임을 져야 한다.
- 설계변경의 횟수를 감소시킨다.
- 재공품을 감소시킨다.

3.7 CE의 성공조건

CE는 대기업체는 물론이고 중소기업체에게도 많은 혜택을 제공한다. CE의 이론은 비교적 단순하지만, CE를 성공적으로 수행하는 것은 그렇게 쉽지 않다. CE가 성공하기 위해서는 다음과 같은 조건들이 충족되어야 한다.

- 최고경영자의 적극적인 협조가 있어야 한다. 그래서 최고경영자가 CE를 다른 임원진에게 이양해서는 안 된다. 그러나 최고경영자가 CE팀에 너무 간섭해서는 안 된다. 또 예산은 대개 초기단계에 많이 발생하므로 후반보다는 CE의 초기과정에 많은 예산을 배정하도록 하여야 한다.
- 공동으로 사용하는 데이터베이스가 있어야 한다.
- 팀을 잘 이끌 수 있는 능력있는 팀 리더가 있어야 한다.
- 팀에 필요한 권한이 이양되어야 한다. 그리고 권한 내에서의 모든 결정은 팀에 일임하여야 한다.
- 팀의 모든 사람들이 책임을 공동으로 느껴야 한다.
- 팀워크에 대한 교육과 훈련이 필요하다. 그러므로 설계는 어떤 한 부서에 의해 독단적으로 주도되지 말고, 모든 부서가 협력하여 최선의 설계를 내도록 하여야 한다.
- 팀이 스스로 의사결정을 할 수 있는 능력을 지니고 있어야 한다. 팀이 이런 능력을 구비하고 있지 않을 때에는 이런 능력을 교육을 통하여 습득하여야 한다. 특히 CE의 교육에서는 QFD, 다구찌 기법, DFMA(design for manufacture and assembly)와 같은 기법들을 교육시킨다.
- CE를 받아들이도록 기업의 문화를 바꿔야 한다. 그래서 품질의 중요성과 기업의 목적을 모든 종업원들이 이해하도록 한다.
- 팀에 주요한 공급업자를 참여시킨다. 또 공급업자들에게 CE에 관한 교육을 시킨다.
- 팀은 공식적인 회합을 가져야 한다.
- 팀의 모든 구성원은 고객과 접촉하여 고객의 욕구를 스스로 파악하여야 한다. 고객의 욕구파악을 단순히 마케팅 사람들에게 일임해서는 안 된다.

4. 다구찌 기법

품질에 대한 서양과 일본의 접근법은 전통적으로 매우 다른 모습을 보여왔다. 서구의 제조업자들은 정해진 규격 한계 내에서 제품을 생산하는 것을 목표로 한다. 따라서 그들은 공정관리를 통하여 생산을 감시·조정한다. 즉 관리도 및 다른 통계적 공정관리 기법을 사용한 온라인 품질관리(on-line QC)를 통하여 현재 진행 중인 제조공정으로부터 자료를 수집하고, 분석하여 공정에 어떤 변화를 가하려고 한다.

그러나 1950년대 이후로 일본에서는 다구찌(Taguchi)에 의해 개발된 품질공학을 이용해 왔다. 이 방법은 품질을 디자인 단계부터 설계하는 것으로 설계생산이나 고객의 상황에서 제품성능에 관한 정보를 제공하기 위하여 특별히 고안된 실험을 수행한다. 즉 개발, 설계 단계의 기술인 오프라인 품질관리(off-line QC)인 이 방법을 통해 파라메터를 최적으로 결정하고자 한다. 이렇게 제품 및 공정을 설계단계에서 고려함으로써 제조공정에서 발생할 수 있는 나쁜 영향을 최소화시키고 비용을 감축함으로써 품질을 향상시키고 있다.

이 방법으로 인해 제품과 공정의 설계에서 제품품질의 획기적 향상을 이룰 수 있다. 서양식과 일본식 접근법의 차이점은 현저히 적은 검사비용, 소량의 불합격품, 클레임의 감소, 고객만족에서 명확히 나타난다. 결국 이 방법을 통해 시장에서 더 높은 시장점유율, 더 많은 이익, 그리고 제품의 세계적인 명성을 얻을 수 있다.

4.1 품질과 손실의 개념

4.1.1 전통적 사고방식

전통적 사고방식에서 품질관리는 서구에서 오랫동안 적용되어 온 것으로 설계규격에의 일치, 즉 제품이 규격한계 내에 충족되는 것을 목표로 한다. 부품이 설계단계에서 결정한 제품의 규격을 준수하면 우수한 품질의 제품으로 판정되고 이러한 제품은 고객의 요구에 부응한다고 보며, 규격한계 밖에 있으며 불량품으로 판정한다. 이러한 전통적 사고방식을 비용의 골포스트 방식(goal-post method)이라고 한다.

[그림 4-5(a)]는 이러한 방식의 그래프이다. 이 방식은 규격한계 내에만 속하면 우수한 품질로 간주하는 문제점이 있으며, 고객만족도도 떨어지게 된다. 즉, [그림 4-4]를

보면, A, B는 모두 우수한 품질로 판정을 받지만 품질변동이 심하다고 할 수 있다. 또한 A와 C를 비교하여 보면 제품품질의 차이는 아주 미세하다. 하지만 A는 합격으로 C는 불합격으로 판정되어 진다.

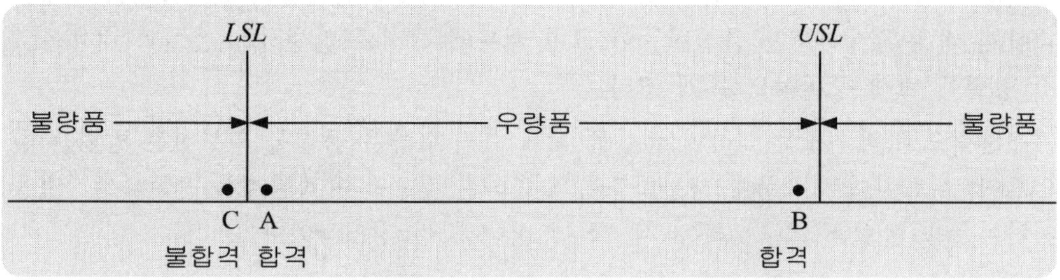

[그림 4-4] 규격한계에 의한 제품의 품질판정

이러한 전통적인 골포스트 방식에서는 재작업과 제품 폐기 시에 드는 비용에는 적용될 수 있지만, 그렇지 않은 경우에는 적용할 수 없다. 목표치에 정확히 일치하는 부품과 규격한계 내에 겨우 들어오는 제품은 동일한 성능을 발휘할 수 없으며, 또한 부품의 품질특성이 규격한계를 겨우 벗어난다고 해서 비용이 급격히 증가하는 것도 아니다. 또한 규격한계를 벗어나기만 하면 모두 동일한 비용을 발생시킨다는 것도 정당화될 수 없다. 결국 제품품질에 영향을 미치는 것은 규격한계 내에 제품이 포함되도록 하는 것이 아니라 목표치에 접근하는 노력이라고 본다. 이러한 노력을 통해 품질변동을 줄일 수 있고 고객의 만족도 높일 수 있는 것이다.

4.1.2 다구찌의 철학

다구찌는 전통적인 서구식 품질 접근법과 전혀 다른 새로운 품질개념을 도입하였다. 다구찌는 품질을 '제품이 출하된 뒤에 사회에 끼치는 손실'이라고 정의함으로써 품질과 손실의 정도를 연관시키고자 하였다. 여기에서 말하는 손실은 제조과정에서의 검사비용, 재작업과 폐기비용, 고객의 요구에 미치지 못하는 데서 발생하는 서비스비용, 이미지실추, 간접비용 등이 포함된다.

위의 정의에 의하면 목표치로부터 벗어난 모든 제품의 품질특성은 비용 또는 손실을 발생시킨다는 것이다. 즉 모든 제품은 사용하다 보면 노후, 파손되며 결국 수리를 하거나 교환을 해주어야 하는데, 이때 품질의 척도는 회사가 제품이 닳거나 파손되기 전에 얼마나 많은 서비스를 제공하느냐 하는 것이다. 고품질의 제품은 고객이 적합하다고 여기는 기간 동안에는 의도한 기능을 수행하기 때문에 거의 손실이 없다.

반면에 저품질의 제품은 많은 손실을 야기한다. 따라서 제조업자가 완벽한 품질의 제품을 만드는 유일한 방법은 생산하는 것이다. 이러한 새로운 개념은 제품이 규격한계 내에 들어오면 그 제품은 양품으로서 아무런 사회적 손실이 발생하지 않지만 규격한계를 벗어나면 그 정도에 상관없이 이 제품은 불량품으로서 일정한 손실을 초래한다는 전통적 접근법과는 커다란 차이점이 있다. 즉 서구식 방법에서 제품의 품질특성은 대부분 규격한계 내에 존재하지만 품질변동이 크기 때문에 실제로 발생하는 손실과 비용은 일본식 방법에 비해 상대적으로 꽤 크다.

결론적으로 다구찌에 의하면 손실을 적게 하면서 좋은 품질을 확보하는 방법은 될 수 있으며, 목표치대로 제품을 생산하도록 노력하는 것으로 규격한계를 만족하는가만을 검사하여, 양·불량품을 구분하는 서구식에 비해 훨씬 경제적이다.

4.2 품질손실함수

이미 앞에서 설명한 바와 같이 전통적 손실함수에 있어서는 품질특성의 실제값이 규격한계 내에만 들어오면 그 제품은 양품으로서 아무런 사회적 손실을 발생하지 않지만 벗어나면 모두 동일한 비용을 발생시킨다고 본다.

다구찌의 손실함수는 이와는 달리 품질변동에 따르는 손실로 품질을 계량화하기 위하여 품질손실함수(Quality Loss Function : QLF)를 사용한다. 품질손실함수는 "목표치에 벗어나는 품질변동이 클수록 손실은 더욱 커진다"는 개념을 도입하여 품질개선 내지 관리방법을 정량화한 것이다. 품질손실함수를 사용함으로써 품질이 목표치를 벗어나는 경우의 손실뿐만 아니라 개선으로 얻어지는 이득을 금액으로 나타낼 수 있으므로 제품개발이나 공정에서 발생하는 품질손실을 경영자나 기술자들이 용이하게 평가할 수 있다.

[그림 4-5(b)]에서 나타난 바와 같이 손실함수는 2차 함수의 형태를 띠고 있으므로 제품의 성능특성이 목표치로부터 벗어난 수치의 제곱만큼의 손실을 발생하게 됨을 알 수 있다. 예컨데, 만약 목표치로부터 벗어난 수치가 0.02㎜라고 하면 $0.2의 손실을 유발하며, 0.04㎜ 벗어나면 $1.60의 손실이 발생하는 것이다.

[그림 4-5(b)]는 우리가 [그림 4-5(a)]에서 보였던 손실의 골포스트 방식에 대응하는 다구찌의 손실함수를 보여주고 있다.

손실함수의 예로 제품특성의 목표치가 $\overline{x}$이고, 제품의 실적특성치가 x인 경우에 손실함수는

$$L(x) = k(x - \overline{x})^2$$

으로 정의된다. 여기서 k는 적절한 상수이다. 좋은 품질의 제품은 이 손실함수의 값을 작게 하는 것이다. 품질공학에서는 이 손실함수에 근거하여 만들어진 SN비를 특성치로 하여 인자들의 최적조건을 찾아주는 방법이 주로 이용된다.

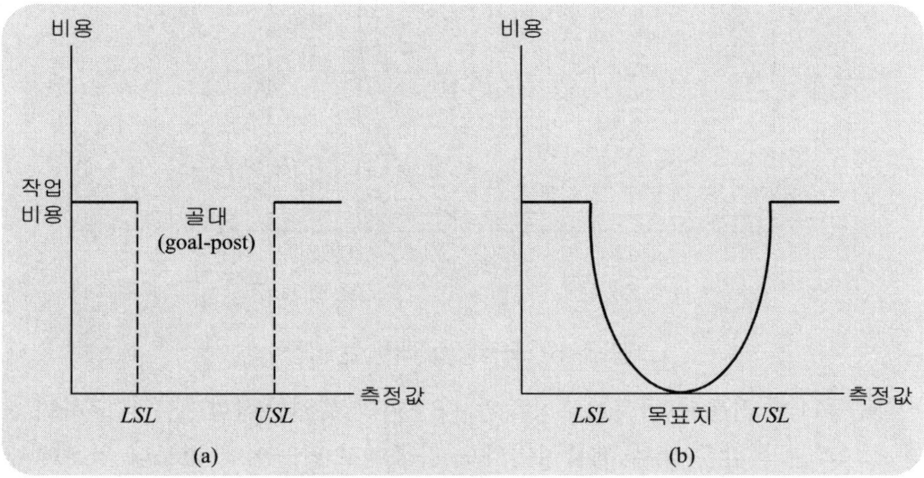

[그림 4-5] 전통적인 골포스트 방식과 다구찌의 손실함수

「보기」

어느 제품의 직경에 대한 규격은 30.00㎜±0.25㎜이다. 만약 실제 직경이 명세서와 다르다면 차축은 5,000원의 비용으로 폐기되어야 한다. 이 예에서 손실함수를 구해보면, 원하는 목표치가 30.00㎜이므로 손실함수는 다음과 같은 형태를 갖는다.

$$L(x) = k(x - 30.00)^2$$

식을 적용하는데 있어서 먼저 k의 값을 정해야 한다. 그러기 위해선 먼저 목표치로부터 벗어나는 특별한 측정치와 관련된 비용 또는 손실을 알아야 한다. 비용이 5,000원이라고 주어졌고, 규격상하한이 각각 X=29.75 또는 X=30.25이다. 이 비용과 두 개 중 어느 하나의 규격한계를 위의 식에 대입하면

$$5 = k(30.25 - 30.00)^2$$

$$k = 5/(30.25 - 30.00)^2 = 5/(0.25)^2 = 80$$

이제 k값을 구하였으므로 이 예에 대한 완성된 손실함수를 적어보면 다음과 같다.

$$L(x) = 80(x - 30.00)^2$$

어느 측정치에 대한 비용을 구하기 위해서는 위의 손실함수식을 이용하면 된다. 몇몇 측

정치에 대한 비용을 손실함수의 그래프에 표시하면 [그림 4-6]과 같다.

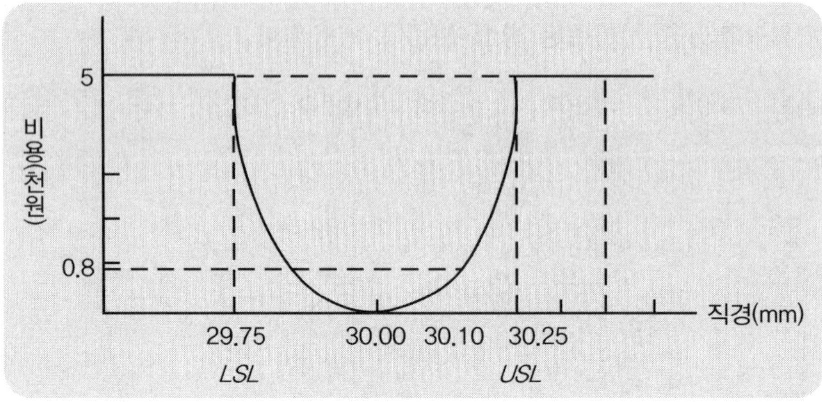

[그림 4-6] 축직경에 대한 손실함수

이제 예를 통하여 전통적 골포스트방식과 다구찌의 품질손실함수를 비교하여 보자. 한 연구결과 소비자는 똑같은 소니 제품이더라도 미국에서 만들어진 것보다 일본에서 만들어진 TV를 선호한다는 것을 발견하였다. 이러한 결과는 일본이나 미국 공장에서 동일한 설계와 규격명세서를 사용하기 때문에 더욱 당혹스러웠다. 그 원인을 분석하기 위해 TV선호에 영향을 미치는 색밀도를 조사해 보았다. 결과분포는 [그림 4-7]과 같다.

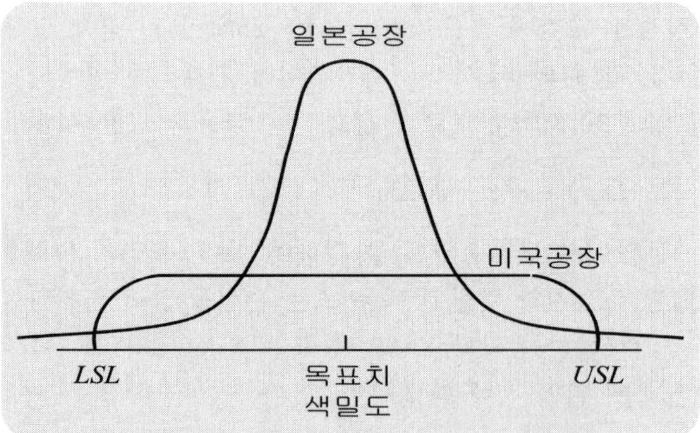

[그림 4-7] 일본과 미국에서 만들어진 TV의 색밀도의 분포

[그림 4-7]을 보면 미국에서 만들어진 TV의 색밀도 분포는 실제적으로 명세서 안에 모두 있었으나 규격한계에 가까운 수치가 많았다. 반면, 일본에서 만들어진 TV 색밀도의 규격한계 근처의 분포는 매우 적었고, 대부분의 수치가 목표치에 근접했다. 명세서에 근접하도록 제조하는 것과 가능하면 목표치에 가깝게 제조하는 차이가 고객이 일본 TV를 선호하는 원인이었다.

5. 작업표준

5.1 작업표준화

5.1.1 작업표준화 목적

생산활동에 있어서 부품을 가공하거나 제품을 조립할 때 각각의 작업방법이 있다. 공정작업에서 숙련된 직원과 비 숙련된 직원과의 성과차이는 있다. 이와 같은 성과 차이를 줄이고 언제, 누가 작업을 하여도 동일한 결과를 얻고자 하기 위하여 작업의 표준화를 설정한다.

작업의 표준화는 안정된 품질 유지와 능률을 달성하기 위하여 안정, 품질, 원가, 관리 등 기준을 명확하게 하는 표준서이다.

5.1.2 작업의 표준화용도

작업표준은 용도 및 내용에 따라서 작업표준서, 작업지도서, 작업지시서, 작업시트 등으로 불리기도 한다. 이와 같은 작업 표준화는 다음과 같은 용도로 사용한다.

① 작업용과 관리용

올바른 생산방법 기준을 설정하는 것으로 일상의 작업용에서 사용하는 기존적인 용도이다. 이는 관리자 또는 감독자용으로 사용할 수도 있다.

② 교육용

생산 교육을 하거나 신입사원을 교육하기 위한 기준서로 사용된다.

③ 기술 축적용

평상시 작업하던 작업의 노하우(Know-how)를 정확히 문서화하여 업무 표준서로 사용된다.

④ 심사용

품질경영 심사 및 각종 품질 심사에서 작업표준서는 중요한 역할을 한다. 예로서 작업 표준이 작성되어 있는가? 내용은 재검토 되고 있는가? 표준서를 지키고 있는가? 등을 품질경영 심사 시 평가할 때 체크하여 나간다.

5.1.3 작업표준의 조건

작업표준을 만들 때 다음과 같은 조건을 고려하여 표준서를 만들면 효율적인 기준이 된다.

① 목적에 일치는 하는 내용이여야 한다.

작업 표준서에 따라서 작업을 하면 제품이 안정되게 생산되어야 한다. 형식적인 표준서를 만들면 안 된다.

② 요인을 표시하여야 한다.

품질특성과 품질에 영향을 주는 요인의 관계를 기술적으로 표현하여야 한다. 예로서 원료 배분비는 100.20으로, 투입량은 200kg/1회, 작업시간은 10분의 형태로 작성한다.

③ 구체적으로 작성한다.

작업표준서의 내용을 작업자 각각에 따라서 해석이 달라지면 안 된다.

④ 작업을 중점적으로 기록하여야 한다.

공정에 큰 영향을 미치는 중요한 작업 방법을 찾아서 중점 기재한다.

⑤ 현 상황을 기록한다.

이상적인 작업방법을 기록하지 말고 현장에서 실행 가능한 작업 프로세스를 기재한다.

⑥ 누구나 지킬 수 있는 표준을 만든다.

숙련된 작업자 아니면 할 수 없는 표준을 만들지 말고 상세하고 정확한 표준을 결정한다.

⑦ 안전에 대한 조처를 결정한다.

안전관리는 작업 조건에 명확하게 기록한다. 현장에 이상이 발생하면 조치법을 기록한다.

⑧ 해야 할 일과 하지 말아야 할 일을 명확히 구분한다.

위험이 발생할 작업은 분명하게 하지 말아야 할 작업을 명시한다. 그림이나 사진 등으로 표시하는 것이 효율적이다.

⑨ 책임과 권한을 명확히 한다.

작업을 누가할 것이며, 책임은 누구에게 있는가를 명확히 한다. 이와 같은 일은 원인 추적과 조치가 쉽다.

⑩ 다른 표준과 모순이 없어야 한다.

타 공정 및 타 표준서와 모순되어서는 안 된다.

⑪ 관련된 사람의 승인을 받는다.

작업에 종사하는 작업자는 물론 기술부서 등의 관련된 직원의 승인을 받는다.

⑫ 문서화 한다.

재발방지, 개정, 지식의 정리, 기술축적 등을 문서화 한다.

5.1.4 작업표준서 내용

작업표준서를 작성할 때 다음과 같은 내용이 포함되어 있어야 한다.

① 적용범위

작업의 시작과 끝을 명확히 하고 표준서가 적용되는 시점을 정확히 기록한다.

② 작업자의 자격

작업을 수행하는데 특별히 자격을 요구하는 경우 자격명을 기록한다. 예)용접사

③ 사용재료 및 부품

원재료나 부품을 지정한다.

④ 사용기기나 설비

작업을 수행하는 데 필요한 기기나 설비를 규정한다.

⑤ 품질특성치

품질규격(오차 등)을 명시하고 측정방법도 함께 기록한다.

⑥ 작업조건 및 주의 사항

작업 조건과 주의 사항을 명확히 한다.

⑦ 원단위 및 작업시간

작업에 필요한 자재의 원단위 및 표준작업시간을 설정한다.

⑧ 관리항목

관리자가 관리할 수 있는 관리항목을 기록한다.

5.2 작업표준서 작성

5.2.1 작업표준서 양식

작업표준서 양식은 사용하기 쉽고 관리하기 쉬운 양식을 개발하여 사용한다.

작업별 표준은 작업별로 고유한 작업방법의 표준을 나타내는 것으로 사용하는 재료, 공구, 기계 등과 그 사용방법, 작업순서, 주의사항, 체크방법 등을 작성한다. 다음의 표는 작업별 점검 카드 사례이다.

〈표 5-1〉 작업별 점검 카드 사례

밀링작업 점검 카드			
공정	점검항목	점검요령	비고
준비작업	1. 작업표, 도면, 자재확인	1. 작업표, 도면, 도면번호를 확인한다. 2. 도면을 이해한다. 3. 작업지시서를 읽는다. 4. 자재가 도면과 일치하는지 확인한다. 5. 자재가 파손, 흠집 등이 있는지 확인한다. 6. 자재의 수량이 작업지시서와 일치하는지 확인한다.	-. 의심스러운 작업지서가 있으면 반장에게 연락한다.
	2. 가공순서 결정	1. 작업순서를 결정한다. 2. 중요한 치수를 확인한다. 3. 가공과 체결의 기준을 확인한다.	
	3. 치공구 준비	1. 필요한 공구를 정렬한다. 2. 공구의 편차를 점검한다. 3. 비트 끝을 확인한다. 4. 치공구가 도면과 일치하는지 확인한다.	
작업시작	1. 체결	1. 부착면에 먼지, 흠집, 휨이 없는지 확인한다. 2. 수평, 직각, 각도가 정확한지 확인한다. 3. 볼트의 조임이나 풀림이 없는지 확인한다.	
	2. 조정	1. 절삭 조건을 결정한다. 2. 시험 절삭을 한다. 3. 이송, 정지 도크를 결정한다.	
	3. 최종제품 검사	1. 다듬질을 검사한다. 2. 평행도, 평면도를 검사한다. 3. 직각도를 검사한다. 4. 각 부분별 치수를 확인한다. 5. 가공부위의 균열을 확인한다.	
작업종료	1. 작업 중 점검	1. 날의 마모를 확인한다. 2. 작업 중 문제가 발생하면 작업을 중단하고 반장에게 연락한다.	
	2. 완료점검	1. 작업지시 수량만큼 작업 했는지 확인한다. 2. 작업완료서에 서명한다. 3. 정리, 정돈을 한다.	

5.2.2 제품별 표준

작업공정도(품질관리 공정도)는 공정분석의 기초자료이다. 작업공정도는 원재료에서부터 완제품에 이르기까지의 완성되어 나가는 공정을 세분화하여 분석표에 나타내고 있다.

〈표 5-2〉 표준 솔더링

<table>
<tr><td colspan="6">PCB부품 작업
1. 적용 : 제어장치의 인쇄회로기판(PCB)에 부품을 삽입할 때 납땜기준서이다.
2. 목적 : 솔더링을 기준화 하여 능률향상
3. 관리기준</td></tr>
<tr><td colspan="3">사내 기준</td><td colspan="3">협력업체</td></tr>
<tr><td colspan="3">회사에서 자격 기준을 인증받는 작업자</td><td colspan="3">솔더일 기량을 인증받은 작업자</td></tr>
<tr><td colspan="6">4. 작업온도 및 시간</td></tr>
<tr><td>구분</td><td>자동솔더링</td><td>DIP 용기</td><td colspan="3">전기인두</td></tr>
<tr><td>예열</td><td>120℃</td><td>120℃</td><td>-</td><td>-</td><td>-</td></tr>
<tr><td>용량</td><td>60초</td><td>60초</td><td>15W-14W</td><td>30W-60W</td><td>40W-100W</td></tr>
<tr><td>작업</td><td>250 ± 5℃
2 - 4초</td><td>250 ± 5℃
2 - 4초</td><td>290 - 340</td><td>320 - 380</td><td>350 - 400</td></tr>
<tr><td>냉각</td><td>50℃ 이하 5분 이상</td><td>-</td><td>-</td><td>-</td><td>-</td></tr>
<tr><td colspan="3">규정</td><td colspan="3">개정
2009.12.10</td></tr>
<tr><td>분류 : 기판</td><td>시행 : 2009년 12월 10일</td><td>발행</td><td></td><td>승인</td><td></td></tr>
</table>

5.2.3 작업표준서 작성 요령

작업표준서는 현장에서 작업을 하는 기능이 우수한 사람이 작성하는 것이 바람직하다. 작업 표준서 작성은 다음과 같다.

① 담당자 선정

작업표준서 작성 담당자는 품질관리 분임조가 있을 경우 분임조의 팀장이나 리더가 작성하되 팀원을 참가 시켜 조언자로서의 역할을 하도록 한다.

② 계획설정

관리 싸이클 (PDCA: Plan, Do, Check, Action)에 따라 전개한다.

③ 현장 조사

작업공정(작업순서)을 조사하여 도형 또는 순서도를 작성한다.

④ 문제점 조사

재작업, 결점 수 등의 계수적 문제점을 조사한다.

⑤ 작업방법 조사

부적합, 재작업이 많은 공정에 대하여 조사한다. 이는 작업표준을 지키지 않고 있는지에 대한 확인 작업이다.

⑥ 동작 분석

동작 및 시간을 측정한다.

⑦ 조사결과의 해석

인과관계분석(특성요인도, 층별, 산점도, 실험계획법, 공정능력 파악) 등을 분석한다.

⑧ 작업표준서 작성

알기 쉽게 정리하여 작성한다. 사진이나 그림으로 표현하는 것도 효과적이다. 작업순서에 따라 기술하며, 작업 요령을 표현한다.

[작업표준서 활용]

잘 만들어진 작업 표준서는 활용되어야 그 가치를 발휘 할 수 있다. 따라서 작업자는 표준을 지킨다는 의식과 수준기준이 중요한다. 작업표준서의 활용은 다음과 같다.

- 작업표준서의 존재를 알린다.
- 모두가 표준서를 지켜야 한다.
- 작업표준서에 따라 실시하고 확인한다.

연 습 문 제

1. 설계품질의 관리기법들을 아는 대로 열거하시오.

2. 품질기능전개(QFD)의 개요를 쓰시오.

3. HOQ의 6개 요소들을 열거하고, 각각 간략히 언급하시오.

4. 동시공학(CE)이란 무엇이며, 그 효과에는 어떤 것들이 있는가?

5. 다구찌의 품질철학을 요약해 보시오.

6. 작업표준서 작성에 대하여 연구한다.

제5장

통계적 품질경영

제품의 설계·제조 및 판매과정에서 제품품질과 관련된 많은 자료들이 기업에게 정보를 제공하여 제품품질의 변화패턴을 인식할 수 있게 하였다. 또 제품품질의 개선과 보증에 취할 수 있는 조치의 근거를 제공하였다. 이와 같은 자료를 이용하여 제품품질의 변화패턴을 나타내며 제품품질문제를 제기하고 해결하는 것이 통계적 품질경영이다. 따라서 본장에서는 통계적 품질관리 경영 기법의 이해와 품질관리방법에 대하여 논하자고 하였다.

1. 계량형 데이터의 정리기법

모집단으로부터 추출된 랜덤 표본에 대해 측정과 실험을 통해 주어진 계량형 데이터 중에는 제품품질특성을 나타내는 많은 정보들이 존재하고 있다. 그러나 이에 대해 처리와 정리를 하기 전에는 데이터가 분산되어 있고 또 매우 불규칙적이라고 할 수 있다. 따라서 데이터에 대해 처리와 정리를 하여야만 정보를 정확하고 또 분석하기 쉽게 나타낼 수 있다. 계량형 데이터에 대해 처리와 정리하는 기본방법은 도표와 그래프를 이용하는 것이다. 즉 도표와 그래프를 통해 데이터가 대표하고 있는 제품품질의 특성을 파악할 수 있다.

1.1 히스토그램

품질특성을 측정한 데이터는 반드시 산포가 있는 어떠한 분포를 따르게 된다. 히스토그램(histogram)은 양적 자료에 대한 도수분포표에서 각 계급의 상대도수(혹은 도수)를 사각형의 면적으로 나타낸 그래프이다.

1.1.1 도수분포표(frequency distribution table)

도수분포표는 어떤 일정한 기준에 의하여 전체 데이터를 각 계급에 따라 그들 값의 빈도수를 나열하여 놓은 분포상태를 파악할 수 있는 표이다. 즉, 분산되고 또 불규칙적인 데이터를 측정할 수 있는 척도에 따라 데이터의 집중추세와 이산정도를 선명하게 나타낸 하나의 통계방법이다.

예제 〈표 5-1〉은 A제약회사에서 Y약품의 분량(작은 병에 들어 있는 무게, 단위 g)을 알기 위하여 100개의 약품 병을 측정한 결과이다. 이 데이터를 이용하여 도수분포표를 작성하여라.

〈표 5-1〉 약품의 분량

(단위 : g)

11.95	11.75	12.05	11.85	12.05
11.80	12.00	11.95	11.85	11.95
11.55	11.00	11.85	11.45	11.90

12.10	12.05	12.35	12.00	12.00
11.95	11.60	12.15	11.80	12.20
11.75	12.15	12.05	11.85	12.05
11.65	12.05	11.75	11.90	11.90
12.10	11.90	12.15	12.20	11.90
11.70	11.85	12.20	11.95	11.95
11.85	11.90	11.80	11.70	11.80
11.85	11.75	12.00	12.10	11.90
12.00	11.80	11.95	12.00	11.70
11.90	12.00	11.75	11.75	11.85
12.00	11.85	11.90	12.15	12.00
12.15	12.00	11.80	11.95	11.80
12.00	12.10	12.00	12.00	12.00
11.85	12.10	11.75	11.70	11.80
12.10	11.70	11.70	11.95	12.10
11.90	11.90	12.00	11.90	12.00
12.20	12.00	11.85	12.25	11.95

풀이 도수분포표의 작성절차는 아래와 같다.

① 기간을 정해서 데이터를 모아 데이터의 수를 센다. 데이터의 총수를 n으로 한다. n은 100개 이상이 좋다. 〈표 5-1〉의 데이터 총수는 100개이다. 따라서 n = 100

② 데이터 가운데에서 최대치(L)와 최소치(S)를 구한다.

본 예제에서 최대치 L = 12.85 최소치 S = 11.00

③ 급의 수를 결정한다.

수집된 데이터에서 최대치와 최소치를 구했으면 데이터를 여러 개의 계급으로 구분한다. 데이터에 대해 계급 구분을 할 때는 계급수를 적당하게 결정하여야 한다. 계급수의 결정이 과대하거나 과소하는 것이 모두 바람직하지 못하다. 〈표 5-2〉와 [그림 5-1]은 계급 구분을 하는데 일반적으로 많이 사용하는 원칙이다. 〈표 5-2〉, [그림 5-1]참조.

〈표 5-2〉 데이터 총수와 계급수의 관계

데이터 수(n)	계급수(m)
50 ~ 100	6 ~ 10
100 ~ 250	7 ~ 12
250 ~	10 ~ 20

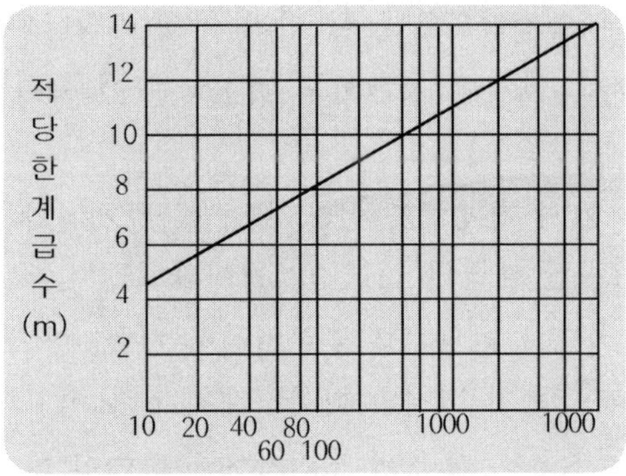

[그림 5-1] 데이터 총수와 계급수의 관계

계급의 수를 결정하는 데는 아래와 같은 공식으로 결정할 수 있다

$$m = 1 + 3.3\ (\text{Log}n) \qquad (5\text{-}1)$$

식(5-1)에서

n: 데이터 총수 m: 계급의 수

식(5-1)에서 계산한 결과에 대해 합당한 정수를 취하면 된다.

본 예제에서

$$\because\ n = 100 \qquad \therefore\ m = 1 + 3.3\ \text{Log}100 = 1 + 3.3 \times 2 = 7.6 \fallingdotseq 8$$

계급수의 결정에서 〈표 5-2〉, [그림 5-1], 공식 (5-1)중에서 어떤 것을 이용하든지 모두 합당하다고 할 수 있다. 즉 계급수의 규정은 엄격한 것이 아니며 적당히 조정할 수 있다. 본 예제에서는 계급수를 8개를 하는 것이 비교적 바람직하다고 할 수 있다.

④ 계급 폭의 결정

계급 폭이 동일할 때는 h로 표기하고 계산공식은 아래와 같다.

$$h = \frac{(L-S)}{m} \cdots \qquad (5\text{-}2)$$

일반적으로 계급 폭을 측정단위의 배수로 정하는 것이 바람직하다 계산과 그래프작성을 편리하게 하기 위해서는 좋기는 10, 5, 1, 0.5, 0.1, 0.05등과 같은 값을 정하는 것이 좋다. 본 예제에서

$$h = (12.35 - 11.45)/8 = 0.9/8 = 0.1125 \fallingdotseq 0.1$$

⑤ 최소치를 포함하는 계급의 경계치를 정한다.

a. 계급의 경계치는 측정단위보다 한 자리 아래(측정단위의 1/2)까지 잡는다.

b. 최소치를 포함하는 계급의 경계치는 최소치가 그 계급의 대략중앙이 되도록 정한다.

매 계급은 모두 두 개의 경계치가 있다. 즉 상한경계치와 하한경계치이다. 앞 계급의 상한경계치는 바로 뒤 계급의 하한경계치이다.

첫 번째 계급에는 반드시 최소치를 포함하여야 하며, 마지막 계급에는 반드시 최대치를 포함하여야 한다. 즉 첫 번째의 하한경계치가 a_0이고, 마지막 계급의 상한경계치는 a_m이라면 $a_0 \leq$ S, $a_m \geq$ L의 조건을 만족하여야 한다. 이 때 m + 1개 계급경계치는 아래와 같다.

$$a_0,\ a_0 + h,\ a_0 + 2h,\ \cdots,\ a_0 + (m - 1)h,\ a_0 + mh$$

위 식에서 m는 계급수이고, h는 계급 폭이다.

일반적으로 a_0의 계산은 아래와 같은 공식을 이용하여 계산 할 수 있다.

$$a_0 = S - \frac{h}{2} \tag{5-3}$$

각 계급의 경계선을 계산 할 때, 각 계급의 경계선에 1/2측정단위를 더하거나 빼면 된다. 본 예제에서 100개 데이터는 11.45~12.35사이에 있다. 따라서 아래와 같은 10개 계급으로 구분 할 수 있다.

11.405~11.505, 11.505~11.605, 11.605~11.705, … …, 12.305~12.405

⑥ 급의 중앙치를 정한다.

각급의 하한경계치와 상한경계치의 평균치가 바로 이 계급의 중앙치가 된다.

⑦ 데이터를 도수표에 마킹하여 계급마다 도수를 구한다.

마킹(marking)에는 正의 기호를 사용한다.

⑧ 계급마다의 도수를 합계하여 데이터 총수를 검토한다.

위의 ①~⑧순서를 완성하면 〈표 5-3〉와 같은 도수분포표가 작성된다.

〈표 5-3〉 도수분포표

급수	하한계 ～ 상한계	중앙치	마이킹	도수
1	11.405 ～ 11.505	11.455	—	1
2	11.505 ～ 11.605	11.555	T	2
3	11.605 ～ 11.705	11.655	正T	7
4	11.705 ～ 11.805	11.755	正正T	12
5	11.805 ～ 11.905	11.855	正正正正F	24
6	11.905 ～ 12.005	11.955	正正正正正	25
7	12.005 ～ 12.105	12.055	正正正—	16
8	12.105 ～ 12.205	12.155	正正	10
9	12.205 ～ 12.305	12.255	—	1
10	12.305 ～ 12.405	12.355	—	1
Σ				100

1.1.2 히스토그램 작성

데이터를 정리하여 도수분포표 작성이 완료되면 데이터의 집중정도와 이산추세를 선명하게 나타난다. 그러나 더욱 직관적으로 데이터의 분포 패턴과 그의 분포상태를 관찰하기 위해 히스토그램을 표현 할 수 있다. 히스토그램의 작성절차는 아래와 같다.

① 그래프용지에 세로와 가로축을 기입한다. 세로축에 도수, 가로축에 데이터의 측정단위를 매긴다.

② 도수를 막대로 기입한다. 여백에 데이터를 취한 기간. 데이터의 종류, 데이터의 총수 n 등을 기입한다.

예제 위의〈표5-3〉 도수분포표를 이용하여 히스토그램을 그리시오.

히스토그램은 [그림 5-2]와 같다.

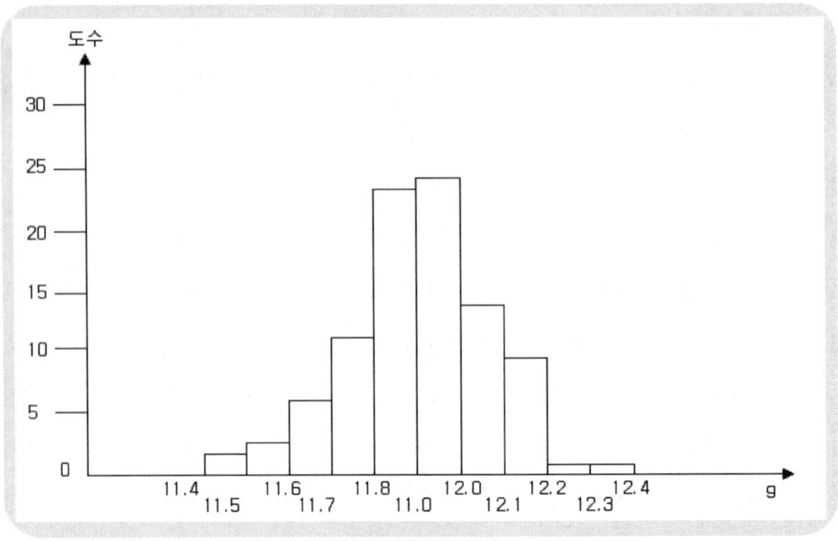

[그림 5-2] 쥬란의 품질 삼부작

1.1.3 히스토그램의 응용

히스토그램의 도형은 직관적으로 제품품질의 분포상태를 반응함으로서 품질경영활동에서 많이 이용되고 있다. 그의 주요 응용을 보면 아래와 같다.

1.1.3.1 분포유형에 대한 판정

제품품질특성치의 분포는 일반적으로 정규분포를 따르거나 많이 유사하다. 따라서 제품품질특성치의 분포가 정규분포에 따르지 않을 때는 때로는 생산과정이 불안정적이거나, 생산 공정의 가공능력이 부족한 경우가 많다. 따라서 제품품질 특성치를 이용하여 작성한 히스토그램의 형태를 통해 우리는 생산과정의 안정성여부와 공정능력에 대해 추측할 수 있다. 또 이를 근거로 하여 제품의 품질상태에 대해 초보적인 판단을 할 수 있다.

제품품질특성치의 도수분포를 근거하여 히스토그램을 정상형 히스토그램과 이상형 히스토그램으로 분류할 수 있다.

① 정상형 히스토그램

히스토그램의 형태를 관찰할 때는 도형의 전체형태에 포인트를 주고 정상형과 이상형을 판단하여야 한다. 정상형 히스토그램은 분포의 중심과 폭이 적정한 이상적인 분포로서, 규격에 대해서 산포가 적고 평균치도 그 한 가운데 있어 가운데는 높고, 양변에 낮으며 또 상호 대칭하는 특징을 갖고 있다. 표준편차의 약 4배 정도인

곳에 규격한계가 있으면 이상적인 상태라고 판단해야 한다. [그림 5-3]참조

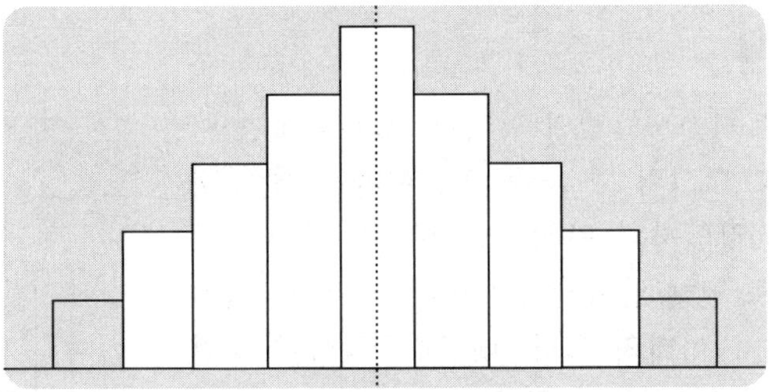

[그림 5-3] 정상형 히스토그램

② 이상형 히스토그램

생산과정이 불 안정적이거나, 공정의 가공능력이 부족하거나, 데이터의 처리방법 불합리적등 상황이 존재할 때, 제품품질특성치의 도수분포를 이용하여 작성된 히스토그램은 이상형이다. 이상형 히스토그램으로 판정되며 계속 어떤 종류의 이상형인가를 판정하여야만 원인을 쉽게 분석할 수 있다. 우리가 흔히 볼 수 있는 이상형 히스토그램은 아래와 같다.

a. 낙도형

낙도형은 주 히스토그램의 좌측 혹은 우측에 고립된 작은 분포가 하나의 낙도처럼 존재하는 형태이다. [그림 5-4 a]참조. 낙도형 히스토그램이 형성된 원인은 특수한 사건이 발생하였을 때 많이 형성된다. 예컨대, 재질이 다른 일부 원자재가 혼입되어 재료 등의 변화가 존재하거나, 일정기간에 설비의 고장이 발생하였거나, 단시간에 미 숙련작업자가 대체가공 하였든가 등이 있어 생긴 것으로 그 원인을 규명하여 조치할 필요가 있다.

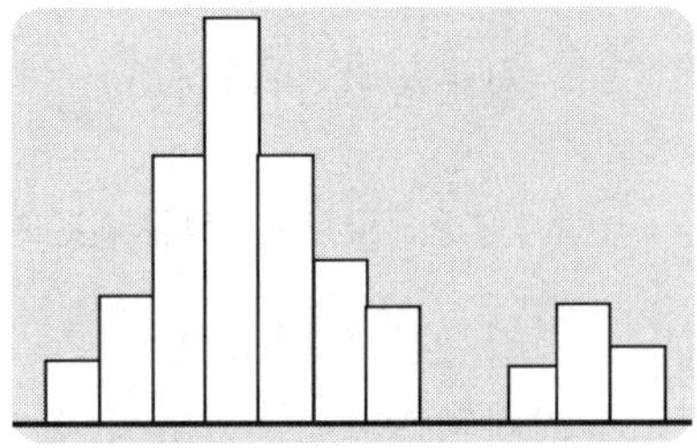

[그림 5-4a] 낙도형

b. 쌍봉우리 형

쌍봉우리형은 히스토그램에서 좌우로 두 개의 봉우리가 있다. [그림 5-4 b]참조. 쌍봉우리형의 형성된 원인은 서로 상이한 집단이 혼합되어 있거나, 서로 성능이 상이한 기계로 만들어진 제품이 섞여 있거나, 서로 다른 작업자가 가공한 같은

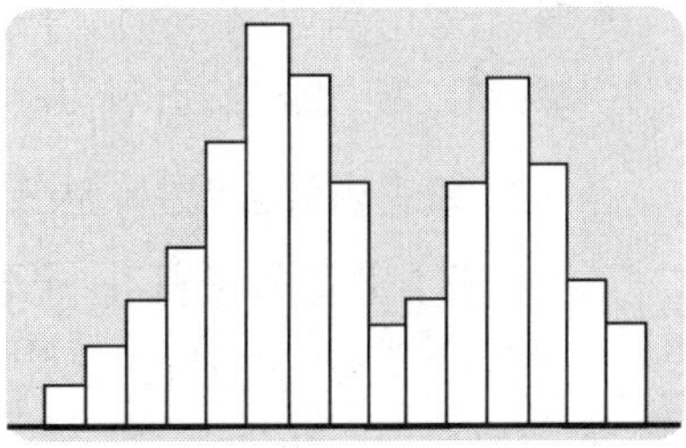

[그림 5-4b] 쌍봉우리형

규격의 제품이 혼합되어 있을 때 흔히 생긴다. 이런 경우에는 층별해서 대책을 세워야 한다.

c. **이빠진 형**

이빠진형은 히스토그램의 형태가 고르지 못한 이빠진 형태이다. [그림 5-4 c]참조. 이빠진 형이 형성된 원인은 작업자의 측정방법 미숙으로 공정에 나쁜 버릇으로 인해 일어난 경우이다. 예컨대, 측정방법의 선택, 데이터의 측정, 데이터처리에서 불합리적인 계급 분리등 주요 원인이라고 할 수 있다.

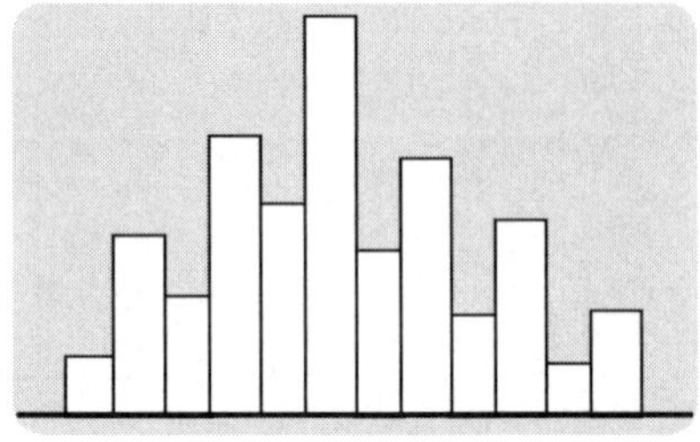

[그림 5-4c] 이빠진형

d. **절벽형**

절벽형은 히스토그램의 양측이 대칭적이 아니고 어느 한 측은 높은 산의 절벽모형을 가진 형태이다. [그림 5-4 d]참조. 절벽형이 형성된 주요원인은 산포가 커서 불량품이 많은 경우에 규격에 맞추기 위하여 전수선별한 후 어떤 규격 이하 또는 이상의 제품을 버리고 나머지 제품만을 가지고 데이터를 수집했을 때 이런 현상이 자주 발생한다. 이러한 현상은 산포가 커서 공정능력이 나쁜 공정을 의미하므로 공정능력을 좋게 하도록 원인을 규명하여 조치를 취하여야 한다. 또 하나의 원인은 작업자의 작업습관이다. 작업자가 습관적으로 기준의 하한계에 접근하게 가공하면 좌측에 절벽형이 나타난다.

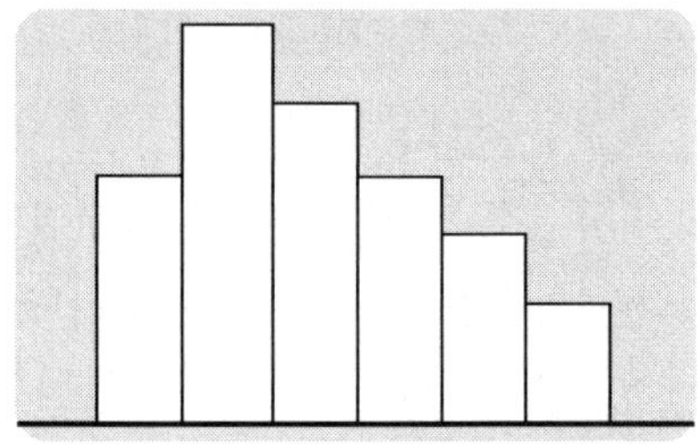

[그림 5-4d] 절벽형

1.1.3.2 분포와 정규분포의 비교

정규분포(정상적 분포)의 산포범위 B[B = S, L](S: 데이터의 최소치, L: 데이터의 최대치)와 표준분포범위 T[T = [S_L, Su](S_L:, 규격하한, Su: 규격상한)의 비교를 통해 제품품질특성치의 분포가 규격범위내 있는가 여부를 관찰하여 생산과정 혹은 공정의 가공능력이 우리가 희망한 상태에 있는가 것을 파악할 수 있다. 판단의 편리를 위해 히스토그램에 직접 표준의 하한계와 상한계를 표기하는 것이 좋다.

① 표준범위내 있는 분포

제품품질특성치가 규정기준에 부합할 때 이에 따른 히스토그램은 반드시 표준범위내 있을 것이다. 규정에 부합되는 히스토그램은 아래와 같은 4가지 유형이 있다. [그림 5-5]참조.

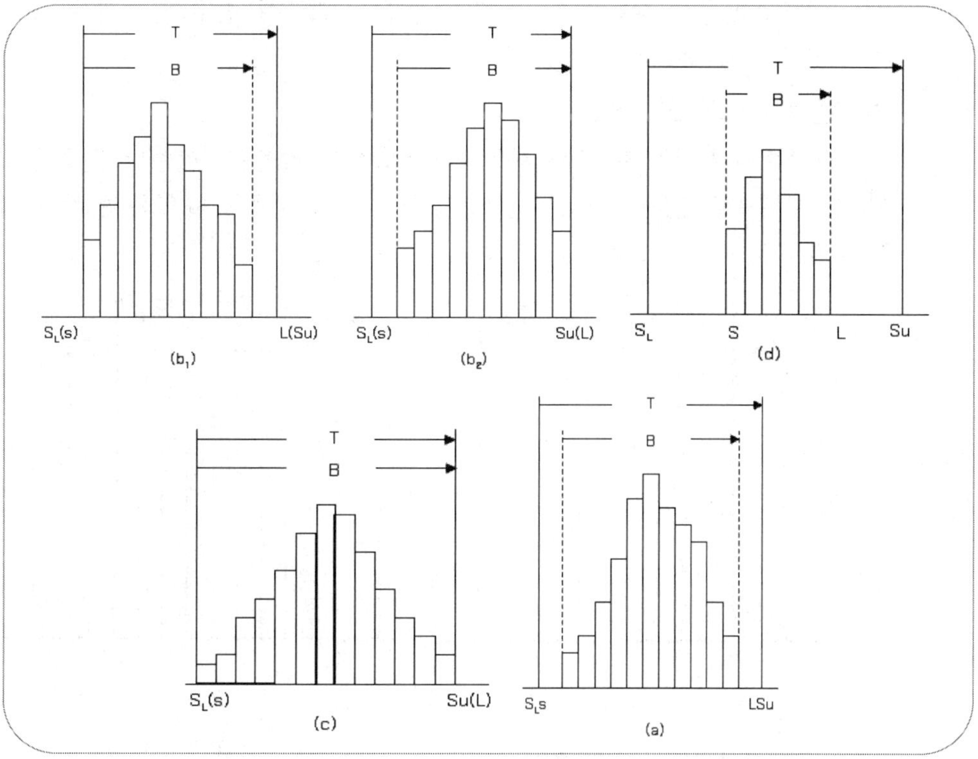

[그림 5-5] 히스토그램과 기준의 비교(1)

a. 히스토그램의 분포범위 B는 표준범위 T에 포함되어 있고, 또 여유가 있다. 히스토그램의 분포중심과 표준중심이 거의 일치하면 아주 이상적인 히스토그램이다. [그림 5-5 a]. 이러한 분포는 전체제품이 합격품이며 공정은 정상적 관리상태에 있다.

b. 히스토그램의 분포범위 B는 표준범위 T에 포함되어 있고, 또 데이터변화도 비교적 집중해 있지만, 히스토그램의 분포중심과 표준중심이 일치하지 않고 한 쪽으로 이동되어 있거나, 또는 분포가 한 측의 표준한계에 있는 경우. [그림 5-5 b1, b2]참조. 이러한 분포는 중심이 이동되거나 산포가 커지거나 즉 공정상황 혹은 품질특성치가 작은 변화가 있어도 기준을 초과하여 불량품이 발생할 가능성이 있다. 그러므로 산포를 좀 더 작아지게 하든지 중심위치를 표준중심과 일치하게 하든지 공정능력을 향상시키는 대책이 필요하다.

c. 히스토그램의 분포범위 B는 표준범위 T밖에는 벗어나지 않았지만 여유가 없다. [그림 5-5 c]참조. 이러한 분포는 분포중심이 작은 이동이 있어도 불량품이 발생할 가능성이 있다. 그러므로 산포를 좀 더 작아지게 하여 공정능력을 향상시키는 대책이 필요하다.

d. 규격한계가 너무나 넓어 산포의 중심이 뾰족한 경우에는 제품의 범위를 넓게 하여 경제적인 생산을 도모한다. [그림 5-5 d]참조.

② 표준범위밖에 있는 분포

규정기준에 부합되지 않은 제품품질특성치가 있을 때 데이터 분포가 표준범위밖에 있는 히스토그램이 형성된다. 이러한 히스토그램의 유형은 아래와 같은 3가지 있다. [그림 5-6 a1, a2, b, c]참조.

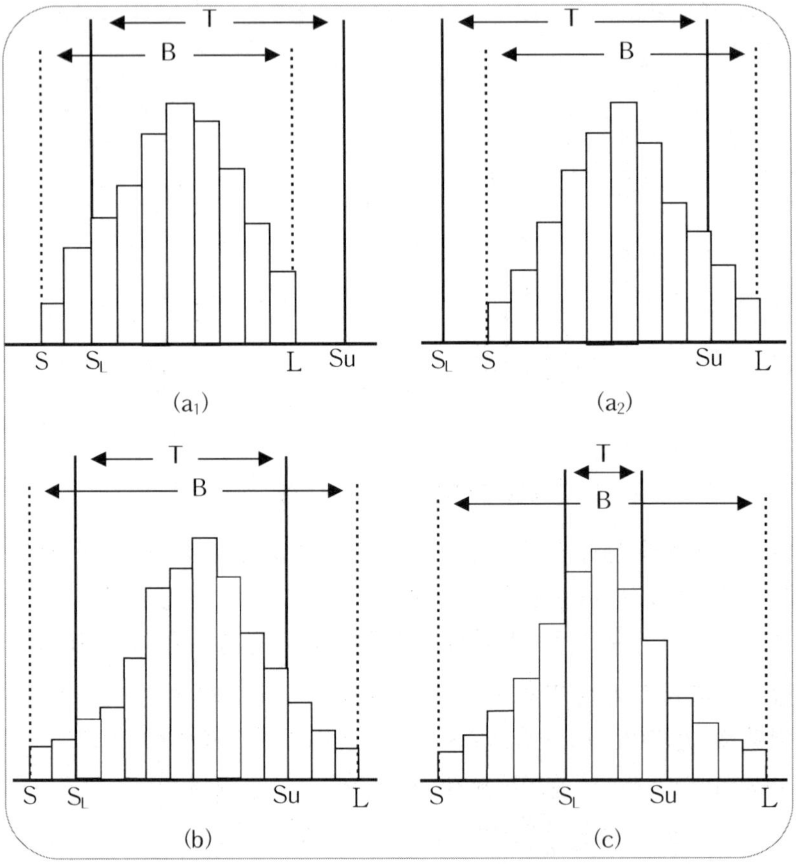

[그림 5-6] 히스토그램과 기준의 비교(2)

a. 제품품질특성치의 분포중심은 표준중심의 좌측(혹은 우측)으로 이동되어 히스토그램의 분포범위 B의 하한계(상한계)가 표준범위 T의 하한계(혹은 상한계)밖에 있게 되었다. 따라서 하한계(혹은 상한계)에서 불량품이 형성된다. [그림 5-6 a1, a2]참조. 이러한 경우에는 제품품질특성치의 평균치를 제고할 수 있는 방법을 모색하여 히스토그램의 분포중심을 우측(혹은 좌측)으로 이동시켜 히스토그램의 분포범

위를 표준범위내 전부 포함 될 수 있도록 하여야 한다.

b. 히스토그램의 분포범위 B가 표준범위 T밖에 있는 경우, 기준상한계와 하한계에서 모두 불량품이 발생된다. [그림 5-6 b]참조. 이러한 경우는 통상적으로 제품 품질특성치의 표준편차가 과대할 때 나타나는 형상이다. 따라서 기술조치를 취하여 분포의 표준편차를 축소시켜야 한다. 정한 기준이 합리적이 아니라면 표준범위를 조정할 수 도 있다.

c. 히스토그램의 분포범위 B가 표준범위 T를 많이 초과하여 있을 경우 이미 많은 불량품이 발생하였다. [그림 5-6 c]참조. 이러한 경우는 반드시 신속히 원인을 분석하여 긴급조치를 취하여야 하는데 기준에 대한 수정이 가능하다면 기준을 다시 작성하여야 한다.

③ 히스토그램의 층화비교

수집된 데이터를 이용하여 히스토그램을 작성하였을 때 이상형 그램이 나타나면 특히 쌍봉형같은 이상이 발생하면 수집된 품질특성치의 데이터에 대해 한 특정 조건으로 2개 이상 그룹으로 분리하여 다시 히스토그램을 작성할 필요가 있다. 예컨대 설비, 작업자, 작업방법, 원자재, 생산환경 등 요소를 특정 기준으로 하여 분리한다. 이러한 분리된 그룹을 층이라고도 한다. 따라서 작성된 히스토그램을 층화히스토그램이라고도 하다. 층화히스토그램을 통해 이상 원인을 찾아 상이한 설비, 원자재, 작업방법 등에 대한 비교를 통해 제품품질 특성치에 영향을 비교분석을 할 수 있다.

예제 한 작업장에서 가공하고 있는 축의 외경(外徑) 길이가 기준에 미치지 못한 불량품이 많이 생겼다. 따라서 원인을 조사하여 조치를 취하려고 한다.

풀이 수집된 외경의 측정치를 통해 [그림 5-7]과 같은 히스토그램이 작성되었다. [그림 5-7]참조. 그림을 통해 우리는 표준범위의 상한계선을 많이 초과하여 불량품이 형성된 것을 알 수 있다.

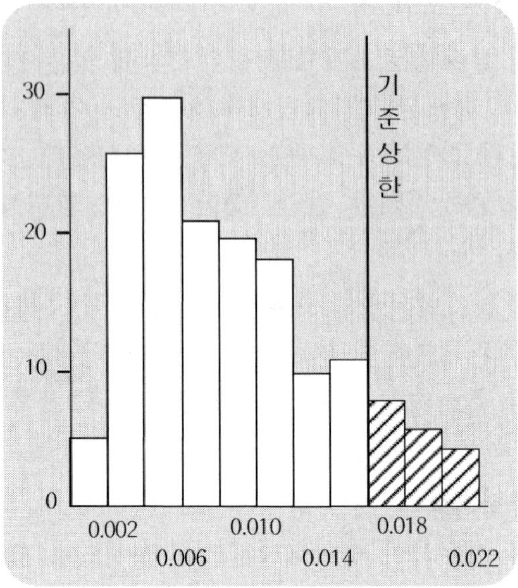

[그림 5-7] 축의 외경 히스토그램

각 공정에 대한 분석을 통해 본 제품은 a와 b작업자가 Ⅰ,Ⅱ설비를 이용하여 가공된 사실을 알 수 있었다. 따라서 Ⅰ,Ⅱ설비와 a·b 작업자에 대해 층화하여 히스토그램을 다시 작성하였다. 결과에 대한 분석을 통해 우리는 작성된 히스토그램이 큰 차이점이 없는 것을 볼 수 있다. [그림 5-8]참조.

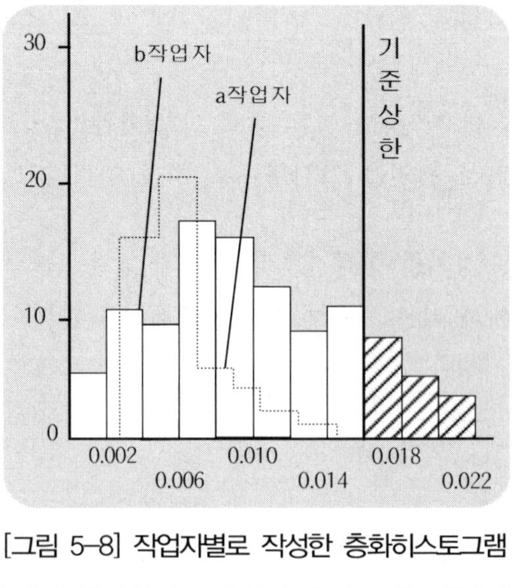

[그림 5-8] 작업자별로 작성한 층화히스토그램

[그림 5-8]에서 나타난바 불량품은 b작업자가 가공한 제품에서 발견되었다. 따라서 b

작업자의 가공방법을 개선하여 다시 제품 품질 특성치에 대해 측정한 데이터를 통해 작성한 히스토그램은 [그림 5-9]와 같다. 그림을 통해 우리는 축의 외경이 모두 기준에 부합된 것을 알 수 있다. [그림 5-9]참조.

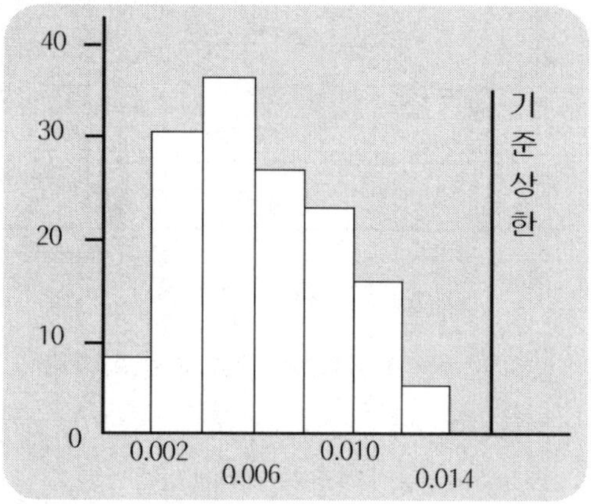

[그림 5-9] 개선 후 히스토그램

만일 Ⅰ,Ⅱ설비에서 가공된 제품을 혼합하여 작성된 히스토그램은 [그림 5-10]과 같다고 가정하자. [그림 5-10]에서 나타난바 정상형 히스토그램이다. [그림 5-10]참조. 그러나 데이터의 분포는 기준과 많이 떨어져 있다. 따라서 Ⅰ설비와 Ⅱ설비를 층화하여 히스토그램을 작성한 결과 [그림 5-11]와 같다. 그림을 통행 우리는 좌측에서 나타난 불량품은 모두 Ⅰ설비에서 가공되었고, 우측에서 나타난 불량품은 모두 Ⅱ설비에서 가공되었다는 사실을 알 수 있다.

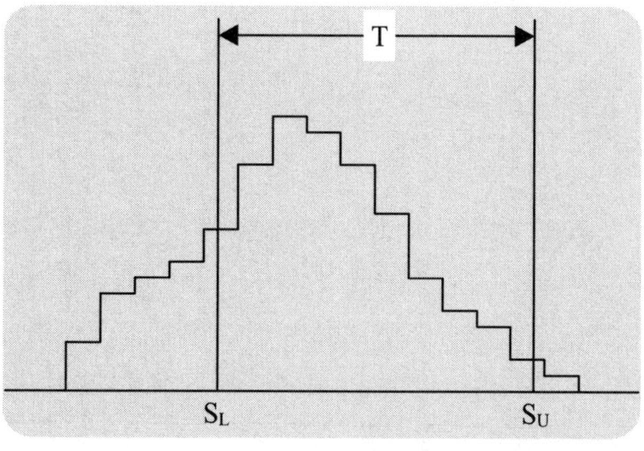

[그림 5-10] 히스토그램의 층화비교

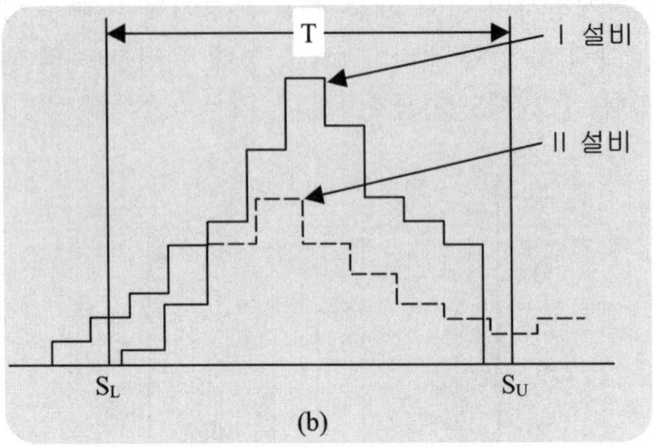

[그림 5-11] 히스토그램의 층화비교

[히스토그램]

히스토그램은 계량치 데이터가 어떤 분포를 하고 있는가를 알아보기 위해 사용하는 것으로 데이터를 구간으로 나누어 구간에서 발생된 빈도를 체크하여 그래프로 나타낸 것이다. 히스토그램의 적용범위로 계량치 데이터를 얻을 수 있는 프로세스라면 다 적용된다. 품질과 관련해서는 생산현장에서 얻어지는 데이터를 가지고 히스토그램을 그린다. 히스토그램을 통해 데이터의 대표값인 평균이나 산포의 크기, 데이터가 얻어진 프로세스의 안정성 등을 파악할 수 있다. 또한 히스토그램은 개선효과를 파악하고 현재와 과거의 상태를 비교하는 데도 사용된다.

2. 계수형데이터의 처리기법

2.1 파레토그램(Pareto)

2.1.1 파레토그램의 개념

품질경영활동에서 어떠한 품질문제는 주요문제이며, 또 제품품질에 영향을 미치는 주요 요소는 어떤 것인가 등 많은 문제를 직면하게 된다. 이러한 문제들은 파레토분석을 통해 해결할 수 있다. 파레토분석은 해를 구하기 위해 문제를 규명하고 문제해결의 우선순위를 정하는데 사용되는 도구이다. 따라서 특성요인도라고도 정의할 수 있다.

파레토그램은 이탈리아 경제학자인 파레토(Vilfedo Pareto ; 1848~1923)가 국민소득 분배형태를 인구와 대비하여 국민의 수입이 적을수록 분배형태가 높고, 반대로 국민의 수입이 높을수록 분배형태가 낮게 차지하고 있다는 사실을 곡선으로 표시하여 이를 파레토그램이라고 불렀다. 1905년에 미국경제학자인 로렌츠(M.O.Lorenz)는 파레토그램 원리를 이용하여 누적곡선을 설계하였다. 이 곡선을 로렌츠곡선이라고도 한다. 그러나 이러한 파레토그램의 개념을 품질관리분야에 응용한 사람은 미국의 품질관리 학자인 쥬란(Juran)박사이다. 1951년에 쥬란은 파레토분석원리와 로렌츠곡선을 품질경영에 도입하였고 또 "관건적인 소수와 사소한 다수"라는 용어를 창조하였다. 동시에 히스토그램을 로렌츠곡선과 결합하여 [그림 5-12]와 같은 쥬란분석그램을 설계하였다. [그림 5-12]참조. 쥬란분석그램을 더욱 발전시켜 [그림 5-13]과 같은 파레토그램이 형성되었다. [그림 5-13]참조.

파레토그램은 각 문제의 빈도를 나타내는 막대를 내림차순으로 정렬해 놓은 것이다. 즉 왼쪽에 가장 큰 막대를 표시하는 것을 시작으로 해서 오른쪽으로 갈수로 작아지는 형식으로 배열해 놓았다. 파레토그램은 일종의 문재해결 도구로 지금까지 여겨져 왔지만 실제로는 문제해결 방법보다도 해결해야 할 문제를 결정하는데 도움을 주는 기법이다. 자료정리와 분류 그리고 도표화하는 과정을 통해 해결해야 할 가장 중요한 문제가 무엇인가를 결정하는데 도움을 준다.

[파레토그램]

많은 사소한 요인들로부터 문제의 가장 주목할 만한 원인을 구분하기 위해 또한 팀의 업무 수행에 있어서 가장 긴요한 문제점을 확인하기 위해서 작성되어진다. 또한 현장에서 발생한 불량품, 결점, 클레임 등과 같은 현상을 원인별로 데이터를 분류하여 그 크기를 그래프로 나타낸다.
파레토그램의 적용범위로 일반 사회학 분야에서도 많이 사용하지만, 품질과 관련해서는 어떤 불량항목이 원인에 기여하는 것이 많은가? 그 비율은 어느 정도인가? 어떤 문제부터 개선해 가면 좋은가 등을 밝혀내는데 적용된다. 각기 다른 주장을 가진 사람들이 각각 다른 활동의 순서를 따르기를 원할 때 하나의 합의에 이르기는 어려운 일이 될 수 있다. 파레토그램은 현상의 사실을 보여줌으로써 의사결정을 돕는다.

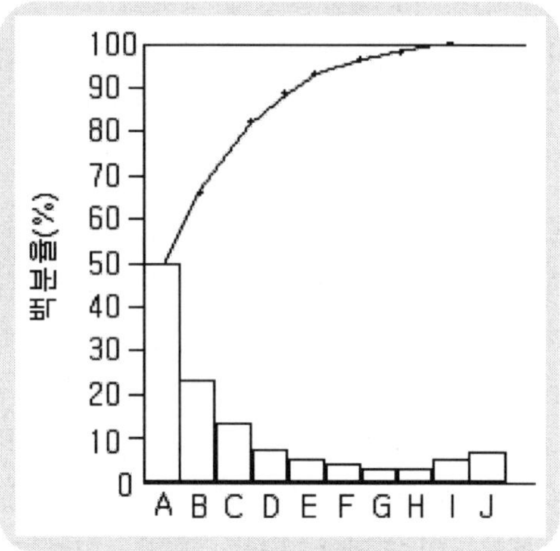

[그림 5-12] 쥬란분석그램

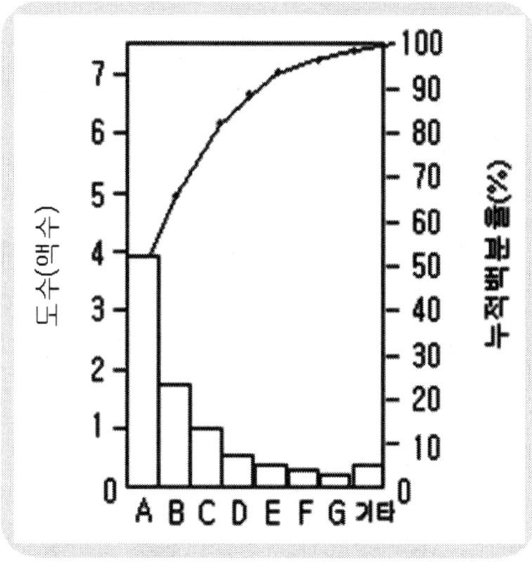

[그림 5-13] 파레토그램

2.1.2 파레토그램의 작성순서

2.1.2.1 품질문제를 평가하는 개관적인 기준에 대한 선정

파레토그램 작성에서 선정하려고 하는 기준은 바로 수직 축의 눈금내용이다. 즉 불량품 수(도수), 불량품율, 소모시간, 손실금액, 영향정도 등 모두 기준으로 잡을 수 있다.

2.1.2.2 데이터의 분류항목을 정한다.

불량항목별, 고장유형별, 공정별 등 특성에 대한 분석(결과분석)과 기계별, 작업자별, 재료별, 작업방법별 등 요인에 대한 분석(원인분석)을 한다.

2.1.2.3 자료수집기간을 정해서 데이터를 수집한다.

연구기간은 상황에 따라 다른데 연구기간 선택의 기준으로는 첫째, 한 달, 일주일, 하루, 8시간 혹은 1시간 등과 같은 편리한 기간, 둘째, 비교목적을 위해 모든 관련도표와 동일한 기간, 셋째, 계절상품에 대해서는 특정계절과 같이 분석과 관련있는 일정기간 등을 들 수 있다.

2.1.2.4 분류항목별 데이터를 집계한다.

① 분류항목별 일정시간 내 중복으로 나타나는 차수를 집계한다. 즉 도수를 통계한다. 분류항목별 도수는 파레토그램에서 막대의 높이를 결정한다.

② 분류항목 전체의 데이터수를 100%로 보고 해당 분류항목별 데이터수를 비율(%)로 계산한다.

③ 분류항목별 누적수를 구하고, 전체 데이터에 대한 누적비율(%)을 계산한다. 각 분류항목의 누적도수는 파레토그램에서 곡선의 변화점 위치를 결정한다.

2.1.2.5 파레토그램의 작성

① 데이터 sheet에는 분류항목별 데이터수가 큰 것부터 차례로 기록한다.

② 영향이 적은 여러 항목을 묶어서 “기타”항목으로 하고 분류항목 순서 맨 오른쪽에 기록한다.

③ 그래프에 수직과 수평축을 표시하고 적절한 단위로 이루어진 수직축에는 0부터 빈도표상의 총 관찰 수 합계를 표시하는데 그래프용지에 세로축 좌측에는 데이터수의 눈금을, 우측에는 비율(%)을 기록하고 가로축에는 분류항목을 적는다. 가능한 세로축과 가로축의 길이는 같도록 한다.

④ 수평축에 가장 많이 발생하는 요인을 제일 왼쪽에 표시하고 가장 빈도수가 낮은 것을 오른쪽에 배치한다.

⑤ 각 요인에 대해 막대그림을 그린다.

⑥ 파레토그램에 누적빈도에 대한 꺾은선을 긋는다.

⑦ 도표에 이름을 붙이고 그 자료의 원천을 적는다. 언제 어떠한 조건 하에서 자료가 수집되었다는 것을 기재하여야 한다. 그렇지 않으면 파레토그램은 유용성이 없다.

예제 한 선반회사에서 A형 선반의 품질문제에 대해 조사를 한 결과, 최종적으로 품질문제가 발생하는 차수를 평가기준으로 정하였다. 작업, 공정, 설비, 도구의 정밀도, 원자재, 설계 및 기타항목별로 데이터를 수집하였다. 수집된 데이터에 대해 정리하여 아래

〈표 5-4〉와 같은 결과를 얻었다. 〈표 5-4〉참조. 분류항목별 누적수량을 구하고 전체 데이터에 대한 누적비율을 구하시오.

〈표 5-4〉 A형 선반에서의 품질불량 데이터 sheet

불 량 항 목	불량 건수	비율(%)
도구의 정밀도 저하	97	34.4
작 업 상 문 제	87	31.0
설 비 의 문 제	38	13.4
공 정 의 문 제	26	9.2
원 자 재 의 불 량	9	3.1
설 계 상 의 문 제	6	2.2
기 타	19	6.7
합 계	282	100

풀이 〈표 5-4〉을 이용하여 분류항목별 누적수와 전체 데이터에 대한 누적비율(%)을 계산한 결과 〈표 5-5〉와 같다.

〈표 5-5〉 A형 선반에서의 불량 데이터 sheet

불 량 항 목	불량 건수	비율(%)	누적수량	누적비율(%)
도구의 정밀도 저하	97	34.4	97	34.4
작 업 상 문 제	87	31.0	184	65.4
설 비 의 문 제	38	13.4	222	78.8
공 정 의 문 제	26	9.2	248	88.0
원 자 재 의 불 량	9	3.1	257	91.1
설 계 상 의 문 제	6	2.2	263	93.3
기 타	19	6.7	282	100.0
합 계	282	100		

〈표 5-5〉를 이용하여 작성된 파레토그램은 [그림 5-14]와 같다.

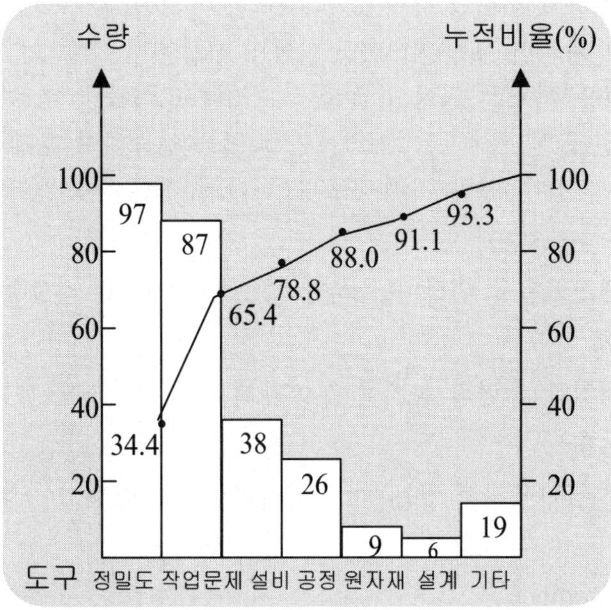

[그림 5-14] A형 선반의 결함자료 기입한 파레토그램

2.2 특성요인도(cause & effect diagram)

2.2.1 특성요인도의 개념

품질문제를 선정해 분석하여 그 근본적인 원인을 밝혀내는데 이용되는 기법이다. 특성요인도는 1953년 일본의 품질경영전문가인 이시가와 카오루박사가 일본의 가와사키 철도공사 작업의 품질프로그램과 관련해 처음 소개되었다. 이 도표는 모든 일의 현상에는 결과(제품의 특성)에 의한 원인(요인)이 어떻게 관계하고 있으며 어떤 요인이 영향을 주고 있는가를 한 눈으로 볼 수 있도록 작성한 그림이라고 한다. 특히 이 그림을 생선뼈 모양이나 나뭇가지 모양과 비슷하다고 하여 魚骨圖(fish bone diagram) 나뭇가지도 이라고도 한다. [그림 5-15]참조.

어떠한 제품의 품질문제든지 모두 결과와 원인으로 분리할 수 있다. 또 결과와 원인은 모두 재 세분화 할 수 있는 것이다. 모든 결과와 원인을 해결하는 것은 어려운 일이다. 따라서 이 많은 결과와 원인 중에서 관건적인 결과와 원인을 찾아서 조치를 취하여 효율적으로 품질문제를 해결하여야 한다. 특성요인도가 바로 문제의 원인을 수집·조직화하여 그 중 가장 가능성과 중요성이 높은 원인을 선택하여 해를 얻을 수 있도록 확고한 인과 관계가 만들어질 때까지 원인을 규명하여야 한다. 이 기법은 변화를 필요로 하는 특정한 사안을 구체적으로 명시한 브레인스토밍 결과의 산물이다. 문제의 결과가 정의 되고 나면 그 결과에 영향을 끼치는 원인의 윤곽이 드러나고 이들이 바로문제의 원인이 된다. 원인 규명 시 한 번에 한 가지 문제해결에만 노력을 집중하여 문제를 분석한다. 품질문제의 원인은 다음과 같은 일곱 가지의 M중 하나에 기인하여 일어난다.

① 경영층(Management)

경영층이 개선활동을 위하여 충분한 정보와 지원 및 개선수단을 제공하는가?

② 작업자(Man)

작업자가 적절한 훈련과 동기를 부여받고 그 일에 대한 경험을 갖고 있는가?

③ 방법(Method)

적절한 도구가 사용되고 있는가? 공정파라미터가 적절히 규격화되어 있으며 통제가 가능한가?

④ 측정(Measurement)

검사장치가 적절하게 조정되어 있는가? 문제를 일으키는 다른 환경요인은 없는가?

⑤ 기계(Machine)

예방보전활동은 적절히 수행되고 있는가? 설비가 좁은 변동범위 내에서 생산을 할 만큼 충분한 능력이 있는가?

⑥ 원재료(Material)

공정에 사용되는 원료는 적합한가? 공급자의 품질활동은 원활한가?

⑦ 환경(Milieu)

주변 환경이 생산결과에 영향을 끼치는가?

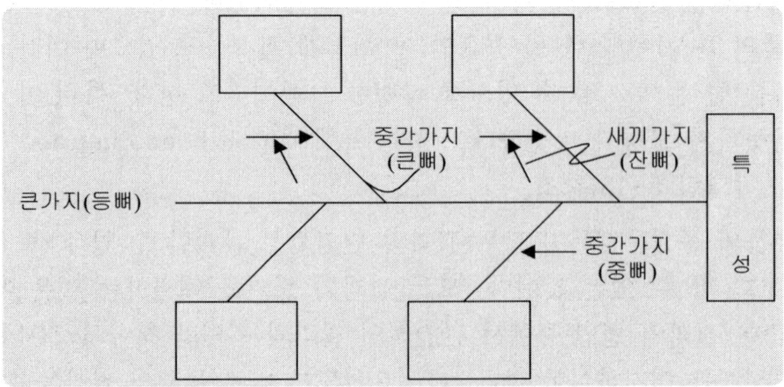

[그림 5-15] 특성요인도 작성방식

> **[특성요인도]**
>
> 특성요인도는 가능한 원인들을 밝혀내고 데이터가 수집된 가능한 영역을 지적하기 위하여 결과들 또는 문제점들을 시험한다. 특성요인도 또는 원인결과도(cause – and – effect diagram)란 문제해결에 있어 제품의 특성인 결과에 요인인 원인이 어떤 관계를 갖고 있으며 그리고 어떻게 영향을 주고 있는가를 알 수 있도록 작성한 시각적 그림이다. 이것은 이시가와가 고안하여 일본의 가와사키제철에서 처음으로 품질관리에 적용한 것으로 이를 생선뼈 도표(fishbone diagram)라고도 한다.

2.2.2 특성요인도 작성순서

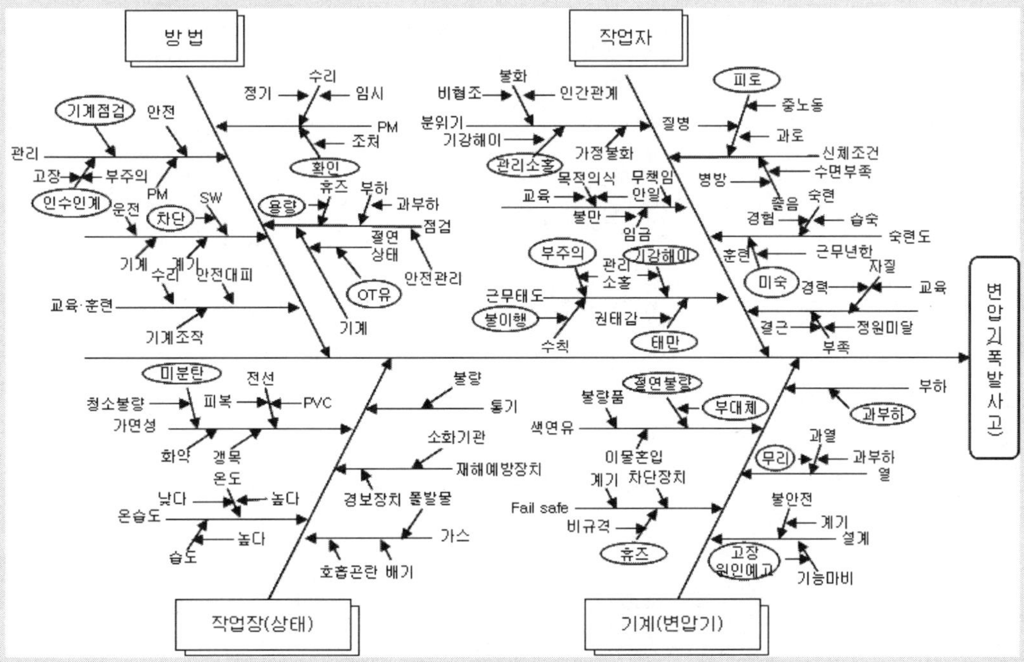

변압기 폭발사고 특성요인도

[그림 5-16] 특성요인도 작성 예시

(1) 문제로 삼고 있는 특성을 정한다.

(2) 특성과 큰 가지를 그린다.

먼저, 특성을 오른쪽에 적고, 왼쪽에서 오른쪽으로 큰 가지가 되는 굵은 화살표를 그린다.

(3) 중간가지의 요인을 적는다.

특성에 영향을 미친다고 생각되는 큰 요인을 중간 가지에 적어 넣고 □로 둘러싼다.

가능한, 정리가 될 수 있는 작업이나 공정을 5M(작업자, 기계, 방법, 원재료, 환경)을 중간 가지로 하되 중간 가지 수는 4~5개 정도가 좋다.

(4) 요인의 그룹마다 보다 작은 요인을 작은 가지에 적어 넣는다. 필요하면 작은 가지를 향해서 새끼가지를 적어 넣는다. 작은 가지는 3~5개 정도로 한다.

(5) 영향이 크다고 생각되는 요인에 표시를 한다. 요인 중에서 특히, 큰 영향을 미치고 있는 것으로 생각되는 요인에 ○표를 한다.

(6) 특성요인도를 작성한 목적, 시기, 작성자 등을 기입한다.

3. 상관관계데이터의 정리기법

히스토그램과 파레토그램 등의 기법은 모두 독립적인 데이터를 분석하는 통계기법이다. 그러나 품질경영활동에서 독립적인 데이터를 분석하는 외에도 데이터와 데이터간의 관계를 분석하는 경우가 많다. 한 그룹의 데이터를 한 변수가 취할 수 있는 각 수치(數値)로 볼 수 있어 데이터간의 관계를 분석할 수 있다. 즉 변수간의 관계를 연구할 수 있는 것이다.

변수간의 관계는 크게 두 가지로 분류할 수 있다. 첫째는 확정적인 관계이다. 즉, 우리가 모두 알고 있는 함수관계이다. 둘째는 상관관계이다. 예컨대 사람의 혈압은 연령과 관계있지만 일대일대응관계는 아니다. 즉, 같은 연령의 사람이라고 하더라도 혈압이 모두 같은 것은 아니다. 이러한 변수간의 관계를 상관관계라고 한다. 상관관계 변수를 연구하고 정리하는 수학방법으로는 상관분석과 회귀분석기법이 있다.

3.1 상관분석

변수간의 관계는 확정적인 관계가 아니라도 대량으로 중복관찰을 하면 그들 간의 관계는 어떠한 통계적인 패턴을 나타날 수 있다.

3.1.1 산점도(Scatter diagram)

3.1.1.1 산점도의 의미

보통 두 개의 데이터의 관계를 문제로 하는 경우 서로 대응하는 2종류의 데이터를 가로축과 세로축에 잡아서 타점한 그림이다. 상관관계의 변수간의 상관관계는 주로 아래와 같은 3가지가 있다.

가. 생산조건과 제품품질특성치간의 상관관계(특성과 요인과의 관계).
나. 제품의 어떤 품질특성과 다른 품질특성간의 상관관계(특성과 특성과의 관계).
다. 제품의 어떤 특성에 영향을 미치는 두 개의 생산조건간의 상관관계(요인과 요인과의 관계).

3.1.1.2 산점도의 작성순서 및 방법

품질경영활동에서는 산점도를 작성하여야 할 때가 많다. 따라서 아래 예제와 같은 실제문제에 대해서 산점도의 작성순서와 방법을 살펴보자.

예제 한 선반회사에서 일정규격인 기계부속품의 담금온도와 경도간의 상관관계를 조사하기 위해 최근 생산보고서에서 담금온도X(℃)와 경도Y(HRC)간 30개 대응 데이터를 수집하였다. 담근온도와 경도간의 산포도를 그리시오. 〈표 5-6〉참조.

〈표 5-6〉 담금온도와 경도의 대응 데이터표

데이터번호	담금번호 X ℃	경도 Y ℃	데이터번호	담금번호 X ℃	경도 Y ℃
1	810	47	16	820	48
2	890	56	17	860	55
3	850	48	18	870	55
4	840	45	19	830	49
5	850	54	20	820	44
6	890	59	21	810	44
7	870	50	22	850	53
8	860	51	23	880	54
9	810	42	24	880	57
10	820	53	25	840	50
11	840	52	26	880	54
12	870	53	27	830	46
13	830	51	28	860	52
14	830	45	29	860	50
15	820	46	30	840	49
비고	Xmax = 890 Ymax = 59			Xmin = 810 Ymin = 42	

풀이

a. 기간을 정해서 대응하는 데이터를 모은다. 데이터 수는 최소한 30개 이상이면 좋다. 〈표 5-6〉참조.

b. 그래프 지에 세로와 가로축을 기입하고, 각각의 눈금을 넣는다. [그림 5-17]참조.

가. 세로와 가로축 길이를 가능한 같도록 한다.

나. 데이터X 와 Y의 각각 최대치와 최소치를 구한다.

본 예제에서 Xmax = 890 Xmin = 810

Ymax = 59 Ymin = 42

다. 가로축에는 좌에서 우측으로, 데이터가 작은 것부터 큰 수치 값을 부여한다. 세로축에는 밑에서 위쪽으로 작은 것부터 큰 수치 값을 부여한다. [그림 5-17]참조.

c. 데이터를 타점한다.

가. 가로축과 세로축의 데이터가 교차하는 점을 타점한다.

나. 같은 데이터가 두 개 겹치는 경우는 ◎, 셋이면 ◉, …

d. 필요사항을 기입한다.

데이터의 수, 수집기간, 목적, 제품명, 공정명, 작성부서, 작성자, 작성일자 등을 여백에 기입한다.

e. 산점도에 대해 분석하여 상관관계를 제시하여 조치를 취한다.

본 예제에서 X와 Y는 약한 정 상관관계가 있다. 따라서 경도를 높이려면 온도를 높이는 조치를 고려 할 수 있다.

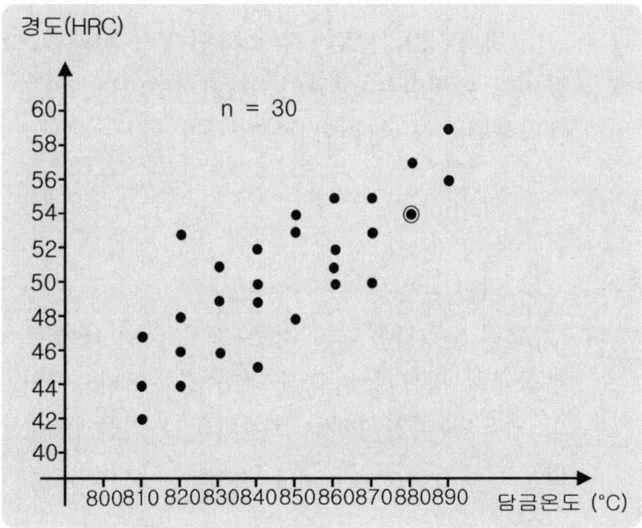

[그림 5-17] 담금온도와 경도간의 산포도

3.1.1.3 산점도의 유형

두 개의 변수 X와 Y의 관계를 산포도 형식으로 표현하면 다양한 유형이 있다. 일반적으로 우리가 흔히 볼 수 있는 유형은 아래와 같다.

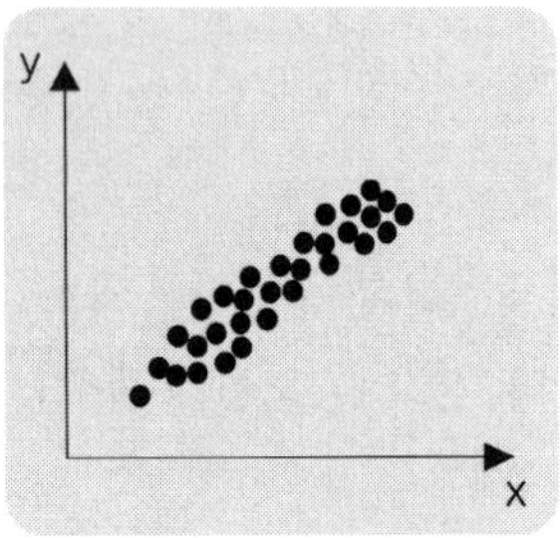

[그림 5-18] 강한 정상관

① 강한 정상관

[그림 5-18]은 X가 증가하면 Y도 증가하는 경향이 뚜렷하며 점의 산포상태가 직선에 따라 몰리는 경우이다. 이런 경우는 X를 바르게 관리하면 Y도 관리할 수 있다.

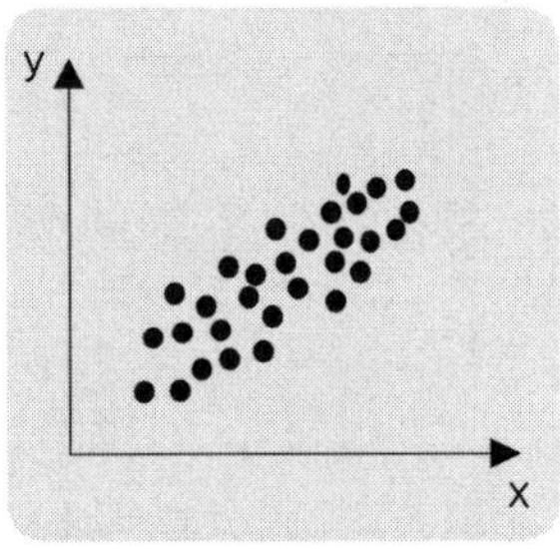

{그림 5-19] 약한 정상관

② 약한 정상관

[그림 5-19]는 X가 증가하면 대체적으로 Y도 증가하는 정상관의 정도가 약한 경우이다. 산포의 모양이 일직선이 아닌 것은 Y의 값이 X이외에도 영향을 받고 있다고 볼 수 있다. 이런 경우에는 X이외의 요인도 찾아 관리할 필요가 있다.

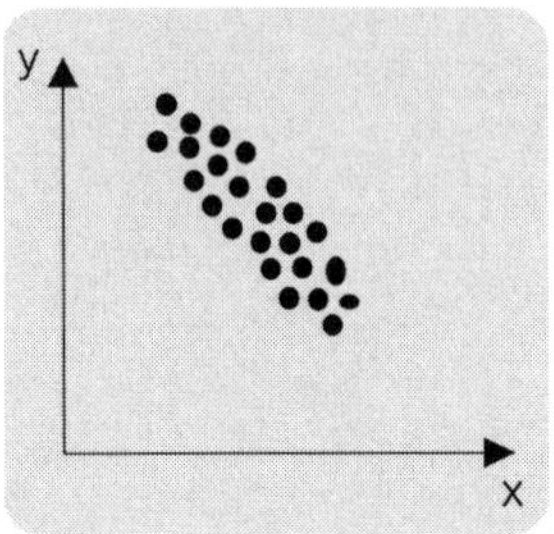

[그림 5-20] 강한 부상관

③ 강한 부상관

[그림 5-20]은 X가 감소하면 Y가 비례적으로 증가하는 경향이 있으며 뚜렷한 부상관이 있는 경우이다. 이런 경우는 X를 바르게 관리하면 Y도 관리할 수 있다.

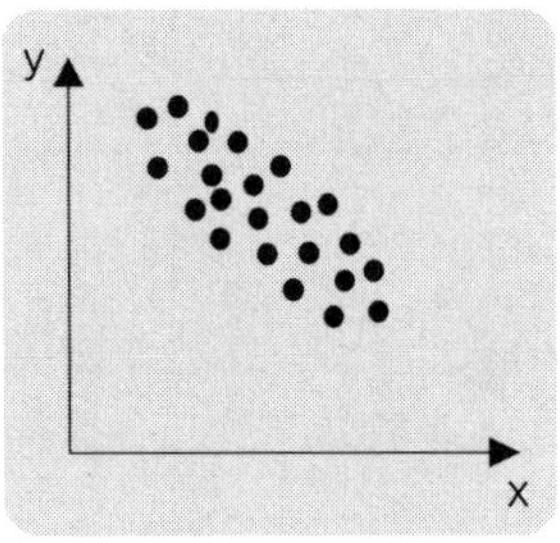

[그림 5-21] 약한 부상관

④ 약한 부상관

[그림 5-21]은 X가 감소(증가)하면 대체로 Y는 증가(감소)하는 부상관의 정도가 비교적 약한 경우이다. 이미 기술한 약한 정상관의 경우와 마찬가지로 Y이외의 요인을 찾아서 관리할 필요가 있다.

⑤ 무 상관

[그림 5-22]는 X가 증가해도 Y에는 영향이 없으므로 X와 Y는 상관관계가 없다고 판단한다. 점의 산포상태는 대체로 원모양에 가깝게 나타난다.

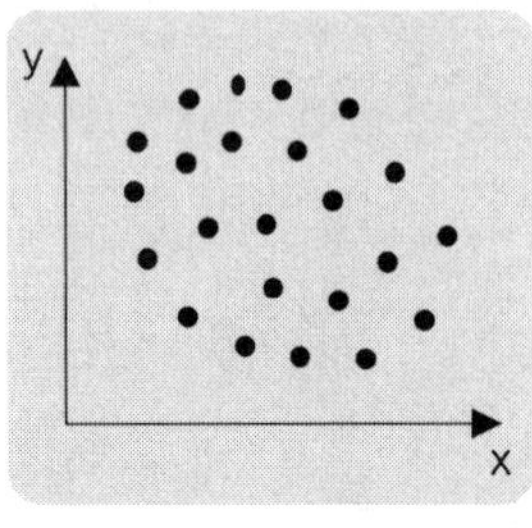

[그림 5-22] 무상관

⑥ 곡선상관

초기에는 X의 증가에 따라 Y도 증가하는 정상관을 보이고 일정한 한계치에 도달하면 Y는 X의 증가에 따라 감소하는 부상관을 갖게 된다. [그림 5-23]참조.

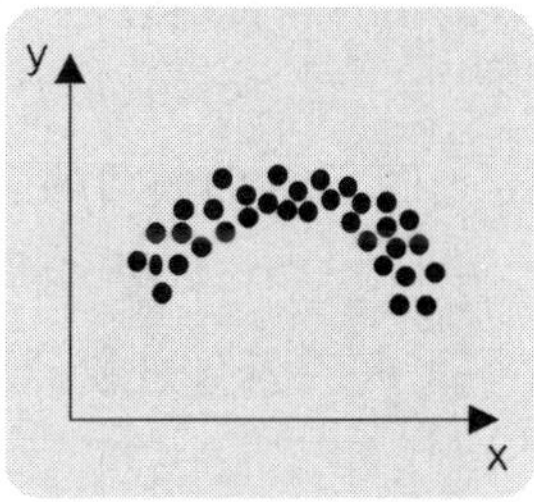

[그림 5-23] 곡선상관

3.1.1.4 산점도 작성에서 주의할 점

산점도 유형에 대한 연구에서는 아래와 같은 3가지 상황에 대해 주의를 하여야 한다.

첫째, 이상한 타점의 유무

산점도 위에 타점된 점 중에서 동떨어진 이상한 점이 있는지 조사한다. 이상한 점은 대부분의 경우 작업방법이나 작업자 또는 재료가 바뀌는 등 작업조건의 변경 및 측정의 잘못으로 생기는 일이 많다. 따라서 이상한 점에 대해 조성 원인을 밝혀야 한다. 분석결과 작업조건의 이상 혹은 측정의 잘못으로 조성되었다면 이상한 점을 제외하고 다시 작성한다. 그러나 원인을 밝힐 수 없다면 그 점을 포함해서 신중히 판단하여야 한다. [그림 5-24]에서 A, B점이 이상한 점이라고 할 수 있다. [그림 5-24]참조.

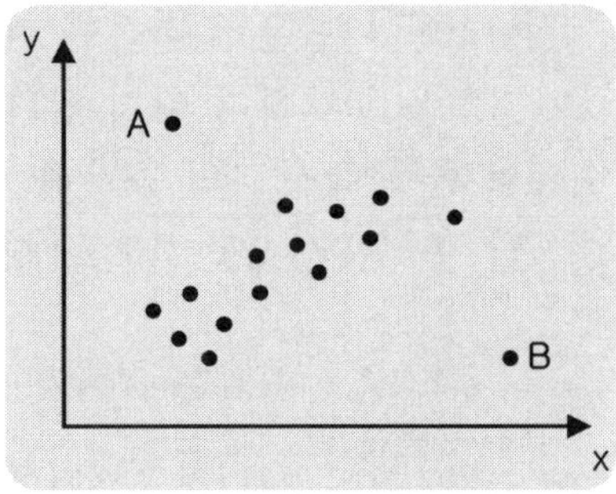

[그림 5-24] 산점도

둘째, 층화 필요성의 유무

2개 이상요소의 영향을 받는 데이터를 이용하여 산포도를 작성하면 전체를 보아서는 상관이 없지만 층화를 해보면 상관이 있는 경우가 있다. [그림 5-25]참조. 반대로 전체로 보아서는 상관이 있지만 층별해 보면 상관이 없는 경우도 있다. [그림 5-26]참조. 따라서 산포도를 작성할 때, 상이한 조건하에서의 데이터를 구별하여야 하며 또 각 축의 데이터가 대표하는 점은 가능한 상이한 기호로 표기하는 것이 좋다.

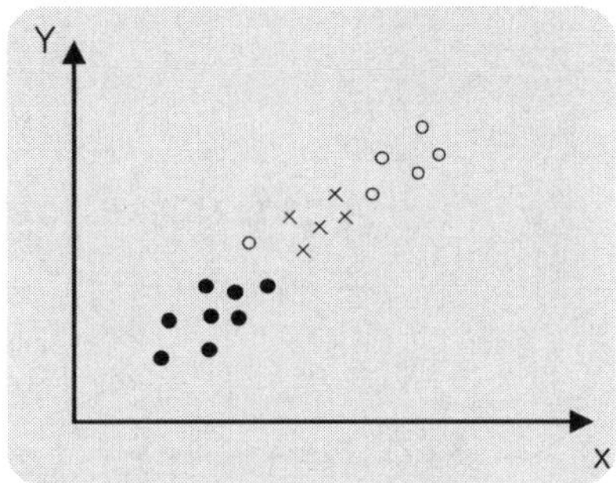

[그림 5-25] 산점도

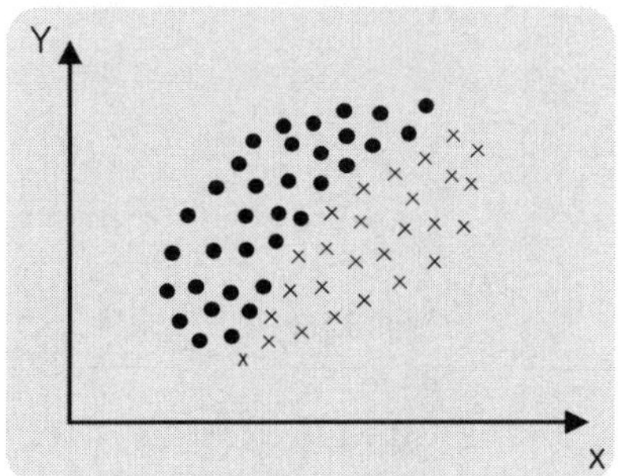

[그림 5-26] 산점도

셋째, 가짜 상관의 유무

품질경영에서 이러한 상황이 있을 가능성이 있다. 즉 기술상에서는 두 개 변수사이에 상관관계가 있을 수 없지만 수집된 데이터로 산포도를 작성하였을 때, 상관관계를 나타나고 있을 때 있다. 이러한 현상을 가짜 상관이라고 한다. 가짜상관현상은 결과(특성)과 나열한 원인(특성)이외에 다른 요소와 상관하였을 때 나타날 가능성이 있다. 따라서 상관관계를 분석을 할 때 산포도에 대해 관찰 분석을 하는 이외에도 기술적인 검토도 하여야 만 가짜상관을 진짜로 혼동하지 않는다.

3.1.2 상관의 검정

두 개의 특성 간에 상관성 여부를 산포도를 통해 초보적으로 파악할 수 있다. 그러나 이러한 판단은 주관적인 판단이며 특히 약한 상관에서 오차가 있을 수 있다. 따라서 상관성을 판단하기 위해 상관성 검정방법을 이용하여 산점도로 두 특성 간에 상관이 있으며 한쪽 특성 X의 증가에 대하여 다른 특성 Y가 어떻게 변화하는가를 정량적으로 파악할 수 있다. 일반적으로 상관성 검정방법은 아래와 같은 두 가지가 있다.

3.1.2.1 상관계수검정법

X,Y는 2차 정규분포에 따른다고 가정하면 그의 확률밀도함수 중의 상수 ρ는 변수 X와 Y의 상관계수이다. 즉 아래와 같은 식으로 정의할 수 있다.

$$\rho = \frac{cov(X,Y)}{\sqrt{D(X)D(Y)}}$$

그러나 현실에서 ρ는 종종 미지수이다. 따라서 일반적으로 상응한 표본의 상관계수 γ를 이용한다. 즉, $\rho = \gamma$

X는 x_i(i = 1, 2, ⋯, n)취하고 Y는 y_i(i = 1, 2, ⋯, n)를 취할 때, 수집된 표본의 측정치는 $(x_1,\ y_1)$, $(x_2,\ y_2)$, ⋯ $(x_n\ ,\ y_n)$라면 표본의 상관계수 γ는 아래와 같이 정의할 수 있다.

$$\gamma = \frac{\sum_{i=1}^{n}(x_i-\bar{x})(y-\bar{y})}{\sqrt{\sum_{i=1}^{n}(x_i-\bar{x})^2\sum_{i=1}^{n}(y_i-\bar{y})^2}}$$

위 식에서 $\bar{x} = \frac{1}{n}\sum_{i=1}^{n}x_i$, $\bar{y} = \frac{1}{n}\sum_{i=1}^{n}y_i$

따라서 위 식에서 $|\gamma| \le$ ₤ 쉽게 증명할 수 있다.

γ를 계산하면 부록 상관계수검정표에 있는 수치를 이용하여 상관성을 검정할 수 있다.

상응한 데이터의 총 개수가 n이면 자유도 $n-2$에 대응한 수치 $\gamma(n-2)$를 이용하여 γ와 비교를 통해 상관성을 알 수 있다. 즉, $|\gamma| \geq \gamma(n-2)$이면 X와 Y사이에는 상관관계가 있다. 또 $0 \leq \gamma \leq 1$이면 X와 Y는 정 상관, $-1 \leq \gamma \leq 0$이면 X와 Y는 부 상관이다.

표본의 상관계수 γ는 표본의 크기 n(데이터 수)이 클 때 아래와 같은 방법을 이용하여 계산할 수 도 있다.

우선 산포도를 작성한다. 두 번째는 작성된 산포도에 세로의 메디안선을 긋는다. 산점도에 기입한 점이 좌우 동일한 수가되는 세로의 메디안선을 긋는데 점의 총수가 홀수일 때는 한가운데 점을 점의 총수가 짝수일 때는 중앙에 있는 두 점의 한가운데를 지나는 선을 긋는다. 세 번째는 가로의 메디안선을 긋는다. 산점도에 기입한 점이 상하 동일한 수가되는 가로의 메디안선을 긋는다. 네 번째는 구획 내의 점의 수를 센다. 세로와 가로의 메디안선에는 점이 없게 하는 것이 좋다. 피할 수 없이 선위에 점이 있으면 점의 수 집계에서 제외한다. 두 개의 메디안선에 의해 구분된 4개의 구획을 시계바늘의 반대방향으로 n_1, n_2, n_3, n_4로 정한다. [그림 5-27]참조. 표본의 상관관계계수 γ의 계산 공식은 아래와 같다.

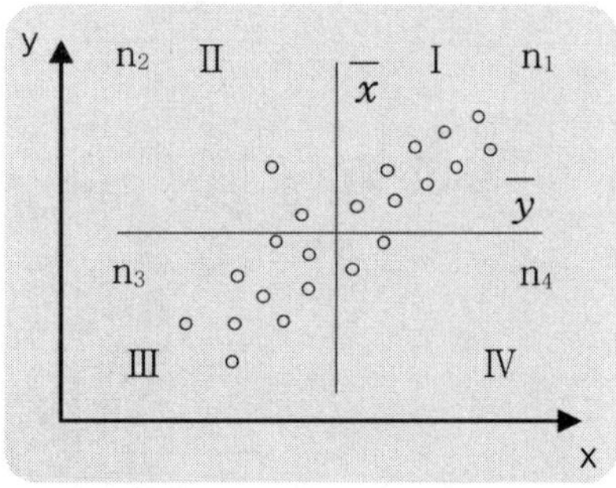

[그림 5-27] 산포도에서의 구획

$$\gamma = \sin\left(\frac{n_+}{n_+ + n_-} - \frac{1}{2}\right)180$$

위 식에서 $n_+ = \max\{n_1 + n_3,\ n_2 + n_4\}$, $n_- = \min\{n_1 + n_3,\ n_2 + n_4\}$,

따라서 [그림 5-27]예에서 $n_+ = \max\{n_1 + n_3,\ n_2 + n_4\} = \{18,\ 4\} = 18$
$n_- = \min\{n_1 + n_3,\ n_2 + n_4\} = \{18,\ 4\} = 4$

$$\gamma = \sin\left(\frac{n_+}{n_+ + n_-} - \frac{1}{2}\right)180 = \sin\left(\frac{18}{18+4} - \frac{1}{2}\right)180 = 0.841$$

$a = 0.05$때, 부록을 통해 $\gamma(n-2) = \gamma(22-2) = 0.423$를 구할 수 있다. $\gamma = 0.841$이므로 $\gamma > \gamma(n-2)$를 알 수 있다. 따라서 X와 Y는 $a = 0.05$ 조건하에서 정상관관계가 있다고 판정할 수 있다.

예제 절삭선반을 이용하여 금속품을 가공할 때, 선반을 조정하기 위해 공구의 마손속도를 측정하여야 한다. 따라서 1시간 간격으로 공구의 두께에 대해 17번 측정하여 17쌍의 데이터를 수집하였다. 〈표 5-7〉참조. 주어진 자료를 이용하여 산포도를 작성하고 상관성에 대해 판정하여라.

〈표 5-7〉 1시간 간격으로 측정된 공구의 두께 데이터

측정순번	시간(60분) X	μ	도구의 두께(cm) Y	υ	측정순번	시간(60분) X	μ	도구의 두께(cm) Y	υ
61	0	−8	30.0	3.0	10	9	1	26.8	−0.2
2	1	−7	29.1	2.1	11	10	2	26.5	−0.5
3	2	−6	28.4	1.4	12	11	3	26.3	−0.7
4	3	−5	28.1	1.1	13	12	4	26.1	−0.9
5	4	−4	28.0	1.0	14	13	5	25.7	−1.3
6	5	−3	27.7	0.7	15	14	6	25.3	−1.7
7	6	−2	27.5	0.5	16	15	7	24.8	−2.2
8	7	−1	27.2	0.2	17	16	8	24.0	−3.0
9	8	0	27.0	0					
					Σ		0		−0.5

풀이 〈표 5-7〉를 통해 작성한 산점도는 [그림 5-28]과 같다.

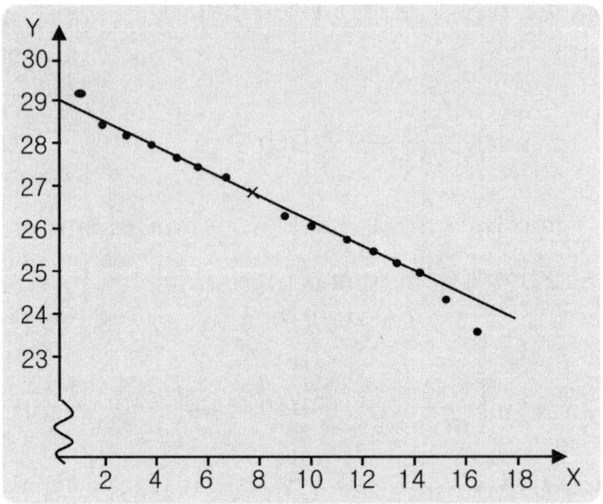

[그림 5-28] 공구 두께의 산포도

계산의 편리를 위해 u = x, x = y − 27로 설정한다.

따라서 :

$$\bar{u}=0,\ \bar{v}=\frac{1}{17}\sum_{i=1}^{17}v_i=\frac{-0.5}{17}=-0.029$$
$$s(uu)=408,\ s(vv)=38.36,\ s(uv)=-122.9$$

$$S(uu)=S(xx),\ S(vv)=S(yy),\ S(uv)=S(xy)$$

$$\because \frac{S(xy)}{\sqrt{S(xx)S(yy)}}=\frac{S(uv)}{\sqrt{S(uu)S(vv)}}$$

즉, u와 v의 상관계수가 바로 x와 y의 상관계수이다. 따라서

$$\gamma=\frac{\sum_{i=1}^{n}(x_i-\bar{y})}{\sqrt{\sum_{i=1}^{n}(x_i-\bar{x})^2\sum_{i=1}^{n}(y_i-\bar{y})^2}}\frac{S(xy)}{\sqrt{S(xx)S(yy)}}=\frac{S(uv)}{\sqrt{S(uu)S(vv)}}$$

$$\frac{-122.9}{\sqrt{408\times 38.36}}=-0.98$$

∵ n = 17,　n − 2 =15, ∴ α = 0.05때 부록 〈표 1〉를 통해 $\gamma(17-2)=0.482$를 알 수 있다. 또 $|\gamma|>\gamma(17)$, $-1<\gamma<0$따라서 X와 Y는 부 상관관계가 있다고 판정할 수 있다.

3.1.2.2 부호검정법

특성간의 상관관계를 판정하는데 상관계수법의 이용은 정밀도가 높아 좋지만 계산이 복잡한 단점이 있다. 따라서 간단한 통계기법을 이용하여 두 변수간의 상관관계를 부호검정법으로 검정할 수 있다.

구체적 검정순서는 아래와 같다. [그림 5-27]의 예와 결합하여 설명해 보자.

가. 앞에 상관계수를 구하는 과정과 같이 n_1, n_2, n_3, n_4를 집계하여 n_+와 n_-를 구한다.

$$n_+=n_1+n_3=18$$
$$n_-=n_2+n_4=4$$

나. n(min)를 구한다.

n_+와 n_-를 비교하여 작은 쪽을 n(min)로 한다.

$$n(\min)=n_-(n_-<n_+)=4$$

다. 상관의 유무를 판정한다.

먼저 부록 Ⅰ의 부호검정표를 사용하여 데이터수 N에 대응하는 판정치를 읽어 다음 판정식에 의거하여 상관 유무를 판정한다.

n(min) ≤ 부호검정표의 판정치 때, X와 Y사이에는 상관관계가 있다.

n(min) 〉 부호검정표의 판정치 때, X와 Y사이에는 상관관계가 없다.

상관관계가 있는 경우

n_+ 〉 n_- 이면 정 상관

n_+ 〈 n_- 이면 부상관으로 판정한다.

예제에서 N = 22 → 부호검정표의 판정치는 5이다. 따라서

$$n(\min) = 4 < 5$$

X와 Y는 상관관계가 있다.

또 n_+ = 18 〉 n_- = 4 따라서

X와 Y는 정 상관관계이다.

3.2 회귀분석(Regression Analysis)

산포도는 두 개변수의 상관관계분석을 하는 방법으로서 편리하고 쉽지만 두 변수사이에 선형관계 있는 여부와 관련성정도에만 판정할 수 있는 한계를 갖고 있다. 따라서 하나의 변수가 다른 하나의 변수의 변화에 따라 변화는 정확한 상황에 대해 파악하기 힘들다. 그들 사이에는 함수관계가 필요하다. 따라서 측정치와 y사이에 상관이 있을 때, 이들의 관계를 계량적으로 나타낼 수 있는데, 이 관계식을 회귀방정식이라고 하고 이 관계식을 통해 작성된 직선을 회귀직선이라고 한다.

$$Y = a + bX$$

a와 b는 회기계수라고 하는데 a와 b를 계산하여야만 회귀방정식을 확정할 수 있다.

$$a = \frac{\sum y_i - b\sum x_i}{n} = \bar{y} - b\bar{x}$$

$$b = \frac{n\sum x_i y_i - \sum x_i \sum y_i}{n\sum x_i^2 - (\sum x_i)^2} = \frac{\sum (x_i - \bar{x})(y_i - \bar{y})}{\sum (x_i - x)^2}$$

$$\bar{y} = \frac{\sum y_i}{n} \qquad \bar{x} = \frac{\sum x_i}{n}$$

〈예제 5-6〉을 이용하여 회귀방정식을 구하는 순서를 설명해 보자.

① 데이터를 수집한다. 〈표 5-7〉참조.
② 산포도를 작성한다. [그림 5-28]참조.
③ $\bar{x}$, $\bar{y}$, a, b를 계산한다.

$$\because u = x - 8,\ v = y - 27 \qquad \therefore \bar{x} = 8, \qquad \bar{y} = 26.971$$

$$S(xx) = 408, \qquad S(xy) = 122.9$$

따라서

$$b = \frac{-122.9}{408} = -0.301$$

$$a = 26.971 - 0.301 \times 8 = 29.379$$

회귀방정식은 $Y = 29.379 - 0.301\ X$

④ 회귀직선의 작성

본 회귀직선은 점(0, 29.379)과 중심점(8, 26.971)을 통과하게 된다. 따라서 두 점을 연계하면 바로 공구의 마손과 시간간의 회귀직선이다.

〈표 5-8〉 QC 7가지 도구들 비교

종류	용도
파레토도	- 중요 문제점 파악 - 개선 효과 확인
특성요인도	- 원인과 결과의 연관관계 - 근본원인 규명
산점도	- 데이터의 분포확인 - 두 변수 사이의 상관관계 파악
관리도	- 프로세스에 대한 정보(평균, 산포 등)파악 - 프로세스의 안정 상태 여부확인
히스토그램	- 데이터의 빈도수 및 분포확인 - 현상파악이나 개선효과를 파악
그래프	- 데이터 수의 비교 - 데이터의 변화형태 파악
체크시트	- 목적에 맞는 데이터 수집 - 문제점 및 현상파악

출처 : 윤태홍 외(2009), 품질경영학회지. 37권 2호.

〈표 5-9〉 신QC 7가지 도구들 비교

종류	용도
친화도	-. 데이터의 유사성 및 관련성 파악
연관도	-. 정돈되지 않은 데이터의 정리
계통도	-. 요인간의 인과관계 파악 -. 복잡한 문제의 근본원인 분석
매트릭스도	-. 목표달성을 위한 수단, 방법 도출
매트릭스데이터해석도	-. 2개의 속성에 대한 상대적 비교분석 -. 변수들 사이의 상관 정도를 확인
네트워크도	-. 활동들의 선후관계 파악 -. 프로젝트의 일정관리
PDPC	-. 우발적인 문제 상황을 사전에 확인 -. 일어날 수 있는 문제점에 대한 대책마련

출처 : 윤태홍 외(2009), 품질경영학회지. 37권 2호.

연 습 문 제

1. 도수히스토그램은 품질경영에서 어떠한 기능을 갖고 있나?

2. 히스토그램의 판정기법을 소개하여라.

3. 파래토그램은 품질경영에서 어떠한 문제를 해결하는데 이용하는 것인가?

4. 특성요인도의 정의와 작성목적을 설명하여라.

5. 산포도의 정의와 작성목적을 설명하여라.

6. 랜덤방식으로 한 철사제조 공정에서 50개 샘플을 추출하였다. 철사의 특성치(강도)의 데이터는 아래 표와 같다. 데이터 표를 이용하여

1) 도수분포표를 작성하여라.
2) 히스토그램을 작성하여라.
3) 히스토그램을 판정하여라.

〈표 1〉 철사강도의 측정치

(단위 : kg/ mm^2)

28.3	24.8	26.3	29.8	28.6
27.5	28.5	26.8	28.2	28.2
27.7	30.5	28.1	26.5	26.8
29.1	27.1	26.9	29.9	29.7
28.7	28.7	29.0	27.7	29.4
29.0	28.8	27.5	29.5	28.3
28.4	27.8	25.3	28.0	26.0
30.9	29.9	26.3	29.4	28.9
27.4	27.8	26.5	27.0	27.8
28.3	27.9	27.9	27.3	27.4

7. 강판 압연공장에서 철판의 두께를 100매 측정한 결과 다음 〈표 2〉와 같은 데이터가 얻어졌다.

1) 도수분포표와 히스토그램을 작성하여라.

2) 히스토그램에 대해 판정을 하여라.

(단위 : ㎜)

8.4	8.8.	7.5	8.3	8.4	7.5	8.5	9.4	8.1	9.0
8.5	8.3	9.7	9.2	8.1	7.9	8.3	8.3	7.8	9.2
9.0	8.4	9.1	8.4	8.4	8.6	8.1	8.4	7.4	8.6
8.7	8.5	9.4	8.6	9.8	9.1	8.3	8.9	8.5	9.4
9.4	9.3	8.4	8.2	9.5	9.2	7.7	8.5	8.0	8.9
8.9	8.4	8.8	7.9	8.6	8.7	7.9	8.5	7.8	8.3
8.7	8.7	7.2	8.0	8.5	8.7	8.6	8.3	9.2	8.8
8.5	8.3	9.6	8.1	8.6	9.3	8.1	8.4	8.3	8.0
8.6	8.9	9.2	7.9	8.7	9.0	8.3	7.7	7.5	7.9
8.7	8.7	7.8	8.8	7.8	8.3	9.1	9.0	8.3	6.0

8. 다음 데이터를 보고 파레토그램을 작성하여라.

순 번	불량품목	개 수
1	센터불량	5
2	편심불량	20
3	조도불량	10
4	치수불량	5
5	기포불량	3
6	운반불량	3
7	소재불량	34
8	도금불량	15
9	기 타	5
합 계		

9. 회사에서 제품의 불량품에 대해 조사하였는데 아래 〈표 4〉와 같은 데이터를 수집하였다. 자료를 이용하여

1) 불량품 품목과 품량품수의 파레토를 작성하여라.

2) 불량품 품목과 불량품손실액의 파레토를 작성하여라.

3) 작성한 두 파레토는 어떠한 차이점이 있는 것인가? 어느 파레토를 이용하여 개선 조치를 취하는 것이 더욱 좋은 경제효과를 취득할 수 있는 것인가?

〈표 4〉

번호	불량품목	불량품 수	개당불량품손실액(만원/개)
1	규격불량	90	0.25
2	정밀가공불량	68	0.16
3	흠집불량	51	0.78
4	형태불량	23	0.95
5	소재불량	17	1.78
6	도금불량	2	1.60
7	기타	4	0.30
	합계	255	

10. 주출의 강도(Y)와 탄소함량(X)간의 관계에 대해 아래와 같은 산점도를 작성하였다. [그림 1]참조.

1) 주철의 강도와 탄소함량의 관계를 검증하여라.

2) 주철의 강도와 탄소함량의 회귀방정식을 구하라.

3) 주철의 강도와 탄소함량의 회귀직선을 작성하여라.

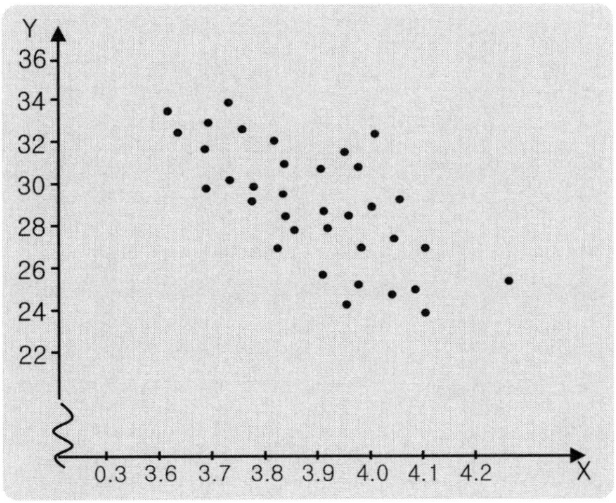

[그림 1]

제6장

관리도

관리도는 생산된 제품의 품질 측정 결과를 점으로 표시하여 나타내어 제조공정이나 재료에 이상이 있는 것을 분석하여 시정조치를 강구하는 품질경영기법이다. 따라서 본장에서는 관리도 기법을 이해하고 관리도가 요구하는 품질경영에 대하여 논하자고 하였다.

1. 관리도의 개념

1.1 관리도의 기본 개념

관리도는 1924년 미국 벨 통신연구소의 슈와트(W. A. Stewhart)에 의하여 처음 도입된 이후, 통계적 품질관리의 핵심적인 개념으로 발전되어 왔다. 관리도란 시간의 경과에 대한 공정의 품질특성 변화를 도식적으로 기록한 그래프를 말하며, 공정을 안전 상태로 유지하기 위한 공정관리 수단뿐만 아니라 공정 상태를 평가하기 위한 목적으로써 효율적으로 활용되고 있다.

동일한 작업자, 동일한 설비를 이용하여, 동일한 공정에서 표준화된 제조방법으로부터 생산된 제품이라 하더라도 완전히 동일한 품질의 제품을 생산한다는 것은 실질적으로 거의 불가능하며, 제조된 제품의 품질에는 어느 정도의 산포(散布)가 생기기 마련이다. 이러한 산포는 일반적으로 사람, 설비, 원자재, 공정방법, 측정방법, 환경 등 각 요소의 영향으로 인해 발생된 것이다. 이와 같은 품질의 변동원인은 다음의 두 가지로 구분되어 진다.

1.1.1 우연원인(chance cause)

우연원인이란 생산공정에서 발생하는 어쩔 수 없이 받아들여야만 하는 피할 수 없는 원인을 말한다. 제품품질에 항상 작용하는 원인이며 제거하기가 어려운 원인으로 주로 사소한 원인들이 동시에 작용하여 발생한다. 작업환경에서의 사소한 변화(예, 온도, 습도 등의 변화 등), 원재료의 성분과 품질상의 사소한 차이, 설비의 사소한 진동, 도구의 정상적 마모, 작업자의 사소한 동작상 불일치 등을 우연원인으로 들 수 있다. 일반적으로 이러한 사소한 원인은 기술적으로 측정하기 힘들고 또 제거하기도 어렵다. 우연원인으로 인한 품질변동은 정상적인 변동으로 받아들일 수밖에 없고, 통제할 필요성은 없다.

일반적으로 이와 같은 우연원인에 의한 품질변동은 정규분포를 따른다고 알려져 있으며, 공정평균값을 중심으로 표준편차의 3배 정도를 허용오차범위로 잡아주고 있다.

1.1.2 규명가능원인(assignable cause)

규명가능원인(이상원인)은 우연원인과 다르게 산발적으로 큰 변동을 일으키는 원인을 말하며, 주로 생산에 투입된 작업자, 원재료, 설비의 변동이 정상상태를 벗어날 경우 발생한다. 이와 같은 원인에 의한 변동은 상대적으로 큰 변동을 일으키기 때문에 원인의 추적이 가능하며 공정의 안정상태를 위하여 제거되어야 한다. 따라서 이상원인으로 인한 품질변동은 비정상적인 변동이며 엄격히 통제하여야 한다.

[품질변동의 원인]
-. 우연 원인
-. 규명가능원인

품질변동을 일으키는 우연원인과 이상원인에 대한 구별은 시대의 흐름에 따라 상대적이라고 할 수 있다. 즉 과학기술의 발전에 따라 일부 우연원인은 인간의 기술과 지식변화에 따라 통제할 수 있는 원인으로 변화 할 수도 있다.

우연원인만 존재하는 경우 제품품질특성치의 변화분포는 거의 일치한 형태로 나타난다. [그림 6-1 a]참조. 이러한 우연원인으로 일으키는 품질변화는 실제작업에서는 공차제도로 표현된다.

일단 이상원인이 발생되면 제품품질특성치의 분포는 필연적으로 변화를 일으키다. 즉 분포형태가 다르게 나타나거나 [그림 6-1 b]참조, 형태는 동일하지만 중심위치가 불일치하거나 [그림 6-1 c]참조. 분포의 형태와 중심위치모두 변화를 한다. [그림 6-1 d]참조.

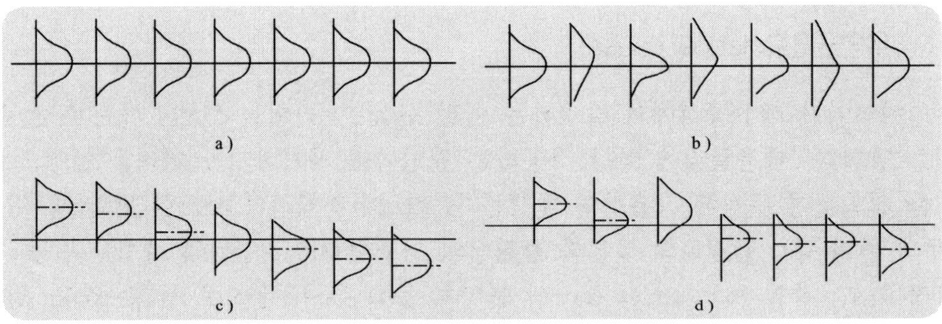

[그림 6-1] 제품품질 특성치의 분포변화

1.2 관리 한계선의 결정과 3σ법

관리도는 하나의 중심선(central line : CL)과 그 선의 상하에 두 개의 관리한계선인 관리상한선(upper control limit : UCL) 및 관리하하선(lower control limit : LCL)으로 구

성되어 있으며, 각 표본으로부터 얻어진 품질특성치가 기입된다. 보통 중심선과 관리한계선의 거리는 앞에서 설명된 우연원인에 의한 변동의 허용오차 범위인 ±3σ(3σ법)로 설정된다. 따라서 [그림 6-2]의 (a)와 같이 표본으로부터 얻어진 모든 품질특성치가 관리한계의 안쪽에 위치하고, 특성치 간에 어떠한 규칙성도 존재하지 않으면 제조공정은 관리상태에 있음을 알 수 있다. 만일 품질특성치가 관리한계선 밖으로 벗어나면 제조공정에 이상원인이 존재하는 것으로 해석할 수 있다.

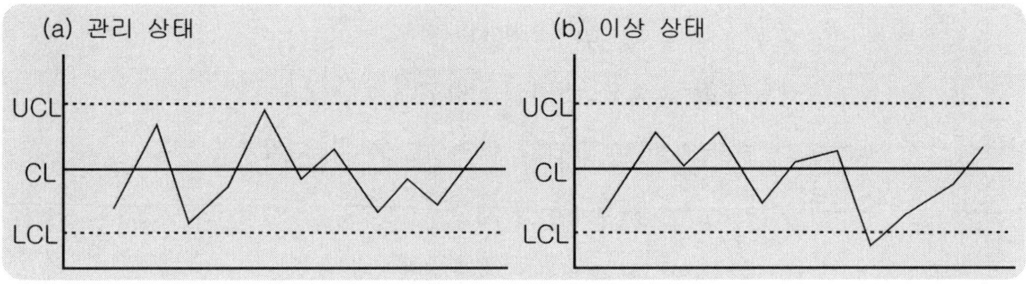

[그림 6-2] 관리도

3σ법 : 앞에서 설명한 바, 품질의 변동원인은 우연원인과 이상원인으로 구분되어진다. 또 이상원인으로 인한 품질변동은 이상상태로 판정하고, 우연원인으로 인해 발생한 품질변동은 정상상태로 판정한다. 그러나 이러한 원인으로 공정의 상태를 판정할 때, 판정 상에서 두 가지 착오를 범할 수 있다. 즉 정상적 상태를 이상상태로 판정하거나, 이상상태를 정상상태로 판정하는 것이다. 과거에는 우연원인과 이상원인으로 인해 발생한 품질변동에 대해 일반적으로 직접 경험에 의해 판정하고 구분하였지만, 현재는 관리도를 이용하여 객관적이고 또 과학적으로 품질변동을 판정하고 관리할 수 있다. 여기에 이용되는 객관적인 기준은 바로 관리도의 관리한계선이다. 따라서 관리도의 핵심문제는 바로 합리적이고 또 경제적인 관리한계선을 모색하는 것이라고 할 수 있다.

관리도의 한계선 폭에 대해 많은 국가와 학자들은 모두 3σ법을 이용하여 결정한다. 그 이유는 슈하트의 관리도가 바로 정규분포이론에 근거를 두었기 때문이다. 3σ법을 이용하면 가장 경제적인 조건하에서 공정관리를 실현하여 제품품질을 보증할 수 있다. 구체적인 분석은 아래와 같다.

공정을 하나의 모집단을 보고, 그의 평균치는 μ, 표준편차는 σ이라고 가정하자. [그림 6-2]참조. 모 집단에서 하나의 샘플을 추출하여 품질특성을 측정한 특성치는 x이다. (μ-Kσ, μ+Kσ)범위에 x가 있을 확률은 아래와 같다.

$$P(\mu - K\sigma \le x \le \mu + K\sigma) = \int_{\mu - K\sigma}^{\mu + K\sigma} \frac{1}{\sigma\sqrt{2\pi}} e^{\frac{-(x-\mu)^2}{2\sigma^2}} d_x$$

위 식에서 K를 1, 2, 3을 취하였을 때, P는 아래와 같은 3가지 결과가 있다.

$$P(\mu - \sigma \le x \le \mu + \sigma) = 68.27\%$$

$$P(\mu - 2\sigma \le x \le \mu + 2\sigma) = 95.45\%$$

$$P(\mu - 3\sigma \le x \le \mu + 3\sigma) = 99.73\%$$

따라서 x가 ($\mu-3\sigma \le x \le \mu+3\sigma$) 범위에 벗어 날 수 있는 확률은

$$P|x-\mu| \ge 3\sigma = 1 - 99.73\% = 0.27\%.$$

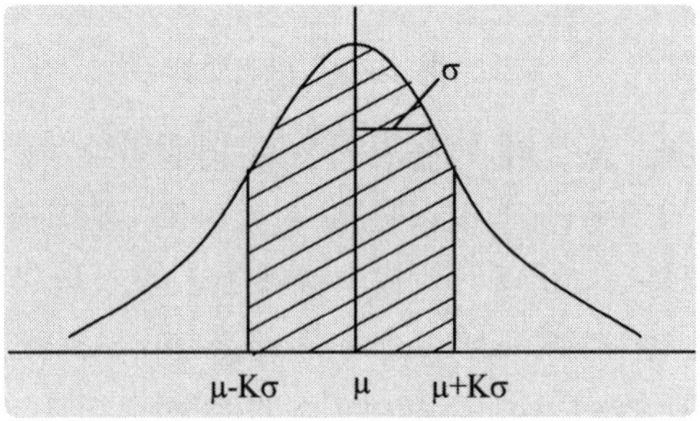

[그림 6-3] 정규분포도

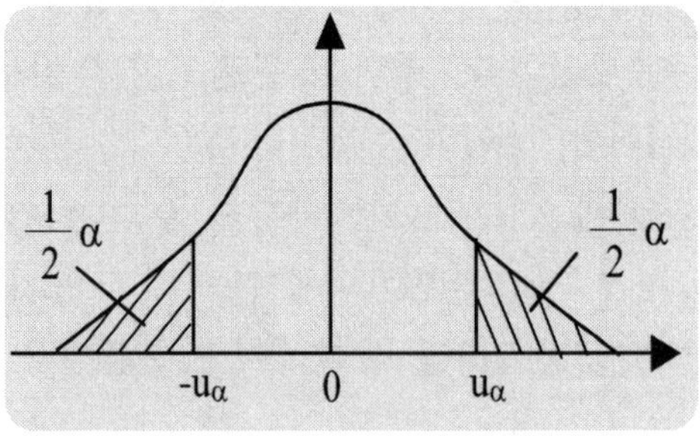

[그림 6-4] 정규분포도

개별적으로 $(\mu - 3\sigma \le x \le \mu + 3\sigma)$범위를 벗어 난 측정치(점)를 이상이라고 판정할 때, 사실상 우연원인으로 인한 품질변동임에도 불구하고 이상상태로 판정하는 오류를 범한 것일 수도 있다. 이처럼 정상적인 경우인데도 이상으로 판정하는 오류를 제1종 오류라고 하며, 오류를 범할 수 있는 확률은 α로 표기한다.

μ_0는 μ_1혹은 μ_2로 이동되었다고 가정하면, μ_1혹은 μ_2를 중심으로 한 분포라고 할 수 있다 ([그림 6-5]참조). 그러나 이러한 상태를 이상상태로 판정하여야 하는데 일부분이 아직 관리한계선 범위 내 $(\mu_0 \pm 3\sigma)$내 있어 정상으로 판정할 수도 있는데, 이럴 경우, 이상상태를 정상상태로 판정하는 제 2오류를 범했다고 할 수 있다. 이러한 오류를 범할 수 있는 확률은 β로 표기한다.

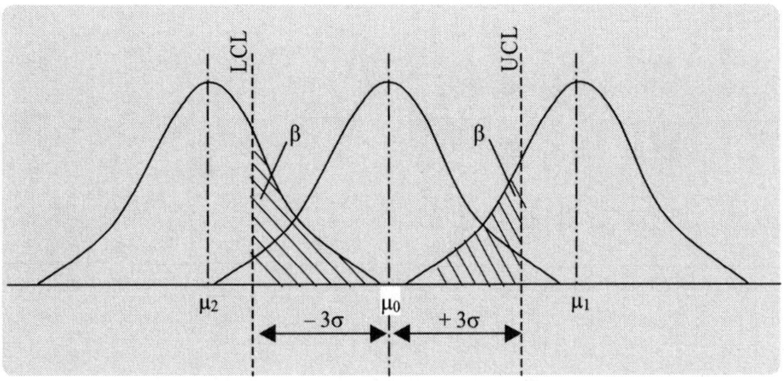

[그림 6-5] 중심이 이동된 분포

제 1 종 오류를 감소하려면 반드시 관리한계선 폭을 확대하여야 한다. 그러나 관리한계선 폭을 확대하면 제 2 종 오류를 범할 수 있는 확률이 커진다. 반대로 제 2 종 오류를 감소하려면 관리한계선 폭을 압축하여야 하는데, 그러면 제 1 종 오류를 범할 수 있는 확률이 커진다. 따라서 각종 관리도의 관리한계선의 결정은 모두 이 두 가지 판정 오류의 총 손실을 최소화할 수 있는 원칙을 근거로 한다. [그림 6-6]에서 나타난 바, 두 가지 오류로 인한 총 손실을 최소화 할 수 있는 관리한계폭은 3σ이다. 따라서 3σ법을 이용하여 관리한계선을 결정하는 것이 바로 경제적인 원칙과 부합되고 또 합리적이다([그림 6-6]참조).

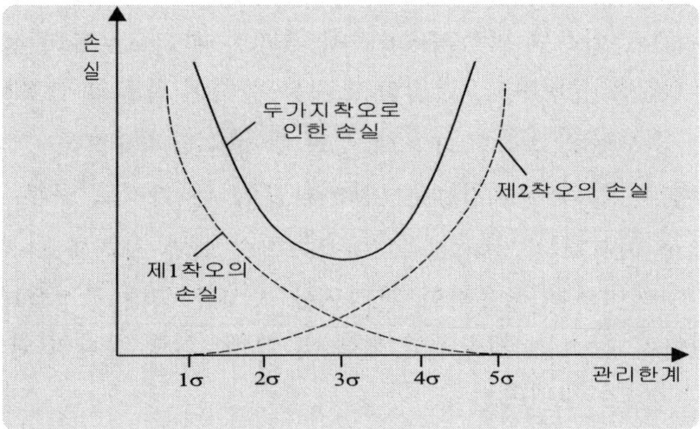

[그림 6-6] 표준편차와 비용의 관계

3σ법을 이용하여 관리한계선을 계산하는 공식은 아래와 같다.

$$CL = E(\overline{x})$$

$$UCL = E(\overline{x}) + 3\sigma_{\overline{x}}$$

$$UCL = E(\overline{x}) - 3\sigma_{\overline{x}}$$

위 식에서

$\overline{x}$: 표본의 통계량

$E(\overline{x})$: $\overline{x}$의 평균치

$\sigma_{\overline{x}}$: $\overline{x}$의 표준편차

1.3 관리도의 기능

관리도의 기능이란 바로 이상의 두 원인으로 인하여 나타나는 품질특성치의 변동이 우연원인에 의한 것인지, 또는 이상 원인에 의한 것인지를 구별하는 것이다.

즉, 공정으로부터 추출된 표본의 품질특성치가 평균치로부터 ±3σ범위 내에 존재하면 품질의 변동은 우연원인에 의한 산포로 해석할 수 있고, 반면에 이 범위 밖으로 나가는 경우에는 이상 원인으로부터 본질적인 품질변동이 일어난 것으로 볼 수 있으며, 원인을 규명하여 해결책을 수립해야 한다.

제품의 품질특성치의 변동이 우연원인에 의한 산포만을 가지는 상태를 공정이 관리상태(under control), 또는 안전 상태에 있다고 말하며, 이상 원인이 존재하면 관리되지 않은 상태(out of control)에 있다고 말한다. 따라서 우리는 관리도로부터 생산 공정상에 발생하는 여러 가지 문제점을 규명하고, 적절한 조치를 통하여 품질의 안정을 유도할 수 있다.

관리도의 기능은 공정으로 추출된 표본의 품질 특성치를 이용하여 공정(모 집단)의 안전상태 여부를 판단한다. 그의 주요기능은 아래와 같이 두 가지로 구분 된다.

첫째는 공정분석에 이용되는 것이다. 즉 공정과정의 안전 상태를 분석한다. 랜덤방식으로 공정에서 수집된 데이터를 이용하여 관리도를 작성한 후에 공정상태의 관찰 및 평가, 이상상태 발견, 원인의 추구, 대체방안의 모색 및 실행, 실행 결과의 연구, 표준화 규범화 규정 등 과정을 진행하는 것이다.

둘째는 공정품질상태의 관리이다. 즉 공정과정의 이상상태를 빠른 시간에 발견하고 또

제거하여 불량품의 대량발생을 예방한다. 그 외에도 품질평가의 근거자료를 제공하며 설계와 공정기술의 의사결정에 데이터자료의 제공 및 보관을 할 수 있다.

이러한 관리도의 주요기능을 수행하는 사용목적에 따라 관리용 관리도와 해석용 관리도로 분류되어 진다. 관리용 관리도란 공정의 품질특성에 의하여 작성된 관리도로부터 공정의 안정상태 여부를 검토하고, 이상을 발견 시에는 그 원인을 규명하여, 안전상태로 유도하는 조치를 취하는 사전관리의 목적으로 작성된다. 또한 공정 상태에 대한 실태를 파악하고, 산포에 대한 원인규명 및 공정에 대한 해석을 내릴 목적으로 사용하는 사후관리용 관리도를 해석용 관리도라 한다.

2. 관리도의 종류 및 작성방법

관리도는 사용되는 자료의 유형에 따라 1) 계량형 관리도와 2) 계수형 관리도로 구분되어진다. 계량형 관리도란 사용하는 자료가 길이, 무게, 강도 등과 같은 연속적인 값에 적용되며, 계수형 관리도는 불량품의 수, 결점수 등과 같이 이산적인 값을 갖는 자료에 적용된다.

2.1 계량형 관리도(control charts for variables)

계량형 관리도는 $\overline{x}-R$ 관리도, $\tilde{x}-R$ 관리도, $x-R_s$ 관리도 등으로 분류된다.[1)]

2.1.1 $\overline{x}-R$ 관리도

계량형 관리도의 대표적인 관리도인 $\overline{x}-R$ 관리도는 시료로부터 얻어진 개별적인 특성치를 그대로 사용하는 것이 아니고, 시료들을 적당한 군으로 분류하여 각 군의 평균치($\overline{x}$)와 각 군의 범위 (R)를 구하여 각각 별도의 관리도를 작성하며, $\overline{x}$ 관리도, R 관리도라고 부른다. $\overline{x}$관리도는 주로 평균치의 변화를 보는데 사용하고, R 관리도는 군내의 산포의 변화를 알아보기 위하여 사용한다. 이와 같은 목적으로 작성된 각 관리도는 상호 보완적으로 사용되며 또 두 개의 관리도를 결합하여야만 품질특성치의 분포상태를 통해 공정과정의 상태변화를 발견할 수 있다. $\overline{x}-R$ 관리도는 다른 관리도와 비교해 볼 때, 품질정보를 많이 제공 할 수 있으며, 또 검출율도 매우 높은 편이다.

$\overline{x}-R$ 관리도의 작성방법과 순서는 아래와 같다.

2.1.1.1 관리대상인 품질특성을 정한다.

관리도를 작성하는 첫 번째 순서는 바로 관리대상에 대해 명확하여야 한다. 즉 관리대상의 품질특성을 말하는 것이다. 일반적으로 관리하고 있는 품질특성은 이미 설계도와 공정문헌에 명시되어있지만 관리대상인 품질특성은 반드시 품질에 영향을 미치

---

1) 표본평균을 나타내는 $\overline{x}$는 'bar x' 또는 'x bar'라고 읽고, 중앙값을 나타내는 $\tilde{x}$는 'tilde x' 또는 'x tilde'라고 읽는다.

는 관건적인 특성이야만 하며 또 측정이 가능하고 기술적으로 관리할 수 있어야 한다.

2.1.1.2 데이터 수집

관리도 작성을 할 때 데이터가 대표성을 갖게 하기 위해 공정의 최근 상태를 나타내는 자료로부터 일정 간격 마다 무작위로 표본을 추출한다. 일반적으로 표본(군)의 크기(n)를 4~5개로 하여, 약 20~25개의 군(k=20~25)을 취하여 자료기록표에 기입한다. 분석용 관리도를 작성할 때는 100이상 데이터를 수집하여야 한다. 그 이유는 표본의 크기 n과 표본평균 $\overline{x}$의 표준편차 $\sigma_{\overline{x}}=\frac{\sigma}{\sqrt{n}}$ 간에 [그림 6-7]과 같은 관계가 있기 때문이다. 따라서 n=4~5, N≥100일 때 반드시 20~25개 표본군을 추출하여야 한다. 또 데이터의 대표성을 위해 데이터 수집기간은 10~15일 잡는 것이 바람직하다.

수집된 데이터는 반드시 상세하고 또 정확히 규정하여 자료기록표에 기입하여야 한다. 자료기록표의 방식은 각 사에서 사정에 따라 설계할 수 있다. 〈표 6-1〉은 참고로 제공하는 데이터 기록표이다.

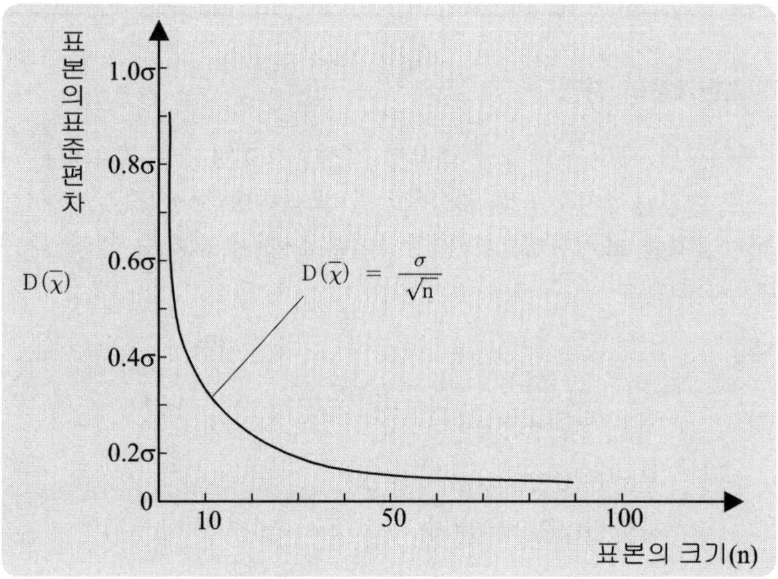

[그림 6-7] 표본크기 n와 $\overline{x}$ 관계도

〈표 6-1〉 자료 기록표

제 품 명	________	작 업 자	________
품 질 특 성	________	작 업 반	________
측 정 담 당 자	________	工 序	________
측 정 단 위	________		
측 정 범 위	________	20 年 月 日 부터	
		20 年 月 日 까지	

표본	시간	x_1	x_2	x_3	x_4	x_5	$\bar{x}$	R	비고
1									
2									
3									
⋮	⋮	⋮	⋮	⋮	⋮	⋮	⋮	⋮	
합계									
평균									

$\bar{x}$ 관리도	R관리도
CL =	CL =
UCL =	UCL =
LCL =	LCL =

2.1.1.2 관리한계선의 결정

위에서 제시한바 관리도 작성에 필요한 계선은 1개의 중심선과 2개의 관리한계선이다. 중심선은 품질특성치분포의 중심위치를 표시하며 상하 관리한계선은 품질특성치의 변동 허가범위를 표시한다. 또 계산방법은 3σ법에 의하면 각각 다음과 같은 방법으로 구할 수 있다.

$\bar{x}$ 관리도

$$\text{중심선(CL)} = E(\bar{x}) = \bar{\bar{x}} = \frac{\sum \bar{x}}{k}$$

$$\text{상한선(UCL)} = E(\bar{x}) + 3\sigma_{\bar{x}}$$

$$\text{하한선(LCL)} = E(\bar{x}) - 3\sigma_{\bar{x}}$$

$E(\bar{x})$는 표본 평균치 $\bar{x}$의 평균치 $\bar{\bar{x}}$, k는 표본 크기로 표시할 때 식은 아래와 같다.

$$E(\bar{x}) = \; = \bar{\bar{x}} = \sum \bar{x} \;/\; \mathrm{k} \qquad (6-1)$$

$\sigma_{\bar{x}}$는 표본평균$\bar{x}$의 표준편차, n은 표본크기, $\bar{R}$는 범위평균치, d_2는 계수로 표시할 때 식은 아래와 같다.

$$\text{상한선: } E(\bar{x})+3\frac{\overline{R}}{d_2\sqrt{n}}=E(\bar{x})+\frac{3}{d_2\sqrt{n}}\overline{R}=\overline{\overline{X}}+A_2\overline{R} \quad (6-2)$$

$$\text{하한선: } E(\bar{x})-3\frac{\overline{R}}{d_2\sqrt{n}}=E(\bar{x})-\frac{3}{d_2\sqrt{n}}\overline{R}=\overline{\overline{X}}-A_2\overline{R} \quad (6-3)$$

위 식에서 $A_2=\frac{3}{d_2\sqrt{n}}$는 n과 관련되는 계수이다. [그림 6-8], [그림 6-9]참조.

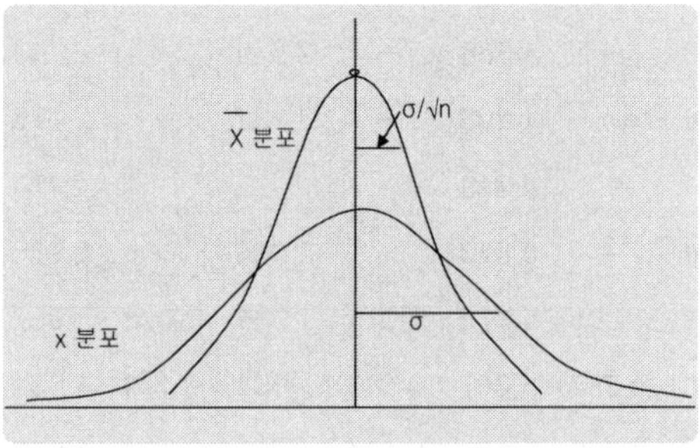

[그림 6-8] $\bar{x}$와 x의 분포

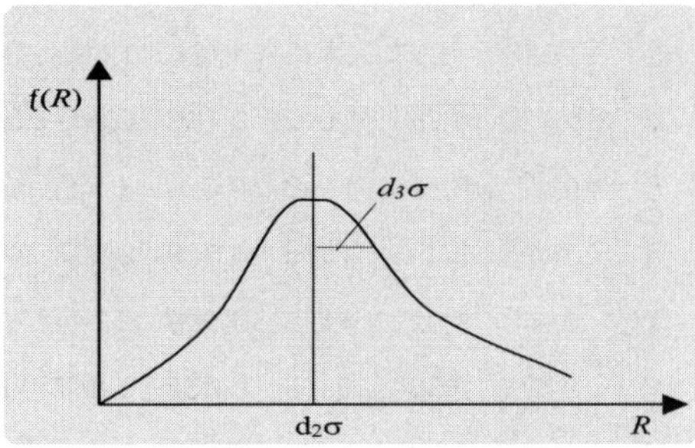

[그림 6-9] 범위의 함수

R 관리도

R 관리도의 중심선과 상하관리한계선 계산공식은 아래와 같다.

$$\text{CL} = E(R)=\overline{R}$$
$$\text{UCL} = E(R)+3\sigma_R=\overline{R}+3\sigma_R$$
$$\text{LCL} = E(R)-3\sigma_R=\overline{R}-3\sigma_R$$

위 식에서 $\overline{R}=d_2\sigma$

$$\sigma_R=d_3\sigma=d_3\frac{\overline{R}}{d_2}=\frac{d_3}{d_2}\overline{R} \quad (\because \overline{R}=d_2\sigma \text{이므로, } \sigma=\frac{\overline{R}}{d_2}\text{임})$$

따라서 $CL=E(R)=\overline{R}$ (6-4)

$$\text{UCL} = E(R)+3\sigma_R=\overline{R}+3\sigma_R = (1+3\frac{d_3}{d_2})\overline{R} = D_4\overline{R} \quad (6-5)$$

$$\text{LCL} = E(R)-3\sigma_R=\overline{R}-3\sigma_R = (1-3\frac{d_3}{d_2})\overline{R} = D_3\overline{R} \quad (6-6)$$

식(6-5)와 식(6-6)에서 $D_4=\left(1+3\frac{d_3}{d_2}\right)$, $D_3=\left(1-3\frac{d_3}{d_2}\right)$

d_2와 d_3는 각각 n에 따라 결정되는 계수이다.

식 (6.1)~식(6.6)의 A_2, D_3, D_4는 〈표 6-2〉에서 주어진 값을 이용하여 얻을 수 있다. 특히 군의 크기(n)가 6이하인 경우 D_3는 음수이므로 고려하지 않아도 된다.

〈표 6-2〉 $\bar{x}-R$ 관리도용 계수표

	A_2	A_3	m_3	m_3A_2	d_2	d_3	D_1	D_2	D_3	D_4	D_5	D_6	E_2
2	1.880	2.224	1.000	1.880	1.128	0.853	–	3.686	–	3.267	–	3.864	2.660
3	1.023	1.097	1.160	1.187	1.693	0.888	–	4.358	–	2.575	–	2.744	1.770
4	0.729	0.758	1.092	0.796	2.059	0.880	–	4.698	–	2.282	–	2.375	1.457
5	0.577	0.594	1.198	0.691	2.326	0.864	–	4.918	–	2.115	–	2.179	1.290
6	0.483	0.495	1.135	0.549	2.534	0.848	–	5.078	–	2.004	–	2.055	1.184
7	0.419	0.429	1.214	0.509	2.704	0.833	0.205	5.203	0.076	1.924	0.078	1.967	1.109
8	0.373	0.380	1.166	0.432	2.847	0.820	0.387	5.307	0.136	1.864	0.139	1.902	1.054
9	0.337	0.343	1.223	0.412	2.970	0.808	0.546	5.394	0.184	1.816	0.187	1.850	1.010
10	0.308	0.314	1.177	0.363	3.173	0.797	0.687	5.469	0.223	1.777	0.227	1.808	0.975

다음의 예제자료를 이용하여 $\bar{x}-R$ 관리도를 작성해보자.

예제 다음 〈표 6-3〉 자료를 어느 제조공장에서 생산되는 제품을 하루에 4개씩 무작위로 추출한 시료(n=4)로부터 측정한 특성치이다. 이 자료를 이용하여 $\bar{x}-R$관리도를 작성하시오.

〈표 6-3〉 시료의 측정 데이터

	시료 군의 번호											
	1	2	3	4	5	6	7	8	9	10	11	12
특성치 x_1 (지름)	3.5	3.6	3.6	3.6	3.5	3.7	3.7	4.0	4.5	3.5	3.7	3.7
	3.5	3.5	3.7	3.7	3.5	3.8	4.0	4.4	4.6	3.6	3.7	3.6
	3.6	3.6	3.5	3.6	3.6	3.9	4.2	4.5	4.2	3.6	3.6	3.8
	3.5	3.6	3.6	3.6	3.6	3.9	4.1	4.2	4.1	3.5	3.6	3.8
계	14.1	14.3	14.4	14.5	14.2	15.3	16.0	17.1	17.4	14.2	14.6	14.9
평균치($\bar{x}$)	3.5	3.6	3.6	3.6	3.6	3.8	4.0	4.3	4.4	3.6	3.7	3.7
최대값	3.6	3.6	3.7	3.7	3.6	3.9	4.2	4.5	4.6	3.6	3.7	3.8
최소값	3.5	3.5	3.5	3.6	3.5	3.7	3.7	4.0	4.1	3.5	3.6	3.6
범위(R)	0.1	0.1	0.2	0.1	0.1	0.2	0.5	0.5	0.5	0.1	0.1	0.2

풀이

(1) 평균값의 계산 : 각 시료군의 특성치로부터 시료의 평균치를 계산한다.

$$\overline{x}=\frac{x_1+x_2+x_3+x_4}{4(=\text{시료크기})}$$

(2) 범위 R의 계산 : 각 시료군의 최대값과 최소값으로부터 범위를 계산한다.

R = 최대값 - 최소값

(3) 특성치의 총평균 과 범위의 평균을 계산한다.(군의 수 k = 12)

$$\overline{\overline{x}}=\frac{\sum\overline{x}}{12}=3.78$$

$$\overline{R}=\frac{\sum R}{12}=0.225$$

(4) 관리선의 결정

$\overline{x}$ 관리도

$$\text{중심선(CL)}=\overline{\overline{x}}+3.78$$

$$\text{관리상한선(UCL)}=\overline{\overline{x}}+A_2\overline{R}$$

$$=3.78+0.73\times0.225$$

$$=3.94$$

$$\text{관리하한선(LCL)}=\overline{\overline{x}}-A_2\overline{R}$$

$$=3.78-0.73\times0.225$$

$$=3.62$$

R 관리도

$$\text{중심선(CL)}=\overline{R}=0.225$$

$$\text{관리상한선(UCL)}=D_4\overline{R}=2.28\times0.225=0.513$$

$$\text{관리하한선(LCL)}=D_3\overline{R}=0\times0.225=0$$

(5) 관리도의 작성

다음 [그림 6-10]과 같이 관리도 용지에 계산된 특성치의 평균값($\bar{x}$)와 범위(R)를 기록하고, (4)에서 계산된 관리선을 기입한다. 이 때 중심선은 실선으로, 관리 한계선은 점선을 이용한다.

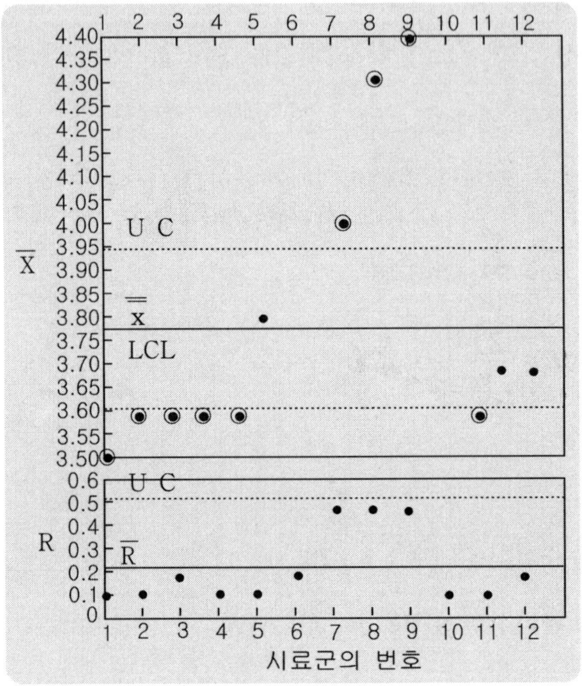

[그림 6-10] $\bar{x}$ $-\boldsymbol{R}$ 관리도

(6) 관리상태의 판정

작성된 괸리도로부터 관리상태를 판정한다. 즉 R 관리도의 경우에는 모든 범위값이 관리한계선을 벗어나지 않으므로 공정이 안정상태에 있는 것으로 보이지만 $\bar{x}$관리도의 경우에는 많은 평균값이 관리한계선을 벗어나므로 공정상에 이상원인이 존재함을 알 수 있다. 따라서 원인을 조사하고 그 원인에 대한 대책 마련이 필요하다.

2.1.2 $\tilde{x}-R$ 관리도

$\tilde{x}-R$ 관리도는 중위수($\tilde{x}$)관리도와 범위관리도(R)의 결합이며 $\bar{x}-R$ 관리도의 변형이라고 할 수 있다. $\tilde{x}-R$의 용도는 $\bar{x}-R$ 관리도와 같고 작성절차와 방법도 같다.

$\tilde{x}-R$관리도는 대량생산의 가공공정에 많이 이용되는 관리도이다. $\tilde{x}$는 모평균치의 한

추정치이므로 $\tilde{x}$관리도는 제품품질특성치의 집중위치를 관리할 수 있다. R관리도는 기능은 앞에서 이미 설명을 하였다. 따라서 $\tilde{x}-R$관리도는 $\tilde{x}-R$관리도와 유사하여 제품품질특성치의 집중위치와 분산정도 이 두 개의 측면으로 제품품질을 감시하고 관리를 하는 것이다. $\tilde{x}-R$관리도의 표본에 대한 요구도 $\tilde{x}-R$관리도와 같이 〈표 6-1〉데이터 기록양식을 이용할 수 있다. $\tilde{x}$의 계산은 $\overline{x}$계산보다 편리하여 $\tilde{x}-R$관리도 운영업무량은 $\tilde{x}-R$관리도보다 작다. 그러나 $\tilde{x}-R$관리도의 정밀도가 다소 낮다. $\tilde{x}-R$관리도는 생산현장에서 $\tilde{x}-R$관리도의 계선계산공식은 아래와 같다.

$\tilde{x}$관리도

$$CL = \tilde{x}$$

$$UCL = \tilde{x} + m_3 A_2 \overline{R}$$

$$LCL = \tilde{x} - m_3 A_2 \overline{R}$$

R관리도

$$CL = \overline{R}$$

$$UCL = D_4 \overline{R}$$

$$LCL = D_3 \overline{R}$$

2.1.3 $x - R_s$ 관리도

$x - R_s$관리도는 개별치(x)관리도와 이동범위(R_s)관리도의 결합체이다.

$x - R_s$관리도는 일반적으로 품질특성치 데이터를 수집하는데 어려움이 많거나 $\overline{x}-R$ 관리도 이용이 불가능할 때 사용한다. 예컨대 추출표본이 혼합된 액체 혹은 온도와 압력 같은 특성치, 품질특성치 채취에 많은 비용과 시간이 필요할 때, 파괴성실험 혹은 측정비용이 높을 때 모두 $x - R_s$관리도를 사용하는 것이 바람직하다. x관리도를 이용할 때 데이터에 대해 분석을 할 필요가 없고, 각 표본의 평균치계산 혹은 중간수 선택을 할 필요가 없어 간단하고 편리한 장점이 있다. 그러나 x관리도도 단점이 있다. 즉 한 원인으로 인해 이상한 데이터가 나타나면 이 개별적인 상황에 따라 생산과정이 이상이 발생하였다고 판단하여 생산을 중단하고 생산공정을 조정하였는데 실제로는 생산공정이 이상없는 정상적 상태라면 생산에 영향을 주고 시간낭비가 발생할 수 있다. 이러한 오류를

방지하기 위해 일반적으로 x관리도와 R_s관리도를 결합하여 $x-R_s$관리도를 사용한다.

$x-R_s$관리도를 작성할 때 한 번에 하나의 데이터를 수집하여 연속 20~25차를 걸쳐 데이터를 수집한다. $x-R_s$관리도의 표본형식은 〈표 6-4〉와 같다.

〈표 6-4〉 $x-R_s$관리도 데이터표

표본번호	측정치x_i	이동범위R_s^i
1	x_1	-
2	x_2	$\lvert x_2 - x_1 \rvert$
3	x_3	$\lvert x_3 - x_2 \rvert$
.	.	.
.	.	.
.	.	.
K	x_k	$\lvert x_k - x_{k-1} \rvert$

$x-R_s$관리도의 계산공식은 아래와 같다.

x관리도:

$$CL = \overline{x}$$

$$UCL = \overline{x} + E_2 \overline{R_s}$$

$$LCL = \overline{x} - E_2 \overline{R_s}$$

R_s관리도

$$CL = \overline{R_s}$$

$$UCL = D_4 \overline{R_s}$$

$$LCL = D_3 \overline{R_s}$$

계량형 관리도는 이상 외에도 최대치-최소치($L-S$)관리도와 $\overline{x}-s$관리도 등도 있다. 계량형 관리도는 정규분포에 근거하여 이용되고 있다.

2.2 계수형 관리도(control charts attributes)

계수형관리도는 제품의 품질특성값을 측정할 수 없거나 측정이 곤란하여 제품을 불량품 수나 불량률 및 표면 결점수 등 품질특성을 판정하여 공정을 관리하는데 사용한다. 이와 같이 불량품의 수 또는 결정수 등을 이용한 계수형 관리도에는 불량률관리도(p 관리도: p-chart for fraction attributes), 불량개수관리도(np 관리도: np-chart for fraction of defectives), 결점수관리도(c-관리도: c-chart for number of defects), 단위당 결정수관리도(u-관리도: u-chart for number of defects per unit)등이 있다.

2.2.1 불량률관리도(p 관리도)

대표적인 계수형 관리도인 p 관리도는 불량률에 의하여 공정을 관리하는 방법이다. p 관리도는 품질특성값의 측정이 곤란하여 계수치로 나타낼 수밖에 없는 경우, 또는 측정이 가능한 품질특성이라도 합격, 불합격의 판정에 이용되는 경우에 적용된다.

p 관리도의 작성절차는 다음과 같다.

2.2.1.1 품질특성치의 선정

p 관리도의 관리대상은 바로 불량률이다. 불량률에 포함되는 범위는 불량품의 규정에 따른 폐품, 재가공품, 배상품등이다. 따라서 불량품 p의 계산 공식은 아래와 같다.

$$p = (\text{폐품} + \text{재가공품} + \text{배상품} + \text{기타 종류의 불량품})/\text{표본총량}$$

2.2.1.2 데이터의 수집

관리도의 이론기초는 정규분포이다. p관리도등 계수형 관리도는 이항분포에 속하지만, 실험 결과에 따르면

$n\bar{p} \geq 5$일 경우(n: 표본크기, $\bar{p}$: 모집단의 평균불량률), 불량률과 불량품수의 분포는 정규분포에 접근한다. 따라서 $n\bar{p} \geq 5$를 만족하여 정규분포이론으로 문제를 해결하기 위해서는 반드시 무작위로 표본 즉 n을 크게 추출하여야 한다. 그러나 n이 너무 크면 많은 인력과 시간 등이 필요하여 관리비용을 증대시킬 수 있다. 동시에 n이 너무 작으면 $n\bar{p} \geq 5$ 조건을 만족시킬 수 없을 뿐만 아니라 공정 상태를 정확히 반영해주는 불량품도 추출하기 어려워 p의 변동을 정확히 측정할 수 없다. 따라서 p관리도에서 n의 크기 결정은 관리대상의 불량률 p의 크기에 따라 결정하여야 한다([그림 6-11]참조). [그림 6-11]에서 나타난 바와 같이 관리대상의 p를 2%이하로 통제하려고 할 때,

n크기는 500이상이 되어야만 한다.

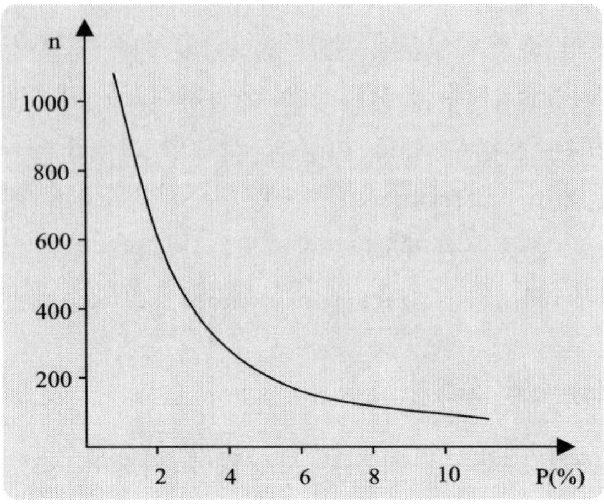

[그림 6-11] n과 p의 관계

2.2.1.3 중심선과 관리한계선의 결정

p 관리도에 적용되는 중심선과 관리한계선을 3σ법에 의하여 구하여 보자. 예컨대 불량률 p인 생산공정에서 생산되는 제품으로부터 총 n개의 시료를 취했을 때, 또한 시료의 불량률은 다음과 같다.

$$\text{시료의 불량률}(P) = \frac{P_n}{n} = \frac{\text{불량품수}}{\text{시료수}} \tag{6-9}$$

이때 얻어지는 평균값과 분산은 다음과 같다.

$$E[X/n] = p, \qquad V[X/n] = \frac{p(1-p)}{n} \tag{6-10}$$

그러나 실제적으로는 불량률 p를 모르기 때문에 p대신에 식 (6-9)에서 계산된 불량률의 추정치 $\overline{p}$를 이용하여 계산한다.

이상의 결과로부터 p관리도에 적용할 중심선과 관리한계선을 구하면 다음과 같다.

$$\overline{P} = \frac{\sum P_n}{\sum n}$$

$$\text{관리상한}(UCL) = \overline{p} + 3\sqrt{\frac{\overline{p}(1-\overline{p})}{n}} \tag{6-11}$$

$$관리하한(LCL) = \bar{p} - 3\sqrt{\frac{\bar{p}(1-\bar{p})}{n}}$$

위 식에서 n의 크기가 일치하지 않은 시에는 UCL, LCL크기에 따라 관리선도 계단식으로 고르지 않고 계산량이 많고, 또 관리한계선도 복잡하다. 따라서 이를 극복하기 위해 $\bar{n}$를 이용하여 n_i대체한다. n_i대신 $\bar{n}$를 이용하는 데는 아래와 같은 조건이 있어야 한다.

① $n_{max} < 2\bar{n}$

② $n_{max} > \frac{1}{2}\bar{n}$

다음의 예제를 이용하여 p 관리도를 작성해보자.

예제 다음 〈표 6-5〉 자료는 어느 제조공장에서 생산되는 제품을 매 로트마다 50개의 시료를 무작위 추출하여 검사한 결과이다. 이 자료로부터 p관리도를 작성하시오.

〈표 6-5〉 불량품 데이터

시료군의 번호	불량품의 수	불량률	시료군의 번호	불량품의 수	불량률
1	1	0.02	14	0	0.00
2	2	0.04	15	2	0.04
3	5	0.10	16	1	0.02
4	6	0.12	17	0	0.00
5	3	0.06	18	0	0.00
6	5	0.10	19	1	0.02
7	2	0.04	20	1	0.02
8	1	0.02	21	0	0.00
9	1	0.02	22	0	0.00
10	0	0.00	23	1	0.02
11	0	0.00	24	0	0.00
12	1	0.02	25	0	0.00
13	1	0.02			

(1) 불량률 p의 계산

발견된 불량품의 수로부터 각 군의 불량률을 계산한다.

$$P = \frac{P_n}{n}$$

(2) 평균불량률 $\bar{p}$ 의 계산

$$\bar{p} = \frac{\text{불량개수의총합}}{\text{검사개수의총합}} = \frac{34}{1250} = 0.0272$$

$$Lot\text{사이즈 } 50\text{개} \times 02 = \frac{34\text{개}}{1,250\text{개}} = 0.0272$$

(3) 관리한계선의 결정

$$\text{관리상한선}(UCL) = \bar{p} + 3\sqrt{\frac{\bar{p}(1-\bar{p})}{n}}$$
$$= 0.0272 + 3\sqrt{\frac{(0.0272)(0.9728)}{50}} = 0.0963$$

$$\text{중 심 선}(CL) = \bar{p} = 0.0272 = 0.0272$$

$$\text{관리하한선}(LCL) = \bar{p} - 3\sqrt{\frac{\bar{p}(1-\bar{p})}{n}}$$

$$= 0.0272 - 3\sqrt{\frac{(0.0272)(0.9728)}{50}} = -0.041$$

(4) 관리도의 작성

다음 그림과 같이 관리도 용지에 계산된 불량률(p)의 값을 기록하고 (3)에서 계산된 관리선을 기입한다. 이때 중심선은 실선으로, 관리한계선은 점선을 이용한다. 작성된 관리도는 [그림 6-12]와 같다.

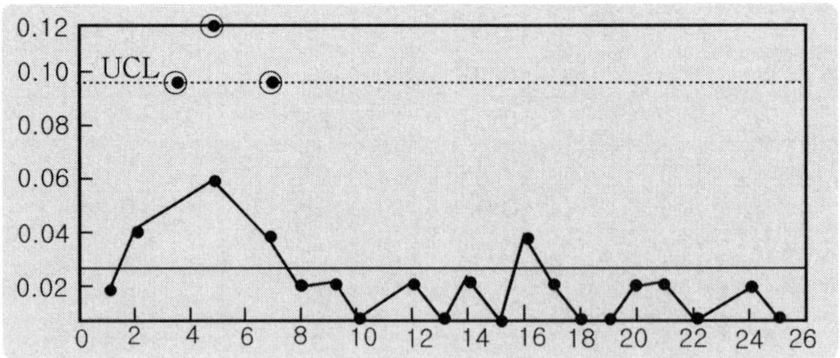

[그림 6-12] 시료군의 번호

(5) 관리상태의 판정

작성된 관리도로부터 관리상태를 판정한다. 즉, 많은 불량률의 값이 관리한계선을 벗어나므로 공정상에 이상 원인이 존재함을 알 수 있다. 따라서 원인을 조사하고 그 원인에 대한 대책 마련이 필요하다.

예제 어떤 전자제품의 접착공정에서 접착불량을 관리할 목적으로, 동시에 접착한 것을 1로트로 하여 접착 후 관능검사에 의하여 불량품을 골라내고 있다. 여기서 접착되는 수는 품종관계로 매 로트마다 변동하므로 샘플의 크기 n은 일정하지 않다. 〈표 6-6〉과 같은 데이터가 수집되었을 때 p관리도를 작성하여라.

〈표 6-6〉 접착불량 데이터표

표본번호	표본크기 (n)	불량품수	불량품률 p(%)	표본번호	표본크기 (n)	불량품수	불량품률 p(%)
1	835	8	1.0	14	250	8	3.2
2	808	12	1.5	15	830	14	1.7
3	780	6	0.8	16	798	7	0.9
4	252	6	2.4	17	813	9	1.1
5	430	7	1.6	18	818	7	0.9
6	600	5	0.8	19	581	8	1.4
7	822	11	1.3	20	464	4	0.9
8	814	8	1.0	21	807	11	1.1
9	206	6	2.9	22	595	7	1.2
10	703	8	1.1	23	500	12	2.4
11	850	19	2.2	24	760	7	0.9
12	709	11	1.6	25	420	8	1.9
13	350	5	1.4	합계	Σn=15795	Σpn=214	

풀이 품질특성과 데이터는 이미 주어져있어 본 예제의 풀이는 직접 관리도의 중심선과 상하관리한계선 계산으로 부터 시작한다.

중심선의 계산 : 공식 (6-9), (6-11)에 의해 계산결과는 다음과 같다.

$$\text{중 심 선}(CL) = \bar{p} = \frac{214}{15795} = 0.0135 = 1.35\%$$

관리상한선과 하한선의 계산은 각각 샘플의 크기가 다름으로 계산은 복잡하다.

계산을 할 때 우선 $\sqrt{\bar{p}(1-\bar{p})}$ 값을 계산한다.

$$\text{즉, } \sqrt{\bar{p}(1-\bar{p})} = \sqrt{(0.0135)(1-0.0135)} \fallingdotseq 0.115 = 11.5\%$$

다음 $A_i = 3/\sqrt{n_i}$을 계산하여 각각 샘플의 상하관리한계선을 계산한다.

제1호 샘플의 계산을 살펴보면 아래와 같다.

$$A_i = 3/\sqrt{n_i} = A_1 = 3/\sqrt{835} = 3/28.89 \fallingdotseq 0.104$$

$$UCL_1 = \bar{p} + A_1\sqrt{\bar{p}(1-\bar{p})} = 0.0135 + 0.104 \times 0.115 = 0.0255 = 2.55\%$$

$$LCL_1 = LCL_1 = \bar{p} - A_1\sqrt{\bar{p}(1-\bar{p})} = 0.0135 - 0.104 \times 0.115 = 0.0015 = 0.15$$

같은 방법으로 기타 나머지 24개 샘플의 상하관리한계선계산은 아래와 같다.

UCL_1 = 2.55%	LCL_1 = 0.15%
UCL_2 = 2.57%	LCL_2 = 0.13%
UCL_3 = 2.58%	LCL_3 = 0.12%
UCL_4 = 3.52%	LCL_4 = -
UCL_5 = 3.02%	LCL_5 = -
UCL_6 = 2.75%	LCL_6 = -
UCL_7 = 2.56%	LCL_7 = 0.14%
UCL_8 = 2.56%	LCL_8 = 0.14%
UCL_9 = 3.75%	LCL_9 = -
UCL_{10} = 2.65%	LCL_{10} = 0.05%
UCL_{11} = 2.53%	LCL_{11} = 0.17%
UCL_{12} = 2.65%	LCL_{12} = 0.05%
UCL_{13} = 3.19%	LCL_{13} = -
UCL_{14} = 3.54%	LCL_{14} = -
UCL_{15} = 2.55%	LCL_{15} = 0.15%
UCL_{16} = 2.57%	LCL_{16} = 0.13%
UCL_{17} = 2.56%	LCL_{17} = 0.14%
UCL_{18} = 2.56%	LCL_{18} = 0.14%
UCL_{19} = 2.79%	LCL_{19} = -
UCL_{20} = 2.95%	LCL_{20} = -
UCL_{21} = 2.57%	LCL_{21} = 0.13%
UCL_{22} = 2.76%	LCL_{22} = -
UCL_{23} = 2.89%	LCL_{23} = -
UCL_{24} = 2.60%	LCL_{24} = 0.10%
UCL_{25} = 3.03%	LCL_{25} = -

상하 관리한계선을 이용하여 작성한 관리도에 데이터를 기입한 최종관리도는 [그림 6-13]과 같다.

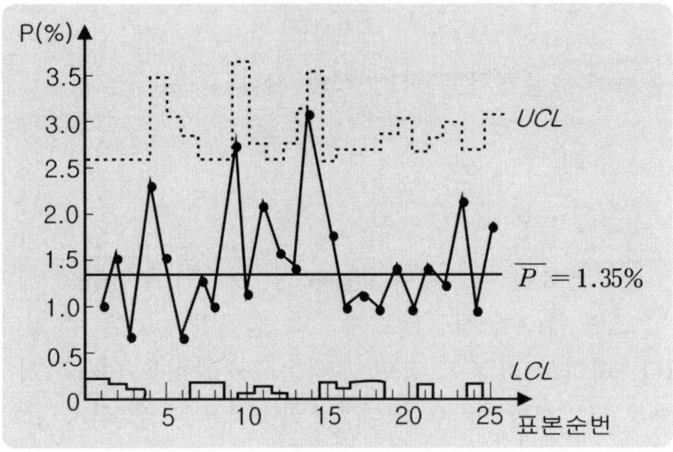

[그림 6-13] p관리도

[그림 6-13]에서 나타난 바 관리한계선은 계단식 직선이다. 따라서 위에서 제시한 수정방법으로 계단식을 수직선을 수정하여 사용하는 것이 바람직하다.

2.2.2 불량개수관리도(np관리도)

공업제품은 종종불량품과 합격품으로 분리할 수 있고 또 불량품 개수를 이용하여 한 특정제품의 가공품질을 판정할 수 있다. 불량개수관리도는 불량률관리도와 마찬가지로 공정의 불량률을 관리하고자 할 때 사용하는 관리도이며 관리도를 통해 불량개수가 정상적 범위 내에서 변동을 관찰하고 또 분석하는 계수형 관리도이다. 표본의 크기 n은 일정하면 일반적으로 크기를 50이상으로 하고 20~25개 표본을 취한다. 불량률관리도보다 불량개수관리도를 사용하는 것이 편리한 경우가 많다. np관리도의 초기데이터를 표로 나타내면 아래 〈표 6-7〉와 같다.

〈표 6-7〉 np관리도의 데이터표

표본순번	표본크기(n)	불량품수$(np)_i$
1	n	$(np)_1$
2	n	$(np)_2$
|	|	|
k	n	$(np)_k$

한 로트제품의 불량률이 p라고 가정할 때 이 로트제품에서 랜덤방식으로 크기 n인 표본을 추출하면 n개 제품에서 나타나는 불량개수 X는 아래와 같은 이항분포에 따른다.

$$P\{X=x\}=C_x^n(1-P)^{n-x}x=1,\ 2,\ \cdots,\ n$$

이 분포의 평균치와 표준편차는 아래 식과 같다.

$$\mu_{np}=np$$

$$\sigma_{np}=\sqrt{np-(1-p)}$$

불량개수 X는 이항분포에 따르지만 $p\le 0.5$, $np\ge 5$조건하에서 X분포는 정규분포에 근사하다. n이 크면 클수록 정규분포에 더욱 접근한다고 할 수 있다. 이론적으로 n이 50보다 크면 된다. 따라서 표본이 크면 우리는 3σ 원칙을 이용하여 불량개수관리도의 관리한계선과 중심선을 계산 할 수 있다. 계산공식은 아래 식과 같다.

$$UCL=\mu+3\sigma=n\bar{p}+3\sqrt{n\bar{p}} \qquad (6-12)$$

$$CL=\mu=n\bar{p} \qquad (6-13)$$

$$LCL=\mu-3\sigma=n\bar{p}-3\sqrt{n\bar{p}(1-p)} \qquad (6-14)$$

위 식에서 n는 표본크기며 p는 한 로트제품의 불량률이다. 그러나 일반적으로 p는 미지수로서 표본 측정치를 이용하여 계산하여야 한다.

p의 계산방법은 아래 식과 같다.

$$p=\bar{p}=\sum_{i=1}^{k}\frac{(np)_i}{nk}$$

위 식을 식(6-12), (6-13), (6-14)에 이용하여 아래와 같은 np관리도의 한계선과 중심선 계산공식을 얻을 수 있다.

$$UCL=n\bar{p}+3\sqrt{n\bar{p}(1-\bar{p})}$$

$$CL=n\bar{p}$$

$$LCL=n\bar{p}-3\sqrt{n\bar{p}(1-\bar{p})}$$

예제 6-4 한 제조회사에서 생산중의 한 제품으로부터 랜덤방식으로 25개 표본을 추출하였다. 한 번에 100개 제품을 추출하였으며 그 중 불량개수를 통계한 결과 아래 〈표 6-8〉와 같다. 〈표 6-8〉에서 제시한 자료를 이용하여 불량개수 관리도(P_n)를 작성하여라.

〈표 6-8〉 불량개수통계표

표본순위	1	2	3	4	5	6	7	8	9	10	11	12	
불량개수(np)	3	4	0	4	3	3	2	2	2	5	4	1	
표본순위	13	14	15	16	17	18	19	20	21	22	23	24	25
불량개수(np)	1	1	2	0	3	0	6	0	4	4	1	0	4

〈표 6-8〉자료를 이용하여 계산을 한 결과 아래와 같다.

$$\bar{p} = \frac{\sum_{i=1}^{25}(np)_1}{nk} = \frac{59}{100 \times 25} = 0.0236$$

$$\because CL = \overline{p_n} = \frac{\Sigma p_n}{k} = \frac{59}{25} = 2.36$$

$$UCL = \overline{p_n} + 3\sqrt{\overline{p_n}(1-\bar{p})} = 2.36 + 3\sqrt{2.36 \times (1-0.0236)} = 6.91$$

$$LCL = \overline{p_n} - 3\sqrt{\overline{p_n}(1-\bar{p})} = 2.36 - 3\sqrt{2.36 \times (1-0.0236)} = -2.19 < 0(\text{제외})$$

위 계산 결과를 이용하여 작성한 관리도는 [그림 6-14]와 같다.

[그림 6-14]에 대한 분석에서 우리는 모든 점이 관리한계선 범위 내 있는 것을 알 수 있다. 또 각 점의 배열은 결함이 없어 이 시기 불량개수는 모두 정상적 범위 내에서 변동하고 있는 것을 알 수 있고 또 이 관리도를 이용하여 본 공정의 불량개수에 대해 관리할 수 있다.

2.2.3 결점수 관리도(c 관리도)와 단위당 결점수 관리도(u 관리도)

일부 제품에 대해서는 합격여부를 판정 할 뿐만 아니라 결정수가 정상적 범위 내에서 변동하고 있는 가도 판단하여야 한다. 예컨대 포목에서 나타나는 흠집수, 인쇄과정에서 폐지에 나타나는 오타수 등이다. 따라서 결점수 관리도는 특정부부(일정한 면적 혹은 길이)에 있어서 결점수를 나타내는 관리도로서 결점수를 통제하기 위해 사용된다. 표본의 길이나 면적이 일정한 경우에 사용하며, 단위가 일정하지 않은 경우에는 u 관리도를 사용한다.

2.2.3.1 결점수 관리도(c 관리도)

결점수 관리도는 제품의 결점수에 대해 감시하고 관리하는 관리도로서 불량개수관리도와 유사하다. 결점수 관리도는 20개 이상의 표본을 추출하며 한 번에 한 개 제품 혹은 제품의 한 단위를 추출한다. 결점수 관리도의 기초 테이터표는 〈표 6-9〉와 같다.

〈표 6-9〉 c 관리도의 기초 데이터표

표본순위	1	2	…	K
결점수 C_i	C_1	C_2	…	C_k

c 관리도의 작성 절차

① 관리대상 품질특성에 대한 선정

관리대상의 표면결함

② 데이터의 수집

c 관리도와 u 관리도는 포아송분포를 근거한다. 실험에 따르면 $c \geq 5$일 때 정규분포와 유사하다. 따라서 랜덤방식으로 표본을 추출할 때 추출하는 제품의 단위(길이, 면적, 체적 등)를 확대하여 이 조건을 만족하여야 한다.

③ 관리한계선과 중심선을 결정한다.

공정에서 랜덤방식으로 추출한 표본 중에 c개 결함이 있다고 가정할 때, 표본의 평균치와 표준편차는 아래와 같다.

$$E(c) = \bar{c}$$

$$D(c) = \sqrt{\bar{c}}$$

중심선은 $E(c)$와 같고, 상하 한계선은 $E(c) \pm 3D(c)$원리를 근거한 c 관리도의 중심선과 관리한계선 계산공식은 아래와 같다.

$$CL = \bar{c} = \frac{\Sigma c}{k}$$

$$UCL = \bar{c} + 3\sqrt{\bar{c}}$$

$$LCL = \bar{c} - 3\sqrt{\bar{c}}$$

예제 6-5 한 작업장에서 생산하고 있는 주조품에서 표본을 추출하여 아래 〈표 6-10〉와 같은 자료를 수집하였다. 〈표 6-10〉를 이용하여 결점수 관리도를 작성하여라.

〈표 6-10〉 주조품의 결점수 데이터

표본순위	결점수	표본순위	결점수
1	6	14	3
2	8	15	2
3	10	16	1
4	4	17	2
5	6	18	4
6	7	19	7
7	0	20	10
8	5		
9	3		
10	6		
11	7		
12	8	합계	105
13	6		

풀이 품질특성과 데이터는 이미 주어져 있어 중심선과 상하관리한계선을 직접 계산을 하면 된다. 계산결과는 아래와 같다.

$$CL = \bar{c} = 105/20 = 5.25$$

$$UCL = \bar{c} + 3\sqrt{\bar{c}} = 5.25 + 3\sqrt{5.25} = 12.12$$

$$LCL = \bar{c} - 3\sqrt{\bar{c}} = 5.25 - 3\sqrt{5.25} < 0(\text{제외})$$

위 계산결과에 따라 작성한 관리도는 아래 [그림 6-15]와 같다.

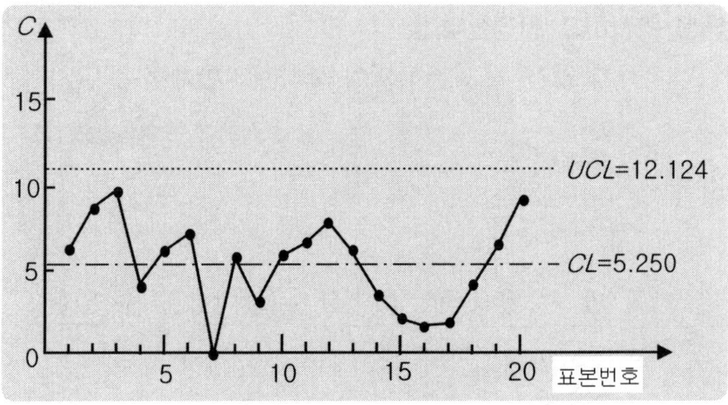

[그림 6-15] c 관리도

2.2.3.2 단위당 결점수 관리도(u 관리도)

표본의 단위가 일정하지 않을 때는 c관리도 이용이 불가능하다. 따라서 u관리도를 이용한다. u관리도에서 표본의 크기는 역시 20개 이상이 되어야 한다.

u 관리도의 작성순서는 아래와 같다.

① 데이터를 수집한다.

샘플군을 약 20~25개 추출하여 샘플의 단위(면적, 길이, 시간, 대수, 무게 등)와 샘플 중의 결점수를 조사한다. 샘플의 크기 n은 공정의 결점수를 예측하여 샘플 중에 결점수가 1~5개 정도 포함될 수 있도록 하는 것이 좋다.

② 단위당 결점수(u)를 계산한다.

결점수 c를 샘플의 크기 n으로 나누어 단위당의 결점수를 구한다. 즉,

$$\text{단위당 결점수 } u = c/n$$

③ 관리한계선을 계산하여 기입한다.

중심선과 관리한계선 계산 원리는 c관리도와 같다. 계산 공식은 아래와 같다.

$$CL = \bar{u} = \frac{\Sigma c}{\Sigma n} = \frac{\text{결점수의 총합계}}{\text{샘플크기의 총합계}}$$

$$UCL = \bar{u} + 3\sqrt{\frac{\bar{u}}{n}}$$

$$LCL = \bar{u} - 3\sqrt{\frac{\bar{u}}{n}}$$

④ 관리상태를 조사하고 판정한다.

n_i크기가 일치하지 않을 때 u관리도의 상하관리한계선은 일치하지 않는다. 그러나

㉠ $n_{\max} < 2\bar{n}$

㉡ $n_{\min} > \frac{1}{2}\bar{n}$

위 조건을 만족 할 수 있을 때, n_i대신 $\bar{n}$을 이용할 수 있다.

$$\bar{n} = \frac{\sum_{i=1}^{k} n_i}{k}$$

예제 6-6 어떤 옷감 제조회사에서 옷감에 나타나는 결점수를 관리하고자 한다. 매 시간 간격으로 추출하여 결점수를 조사한 결과는 〈표 6-11〉와 같았다. 이 때 생산공정상의 어려움 때문에 항상 일정면적을 취할 수 없었다. 단 검사단위는 50㎡이다. 이 경우 u 관리도를 작성하고 생산공정의 관리상태를 판정하여라.

〈표 6-11〉 옷감 결점수 데이터

부분군	검사단위의 수	결점수	결점수(단위당 결점수)
1	10.0	17	1.40
2	8.0	12	1.50
3	13.0	20	1.54
4	10.0	11	1.10
5	9.5	7	0.74
6	10.0	10	1.00
7	12.0	21	1.75
8	10.5	16	1.52
9	12.0	19	1.58
10	12.5	23	1.84
계	107.5	153	

풀이 여기서 샘플군별로 샘플의 크기가 일정하지 않으므로 관리한계선을 샘플군별로 정할 필요가 있다. 그리고 샘플의 크기 $n=50$(검사단위는 50㎡)이다. 아래와 같은 계산을 통해 주어진 결과는 〈표 6-12〉와 같다.

$$CL = \overline{u} = 1.42$$

$$UCL = \overline{u} + 3\sqrt{1.42/n_i}$$

$$LCL = \overline{u} - 3\sqrt{1.42/n_i}$$

〈표 6-12〉 옷감 결점수 관리도의 상하계산표

부분군	검사단위의 수	UCL	LCL
1	10.0	2.55	0.29
2	8.0	2.68	0.16
3	13.0	2.41	0.43
4	13.0	2.55	0.29
5	9.5	2.58	0.26
6	10.0	2.55	0.29
7	12.0	2.45	0.39
8	10.5	2.52	0.32
9	12.0	2.45	0.39
10	12.5	2.43	0.41

위에서 계산 한 관리한계선을 이용하여 단위당 결점수를 관리도에 나타내면 [그림 6-16]과 같다.

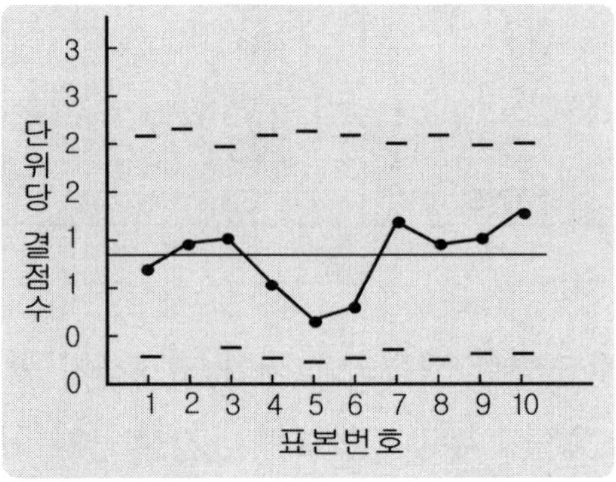

[그림 6-16] 옷감의 단위당 결점수 관리도

[그림 6-16]에서 관리한계선을 벗어난 표본이 없으면, 특이한 경향이 없으므로 생산공정이 정상상태임을 알 수 있다.

3. 관리도의 해석

앞의 2절에서 우리는 계량형 관리도와 계수형 관리도의 기본이 되는 $\bar{x}-R$ 관리도와 p 관리도의 작성방법에 대하여 살펴보았다. 그러나 이와 같이 작성된 관리도를 이용하여 공정상태를 판정하고, 관리상태로 유지하려면, 관리도에 대한 정확한 해석이 필요하게 된다.

앞에서 설명한 바와 마찬가지로 관리도에는 중심선을 기준으로 상하에 두 개의 관리한계선이 그려져 있다. 이와 같은 관리한계선은 공정평균에 대한 산포의 정도를 보여주는 척도로써 관리한계선을 벗어나면, 공정에 이상이 발생하여 관리 이탈상태에 이르렀음을 나타낸다.

3.1 공정이 관리상태일 때 관리도상 점 분포

(1) 특성치가 관리한계선을 벗어나지 않는다.

(2) 특성치의 배열에 어떤 습관도 나타나지 않는다.

어떤 공정이 관리상태에 있다고 하는 것은 공정의 관리특성치의 평균과 산포가 시간의 진행에 대하여 안정적인 상태로 유지되는 것을 말하며, 판정기준 (1)을 기준으로 하여 판정기준 (2)를 보조적으로 사용하여 결정할 수 있다. 기준 (1)에 의한 공정의 관리상태 판정은 한국 공업규격(KS A 3201)에 따르면,

(a) 연속 25점 중 한계를 벗어나는 점이 없을 때
(b) 연속 35점 중 한계를 벗어나는 점이 1점 이내일 때
(c) 연속 100점 중 한계를 벗어나는 점이 2점 이내일 때

는 이상원인이 존재하지 않는 안정적인 공정으로 평가한다. $\bar{x}-R$를 결합하여 그림으로 설명하면 아래와 같다. [그림 6-17]과 [그림 6-18]참조.

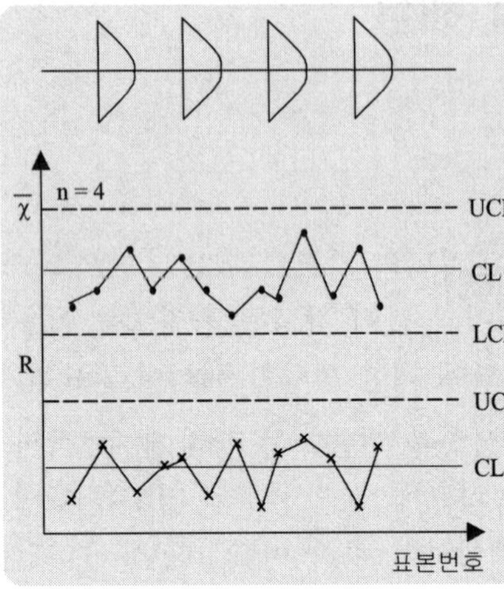

[그림 6-17] 안정적인 관리도

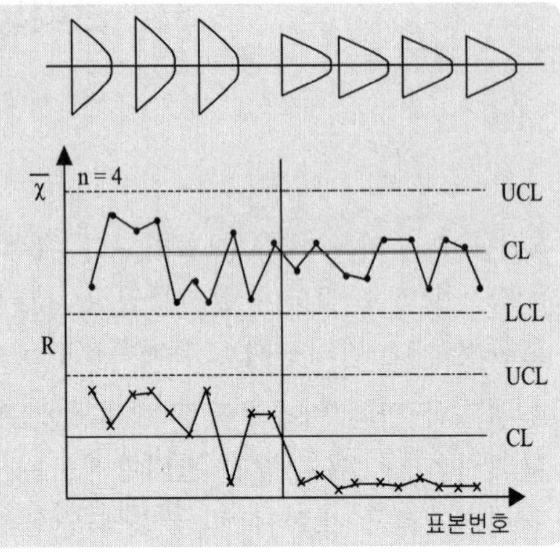

[그림 6-18] 안정적인 관리도

[그림 6-17]에서 나타난 점의 분포를 보면 공정의 평균치와 표준편차는 모두 변화가 없는 것을 알 수 있다.

[그림 6-18]에서 나타난 점의 분포를 보면 공정의 평균치가 일정하고 또 표준편차가 작아지는 것을 알 수 있다.

3.2 공정이 비 관리상태(불안전상태)일 때 관리도상 점 분포

1. 관리도상의 점 분포에서 나타난 공정의 평균치는 소폭 증가(위로 이동)하고 표준편차는 변화가 없을 때 [그림 6-19]참조

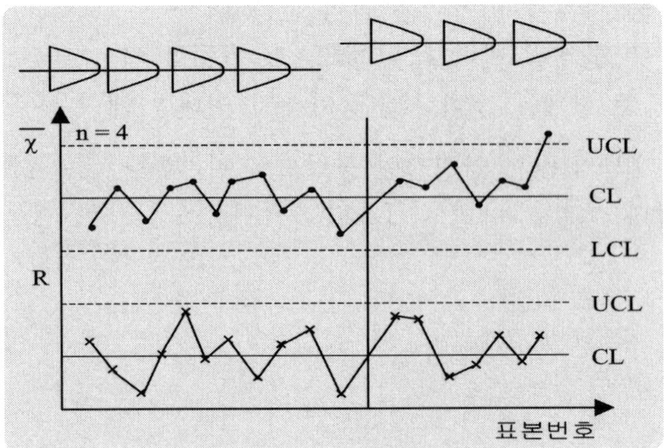

[그림 6-19] 비관리상태 관리도

2. 관리도상의 점 분포에서 나타난 공정의 평균치는 대폭 증가(위로 이동)하고 표준편차는 변화가 없을 때 [그림 6-20]참조.

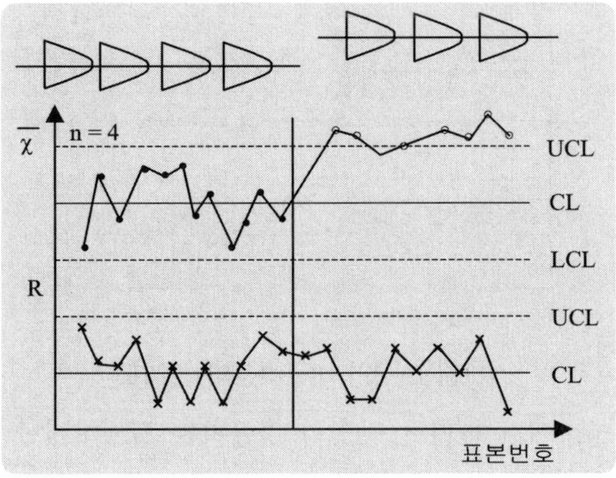

[그림 6-20] 비관리상태 관리도

3. 관리도상의 점 분포에서 나타난 공정의 평균치는 어떠한 경향성 변화를 보이고 표준편차는 변화가 없을 때 [그림 6-21]참조.

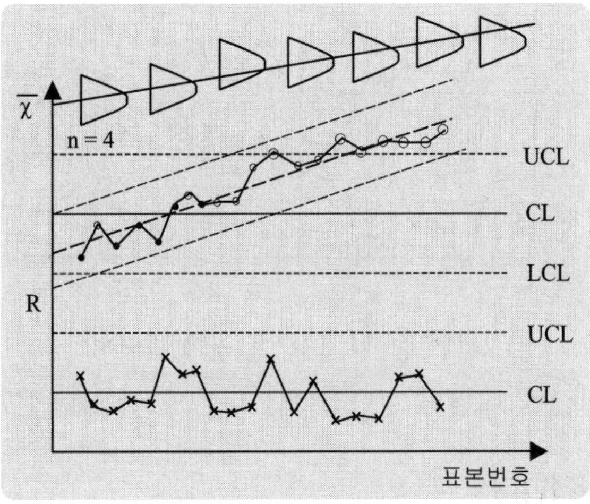

[그림 6-21] 비관리상태 관리도

4. 관리도상의 점 분포에서 나타난 공정의 평균치는 모두 무작위변화를 하고 표준편차는 변화가 없을 때 [그림 6-22] 참조.

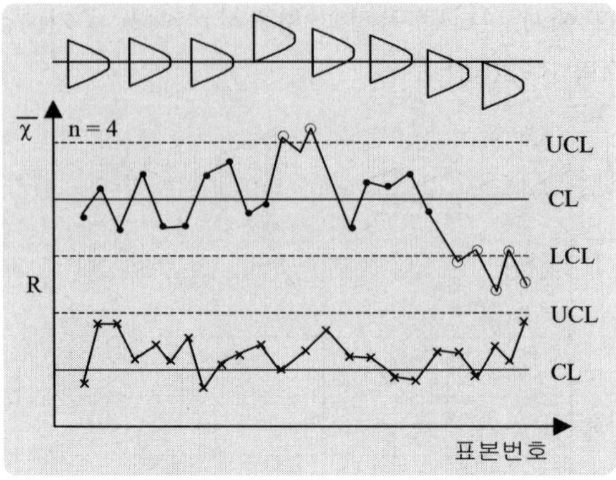

[그림 6-22] 비관리상태 관리도

5. 관리도상의 점 분포에서 나타난 공정의 평균치는 일정하지만 표준편차는 선명하게 증가할 때 [그림 6-23]참조.

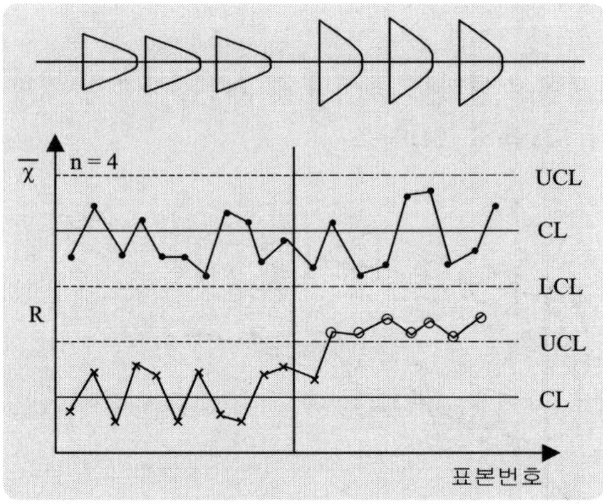

[그림 6-23] 비관리 상태 관리도

판정기준 (2)에서 언급한 배열의 경향성이란 다음의 경우를 말한다.

3.2.1 런(run)이 나타난다.

런이란 중심선의 한쪽에 연속해서 나타나는 점을 말한다. 런의 길이(length of run)란 연속해서 나타나는 점들의 수를 말하고, 전체 관리도상에 나타나는 연속점 군의 수를 런의 수(number of runs)라고 한다. 관리도의 작성 결과 런의 길이가 너무 긴(보통 7점 이상)경우나 짧은 런만 나타나는 경우 모두를 이상 상태로 판정하게 된다.

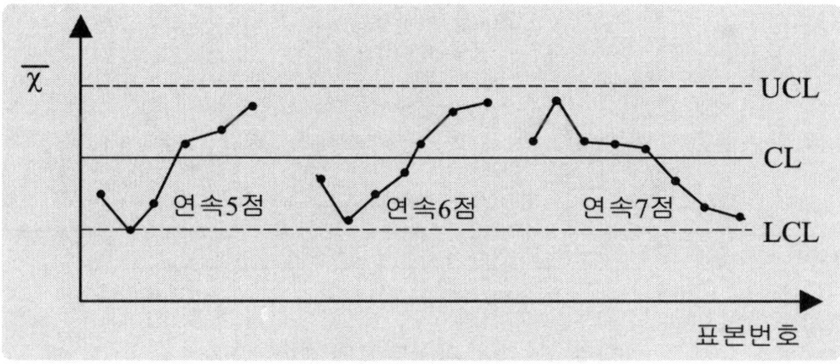

[그림 6-24] 관리도상의 런현상

런의 길이가 5점~6점 경우 이상상태로 판정하지 않지만 공정의 상태에 대해 엄밀하게 관찰하여야 한다. 7점 이상의 런이 나타났을 때 작은 확률원리를 근거로 해보면 7점 런이 나타날 수 있는 확률은 $(\frac{1}{2})^7 = \frac{1}{128} = 0.78\%$ 이다. 이러한 작은 확률이 발생하였을 때는 이상상태라고 판정 할 수 있다. [그림 6-24]참조.

3.2.2 경향이 나타난다.

경향이란 점들이 점점 올라가거나, 내려가는 상태를 말하며, 7점 이상의 점이 연속 상승 혹은 내려가는 경향을 보이면 이상상태로 판정하여야 한다. [그림 6-25]참조.

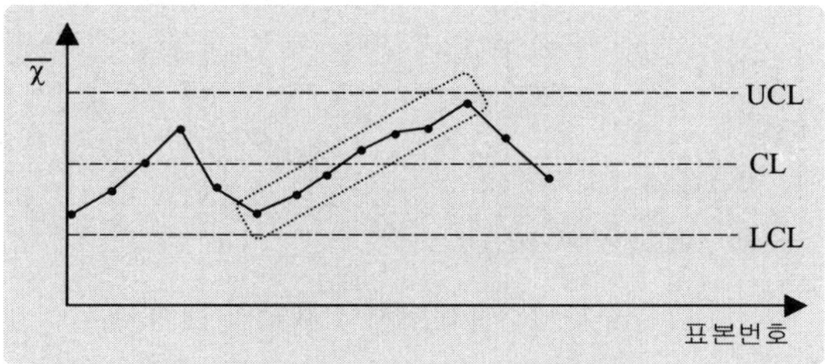

[그림 6-25] 관리도상 경향현상

3.2.3 중심선 한쪽에 많은 점이 나타난다.

중심선의 한쪽에 연속된 점들 중에 많은 점들이 나타나면 공정평균의 변화 가능성이 있을 수 있다. 따라서 중심선 한쪽에 연속 11점 중에서 10점 이상이 나타났을 때 이상상태로 판정한다. [그림 6-26]참조.

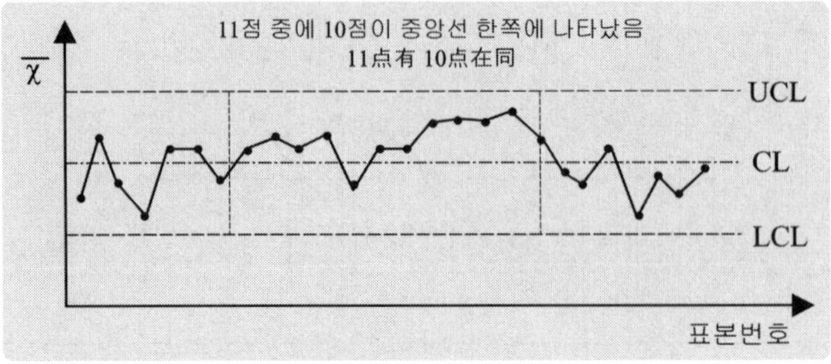

[그림 6-26] 관리도상의 이상상태

3.2.4 관리한계선 근처에서 많은 점이 나타난다.

관리한계선 근처에 많은 점들이 나타날 때는 특성치 간의 산포가 커졌다는 것을 의미하므로 이상상태로 판단할 수 있다. 연속 3점 중에서 2점이 중심선과 먼 거리 있는 $2\sigma \sim 3\sigma$ 범위에 있는 경우, 연속 7점 중에서 4점 이상이 $2\sigma \sim 3\sigma$ 범위에 있는 경우 이상상태로 판정하여야 한다. 이러한 상황은 점이 $\pm 2\sigma \sim \pm 3\sigma$ 범위에 있는 확률이 4.28%라는 것을 생각하면 쉽게 이해가 된다. [그림 6-27]참조.

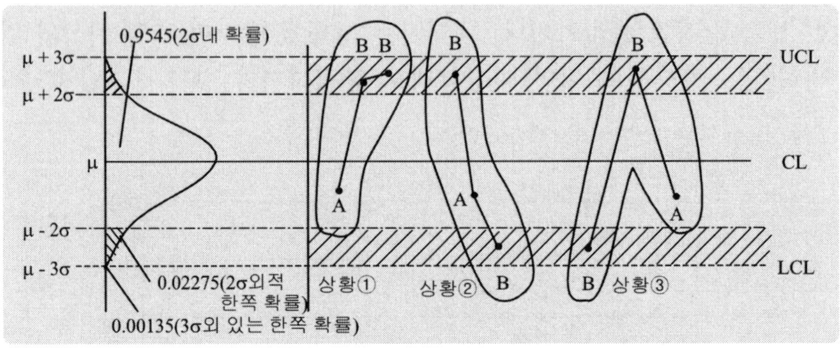

[그림 6-27] 표준편차와 확률의 관계

3.2.4 주기성이 나타난다.

주기성이란 점들의 주기적인 상, 하 변동을 말한다. [그림 6-28]참조. 주기성에 대해 파악하기 어려움이 있어 많은 시간을 통해 관찰하여야 발견 할 수 있다. 주기성을 발견되면 발생 원인을 밝힌 기초 상에서 공정의 이상상태를 신중히 판정하여야 한다. 주기 발생원인은 전문 기술을 통해 밝혀야 한다.

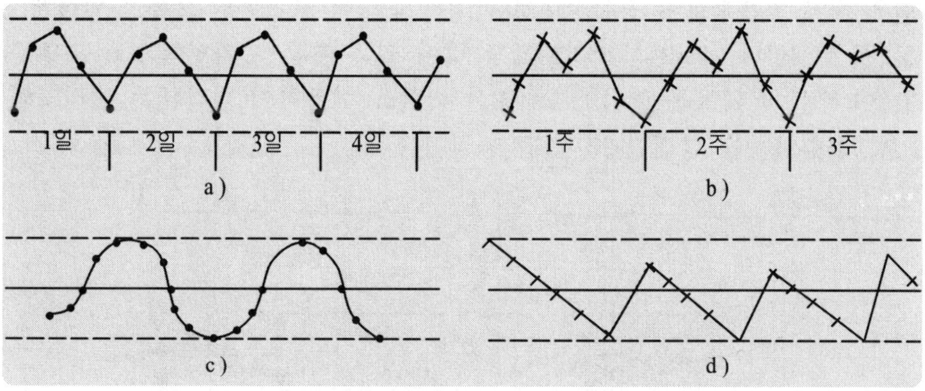

[그림 6-28] 주기성이 있는 관리도

[그림 6-28 a]에서 나타난 주기는 1일을 단위로 하였을 때 상황이다. 예컨대 온도 관리를 하지 않은 보일러, 자동 전용선반등이서 이러한 주기가 쉽게 나타난다.

[그림 6-28 b]에서 나타난 주기는 1주일을 단위로 하였을 때 상황이다. 예컨대 불량률, 합격률 등에서 이러한 주기가 쉽게 나타난다.

[그림 6-28 c]에서 나타난 주기는 싸인(sin) 곡선형태 주기이다. 이러한 상황이 발생하면 이상상태로 판정할 때 특히 신중하여야 한다. 원인이 밝혀졌거나, 같은 현상이 또 다시 발생하였을 때는 이상상태로 판정할 수 있다.

[그림 6-28 d]에서 나타난 주기는 톱날 형태이다. 예컨대 도구를 조정하면서 자동가공을 하는 공정에서 이러한 주기가 쉽게 나타난다. [그림 6-28 c]의 판정방법과 같다.

이상의 판정기준으로부터 공정상태에 대한 정확한 해석을 함으로써 이상상태에 대한 적절한 조치를 수행함으로써, 관리의 효과를 얻을 수 있다. 그러나 모든 판단이 정확하다고 보장할 수는 없다. 이는 두 가지 오류를 범할 수 있다. 이것은 관리도 판정에서 회피할 수 없는 것이다. 제 1종의 오류는 시간과 비용낭비를 초래할 수 있고, 제 2종의 오류는 관리기회를 상실하여 손실을 초래할 수 있다.

앞에서 설명한 바, 관리도에서 제 1종의 오류를 범할 수 있는 확률은 0.27%이며, 일반적으로 규정된 $a = 1\%$, $a = 10\%$와 비교할 때, 많이 작다. 제 2종의오류를 범할 수 있는 확률은 샘플크기와 공정평균치의변화에 따라 변화한다. 따라서 될 수 있으면 오류를 샘플크기와 공정평균치의 관리를 통해 감소시키고 방지하여야 한다. 점의 배열결함에 대한 분석이 바로 제 2종의 오류를 감소하고 또 방지하기 위한 수단이라고 할 수 있다.

제2종의 오류에 대해서 관리도 검출력의 개념을 이용하면 쉽게 이해할 수 있다.

[그림 6-29]에서 나타난 바, 중심은 μ_0에서 μ_1로 이동된 후, 음선부분은 역시 관리한

계선 범위 내에 있음으로써 정상상태로 판정하게 되어 제 2종의 오류를 범하게 된다. 판정오류확률은 β이다. 그러나 관리한계선 밖에 있는 부분은 자연적으로 오류를 범하지 않는다. 이 부분의 확률은 (1-β), (1-β)는 확률을 이용하여 나타내는 관리도의 검출력이다. 즉, 공정이상을 발견할 수 있는 능력이다.

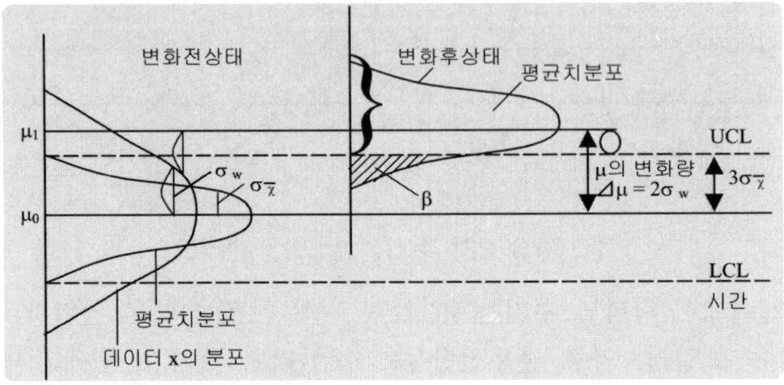

[그림 6-29] β 와 μ 변화와의 관계

[그림 6-29]에서 우리는 아래와 같은 식을 얻을 수 있다.

$$\mu_1 - (\mu_0 + 3\sigma_{\bar{x}}) = \Delta\mu - 3\sigma_{\bar{x}} = 2\sigma_w - 3\sigma_{\bar{x}} = (2\sqrt{n} - 3)\sigma_{\bar{x}}$$

$n = 5$, $(2\sqrt{5} - 3)\sigma_{\bar{x}} = 1.472\sigma_{\bar{x}}$ 정규분포표를 이용하여 $\beta = 0.0708$를 알 수 있다. 따라서 검출력은

$$1 - \beta = 1 - 0.0708 = 0.929 = 92.9\%$$

가로축을 $\Delta\mu/\sigma_w$ (여기에서 $\Delta\mu = \mu_1 - \mu_0$)로 정하고, 좌측 세로축은 β, 우측세로축은 $1-\beta$로 가정한다. n을 1, 2, 3 … 취할 때 계산한 결과를 점으로 가입하여 곡선으로 연계하면 [그림 6-29]와 같은 검출력 곡선을 얻을 수 있다.

$n = 1$, $1 - \beta = 0.159$

$n = 3$, $1 - \beta = 0.677$

$n = 4$, $1 - \beta = 0.840$

$n = 5$, $1 - \beta = 0.929$

$n = 10$, $1 - \beta = 0.99932$

$n = 50$, $1 - \beta \fallingdotseq 1$

즉, n의 크기에 따라 β는 감소하여 검출력이 증가한다. 반대로 n이 감소하면, β가 증가하여 검출력이 감소한다.

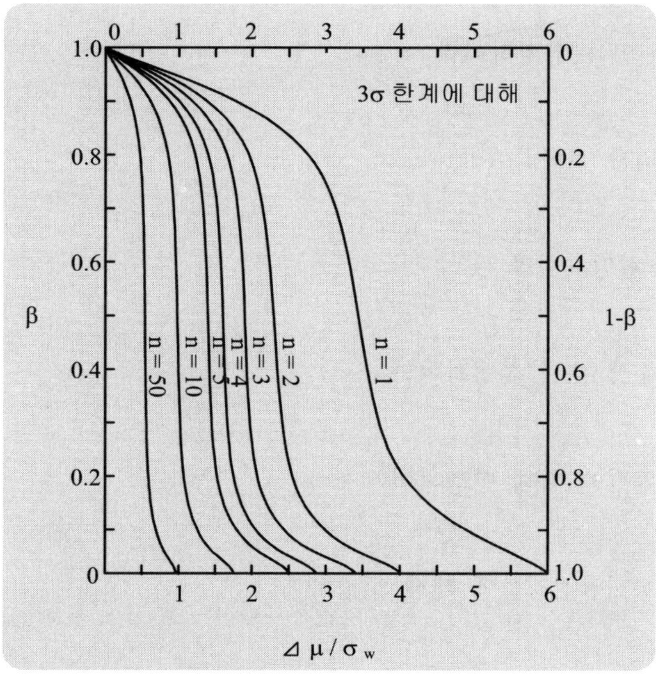

β = 관리범위 내 점이 있는 확률
α = 관리범위 밖에 점이 있는 확률$(1-\beta)$

[그림 6-30] $\bar{x}$ 관리도의 검출력곡선

연 습 문 제

1. 품질의 변동원인을 설명하여라.

2. 관리도의 원리를 설명하여라.

3. 3σ법에 대해 설명하여라.

4. 관리도의 기능에 대해 설명하여라.

5. 관리도의 검출력에 대해 설명하여라.

6. 공정의 안전상태판정기준에 대해 설명하여라.

7. 공정의 이상상태판정기준에 대해 설명하여라.

8. 다음은 어떤 제품에 대하여 하루에 4개씩 시료를 추출하여 측정한 10일간의 자료이다.
   (1) 이 자료를 이용하여 $\bar{x}-R$ 관리도를 작성하라.
   (2) 공정이 안정상태인지 평가하라.

	시료 군의 번호									
	1	2	3	4	5	6	7	8	9	10
특성치 (x_i)	6.5	5.3	6.2	6.1	7.2	7.3	6.8	6.3	7.2	8.2
	6.8	6.2	6.3	5.9	6.9	6.9	6.9	9.1	8.4	7.2
	7.3	7.1	6.8	5.8	5.7	6.2	5.9	7.2	9.2	6.8
	6.4	7.4	5.8	6.4	5.9	6.4	8.1	6.8	8.1	6.3

9. 다음은 어느 재조공정에서 생산되는 제품을 각 로트로부터 200개의 시료를 추출하여 검사한 결과이다.

시료군의 번호	1	2	3	4	5	6	7	8	9	10	11	12	13
불량품의수	4	8	10	23	12	3	9	12	1	0	0	4	0
시료군의 번호	14	15	16	17	18	19	20	21	22	23	24	25	
불량품의 수	4	0	8	5	5	3	5	2	6	12	10	0	

(1) 이 자료를 이용하여 p 관리도를 작성하라.

(2) 공정이 안정상태인지 평가하라.

10. 다음의 데이터로부터 u 관리도를 작성하여 보라.

날 짜	불량개수	날 짜	불량개수
7 月 6	47	7 月 23	37
7	42	26	39
8	48	27	51
9	58	28	44
12	32	29	63
13	38	30	48
14	53	8 月 2	56
15	68	3	48
16	45	4	40
19	37	5	47
20	57	6	25
21	38	9	35
22	53		

11. 다음과 같은 데이터로부터 c관리도를 작성하여라.

시료군 번호($n=5$)	결점수	시료군 번호($n=5$)	결점수
1	77	14	87
2	64	15	40
3	75	16	222
4	93	17	92
5	45	18	89
6	61	19	55
7	49	20	25
8	65	21	54
9	45	22	22
10	7	23	49
11	59	24	33
12	54	25	20
13	41		

제7장

공정능력과 공정개선

공정능력의 관리목적은 공정의 안정 여부를 결정하고, 공정이 불안정한 경우 공정불안정의 근본적인 원인을 규명하여 그 원인을 제거하기 위한 조치를 강구하는데 있다. 이와 같은 공정의 안정을 유지하고 관리하는 초기적 기법이 5S와 눈으로 보는 관리이다. 따라서 본장에서는 공정능력 관리를 이해하고 5S 운동에 대하여 논하자고 하였다.

1. 공정능력

1.1 공정능력의 개념

공정능력의 관리목적은 공정의 안정 여부를 결정하고, 공정이 불안정한 경우 공정불안정의 근본적인 원인을 규명하여 그 원인을 제거하기 위한 조치를 강구하는데 있다. 공정불안정의 모든 원인을 제거한 후의 공정의 정상적인 능력을 공정능력이라 한다. 즉, 공정능력은 공정이 안정 상태에서 실제 갖고 있는 가공능력이다. 이는 공정품질을 평가할 수 있는 하나의 기준이다.

모든 생산과정에서는 제품품질특성치의 변동을 회피할 수 없다. 실천경험에 의하면 공정능력이 높을수록 제품품질특성치의 변동이 작아지고 공정능력이 낮을수록 품질특성치의 변동이 커진다. 따라서 제품품질특성치의 변동 크기를 이용하여 공정능력의 크기를 표현할 수 있다. 일반적으로 공정능력을 B로 표기한다. 생산과정이 안정적이고, 제품품질의 기술기준은 쌍방향으로 결정되었을 때,

$$B = 6\sigma \tag{7-1}$$

식 (7-1)에서 σ는 제품품질특성치의 표준편차이고, B는 가공정밀도이다. 따라서 B가 커질수록 공정능력이 낮고, B가 작아질수록 공정능력이 높다.

생산과정이 안정적일 때, 대다수 제품의 품질특성치는 정규분포에 따르거나 근사하다. 여기서 제품품질특성치의 분포중심을 μ로 정하고, 표준편차는 σ로 정할 때, 정규분포의 이론에 따르면 합격품이 $\mu \pm 3\sigma$범위 내 있는 확률은 99.73%이다. 즉, 6σ를 이용하여 공정능력을 규정할 때 공정은 99.73%의 합격품을 보증할 수 있는 능력을 갖고 있다. 4σ를 이용하여 공정능력을 규정할 때는 공정은 95.45%의 합격품을 보증할 수밖에 없다. 이러한 상황에서는 불량률이 매우 높다고 할 수 있다. 그러나 8σ를 이용하여 공정능력을 규정하면 불량률은 낮아지지만, 6σ와 비교할 때 불량률이 낮아진 비율은 작은 대신, 설비의 정밀도 제고와 작업수준 제고를 위해 소모된 비용은 매우 크다. 따라서 품질요구와 경제성요구를 동시에 최대로 만족할 수 있는 차원으로 6σ를 이용하여 공정능력을 규정하는 것이 좋다.

1.2 공정능력지수

식 (7-1)에서 나타난 바 공정능력 B는 표준편차 σ와만 관련성이 있고, 제품의 기술요구와는 관련성이 없다. 따라서 생산공정자체가 기술요구에 대한 만족정도를 정확히 반영하지 못하고 있다. 사실상 공정능력은 하나의 공정이 고유한 실제가공능력을 나타내고 있으며 제품의 기술요구와는 관련성이 없다. 이러한 문제를 해결하기 위해 즉 공정능력이 기술요구를 만족할 수 있는 정도를 표현하고 또 평가를 하기 위해 새로운 지표를 도입한다. 이것이 바로 공정능력지수이다. 공정능력 지수의 정의는 기술요구와 공정능력과의 비교라고 할 수 있다. 식으로 표현하면 아래와 같다.

$$\text{공정능력지수} = \frac{\text{기술요구}}{\text{공정능력}} \quad \text{또는} \quad C_p = \frac{(USL - LSL)}{6\theta}$$

따라서 공정능력지수가 클수록 공정능력이 기술요구를 더욱 만족할 수 있어, 제품품질이 더욱 보장 된다.

공정능력에 대한 접근법은 계량공정능력과 계수공정능력의 두 가지 형태가 있다.

1.2.1 계량공정능력

계량공정능력법은 공정부품의 분포나 혹은 그 외 다양한 공정품질특성에 의해 공정능력을 결정하는 것이다. 구체적으로 아래와 같은 상황에 따라 계산할 수 있다.

1.2.1.1 기술규격이 상하한계가 있는 조건하에서 분포중심이 규격중심에서 이탈 되지 않았을 때.

제품품질특성치는 평균치 μ와 표준편차 σ인 정규분포에 따르고 제품품질특성치의 규격상한은 S_U이며, 규격하한은 S_L이라고 하면 공차범위는 $T = S_U - S_L$ 이다. 이 때 공정능력지수는 아래와 같다.

$$C_p = \frac{S_U - S_L}{6\sigma} = \frac{T}{6\sigma} \tag{7-2}$$

제품의 기술규격이 확정이 되면 T도 결정 된 것이다. 따라서 σ의 변화는 바로 제품품질특성치의 변동을 결정한다. 즉, σ가 크면 변동이 크고 따라서 공정능력지수가 작아지고 공정능력이 낮다. 반대로 σ가 작아지면 공정능력지수가 커지고 공정능력이 높아진다.

식 (7-2)에서의 σ는 이론수치로서 계산할 때는 표본의 표준편차를 이용한다.

예제 한 작업장에서 가공하고 있는 제품의 가공규격의 공차는 $\Phi 10^{+0.01}_{-0.02}$이다. 이미 가공 완료된 제품에서 랜덤방식으로 100개 제품을 추출하여 측정한 결과 표본의 평균치 $\bar{x}=9.545$, 표본의 표준편차 $s=0.004$이다. 이상 자료를 이용하여 공정의 공정능력지수를 계산하여라.

풀이

$$\because S_U = 10+0.01.\ S_L = 10-0.02,\ s=0.004$$

$$\because C_p = \frac{S_U - S_L}{6\sigma} = \frac{(10+0.01)-(10-0.02)}{6\times 0.004} = 1.25$$

즉, 공정능력지수는 1.25이다.

1.2.1.2 기술규격의 상하한이 있는 경우 분포의 중심이 규격 중심에서 이탈되었을 때.

제품은 역시 쌍방향으로 기술적 규격이 있지만 분포중심 μ는 [그림 7-1]에서 나타난 바, 규격중심 M로부터 이동이 있을 경우 식(7-2)에 대해 수정을 하여야한다. 즉 아래와 같은 공식으로 이용하여 공정능력지수를 계산한다.

$$C_{pk} = (1-K)\frac{S_U - S_L}{6\sigma} \tag{7-3}$$

식 (7-3)에서 K는 수정계수이며 계산 공식은 아래와 같다.

$$K = \frac{\left|\frac{1}{2}(S_U - S_L) - \mu\right|}{\frac{1}{2}(S_U - S_L)} \tag{7-4}$$

K의 크기는 μ가 M과의 이탈정도를 나타낸다. 식 (7-4)에서 우리는 $K \geq 0$인 것을 알 수 있다. 여기서 $K \geq 1$때 $C_{pk}=0$으로 규정한다.

예제 〈예제 7-1〉에서 표본평균치 $\bar{x}=9.54$, 표본의 표준편차 $s=0.004$이다. 이상 자료를 이용하여 공정의 공정능력지수를 계산하여라.

풀이 표본의 평균치 $\bar{x}$는 규격의 중심치 $M=9.454$와 일치하지 않다. 즉, 제품의 분포중심은 규격중심에서 이탈되었다고 할 수 있다. 따라서

$$K = \frac{\left|\frac{1}{2}(S_U - S_L) - \mu\right|}{\frac{1}{2}(S_U - S_L)} = \frac{\left|\frac{1}{2}[(10+0.01)+(10-0.02)] - 9.54\right|}{\frac{1}{2}[(10+0.01)+(10-0.02)]} = 0.33$$

$$C_{pk} = (1-K)\frac{S_U - S_L}{6\sigma} = (1-0.33)\times\frac{(10+0.01)+(10-0.02)}{6\times 0.004} = 0.8375$$

위 계산을 통해 제품의 중심이 규격중심을 이탈한 것을 고려하여 수정된 공정능력지수는 0.8375이다.

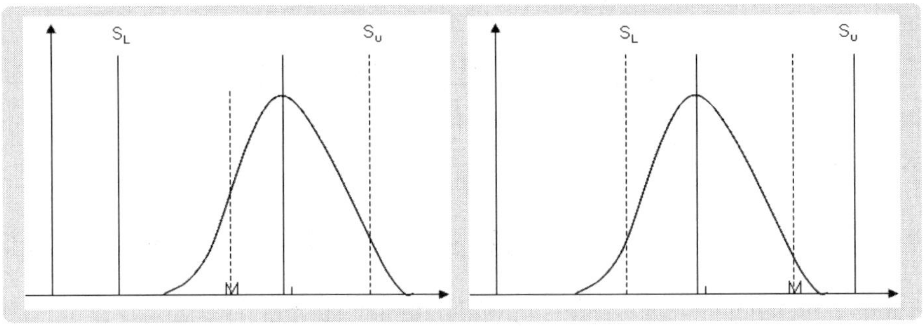

[그림 7-1] 분포중심과 기준중심이 일치하지 않은 경우

실제운영에서 표본크기가 크면 제5장에서 소개한 히스토그램을 이용하여 원시적 데이터에 대해 정리하여 도수분포도를 작성하여 평균치와 표준편차를 계산 후 식(7-2) 혹은 식(7-3), 식(7-4)를 이용하여 공정능력지수를 계산하면 된다.

1.2.1.3 기술규격의 한계가 한 쪽에만 있는 경우

실제로 제품의 품질특성은 한 쪽에만 기술규격 한계가 있을 때가 많다. 예컨대 조명등의 수명, 전자제품의 사용수명, 철사의 강도 등, 우리는 그들의 특성치가 높을수록 좋다고 판정한다. 따라서 기술규격은 하한계 S_L에 대해서 규정한다. 반대로 기계가공에서 기계가공품의 표면의 매끄러운 정도는 작을수록 좋다. 따라서 기술규격은 상한계 Su에 대해 지수의 계산공식은 아래와 같다.

$$C_p = \frac{S_u - u}{3\sigma} \tag{7-5}$$

규격 하한계 S_L만 있을 때

$$C_p = \frac{u - S_L}{3\sigma} \tag{7-6}$$

위 식에서 σ와 μ는 일반적으로 미지수이다. 따라서 실제응용에서는 표본의 평균치 $\overline{x}$와 표준편차 s를 이용하여 계산한다.

예제 한 전선회사에서 절연재료를 생산하고 있다. 규격에 따르면 정격전압은 1200V이상이야만 한다. 표본의 크기는 50이며 실제측정결과 $\overline{x}$ = 4000V, s = 1000V 이다. 이상 자료를 이용하여 본 생산공정의 공정능력지수를 구하여라.

풀이

$$S_L = 1200\text{V}, \quad \overline{x} = 4000\text{V}, \quad s = 1000\text{V}$$

$$C_p = \frac{u - S_L}{3\sigma} = \frac{4000 - 1200}{3 \times 1000} = 0.933$$

따라서 공정의 공정능력지수는 0.933이다.

공정능력을 평가하는 주요기준은 공정능력지수라고 소개한 바 있다. 즉 공정능력지수가 클수록 기술 규격의 공차범위에 상응한 제품의 이산정도도 작고 또 공정능력도 높다. 반대로 공차범위에 상응(相應)한 제품의 이산정도가 클수록 공정능력이 낮다. 따라서 공정능력지수의 크기를 이용하여 공정능력을 판정할 수 있다. 품질과 경제성 차원으로 볼 때, 공정능력지수는 높을수록 좋은 것은 아니다. 즉 적당한 범위 내에서 선택하여야 한다. 일반적으로 공정능력지수를 5개 구간으로 구분한다. 즉 공정능력에 상응한 5등급으로 나눈다. 구체적인 등급분류를 아래 〈표 7-1〉과 같다.

〈예제 7-2〉에서 C_p = 1.25로서 〈표 7-1〉를 참조한 결과 공정능력은 있으며 2급가공수준에 있다고 판정할 수 있다. 이러한 공정상태를 분석을 한다면 가공공정은 대체적으로 안정적이며 관리도를 이용하여 공정의 변화를 감시하여 제품품질의 안정을 보장한다.

〈예제 7-3〉에서 C_p = 0.93로서 〈표 7-1〉를 참조한 결과 공정능력은 3급가공에 속하고 공정능력이 부족하다. 이러한 상태에서 계속 생산을 한다면 많은 불량품이 형성될 것이다. 따라서 공정능력에 영향을 미치는 주요요소를 찾아내어 형성원인을 파악하여 조치를 취해 공정을 정상으로 회복시켜야 한다.

〈표 7-1〉 공정능력판정표

C_p의 한계			
$C_p > 1.67$	특급 가공	공정능력 과잉	1. 규격수정 혹은 공차축소를 이용하여 더욱 높은 품질수준을 보증한다. 2. 원자재 혹은 설비에 대한 요구 또는 검사기준을 낮추어 원가 절감을 한다.
$1.33 < C_p < 1.67$	1급 가공	공정능력 충족	1. 관리도를 이용한 공정관리를 통해 안정상태를 유지하여 공정능력지수를 유지한다. 2. 제품검사를 적당히 낮추어 관리비용을 절감한다.
$1 < C_p \leq 1.33$	2급 가공	공정능력 있음	1. 관리도를 통해 공정상태를 감시하여 제품품질의 안정을 확보한다. 2. 가공능력을 조사하여 충분한 보증이 있는 것을 확인후 공정관리로 넘어간다.
$0.67 < C_p \leq 1$	3급 가공	공정능력 부족	1. 충화조사를 통해 공정능력에 영향을 미치는 주요요소를 파악하여 조치를 취해 정상으로 회복시킨다. 2. 제품에 대한 전수검사를 실시하여 출고제품 품질을 보증한다.
$C_p \leq 0.67$	4급 가공	공정능력 없음	1. 생산을 중지하여 공정을 개선한다. 공정능력이 충분하다고 판정되었을 때 재생산을 한다. 2. 이미 생산된 제품에 대해 전수검사를 실시한다.

1.2.2 공정능력의 조사

공정능력은 제품품질을 보증하고 또 제고하는 주요요소이다. 공정능력의 조사를 통해 공정능력의 상태를 파악할 수 있다. 공정의 상태를 분석하고 평가하는 것은 공정의 검증, 공정분석 및 기술경제분석을 위해 근거를 제공할 수 있다.

1.2.2.1 공정능력조사의 순서

공정능력조사의 순서는 아래와 같다.

① 명확한 조사목적을 수립한다.
② 조사대상을 선택한다.
③ 조사방법을 결정한다.
④ 공정을 규격화한다.
⑤ 기준에 따라 작업을 한다.
⑥ 데이터를 수집하고 분석한다.

⑦ 공정상태를 관찰한다.
⑧ 공정능력지수 C_p를 계산한다.
⑨ 공정능력을 판정한다.
⑩ 해결방안을 구축하여 조치를 취한다.

1.2.2.2 공정능력조사의 방법

공정능력을 조사하는데 주요하게 사용하는 방법은 주요하게 두 가지 있다. 즉 히스토그램과 관리도이다. 이 두 가지 방법은 모두 제품에 대한 측정을 통해 초기 데이터를 수집한다.

히스토그램은 공정에서 랜덤방식으로 일정한 량의 데이터를 추출하여 히스토그램을 작성한다. 히스토그램이 정상형이면 기술규격의 한계를 히스토그램에 표기하여 판정을 한다. [그림 7-2a]상태는 공정능력이 과잉하여 기술규격을 낮출 것을 고려할 수 있다. [그림 7-2b]상태는 공정능력이 충분하고 가공공정은 안정적이다. [그림 7-2c]상태는 공정능력이 대체적으로 생산수요를 만족할 수 있지만 공정을 엄격히 관리하여 품질변동을 감소시켜야 한다. [그림 7-2d]상태는 공정능력이 매우 부족하여 즉시 조치를 취해 품질변동을 감소시켜야 한다. [그림 7-2e]와 [그림 7-2f]상태는 제품품질 특성치의 중심이 이탈되어 우선 교정을 하여야 한다.

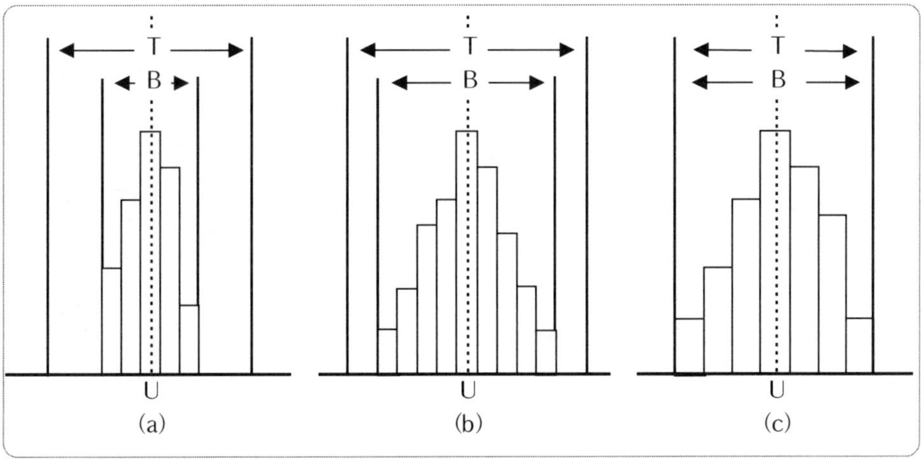

그림 7-2a　　그림 7-2b　　그림 7-2c

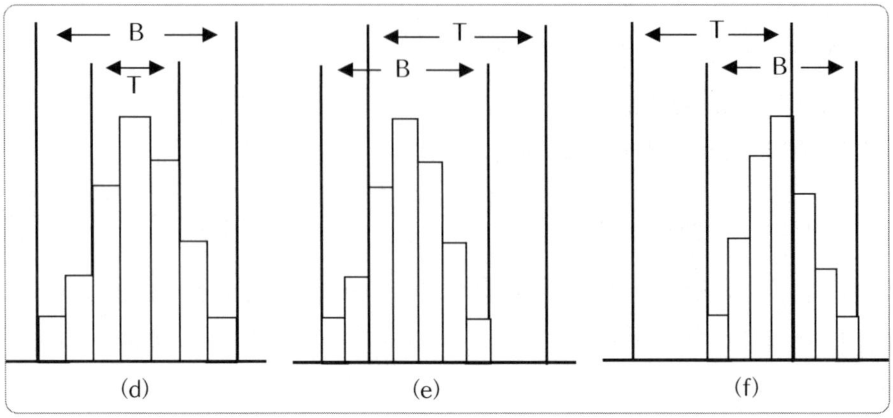

그림 7-2d 그림 7-2e 그림 7-2f

[그림 7-2] 히스토그램의 종류

공정능력을 조사하는데 사용하는 또 하나의 방법은 관리도이다. 히스토그램을 통해 계산한 공정능력지수는 표본을 추출하는 시기의 공정품질수준만 대표하지만 관리도를 통해 계산된 공정능력지수는 비교적 장기간의 공정품질수준을 대표할 수 있다. 따라서 관리도 방법을 이용한 결과의 신뢰성은 상대적으로 높다고 할 수 있다. 그러나 공정이 안정 상태에 있을 때는 히스토그램법과 관리도법은 큰 차이가 없다.

2. 품질개선

2.1 품질개선 영역

현대의 시장경제하에서 제품의 가격, 판매액 및 제품품질사이에는 정상관계가 있다고 할 수 있다. 따라서 제품의 품질수준을 유지한다는 것은 기업에서 단기경제효과를 추구하는데 그치는 정도이다. 따라서 기업의 경제효과를 유지하고 또 제고하는 데는 제품품질개선을 지속적으로 추구하여 품질을 향상하여야 한다.

품질향상 방법상 제조 및 비제조업에 대한 적용의 차이를 없애기 위해 특별히 여섯 단계의 공정개선 모델이 마련되었다. 이는 [그림 7-3]에 나타나 있으며, 모든 적용에 대한 보편적은 도표로 이용될 수 있다.

이에 대한 설명은 산출물, 고객 및 산출물을 생산하는 작업 공정을 명확히 하는 것부터 시작된다. 이 방법론은 고객요건을 상세히 조사하고, 그것들과 관련된 작업공정 능력간의 차이를 정의하면서 계속하여 설명한다. 다음에는 그 차이의 기초가 되는 근원을 이해할 수 있도록 이들 공정의 탐구 및 분석을 검증한다. 이는 새로운 제품 및 공정의 개발을 필요로 한다. 적절한 변경이 실행되면, 그 효과가 평가되고, 지속적인 개선을 보장하기 위해 위의 절차가 반복된다.

W.에드워드 데밍은 "인스턴트 푸딩(Instant Pudding)과 같은 것은 존재하지 않는다." 라고 반복적으로 진술하였다. 주요 업무 공정의 지속적 개선에서는 예외를 기대할 수 없다. 본장에 제시되어 있는 여섯 단계의 공정은 수년간의 좌절과 실패를 거쳐 발전된 것이며, 이를 적용하는 데에는 많은 훈련이 필요하다. 보다 간단한 방식이 시험되어 일부 적용에서는 성공을 거두었으나, 이것은 다른 유형의 문제에 대해 일반화하지 못하고 항상 곤란을 겪어왔다. 여섯 단계 공정은 보편적인 방식으로 설계되었다.

비 제조업체의 운영에 종사하는 관리자들이 공정 개선을 시도할 때 곤란을 겪게 되는 이유에 대해서는 다음과 같은 원인들을 예로 들 수 있다. 일부 관리자들은 단기적인 타결책을 모색했을 수도 있으며, 일부는 산출물이 생산되는 시스템을 인식하지 못했다. 또 일부는 고객이 진정으로 원하는 바를 이해하지 못했으며, 다른 사람들은 시스템의 성취도에 대한 적절한 측정 기준을 수립할 능력이 없었다. 어떤 사람들은 제조 공정용으로 개발된 기법과 기술을 접목시키기도 했다. 그리고 어떤 사람들은 계속 인스턴트 푸딩과 같은 것을 추구했던 것이다. 여섯 단계 공정개선 모델은 어떤 유형의 공정에도 품질관리를 적용할 수 있는 체계적은 방식을 도입하고 있다. 이는 정보시스템, 마케팅, 재무, 관리, R&D, 엔지니어링, 서비스 또는 제조 등 어떤 유형의 공정에도 적용될 수 있다. 또한 고객과의 정보교환 시스템, 제품 및 서비스의 생산과 전달에 사용되는 시스템 및 작업환경을 창출해 내는 시스템 등 모든 시스템에 적용될 수 있다.

이 방식은 업무공정의 개선을 시도하기에 앞서 그 공정들에 대한 기본적인 이해를 수립하는 것을 도와주는 보편적인 적용이 가능하다. 지속적인 개선을 위해서는 이들 공정이 무엇인지를 알고, 어느 정도로 수행되는가를 이해해야 한다. 처음 네 단계를 거쳐 이와 같은 충분한 지식이 구축된다.

[그림 7-3] 공정개선 모델

일부 적용의 경우에는, 이 처음의 네 단계 중 하나 이상이 정상적인 업무과정을 통해 이미 완수됨으로 해서 그 단계들이 보다 손쉬워 질 수 있다. 이는 이 단계들이 생략될 수 있음을 뜻하는 것이 아니라 단지 그 요건들이 기존의 시스템을 통해 만족되었음을 의미하는 것이다.

2.2 품질개선 단계

명확성을 위해 이것들을 솔직하고 직선적인 방식으로 설명하였으나, 실제의 적용에 있어서는 새로운 정보가 입수되고, 이전의 가설들이 불완전하고 부정확하다는 것이 판명되면, 이 공정 개선을 위한 6단계를 구체적으로 살펴보면 아래와 같다.

단계 1 : 공정에 관련된 문제점의 정의

제조업과는 달리, 서비스 제공자나 현명한 근로자들은 때로는 그들이 한 업무시스템 내에서 업무를 수행하고 있는 사실을 깨닫지 못할 수가 있다. 공정개선 모델에서는 우선 어떤 시스템을 적용할 것인지를 분명히 함으로써, 산출이 아니라 공정에 노력을 집중시킬 수 있게 된다. 이 첫 단계 내에 규정되어 있는 자세한 활동들은 다음과 같다.

1. 산출물 확인.
2. 고객 확인.
3. 고객 요구 조건 정의.
4. 산출물의 생산 공정 확인.
5. 공정의 책임자 확인.

고객의 요구와 기대가 잘 이해되지 않은 경우에는, 이것을 분명하고 객관적으로 정의하는데 특별한 노력을 기울여야 한다. 이러한 이해의 부족은 주로 산출물의 특성을 측정하기 힘든 경우에 주로 발생되며, 이는 산출물이 무형일 때에 흔히 나타나는 경우이다.

〈표 7-2〉는 공정의 지속적 개선이라는 측면에서 문제점들을 정의할 수 있는 방법에 대한 예를 제공한다. 이 표에서는 목적을 상세한 결과로 기술하는 방법과 기초공정의 측면에서 재 기술하는 방법을 비교한다. 이는 또한 이미 달성된 공정개선의 그 다음 개선 정도도 보여준다. 이 결과들은 객관적이고 측정 가능한 용어들로 기술된 것임에 주의하기 바란다.

관련 공정의 책임자들은 이 첫 번째 단계에서 확인되어야 한다. 또 다시 대부분의 제조업 운영에 있어서 책임성이 너무도 명백한 까닭에 이 작업은 종종 당연한 것으로 여겨진다. 예로써 제조업의 경우 책임은 일반적으로 일일 운영, 예방차원의 유지보수 및 공정단위의 제조 블록들에 대해 명확히 정의, 문서화되어 있다. 반면 서비스 공정의 경우에는 이러한 명확성이 결여되어 있을 경우가 많다. 책임자가 누구인가에 대한 이해는 적합한 자원이 활용되며, 확인된 향상계획들이 위임될 수 있음을 보증하는 공정에 있어서 필수적인 단계이다.

〈표 7-2〉 공정면에서의 문제 정의-사례

특정 경로 가로로 정의된 목적	공정측면에서의 재진술	점진적인 공정개선 실현
1. 기술보고서 XTY의 제작을 촉진한다.	기술보고서들의 재제작 및 유포를 위한 공정 개선	모든 기술 보고서의 평균제작 시간은 30% 감소되고 비용은 20%감소됨.
2. 신제품ABC를 시험하기 위한 장비설치를 촉진한다.	신제품 시험을 위한 공정 개선	신제품에 대한 성능시험에 소요되는 평균시간은 30%감소되고 시험 설치비용은 20%감소됨.
3. IJK변동의 처리에 응한 종업원들에 대해 적절한 보상을 정한다.	종업원 노력과 기여를 보상하고 인정하는 시스템 개선	연례의견 조사에 따르면 성취도 관리 시스템에 대한 종업원들의 견해에 있어서 22% 향상된 것으로 나타났고 보상수준은 변화 없었음.
4. 컴퓨터 사용자 안내 전화의 사용증가에 따라 이를 지원할 4명의 추가 교환원을 선정 교육한다.	컴퓨터 사용자를 지원하는 시스템 개선	연례의견 조사에 따르면 컴퓨터 지원에 대한 종업원들의 견해에 있어서 15% 향상된 것으로 나타났고 교환원의 추가는 없었음.
5. 7월 20일자 컴퓨터 운전 정지의 원인을 조사 제거 한다.	컴퓨터 시스템의 신뢰도 개선	중단시간은 추가 장비나 요원 없이 25%감소됨.

단계 2 : 공정의 확인 및 문서화

명확히 정의된 작업공정이 존재하지 않는 경우, 이러한 근거를 수립하기 위한 작업이 필요하다. 제조 공정들의 문서화 상태는 일반적으로 양호하므로 이 단계는 당연시되어 왔다. 공정 개선의 두 번째 단계에서는 이해할 수 있는 용어로 공정을 설명할 것이 요구되며, 이 작업은 일반적으로 서면상의 설명이나 말로써의 설명으로만 이루어지는 것이 아니라, 그림이나 모델을 이용하여 이루어진다.

흐름도는 공정을 설명하는데 흔히 사용되는 도구이며, 단순화 된 한 형태가 [그림 7-4]에 예시되어 있다. 기술문헌들에는 흐름도를 작성하는 방법이 많이 수록되어 있다. 흐름도를 작성함으로써 다음의 네 가지 향상 활동을 수행할 수 가 있다.

1. 공정의 참가자들을 성명, 직위 또는 조직별 확인.
2. 공정의 모든 참가자들에게 공정 내 모든 단계 및 그들 각자의 역할에 대한 일반적인 이해 제공.
3. 비효율적이고 소모적이며 불필요한 단계 확인.
4. 공정 측정을 정의하기 위한 기본 틀을 제공.

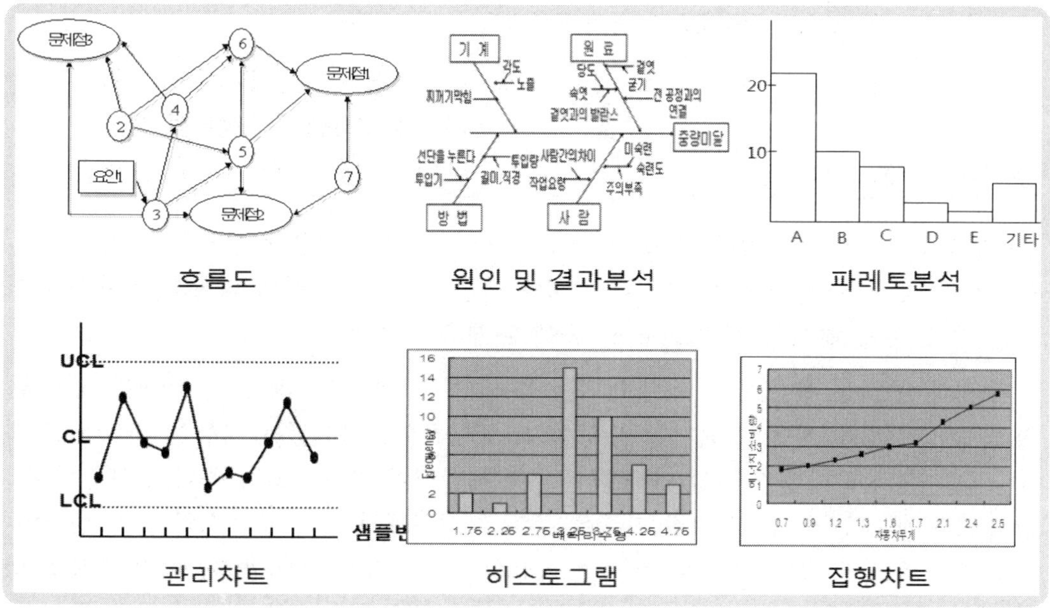

[그림 7-4] 공정개선 도구

단계 3 : 성취도 측정

성취도에 대해 문서화된 기준이 존재하지 않는 경우, 시스템이 어느 정도 양호하게(또는 불량하게) 수행되고 있는지를 양으로 나타낼 수 있는 교정 작업이 필요하다. 또한 그러한 측정 기준들은 고객의 기대라는 측면에서 정의, 평가되어야 한다. 이 단계는, 산출요건뿐 아니라 그 공정도 미리 정의되지 않은 상황에서는 그 중요성이 배가 된다.

공정 측정 기준은 작업공정 자체의 활동, 변수 및 운영을 정의한다. 산출 측정 기준은 각 제품이나 서비스의 상세한 특징, 가치 및 속성을 정의하며, 다음과 같은 두 가지 측면에서 시험될 수 있다. 그 중 한 측면은 고객이 희망하는 산출물의 요구조건을 나타내며, 나머지 한 측면은 공정에 의해 실제로 전달되는 산출물의 특성을 나타낸다. 전자는 고객의 요구라 하며, 후자는 공정의 요구라 한다. 그 결과 측정 기준은 공정의 최종 효과를 정의하며 이는 고객이 그 제품이나 서비스를 가지고 행하는 작업이 무엇인가에 따라 달라진다. 고객만족도는 결과의 중요한 측정기준이다.

품질비용은 공정 성취도에 대한 하나의 측정 기준이며 많은 측정 기준들이 존재한다. 일단의 측정기준이 〈표 7-3〉에 나열되어 있으며 자동차용 가솔린 구입에 대한 다음의 간략한 예를 통해 분명히 밝혀진다.

〈표 7-3〉 고객과 공정특정의 관계-일반개요

결과	고객만족	
산출물	소비자의 요구특성	공정특성 전달
공정	수행능력기준	

구입하고자 하는 가솔린의 상표나 등급을 결정할 때, 고객은 자신의 자동차에 대한 제품자체의 성능, 구입가격 및 시간과 위치에 따른 편의성, 설비의 외형과 종사자의 행동 등과 같은 구입 당시의 서비스 속성 등에 관심을 가진다.

이 예의 목적상 한 가지 특성에만 초점을 맞출 수 있도록, 제품 그 자체의 성능을 고려해보자, 자신의 자동차 엔진이 부드럽고, 조용하며, 고장없는 작동을 바라는 고객의 요구는 가솔린에 대한 일련의 기술 규격으로 해석되어 왔다. 그 중 하나가 옥탄이며, 공정의 요구에 대한 한 가지 측정 기준은 주어진 시점에서 특정 주유소의 특정 탱크에 있는 가솔린의 실제 옥탄이다. 이 탱크내 옥탄의 시간경과에 따른 변화, 여러 주요소 탱크들 간의 옥탄의 차이 및 정제소 혼합 탱크에서의 가솔린에 대한 옥탄의 변화 등이 이와 관련된 기타 측정 기준들이다.

정유소에서의 공정으로 이동해 보면, 옥탄과 같은 제품 규격은 다양한 공급흐름에 대한 다른 성능 특성으로 해석된다. 한 흐름의 반응장치로의 유출속도, 온도, 압력 등이 한 예가 될 수 있다.

그러면 이 예로써 나타난 것은 무엇인가? 이것은 요구결과가 고객의 자동차 엔진의 부드럽고, 조용하며, 고장없는 작동으로 정의하면서 시작되었다. 게다가 공정 측정 기준의 단면을 온도, 압력 및 특정 정유소의 반응장치 유출속도를 정의하는 쪽으로 방향을 다소 전환하였다. 공정이 실제로는 주유소 탱크의 옥탄을 측정함으로써 아니라 온도, 압력, 정유소에서의 유출속도 등을 측정함으로써 관리되기 때문에 이러한 해석은 1차적인 중요성을 갖는다.

이러한 이해는 관련된 모든 공정이 설명되고, 모델화되고 또 이해되었기 때문에 가능한 것이었다. 첫 번째 모델은 고객만족도를 그들의 자동차엔진의 성능과 연결시켰으며, 두 번째 모델은 엔진의 성능을 가솔린에 대한 제품규격과 연결시켰다. 세 번째 모델은 제품규격을 정유소의 운용조건과 연결시켰다. 이러한 해석은 [그림 7-5]에 나타나 있으며, 고객 공급자 체인의 모든 고리를 추적한 것이다.

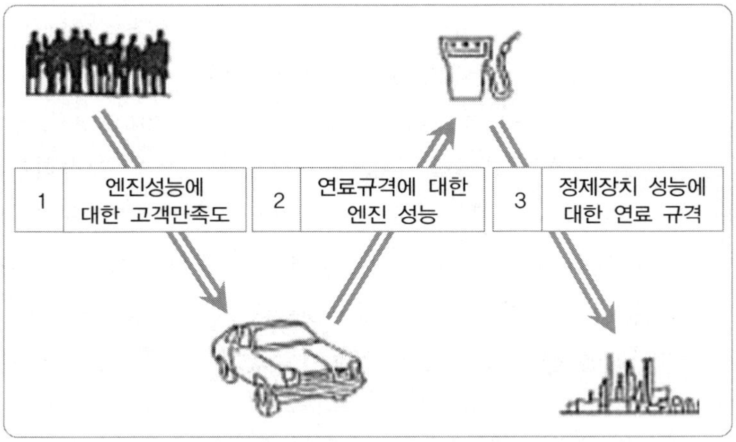

[그림 7-5] 고객의 요구조건 대 공정성능

측정 기준 예에 간단한 조사 자료가 〈표 7-4〉에 제시되어 있다. 이 자료는 각 측정 수준에 대해 상세한 일련의 수치를 제공한다. 그러나 데이터의 가변성을 이해해야 하므로, 실제의 경우 그림은 복잡해진다. 심지어 한 대의 차량을 소유한 운전자의 경우에도, 요구되는 옥탄은 날씨, 고도 및 엔진 상태에 따라 변할 것이다. 마찬가지로 공정의 특성 및 성능도 동시에 변하게 된다.

〈표 7-4〉 고객과 공정 측정의 관계 - 제품사례

결 과	엔진소음에 대한 소비자 조사 67% 대단히 만족 31% 만족 2% 불만족
산 출 물	소비자 욕구 80.0옥탄 공정처리 89.3옥탄
공 정	반응조 투입 A 처리율 = 37,000배럴/일 투입온도 = 455°F 투입압력 = 725psi

이 예가 제품과 제조 조건을 연결시키고 있기는 하지만, 이는 서비스 공정에서 요구되는 측정과 유사하다. 하나의 대안으로서, 이 예는 제품자체의 특성보다는 오히려 서비스 차원에서 공정의 요구를 정의 할 수 있다.

단계 4 : 원인에 대한 이해

데이터가 부족하면 시스템이 현재의 방식으로 실행되고 있는 이유를 이해하는데 어려움이 증가된다. 연구, 개발 및 엔지니어링과 같은 장기적인 과정의 경우와 같이 여섯 단계 공정 개선 모델은 이러한 차이를 극복하여 시스템 능력을 제한하는 특정 요소들을 확실히 식별해 낼 수 있도록 설계되었다.

그들의 공정과 관련해서 문제를 정의하고(단계 1), 그 공정의 모든 단계를 확인하며(단계 2), 객관적인 용어로 성취도를 측정함으로써(단계 3), 성능차의 기본 원인을 이해하는데 통계적 분석 및 품질에 대한 전통적인 기법들을 적용할 수 있다. 이 단계를 완수하는데 있어서, 파레토분석, 특성요인도, 히스토그램 및 관리도 등 네 가지 도구가 대표적이다. 흐름도의 이용(단계 2)과 같은, 단순화된 형태들이 [그림 7-10]에 나타나 있다.

데밍은 경험만으로는 아무것도 가르치지 못하며, 학습이 일어나기 위해서는 경험이 기본원리에 대한 지식에 적용되어야 한다고 설명한다. 공정 개선 모델의 단계 2와 단계 3은 기본 원칙의 근거를 두도록 설계되었다. 이는 흐름도의 작성, 모델화 및 측정을 통해 완성된다. 단계 4는 그 다음 수준의 지식을 획득하고, 공정에 대한 충분한 이해를 얻을 수 있는 방법들을 제공한다.

노력한 만큼 성취한다. 의도가 좋은 사람들의 노력이 자주 좌절되고, 장기간의 혜택을 갖는 상당히 적은 업적만을 달성하는 것처럼 보이는 까닭은 무엇인가? 뚜렷한 이유없이 문제들이 되풀이 되는 것은 왜인가? 왜 상황은 설상가상으로 치닫는가?

다음의 세 가지 문제에 답함으로써 영구적인 개선을 향한 효과적이고도 효율적인 조치를 취하기 위해, 공정에 대한 기본적 이해를 구축할 수 있다.

첫째, 다수의 보통인 것들과 소수의 필수적인 것들은 구별했는가?

쥬란은 자연의 기본법칙에 따라 문제의 80%가 원인의 20%의 결과라고 믿고 있다. 향상을 달성할 수 있는 한 가지 열쇠가 이 결정적인 20%를 식별하여 이들에 주의를 집중하는 것이다. 쥬란은 품질손실의 잘못된 분배를 나타내는 이 개념을 19세기의 이탈리아 경제학자인 파레토를 기념하여 명명하였다. 파레토 분석은 소수의 필수적인 것들이 발견될 때까지 원인을 범주화하고 또 재범주화하는 방법이다(4장 참조). 쥬란의 가설은 [그림 7-6]에 잘 나타나 있다.

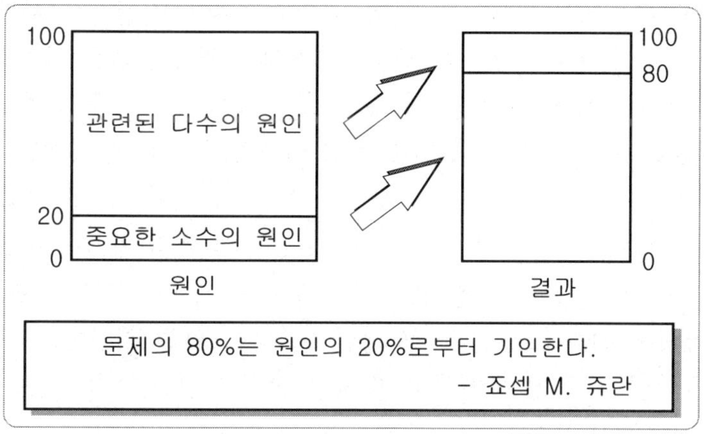

[그림 7-6] 파레토 원칙

둘째, 근본 원인을 진단했는가?

가오루 이시카와는 문제의 최초의 징후들은 그 원인이 아니라 그 증상이라고 주장한다. 그러므로 근본 원인을 이해하고 그에 따라 조치를 취해야 할 필요가 있다.

특성요인도는 증상, 원인 및 근본원인들을 차별화하는데 사용될 수 있는 도구이다. 이 수준들 간의 차이를 보여주는 한 예가 〈표 7-5〉에 제시되어 있다.

〈표 7-5〉 근본 원인에 대한 진단 및 조치

수 준	관 찰	조 치	결 과
증 상	자동차가 출발하지 않음	견인차 호출	견인차 출동료 25$지불
원 인	배터리 방전	차를 운전함으로써 재충전	근무지 도착(지각)
원 인	팬 밸트 파손	견인차 호출(다시)	수리차량 출동 및 밸트 교환 50$지불
근 본 원 인	부적절한 예방조치	제조업자가 권고하는 서비스 이행	문제 제거

셋째, 그러한 산포의 근원을 이해하고 있는가?

데밍 박사의 또 다른 기여는 산포라는 개념의 단순화이다. 그는 모든 산포는 어떠한 원인들에 의해 야기된 것이며, 그 원인들은 등급으로 분류될 수 있다고 설명한다. 일반적인 원인들은 시스템에 내재해 있는 것이며, 예측 가능한 범위 내에서 임의적인 산포를 유발한다. 특수원인들은 특정한 이유나 사건에 속한다고 할 수 있으며 예측이 불가능한 산발적인 산포를 방생시킨다.

산포를 제어할 시정조치를 취하기 위해서는 그 조치의 적합성 여부가 산포의 유형에 따라 다름으로 산포의 유형을 알아야 한다. 일반적인 원인은 기본 시스템을 다루지 않고서는 해결될 수 없다. 반면 특수 원인들은 그들의 구체적이고 확인 가능한 원인을 제거함으로써 처리된다. 산포의 일반 원인과 특수 원인을 구별하는 데에는 관리도가 도움이 될 것이다.

특수 원인이 식별되고 나면 나머지의 내재적인 산포들은 일반적 원인에 속하는 것으로 볼 수 있다. 공정능력은 이러한 범위의 산포를 규격이나 고객 요건과 비교함으로써 정의된다. 데이터를 히스토그램으로 작성함으로써 능력을 계산하고 가시화시킬 수 있다. [그림 7-7]은 이 두 공정 사이의 차이 즉 지정된 요건을 만족시킬 수 있는 것과 그렇지 못한 것을 보여주고 있다.

산포와 공정 능력을 이해하는 것은 단계 4에서 선호되는 최초의 활동이다. 그러나 산출물이 무형이고, 자주 반복되지 않는 경우, 이러한 분석을 위한 데이터는 이용불가능할 수도 있다. 이 경우, 단계 4에서 부과되는 문제들은 비슷한 방식으로 또는 반복적인 방식으로 해결되어야 할 필요가 있다.

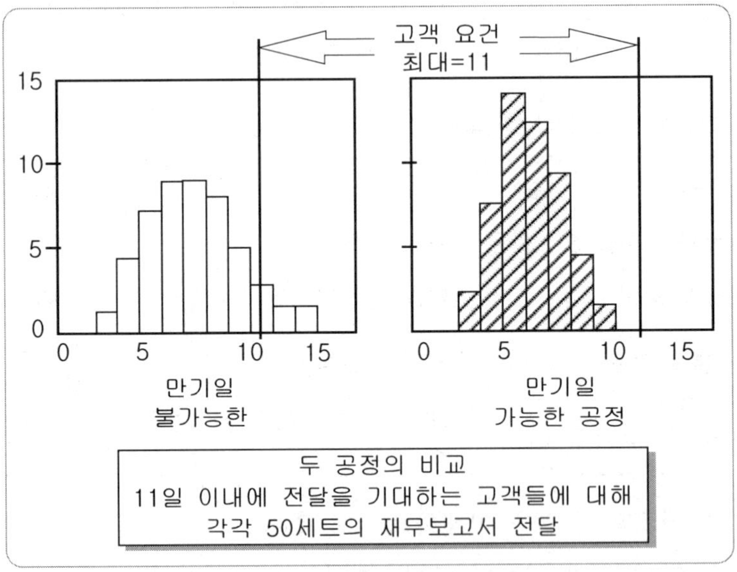

[그림 7-7] 공정 능력의 인식

단계 5 : 아이디어의 개발 및 시험

이 과정이 복잡해 보이는가? 어려운 것 같은가? 끝이 없어 보이는가? 우리는 지름길을 알지 못한다. 이 과정이 간단하고, 이해가 빠르고, 용이한 것이라면 해답은 1990년대 이전에 널리 알려져 이미 적용되었을 것이다. 그러나 염려할 것 없다. 경과가 눈에 보인다. 처음 네 단계에서는 이 과정의 결정적인 사항들에 대한 이해의 기초를 마련하였다. 이 단계들은 공정이 무엇인지에 대한 이해를 확실히 해 주었다. 그 덕택으로 주요 문제점들의 근본 원인을 식별할 수 있었다. 단계 5에서는 개선을 위한 아이디어가 개발이 시작된다.

개선을 위한 아이디어에서는 문제점들에 대한 근본 원인이 다루어져야 한다. 단계 5는 새로운 아이디어와 잠재적인 해결책의 개발이 촉진되어져야 하는 시점이다. 근본 원인을 제거하기 위해 공정을 설계하고 운용할 수 있는 새롭고 또 다른 차원의 방법은 어떠한 것들인가?

개선 추진을 위한 보완적 방법은 시험을 이용하는 것이다. 단계 4에서 개발된 가설을 시험할 수 있는 시험을 고안하여 수행한다. 또한 이들을 실행하기에 앞서 단계 5에서 개발되는 아이디어를 시험할 수 있는 시험을 고안한다.

시험에서 희망하는 결과가 산출되지 않은 경우에는 원인을 진단한다. 시험이 유용하였는가? 개선 아이디어는 효율적이었는가? 문제점의 근본원인을 혼동하지는 않았는가? 측정이 부정확하거나 잘못된 파라미터로 이루어지지는 않았는가? 공정이 철저히 확인되었는가? 고객의 요건을 오해하지는 않았는가? 그렇다면 공정개선 지침의 적절한 단계로 되돌아가 다시 반복한다.

단계 6 : 해결책의 시행 및 평가

여섯 번째 단계는 단계 5에서 확인, 검증된 개선안을 계획, 실행하는 것으로 시작된다. 단계 6은 계속해서 개선된 공정의 효율성을 측정, 평가한다. 그러나 이러한 활동들은 단지 이 단계의 일면에 불과한 것들이다.

이 단계의 또 다른 면으로는 여섯 단계 과정자체의 평가와 공정개선의 배가활동에 참가한 이들의 기여도 인정 및 공헌을 들 수 있다. 그러나 이러한 활동들은 단지 이 단계의 일면에 불과한 것들이다. 그것이 한 개인의 작업인지, 아니면 한 팀의 노력인지에는 차별을 두지 않는다. 그들이 성취한 결과뿐 아니라 여섯 단계 모델을 적용함에 있어서의 훈련과 보상을 한다. 여섯 단계의 적용을 상세히 정리한 작업표가 [그림 7-8]에 제시되어 있다.

마지막으로 지속적인 개선 과정에서 진행 중인 공정의 다음 개선을 시작하기 위해서는 단계 1로 되돌아간다.

1. 문제 정의

◇ 산출물 확인	
◇ 고객 확인	◇ 공정 확인
◇ 요건 정의	◇ 공정 책임자 확인

2. 공정의 확인 및 문서화

◇ 흐름도	◇ 참가자 확인
◇ 모델	

3. 성취도 측정

◇ 고객 만족도	◇ 전달된 산출물
◇ 고객 요건	◇ 공정 피라미터
	◇ 품질비용

4. 의문점 이해

◇ 주요 영역 이해	산포이해
◇ 근본 원인 진단	◇ 일반 원인
	◇ 특수 원인
	◇ 능력

5. 아이디어의 개발 및 시험

◇ 새로운 아이디어 개발	
◇ 시험	◇ 근본 원인을 제거할 수 있는 시험

6. 해결책의 실행 및 평가

◇ 개선 계획	◇ 단계 6평가
◇ 시스템 변경 실행	◇ 참가자들에 보상
◇ 시스템 변경 문서화	◇ 단계 1로 재순환
◇ 시스템 성능도 평가	

[그림 7-8] 공정 개선 점검표

여섯 단계 공정은 공정 개선에 대한 보편적인 이정표의 역할을 한다. 고객의 요구, 공정 능력 및 고객간의 차이의 원인에 대한 기본적인 이해를 마련할 수 있는 체계적인 방법을 제공한다. 이정표 규정과는 다르다. 경로에 익숙하지 못한 사람들은 이정표을 A지점에서 B지점으로 도달하기 위한 지침으로 사용한다. 반면 규정은 반드시 수행되어야 하는 요건들을 규정한다.

여섯 단계 이정표는 P-D-C-A사이클 또는 데밍 사이클이라는 명칭으로 알려져 있는 기본적인 개선 전략의 적용을 위한 지침을 제공한다. 계획단계는 처음 단계 4에서 다루어진다. 이 네 개 단계들은 문제를 규명하고 그 원인에 대한 가설을 세우는 것을 돕는다. 단계 5에서는 이미 설정된 가설을 시험함으로써 실행 및 검토단계를 수행한다. 단계 6은 공정 개선을 실행함으로써 이 사이클을 완료(조치)한다.

P-D-C-A에 대해서는 수많은 대안적 지침들이 이용가능하며 몇몇 조직체들은 여섯 단계 모델의 자체 내 이용을 관례화해 왔다. 일부는 그들 자신의 특수 용어를 포함할 수 있도록 용어를 수정하기도 했다. 일부는 요소들을 결합하여 단계의 수를 감소시켰으며 또 일부는 요소들을 분리하여 단계 수를 증가시켰다. 다음은 두 가지의 다른 개선 공정에 대한 예이며, 여섯 단계 지침에 대한 단계 또한 설명되어 있다.

[그림 7-9]는 필립 크로스비 연구소에 의해 전수된, 불일치 제거를 위해 공정에 포함되는 다섯 가지 단계들을 보여준다. 이는 상황 판단으로부터 시작된다(여섯 단계 광정의 단계 1). 그리고 크로스비는 나란히 진행되는 두 개의 경로를 상정한다. 그 하나는 현 상황을 고정시키는 동안, 즉 근본적으로 "화재와 진화"하는 동시에 "화재 예방 시스템"이 개발, 설치된다. 다른 하나는 근본 원인을 규명(여섯 단계 과정의 단계 4)하고, 시정 조치를 시행하여 평가하고, 그 여세를 몰아 계속해서 개선을 추진한다(여섯 단계 과정의 단계 6).

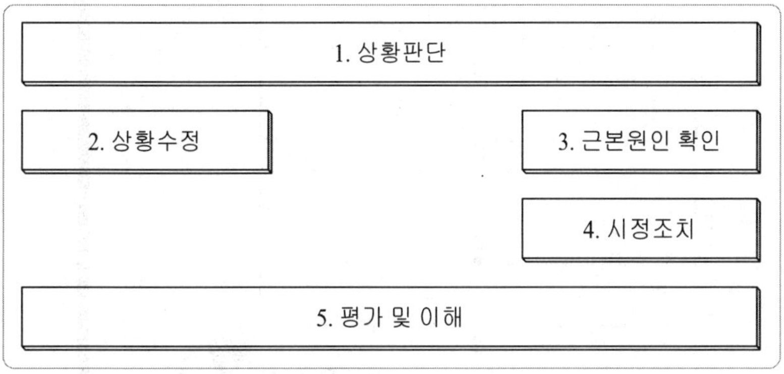

[그림 7-9] 불일치 제거를 위한 필립 크로스비 연구소의 방법

제조 분야의 운영에서는 크로스비의 방법이 널리 적용되는 것으로 밝혀졌으며, 여기서 제시되어 있는 제조 이외의 분야로 그 적용을 확장시킬 수 있는 구체적인 보완적 특징을 제공한다. 예를 들어 지침에 따른 처음 네 단계는 고객 기대 전반에 관한 이해와, 공정규격으로의 해석 그리고 요건과 실제 성능 간에 차이가 발생되는 근본 원인을 이해하기 위한 고전적인 품질기법의 적용 등을 보장한다. 무형의 산출물이나 문서화되지 않은 업무 공정을 개선시킬 경우에는 이들 단계의 분명한 언급이 필요했었다.

여섯 단계 지침에서는 부가적인 강화 작업으로서, 이들을 실행하기 전에 단계 5에서 새로운 아이디어를 시험할 것을 제안한다. P-D-C-A의 실행 및 검토단계의 생략을 허용하는 크로스비의 방식이 맹목적으로 추구되었다. 그 결과적인 방식은 계획-실행-계획-실행의 양상을 띈다. 여섯 단계 지침에서는 잠재적으로는 소모적인 이러한 손쉬운 방법에 경종을 울리는 시험을 분명하게 포함하고 있다.

[그림 7-10]은 제록스에서 전반적으로 사용되는 품질개선 과정을 보여준다. 이는 우리의 여섯 단계 모델의 개발을 위한 시발점으로 작용한다. 이 제록스의 방식은 문제-해결 모델과 결합되면 여섯 단계와 거의 유사하다. 제조회사라는 제록스의 고유속성을 인식하여, 제조 분야와 비 제조 분야의 운영 간 차이를 제거하기 위해 여섯 모델이 개발되었다.

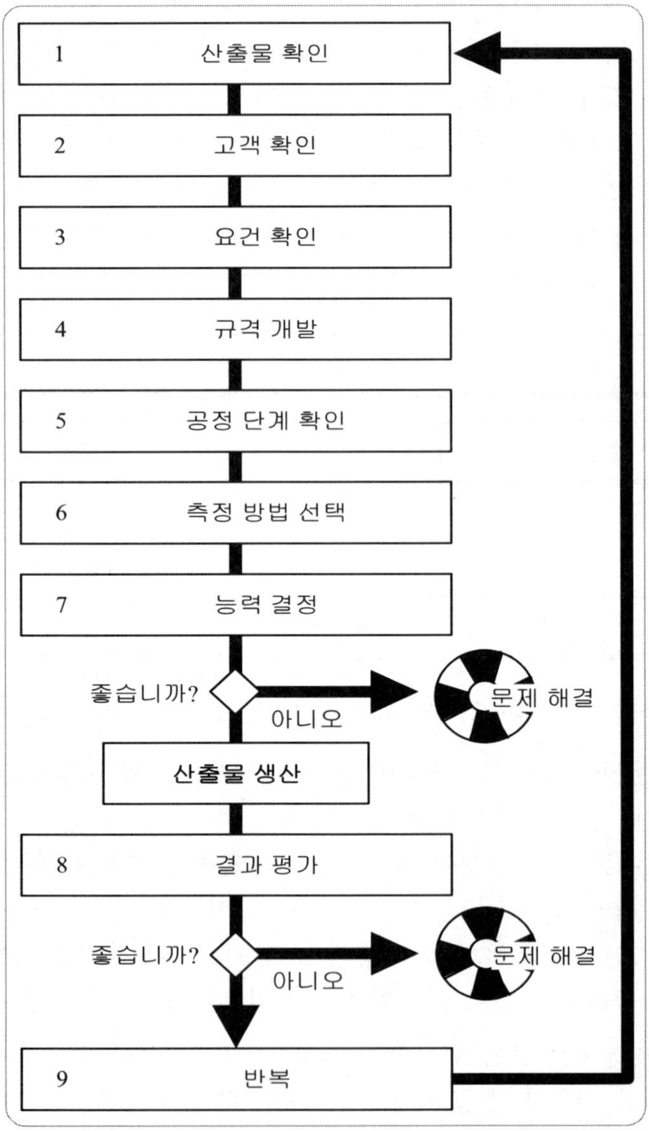

[그림 7-10] 제록스의 품질 개선 공정

3. 3정 5S 운동

3.1 5S 운동의 개요

5S는 정리·정돈·청소·청결을 생활화하는 관리기법으로 5S는 정리(整理 : Seiri), 정돈(整頓 : Seiton), 청소(淸掃 : Seisoh), 청결(淸潔 : Seiketsu), 습관화(習慣化 : Shitsuke)의 일본식 발음의 영문자 첫 낱말이 S자로 시작된다고 해서 S자를 5개 모아 5S라고 부르며 5S를 추진하는 것을 5S운동 또는 청정운동이라고도 한다.

① 정리(整理) : 필요한 것과 불필요한 것을 구분하여 불필요한 것을 버리는 것
② 정돈(整頓) : 필요한 것을 누구라도 항상 꺼낼 수 있도록 하는 것
③ 청소(淸掃) : 눈으로 보거나 만져 보아도 깨끗하게 하는 것
④ 청결(淸潔) : 정리, 정돈, 청소, 상태를 계속 유지 또는 개선하는 것
⑤ 습관화 : 결정되어진 규정, 규칙을 지속적으로 실시한다.

또한 5S의 기본 사고는 다음과 같다.

① 생산 활동의 기초이다.
② 모든 낭비(LOSS)와 불량의 발생을 사전에 방지한다.
③ 전원참가와 전원 실천이 필수요건이다.
④ 넓은 활동공간을 만들어 낸다.
⑤ 품질향상을 도모하고 불량제로를 달성한다.
⑥ 원가절감과 납기준수를 가능하게 한다.
⑦ 안전사고를 방지하고 고장을 감소시킨다.
⑧ 인간관계를 원만하게 하고 근무의욕도 향상시킨다.
⑨ “작은개선 * N = 큰개선 성과”의 개념이다.

[3정 5S 운동]

3정 : 정품, 정량, 정위치
5S : 정리, 정돈, 청소, 청결, 질서

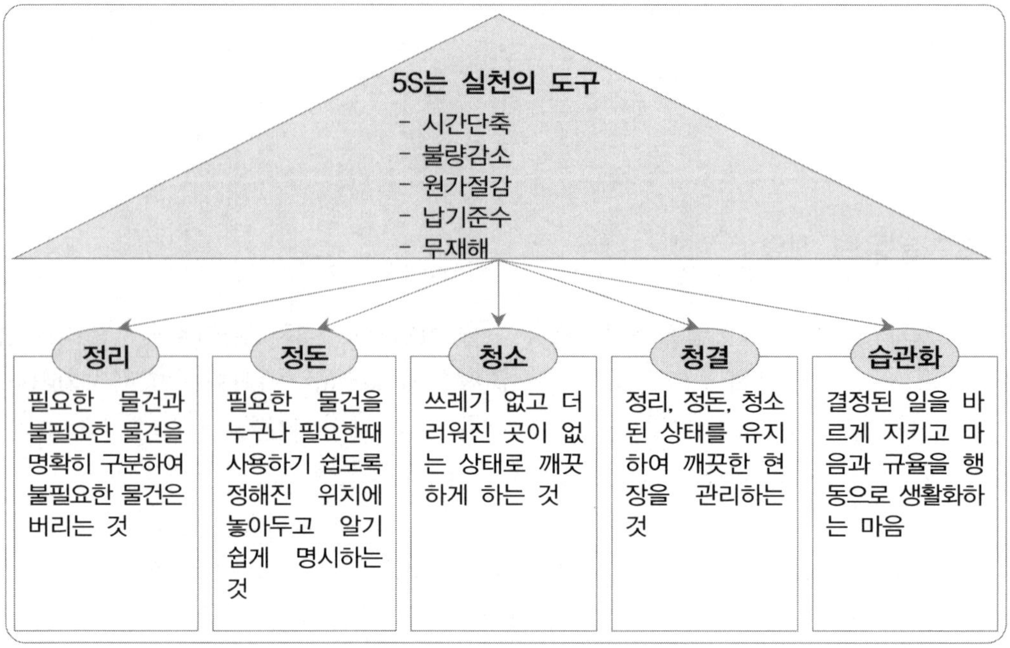

[그림 7-11] 5S 운동

3.2 5S 운동 추진 방법

3.2.1 정리

정리란 '버리는 것으로부터'시작한다. 정리는 단순히 직선, 직각, 수직, 수평, 평행을 가지런히 하는 것으로 이해하고 있는 사람들이 많지만 필요한 것과 불필요한 것을 확실히 구분하여 필요한 물건은 자신이 사용하기 편리하게 가까이 두고 불필요한 것은 누가 보아도 쉽게 알 수 있도록 붉은 표찰을 부착하여 정리하는 것을 말한다. 눈으로 보아서 알 수 있도록 붉은 표찰을 부착하는 것을 이른바 붉은 표찰 작전이라고 한다.

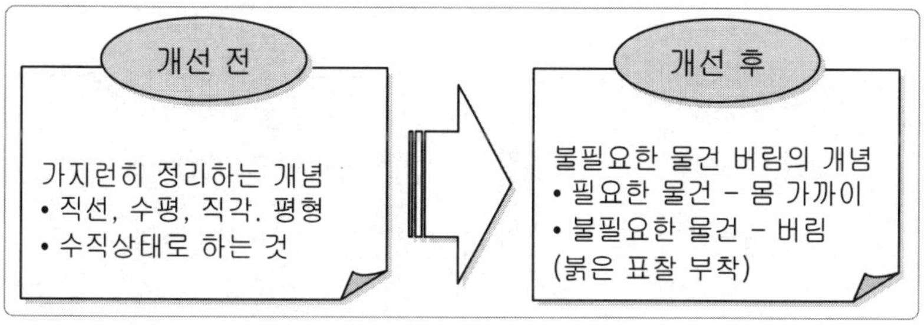

[그림 7-12] 정리 운동

3.2.2 정돈

정돈은 표준화로부터 시작한다. 현장관리는 표준화 없이는 추진할 수 없다. 전문가만이 조작할 수 있는 기계가 아니라면 초보자라도 쉽게 작업할 수 있도록 만들어 놓은 것이 표준화이다. 표준화는 현장의 모든 프로세스에 대하여 표준화가 필요하다. 이러한 표준화의 기초가 되는 것은 누구라도 한눈에 알아 볼 수 있고, 즉시 사용가능하고, 사용 후 원상태로 되돌려 놓을 수 있도록 하는 정돈하는 활동이다.

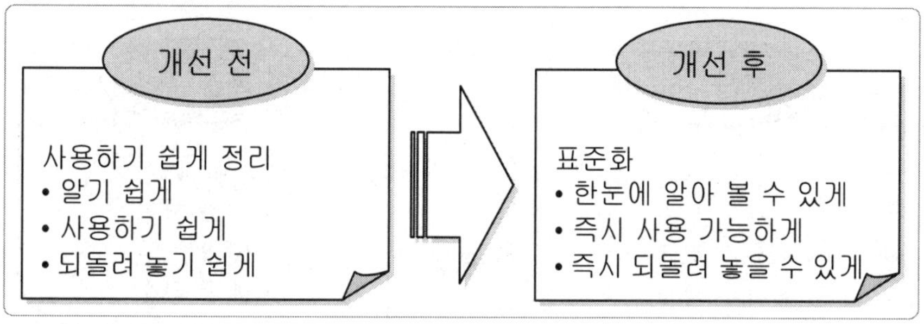

[그림 7-13] 정돈 운동

3.2.3 청소

청소는 점검부터 출발한다. 청소란 더러운 곳이나 먼지를 깨끗이 제거하여 기계설비나 사람의 능력이 충분히 발휘될 수 있는 직장을 만드는 것을 말한다. 프레스나 선반을 이용하여 작업하는 것처럼 청소도 일상의 업무로 인식하는 것이 중요하다.

청소가 일반 업무처럼 습관화되면 청소에 그치는 것이 아니라 설비점검 등 단순한 청소업무에서 청소점검운동으로 승화된다.

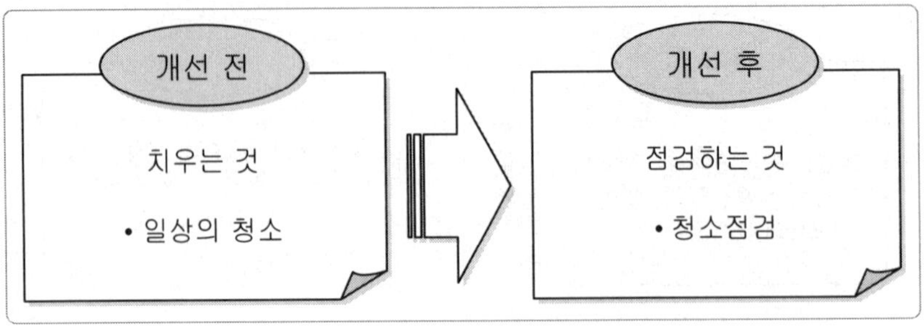

[그림 7-14] 청소 운동

3.2.4 정돈 청결

청결은 더럽히지 않는 일로부터 시작한다. 청결은 일반적으로 정리·정돈·청소의 3S를 유지하는 것으로 이해하고 있으나 필요 없는 물건을 버리고 물건이 놓여 있는 상태를 정리하고 청결을 유지하는 것을 습관화하는 것이다. 청결은 더럽히지 않고 작업을 할 수는 없을까를 추구하는 지혜에서 해답을 얻을 수 있다. 이것이 예방 3S 운동이다.

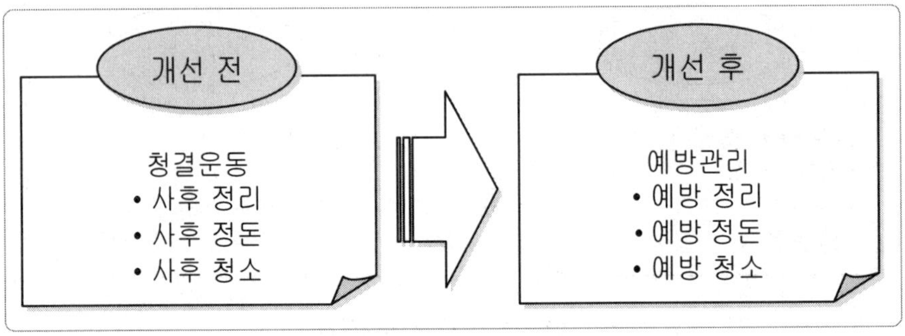

[그림 7-15] 청결 운동

3.2.5 습관

습관은 질책으로부터 시작한다. 습관이란 아름다움을 몸에 배이게 하는 것을 의미 한다. 혁신운동에서 습관은 애정을 갖고 잘못을 상급자가 지적하여도 서로 신뢰하는 마음으로 아름다움이 태동하여 몸에 익히게 하는 것이다.

3.3 눈으로 보는 관리

3.3.1 눈으로 보는 관리의 의의

현장의 이상을 눈으로 보고 즉시 개선하는 관리 시스템으로 현장에서 개선이 어려운 것은 개선방법을 모르기 때문이 아니라 무엇이 문제인지를 모르기 때문이다. 이러한 문제를 해결하기 위하여 현장에서 발생하는 문제점과 낭비, 이상을 한눈에 볼 수 있도록 만들고 전원이 공유할 수 있도록 하는 것이 눈으로 보는 관리 이다.

눈으로 보는 관리는 단순히 생산 현장의 관리방법의 하나가 아니고 기업 전체의 경영 전반에 걸쳐 적용하여야 한다. 눈으로 보는 관리는 많은 산업현장에서 개선활동을 추진하는 효율적인 도구로 활용되고 있으며 이 기법은 생산성 향상, 원가절감을 실현하고 있다. 그러나 최종 목적은 자율적인 조직체질과 커뮤니케이션의 활성화와 활발한 기업풍토를 확립하는데 있다.

3.3.2 관리현장 구축

3.3.2.1 낭비의 표시

낭비는 필요한 것과 불필요한 것을 명확히 하여 빨간 표식을 부착하여 공장에서 불필요한 것이 무엇인가를 한눈에 알아 볼 수 있도록 한다.

3.3.2.2 정돈간판 부착

정돈간판은 필요한 물건을 정리하고 사용하기 쉽고 누구든지 알아 볼 수 있도록 명시하는 것이다. 또한 재고는 규제하지 않으면 점점 증가하는 경향이 있다. 따라서 재고관리 함은 최대적재량을 표시하여 더 이상 재고를 쌓아두지 못하도록 양적 규제를 한다.

공구는 취급하기 편하게 하는 것도 중요하지만 어디에 놓아야 되는지와 한눈에 알아볼 수 있게 하는 것도 중요하다.

설비 역시 이 설비가 사용되는 공정명, 기계명, 담당자 등 설비 간판을 부착하여 관리 하며, 구역표시는 재고보관 장소, 통로, 작업구역을 구분하여 실시한다. 또한 위험수위에 대한 관리로 최대량을 표시하고 위험수위를 빨간 표시로 하여 위험성을 볼 수 있게 한다.

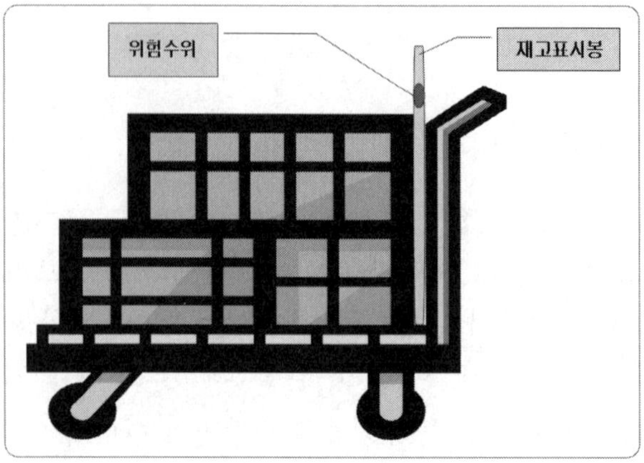

[그림 7-16] 위험수위 표시

3.3.2.3 칸막이 제거

작업장과 작업장, 사무실과 사무실 등의 정보 공유 및 눈으로 보는 관리를 위하여 불필요한 독립공간을 제거한다. 작업장이나 창고에서도 정리정돈의 단계로 스페이스 확보 및 문제점 노출을 위하여 칸막이 제거가 필요하다.

3.3.3 표시등 관리

표시등은 현장이 순조롭게 진행되고 있는지를 파악하고 문제점을 빨리 파악하여 정상화 시키는 도구로 사용된다.

표시등은 부품청구를 위한 '호출표시등'과 라인에 이상을 알리는 '이상표시등' 그리고 기계의 가동을 나타내는 '가동표시등이' 등이 있다.

[그림 7-17] 표시등의 용도

3.3.4 주요공정 표시

주요품질 특성에 대한 중점관리 조건이 설정된 대로 작업이 잘 진행되지 않을 것으로 예상되는 공정을 주요공정으로 설정하고 주요공정표시를 해당공정에 부착함으로서 주어진 조건대로 작업이 진행되는 가를 주기적으로 확인하여 공정흐름의 문제점 발생을 사전에 예방하려는 것이다.

이미 작성된 제조공정도, QC공정도, 작업표준서를 기준으로 주요품질 특성에 대한 관리 항목 및 표준작업조건을 설정한 후 작성한다. 부착위치는 작업에 방해가 되지 않고 누구나 볼 수 있는 위치에 부착 한다.

3.3.5 불량 표시

불량품을 시간대별로 전시하여 발생원인 및 대안을 수립한다. 불량품 전시는 불량을 방지하기 위하여 불량품들을 전시하여 재발을 방지 한다. 전시 방법으로 층별로 전시하여 불량품을 파레토 그래프와 같이 쌓아 놓아 불량에 대한 위험을 알린다.

[그림 7-18] 불량품 전시도

〈표 7-6〉 납기관리 도구들

<table>
<tr><th>관리 체크 항목</th><th>눈으로 보는 관리도구</th></tr>
<tr><td>일정계획이 세워져 있는가?</td><td rowspan="3">생산관리판/일정관리판/작업진도관리표</td></tr>
<tr><td>일정계획보다 앞서 나가고 있지 않는가?</td></tr>
<tr><td>일정계획보다 늦어지고 있지 않는가?</td></tr>
<tr><td>현재의 생산실적이 쉽게 파악될 수 있도록 되어 있는가?</td><td>진도그래프/작업진도관리표</td></tr>
<tr><td>표준계획에 대한 현재의 진도상황이 파악될 수 있도록 중복되어 있는가?</td><td>전광판표시판/작업진도관리표</td></tr>
<tr><td>공수계획(부하계획)은 세워져 있는가? 여력이 파악되어 있는가?</td><td>부하계획표/부하산적표</td></tr>
<tr><td>작업지시가 정확히 실행되고 있는가?</td><td rowspan="2">일정관리/인원배치/작업지시/칸반</td></tr>
<tr><td>작업하는 순서가 정해져 있는가?</td></tr>
<tr><td>수주선의 납기에 대해 지연되고 있지 않는가?</td><td rowspan="2">납기관리판/진도관리상자</td></tr>
<tr><td>수주선에 대해 언제 출하되는가?</td></tr>
<tr><td>발주선이 납기대로 납품하고 있는가? 지연되고 있지는 않는가? 조기납품은 없는가?</td><td rowspan="3">납기관리판/미납리스트/납기촉진리스트/납품시간관리판/간판</td></tr>
<tr><td>발주선의 납품일은 언제인가?</td></tr>
<tr><td>결품상황이 파악될 수 있도록 되어 있는가?</td></tr>
</table>

〈표 7-7〉 눈으로 보는 관리체크 시트

분류	NO	체크항목	합격 여부	불합리한 내용
구획 표시 표식	1	치공구, 금형, 대차의 놓는 장소가 정해져 표시되었는가?		
	2	부품, 재공품, 완성품 놓는 장소가 정해져 있는가?		
	3	불량품, 보류품의 놓는 장소가 정해져 표시되어 있는가?		
	4	빈상자, 로트상자 놓는 장소가 정해지고 표시되어 있는가?		
	5	조립라인, 기계 등의 번호가 정해져 표시되어 있는가?		
	6	조립라인, 기계 담당자가 정해져 표시되어 있는가?		
정리 정돈	7	치공구, 금형, 대차는 정해진 장소에 놓여 있는가?		
	8	부품, 재공품, 완성품은 정해진 장소에 놓여 있는가?		
	9	불량품, 보류품은 정해진 장소에 놓여 있는가?		
	10	빈상자, 로트상자는 정해진 장소에 놓여 있는가?		
	11	불요품, 불금품이 방치되어 있지 않는가?		
작업 표준 의 게시	12	조립라인 작업자의 작업표준이 정해져 게시되어 있는가?		
	13	운전작업자의 작업표준이 정해져 게시되어 있는가?		
	14	준비교체 작업자의 작업표준이 정해져 게시되어 있는가?		
	15	검사 작업자의 표준은 정해져 있는가?		
생산 상황 의 표시	16	조립라인의 기계정지의 이유와 복귀시간이 표시되어 있는가?		
	17	조립라인, 기계의 가동상태는 표시되어 있는가?		
	18	불량품은 언제까지 누가 어떠한 처치를 하는지 표시되어 있는가?		
	19	생산진도 상황이 표시되어 있는가?		
현장 관리 지표 의 표시	20	라인효율, 기계가동률의 목표와 실적의 추이가 게시되어 있는가?		
	21	준비교체 시간의 목표와 실적의 추이가 게시되어 있는가?		
	22	생산량의 예정과 실적 추이가 게시되어 있는가?		

연 습 문 제

1. C_p와 C_{pk}의 차이점은 무엇인가? C_p계산공식의 이론적 근거는 어디에 있는 것인가?

2. 생산공정의 공정능력에 대한 판단기준은 무엇인가?

3. 공정능력개선에 대한 6개 단계를 간략하게 설명하여라.

4. 어느 전자부품의 규격치의 공차는 6±0.05cm 이다. 또한 이 제품의 표준편차 $\sigma = 0.02$㎝일 때 이 부품의 공정능력지수는 얼마인가?

5. 한 공정에서 가공하고 있는 제품의 길이에 대한 요구는 62cm 초과하면 안 되고 또 58cm보다 작아도 안 된다. 100개 제품에 대해 측정한 결과 길이의 평균치는 61cm 이며, 표준편차는 0.5mm이다. 이 생산공정의 공정능력지수는 얼마인가?

6. 5S 운동에 대하여 사례를 연구한다.

7. 눈으로 보는 관리에 대하여 연구한다.

제8장

샘플링 검사

검사란 고객에게 품질을 보증하기 위한 목적으로 검사의 기준을 정하고 제품을 측정하여 측정결과에 대한 판정을 결정하는 것이다. 이와 같은 검사방법으로 샘플링 검사는 제품의 일부를 샘플링하여 측정하고 그 결과를 전체 제품에 반영하는 검사이다. 본장에서는 이와 같은 샘플링검사 기법을 이해하고 샘플링 검사가 요구하는 품질경영에 대하여 논하자고 하였다.

1. 샘플링 검사의 분류

1.1 샘플링 검사의 의의

한국공업규격(KS)에 따르면 검사란 물품을 어떤 방법으로 측정한 결과를, 판정기준과 비교하여, 개개의 물품에 양호, 불량 또는 로트의 합격, 불합격의 판정을 내리는 것으로 정의되어 있다. 이와 같은 검사는 개개의 제품을 대상으로 그 전수를 검사하는 전수검사와 로트별로 시료를 샘플링하고, 샘플링한 제품을 검사하여 전체 로트의 합격, 불합격을 결정하는 샘플링검사로 구분된다.

제품 보증의 의미로 본다면 전수검사를 실시하여 개개 제품의 품질을 완전히 보증하는 것이 바람직하지만, 때로는 이와 같은 전수검사가 불가능한 경우가 많다. 전구의 수명시험 또는 재료의 인장시험 등은 시험을 실시하면 상품의 가치가 없어지게 된다. 이와 같은 형태의 검사를 파괴검사라고 하며, 파괴검사의 경우에는 전수검사가 불가능하므로 동일 로트별로 시료를 선별하여 검사를 실시할 수밖에 없다. 따라서 샘플링검사를 통하여 개개 제품의 품질을 보증하는 대신 어떤 확률 값으로 로트에 대한 품질을 보증할 수 있다. 즉, 검사에 의해서 제품이 파괴되는 경우와 같이 검사가 실제적으로 불가능한 경우에 샘플링검사는 필수적이며, 또한 비파괴검사의 경우에도 검사비용의 절약 등 경제적인 효율성 측면에서 샘플링검사를 실시하는 경우도 있다. 일반적으로 다음과 같은 경우에는 샘플링검사 방식이 전수검사보다 유리하게 적용되고 있다.

(1) 파괴검사의 경우
(2) 연속체나 대량품의 경우
(3) 어느 정도의 불량품이 허용되는 경우
(4) 검사항목이 많은 경우
(5) 생산자에게 품질향상의 자극을 주고 싶을 경우

1.2 품질특성의 기준 분류

이상에서 살펴본 샘플링검사는 그 검사 기준에 따라 다음과 같이 구분할 수 있다.

1.2.1 계수형 샘플링 검사

계수형 샘플링검사는 제품의 특성을 규정된 요구조건과 비교하여 단순히 불량품이나 양품으로 분류하고, 불량품의 수(또는 결점의 수)에 따라 전체 로트의 합격, 불합격을 판정하는 샘플링검사.

1.2.2 계량형 샘플링검사

제품의 특성을 연속적인 수치척도로 평가하여 규정된 요구조건에 적합한지를 판정한 후, 전체 로트의 합격, 불합격을 판정하는 샘플링검사

1.3 검사형태에 따른 분류

1.3.1 규준형 샘플링검사

규준형 샘플링검사는 샘플링검사방안에 따라 검사하려고 하는 한 로트에 대해서만 합격과 불합격을 판단하는 샘플링 검사방안이다. 규준형 샘플링검사는 구매하려는 로트 그 자체의 판정을 목적으로 구매자에 대한 보호와 공급자에 대한 보호의 정도를 규정하여 양쪽으로 요구를 모두 만족하도록 하는 샘플링검사로서 불합격 처리된 로트 전체가 생산자에게 반환된다.

규준형 샘플링검사방안은 제품의 품질에 대한 과거자료가 불충분한 때 많이 사용한다. 샘플의 크기 n과 합격판정개수 c가 적당하게 결정되면 즉 적당한 샘플링검사방안이 결정된 것이다. 이 샘플링 검사방안은 생산자와 소비사의 이익을 모두 만족할 수 있어 샘플링검사로 인한 모험을 일정한 통제범위 내에서 관리할 수 있다.

1.3.2 조정형 샘플링검사

조정형 샘플링검사는 수월한 검사, 정상적 검사, 까다로운 검사 등 미리 여러 샘플링 검사방안을 작성한 후, 제품의 자료에 따라 3개방안중 조정을 한다. 조정형 샘플링검사

를 진행할 때는 제품품질에 관한 과거의 자료가 필요하거나 검사하려고 하는 한 로트의 품질에 대해 미리 예측을 하여야 한다. 즉 품질 좋은 로트에 대해서는 수월한 검사방안을 실시하고, 품질이 나쁜 로트에 대해서는 까다로운 검사방안을 실시한다. 즉 제품품질의 변화에 따라 검사는 수월, 정상, 까다로운 사이에서 전환된다. 그러나 이러한 방법을 취할 때 는 반드시 미리 전환조건에 대해 명확한 규정을 하여야 한다.

제품을 계속적으로 구매할 경우 공급자가 과거에 납품한 로트의 품질이력에 따라 샘플링방식을 까다롭게 하거나 수월하게 하는 샘플링검사로서 일반적으로 합격 처리하고 싶은 최저한의 로트 품질(합격품질수준 : AQL)을 정하고, 이 수준보다 좋은 품질의 로트는 거의 다 합격시킬 것을 보증한다.

연속적으로 구입하는 같은 종류의 제품 혹은 자유자제로 공급처를 선택할 수 있는 제품 혹은 장기적인 공급처에 대해서는 조정형 샘플링검사방법을 실시하는 것이 바람직하다고 할 수 있다.

1.3.3 선별형 샘플링검사

선별형 샘플링검사는 샘플링검사방안에 따라 한 로트에 대해 검사를 진행한 후 불 합격으로 판정된 로트에 대해서만 다시 전수검사를 실시한다. 또 검사에서 불합격으로 판정된 제품의 수량을 합격품으로 보충하여 다시 검사를 실시하는 샘플링검사방법이다. 합격된 로트는 그대로 받아들이고 불합격된 로트는 전수 선별하여 받아들이는 샘플링검사방식으로 전수검사가 불가능한 파괴검사의 경우에는 적용할 수 없는 검사방식이다.

선별형 샘플링검사는 일반적으로 공급자의 구매검사를 선택할 수 없거나 기업 내 생산공정에서의 완제품 및 가공품에 대한 검사, 그리고 제품의 입고 및 출고 검사에서 많은 사용된다. 샘플링검사를 통해 불합격으로 판정된 로트는 반품 혹은 가격인하를 하여 접수한 제품에 대해서는 선별형 샘플링검사가 적절하지 못하다. 특히 검사에서 파손이 우려 되는 제품에 대해서는 더욱 안 된다.

1.3.4 연속생산형 샘플링검사

연속생산형 샘플링검사는 자동생산라인에서 전송되고 있는 제품을 중도에서 검사하는 방법이다. 연속생산형 샘플링검사는 미리 각 제품에 대해 연속검사를 실시하여 합격품수량이 규정수량에 누적되어 도달하였거나 불합격수량이 규정내 규정수량 이하로 되어 있을 때 일정한 수량 간격으로 한 번 검사방식으로 전환한다. 그러나 불합격품이 발견되면 다시 전수검사로 되돌아간다.

연속생산공정에서 만들어져 나오는 제품을 검사하여 각 제품의 검사결과에 따라 일정한 비율로 샘플링검사를 실시하고, 불량품이 나오면, 다시 전수검사를 실시하는 검사방식이다.

연속생산형 샘플링검사는 제품이 로트로 구성되는 검사에 대해서는 적절하지 못하다.

1.4 검사회수에 따른 분류

샘플링 검사방식은 검사하려고 하는 로트에서 랜덤방식으로 몇 번 시료를 뽑아서 합격 혹은 불합격판정을 할 것인가에 따라 1회 샘플링검사, 2회 샘플링검사, 다회 샘플링검사 및 축차샘플링검사로 분류할 수 있다.

1.4.1 1회 샘플링검사

시료를 1회 발췌, 시험하여 검사 로트의 합격, 불합격 판정을 하는 샘플링검사. 1회 검사의 절차는 [그림 8-1]참조.

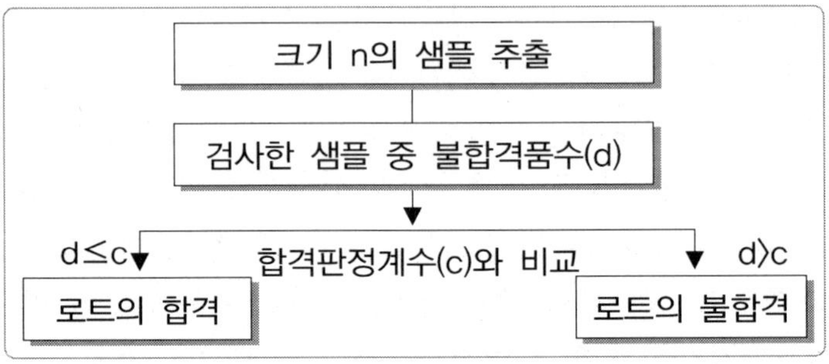

[그림 8-1] 1회 샘플링검사 흐름도

1.4.2 2회 샘플링검사

첫 번째 시료의 검사결과로부터 합격, 불합격 또는 재검사 여부를 판정하며 재검사로 판정된 로트에 대해서는 두 번째 시료를 추출하고, 두 번째 시료의 검사결과와 첫 번째 검사결과를 합하여 합격, 불합격 판정을 내리는 샘플링검사이다. 2회 샘플링검사의 절차는 [그림 8-2]참조.

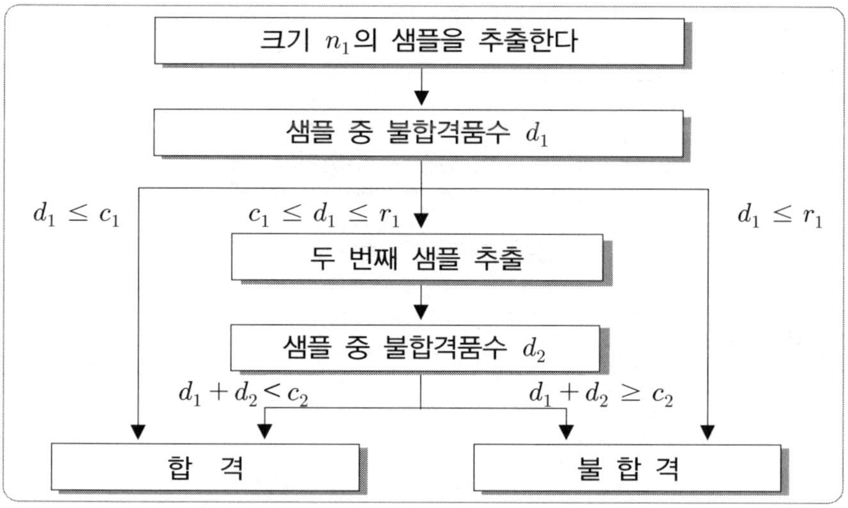

[그림 8-2] 2회 샘플링검사 흐름도

예컨대 2회 샘플링검사계획의 예는 〈표 8-1〉과 같다.

〈표 8-1〉 2회 샘플링검사 계획 (예)

샘플	샘플크기 n	샘플 누적량 Σn	합격판정개수 c	불합격판정개수 r
첫 번째 샘플	60	60	1	4
두 번째 샘플	120	180	3	4

〈표 8-1〉의 샘플링검사방식에 따르면 우선 검사를 하려고 하는 로트에서 랜덤방식으로 크기 60인 샘플을 추출한다. 첫 번째 샘플에서 불합격개수는 d_1이라면 $d_1 \le 1$일 때 로트를 합격으로 판정하여 접수를 한다. 또 $d_1 \ge 4$일 때는 검사로트를 불합격으로 판정하여 접수를 한다. 그러나 $1 \le d_1 \le 4$일 때는 합격불합격판정을 내리지 못한다. 따라서 두 번째 샘플추출이 필요하다. 위 예제에서 두 번째 샘플크기는 120이다. 여기서 불합격판정개수는 d_2이라면 $d_1 + d_2 \le 3$일 때 본 검사로트를 합격으로 판정하여 접수를 하고 $d_1 + d_2 \ge 4$일 때는 불합격으로 판정하여 접수를 한다.

1.4.3 다회 샘플링검사

다회샘플링검사는 2회 샘플링검사의 계속이다, 다만 샘플링회수가 증가한 뿐이다. 매회 정해진 크기의 시료를 실험하여 합격, 불합격 또는 검사 속행여부를 결정하며 일정 횟수 이후에 합격, 불합격 판정을 내리도록 하는 샘플링검사.

일반적으로 다회샘플링검사는 검사로트에서 랜덤방식으로 3~10개 샘플을 추출한다. 다회 검사의 절차는 [그림 8-3]참조.

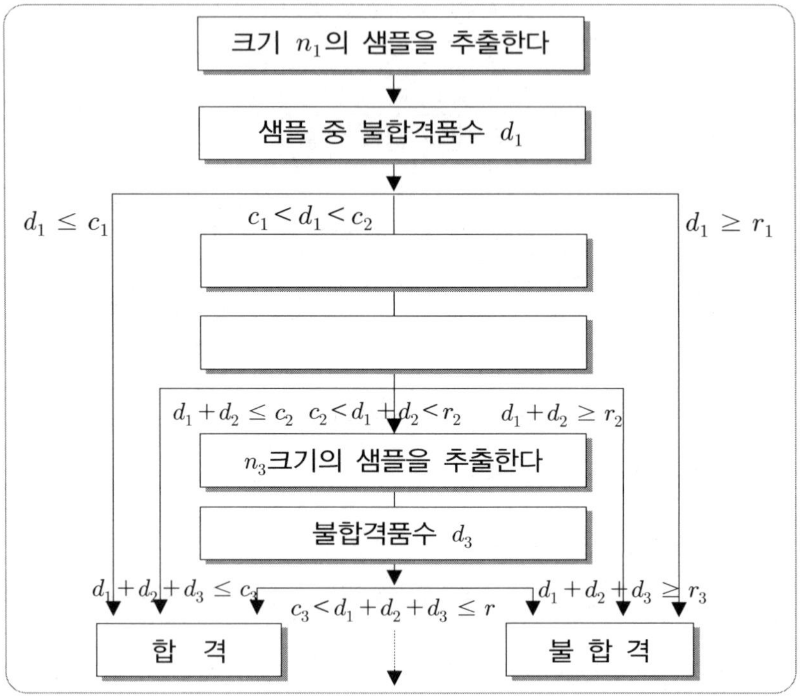

[그림 8-3] 다회 샘플링검사 흐름도

1.4.4 축차 샘플링검사

한 번에 한 개씩 일정 수만큼의 시료를 발췌, 실험하여 그 누계성적으로부터 합격, 불합격 또는 검사속행 여부를 결정하며 로트의 합격, 불합격판정이 내려질 때까지 계속적으로 실시하는 샘플링검사

일반적으로 축차샘플링검사를 이용하였을 때 일정한 수량까지 샘플을 추출하였을 때는 제품에 대한 합격 불합격판정이 가능하다.

〈표 8-2〉 샘플링검사의 분류

품질의 판정방법별	검사의 심사방식별	검사회수별
① 계수샘플링검사 : 불량개수, 결점수로써 판정하는 샘플링검사 ② 계량샘플링검사 : 계량치로 판정하는 샘플링검사	① 규준형 샘플링 검사 ② 선별형 샘플링 검사 ③ 조정형 샘플링 검사 ④ 연속생산형 샘플링검사	① 1회샘플링검사 ② 2회샘플링검사 ③ 다회샘플링검사 ④ 축차샘플링검사

2. 샘플링 검사 방식과 OC곡선

2.1 샘플링 검사방식

샘플링검사 방식(Sampling Plan)은 합격, 불합격을 판정하는 기준을 말한다. 예를 들면 계수규준형 1회 샘플링 검사의 경우 100개의 제품($N=100$)에서 랜덤으로 50개의 샘플($n=50$)을 뽑아서 합격 판정 개수 1($c=1$), 불합격판정개수 2($r=2$)로 결정하는 것을 샘플링검사 방식의 결정이라 한다.

샘플링 검사방식이 결정되면 샘플링검사의 특성이 결정된다. 이 특성을 그래프로 그린 것이 검사특성곡선 즉 OC 곡선(Operating Characteristics Curve)이라 한다. 즉 N과 n, c가 결정된 후 불량률에 따라 주어진 샘플링검사 방식에서의 합격확률을 그래프로 그린 것을 의미한다([그림8-4]참조).

로트의 크기 N, 로트의 불량률 p인 제품에 대해 샘플링검사방안(n, c)를 이용하여 검사를 한다면, 로트의 불량률 $p=0$이라면 반드시 합격으로 판정될 것이다. 즉 합격확률 $Pa(p=0)=1$이다. 반대로 불량율 $p=1$이라면 반드시 불합격으로 판정되어 거부 될 것이다. 즉 합격확률 $Pa(p=0)=1$이다. 이것은 샘플링의 랜덤성 때문이다. 여기서 우리는 합격확률$Pa(p)$의 크기는 로트의 불량률 p와 아주 밀접한 관계를 갖고 있는 것을 알 수 있다. 즉, p가 0에 근접할수록 $Pa(p)$는 더 커지고, p가 1에 근접할수록 $Pa(p)$는 더 작아진다. $Pa(p)$는 체감함수라고 할 수 있다. 따라서 우리는 $L(p)$와 p의 이러한 관계를 그래프로 그릴 수 있다. [그림 8-4]참조.

〈예〉 로트의 불량률에 따라 로트의 합격 확률이 어떻게 달라지며 그 데이터를 그래프로 옮겨 OC곡선을 나타내는 것을 살펴보자.

제품의 수가 1,000개인 로트($N=1{,}000$)에서 샘플을 50개 뽑아 불량품수가 2개 이상일 때는 불합격시킬 경우 합격확률을 구할 때 초기하분포 산식인

$$\Pr(r, n/p, N) = \sum_{x=0}^{c} \frac{\binom{NP}{r}\binom{N-NP}{n-r}}{\binom{N}{n}}$$ 로 구할 수 있다.

즉, $Pr(0,1) = Pr(0) + Pr(1) = 0.364 + 0.372 = 0.736$으로 불량률이 2%일 때 합격률은 0.736이 되며 불량률이 4%일 때는 같은 방법으로 구할 때 합격확률이 0.406이 된다(표 8-2)참조.

〈표 8-3〉 (n=50, c=1일 때 불량률 p(%)의 로트가 합격하는 확률 pa)

로트불량률(p)	로트가 합격확률 (pa)
0%	1.000
1	0.911
2	0.736
3	0.555
4	0.406
5	0.279
6	0.190
7	0.126
8	0.083
9	0.053
10	0.034

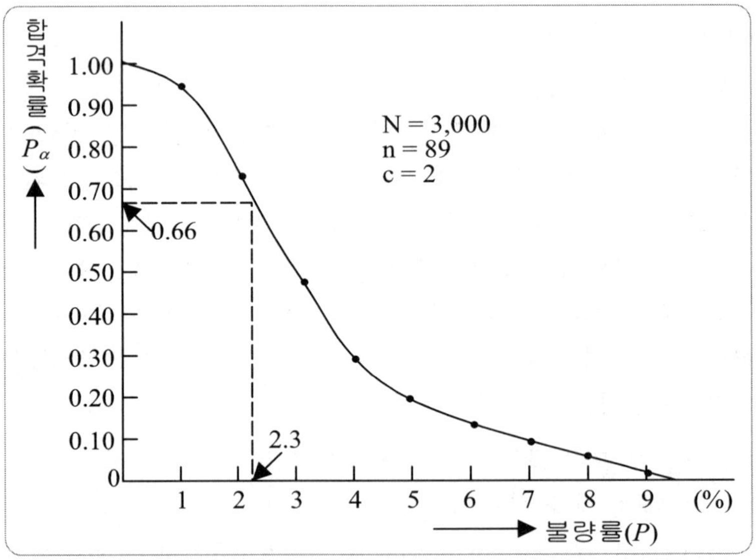

[그림 8-4] OC 곡선

그러나 합격 확률이 로트의 크기 N과 시료의 크기 n이 커지면 상당히 어려워진다. 보통 N이 n에 비하여 충분히 큰($N/n > 10$)경우에는 아래 식의 이항분포(binomial distribution)를 이용하여 근사적으로 합격확률을 계산하여 사용할 수 있고,

또한 N이 n에 비하여 충분히 크고($N/n > 10$) 불량률 p가 작은 ($p < 10\%$) 경우에는 아래

식의 포아송분포(Poisson distribution)를 이용하여 합격확률을 근사적으로 계산할 수 있다.

2.2 샘플링검사방식과 이해자의 보호

전수검사는 불량률에 따라 합격, 불합격이 결정되지만 샘플링검사는 샘플링 오차에 의해서 실제 품질과는 다른 결과를 초래하고 이로 인해서 생산자와 소비자 또는 판매자 구매자간의 거래에 있어 불공평한 위험부담을 줄 수 있다. 이러한 경우 이를 이해관계자가 원하는 수준 내지 위험부담을 줄일 수 있는 수준에서 보증품질을 정하고 경제적인 샘플링 검사방식을 설계할 필요가 있다.

2.3 소비자와 생산자의 관계

샘플링감사에서는 "샘플링의 오차"로 인해 어느 정도의 나쁜 로트가 합격되고, 좋은 로트가 불합격되는 것이 불가피하여 생산자와 소비자 간의 이해가 대립되는 경우가 많이 발생한다. 즉, 생산자는 좋은 로트가 합격되기를 원하며, 소비자는 나쁜 로트가 모두 불합격되기를 원한다. 이 경우 생산자와 소비자를 모두 만족시킬 수 있는 것은 이상적 경우인데 이런 이상적인 OC곡선은 [그림 8-5]에서처럼 직선으로 나타나며 전수검사에 의해서만 가능하게 된다.

그러므로 샘플링검사방식은 좋은 로트를 불합격시킬 위험과 나쁜 로트를 합격시킬 위험을 수반하고 있어, 이러한 위험에 대한 여러 가지 조건이 계발되어 표준화되고 있다.

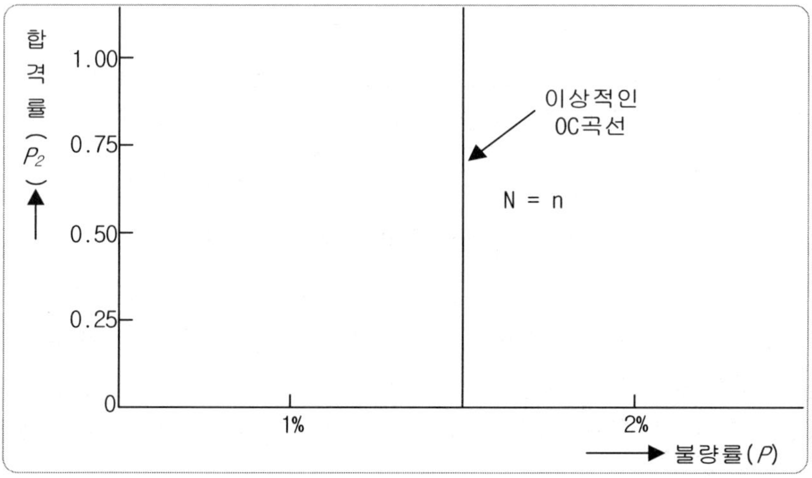

[그림 8-5] 이상적 곡선

2.3.1 생산자위험 합격품질 수준

좋은 로트를 불합격시킬 확률을 생산자위험이라고 부르고, 이와 같은 확률을 α로 표시한다. 생산자는 이 위험이 나타날 확률을 될 수 있는 대로 낮게 하려고 한다. 이러한 위험은 보통 0.05로 주어지나 때때로는 0.01에서 0.10까지의 값을 가질 수 있다. α가 불합격확률로 표시되기 때문에 합격확률을 나타내는 OC곡선 상에 나타날 수는 없다. 그러나 합격확률은 1에서 α값을 차감함으로써 얻을 수 있다. 즉, $Pa = 1 - \alpha$이므로 $\alpha = 1 - Pa$이다. 가령 $\alpha = 0.05$일 경우 $Pa = 1 - 0.05 = 0.95$가 된다. (그림8-6)은 생산자 위험 $\alpha = 0.05$임을 나타내고 있다.

품질수준은 생산자나 소비자의 위험과 흔히 관련을 가지고 있다. 합격품질수준은 소비자의 입장에서 볼 때 “좋은 품질”이라고 판단하여 인수하고자 하는 품질수준을 의미하며, 생산자의 입장에서 볼 때는 자기가 인정하는 생산자 위험 하에서 로트가 불합격판정을 받기를 원치 않는 한계, 즉 최대허용 불량률을 의미한다.

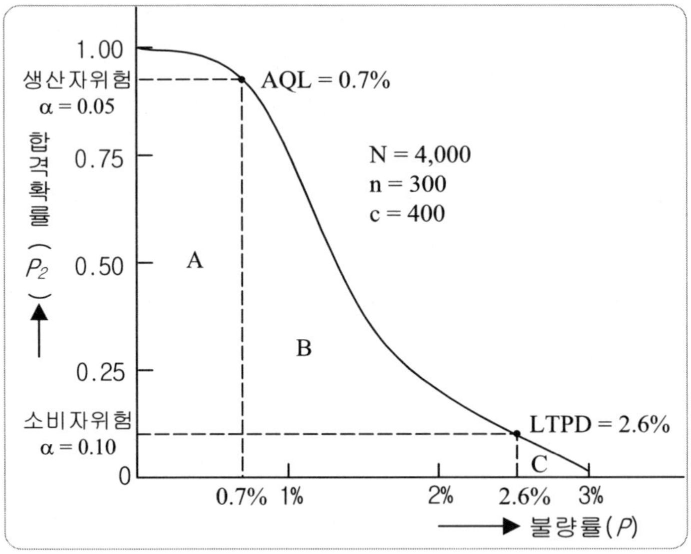

[그림 8-6] 생산자와 소비자의 관계

[그림 8-6]에서 볼 수 있는 것처럼 N=4,000, n=300, 및 c=4인 샘플링 검사법에서 생산자의 위험인 $\alpha = 0.05$에 대하여 AQL은 0.7%이다. 이를테면, 0.7%의 불량률을 가진 제품(좋은 품질)이 불합격될 확률이 0.05, 즉 5%가 불합격될 가능성이 있다는 것이다. 다시 말해서 0.7%의 불량률을 가진 20개 로트 중에서 1개의 로트(좋은 품질)가 불합격될 수 있음을 뜻한다.

2.4 소비자 위험과 로트허용 불량률(LTPD)

"나쁜 품질"의 로트를 합격시킬 확률을 소비자위험이라고 하며, β로 표시한다. 이 위험(β)은 보통 $\beta = 0.10$으로 주어지며, 불량품질을 갖는 로트를 불합격시키려 해도 합격 판정되는 확률을 β로 나타내면 OC곡선에 의해서 알 수 있다.

소비자 위험과 관련하여 불량품질에 대한 수량적 정의로서 나타나는 거시 로트허용불량률(LTPD)이다. LTPD는 소비자의 입장에서 이 불량률보다 더 높은 불량품을 내포한 로트는 모두 불량로트로 판정하여 합격시키지 않으려는 한계불량률이다. [그림 8-6]에서 $\beta = 0.10$에 대하여 로트의 허용불량률 LTPD=2.6%이다. 이를테면 2.6%의 불량률을 가진 로트(불량품질)에 대한 합격확률이 0.10, 즉 10%임을 뜻한다. 다시 말하면 2.6%의 불량률을 가진 10개의 로트 중에서 1개의 로트가 합격되어질 것임을 의미한다고 하겠다.

a, β, AQL, LTPD는 일반적으로 학계나 현장실무에서 달리 규정하지 않는 한 $\alpha = 0.05$, $\beta = 0.10$, AQL=2%, LTPD=10% 수준을 상용수준으로 쓰고 있다. 〈그림 8-6〉에서 "A"지역은 생산자의 입장에서 로트를 가급적 합격시키고 싶은 합격영역(acceptance range)이라 하고, "C"지역은 소비자의 입장에서 가급적 로트를 불합격시키고 싶은 불합격(rejection range)이라 한다.

실예를 들어 이해하도록 하자. 주어진 AQL과 LTPD를 만족시키는 샘플링 방법의 결정

가령, 품질수준을 AQL 2%, LTPD 12%로 하는 납품계약을 맺고(이 경우 구매자는 2%의 불량품을 추구하되, 그 로트의 불량률이 12% 이상이면 인수를 거절함을 뜻한다) 이를 만족시키는 샘플링방식을 구한다 하자.

이 때에 일반 경우와 같이 생산자 위험 $\alpha = 0.05$, 소비자위험 $\beta = 0.10$으로 한다면 불량률 2% 이하의 로트가 불합격되는 확률은 5%를 넘지 못할 것이고, 불량률 12% 이상의 로트가 합격되는 확률은 10%를 초과하지 않을 것이다. 이들 관계를 도표로 나타낼 수 있는데, 즉 AQL, α 및 LTPD, β의 수치를 정함에 따라 OC곡선상에 이들을 나타내는 2점(AQL, α 및 LTPD, β)이 선정될 수 있다.

그러나 OC곡선은 샘플링 검사방식, 즉 n과 합격판정개수 c에 따라서 각기 다른 모양을 그리므로, 주어진 AQL과 LTPD를 만족시킬 수 있는 n, c,를 우선 구해야 한다.

AQL과 LTPD의 값을 만족시킬 수 있는 n, c는 OC고선을 이용하여 시행오류의 방법으로도 구할 수 있다. 가령 $n = 50$, $c = 1$인 상태에서 주어진 불량률인 AQL과 LTPD에 대한 합격확률을 각각 계산하여 이들 계산치를 $1.00 - \alpha$와 β의 값을 비교하여 근사치(근사값)에 이르는 n과 c를 구하는 것이다.

그러나 이 경우 LTPD와 AQL의 값에 따라 n, c의 값을 사전에 기입한 표를 사용하면 편리하다. 다음에 제시된 〈표 8-4〉은 $\alpha=0.05$, $\beta=0.10$에 따른 n, c의 값을 구한 것인데, 이 표에서 가령 AQL 2%와 LTPD 12%의 경우, $n=40$과 $c=2$를 쉽게 찾을 수 있을 것이다.

〈표 8-4〉 n의 크기와 합격반정개수

LTPD(%) / AQL(%)	4.51~ 5.60		5.61~ 7.10		7.11~ 9.00		9.01~ 11.2		11.3~ 14.0		14.1~ 18.0		18.1~ 22.4	
	n	c	n	c	n	c	n	c	n	c	n	c	n	c
0.451~5.60	80	1	60	1	60	1	50	1	15	0	15	0	10	0
0.561~0.710	100	2	80	1	50	1	50	1	40	1	10	0	10	0
0.711~0.900	100	2	80	2	50	1	40	1	40	1	30	1	7	0
0.901~1.12	120	3	80	2	60	2	40	1	30	1	30	1	25	1
1.13~1.40	150	4	100	3	60	2	50	2	30	1	25	1	25	1
1.41~1.80	200	6	120	4	80	3	50	2	40	1	25	1	20	1
1.81~2.24	300	10	150	6	100	4	60	3	40	2	30	2	20	1
2.25~2.80			250	10	120	6	70	4	50	3	30	2	25	2
2.81~3.55					200	10	100	6	60	4	40	3	25	2
3.56~4.50							150	10	80	6	50	4	30	3
4.51~5.60									120	10	60	6	40	4

AQL=0.01, $\alpha=0.05$, LTPD=0.07, $\beta=0.10$ 각로트값일 때 앞의 실례에 한 방법으로 n=80, c=2를 구할 수 있다. 그렇다면 생산자와 소비자가 이 샘플링검사방식에 대해 만족하는지 또는 불만족 하는지 살펴보고자 할 때, 포아슨 분포식으로 구할 수 있다.

2.4.1 불량률 1%일 때

가. 불량품이 전혀 나타나지 않을 확률

$$pr(0)=\frac{(80\times0.01)^0}{0!}.e^{-0.8}=e^{-0.8}=0.4493$$

나. 불량품이 1개 나타날 확률

$$pr(1)=\frac{(80\times0.01)^1}{1!}.e^{-0.8}=(0.8).e^{-0.8}=0.3594$$

다. 불량품이 2개 나타날 확률

$$pr(2) = \frac{(80 \times 0.01)^2}{2!} . e^{-0.8} = \frac{(0.8)^2}{2} . e^{-0.8} = 0.1438$$

그러므로 불량률 1%일 때, 2개 이하의 불량품이 나타날 확률은

$$Pa = pr(0) + pr(1) + pr(2) = 0.4493 + 0.3594 + 0.1438 = 0.9525$$

바꾸어 말해서 불량률 1%의 로트가 불합격되는 확률은

1.000 - 0.9525 = 0.475 = 4.75%이다.

이 수치는 당초 기대했던 생산자위험($\alpha = 5\%$)에 비해 만족스럽다. 같은 계산 방법으로 불량률 7%의 경우를 계산하면 다음과 같다.

2.4.2 불량률 7%일 때

불량률 7%일 때 2개 이하의 불량품이 나타나는 확률

$$pr(0) = \frac{(80 \times 0.07)^0}{0!} . e^{-0.56} = 0.0037$$

$$pr(1) = \frac{(80 \times 0.07)^1}{1!} . e^{-0.56} = 0.0207$$

$$pr(2) = \frac{(80 \times 0.07)^2}{2!} . e^{-0.56} = 0.0580$$

즉, 합격 확률은

$Pa = pr(0) + pr(1) + pr(2) = 0.0037 + 0.0207 + 0.0580 = 0.0824$가 된다.

이 경우 소비자위험은 8.24% 로서 당초 예상했던 $\beta = 10\%$ 이하로 소비자는 만족하게 된다.

> **[샘플링 검사방법]**
>
> 샘플링검사방법은 크기 두 가지로 분류할 수 있다. 즉 계수형 샘플링검사와 계량형 샘플링검사이다.

3. 계수형 샘플링검사의 기본원리

일반적으로 계수형 샘플링검사는 한 로트의 품질에 대해 합격 불합격판정을 하는데 주목적 두었다. 계수형샘플링검사에서 가장 간단하고 또 기본적인 검사방식은 계수형 1회샘플링검사방식이다. 따라서 여기서는 계수형 1회샘플링검사방식의 기본원리에 대해 소개하려고 하고, 샘플링검사방식은 $(n,\ c)$형식으로 표기한다. 또 계수형 샘플링방식은 규준형 샘플링검사, 선별형 샘플링검사, 조정형 샘플링검사, 연속생산형 샘플링 검사로 분류된다.

3.1 계수 규준형 샘플링검사

3.1.1 계수규준형의 의의

불량률 P_0에서 계수규준형 샘플링검사는 목적이 좋은 품질의 로트를 높은 확률로 합격시켜 생산자를 보호하고 나쁜 품질의 로트를 낮은 확률로 합격시켜 소비자를 보호하는데 있다. 즉, 생산자를 만족시키고, 불량률 P1에서 소비자를 만족시킬 수 있도록 합격확률을 결정하는 것으로 샘플을 검사하여 불합격개수가 판정 기준치(C) 이내 이면 합격시키고 그보다 더 많은 경우에는 불합격으로 판정하는 검사방식은 계수규준형 1회 샘플링 검사(KAS A 3102)라 한다.

〈표 8-5〉 계수규준형 1회샘플링 검사표

작은 글자는 n, 굵은 글자는 c $\alpha \fallingdotseq 0.05,\ \beta \fallingdotseq 0.10$

p_1(%) p_0(%)	0.71~ 0.90	0.91~ 1.12	1.13~ 1.40	1.41~ 1.80	1.81~ 2.24	2.25~ 2.80	2.81~ 3.55	3.56~ 4.50	4.51~ 5.60	5.61~ 7.10	7.11~ 9.00	9.01~ 11.2	11.3~ 14.0	14.1~ 18.0	18.1~ 22.4	22.5~ 28.0	28.1~ 35.5	p_1(%) p_0(%)
0.090~ 0.112	*	400 **1**	↓	←	↓	→	60 **0**	50 **0**	←	↓	↓	←	↓	↓	↓	↓	↓	0.090~ 0.112
0.113~ 0.140	*	↓	300 **1**	↓	←	↓	→	↑	40 **0**	←	↓	↓	←	↓	↓	↓	↓	0.113~ 0.140
0.141~ 0.180	*	500 **2**	↓	250 **1**	↓	←	↓	→	↑	30 **0**	←	↓	↓	←	↓	↓	↓	0.141~ 0.180
0.181~ 0.224	*	*	400 **2**	↓	200 **1**	↓	←	↓	→	↑	25 **0**	←	↓	↓	←	↓	↓	0.181~ 0.224
0.225~ 0.280	*	*	500 **3**	300 **2**	↓	150 **1**	↓	←	↓	→	↑	20 **0**	←	↓	↓	←	↓	0.225~ 0.280
0.281~ 0.355	*	*	*	400 **3**	250 **2**	↓	120 **1**	↓	←	↓	→	↑	15 **0**	←	↓	↓	←	0.281~ 0.355
0.356~ 0.450	*	*	*	500 **4**	300 **3**	200 **2**	↓	100 **1**	↓	←	↓	→	↑	15 **0**	←	↓	↓	0.356~ 0.450
0.451~ 0.560	*	*	*	*	400 **4**	250 **3**	150 **2**	↓	80 **1**	↓	←	↓	→	↑	10 **0**	←	↓	0.451~ 0.560

0.561~ 0.710	*	*	*	*	500 6	300 4	200 3	120 2	↓	60 1	↓	←	↓	→	↑	7 0	←	0.561~ 0.710
0.711~ 0.900	*	*	*	*	*	400 6	250 4	150 3	100 2	↓	50 1	↓	←	↓	→	↑	5 0	0.711~ 0.900
0.901~ 1.12		*	*	*	*	*	300 6	200 4	120 3	80 2	↓	40 1	↓	←	↓	↑	↑	0.901~ 1.12
1.13~ 1.40			*	*	*	*	500 10	250 6	150 4	100 3	60 2	↓	30 1	↓	←	↓	↑	1.13~ 1.40
1.41~ 1.80				*	*	*	*	400 10	200 6	120 4	80 3	50 2	↓	25 1	↓	←	↓	1.41~ 1.80
1.81~ 2.24					*	*	*	*	300 10	150 6	100 4	60 3	40 2	↓	20 1	↓	←	1.81~ 2.24
2.25~ 2.80						*	*	*	*	250 10	120 6	70 4	50 3	30 2	↓	15 1	↓	2.25~ 2.80
2.81~ 3.55							*	*	*	*	200 10	100 6	60 4	40 3	25 2	↓	10 1	2.81~ 3.55
3.56~ 4.50								*	*	*	*	150 10	80 6	50 4	30 3	20 2	↓	3.56~ 4.50
4.51~ 5.60									*	*	*	*	120 10	60 6	40 4	25 3	15 2	4.51~ 5.60
5.61~ 7.10										*	*	*	*	100 10	50 6	30 4	20 3	5.61~ 7.10
7.11~ 9.00											*	*	*	*	70 10	40 6	25 4	7.11~ 9.00
9.01~ 11.2												*	*	*	*	60 10	30 6	9.01~ 11.2
p_0(%) p_1(%)	0.71~ 0.90	0.91~ 1.12	1.13~ 1.40	1.41~ 1.80	1.81~ 2.24	2.25~ 2.80	2.81~ 3.55	3.56~ 4.50	4.51~ 5.60	5.61~ 7.10	7.11~ 9.00	9.01~ 11.2	11.3~ 14.0	14.1~ 18.0	18.1~ 22.4	22.5~ 28.0	28.1~ 35.5	p_0(%) p_1(%)

즉, 설계되는 검사방식의 OC곡선을 생산자 위험점(P_0, $1-\alpha$)과 소비자 위험점(P_1, β)을 지나야 한다. [그림 8-7]참조 주어진 P_0, P_1, α, β에 의해 n과 c를 결정할 수 있게 되는데 이들을 계수규준형 1회 샘플링검사라고 한다. 한국공업규격(KS A 3102 계수규준형 1회 샘플링검사는 〈표 8-5〉를 이용하여 n과 c를 구한다.

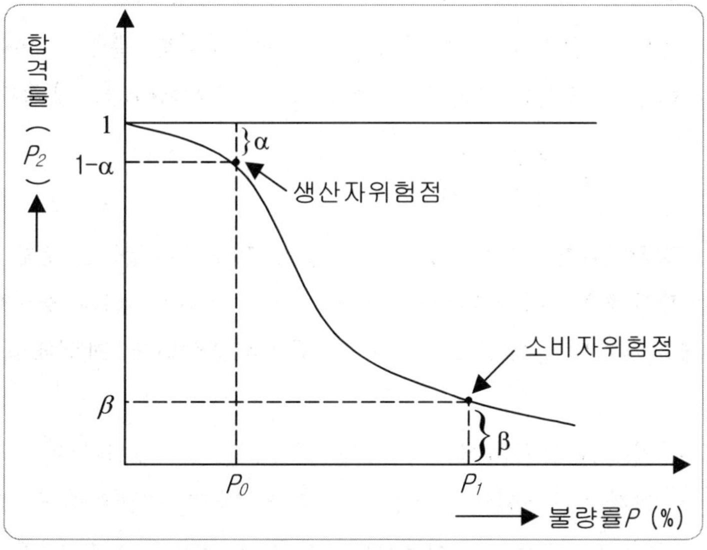

[그림 8-7] 계수규준형 1회샘플링검사의 OC곡선

예제 $P_0 = 1\%$ $P_1 = 8\%$ $\alpha = 0.05$, $\beta = 0.10$을 만족시키는 1회 샘플링검사방식을 찾아보자.

한국공업규격 KSA 3102 계수규준형 1회 샘플링검사는 〈표 8-5〉에서 바로 n과 c를 각각 (60, 2)를 구할 수 있다.

즉 샘플사이즈를 60으로 할 때 불량개수가 2개까지는 합격시키고 3개 이상부터는 불합격 시킬 때 불량률 1%에서 합격확률이 95%이상이 되어 생산자가 만족하고 불량률 8%에서 합격률이 10% 이내가 되므로 소비자가 만족하게 된다.

3.2 계수 규준형의 검사절차

3.2.1 품질기준을 설정한다.

개개의 제품에 대해 합격 불합격기준을 확실하게 규정을 하여야 한다.

3.2.2 p_0, p_1값을 결정한다.

$\alpha = 0.05$ $\beta = 0.10$을 기준으로 생산자와 소비자간에 합의한다.

p_0값을 결정할 때는 결함의 유형(치명적인 결함, 심각한 결함, 가벼운 결함)에 따라 각 제품의 검사비용과 제품의 불량으로 발생한 손실액비율p_b을 생각하여야 한다.

$$p_b = \frac{검사비용(\alpha)}{손실(\beta)}$$

일반적으로 치명적인결함에 대해서는 $p_b < 1$이다. 따라서 치명적인 결함 혹은 심각한 결함에 대해서 p_0는 작게 취하여야 한다. 예컨대 $p_0 = 0.1\%, 0.3\%, 0.5\%$ 등이다. 가벼운 결함에 대해서는 경제적 차원에서 p_0를 좀 크게 취하는 것이 바람직하다. 예컨대 $p_0 = 3\%, 5\%, 10\%$ 등이다.

p_1값은 p_0값과 일정한 크기차이가 있어야 한다. 즉, $p_1 > p_0$되어야 하는데 $p_1 > p_0$너무 작으면($p_1 > p_0 \leq 3$)제품에 대한 검사량의 증가에 따라 검사비용도 증가한다. 그러나 $p_1 > p_0$이 너무 크면($p_1/p_0 > 20$), 품질에 대한 요구가 소홀해 지여 사용자에 대한 불이익을 줄 수 있다. 따라서 $\alpha = 0.05$, $\beta = 0.10$ 기준에 따라 $4 \leq p_{1/}/p_0 \leq 10$ 범위에서 많이 취한다.

결론적으로 p_1과p_0의 결정은 종합적으로 생산능력, 생산원가, 품질요구 및 검사비용 등 요소들을 충분히 검토하여 합리적으로 결정하여야 한다.

3.2.3 로트 크기를 결정한다.

로트 크기의 결정은 품질보증에 큰 영향을 미친다. 로트 크기를 결정하는데 준수하여야 할 원칙은 같은 로트에 속한 제품은 반드시 같은 생산조건에서 제조되어야 한다. 로트의 크기가 증가할수록 단위당 제품이 점한 검사비용의 비율도 감소한다. 그러나 우량품이 불합격품으로 판정되거나 불량품이 합격품으로 판정되면 초래한 손실은 크다.

3.2.4 검사방안 작성

샘플사이즈 n과 합격 판정개수 c를 계수규준형 1회 샘플링 검사표로 구한다.

ⓐ 이 조건에 맞는 표의 값 중 좌측의 값이 n값이고 우측의 값이 c값이 된다.

ⓑ 이표의 값 중에 화살표가 있을 경우 화살표 머리가 만나는 값이 n값, c값이 된다.

ⓒ 이 표의 값에서 n값이 로트 크기보다 클 경우 전수검사로 한다.

3.2.5 샘플추출: 로트에서 샘플사이즈 n만큼 검사대상물을 추출한다.

3.2.6 샘플 검사 및 로트 판정

샘플 속에 불량품의 수(d)와 합격판정계수(c)를 비교하여, d≤c이면 로트를 합격시키고, d〉c이면 로트를 불합격시킨다.

3.2.7 로트에 대한 조치

합격판정을 받은 로트는 접수를 한다. 샘플에서 발견된 불량품에 대한 처리방법은 접수, 반품, 교환 등 사전 작성한 계약에 따르면 된다. 불합격 판정된 로트는 전부 반품, 조건부(할인) 접수, 전수검사를 통한 합격품만 접수 등 사전에 작성한 계약에 따르면 된다.

3.3 계수형샘플링 검사

계수선별형 검사를 검사결과에 따라 합격된 로트는 그대로 받아들이고 불합격된 로트는 전수검사를 적용하여 불량품은 모두 제거하며 검사를 하는 것으로 검사 후의 평균 로트 불량률은 검사전의 불량률보다 낮아진다.

이와 같이 전수검사로 발생되는 비용을 생산자에게 부과시켜 품질향상에 더욱 관심을 갖게 하는 검사를 계수선별형검사라 한다.

3.3.1 로트별 품질보증(LTPD의 보증)

이 검사는 사전에 받아들이길 원치 않는 로트의 한계 불량률을 정한다. 이 한계 불량률을 로트허용불량률(LTPD)이라 하며 P_1으로 보통 사용한다. 그러므로 검사 과정에서 불량률이 P_1이 되면 샘플링검사에서 불합격 되도록 하며 P_1 이상에서는 $\beta = 0.10$ 값이내에서만 합격을 시킴을 보증한다. 이 검사방법은 1930년대 미국 벨전화연구소에 H. F. Dodge와 H.G.Romig 의해 만들어진 것으로 로트 허용불량률은 8개의 샘플링 검사 표가 있다. 즉 0.5%, 1.0%, 2.0%, 3.0%, 4.0%, 5.0%, 7.0%, 10.0%로 되어 있다.

그리고 1회 샘플링로트허용수표(Single sampling Lot tolerance tables : SL표)와 2회 샘플링로트허용수표(Double Sampling Lot tolerance table : DL)를 활용한다.

예제 LTPD=P_1=5%, 공정평균불량률$\overline{P}$= 0.3%, 로트크기가 2000일 때 SL표를 이용한 검사방식은 〈표 8-6〉에 알 수 있듯이 $n = 105$ $c = 2$ AOQL=1.3%가 된다.

> LTPD표의 특성은
>
> ① LOT의 규모가 증가하면 샘플의 크기는 상대적으로 작아진다.
> ② 로트의 규모가 크면 검사비용이 더욱 경제적이다.
> ③ 공정평균불량률($\overline{P}$)은 LTPD의 1/2까지 연장된다.
> ④ 공정평균불량률이 증가됨에 따라, 검사량이(n)이 증가된다.

〈표 8-6〉 SL표(P1=5%)

N \ $\overline{P}$(%)	0～.33			.34～.55			.56～.77			.78～1.1			1.2～2.2		
	n	c	AOQL (%)	n	c	AOQL (%)	n	c	AOQL (%)	n	c	AOQL (%)	n	c	AOQL (%)
30 이하	전수	0	0	전수	0	0	전수	0	0	전수	0	0	전수	0	0
31～50	30	0	.80	30	0	.80	30	0	.80	30	0	.80	30	0	.80
51～70	34	0	.75	34	0	.75	34	0	.75	34	0	.75	34	0	.75
71～100	37	0	.75	37	0	.75	37	0	.75	37	0	.75	37	0	.75
101～200	41	0	.79	41	0	.79	41	0	.79	75	1	1.1	75	1	1.1
201～300	42	0	.80	75	1	1.1	75	1	1.1	75	1	1.1	105	2	1.3
301～500	75	1	1.1	75	1	1.1	75	1	1.1	75	1	1.1	130	3	1.5
501～700	75	1	1.1	105	2	1.3	105	2	1.3	130	3	1.5	180	5	1.7
701～1000	75	1	1.1	105	2	1.3	105	2	1.3	130	3	1.5	205	6	1.9
1001～2000	105	2	1.3	105	2	1.3	130	3	1.5	155	4	1.6	280	9	2.1
2001～3000	105	2	1.3	130	3	1.5	130	3	1.5	155	4	1.6	305	10	2.2
3001～5000	105	2	1.3	130	3	1.5	155	4	1.6	205	6	1.9	350	12	2.3
5001～7000	105	2	1.3	155	4	1.6	180	5	1.7	205	6	1.9	350	12	2.3
7001～10000	130	3	1.5	155	4	1.6	180	5	1.7	205	6	1.9	395	14	2.4
10001～30000	130	3	1.5	155	4	1.6	205	6	1.9	255	8	2.0	420	15	2.4
30001～50000	130	3	1.5	180	5	1.7	205	6	1.9	255	8	2.0	465	17	2.5

3.3.2 다수로트의 평균품질보증(AOQL의 보증)

다수로트가 선별형 샘플링검사를 받았을 때 검사를 끝낸 로트의 평균품질을 보증하기 위한 것이다. 즉 검사전 로트의 불량률이 평균출검품질한계(AOQL)를 넘지 않도록 보장하는 샘플링검사방식을 찾는 것이다. 검사 방식의 절차는 다음 순서대로 진행한다.

① AOQL을 정한다. AOQL(%) : 0.5, 0.7, 1, 2, 3, 5

② 공정평균불량률($\overline{P}$)를 구한다.

③ 로트를 형성한다.

④ 1회 샘플링 AOQL표(Single Sampling AOQL tables : SA표)와 2회 샘플링 AOQL표(Double Sampling AOQL tables : DA표)를 활용하여 샘플크기(n)와 합격판정개수(c)와 LTPD값을 구한다.

예제 로트의 크기(N)가 25,000, 공정평균불량률($\overline{P}$)이 0.5%, AOQL이 2% 일 때 AOQL을 만족시키는 계수선별형 1회 샘플링검사 방식을 설계 해보자. 〈표 8-7〉을 사용할 때 $n=95$, $c=3$, LTPD=P_1=6.9%가 된다.

AOQL표의 특성은

① 로트규모가 증가함에 따라 샘플크기는 상대적으로 작아진다.
② 로트규모가 클수록 샘플크기도 증가한다.
③ 샘플크기가 16이하일 경우 전수검사를 한다.

〈표 8-7〉 SA표(AOQL=2%)

N \ $\overline{P}$(%)	0~.22			.23~.23			.34~.55			.56~.77			.78~1.1		
	n	c	p_1(%)	n	c	p_1(%)	n	c	p_1(%)	n	c	p_1(%)	n	c	p_1(%)
16 이하	전수	0		전수	0	0	전수	0	0	전수	0	0	전수	0	0
17~70	16	0	12.0	16	0	12.0	16	0	12.0	16	0	12.0	16	0	12.0
17~100	17	0	11.6	17	0	11.6	17	0	11.6	17	0	11.6	17	0	11.6
101~200	17	0	11.6	18	0	11.5	18	0	11.5	18	0	11.5	18	0	11.5
201~500	18	0	11.7	18	0	11.7	42	1	8.7	42	1	8.7	42	1	8.7
501~700	18	0	11.9	42	1	8.7	42	1	8.7	42	1	8.7	70	2	7.2
701~1,000	18	1	8.8	42	1	8.8	42	1	8.8	42	1	8.8	70	2	7.3
1,001~2,000	42	1	8.9	42	1	8.9	70	2	7.4	70	2	7.4	70	2	7.4
2,001~3,000	42	1	8.9	42	1	8.9	70	2	7.4	70	2	7.4	95	3	6.9
3,001~5,000	42	1	8.9	70	2	7.4	70	2	7.4	95	3	6.9	95	3	6.9
5,001~7,000	42	2	7.4	70	2	7.4	70	2	7.4	95	3	6.9	125	4	6.3
7,001~10,000	70	2	7.4	70	2	7.4	95	3	6.9	95	3	6.9	155	5	6.9
10,001~20,000	70	2	7.4	70	2	7.4	95	3	6.9	125	4	6.3	190	6	5.5
20,001~30,000	70	2	7.4	70	2	7.4	95	3	6.9	155	5	5.3	220	7	5.3
30,001~50,000	70	2	7.4	95	3	6.9	125	4	6.3	155	5	5.9	225	8	5.1

3.4 계수조정형 샘플링검사(ABC-STD-105)

본래 미국 군부 군수품의 구입검사를 위하여 개발되기 시작한 계수조정형 샘플링검사의 대표적인 것은 미국의 군용규격인 MIL-STD-105D이다. 이 규격은 국제적으로는 ABC-STD-105로 불리는데 미국, 영국 및 캐나다의 3개국 학자들이 공동으로 개발하였기 때문이다. 한국공업규격도 이를 받아들여 KS A 3109 '계수조정정형 샘플링 검사'를 규정하고 있다.

조정형 샘플링 검사는 하나의 검사방식만을 계속 적용하지 않고 보통 검사(Normal Inspection), 까다로운 검사(Tightened Inspection), 수월한 검사(Reduced Inspection)라고 불리는 세 개의 검사방식을 준비하여 공급자의 품질에 따라 검사방식을 번갈아 조정하여 가면서 적용하게 되는 검사시스템(Sampling System)이다. 즉, 보통검사를 적용하다가 공급자의 품질을 나쁘다고 판단되면 까다로운 검사로, 공급자의 품질이 좋다고 판단되면 수월한 검사로 바꾸어 적용한다.

3.4.1 계수 조정형 샘플링검사의 사용절차

계수조정형 샘플링검사 사용 절차를 살펴보면 다음과 같다.

① AQL을 정한다. 불량률(%)은 0.010, 0.015, 0.025, 0.040, 0.065, 0.10, 0.15, 0.25, 0.40, 0.65, 1.0, 1.5, 2.5, 4.0, 6.5, 10.0 의 16단계로 되어있다.

② 검사수준을 정한다.

특별검사수준: s-1, s-2, s-3, s-4

보통검사수준: Ⅰ Ⅱ Ⅲ

③ 샘플링형식을 정한다 : 1회, 2회, 3회

④ 검사의 엄격성을 정한다 : 보통검사, 엄격검사, 약식검사

⑤ 검사 로트의 크기를 정한다.

⑥ 로트 규모와 검사 수준으로부터 표본문자(샘플문자)를 정한다.

⑦ 표본문자, AQL, 샘플링형식에 따라 샘플링검사방식(n, Ac, Re)을 구한다.

〈표 8-8〉 샘플문자

롯트의 크기	특별 검사 수준				일반 검사 수준		
	S-1	S-2	S-3	S-4	I	II	III
2~8	A	A	A	A	A	A	B
9~15	A	A	A	A	A	B	C
16~25	A	A	B	B	B	C	D
26~50	A	B	B	C	C	D	E
51~90	B	B	C	C	C	E	F
91~150	B	B	C	D	D	F	G
151~280	B	C	D	E	E	G	H
281~500	B	C	D	E	F	H	J
501~1,200	C	C	E	F	G	J	K
1,201~3,200	C	D	E	G	H	K	L
3,201~10,000	C	D	F	G	J	L	M
10,001~35,000	C	D	F	H	K	M	N
35,001~150,000	D	E	G	J	L	N	P
150,001~500,000	D	E	G	J	M	P	Q
500,001~이상	D	E	H	K	N	Q	R

〈표 8-9〉 보통검사의 1회 샘플링검사방식

시료 문자	샘플 크기	합격품질수준(AQL) [보통검사] - 계수조정형(KSA 3109)												
		4.0	6.5	10	15	25	40	65	100	150	250	400	650	1000
		Ac Re	Ac Re	Ac Re	Ac Re	Ac Re	Ac Re	Ac Re	Ac Re	Ac Re	Ac Re	Ac Re	Ac Re	Ac Re
A	2	↓	0 1	↓	↓	1 2	2 3	3 4	5 6	7 8	10 11	14 15	21 22	30 31
B	3	0 1	↑	↓	1 2	2 3	3 4	5 6	7 8	10 11	14 15	21 22	30 31	44 45
C	5	↑	↓	1 2	2 3	3 4	5 6	7 8	10 11	14 15	21 22	30 31	44 45	↑
D	8	↓	1 2	2 3	3 4	5 6	7 8	10 11	14 15	21 22	30 31	44 45	↑	↑
E	13	1 2	2 3	3 4	5 6	7 8	10 11	14 15	21 22	30 31	44 45	↑	↑	↑
F	20	2 3	3 4	5 6	7 8	10 11	14 15	21 22	↑	↑	↑	↑	↑	↑
G	32	3 4	5 6	7 8	10 11	14 15	21 22	↑	↑	↑	↑	↑	↑	↑
H	50	5 6	7 8	10 11	14 15	21 22	↑	↑	↑	↑	↑	↑	↑	↑
J	80	7 8	10 11	14 15	21 22	↑	↑	↑	↑	↑	↑	↑	↑	↑
K	125	10 11	14 15	21 22	↑	↑	↑	↑	↑	↑	↑	↑	↑	↑
L	200	14 15	21 22	↑	↑	↑	↑	↑	↑	↑	↑	↑	↑	↑
M	315	21 22	↑	↑	↑	↑	↑	↑	↑	↑	↑	↑	↑	↑
N	500	↑	↑	↑	↑	↑	↑	↑	↑	↑	↑	↑	↑	↑
P	800	↑	↑	↑	↑	↑	↑	↑	↑	↑	↑	↑	↑	↑
Q	1250	↑	↑	↑	↑	↑	↑	↑	↑	↑	↑	↑	↑	↑
R	2000	↑	↑	↑	↑	↑	↑	↑	↑	↑	↑	↑	↑	↑
시료 문자	샘플 크기	Ac Re	Ac Re	Ac Re	Ac Re	Ac Re	Ac Re	Ac Re	Ac Re	Ac Re	Ac Re	Ac Re	Ac Re	Ac Re
		4.0	6.5	10	15	25	40	65	100	150	250	400	650	1000

〈표 8-10〉 까다로운 검사의 1회 샘플링검사방식

시료문자	샘플크기	합격품질수준(AQL) [보통검사] - 계수조정형(KSA 3109)												
		0.010	0.015	0.025	0.040	0.065	0.10	0.15	0.25	0.40	0.65	1.0	1.5	2.5
		Ac Re	Ac Re	Ac Re	Ac Re	Ac Re	Ac Re	Ac Re	Ac Re	Ac Re	Ac Re	Ac Re	Ac Re	Ac Re
A	2	↓	↓	↓	↓	↓	↓	↓	↓	↓	↓	↓	↓	↓
B	3	↓	↓	↓	↓	↓	↓	↓	↓	↓	↓	↓	↓	↓
C	5	↓	↓	↓	↓	↓	↓	↓	↓	↓	↓	↓	↓	0 1
D	8	↓	↓	↓	↓	↓	↓	↓	↓	↓	↓	↓	0 1	↑
E	13	↓	↓	↓	↓	↓	↓	↓	↓	↓	↓	0 1	↑	↓
F	20	↓	↓	↓	↓	↓	↓	↓	↓	↓	0 1	↑	↓	1 2
G	32	↓	↓	↓	↓	↓	↓	↓	↓	0 1	↑	↓	1 2	2 3
H	50	↓	↓	↓	↓	↓	↓	↓	0 1	↑	↓	1 2	2 3	3 4
J	80	↓	↓	↓	↓	↓	↓	0 1	↑	↓	1 2	2 3	3 4	5 6
K	125	↓	↓	↓	↓	↓	0 1	↑	↓	1 2	2 3	3 4	5 6	7 8
L	200	↓	↓	↓	↓	0 1	↑	↓	1 2	2 3	3 4	5 6	7 8	10 11
M	315	↓	↓	↓	0 1	↑	↓	1 2	2 3	3 4	5 6	7 8	10 11	14 15
N	500	↓	↓	0 1	↑	↓	1 2	2 3	3 4	5 6	7 8	10 11	14 15	21 22
P	800	↓	0 1	↑	↓	1 2	2 3	3 4	5 6	7 8	10 11	14 15	21 22	↑
Q	1250	0 1	↑	↓	1 2	2 3	3 4	5 6	7 8	10 11	14 15	21 22	↑	↑
R	2000	↑	↑	1 2	2 3	3 4	5 6	7 8	10 11	14 15	21 22	↑	↑	↑
시료문자	샘플크기	Ac Re	Ac Re	Ac Re	Ac Re	Ac Re	Ac Re	Ac Re	Ac Re	Ac Re	Ac Re	Ac Re	Ac Re	Ac Re
		0.010	0.015	0.025	0.040	0.065	0.10	0.15	0.25	0.40	0.65	1.0	1.5	2.5

↓ = 화살표 아래의 최초의 샘플링방식을 사용한다. 샘플의 크기가 롯트의 크기 이상이 되면 전수검사함.

↑ = 화살표 위의 최초의 샘플링방식을 사용한다. Ac=합격판정개수, Re=불합격판정개수

〈표 8-11〉 수월한 검사의 1회 샘플링검사방식

시료 문자	샘플 크기	합격품질수준(AQL) [수월한검사] - 계수조정형(KSA 3109)												
		0.010	0.015	0.025	0.040	0.065	0.10	0.15	0.25	0.40	0.65	1.0	1.5	2.5
		Ac Re	Ac Re	Ac Re	Ac Re	Ac Re	Ac Re	Ac Re	Ac Re	Ac Re	Ac Re	Ac Re	Ac Re	Ac Re
A	2	↓	↓	↓	↓	↓	↓	↓	↓	↓	↓	↓	↓	↓
B	2	↓	↓	↓	↓	↓	↓	↓	↓	↓	↓	↓	↓	↓
C	2	↓	↓	↓	↓	↓	↓	↓	↓	↓	↓	↓	↓	0 1
D	3	↓	↓	↓	↓	↓	↓	↓	↓	↓	↓	↓	0 1	↑
E	5	↓	↓	↓	↓	↓	↓	↓	↓	↓	↓	0 1	↑	↓
F	8	↓	↓	↓	↓	↓	↓	↓	↓	↓	0 1	↑	↓	0 2
G	13	↓	↓	↓	↓	↓	↓	↓	↓	0 1	↑	↓	0 2	1 3
H	20	↓	↓	↓	↓	↓	↓	↓	0 1	↑	↓	0 2	1 3	1 4
J	32	↓	↓	↓	↓	↓	↓	0 1	↑	↓	0 2	1 3	1 4	2 5
K	50	↓	↓	↓	↓	↓	0 1	↑	↓	0 2	1 3	1 4	2 5	3 6
L	80	↓	↓	↓	↓	0 1	↑	↓	0 2	1 3	1 4	2 5	3 6	5 8
M	125	↓	↓	↓	0 1	↑	↓	0 2	1 3	1 4	2 5	3 6	5 8	7 10
N	200	↓	↓	0 1	↑	↓	0 2	1 3	1 4	2 5	3 6	5 8	7 10	10 13
P	315	↓	0 1	↑	↓	0 2	1 3	1 4	2 5	3 6	5 8	7 10	10 13	↑
Q	500	0 1	↑	↓	0 2	1 3	1 4	2 5	3 6	5 8	7 10	10 13	↑	↑
R	800	↑	↑	0 2	1 3	1 4	2 5	3 6	5 8	7 10	10 13	↑	↑	↑
시료 문자	샘플 크기	Ac Re	Ac Re	Ac Re	Ac Re	Ac Re	Ac Re	Ac Re	Ac Re	Ac Re	Ac Re	Ac Re	Ac Re	Ac Re
		0.010	0.015	0.025	0.040	0.065	0.10	0.15	0.25	0.40	0.65	1.0	1.5	2.5

↓ = 화살표 아래의 최초의 샘플링방식을 사용한다. 샘플의 크기가 롯트의 크기 이상이 되면 전수 검사함.

↓ = 화살표 위의 최초의 샘플링방식을 사용한다. Ac=합격판정개수, Re=불합격판정개수

• = 만약 합격판정계수를 넘어 불합격판정개수에 이르지 않으면 그 롯트는 합격으로 하나 차회부터는 보통검사로 되돌린다.

〈표 8-12〉 보통검사의 2회 샘플링검사방식

시료문자	샘플	샘플크기	샘플크기누계	합격품질수준(AQL) [보통검사] - 계수조정형(KSA 3109)												
				4.0	6.5	10	15	25	40	65	100	150	250	400	650	1000
				Ac Re	Ac Re	Ac Re	Ac Re	Ac Re	Ac Re	Ac Re	Ac Re	Ac Re	Ac Re	Ac Re	Ac Re	Ac Re
A				↓	★	↓	↓	★	★	★	★	★	★	★	★	★
B	1번째 2번째	2 2	2 4	★	↑	↓	0 2 1 2	0 3 3 4	1 4 4 5	2 5 6 7	3 7 8 9	5 9 12 13	7 11 18 19	11 16 26 27	17 22 37 36	25 31 56 57
C	1번째 2번째	3 3	3 4	↑	↓	0 2 1 2	0 3 3 4	1 4 4 5	2 5 6 7	3 7 8 9	5 9 12 13	7 11 18 19	11 16 26 27	17 22 37 36	25 31 56 57	↑
D	1번째 2번째	5 5	5 10	↓	0 2 1 2	0 3 3 4	1 4 4 5	2 5 6 7	3 7 8 9	5 9 12 13	7 11 18 19	11 16 26 27	17 22 37 36	25 31 56 57	↑	↑
E	1번째 2번째	8 8	8 16	0 2 1 2	0 3 3 4	1 4 4 5	2 5 6 7	3 7 8 9	5 9 12 13	7 11 18 19	11 16 26 27	17 22 37 36	25 31 56 57	↑	↑	↑
F	1번째 2번째	13 13	13 26	0 3 3 4	1 4 4 5	2 5 6 7	3 7 8 9	5 9 12 13	7 11 18 19	11 16 26 27	↑	↑	↑	↑	↑	↑
G	1번째 2번째	20 20	20 40	1 4 4 5	2 5 6 7	3 7 8 9	5 9 12 13	7 11 18 19	11 16 26 27	↑	↑	↑	↑	↑	↑	↑
H	1번째 2번째	32 32	32 64	2 5 6 7	3 7 8 9	5 9 12 13	7 11 18 19	11 16 26 27	↑	↑	↑	↑	↑	↑	↑	↑
J	1번째 2번째	50 50	50 100	3 7 8 9	5 9 12 13	7 11 18 19	11 16 26 27	↑	↑	↑	↑	↑	↑	↑	↑	↑
K	1번째 2번째	80 80	80 160	5 9 12 13	7 11 18 19	11 16 26 27	↑	↑	↑	↑	↑	↑	↑	↑	↑	↑
L	1번째 2번째	125 125	125 250	7 11 18 19	11 16 26 27	↑	↑	↑	↑	↑	↑	↑	↑	↑	↑	↑
M	1번째 2번째	200 200	200 400	11 16 26 27	↑	↑	↑	↑	↑	↑	↑	↑	↑	↑	↑	↑
N	1번째 2번째	315 315	315 630	↑	↑	↑	↑	↑	↑	↑	↑	↑	↑	↑	↑	↑
P	1번째 2번째	500 500	500 1,000	↑	↑	↑	↑	↑	↑	↑	↑	↑	↑	↑	↑	↑
Q	1번째 2번째	800 800	800 1,600	↑	↑	↑	↑	↑	↑	↑	↑	↑	↑	↑	↑	↑
R	1번째 2번째	1,250 1,250	1,250 2,500	↑	↑	↑	↑	↑	↑	↑	↑	↑	↑	↑	↑	↑
시료문자	샘플	샘플크기	샘플크기누계	4.0	6.5	10	15	25	40	65	100	150	250	400	650	1000
				Ac Re	Ac Re	Ac Re	Ac Re	Ac Re	Ac Re	Ac Re	Ac Re	Ac Re	Ac Re	Ac Re	Ac Re	Ac Re

↓ = 화살표 아래의 최초의 샘플링방식을 사용한다. 샘플의 크기가 롯트의 크기 이상이 되면 전수검사함.

↑ = 화살표 위의 최초의 샘플링방식을 사용한다. Ac=합격판정개수, Re=불합격판정개수

• = 대응하는 1회샘플링방식을 사용한다.(또는 만약 사용할 수 있다면 대신 아래의 2회샘플링방식을 사용함)

〈표 8-13〉 까다로운 검사의 2회 샘플링검사방식

[시료문자표]																Page 1 / 2
시료 문자	샘플	샘플 크기	샘플 크기 누계	합격품질수준(AQL) [보통검사] - 계수조정형(KSA 3109)												
				0.010	0.015	0.025	0.040	0.065	0.10	0.15	0.25	0.40	0.65	1.0	1.5	2.5
				Ac Re	Ac Re	Ac Re	Ac Re	Ac Re	Ac Re	Ac Re	Ac Re	Ac Re	Ac Re	Ac Re	Ac Re	Ac Re
A				↓	↓	↓	↓	↓	↓	↓	↓	↓	↓	↓	↓	↓
B	1번째 2번째	2 2	2 4	↓	↓	↓	↓	↓	↓	↓	↓	↓	↓	↓	↓	↓
C	1번째 2번째	3 3	3 4	↓	↓	↓	↓	↓	↓	↓	↓	↓	↓	↓	↓	★
D	1번째 2번째	5 5	5 10	↓	↓	↓	↓	↓	↓	↓	↓	↓	↓	↓	★	↑
E	1번째 2번째	8 8	8 16	↓	↓	↓	↓	↓	↓	↓	↓	↓	↓	★	↑	↓
F	1번째 2번째	13 13	13 26	↓	↓	↓	↓	↓	↓	↓	↓	↓	★	↑	↓	0 2 1 2
G	1번째 2번째	20 20	20 40	↓	↓	↓	↓	↓	↓	↓	↓	★	↑	↓	0 2 1 2	0 3 3 4
H	1번째 2번째	32 32	32 64	↓	↓	↓	↓	↓	↓	↓	★	↑	↓	0 2 1 2	0 3 3 4	1 4 4 5
J	1번째 2번째	50 50	50 100	↓	↓	↓	↓	↓	↓	★	↑	↓	0 2 1 2	0 3 3 4	1 4 4 5	2 5 6 7
K	1번째 2번째	80 80	80 160	↓	↓	↓	↓	↓	★	↑	↓	0 2 1 2	0 3 3 4	1 4 4 5	2 5 6 7	3 7 8 9
L	1번째 2번째	125 125	125 250	↓	↓	↓	↓	★	↑	↓	0 2 1 2	0 3 3 4	1 4 4 5	2 5 6 7	3 7 8 9	5 9 12 13
M	1번째 2번째	200 200	200 400	↓	↓	↓	★	↑	↓	0 2 1 2	0 3 3 4	1 4 4 5	2 5 6 7	3 7 8 9	5 9 12 13	7 11 18 19
N	1번째 2번째	315 315	315 630	↓	↓	★	↑	↓	0 2 1 2	0 3 3 4	1 4 4 5	2 5 6 7	3 7 8 9	5 9 12 13	7 11 18 19	11 16 26 27
P	1번째 2번째	500 500	500 1,000	↓	★	↑	↓	0 2 1 2	0 3 3 4	1 4 4 5	2 5 6 7	3 7 8 9	5 9 12 13	7 11 18 19	11 16 26 27	↑
Q	1번째 2번째	800 800	800 1,600	★	↑	↓	0 2 1 2	0 3 3 4	1 4 4 5	2 5 6 7	3 7 8 9	5 9 12 13	7 11 18 19	11 16 26 27	↑	↑
R	1번째 2번째	1,250 1,250	1,250 2,500	↑	↑	0 2 1 2	0 3 3 4	1 4 4 5	2 5 6 7	3 7 8 9	5 9 12 13	7 11 18 19	11 16 26 27	↑	↑	↑
시료 문자	샘플	샘플 크기	샘플 크기 누계	0.010	0.015	0.025	0.040	0.065	0.10	0.15	0.25	0.40	0.65	1.0	1.5	2.5
				Ac Re	Ac Re	Ac Re	Ac Re	Ac Re	Ac Re	Ac Re	Ac Re	Ac Re	Ac Re	Ac Re	Ac Re	Ac Re

• = 대응하는 1회샘플링방식을 사용한다.(또는 만약 사용할 수 있다면 대신 아래의 2회샘플링방식을 사용함)

〈표 8-14〉 수월한 검사의 2회 샘플링검사방식

시료문자	샘플	샘플크기	샘플크기누계	합격품질수준(AQL) [수월한검사] - 계수조정형(KSA 3109)												
				0.010	0.015	0.025	0.040	0.065	0.10	0.15	0.25	0.40	0.65	1.0	1.5	2.5
				Ac Re	Ac Re	Ac Re	Ac Re	Ac Re	Ac Re	Ac Re	Ac Re	Ac Re	Ac Re	Ac Re	Ac Re	Ac Re
A				↓	↓	↓	↓	↓	↓	↓	↓	↓	↓	↓	↓	↓
B				↓	↓	↓	↓	↓	↓	↓	↓	↓	↓	↓	↓	↓
C				↓	↓	↓	↓	↓	↓	↓	↓	↓	↓	↓	↓	◆
D	1번째 2번째	2 2	2 4	↓	↓	↓	↓	↓	↓	↓	↓	↓	↓	↓	◆	↑
E	1번째 2번째	3 3	3 6	↓	↓	↓	↓	↓	↓	↓	↓	↓	↓	◆	↑	↓
F	1번째 2번째	5 5	5 10	↓	↓	↓	↓	↓	↓	↓	↓	↓	◆	↑	↓	0 2 0 2
G	1번째 2번째	8 8	8 16	↓	↓	↓	↓	↓	↓	↓	↓	◆	↑	↓	0 2 0 2	0 3 0 4
H	1번째 2번째	13 13	13 26	↓	↓	↓	↓	↓	↓	↓	◆	↑	↓	0 2 0 2	0 3 0 4	0 4 1 5
J	1번째 2번째	20 20	20 40	↓	↓	↓	↓	↓	↓	◆	↑	↓	0 2 0 2	0 3 0 4	0 4 1 5	0 4 3 6
K	1번째 2번째	32 32	32 64	↓	↓	↓	↓	↓	◆	↑	↓	0 2 0 2	0 3 0 4	0 4 1 5	0 4 3 6	1 5 4 7
L	1번째 2번째	50 50	50 100	↓	↓	↓	↓	◆	↑	↓	0 2 0 2	0 3 0 4	0 4 1 5	0 4 3 6	1 5 4 7	2 7 6 9
M	1번째 2번째	80 80	80 160	↓	↓	↓	◆	↑	↓	0 2 0 2	0 3 0 4	0 4 1 5	0 4 3 6	1 5 4 7	2 7 6 9	3 8 8 12
N	1번째 2번째	125 125	125 250	↓	↓	◆	↑	↓	0 2 0 2	0 3 0 4	0 4 1 5	0 4 3 6	1 5 4 7	2 7 6 9	3 8 8 12	5 10 12 16
P	1번째 2번째	200 200	200 400	↓	◆	↑	↓	0 2 0 2	0 3 0 4	0 4 1 5	0 4 3 6	1 5 4 7	2 7 6 9	3 8 8 12	5 10 12 16	↑
Q	1번째 2번째	315 315	315 630	◆	↑	↓	0 2 0 2	0 3 0 4	0 4 1 5	0 4 3 6	1 5 4 7	2 7 6 9	3 8 8 12	5 10 12 16	↑	↑
R	1번째 2번째	500 1,000	500 1,500	↑	↑	0 2 0 2	0 3 0 4	0 4 1 5	0 4 3 6	1 5 4 7	2 7 6 9	3 8 8 12	5 10 12 16	↑	↑	↑
시료문자	샘플	샘플크기	샘플크기누계	0.010	0.015	0.025	0.040	0.065	0.10	0.15	0.25	0.40	0.65	1.0	1.5	2.5
				Ac Re	Ac Re	Ac Re	Ac Re	Ac Re	Ac Re	Ac Re	Ac Re	Ac Re	Ac Re	Ac Re	Ac Re	Ac Re

▼ = 2번째 시료를 검사한 다음 불량개수가 합격판정개수보다는 많지만 불합격판정개수보다는 적을 경우에는 보통검사로 되돌아간다.

◆ = 대응하는 1회샘플링방식을 적용한다.(또는 만일 사용할 수 있다면 대신 아래쪽의 2회샘플링방식을 적용한다.

예제 천안 호두과자를 검사하려고 한다. AQL이 1.0% 로트의 크기 *N*=30,000개 검사수준Ⅲ일 경우 보통검사, 까다로운 검사, 수월한 검사를 위한 1회 계수조정형 샘플링검사방식을 구해보자. 〈표 8-8〉에 의해 *N*=30,000과 검사수준Ⅲ로 표본문자 *N*를 구한다. 〈표 8-9〉에 의해 표본문자 *N*과 AQL이 1.0%로 샘플링검사방식을 구할 수 있다. 즉 보통검사의 경우 Ac=10, Re=11 샘플크기 n=500, 까다로운 검사의 경우 〈표 8-10〉에 의해 Ac=8, Re=9 샘플크기 n=500, 수월한 검사의 경우 〈표 8-11〉에 의해 Ac=5, Re=8, 샘플크기 n=200이 된다. 보통검사시에 불량개수가 10개까지는 합격, 11개 이상일 경우는 불합격시키며, 까다로운 검사시에 불량개수가 8개까지는 합격, 9개 이상일 경우는 불합격시킨다. 수월한 검사일 경우 불량개수가 5개까지는 합격, 8개 이상일 경우는 불합격시킨다. 단, 불량개수가 6개 7개일 경우 그 로트는 합격되지만 다음 회부터는 보통검사로 바꿔야 한다.

계수조정형 샘플링검사에서 일반 검사 수준에서의 특성은

① Ⅰ의 경우 샘플크기를 작게 할 경우

② Ⅱ의 경우 값이 싼 품목

③ Ⅲ의 경우 생산원가가 높고, 품목이 복잡하고 비싼 경우, 샘플수를 크게 할 경우

샘플크기의 비율은 Ⅰ:Ⅱ:Ⅲ의 경우 0.4:1:1.6이 된다.

특별검사 수준의 특성은

① 파괴검사, 샘플 1회당 비용이 많이 들 경우

② 작은 샘플크기로 할 때(소샘플검사라고 한다)

③ S-1쪽으로 갈수록 샘플크기가 작아진다.

3.4.2 연속생산형 샘플링검사(Continuous Sampling Plan-1)

컨베이어 벨트생산 방식에서 제품이 연속적으로 생산될 때 검사하는 방식으로 H. F. Dodge에 의해 발표되었다. 검사적용 절차는 다음과 같다.

① 검사가 시작될 때 제품 하나 하나 모두를 검사한다(각개검사).

② 양호품이 연속적으로 미리 지정된 개수 i가 나올 때까지 계속한다.

[i를 연속양호품수(Clearance number)라 한다]

③ 양호 i 만큼 양호품이 나올 때 검사비율 f의 샘플링검사 즉 연속 생산되는 제품에서 1/f 개 중에서 하나를 추출한다.(일부검사)

④ 이 시료가 양호품이면 계속 일부검사를 한다.

⑤ 이 시료가 불량품이면 각개검사로 돌아간다.

여기서 연속양호품수 i와 검사비율 f는 지정된 AOQL을 보증하도록 결정된다. 이 검사 방법의 적용절차는 다음과 같다.

① 품질 기준의 설정

② AOQL의 지정

③ 로트의 형성: 연속 생산되어지는 제품이 생산조건이 변경되거나 품질이 바뀔 경우 새로운 생산제품으로 보고 각개검사부터 시작한다.

④ 공정평균 불량률를 구한다.

⑤ 구분의 크기 (1/f)를 정한다. 1/f를 구하기 전에 품질개선지수(b)를 구한다.

품질개선지수 b로 1/f를 구한다. 〈표 8-15〉 참조.

〈표 8-15〉

b	1.52 미만	1.52~ 1.61 미만	1.61~ 1.70 미만	1.70~ 1.83 미만	1.83~ 1.96 미만	1.96~ 2.12 미만	2.12~ 2.31 미만	2.31~ 2.51 미만	2.51~ 2.89 미만	2.89~ 3.75 미만	3.75 이상
1/f	50	30	20	15	10	8	6	5	4	3	2

⑥ 연속양호품수(i)를 정한다.

연속양호품수 i는 AOQL 값과 구분의 크기 1/f 값으로 〈표 8-16〉, 〈표 8-17〉에서 구할 수 있다.

〈표 8-16〉 연속양호품수 i를 구하는 표(불량품을 양호품으로 대처하는 경우)

AOQL의 범위 (%)	$\frac{1}{f}$										
	2	3	4	5	6	8	10	15	20	30	50
0.1~0.16미만	280	470	610	720	820	980	1100	1350	1530	1790	2140
0.16~0.25미만	175	290	380	450	510	610	690	840	960	1120	1340
0.25~0.4미만	115	185	245	290	30	390	440	540	610	720	860
0.4~0.63미만	69	120	1555	180	205	245	275	340	380	450	540
0.63~1.0미만	44	73	95	115	130	1555	175	215	245	285	340
1.0~1.6미만	28	46	60	71	81	97	110	135	155	180	215
1.6~2.5미만	17	29	37	44	50	60	68	83	94	115	135
2.5~4.0미만	11	18	24	28	32	38	43	53	60	71	84
4.0~6.3미만	7	11	15	17	20	24	27	33	37	44	52
6.3~10.0미만	4	7	9	11	12	15	17	21	23	27	33

〈표 8-17〉 연속양호품수 i를 구하는 표(불량품을 제거한 경우)

AOQL의 범위 (%)	1/f										
	2	3	4	5	6	8	10	15	20	30	50
0.1~0.16 미만	280	470	610	720	820	980	1100	1350	1530	1790	2140
0.16~0.25 미만	175	290	380	450	510	610	690	840	960	1120	1340
0.25~0.4 미만	115	185	245	290	30	390	440	540	610	720	860
0.4~0.63 미만	70	120	1555	180	205	245	275	340	380	450	540
0.63~1.0 미만	45	74	96	115	130	1555	175	215	245	285	340
1.0~1.6 미만	29	47	61	72	82	98	110	135	155	180	215
1.6~2.5 미만	18	30	38	45	51	61	69	84	95	115	135
2.5~4.0 미만	12	19	25	29	33	39	44	54	61	72	85
4.0~6.3 미만	8	12	16	18	21	25	28	34	38	45	53
6.3~10.0 미만	5	8	10	12	13	16	18	22	24	28	34

예제 공정 불량률 = 1.2%, AOQL = 0.5 검사 중 불량품 발견시 불량품 제거할 경우 연속 생산형 샘플링 검사 방식을 구하시오.

① 품질개선지수 b=1.2/0.5=2.4

② 〈표 8-15〉에 의해 1/f=5를 구할 수 있다.

③ 〈표 8-17〉에 의해 연속양호품수 i=180을 구할 수 있다.

④ 따라서 (i f)=(180 1/5)이 된다.

예제 앞의 예제 (i f)=(180 1/5)에서 검사를 하는 도중

① 38번째 불량이 나왔다 가장 빠른 샘플링검사는 몇 번째부터 이루어지나?

② ①의 결과 샘플링검사를 하는 도중 255번째 불량이 나왔을 때 몇 번째부터 각개검사를 해야 하나?

3.5 계량규준형 샘플링검사

계량규준형 샘플링검사는 로트로부터 1회만 샘플을 추출하여 샘플중의 검사단위의 품질 특성을 측정하고, 그 평균치를 산출하여 합격판정치와 비교함으로써 로트의 합격 불합격을 판정하는 검사를 말한다.

이 검사는 품질특성치의 표준편차를 알고있는 경우와 모르고 있는 경우로 분리된다. 그리고 계수규준형 샘플링검사와 마찬가지로 OC곡선상의 P_1 P_2를 만족시키는 샘플링검사이다.

즉, 좋은 품질의 로트를 높은 확률$(1-\alpha)$로 합격시키고 나쁜 품질의 로트를 낮은 확률(β)로만 합격시킴을 보장한다.

이 검사에 있어서 로트의 평균치를 보증할 경우 검사절차는 다음과 같다.

① 측정방법을 결정한다.

② 합격시키고 싶은 로트의 평균치(m_0)와 불합격시키고 싶은 로트의 평균치(m_1)을 지정한다.

③ 로트를 형성한다.

④ 로트의 표준편차 σ를 지정한다.

⑤ 샘플의 크기와 합격판정치를 구한다. 값으로 〈표 8-18〉로부터 샘플링의 크기(n)와 합격판정치를 계산하기 위한 계수 G_0를 구한다.

⑥ 샘플을 추출한다.

⑦ 샘플의 특성치 x를 측정하고, 평균치를 구한다.

⑧ 로트의 합격, 불합격을 판정한다.

a) 특성치가 낮을수록 좋은 경우

b) 특성치가 높을수록 좋은 경우

〈표 8-18〉 m_0, m_1을 기준으로 하여 샘플의 크기 n과 합격 판정치를 계산하기 위한 계수 G_0를 구하는 표($\alpha=0.05$, $\beta=0.10$)

$\frac{\lvert m_1 - m_0 \rvert}{\sigma}$	n	G_0
2.069이상	2	1.163
1.690~2.068	3	0.950
1.463~1.689	4	0.822
1.309~1.462	5	0.736
1.195~1.308	6	0.672
1.106~1.194	7	0.622
1.035~1.105	8	0.582
0.975~1.034	9	0.548
0.925~0.974	10	0.520
0.882~0.924	11	0.496
0.845~0.881	12	0.475
0.812~0.844	13	0.456
0.772~0.811	14	0.440
0.756~0.771	15	0.425
0.732~0.755	16	0.411
0.710~0.731	17	0.399
0.690~0.709	18	0.383
0.671~0.689	19	0.377
0.654~0.670	20	0.368
0.585~0.653	25	0.329
0.534~0.584	30	0.300
0.495~0.533	35	0.278
0.463~0.494	40	0.260
0.436~0.462	45	0.245
0.414~0.435	50	0.233

예제 금속판의 두께 기본치수가 $5mm$인데 두께의 평균치가 기본치수로부터 $\pm 0.15mm$ 이내인 로트는 합격, 그것이 $\pm 0.4mm$ 이상인 로트는 불합격되도록 하는 샘플링검사방식을 구하시오(로트의 표준편차(σ)=0.2mm, α=0.05, β=0.10)

예제 금속판의 두께 하한 규격치가 $S_L=3mm$이고 정규분포의 성질을 갖는다고 가정하자 두께가 $3mm$ 미만인 것이 2% 이하인 로트는 합격시키고 그것이 8%이상인 경우 불합격 시키게 하는 계량규준형 1회 샘플링 검사방식을 설계하시오(로트의 표준 편차 $\sigma=0.2mm$이고 $\alpha=0.05$, $\beta=0.10$) 〈표 8-19〉를 이용할 것.

〈표 8-19〉 계량규준형 1회 샘플링 검사표(표준편차를 알고 있는 경우) P_0(%), P_1(%)을 기준으로 하여 샘플의 크기 n과 합격판정계수 k를 구하는 표($\alpha = 0.05$ $\beta = 0.10$)

p_0(%) \ p_1(%) 대표치		0.80	1.00	1.25	1.60	2.00	2.50	3.15
	범위	0.71~0.90	0.91~1.12	1.13~1.40	1.41~1.80	1.81~2.24	2.25~2.80	2.81~3.55
대표치	범위							
0.100	0.09~0.112	2.71 18	2.66 15	2.61 12	2.56 10	2.51 8	2.46 7	2.40 6
0.125	0.113~0.140	2.68 23	2.63 18	2.58 14	2.53 10	2.48 9	2.43 8	2.37 6
0.160	0.141~0.180	2.64 29	2.60 22	2.55 17	2.50 13	2.45 11	2.39 9	2.35 7
0.200	0.181~0.224	2.61 39	2.57 28	2.52 21	2.47 15	2.42 13	2.36 10	2.30 8
0.250	0.225~0.280	•	2.54 37	2.47 27	2.44 20	2.38 15	2.33 12	2.28 10
0.315	0.281~0.355	•	•	2.46 36	2.40 25	2.35 19	2.30 14	2.24 11
0.400	0.356~0.450	•	•	•	2.37 33	2.32 24	2.26 18	2.21 14
0.500	0.451~0.560	•	•	•	2.33 46	2.28 31	2.23 23	2.17 17
0.630	0.561~0.710	•	•	•	•	2.25 44	2.19 30	2.19 28
0.800	0.711~0.900	•	•	•	•	•	2.16 42	2.10 28
1.00	0.901~1.12		•	•	•	•	•	2.06 38
1.25	1.13~1.40			•	•	•	•	•
1.60	1.41~1.80				•	•	•	•
2.00	1.81~2.24					•	•	•
2.50	2.25~2.80						•	•
3.15	2.81~3.55							•
4.00	3.56~4.50							
5.00	4.51~5.60							
6.30	5.61~7.10							
8.00	7.11~9.00							
10.0	9.01~11.2							

〈비고〉 •란은 〈표 8-19〉에 의해 각각 p_0, p_1의 대표치에 대한 Kp_0, Kp_1을 사용하여 n을 계산하여 2자리로 반올림한 것을 사용한다. 공란의 샘플링검사방식은 없음.

4.00	5.00	6.30	8.00	10.0	12.5	16.0	20.0	25.0	31.5
3.56~ 4.50	4.51~ 5.60	5.61~ 7.10	7.11~ 9.00	9.01~ 11.2	11.3~ 14.0	14.1~ 18.0	18.1~ 22.4	22.5~ 28.0	28.1~ 35.5
2.34 5	2.28 4	2.30 4	2.14 3	2.08 3	1.99 2	1.91 2	1.84 2	1.75 2	1.66 2
2.31 5	2.25 5	2.19 4	2.11 3	2.05 3	1.96 2	1.88 2	1.80 2	1.72 2	1.62 2
2.28 6	2.22 5	2.15 4	2.09 4	2.01 3	1.94 3	1.84 3	1.77 2	1.68 2	1.59 2
2.25 7	2.19 6	2.12 5	2.05 4	1.98 3	1.91 3	1.81 3	1.73 2	1.65 2	1.55 2
2.21 8	2.15 6	2.09 5	2.02 4	1.95 5	1.87 3	1.80 3	1.70 2	1.61 2	1.52 2
2.18 9	2.12 7	2.06 6	1.99 5	1.92 4	1.84 3	1.76 3	1.66 2	1.57 2	1.48 2
2.15 11	2.08 8	2.02 7	1.95 6	1.89 5	1.81 4	1.72 3	1.64 3	1.53 2	1.44 2
2.11 13	2.05 10	1.99 8	1.92 6	1.85 5	1.77 4	1.68 3	1.60 3	1.50 2	1.40 2
2.18 15	2.02 12	1.95 9	1.89 7	1.81 6	1.74 5	1.65 4	1.59 2	1.46 2	1.36 2
2.04 20	1.98 15	1.91 11	1.84 8	1.78 7	1.70 5	1.61 4	1.52 3	1.44 3	1.32 2
2.00 26	1.94 18	1.88 14	1.81 10	1.74 8	1.66 6	1.58 5	1.50 4	1.42 3	1.30 3
1.97 36	1.91 24	1.84 17	1.77 12	1.70 9	1.63 7	1.54 6	1.45 4	1.37 3	1.26 3
•	1.86 34	1.80 23	1.73 16	1.66 12	1.59 9	1.50 6	1.41 5	1.32 4	1.21 3
•	•	1.76 31	1.69 20	1.62 14	1.54 10	1.46 8	1.37 6	1.28 5	1.16 3
•	•	1.72 46	1.65 28	1.58 19	1.50 13	1.42 9	1.33 7	1.24 5	1.13 4
•	•	•	1.60 42	1.53 26	1.46 17	1.37 11	1.29 8	1.19 6	1.09 5
•	•	•	•	1.49 39	1.41 24	1.33 15	1.24 10	1.14 7	1.04 5
	•	•	•	•	1.37 35	1.28 30	1.19 13	1.10 9	0.99 6
		•	•	•	•	1.23 30	1.14 18	1.05 19	0.94 8
			•	•	•	•	1.09 27	1.00 16	0.89 10
				•	•	•	1.03 44	0.94 23	0.83 14

연 습 문 제

1. 품질검사형태에 따라 분류하고 장단점을 논하여 본다.

2. 샘플링 검사와 소비자와의 관계를 설명한다.

3. 계수 규준형 샘플링검사에 대하여 논한다.

4. 계수 선별형 샘플링검사에 대하여 논한다.

5. 계수 조정형 샘플링검사에 대하여 논한다.

6. 연속생산형 샘플링검사에 대하여 논한다.

제9장

신뢰성공학

신뢰성 관리란 제품의 성능과 신뢰 그리고 보전성 등 우수한 제품을 생산하기 위하여 제품개발에서 부터 설계, 제조 그리고 사용자에게 이르기 까지 제품의 생애에 신뢰성을 보장하고 유지하고 관리하기 위한 종합관리 활동이다. 이와 같은 제품의 신뢰성 보장을 위하여 본장에서는 신뢰성공학을 이해하고 신뢰성이 요구하는 종합적 경영에 대하여 논하자고 하였다.

1. 신뢰성공학의 이해

1.1 신뢰성과 고객관계

1.1.1 신뢰성의 정의

신뢰성공학은 MIT공대에서 진공관 조사에서부터 출발하였다. 1961년 아폴로 우주선 계획에 따라 급성장하면서 오늘날 신뢰성분석, 신뢰도 예측, 고장모드 및 영향분석(Failure mode and effect analysis : FMEA) 결함나무분석(Fault analysis : FTA) 등이 개발되었다.

신뢰성은 20세기 후반 21세기에 나타난 새로운 분야로서 복잡한 경영환경과 시스템 그리고 소비자의 다양한 욕구에 따라 고객만족을 위한 도구로 발전하게 되었다.

신뢰성은 시간적 측면에서는 제품을 오랫동안 고장 없이 사용할 수 있는 것을 말하며, 신뢰도는 시스템, 기기, 부품 등이 시간적 안정성을 나타내는 정도 성질로 KS에서는 정의 하였다.

[정확한 신뢰성을 나타내기 위한 조건]

1. 제품의 사용조건 및 환경 조건을 규정한다.
2. 시간 또는 기타 시간에 상당한 측도(반복 회수, 주행거리 등)에 대한 확률로 표시한다.
3. 소정의 제품 기능, 고장을 명확히 정의 한다. (출처 : 김진규, 2004)

신뢰성은 어떤 제품(아이템)이 주어진 사용조건 아래서 의도하는 기간 동안 정해진 기능을 성공적으로 수행(고장을 일으키지 않는)하는 능력(확률) 또는 성질로서 신뢰성의 정의를 요약하면 다음과 같다(daum.net/ksaqcalumni)

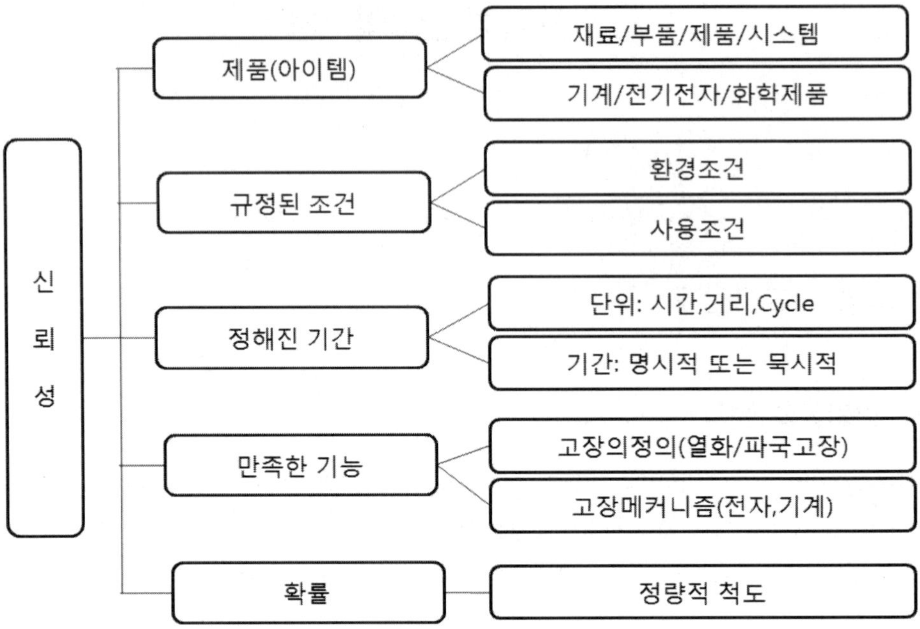

[출처] : daum.net/ksaqcalumni

[그림 9-1] 신뢰성공학의 정의

① 제품(아이템)

- 개별적으로 고려될 수 있는 단품, 부품, 디바이스, 유닛, 장비, 서브시스템 및 시스템이다.
- 아이템은 하드웨어, 소프트웨어 또는 이들 모두로 구성될 수 있고, 특별한 경우에는 사람을 포함할 수도 있다.
- 여러 아이템들이 하나의 아이템으로 간주될 수도 있다.

② 주어진 조건

- 아이템 사용으로부터 폐기될 때 까지 기능과 성능에 영향을 줄 수 있는 모든 조건
- 환경조건 또는 사용조건
  - 환경조건 : 온도, 습도, 진동 등 외부로 부터의 자연적인 조건이다.
  - 사용조건 : 설치 및 사용 장소, 연속사용 시간과 횟수 등 사용자에 따라 변화되는 운용 조건들 이다.
- 부품의 경우 완제품 제조업체의 제조공정을 포함해야 하는가?

③ 주어진 기간

- 아이템의 임무수행을 위하여 설정된 목표시간이다.
  • 시간척도 : (calendar/operation) time, 사용회수, 거리, 사이클
- 명시적(건축물, 인공위성) vs. 묵시적(가전제품)
- 목표시간이 성능규격으로 명시된다.
  (예) 10만 사이클용 릴레이
- 업종에 따라 관례적인 목표시간이 있을 수 있다.
  (예) 가전제품: 10년 보증, 자동차 : 10년/10만miles

④ 정해진 기능(요구기능)

- 특정한 서비스를 제공하기 위해 필요한 아이템의 기능 또는 기능들의 조합
- 고장 : 아이템이 요구기능을 수행하지 못하게 되는 사건(event)
  • 기능은 수행하지만 성능이 요구수준을 만족하지 못하면?

⑤ 능력(확률)

- 동일한 조건에서 생산된 제품들의 고장시간을 미리 알 수 없음
- 불확실성의 정량적 표현 = 확률 ⇒ 신뢰성척도

1.1.2 신뢰성 품질경영

종합적 품질경영(TQM)의 발달은 품질관리 기술의 발달 즉, 신뢰성, 경영과학, 시스템공학, 인터넷 발달, 산업공학, 가치공학의 발달에 따라 신뢰성공학도 발전하였다. 이와 같은 신뢰성공학은 시스템 공학적인 시간적 품질보증으로서 사회발전과 기술의 고도화에 따른 제품이나 서비스의 성능이 고도화됨에 따라 복잡하고 합리적인 품질보증을 위한 도구이다.

과거 품질관리는 공정중심의 관리와 사후관리에 치중하였으나 최근 신뢰성공학은 사전예방 시스템으로 고장발생 확률을 미리 예방하고자 사전 시스템 공학적 품질경영으로 접근하고자 한다. 이와 같은 사전 예방조치로 통계적 품질경영을 적용하여 미래를 예측하고자 하였다. 이와 같이 신뢰성공학과 품질관리의 차이는 다음의 표와 같다.

〈표 9-1〉 신뢰성공학과 품질관리의 비교

구분	신뢰성	품질관리
역사	왜 고장이 발생하였는가?	왜 산포가 발생하였는가?
중점사항	설계	제조공정
중요품질	운용품질(미래의 품질보증)	제조품질(제조시점의 품질)
환경	공정, 수송, 저장, 사용환경	공정에서의 환경
S/W, H/W	양자의 유기적 결합	소프트웨어
시점	미래	현재
사고방식	시스템적, 통합적	해석적
개선방식	트레이드-오프(Trade-off)	산포 최소화
조직	엔지니어링부분 (고장해석, 신뢰성 시험 등)	품질관리부문 (검사, 공정관리 등)
시간적 개념	동적인 시간	정적인 시간

출처 : 김진규(2004), 신뢰성공학.

〈표 9-2〉 통계적 관점에서의 신뢰성과 품질관리의 비교

구분	신뢰성	품질관리
시간요소	요구되는 t 시간까지의 품질	t=0 에서의 품질
관련부문	설계, 시험, 서비스	제조, 검사
주요부문	지수분포, 와이블분포	정규분포
불량지표	고장률 λ	불량률 p
OC 곡선	ARL(AFR)(λ_0), LTFR(λ_1)	AQL(p_0), LTPD(P_1)
특성치 및 수명시간 분포	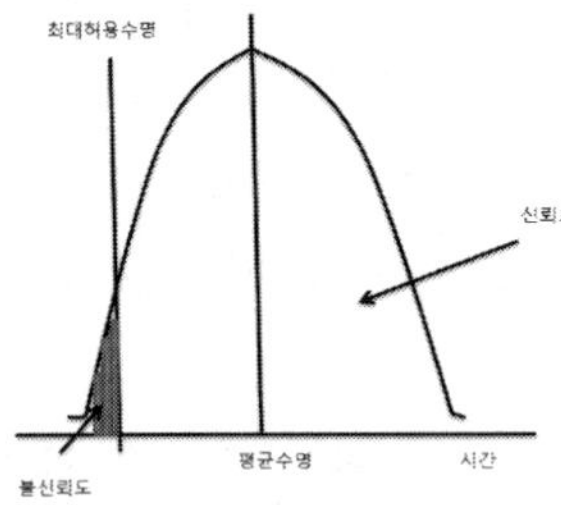 〈수명시간 분포〉	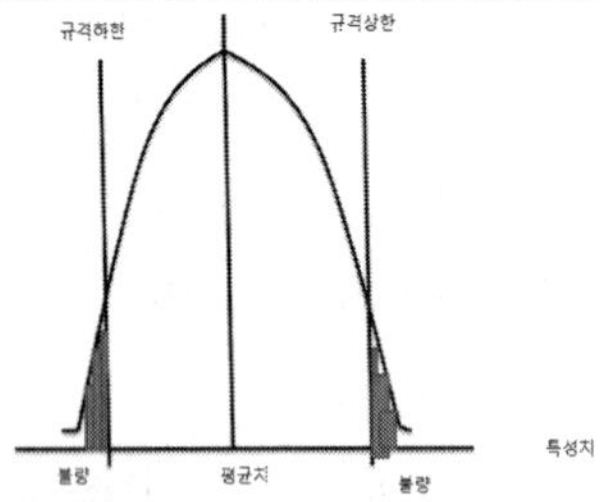 〈특성치 분포〉

ARL : Acceptable reliability level
AFR : Average Failure rate (lower is better) 평균 오류율
AQL : Acceptable Quality Level : 합격품질수준 - 합격품질수준이란 샘플링 검사에서 합격하여 좋은 공정평균의 상한치를 말하며 불량율(%) 또는 100 단위당의 결점수로 나타낸다.
LTPD : Lot Tolerance Percent Defective : Lot 허용 불량률
LTFR : Lot tolerance failure rate : 롯트 허용고장률

1.1.3 안정성 경영

신뢰성과 안정성은 매우 밀접한 관계이다. 제품설계 담당자는 고객의 건강이나 안전을 필히 제품에 반영하여야 한다. 이러한 안전 제품을 설계하기 위하여 부품, 제조방법, 사용 환경 등이 제품에 영향을 미치는 요인을 분석하여 반영하여야 한다.

이러한 안전 및 신뢰도는 제조물책임법으로 규정하고 있다. 제조물책임법은 피해자를 구제하고 건전한 경제발전을 위하여 제정되었다.

[제조물책임법 중요내역]

- 법의 적용은 제조 또는 가공된 동산으로 한다.
- 제조물의 결함으로 인해 소비자가 손해 발생시 제조업자가 책임을 지도록 하였다.
- 제조업자의 면책사유
  - 제조업자가 당해 제조물을 공급하지 않았을 경우.
  - 제조업자가 과학적으로 결함의 존재를 발견할 수 없다는 사실을 증명하였을 경우.
  - 제조물 공급당시 해당 법령을 준수함으로서 발생한 사실의 경우

2. 신뢰성관리 프로세스

2.1 신뢰성관리 절차

신뢰성관리는 제품개발의 설계, 제조, 최종사용에 이르기까지의 관리활동으로 미국 우주항공의 경우 [구상] - [개발 및 설계] - [제작] - [운용]의 단계를 거친다. 일반적으로 신뢰성관리 프로세스는 [그림 9-2]와 같다.

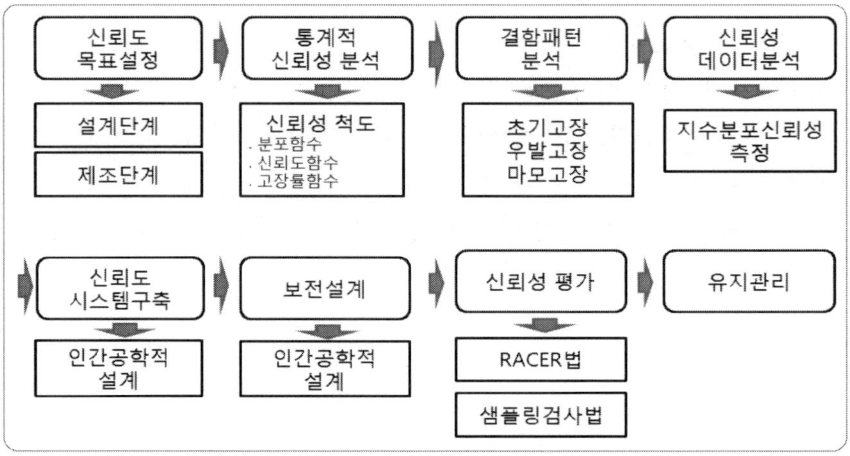

[그림 9-2] 신뢰성관리 프로세스

2.2 신뢰성 목표설정

제품의 신뢰성은 사용자 측면과 제조자 측면에서 분류할 수 있다. 이는 시스템 전체의 성능을 높이기 위한 목표설정에 도움이 된다. 이와 같은 고유의 신뢰성은 설계단계와 제조단계로 구분하여 설명된다.

제품을 사용하는 최종 고객에게 미치는 신뢰도와 비용과의 관계에서 신뢰성 및 보전성을 설계에 반영하지 않았다면 제품의 연간 유지비용과 고객의 신뢰도 하락에 따른 비용으로 구분하여 평가된다.

신뢰성 목표는 명확하고 체계 있게 설정하여야 하고 신뢰성 관리활동을 수행할 수 있는 목표를 설정하여야 한다. 또한 평가 가능한 목표를 설정하고 책임과 규명의 한계를 설정하여야 하며, 참여와 협조 그리고 개선과 동기유발이 가능한 목표가 효율적이다.

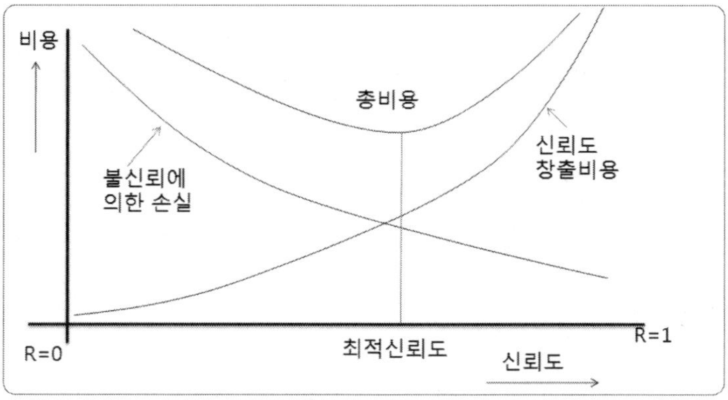

[그림 9-3] 신뢰성과 비용과의 관계

2.3 통계적 신뢰성 분석

신뢰성 분석을 통계적으로 수행하는 방법으로 통계적 기법은 제 5 장에서 설명하였다.

신뢰성 관리의 통계적 기법의 하나로 신뢰성 척도는 제품, 기계, 공구 등의 수명에 대한 정보를 확률함수밀도, 분포함수, 신뢰도함수, 고장함수로 나타낸 것이다. 신뢰도 함수는 다음과 같다.

$$R(t) = \Pr(T > t) = \int_t^{\infty} f(x)dx, t \geq 0 \qquad \text{신뢰도함수 R(t)}$$

신뢰도 함수는 제품이 t 시간 까지 고장이 나지 않을 확률이다.

또한 고장률 함수는 다음과 같이 정의 한다.

$$\lambda(t) = \lim_{\Delta \to 0} \frac{\Pr(t \leq t + (\Delta t)}{\Pr(T > t)} = \frac{f(t)}{R(t)} = \frac{f(t)}{1 - F(t)}, t \geq 0 \qquad \text{고장률 함수 } \lambda(t)$$

고장률 함수는 제품이 t시점 바로 이전 까지 고장이 나지 않았다는 전제하에서 t시점에서 고장률을 나타낸다. 여기서 T의 누적고장률함수 $H(t)$는 다음과 같다.

$$H(t) = \int_0^t \lambda(x)dx, \quad t \geq 0 \qquad \text{누적고장률함수 H(t)}$$

신뢰성 척도 계산방법으로 샘플수가 많을 경우 제품의 신뢰도는 만족하게 기능을 수행할 확률로서 정의되지만, 이것은 어떤 로트의 제품을 사용하기 시작하여 어느 정도 시간이 경과한 시점에서 몇 %가 고장을 일으키지 않고 남아 있는가를 나타내는 잔존률이다(김진규, 2004).

$$R(t)\frac{n(t)}{N}=\frac{\text{시점}\,t\text{에서의잔존수)}}{\text{초기}\,(t=0)\text{의총샘플수}}$$

$$R(t)+F(t)=1$$

2.4 결함 패턴 분석

결함(고장)은 설비보전관리의 실패에 따른 기계, 제품 등의 고장률 $\lambda(t)$는 그림에서와 같이 시간의 흐름에 따라 초기고장, 우발적 고장, 마모 고장으로 구분된다.

이와 같은 고장률 함수를 욕조형(bathtub) 고장함수라고 하며, 욕조형 고장함수는 많은 부품으로 구성된 제품의 전형적 고장형태를 나타낸 것으로 예방보전을 하지 않으면 곡선이 욕조모형으로 나타난다.

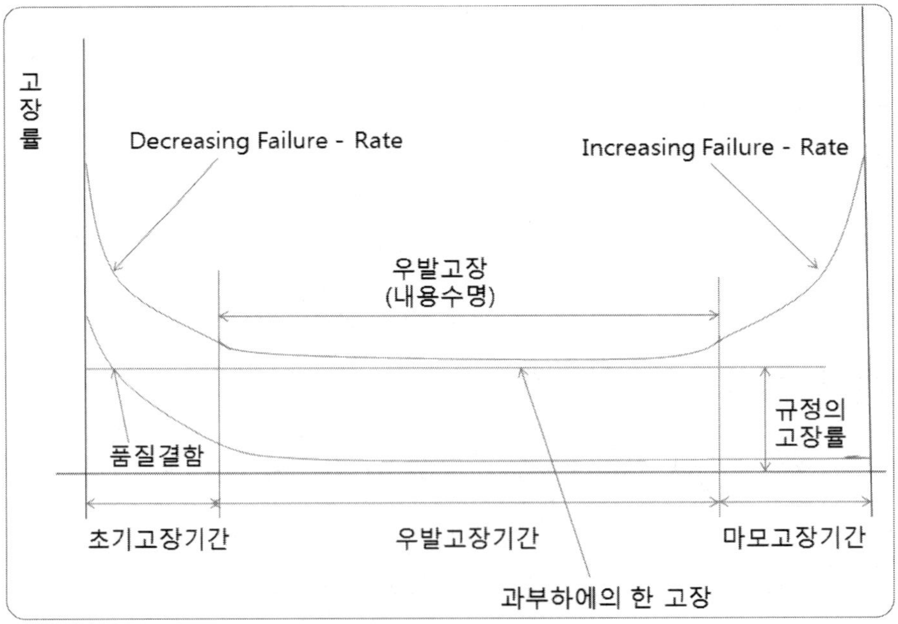

[그림 9-4] 고장패턴

2.4.1 초기 고장기간

초기 고장은 사용개시 후의 비교적 빠른 시간에 설계, 제조상의 결함 혹은 사용환경의 부적합으로 발생하는 고장이다. 이와 같은 초기 고장 기간에 발생하는 고장의 원인은 다음과 같다(김진규, 2004).

① 표준이하의 재료 사용
② 불충분한 품질관리
③ 표준 이하의 작업자 숙련도
④ 불충분한 디버깅(debugging)
⑤ 빈약한 제조 기술
⑥ 빈약한 가공 및 취급기술
⑦ 조립상의 과오
⑧ 오염
⑨ 부적절한 설치
⑩ 부적절한 시동
⑪ 저장 및 운반상의 오류

이와 같은 고장 제거방법은 디버깅과 번인(burn-in)의 에이징(aging)방법이 있다.

2.4.2 우발고장

초기 고장기간을 지나 마모 고장기간에 이르기 전에 우발적으로 발생하는 고장으로서 고장률은 비교적 낮고 시간에 관계없이 일정하다. 이 우발고장기간에 발생하는 고장의 원인은 다음과 같다(김진규, 2004).

① 안전계수(safety margin)가 낮기 때문이다.
② 스트레스(stress)가 기대한 것보다 높기 때문이다.
③ 강도가 기댓값보다 낮기 때문이다.
④ 혹사 시켰기 때문이다.
⑤ 사용자의 과오이다.
⑥ 최선의 검사방법에서도 탐지되지 않은 결함이다.
⑦ 디버깅 중에도 발견되지 않은 고장이다.
⑧ 천재지변에 의한 고장이다.

이와 같은 우발고장의 제거방법은 안전계수를 고려한 디레이팅(derating) 설계와 운전 중의 고장은 사후보전(breakdown maintenance)을 실시한다.

2.4.3 마모고장

마모(마멸) 고장은 피로, 마모, 노화현상 등으로 인해 시간과 더불어 고장률이 높아지는 기간의 고장으로서 기능상실의 정도에 따라 파국 고장과 열화고장으로 구분할 수 있다. 이 마모고장 기간에 발생하는 고장원인은 다음과 같다(김진규, 2004).

① 부식 또는 산화
② 마모 또는 피로
③ 노화 및 퇴화
④ 불충분한 정비
⑤ 수축 또는 균열
⑥ 불충분한 분해 검사

이와 같은 마모 고장의 원인 제거방법으로 예방보전을 하는 것이다.

파국고장은 갑자기 기능을 잃어버리는 고장이며, 열하고장은 점차적, 부분적으로 기능을 상실하는 고장이다.

〈표 9-2〉 고장의 유형과 대안

고장의 유형	초기고장	우발고장	마모고장
원인	- 품질관리의 문제 - 불충분한 번인 - 디버깅 - 미숙련 작업 - 불량 부품, 오염부품 사용 - 부적절한 작업	- 과부하 - 설명할 수 없는 결함 - 불충분한 안전계수 - 우연원인	- 마모 - 부식 - 피로
대안	설계완성도 향상 SPC/Burn-in	안전계수 Derating	예방정비

2.5 통계적 신뢰성 분석

신뢰성(reliability)은 동일한 개념에 대해서 반복적으로 측정했을 때 나타나는 측정값들의 분산을 의미한다. 신뢰도에는 측정의 안정성, 일관성, 예측가능성, 정확성의 개념이 포함되어 있다.

신뢰성의 척도인 $f(t)$, $F(t)$, $R(t)$, $\lambda(t)$ 및 평균 수명 θ를 구하여야 하는데 이를 샘플링 시험에 의거 샘플에서 얻어진 데이터로부터 그 제품의 신뢰성 척도를 알아내기 때문에 이를 신뢰성 데이터 분석 즉 신뢰성 추정이라고 한다. 신뢰성 추정방법은 다음과 같다(김진규, 2004).

2.5.1 지수분포의 신뢰성추정

모든 샘플 수 n이 총시험기간 T 동안 전체가 고장이 날 경우(전수고장)의 경우 평균수명 추정이다.

평균수명의 점추정 :

$$\hat{\theta} = \frac{\lim\limits_{t=1}^{n} t_i}{n} = \frac{T}{n}$$

t_i : i 번째 고장 발생시간

2.5.1.1 정시중단시험의 추정

샘플 n 개를 미리 정해진 검사시간(t_0)까지 검사하고 t_0 시간이 되면 검사를 중단하는 경우 검사 중 고장 난 샘플을 교체하느냐 안하느냐에 따라 평균 수명을 다음과 같이 추정할 수 있다.

- 샘플 교체를 하지 않는 경우

$$\widehat{MTTF} = \hat{\theta} = \frac{\sum_{i=1}^{\gamma} t_i + (n-\gamma)t_0}{\gamma}$$

γ : 고장개수

t_i : 고장발생시간

-. 샘플을 교체하는 경우

$$\widehat{MTBF} = \hat{\theta} = \frac{n.t_0}{\gamma} = \frac{T}{\gamma}$$

[예제]

20개의 드릴 머신을 30일간 교체하지 않고 가동하였다. 이 기간 중 고장 난 9개의 드릴의 고장 시간은 다음과 같다. MTTF(평균수리시간)를 구하여라.

1	2	3	4	5	6	7	8
25 시간	15시간	12시간	10시간	24시간	20시간	27시간	23시간

$$\widehat{MTTF} = \hat{\theta} = \frac{156 + (20-9)X30}{9} = 54시간$$

[예제] 전자회로 공장에서 25개의 제어공정에서 4,000시간의 라인 가동 중에서 제어공정에서 16번의 고장이 발생하였다. 고장이 발생할 때 마다 부품은 즉시 교체하였다. MTBF(평균고장간격)를 구하여라.

$$\widehat{MTBF} = \hat{\theta} = \frac{n.t_0}{\gamma} = \frac{T}{\gamma}$$

$$\widehat{MTBF} = \hat{\theta} = \frac{25\,X4,000}{16} = 6,250\,시간$$

2.5.1.2 신뢰도 함수

신뢰도함수(Reliability Function)는 $R(t)$로서 특정시간 t까지 제품, 기계 등이 고장 나지 않을 확률로 R(1,000) = 0.95로서 1,000시간까지 고장 나지 않을 확률이95%로 전체 제품 및 기계 중 5%가 1,000시간까지 고장이 난다.

시간	고장 수	누적 고장 수	R(t)
[0, 10]	5	5	1.00
[10, 20]	10	15	0.95
[20, 30]	35	50	0.85
[30, 40]	30	80	0.50
[40, 50]	15	95	0.20
[50, 60]	2	97	0.05
[60, 70]	2	100	0.03
[70, 80]	1		0.01
[80, 90]			
합계	100		

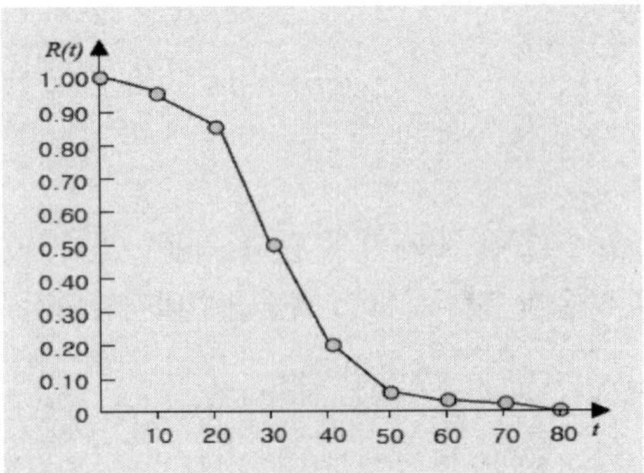

[그림 9-5] 신뢰도 함수

이와 같은 신뢰도 함수를 수식으로 나타내면 다음과 같다.

$$R(T) = pR(t > T) = \int_{t}^{\infty} f(x)dx,\ t \geq 0 \quad \text{...............신뢰도 함수}$$

여기서 신뢰도 함수의 성질로서 $R(t)$: 함수, $r(0) = 1$, $r(\infty) = 0$으로 나타낸다. 이와 같은 신뢰도 함수는 동 신뢰도(dynamic reliability)는 시간에 따른 신뢰도를 나타내며, 정 신뢰도(static reliability)는 아이템의 목표 수명에서의 신뢰도로 일회용제품(예, 에어백, 화재경보기 등)으로 단기간동안 기능수행이 필요한 제품(미사일발사체의 배터리 등)이 해당된다. 또한 생물학이나 의학에서 신뢰도함수는 생존함수(survival function)로 정의 된다.

2.5.1.3 고장률 함수

제품 및 기계 등이 t 시점에서 고장이 나지 않았으나 일정 조건 하에서 t 시점에서 고장이 날 확률을 나타낸다. 고장률 함수는 다음과 같다.

$$\lambda(t) = \lim_{\Delta t \to 0} = \frac{\Pr(t \leq T \leq t + \Delta t)}{\Pr(T > t)} = \frac{f(t)}{R(t)} = \frac{f(t)}{1 - F(t)},\ t \geq 0 \quad \text{.......고장률 함수}$$

2.5.1.2 평균수명

MTBF(Mean time between failure) : 수리해가면서 사용할 수 있는 제품의 평균수명으로 수리 가능한 제품으로 다음의 식과 같다.

$$MTBF = \frac{T(t)}{r}$$

여기서, $T(t)$: 총사용시간

r : 고장의 수

MTTF(Mean time to failure) : 수리하지 않는 동종의 기기 시스템 등이 작동하기 시작하면서 고장 나기까지의 시간으로 다음의 식과 같다.

$$MTTF = E(T) = \int_{0}^{\infty} t f(t)\,dt$$

예로서 수리불가능 아이템의 고장시간이 다음과 같다.

[10, 20, 30, 40, 50, 60]

$$MTTF = \frac{10+20+30+40+50+60}{6} = 35.0$$이다.

또한 수리가능 기계 2대를 80시간 사용하면서 고장이 3회 발생하였다.

$$MTBF = \frac{80+80}{3} = 53.33$$이다.

[신뢰성 요약]

- 확률밀도함수 $f(t)$: 시간에 따른 고장발생 확률을 나타내는 함수
- 분포함수 $F(t)$: 시간 t까지 고장이 날 확률, 불신뢰도
- 신뢰도 함수 $R(t)=1-F(t)$: 시간 t 이후까지 고장이 나지 않을 확률을 나타내는 함수
- 고장률함수 $\lambda(t)=\dfrac{f(t)}{R(t)}$: 시간 t에서의 순간 고장률을 나타내는 함수
- $MTTF=E(T)=\int_0^{\infty} t f(t)\,dt$: 수리 불가능한 제품의 평균 고장시간
- $MTBF=\dfrac{T(t)}{r}$: 수리가능한 시스템의 평균 고장시간

수명분포와 신뢰성 추정방법으로 지수분포(Exponential distribution), 와이블분포(Weibull distribution), 정규분포(Normal distribution), 대수정규분포(Lognormal distribution) 등이 있다.

① 지수분포

신뢰성공학에서 가장 널리 사용되는 확률분포로 전자제품의 신뢰도 예측 및 과부하(Overstress)의하여 발생하는 우발적 고장을 모형화하는데 적요한다. 지수분포는 수학적으로 다루기가 쉽고 신뢰성 척도 추정이 쉽다. 이모형은 시간에 따라 고장률이 변하지 않는 제품, 많은 부품으로 구성된 제품, 일정기간 Burn-in에 의하여 초기고장이 제거된 제품에 적용 가능하다.

고장밀도함수 : $f(t)=\lambda . e^{-\lambda t}$

신뢰도함수 : $R(t)=e^{-\lambda t}$

고장률함수 : $h(f)=\lambda$

$$\text{평균수명} : \theta = \frac{1}{\lambda}$$

예로서 반도체 고장률 $\lambda = 0.04$/시간이다. 100시간에서의 신뢰도는?

$$R(100) = e^{-\lambda t} = e^{-0.04*100} = e^{-4} = 0.0183 \text{ 이다.}$$

반도체의 평균수명은?

$$\theta = \frac{1}{\lambda} = 1/0.04 = 250 \text{ 시간이 된다.}$$

② **와이블분포**

고장률이 감소, 일정, 증가 등으로 변화할 때 적용할 수 있는 분포이다.

와이블 분포는 많은 부품으로 구성된 복잡한 제품의 고장을 나타내는데 적합하다.

$$\text{고장밀도함수} : f(t) = (\frac{m}{\eta})(\frac{t}{\eta})^{m-1}\exp[-(\frac{t}{\eta})^{m}$$

$$R(t) = \exp^{-(\frac{t}{\eta})^{m}}, \ t \geq 0, m > 0, \eta > 0$$

m은 형상(shape) 모수, η는 척도 모수라고 한다. 위치(location) 모수 γ도 존재하는데 이는 통상 $\gamma = 0$으로 가정한다. 100p%순위는 다음과 같다.

여기서 p가 0.632이면 $t_{0.632} = \eta$가 되어 모수 η를 구할 수 있다.

$$E(T) = \eta\Gamma(1 + \frac{1}{m})$$

$$V(T) = \eta^2[\Gamma(1 + \frac{2}{m}) - \Gamma^2(1 + \frac{1}{m})]$$

$$\lambda(t) = (\frac{m}{\eta})(\frac{t}{\eta})^{m-1}$$

여기서 와이블분포는 $m = 1$ 지수분포가 같고, $m > 1$이면 $\lambda(t)$가 단조증가함수가 되고, $m < 1$이면 $\lambda(t)$가 단조 감소함수가 된다. 즉, 와이블분포는 고장률이 증가, 감소, 일정할 경우 수명분포로 사용한다. $t = \eta$는 와이블분포에 따르는 부품들의 약 63.2%가 고장이 나는 시간을 나타내며 '특성수명'이라고 한다(김진규, 2004).

③ 정규분포

통계학에서의 추정 및 검정결과에서 사용되며 식스 시그마 경영에서 사용되는 확률분포이다. 신뢰성에서는 제품수명, 균일하게 발생되는 특성의 제품, 가구, 부하의 강도 분포에 사용된다.

$$f(t) = \frac{1}{\sqrt{2\pi\sigma}} exp - \frac{(t-\mu)^2}{2\sigma^2} \quad -\infty \le t \le \infty$$

여기서, μ는 평균, σ^2은 분산을 나타낸다.

④ 대수정규분포

대수정규분포는 함수의 변량 x에 대수(log)를 취한 변량 log x가 정규분포를 따르는 분포이다.

수명밀도함수 : $F(t) = \Phi[\log(t) - \mu]/\sigma$

신뢰도 함수 : $R(t) = 1 - \Phi[\log(t) - \mu]/\sigma$

여기서, μ : 위치모수(location parameter)
σ : 척도모수(scale parameter)

3. 보전설계

3.1 보전도 관리

3.1.1 보전성의 의의

보전도(maintainability)는 공정 또는 기계장치 등이 비정상적으로 가동 되는 상태에서 정상적으로 가동이 회복되는 속도를 나타내는 지표이다. 보전은 매뉴얼에 따라 점검, 검사, 테스트 등을 실시하여 고장을 사전에 예방하기 위하여 실시하는 예방보전과 결함이 발생한 후에 실시하는 사후보전이 있다.

보전성에는 ①장치 그 자체의 보전품질 ②보전과 관계되는 인간 요소 ③ 보전시설 조직의 질로서 이를 보전의 3요소라고 한다(김진규, 2004).

3.1.2 보전성 설계

신뢰성이 설비가 고장나지 않는 성질이라면 정비성은 고치기 쉬운 성질로 정의 할 수 있다. 이와 같이 설비의 신뢰도를 결정하는 요소로는 하드웨어 설계, 보전방침, 보전요원의 요구 등이 있는데 여기서 하드웨어의 설계는 가장 중요한 요인으로 이에 대한 설계를 보전설계라고 한다. 보전설계에서 주요 착안점은 다음과 같다(김진규, 2004).

① 접근성(설비의 고장 지점까지 접근하여 보전 작업을 용이하게 하는 성질)
② 부품, 구성품의 취부 방법
③ 유닛의 모듈화와 소형화
④ 시험의 용이성
⑤ 보전도 예측(설비의 보전 특성을 설계 시에 견적)

3.1.3 보전성 척도

KS에서는 동작 불능 시간을 다음과 같이 정의 하였다.

① 보전 시간 : 보전에 필요한 시간

② 보전 대기 시간 : 부품, 재료 재고가 없어 보전을 대기하는 시간
③ 관리 시간 : 보전시간, 보전 대기시간을 제외한 시간
④ 수리시간 : 수리하는데 투입된 시간

3.2 보전성 설계방향

3.2.1 보전 정책 수립

회사의 정책 및 목표를 수립하고 이를 달성하기 위한 설계목표를 정한다. 이와 같은 정책수립에 포함될 내용은 다음과 같다.

① 보전성 예측과 배분

설계 이전에 보전에 필요한 자료를 수집하여 시간을 안배한다.

② 보전 시점과 보전항목 설정

예방보전 및 사후보전을 실시하는 시점(가동시간, 생산 개수 등)과 항목을 설정한다.

③ 보전 매뉴얼 작성

보전을 위한 작업 매뉴얼 및 체크 포인트를 작성한다.

3.2.1 보전 정보 수집

① 기존 정보수집

기존의 제품 및 이미 사용 중인 기계 등은 차기 설계에 반영할 개선기록, 고장수리 기록, 정비기록 등의 자료를 수집하여 차기 설계에 반영한다.

② 설계 표준화

모든 설계의 표준을 정한다. 이미 수집된 정보를 설계에 반영하기 위하여 표준을 정하면 실수를 방지할 수 있다.

③ 설계요원의 사고전환

설계담당자는 사용자입장에서 설계를 담당하여야 한다. 이와 같은 사고의 전환을 위하여 설계 담당자는 A/S를 직접 참여하여 고객의 소리를 청취하여 설계에 반영하는 것도 효율적이다.

3.3 통계적 보전관리 모형

3.3.1 기대치 모형

과거의 고장 빈도 및 고장 비용을 자료로 사후 설비정책 및 예방보전 정책을 추정 할 수 있다.

예제 지난 2년간 기계장치에서 다음과 같은 고장이 발생하였다. 1회 고장이 발생할 때 35,000원의 수리비용이 들어간다. 이와 같은 자료를 토대로 매월 10,000원을 예방보전 비용으로 지불한다면 고장회수를 월 1회로 줄일 수 있다. 이와 같은 자료를 토대로 사후보전 정책과 예방보전 정책 중 어느 쪽이 유리한가?

고장발생 빈도

월간고장회수	0	1	2	3	4
개월 수	4	7	9	3	1

사후보전비용

고장회수(X)	빈도개월$F(X)$	빈도(%)$P(X)$	기대치 $X.P(X)$
0	4	0.1666	0.000
1	7	0.2916	0.291
2	9	0.3750	0.750
3	3	0.1250	0.375
4	1	0.0416	0.041
계	24	1.00	1.457

월간 사후보전 비용

$$\begin{aligned} \text{기대비용} &= \text{확률} \times \text{평균비용} \\ &= 1.457 \times 35{,}000\text{원} = 50{,}995\text{원} \end{aligned}$$

월간 예방보전 비용

회사에서는 예방보전 비용을 월 평균 1회로 제한한다. 기대고장 횟수(1.457)가 1보다 크므로 회사는 월간 1회 이상 고장 수리를 하고 있다고 판단된다. 따라서 다음과 같이 예방보전 비용을 산출 할 수 있다.

월간 1회 고장의 평균 비용	35,000원
월간 보전 계약 비용	10,000원
계	45,000원

예방보전 이익 = 50,995원 - 45,000원 = 5,995원/월

이와 같은 결과에서 예방보전 비용은 사후 보전 비용보다 유리하다.

3.3.2 포아송 분포

기업의 현장에서 어떤 한 고장이 발생하고 다음 그 고장이 발생할 때까지의 시간을 계속 조사해 간다면 그 시간이라는 변수는 서로 독립적이고 동일한 분포(independent and identical distribution, IID), 즉 지수분포를 따르게 된다.

고장 사이의 시간이 지수분포를 따른다면 단위시간당 그 고장이 발생하는 건수라는 변수는 같은 파라메타를 갖는 포아송분포를 따른다.

고장사이의 평균 시간간격을 m이라 하고 $\mu = 1/m$이라 놓으면 지수분포함수의 밀도함수와 분포함수는 다음과 같이 주어진다.

$$f(x) = \mu e^{-\mu x}$$

$$F(x) = \int_0^x \mu e^{-\mu t} dt$$

$$= 1 - e^{-\mu x}$$

$$\mu > 0, \; x \geq 0$$

여기에서 μ는 우리가 추정해야할 파라메타인데, 평균시간의 역수이므로 단위시간당 평균 발생건수를 뜻한다는 것을 알 수 있다. 이 함수의 평균은 $E(X) = 1/\mu (= m)$가 되며 분산은 $Var(X) = 1/\mu^2 = (E(X))^2$가 된다.

위에서 설명한 μ즉 단위시간당 고장의 평균 발생건수를 이번에는 λ라 할 때 포아송분포의 밀도함수는 다음과 같이 주어진다.

$$f\ (x)\ =\ \frac{e^{-x}\lambda^{x}}{x\ !}$$

$$x\ =\ 0,\ 1, 2,\ \cdots\cdots \qquad \lambda > 0$$

여기에서λ는 우리가 추정해야할 파라메타인데, 지수함수에서 설명한 μ와 같은 값을 갖는다. 그런데 만약 우리가 포아송분포를 이항분포에서 설명해 나간다면 λ는 $\lambda = np$가 된다. 포아송분포 함수의 평균은 $E(X) = \lambda$, 분산은 $Var(X)\ =\ \lambda$가 된다.

이들 함수의 파라메타를 추정하여 모델로 A 기계 작동시간을 조사한 결과 6시 30분 00초부터 조사를 시작하여 첫 번째 고장이 30분 55초, 두 번째 고장이 31분 40초에 났다. 이들 고장 간격은 45초, 그다음 50초를 보이고 있다. 이와 같이 99번의 고장을 조사하였는데 8시 06분에 끝났고 모두 96분 즉, 5,760초가 소요되었다. 따라서 고장의 평균 시간간격 m과 평균 건수 μ는

$$m = \frac{\Sigma X i}{N} = \frac{1}{99}(45 + 50 + 30 + \cdots + 65)$$

$$=\ 57.32\ (초) = 0.95\ (분)$$

$$\mu = \frac{1}{m} = \frac{1}{0.95} = 1.05\ 건/분$$

가 된다. 따라서 지수분포함수의 밀도함수와 분포함수는

$$f\ (x) = \mu e^{-\mu x} = 1.05e^{-1.05x}$$

$$F(x) = \int_{0}^{x} \mu e^{-\mu t} dt$$

가 된다.

우리는 여기에서 매우 중요하고도 조심스러운 주의를 하여야 하는데 위의 모델이 진정한 지수분포함수에 적합한가를 검정하여 판단하여야 한다. 시간간격 즉 급간 (class interval)을 60초로 하여 도수분포표를 만들고 이론치를 계산한 다음 x^2값을 계산한 결과

$$x^2 = \sum_{i=1}^{5} \frac{(f_i - e_i)^2}{e_i} = 3.991$$

가 되었다. 그런데 급수(class)는 $k = 5$이고 파라메타는 μ하나이므로, 자유도는 df=5-1-1=3이다. 그런데 χ^2 분포의 임계치는 $\chi^2{}_{\cdot 05}(3) = 7.8147\ >\ 3.6991$이므로 우리는 5% 유의수준 하에서 위에서 추정한 이론분포가 지수분포함수에 적합하다는 가정을

기각할 수 없다.

위에서 추정한 μ 즉, 단위시간당 평균 고장건수가 1.05이므로, 기계의 고장을 나타내는 포아송분포 함수의 밀도함수는 $\lambda = 1.05$ 로 놓아

$$f\ (x) = \frac{e^{-\lambda}\lambda^{x}}{x\ !} = \frac{e^{-1.05}1.05^{x}}{x\ !}$$

$$x = 0,\ 1,\ 2,\ \cdots$$

가 된다.

3.3.3 대기행렬

대기행렬(queues, waiting lines)이란 기다리는 줄로서 서비스를 받기 위한 하나의 개체들 뿐만 아니라 그 열을 포함하고, 나아가 기다리는 것과 같은 추상적인 형태도 포함하여 뜻한다. 그리고 대기행렬이론(queuing theory, waiting lines theory)이란 고객이 어떤 서비스를 받기 위하여 기다릴 때, 관계기관이 경영상 제공할 수 있는 최상 서비스를 받기 위하여 기다릴 때, 관계기관이 경영상 제공할 수 있는 최상 서비스의 한계와 고객이 받는 서비스가 최적상태가 되도록 확률론적으로 접근하는 방법을 논하는 이론이다. 이와 같은 대기행렬은 공정간의 대기시간을 측정하여 공정이동이 최적의 상태가 되도록 설계하는데 적합하다(김용철 외, 2006).

$L = \dfrac{\lambda}{\mu - \lambda}$; 시스템내에 있는 평균 고객의 수

$L_q = \dfrac{\lambda^2}{\mu(\mu - \lambda)}$; 대기행열내에 있는 평균 고객의수

$W = \dfrac{1}{\mu - \lambda}$; 한 고객이 시스템내에서 보낸 평균시간

$W_q = \dfrac{\lambda}{\mu(\mu - \lambda)}$; 한 고객이 대기행열내에서 기다린 평균시간

$\rho = \dfrac{\lambda}{\mu}$; 서어비스시설의 이용율

$I = 1 - \rho$;서어비스시설의 유휴율

$P_0 = 1 - \dfrac{\lambda}{\mu}$; 시스템내에 고객이 하나도 없을확율(=I)

$P_n = (\dfrac{\lambda}{\mu})^n (1 - \dfrac{\lambda}{\mu})$; 시스템내에 고객이 n명 있을 확율

$P(n \geq k) = (\frac{\lambda}{\mu})^k$; 시스템내에 고객이 k명 또는 그 이상 있을 확률

$P(T > t) = e^{-\mu(1-\lambda/\mu)t}$; 시스템내에서 있는 시간이 t보다 클 확률

[예제 1] 위의 모델을 예를 들어 설명해 보자. 한 타이핑 사무실에 한명의 타이피스트가 주문받는 문서를 타자해 주고 있다. 타이핑해야 할 문서의 도착사상은 포아송분포를 보이며 1시간에 평균 3건이 도착한다고 한다. 그런데 타이피스트가 한 문서를 타이핑하는 데는 평균 15분이 걸리는 지수분포를 보인다고 한다. 이 문제를 대기행렬모델로 분석하면 다음과 같이 될 것이다. λ와 μ가

$$\lambda = 3건/시간 = 0.05건/분$$

$$\mu = 4건/시간 = 0.0667건/분$$

이고, 서비스시설의 이용률 ρ와 유휴률 I 즉 P_0는

$$\rho = \frac{\lambda}{\mu} = \frac{3}{4} = 0.75$$

$$I = P_0 = 1-\rho = 1-0.75 = 0.25$$

가 된다. 다른 변수들은

$$L = \frac{\lambda}{\mu-\lambda} = \frac{3}{4-3} = 3\ (건)$$

$$L_q = \frac{\lambda^2}{\mu(\mu-\lambda)} = \frac{3^2}{4(4-3)} = 2.25\ (건)$$

$$W = \frac{1}{\mu-\lambda} = \frac{1}{4-3} = 1\ (시간)$$

$$W_q = \frac{\lambda}{\mu(\mu-\lambda)} = \frac{3}{4(4-3)} = \frac{3}{4}\ (시간)$$

와 같이 된다. 또 예로서 시스템 내에 고객이 3명 있을 확률, 3명 또는 그 이상 있을 확률, 시스템 내에서 0.5시간 이상 있을 확률을 각각 구하면 다음과 같이 된다.

$$P_3 = (\frac{\lambda}{\mu})^3(1-\frac{\lambda}{\mu}) = \frac{3}{4^3}(1-\frac{3}{4}) = 0.1055$$

$$P\ (n \geq 3) = (\frac{\lambda}{\mu})^3 = (\frac{3}{4})^3 = 0.4219$$

$$P\ (T > 0.5시간) = e^{-\mu(1-\lambda/\mu)t} = e^{-4(1-3/4)0.5} = e^{-0.5} = 0.6065$$

3.3.4 RACER법을 이용한 신뢰성 평가

신뢰도만을 높이는 것 보다는 보전을 함께하는 시스템이라면 호완성과 편리성이 높다. 이와 같은 신뢰도를 평가하는 방법이 RACER법이다. 이 기법은 아래의 5가지를 평점하여 용도에 따라 가중치를 두어 평가하는 기법이다. RACER법은 다음과 같다(김진규, 2004).

- 신뢰도(Reliability : R)
- 공급성(Availability : A) - 양산품은 언제든지 입고될 수 있다고 하는 공급성
- 융통성(Compatibility : C) - 시스템의 기능이나 환경에 대한 적응성 또는 융통성
- 경제성(Economy : E)
- 균일성 또는 재현성(Reproductibility : R) - 제조의 균일성 또는 QC의 수준의 재현성

이와 같은 RACER법의 평점방법은 다음의 표와 같다.

〈표 9-3〉 신뢰성 평점(R)

신뢰도	점수	가중치	총점
97% 이상	5	4	20
90 - 97	4	4	16
1680 - 90	3	4	12
50 - 80	2	4	8
30 - 50	1	4	4
30% 이하	0	4	0

출처 : 김진규(2004), 신뢰성공학.

〈표 9-4〉 공급성 평점(A)

구분	점수	가중치	공급원1	가중치	공급원다수
공급/수요가 100% 이상이고 중요한 재료가 사용되지 않음.	5	3	15	4	20
적합한 공급 상태지만 중요한 재료를 사용치 않으면 안 됨.	4	3	12	4	16
공급/수요가 겨우 100% 가능하며 중요한 재료가 사용되지 않음.	3	3	9	4	12
공급/수요가 100% 이하로 중요한 재료를 사용치 않음.	2	3	6	4	8
부분적 공급 상태로서 중요한 재료 사용생산이 한정됨.	1	3	3	4	4
실험만으로 생산됨	0	3	0	4	0

출처 : 김진규(2004), 신뢰성공학.

〈표 9 – 5〉 적응성 평점(C)

구분	점수	가중치	총점
본질적으로 모든 특성이 적합하고 환경에 적합	5	4	20
본질적으로 모든 특성은 아니나 중요한 특성은 적합하고 환경에 맞음	4	4	16
본질적으로 모든 특성이 적합하나 환경에 맞지 않음	3	4	12
일부 특성이 환경에 맞지 않음	2	4	8
특정한 적용법이 요구됨	1	4	4
부적절	0	4	0

출처 : 김진규(2004), 신뢰성공학.

〈표 9 – 6〉 경제성 평가(E)

구분		점수	가중치	총점
총 비용	초기비용	5	4	20
	보전 수리비용	4	4	16

〈표 9 – 7〉 균일성 평점(R)

구분	점수	가중치	총점
–. 본질적으로 특성이 제어가능 –. QC 우수, 호환성 완전	5	4	20
–. 본질적으로 특성이 제어가능 –. QC 양호, 호환성 90%	4	4	16
–. 본질적으로 특성이 제어가능 –. QC 잘 유지되지 않음	3	4	12
–. 특성이 부분적으로 제어 –. QC 불량, 호환성 조정 필요	2	4	8
–. 본질적으로 특성이 제어 불가능 –. QC 없음, 호환성 조정 필요 –. 제조에서 선택 있음	1	4	4
–. 생산관리를 하지 않음 –. 사용자가 선택하지 않으면 안 됨	0	4	0

출처 : 김진규(2004), 신뢰성공학.

〈표 9–8〉 RACER 평가표 사례

구분	신뢰성(R)	공급성(A)	적응성(C)	경제성(E)	균일성(R)	합계
A 제품	20	16	20	20	20	96
B 제품	16	12	16	20	16	80
C 제품	12	16	8	16	8	60

3.3.5 보전관리 지표

설비보전(TPM : total productive maintenance)업무는 특정 부서의 고유 업무라는 인식에서 벗어나 전 종업원이 설비의 보전 업무에 참가해 설비고장, 불량, 재해율을 떨어뜨려 기업의 체질을 변화시키자는 기업의 혁신운동으로 1969년 도요타의 자회사인 닛폰덴소(일본전장)에서 처음 시작됐다.

과거 설비보전 업무를 하지 않던 생산부문에서도 설비보전 활동을 벌이는 자주보전 활동, 설비의 불합리나 만성적인 손실을 방지하는 개별개선 활동, 설비가 고장 나기 전에 진단 기술 등을 이용해 사전에 이를 방지하는 계획보전활동, 품질보전 활동이 있다. 또 설비를 다루지 않는 사무 간접부문으로 TPM을 확대하는 사무 간접부문 TPM과 설비 초기관리 활동, 안전·환경보전 활동, TPM 교육훈련 활동 등도 이 운동의 한 부분이다.

〈표 9-9〉 설비보전 측정지표

항 목	산출방법	비고
고장도수율	고장정지 횟수의 합계 / 부하시간합계 X 100	
고장강도율	고장정지시간 합 / 부하시간합계 X 100	
MTBF	가동시간의 합계 / 정지횟수	평균고장간격시간
MTTR	정지시간의 합계 / 정지횟수	평균수리복구시간
설비가동성	MTBF / (MTBF+MTTR)	
예방보전달성율	예방보전실시건수 / 예방보전계획건수 X 100	

평균고장 간격(MTBF : mean time between failure)
평균 수리 시간(MTTR : mean time to repair, mean repair time)

연 습 문 제

1. 신뢰성공학을 정의하고, 그 목표를 설명하십시오.

2. 신뢰성공학과 TQM을 연계하여 추진방향을 설정하여 보십시오.

3. 고장패턴의 유형을 설명하십시오.

4. 통계적 신뢰성 분석을 설명하십시오.

5. 보전설계에 대하여 설명하십시오.

제10장

실험계획법

소비자가 만족할 수 있는 제품을 생산하기 위하여 설계단계에서 다양한 실험이 필요하다. 이와 같은 실험계획법은 실험 계획에 의하여 해결하고자 하는 문제에 대하여 실험을 어떻게 추진하며, 데이터를 얻는 방법 및 통계적 기법을 활용하여 데이터를 분석하면 최소의 실험횟수에서 최대의 정보를 얻을 수 있는가를 계획하는 것이다. 이와 같은 실험계획법을 본장에서는 이해하고 데이터를 분석하고자 하였다.

1. 직교실험계획법

1.1 직교실험계획법의 의의

신제품설계과정의 품질경영 혹은 공정의 개선 그리고 제품품질의 제고과정 등 에서 모두 많은 실험이 필요하다. 따라서 소비자요구에 만족할 수 있는 제품을 저 원가 고효율로 생산하기 위해서는 좋은 계획을 작성하여야 한다. 이 좋은 계획의 작성을 위해서는 실험을 하여야 하는데 어떻게 실험을 설계하는가는 하나의 방법문제이다. 하나의 좋은 실험방법은 실험차수를 감소하고 실험시간을 단축시켜 맹목적 실험을 극복하여 시간과 경제상에서 좋은 효과를 거둘 수 있는 방법이다. 반대로 질이 떨어지는 실험설계방법은 많은 실험을 진행하였다해도 예정된 효과를 거두지 못할 수도 있다. 따라서 직교실험계획법은 이러한 문제해결에 광범위하게 사용되는 적합한 실험설계방법이라고 할 수 있다.

20 세기 초부터 많은 사람들이 실험방법에 대한 연구를 중시하여 왔다. 1920년 영국과학자인 피셔(R. A. Fisher, 1890-1962)에 의해 개발되었다. 그는 우선 농업실험에서 다요소배치방식을 이용하여 상이한 요소의 개개의 상태배합에 대해 실험을 하였고 또 평방편차분석법을 이용하여 목표에 대한 요소의 영향을 분석하였다. 그러나 그 당시 피셔가 이용한 실험방법은 전수 실험방법이었다. 따라서 요소의 수량이 증가하거나 요소의 상황수가 증가하게 되면 실험차수는 급증하여 실험주기가 늘어나고 또 시험 코스트가 증가할 뿐만 아니라 심지어 실험을 진행할 수 없는 상황도 발생한다. 40년대에 이르러 퍼니(D. J. Finney)는 다요소 실험의 부분적 실험방법을 제시하였다. 이 방법은 시험차수를 감소하는 직교실험계획법에 좋은 기초가 되었다. 50년대 초 일본 전기통신연구소에 근무하는 다구찌견이지(田口玄一)박사는 직교실험계획법을 개발하였다. 이 방법은 규격화된 직교표를를 이용하여 실험을 배치하고 또 프로그램화된 계산방법을 이용하여 실험결과를 분석하였다. 직교실험계획법은 실험차수가 적고 분석방법이 간단하며 또 중복성과 확실성 그리고 적합성이 좋아 광범위하게 응용되어 신속히 보급되었다.

[실험을 통하여 달성하고자 하는 목적]

- 검정과 추정의 문제
- 오차항 추정의 문제
- 최적반응조건의 결정 문제

1.2 용어의 정의

실험을 진행하기 전에 우선 실험목적을 정하고 또 실험에 대한 평가기준을 정하여야 한다. 일반적으로 실험에서 관찰하여야 하는 효과를 실험목표라고 한다. 계량치로 실험목표를 표기할 수 있을 때는 객관적 목표라고 할 수 있다. 예컨대 중량, 길이, 속도, 온도, 압력, 강도 등이다. 계량치를 표기할 수 없고 감각(눈, 손, 코등)으로만 판정하는 실험목표는 주관적 목표라고 한다. 예컨대 칼라, 맛, 외관, 디자인 등이다. 품질경영에서는 일반적으로 품질특성치를 실험목표로 정하고 있다.

(1) **인자** : 실험 목표에 영향을 주는 요소들을 인자라고 한다. 일반적으로 인자는 실험에서 통제가 가능한 인자와 통제가 불가능한 인자가 있다. 예컨대 실험시간, 온도, 압력 등 모두 통제가 가능한 인자이다. 또 기술과 설비 등 불가피한 조건의 제한으로 당분간 통제가 불가능한 인자로서는 설비의 미세한 진동, 공구의 미세한 마모, 재료의 미세한 품질 차이 등이 있다.

(2) **지표** : 지표는 실험결과를 평가하는 하나의 특징치이다. 지표는 계량적 지표와 주관적 지표 두 가지로 분류할 수 있다. 계량적 지표는 데이터를 직접 표현할 수 있는 지표이다. 예컨대 생산량, 시간, 강도, 길이, 밀도 등이다. 주관적 지표는 감각으로 평가하는 지표이다. 예컨대 촉감, 색상, 맛 등이다. 직교실험계획법에서 실험결과를 쉽게 분석하기 위해서는 주관적 지표를 계량화(점수평가법등) 하여 평가하는 경우가 많다.

(3) **수준** : 인자가 실험에서 보여주는 각종 상태를 인자의 수준이라고 한다. 예를 들어 어떤 화학반응으로 화합물을 생성시킬 때 촉매의 종류(A1, A2)와 온도(B1, B2, B3)를 여러 가지로 변화시키면서 화합물의 효과가 최대가 되는 최적조건을 알아내기 위한 실험을 하는 경우를 생각하여 보자. 이 경우 A와 B는 인자, 지표 추구하고자하는 효과, A1와 A2는 인자 A의 2개의 수준이며, B1, B2, B3은 인자 B의 3개 수준이다. 여기서 인자의 수준을 계량적으로 표현할 수 있을 때는 계량적 인자라고 하는데 계량적으로 표현할 수 없을 때는 주관적 인자라고 한다. 주관적 인자는 개개의 수준에 대해서 구체적인 기호나 번호를 각자 부여해 주면 계량적 인자와 같은 방법으로 취급할 수 있다.

1.3 직교표

1.3.1 직교표의 구성

직교표는 이미 작성한 규격화된 표이며, 직교실험계획법에서 가장 중요한 도구이다.

직교표의 종류는 다양한데 여기서 아래 〈표 10-1〉와 같은 가장 간단한 직교표를 소개하려고 한다.

〈표 10-1〉 2수준 직교표

실험순번 \ 인자	1	2	3
1	1	1	1
2	1	2	2
3	2	1	2
4	2	2	1

〈표 10-1〉는 기호 $L_4(2^3)$으로 표기한다.

$L_4(2^3)$에서 L는 직교표를 의미하며, 4는 실험차수, 3은 인자의 개수, 2는 각 인자의 수준을 의미한다. 따라서 표 $L_4(2^3)$를 이용하여 직교실험을 계획할 때 는 각 인자의 수준이 반드시 2개야하며 인자의 수는 3개야 한다. 또 이 표를 이용하여 실험계획을 할때 모두 4번의 실험이 필요하다.

부록에 있는 기타 직교표의 부호와 수자의 의미도 $L_4(2^3)$과 유사하다. 부록을 보면 2가지 직교표가 있는데 하나는 수준수가 같은 직교표($L_4(2^3)$ $L_8(2^7)$)이며, 또 한 종류는 수준수가 일치하지 않은 직교표이다. 예컨대 $L_8(4\times2^4)$ 이다. 이와 같은 직교표는 혼합수준직교표라고 한다.

직교배열표의 구조는 다음과 같다.

2수준 직교배열표는 일반적으로

$$L^{m}_{(2^{2^m-1})2}$$

으로 나타낸다. 여기서

$m=2$ 이상의 정수

2^{2^m-1} =열의수 =배치 가능한 최대의 요인의 수

2=2수준계를 의미

L=직교배열표를 Latin Square(라틴방격법)에 처음으로 사용하면서 따온 글자를 의미한다.

1.3.2 직교표의 특징

$L_4(2^3)$을 살펴보면 우리는 아래와 같은 2가지 특징을 관찰할 수 있다.

첫째, 각 열에서 각 숫자가 나타나는 차수가 같다.

둘째, 어떠한 두 개 열에서 순서로 배열된 숫자가 나타나는 차수가 같다.

모든 직교표가 위와 같은 두 가지 특징을 갖고 있다. 직교표의 이러한 특징이 바로 균형적인 분산과 정렬적인 비교의 가능성을 나타내고 있다. 또 이러한 특징을 갖고 있는 것을 직교성이라고 한다. 따라서 이 실험기법을 직교실험계획법이라고 한 것이다.

예컨대 한 실험에서 A, B, C 3개 인자가 있는데 각 인자는 2개의 수준 즉 A1, A2, B1, B2, C1, C2가 있다. 3개 인자가 각 상황에서의 조합은 2^3개 있다. 따라서 전수 실험을 하려면 8번의 실험이 필요하다. 그러나 직교실험계획법의 원리로 $L_4(2^3)$표를 이용하면 4번의 실험을 통해 같은 효과를 거두 수 있다. 같은 효과를 거두 수 있다는 것은 바로 위에서 제시한 2개의 특징 때문이다. 위 예에서 제시한 3개인자 각 상황에서의 8가지 조합을 그림을 보면 [그림 10-1]과 같다.

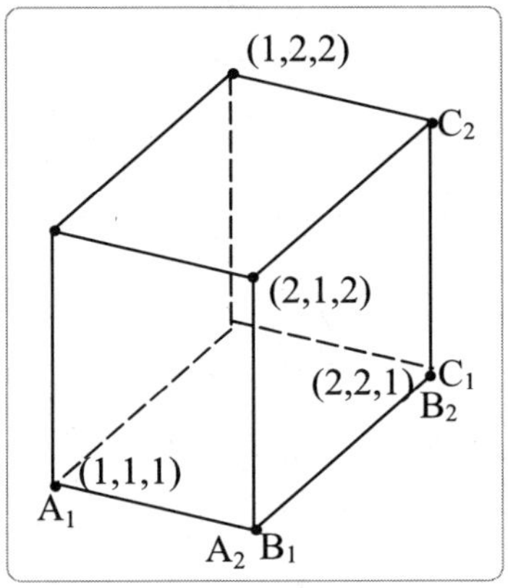

[그림 10-1] 직교표의 특성

그림을 보면 8번의 실험은 모두 입방체의 모서리로 표기할 수 있다. 8개 모서리에서 점이 있는 4개의 모서리를 살펴보면 아래와 같은 특징을 갖고 있다.

첫째, 입방체의 어느 선을 보아도 모두 점이 있는 모서리 1개가 있다.

둘째, 입방체의 어느 면을 보아도 모두 점이 있는 모서리 2개가 있다.

셋째, 점이 있는 모서리는 8개 모서리에서 모두 균형적으로 분산되어 있다.

따라서 직교실험계획법을 이용하여 실험을 할 때 모두 4번을 하여 전체 실험조합 상황에서는 일부분이라고 할 수 있지만 이중 어느 2개의 인자를 보아도 모두 같은 중복을 갖고 있는 전면적인 실험 이라고 할 수 있다. 또 각 수준간의 조합은 모두 균형적이라고 할 수 있는 것이다.

[직교배열표의 장점]

- 인자가 많은 경우에 실험의 횟수를 적게 하면서도 모든 인자를 포함한 일부실시법을 쉽게 배치할 수 있다.
- 하나하나의 실측치는 취급한 인자에 관한 정보를 동시에 포함하고 있다. 그러나 실험의 배치에 있어서 정확히 균형이 잡히어 있으므로, 하나의 인자의 효과를 구할 때 다른 인자의 영향에 대하여 치우침이 없다. (이것을 직교화의 원리라고 부른다.)
- 실험의 데이터로부터 요인변동의 계산이 용이하다. 따라서 분산분석표의 작성이 수월하다.

1.3.3 직교표의 변환

직교표의 특징을 살펴보면 각열간에 위치 전환이 가능한 것을 알 수 있다. 따라서 이러한 위치전환을 직교표의 열위치전환이라고 한다. 또 직교표를 이용하여 실험을 배치할 때 실험순서는 직교표에서의 순서를 준수하지 않아도 된다. 따라서 각 행 사이에서도 전환이 가능하다. 이러한 전환을 직교표의 행 전환이라고 한다. 이 외에도 인자의 수준은 인위적으로 실험계획작성자의 생각에 따라 선정할 수 있다. 따라서 직교표의 각 열에 있는 수준의 숫자도 전환이 가능하다.

직교표의 이러한 행 전환, 열 전환 그리고 같은 열에서의 숫자전환을 직교표의 3가지 기초전환이라고 한다. 이러한 기초전환을 통해 얻은 모든 직교표는 동등한 효과를 나타내며 또 동등한 효과를 갖고 있는 직교표를 이용하여 실험을 하였을 때 실험결과에 부작용을 주지 않는다.

2. 직교실험의 기본방법

직교실험계획법의 작성절차는 아래와 같다.

첫째, 문제의 제기
둘째, 실험방안의 설계
셋째, 실험방안에 따라 실험실행
넷째, 실험결과의 분석

다음에는 이 4개의 절차에 따라 예를 들어 설명해 보자.

2.1 문제의 제기

품질경영에서 동시에 많은 문제를 직면할 수 있다. 그러나 한 번의 실험을 통해 모든 문제들을 해결 할 수는 없다. 따라서 실제상황에 맞추어 한 번의 실험에서 중점적으로 해결하여야 할 문제를 제기하여 확정하여야 한다.

예제 경정에 대한 설담금공정실험

암세포를 검사하는 데는 $\psi 40$인 요드와 나트륨화학물경정이 수요된다. 이 경정에 대한 요구는 응력이 가능한 작으면 좋다. 이 경정의 응력이 2도를 초과하지 않도록 하려고 하는데 설담금 공정이 품질에 영향을 미치는 하나의 중요한 부분이다. 한 회사에서 30차례 실험을 진행하였는데 다른 지표는 모두 합격으로 나타났지만 응력은 2도를 초과하였다. 따라서 본 회사에서는 직교실험을 이용하여 응력을 낮출 수 있는 공정조건을 모색하려고 한다.

풀이

(1) 실험목적을 확정하여 실험지표를 선정한다.

실험을 하는데는 우선 세밀한 조사연구가 필요하다. 즉 문제의 본질을 파악하여 실험

목적을 명확히 하여야만 해결하고자 하는 문제에 맞게 실험결과를 평가하는 지표를 선정할 수 있다.

본 예제에서 응력을 낮추는 것이 실험의 목적이다. 즉 응력을 낮추면 낮출수록 좋다. 따라서 실험의 지표는 응력(단위 : 도)이며, 크기는 2도를 초과하지 않도록 하는 것이다.

(2) 인자를 선정하여 수준을 결정하고 인자수준표를 작성한다.

실험지표가 결정되면 우리는 지표에 영향을 주는 각종 요소들을 분석할 수 있다. 즉 지표에 큰 영향을 미치지 않은 요소들을 배제하고, 이미 좋은 효과를 갖고 있는 요소들은 합당한 수준에 고정시킨다. 그리고 지표에 큰 영향을 미칠 가능성이 높고 또 파악하지 못한 인자에 대해 고찰을 한다. 여기서 우리가 주의를 하여야 할 것은 중요한 인자들을 고정하지 말아야 한다. 중요한 인자들을 합당하지 못한 수준에 고정시켰다면 실험은 우리가 기대하는 좋을 결과를 얻을 수 없다.

선정된 인자에 대해서 경험 혹은 전문지식을 근거하여 그들의 변화범위를 결정해서 이 범위내에서 각 인자들의 수준을 정한다. 수준의 간격은 적당하여야 한다. 수준의 수는 일반적으로 2~4로 정하며 수준 수가 크면 실험차수가 많아진다. 또 각 인자의 수준 수는 일치하지 않아도 되지만 될 수 있으면 같은 것이 좋다.

예제1 에서 회사측은 충분한 분석과 토론을 통해 경정의 설담금공정실험에서 온도상승속도, 유지온도, 온도 유지시간 및 온도를 낮추는 속도 등 4가지를 인자로 선정하였다. 온도의 상승속도는 원 공정에서 정한 시간당 50℃ 외에 시간당 30℃ 와 100℃의 변화속도를 수준으로 정하였다. 또 유지 온도는 원공정의 600℃ 외에 500℃ 와 450℃도 유지 온도를 추가하여 3개 수준으로 정하였다. 유지온도의 유지시간은 원공정의 6시간에서 2시간과 4시간을 추가하여 3개 수준으로 결정 시간을 축소하면 어떠한 변화를 초래 할 것인가를 관찰해보려 하였다. 마지막으로 온도의 감소속도인데 원 공정에서는 M이라는 조치를 취하였는데 본 실험에서는 새로운 N조치와 P조치를 추가하여 3개 수준으로 결정하였다.

위와 같이 인자와 그에 따른 수준이 결정되면 아래 표와 같이 인자수준표를 작성할 수 있다. 인자수준표에서 각 인자와 각 수준에 대해 부호를 규정하는데 일반적으로 A, B, C, D…등으로 인자를 표기하고 숫자 1,2,3,4…를 이용하여 인자의 수준을 표기한다. 따라서 A_1는 A인자의 1수준의 뜻을 표한다. 이후에 나타나는A_1, B_2등 모두 같은 표기방법을 갖고 있다. 따라서 인자수준표는 실제상 실험에서 관련부호에 대한 해석표 또는 설명서라고도 한다.

[예] 에서 인자수준표는 〈표 10-3〉과 같다.

〈표 10-3〉 인자수준표

수준 \ 인자	온도상승속도 A	유지온도 B	온도유지시간 C	온도감소조치 D
1	30℃/시간	600℃	6시간	M
2	50℃/시간	450℃	2시간	N
3	100℃/시간	500℃	4시간	P

위 〈표 10-3〉에서 A_1는 A의 1수준을 의미한다. 즉 온도상승속도는 30℃를 의미한다. B_2는 유지온도 450℃를 의미하며 C_3는 온도 유지시간 4시간을 의미하고 D_2는 온도 감소조치 N를 의미한다.

〈표 10-3〉에서 본바 인자수준표에서는 수준의 순서배열은 숫자의 크기와 상관없이 의미대로 배열할 수 있으며 또 랜덤방식으로 배열하는 것이 더 효과적이다.

여기서 우리가 주의하여야 할 것은 인자수준표의 작성은 수학적 방법으로 해결할 수 있는 문제가 아니라는 것이다. 즉 실험을 실시하는 자가 실제상황에 맞추어 전문지식과 경험을 토대로 결정하는 것이다. 이것은 실험방안을 작성하는데 매우 중요한 단계이며 직접적으로 실험의 효과에 영향을 준다. 따라서 반드시 관련인원들이 충분한 검토를 통해 결정하여야 한다.

2.2 실험방안의 설계

실험의 목적과 실험지표에 따라 실험에서 검증하여야 할 인자와 그의 수준을 선정한다. 인자와 그의 수준이 결정되면 직교표를 이용하여 실험방안을 작성할 수 있다. 작성절차는 아래와 같다.

2.2.1 적당한 직교표를 선정한다.

한 실험에 대해 어떤 직교표를 선정해야 하는 것은 인자와 수준의 대소, 그리고 시험 작업량의 크기에 따라 결정된다. 즉 직교표의 선정은 아래와 같은 3가지 요소의 크기와 관련된다.

(1) **수준수**: 수준수에 따라 수준수와 같은 저수(低數)를 갖고 있는 직교표를 선정한다.

(2) **인자수**: 인자수에 따라 인자수보다 크거나 같은 직교표를 선정한다.

(3) **실험차수**: 시험에서 요구되는 정밀도와 실험작업량의 크기에 따라 적당한 직교표를 선정한다. 일반적으로 수준 수와 인자수가 실험요구에 만족할 수 있을 때는 실험차수가 작을수록 좋다. 따라서 위에서 제시한 3가지 요소에 따라 본 예제에서는 $L_9(3^4)$직교표를 선정하는 것이 바람직하다.

2.2.2 표 제목설계 및 실험방안표의 작성

표 제목설계란 각 인자를 직교표의 열에 맞게 배열하는 것을 말한다. 일반적으로 각 인자를 직교표의 각 열에 의미대로 배열 할 수 있다. 본 예제에서는 인자 수준표의 순서 A, B, C, D에 따라 $L_9(3^4)$표의 4개열에 배열한 한 개 열에 하나의 인자를 배열한다. 아래 〈표 10-4〉참조.

〈표 10-4〉 경정 설담금공정실험의 제목설계표

인자	A 온도상승속도	B 유지온도	C 온도유지시간	D 온도감소조치
열 번호	1	2	3	4

〈표 10-5〉 경정 설담금공정실험방안표

인자 / 실험순번	A 온도상승속도	B 유지온도	C 온도유지시간	D 온도감소조치	실험지표응력(도)
1	1(30)	1(600)	1(6)	1(M)	
2	1(30)	2(450)	2(2)	2(N)	
3	1(30)	3(500)	3(4)	3(P)	
4	2(50)	1(600)	2(2)	3(P)	
5	2(50)	2(450)	3(4)	1(M)	
6	2(50)	3(500)	1(6)	2(N)	
7	3(100)	1(500)	3(4)	2(N)	
8	3(100)	2(450)	1(6)	3(P)	
9	3(100)	3(500)	2(2)	1(M)	

제목 설계표에 따라 인자가 배열된 각 열에 수준번호를 실제수준과 맞게 일일이 전환시켜 배열한다. 즉, 제1열에는 온도상승속도, 제2열에는 유지온도 등 순으로 배열하고 또 제1열에 있는 수준번호 1를 A의 실제 제1수준 즉 30℃로 전환하고 수준번호 2를 실제 제2수준 즉 50℃로 전환한다. 같은 방법으로 제 2열과 제 3열도 실제수준으로 전환한다. 전환된

직교표는 〈표 10-5〉와 같다. $L_9(3^4)$의 직교표는 [부록]참조.

〈표 10-5〉에서 제시한바 모두 9번 실험을 실시하는 것으로 작성되었는데 각 실험순번에 따라 실험조건이 제시되었다. 즉, 첫 번째 실험조건을 보면 $A_1B_1C_1D_1$와 같은 조합이다. 즉 온도상승속도는 시간당 30℃이며, 유지온도는 600℃, 그리고 온도유지시간은 6시간이며 마지막으로 온도감소에는 M방법을 택하였다.

2.3 실험의 실시

실험을 할 때는 반드시 실험방안에서 제시한 각 실험조건에 따라 실시하여야 한다. 또 각 순번의 실험실시결과를 기록하여야 하며 각 순번의 실험 선후순서는 임의대로 진행해도 무방하다. 예컨대 가장 가능성이 높은 실험 혹은 실험실시가 가장 편리한 실험을 우선적으로 진행하여도 좋다. 또 조건이 가능하면 여러 실험을 동시 진행하여도 좋다.

본 예제에서 실시한 실험의 결과는 〈표 10-6〉과 같다.

〈표 10-6〉 경정 설담금공정실험결과표

인자 / 실험순번	A 온도상승속도	B 유지온도	C 온도유지시간	D 온도감소조치	실험지표응력 (도)
1	1(30)	1(600)	1(6)	1(M)	6
2	1(30)	2(450)	2(2)	2(N)	7
3	1(30)	3(500)	3(4)	3(P)	15
4	2(50)	1(600)	2(2)	3(P)	8
5	2(50)	2(450)	3(4)	1(M)	0.5
6	2(50)	3(500)	1(6)	2(N)	7
7	3(100)	1(500)	3(4)	2(N)	1
8	3(100)	2(450)	1(6)	3(P)	6
9	3(100)	3(500)	2(2)	1(M)	13

2.4 실험결과에 대한 분석

실험결과에 대한 분석은 직교실험계획법의 마지막단계이자 매우 중요한 단계이다. 직교실험계획법에서 실험결과에 대한 분석방법은 수학적 방법인데 범위분석과 평방차 분석이 있다. 최적 공정조건을 찾는 데는 이 2가지 방법의 효과는 같다.

수학적 방법을 이용하여 실험결과를 분석하기 전에 우선 관찰법으로 이미 끝난 실험결과를 통해 직접 좋은 방안을 선택할 수 있다. 선택을 할 때 는 실험지표의 평가기준은 Min기준인지 아니면 Max기준인지를 근거하여 선택한다. 또 실험지표목표치가 있다면 목표치와 제일 근접한 실험방안을 선택하면 된다. 즉 이미 끝난 실험결과에서 평가기준에 따라 제일 만족할 수 있는 방안은 비교적 좋은 방안이라고 할 수 있다.

본 예제에서의 실험지표는 Min기준이다. 따라서

인자 / 실험순번	A 온도상승속도	B 유지온도	C 온도유지시간	D 온도감소조치	실험지표응력 (도)
1	1(30)	1(600)	1(6)	1(M)	6
2	1(30)	2(450)	2(2)	2(N)	7
3	1(30)	3(500)	3(4)	3(P)	15
4	2(50)	1(600)	2(2)	3(P)	8
5	2(50)	2(450)	3(4)	1(M)	0.5
6	2(50)	3(500)	1(6)	2(N)	7
7	3(100)	1(500)	3(4)	2(N)	1
8	3(100)	2(450)	1(6)	3(P)	6
9	3(100)	3(500)	2(2)	1(M)	13

〈표 10-6〉 경정 설담금공정 실험결과표에 근거하여 이미 끝난 9번 실험을 보면 다섯 번째 실험의 수치가 제일 작은 것으로 나타났다. 따라서 다섯 번째 실험의 결과가 가장 좋다고 할 수 있다. 구체적인 실험조건은 $A_2B_2C_3D_1$이다. 즉, 온도상승속도는 시간당 50℃이며, 유지온도는 450℃, 그리고 온도유지시간은 4시간이며 마지막으로 온도감소에는 M방법을 택하는 것이 가장 좋은 조합이라고 할 수 있다.

그러나 앞에서 서술한 것처럼 직교표에서 제시한 직교실험은 전체 가능한 배합조건 실험의 일부분이다. 따라서 이미 진행한 실험에서 비교적 좋은 방안을 모색하는 외에도 계산과 분석을 통해 존재가능성이 있는 더욱 좋은 방안을 모색할 필요가 있다. 따라서 다음에는 범위분석법을 소개하려고 한다.

2.4.1 범위 분석법

범위 분석법의 절차는 아래와 같다.

2.4.1.1 데이터의 처리

실험결과에 대해 3가지 계산을 한다.

첫째, 각 인자의 각 수준에 대응한 실험지표 수치의 합을 계산한다. 〈표 10-7〉에서의 Ⅰ, Ⅱ, Ⅲ이다.

온도상승속도:

$$\text{I} = 6 + 7 + 15 = 28$$
$$\text{II} = 8 + 0.5 + 7 = 15.5$$
$$\text{III} = 1 + 6 + 13 = 20$$

유지온도:

$$\text{I} = 6 + 8 + 1 = 15$$
$$\text{II} = 7 + 0.5 + 6 = 13.5$$
$$\text{III} = 15 + 7 + 13 = 35$$

온도유지시간:

$$\text{I} = 6 + 7 + 6 = 19$$
$$\text{II} = 7 + 8 + 13 = 28$$
$$\text{III} = 15 + 0.5 + 1 = 16.5$$

온도감소 방법:

$$\text{I} = 6 + 0.5 + 13 = 19.5$$
$$\text{II} = 7 + 7 + 1 = 15$$
$$\text{III} = 15 + 8 + 6 = 29$$

둘째, 각 인자의 각 수준에 대응한 실험지표 수치의 평균치를 계산한다. 〈표 10-7〉에서의 $\overline{\text{I}}$ $\overline{\text{II}}$ $\overline{\text{III}}$ 이다.

$$\overline{\mathrm{I}}_j = \frac{I_j}{j\text{열에서 번호1이 나타난 차수}}$$

$$\overline{\mathrm{II}}_j = \frac{\mathrm{II}_j}{j\text{열에서번호2가나타난차수}}$$

$$\overline{\mathrm{III}}_j = \frac{\mathrm{III}_j}{j\text{열에서번호3이타나난차수}}$$

$$\overline{\mathrm{I}}_1 = \frac{28}{3} = 9.3$$

$$\overline{\mathrm{II}}_1 = \frac{15.5}{3} = 5.2$$

$$\overline{\mathrm{III}}_1 = \frac{20}{3} = 6.7$$

$$\overline{\mathrm{I}}_2 = \frac{15}{3} = 5$$

$$\overline{\mathrm{II}}_2 = \frac{13.5}{3} = 4.5$$

$$\overline{\mathrm{III}}_2 = \frac{35}{3} = 11.7$$

같은 방법으로 $\overline{\mathrm{I}}_3$, $\overline{\mathrm{II}}_3$, $\overline{\mathrm{III}}_3$, $\overline{\mathrm{I}}_4$, $\overline{\mathrm{II}}_4$, $\overline{\mathrm{III}}_4$를 계산 할 수 있다. 계산결과는 〈표 10-7〉참조.

〈표 10-7〉 경정 설담금공정실험결과분석표

인자 / 실험순번	A 온도상승속도	B 유지온도	C 온도유지시간	D 온도감소조치	실험지표응력 (도)
1	1(30)	1(600)	1(6)	1(M)	6
2	1(30)	2(450)	2(2)	2(N)	7
3	1(30)	3(500)	3(4)	3(P)	15
4	2(50)	1(600)	2(2)	3(P)	8
5	2(50)	2(450)	3(4)	1(M)	0.5
6	2(50)	3(500)	1(6)	2(N)	7
7	3(100)	1(500)	3(4)	2(N)	1
8	3(100)	2(450)	1(6)	3(P)	6
9	3(100)	3(500)	2(2)	1(M)	13

인자 실험순번	A 온도상승속도	B 유지온도	C 온도유지시간	D 온도감소조치	실험지표응력 (도)
1	1(30)	1(600)	1(6)	1(M)	6
2	1(30)	2(450)	2(2)	2(N)	7
3	1(30)	3(500)	3(4)	3(P)	15
4	2(50)	1(600)	2(2)	3(P)	8
5	2(50)	2(450)	3(4)	1(M)	0.5
6	2(50)	3(500)	1(6)	2(N)	7
7	3(100)	1(500)	3(4)	2(N)	1
8	3(100)	2(450)	1(6)	3(P)	6
9	3(100)	3(500)	2(2)	1(M)	13
I_j	28	15	19	19.5	T = 63.5
II_j	15.5	13.5	28	15	
III_j	20	35	16.5	29	
$\overline{\mathrm{I}_j}$	9.3	5	6.3	6.5	
$\overline{\mathrm{II}_j}$	5.2	4.5	9.3	5	
$\overline{\mathrm{III}_j}$	6.7	11.7	5.5	9.7	
R_j	4.1	7.2	3.8	4.7	

2.4.1.2 수준배합의 최적해

지표의 요구와 계산결과 $\overline{\mathrm{I}_j}$, $\overline{\mathrm{II}_j}$, $\overline{\mathrm{III}_j}$ 등에 따라 각 인자에 대해 최적해를 선별한다. 총체의 최적을 구성할 수 있는 실험조건이 바로 우리가 찾고자하는 각 인자의 최적 배합의 수준이라고 할 수 있다. 그러나 주의할 점은 최적배합의 수준이 반드시 이미 진행한 실험에 있는 것은 아니다.

예컨대 앞 예제에서 제시한바 응력은 작을수록 좋다. 따라서 각 인자의 $\overline{\mathrm{I}_j}$, $\overline{\mathrm{II}_j}$, $\overline{\mathrm{III}_j}$에서 최소치를 갖고 있는 수준이 바로 최적 수준이라고 할 수 있다. 〈표 10-7〉에 따라 우리는 각 인자의 최적수준치 A_2, B_2, C_3, D_2찾을 수 있다. 따라서 최적의 수준배합은 $A_2B_2C_3D_2$이다. 즉, 온도상승속도는 시간당 50℃이며, 유지온도는 450℃, 그리고 온도유지시간은 4시간이며 마지막으로 온도감소에는 N방법을 택하는 것이 가장 좋은 조합이라고 할 수 있다.

2.4.1.3 인자의 중요도 순위를 정한다.

범위 R_j의 크기는 j인자의 수준변화로 인한 실험지표의 변화범위를 말한다. 따라서 인자의 범위가 클수록 해당 인자가 지표에 대한 영향력이 크고 매우 중요하다고 할 수 있다. 이러한 원리를 이용하여 우리는 범위의 크기를 통해 인자의 중요도 순위를 배열할 수 있다.

〈표 10-7〉을 통해 우리는 예제 1에서 각 인자의 중요도 순위는 아래와 같은 것을 알 수 있다.

중요도 높은 순위부터 낮은 순위로 B D A C

2.4.1.4 최적 방안을 모색한다.

최적 방안을 찾는 데는 두 개의 원칙이 있다.

첫째, 중요한 인자에 대해서는 최적 수준을 선택한다.

둘째, 일반적인 인자에 대해서는 최적 수준을 선택하거나 혹은 기타 조건(작업의 용이성, 원가의 절감 등)을 참조하여 선택할 수 있다.

앞 예제에서 인자의 중요도 분석결과는 B와 D는 중요한 인자로서 그들의 최적 수준을 선택한다. 즉, B_2와 D_2이다. 그러나 A와 C는 그 다지 중요한 인자가 아니다. 따라서 실제상황에 따라 수준을 선택할 수 있다. 즉, A는 온도상승속도인데 실제에서는 중간정도를 선택하는 것이 바람직하여 A_2를 선택하였다. 또 C는 유지온도인데 온도의 유지시간은 짧을수록 좋기 때문에 C_2를 선택하였다.

따라서 경정 설담금공정실험을 통해 모색한 좋은 공정방안은 A_2, B_2, C_2, D_2이다.

2.4.1.5 인자와 실험지표의 관계도를 작성한다.

실험지표에 대한 인자수준 변화의 영향을 더 깊이 관찰하기 위해 인자의 수준을 가로축으로 하고 그에 대응한 평균실험(平均實驗)지표를 세로축으로 인자와 실험지표의 관계도를 작성한다. 계량적인 인자에 대해서는 꺾은선으로 각 수준과 대응한 평균지표를 나타내는 점을 연계한다. 주관식 인자에 대해서는 점선을 이용하여 각 수준과 대응한 평균지표를 나타낸다. [그림 10-2]참조.

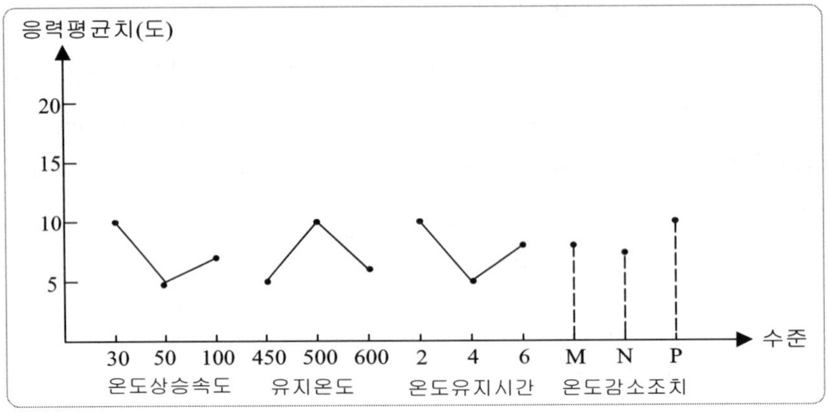

[그림 10-2] 응력과 각 수준과의 관계

2.4.1.6 실험에 대한 검정 및 최적방안 도출

실험결과에 대한 분석에서 직관으로 볼 때 9번 실험에서 비교적 좋은 방안은 A_2, B_2, C_3, D_1으로 나타났지만 계산과 조정을 통한 최적방안은 A_2, B_2, C_2, D_2로 나타났다. 그러나 이 계산과 조정을 통한 최적 방안을 실제실험을 걸치지 않아 직관으로 본 최적 방안보다 더 좋은지는 실험을 통해 검증하여야 한다. 따라서 계산을 통해 나타난 최적 방안 A_2, B_2, C_2, D_2에 대해 두 번 실험을 하고 직관으로 판단되는 최적방안 A_2, B_2, C_3, D_1에 대해서 한번 다시 실험을 실시한다. 그 결과는 아래 〈표 10-8〉과 같다.

〈표 10-8〉 실험결과에 대한 검증

실험 번호	실험조건	응력(도)	평균응력(도)
⑤ ⑩	A_2, B_2, C_3, D_1	0.5 0.4	0.45
⑪ ⑫	A_2, B_2, C_2, D_2	0.2 0	0.1

〈표 10-8〉을 통해 우리는 계산을 통한A_2, B_2, C_2, D_2방안이 최적 방안이라는 것을 알 수 있다. 즉 온도상승속도는 시간당 50℃이며, 유지온도는 450℃, 그리고 온도유지시간은 2시간이며 마지막으로 온도감소에는 N방법을 택하는 것이 가장 좋은 조합이라고 할 수 있다.

2.4.1.7 향후 실험방향에 대한 전망

응력과 각 수준과의 관계도는 본 예제의 실험에서 지표의 수치와 인자수준의 변화 관계를 보여주고 있다. 이 그림에 따르면 이미 배열된 수준에서 최적 방안을 도출할 수 도 있지만 또 각 인자의 수준과 지표 수치의 변화추세를 통해 지표 수치에 대해 더 좋은 수준도 추측할 수 있다. 추측한 수준은 모두 사전에 배열하지 않은 수준이지만 향후 실험의 방향을 제시하여 주고 또 원가절감과 품질향상의 잠재력이라고 할 수 있다.

본 예제에서는 수준과 지표치의 변화추세가 선명하지 못하여 향후의 실험방향을 결정하기는 어려움이 있다.

2.4.2 분산 분석법

범위 분석법의 장점은 계산량이 적고 또 간편하여 직관적으로 쉽게 묘사할 수 있다. 이외에도 종합적인 비교만 통해서도 결론을 내리거나 실험의 향후방향을 지정할 수 있다. 그러나 범위 분석법은 단점도 있다. 즉 실험오차의 크기를 예측할 수 없으며 또 실험에 참여된 인자가 실험지표에 대한 영향력에 대해서도 판단하지 못한다. 이러한 단점을 극복할 수 있는 방법이 바로 분산 분석법이다.

분산 분석은 현저성 검증을 통해 인자의 중요도 순서를 판단하며 또 분산분석의 관건은 편차자승합에 대한 분해이다.

[분산분석(analysis of variance)이란?]

특성치의 산포를 총제곱합으로 나타내고 이 총제곱합을 실험과 관련된 요인마다의 제곱합으로 분해하여 오차에 비해 특히 영향을 주는 요인이 무엇인가를 찾아내는 분석방법이다.

2.4.2.1 편차 자승합

한 직교 실험은 s개 인자가 있으며 각 인자는 모두 m개 수준을 정하였다. 지정한 방안으로 모두 n번 실험을 하였다면 y_1, y_2, $\cdots y_n$실험결과사이에 존재하는 차이는 두 가지 원인으로 인해 발생하였다고 할 수 있다. 즉 첫째는 각 인자의 수준변화로 인해 발생한 지표 수치의 변동이며, 둘째는 실험오차로 인한 지표 수치의 변동이다. 즉 총편차 자승합은 요소의 편차 자승합과 오차의 편차자승합의 합이라고 할 수 있다.

① 총 편차자승합

$$S_T = \sum_{i=1}^{n}(y_i - \overline{y})^2 = \sum_{i=1}^{n} y^2 - n\overline{y^2}$$

위 식에서

$$\overline{y} \;=\; \frac{1}{n}\overline{y} = \frac{1}{2}\sum_{i=1}^{n} y_i \; y_i$$

S_T 는 실험지표 수치의 총 변동을 의미한다.

② 요소의 편차 자승합

$$S_j = \frac{\text{I}_j^2 + \text{II}j^2 + \cdots}{M} - \frac{\left(\sum_{i=1}^{n} y_i\right)^2}{n}$$

위 식에서

M은 각 열에서 같은 수준이 나타난 차수

S_j는 j번째 인자의 수준변화가 초래한 지표 수치의 변동을 의미한다.

③ 오차의 자승합

일반적으로 오차의 자승합과 S_e는 각 빈 열의 편차 자승합의 합계이다. 그러나 직교표의 각 열에는 모두 각 요소가 배열되어 있어 빈 열이 없다. 따라서 오차를 추측하기 위해 아래와 같은 방법을 이용할 수 있다.

가. 역사자료의 통계데이터를 이용하여 예측하면 역사자료의 각 실험지표의 편차 자승합σ^2를 계산할 수 있다. 여기서 $S_e = \sigma^2$로 정한다.

나. 용량이 큰 직교표를 갖고 인자를 배열하여 인자가 공열을 갖게 한다.

다. 직교표의 각 실험조건에 대해 중복실험을 실시한다.

$S_T = S_1 + S_2 + \cdots S_e$관계를 우리는 쉽게 증명할 수 있다.

즉, 총 편차 자승합을 각 인자의 편차 자승합과 오차자승합의 합으로 분해한다.

2.4.2.2 자유도

각 편차자승합의 자유도

$$f_T = n - 1$$
$$f_j = m - 1$$
$$f_e = f_T - \sum_{j=1}^{s} f_i$$

2.4.2.3 유의성 검증

위에서 제시한 모든 편차자승합은 x^2분포에 따르는 것은 쉽게 증명할 수 있다. 따라서 F통계량 $F_j = \frac{\overline{Sj}}{\overline{S_e}}$를 갖고 요소$j$ ($j = 1, 2, 3, \cdots, S$)에 대해 유의성 검증을 할 수 있다. 또 유의성 수준α의 따라 각 인자간의 중요성 순위관계를 배열할 수 있다.

일반적으로 위와 같은 내용들을 〈표 10-9〉와 같이 편차자승합분석표를 작성할 수 있다.

〈표 10-9〉 편차자승합분석표

편차자승합 출처	편차자승합	자유도	평균자승합	F
요소 A	S_A	f_A = m - 1	$\overline{S_A} = S_A / f_A$	$F_A = \overline{S_A} / \overline{S_e}$
요소 B	S_B	f_B = m - 1	$\overline{S_B} = S_B / f_B$	$F_B = \overline{S_B} / \overline{S_e}$
.	.	.	.	.
.	.	.	.	.
.	.	.	.	.
오차	S_e	f_e	$\overline{S_e} = \overline{S_e} / f_e$	
	S_T	f_T = n - 1		

예제 화학품 수율제고에 관한 실험

한 화학공업회사에서 실험을 통해 M라는 화학품의 수율을 제고할 수 있는 공정조건을 모색하려고 한다.

{예제 10-2}에서 우리는 실험의 수율이 바로 실험지표라는 것을 쉽게 알 수 있다.

따라서 수율에 영향을 미치는 원인을 본석한 후 〈표 10-10〉과 같이 인자수준표를 작성하였다.

〈표 10-10〉 M화학약품 황산반응실험의 인자수준표

인자	반응온도(A) (도)		반응시간(B) (시간)	황산농도(C) (%)
열 순번	1	2	3	4

본 실험은 3개 인자에 3개수준의 실험으로 $L_9(3^4)$직교표를 선택한다. 그의 제목 설계표는 아래 〈표 10-11〉과 같다.

〈표 10-11〉 M화학약품 황산반응실험표의 제목표

인자 / 실험순번	반응온도(A) (도)	반응시간(B) (시간)	황산농도(C) (%)	실험지표 수율
	1	2	3	X
1	1(80)	1(1)	1(17)	51
2	1(80)	2(2)	2(27)	79
3	1(80)	3(3)	3(37)	58
4	2(85)	2(2)	3(37)	82
5	2(85)	3(3)	1(17)	55
6	2(85)	1(1)	2(27)	65
7	3(90)	3(3)	2(27)	77
8	3(90)	1(1)	3(37)	85
9	3(90)	2(2)	1(17)	84

〈표 10-11〉 에 따라 $L_9(3^4)$중 인자가 배열되어 있는 각 열의 숫자 1, 2, 3를 모두 실제 인자의 실제수준으로 교체한다. 교체결과는 〈표 10-12〉와 같다.

〈표 10-12〉 M화학약품 황산반응실험방안과 데이터표

인자 / 수준	반응온도(A) (도)	반응시간(B) (시간)	황산농도(C) (%)
1	80	1	17
2	85	2	27
3	90	3	37

〈표 10-11〉과 〈표 10-12〉에서 나타난 바 제 2열은 공열이다. 따라서 제2열의 편차자승합은 바로 오차자승합S_e이다. 계산의 편리를 위해 아래의 계산에서 모둔 실험 데이타에서 70을 빼고(즉, $y_i = X_i - 70$; i = 1, 2, ⋯, 9)작성한 표는 〈표 10-13〉과 같다. 또 I_j, II_j, III_j 및 I_j^2, II_j^2, III_j^2의 계산결과도 〈표 10-13〉에 배열하였다.

공식 $S_j = \dfrac{\text{I}_j^2 + \text{II}\, j^2 + \cdots}{M} - \dfrac{\left(\sum_{i=1}^{n} y_i\right)^2}{n}$ 를 이용하여 각 편차자승합과 자유도를 아래와 같은 과정으로 계산하였다.

$$S_1 = \frac{\text{I}_1^2 + \text{II}_1^2 + \text{III}_1^2}{3} - \frac{T^2}{9} = \frac{484 + 64 + 1296}{3} = 611$$

$$S_2 = \frac{\text{I}_2^2 + \text{II}_2^2 + \text{III}_2^2}{3} - \frac{T^2}{9} = \frac{0 + 81 + 9}{3} - \frac{6^2}{9} = 26$$

$$S_3 = \frac{\text{I}_3^2 + \text{II}_3^2 + \text{III}_3^2}{3} - \frac{T^2}{9} = \frac{81 + 1225 + 400}{3} - \frac{6^2}{9} = 565$$

$$S_4 = \frac{\text{I}_4^2 + \text{II}_4^2 + \text{III}_4^2}{3} - \frac{T^2}{9} = \frac{400 + 121 + 225}{3} - \frac{6^2}{9} = 245$$

$$S_T = S_1 + S_2 + S_3 + S_4 = 1447$$

$$f_1 = f_1 = f_3 = f_4 = 3 - 1 = 2$$

$$f_T = n - 1 = 9 - 1 = 8$$

위에서 계산한 데이터를 정리한 결과는 〈표 10-14〉와 같다.

〈표 10-13〉 M화학약품 황산반응실험계산표

인자 / 실험순번	A 반응온도(℃)		B 반응시간(시간)	C 황산 농도(%)	실험지표 수율
	1	2	3	4	X_i
1	1(80)	1	1(1)	1(17)	−19
2	1(80)	2	2(2)	2(27)	9
3	1(80)	3	3(3)	3(37)	−12
4	2(85)	1	2(2)	3(37)	12
5	2(85)	2	3(3)	1(17)	−15
6	2(85)	3	1(1)	2(27)	−5
7	3(90)	1	3(3)	2(27)	7
8	3(90)	2	1(1)	3(37)	15
9	3(90)	3	2(2)	1(17)	14
I_j	−22	0	−9	−20	
II_j	−8	9	35	11	T = 6
III_j	36	−3	−20	15	
$\overline{\text{I}}_j$	484	0	81	400	
$\overline{\text{II}}_j$	64	81	1225	121	
$\overline{\text{III}}_j$	1296	9	400	225	

〈표 10-14〉 M화학약품 황산반응실험의 편차자승분석표

편차자승합 출처	편차자승합	자유도	평균자승합	F
요소 A	611	2	305.5	23.5
요소 B	564	2	282	21.69
요소 C	245	2	123	9.46
오 차	26	2	13	
합	1447	8		
	$F_{0.1}(2,\ 2) = 9.00$	$F_{0.05}(2,\ 2) = 19.00$	$F_{0.025}(2,\ 2) = 39.00$	

$$F_A > F_{0.05}(2.\ 2)$$
$$F_B > F_{0.05}(2.\ 2)$$
$$F_C < F_{0.05}(2.\ 2)$$

따라서 유의수준 $\alpha = 0.05$조건에서 인자 A, B는 실험지표에 대한 영향이 크고, 인자 C는 실험지표에 대한 영향이 그다지 크지 않다.

2.4.2.4 최적 공정조건의 선택

실험데이터의 총 평균치는 인자가 "중간"수준을 선택하였을 때 실험결과의 이론 치와 같다고 이해할 수 있다. 따라서 인자의 수준을 정할 때는 대응한 실험데이터의 평균치와 실험데이터의 총 평균치의 차이가 바로 인자가 한 수준을 선택하였을 때 그 실험결과는 "중간"수준보다 얼마큼 좋거나 나쁜 정도를 보여 준다. 따라서 이 정도를 반응할 수 있는 량을 수준의 효과라고 한다. 계산공식은 아래와 같다.

인자의 M 수준 효과 = 인자가 M수준을 취하였을 때 평균치 − 총 평균치

효과에 대한 표현은 영문자와 번호를 이용한다. 즉, a_2는 A인자가 제 2수준을 선택하였을 때의 효과를 의미한다.

유의인자에 대해서는 우선 그가 각 수준을 선택하였을 때의 효과를 비교한 후에 효과의 크기에 따라 최적 수준을 선택한다. 유의하지 않은 인자에 대해서는 실제상황과 결합하여 유익한 수준을 선택한다.

본 예제에서 인자 A와 B는 모두 유의하며 그의 효과는 아래와 같다.

$$a_1 = \frac{\text{I}_1}{3} - \frac{T}{9} = -\frac{22}{3} - \frac{6}{9} = -8$$

$$a_2 = \frac{\text{II}_1}{3} - \frac{T}{9} = -\frac{8}{3} - \frac{6}{9} = -3.33$$

$$a_3 = \frac{\text{III}_1}{3} - \frac{T}{9} = -\frac{36}{3} - \frac{6}{9} = 11.33$$

$$b_1 = \frac{\text{I}_3}{3} - \frac{T}{9} = -\frac{9}{3} - \frac{6}{9} = -3.67$$

$$b_2 = \frac{\text{II}_3}{3} - \frac{T}{9} = \frac{35}{3} - \frac{6}{9} = 11$$

$$b_2 = \frac{\text{III}_3}{3} - \frac{T}{9} = -\frac{20}{3} - \frac{6}{9} = -7.33$$

따라서 실험의 요구에 따라 A는 A_3를 취하고 B는 B_2를 취한다.

본 예제에서 C는 유의성 없어 실제상황에 따라 생산에 유익한 수준을 정하면 된다. 또 $\text{III}_4 > \text{II}_4 > \text{I}_4$이며 지표 수치는 클수록 좋은 평가기준과 황산농도가 낮으면 원가도 낮은 실제상황에 따라 C_2를 선택하였다. 따라서 최종 선택한 최적 공정조건은 $A_3B_2C_2$ 이다.

이상은 3개 수준과 다 인자의 실험에 대해 예제를 통해 직교실험법의 두가 기본 방법을 소개하였다. 다 수준 다 인자실험방법도 같은 방법으로 해결할 수 있다. 다만 선택한 직교표가 다른 뿐이다.

연 습 문 제

1. 실험계획을 정의하시오.

2. 직교표 구성을 간략히 설명하시오.

3. 직교실험방법 대하여 간략히 설명하시오.

제11장

품질경영 인증제도

세계경제의 변동에 따라 경영환경은 고정적 요소는 축소되어 가면서 변동적 요소로 지식기반의 경영과 디지털 경영을 통하여 고객의 욕구수준을 능가는 제품 및 서비스 개발에 경영초점이 맞춰지고 있다. 따라서 전 세계를 고객을 감동시킬 수 있는 품질경영의 일환으로 품질인증 또는 품질보증이 요구되고 있다. 따라서 본장에서는 품질 인증제도를 이해하고 인증효과 및 인증절차에 대하여 논하고자 하였다.

1. ISO(국제표준화기구)의 역사적 배경

1.1 ISO의 역사적 배경

1980년대 전반에 영국과 네덜란드에서 도입된 것으로 EU통합을 계기로 유럽에서는 무역거래의 활발한 활동에 제3자의 심사등록제도(third-party registration scheme)인 ISO(International Organization for Standardization)가 등장 하게 되었다. 국제표준화기구(ISO)는 1986년에 ISO8402의 발표에 이어 1987년에 ISO 9000을 발표이후 이 표준화시리즈는 전 세계에서 커다란 영향력을 보였다. 현재까지 전 세계에서 이미 100여개의 국가에서 ISO 중앙사무국에 ISO9000시리즈를 국가표준으로 채용할 것을 약속하였으며 이러한 기준들은 세계무역선진국가인 미국, 일본 및 EU 12개국과 유럽자유무역구에서 모두 이미 일상적으로 채용되고 있는 실정이다.

품질 시스템에 대한 제 3자 등록제도는 제품/서비스를 구입하는 구매자를 대신하여 제3자인 심사기관이 공급자의 품질시스템을 심사하여 규격에 적합하면 등록을 받아들여 이를 공표하여 구매자가 품질에 대해 신뢰감을 갖도록 하는 제도이다.

이 제도의 주목적은 공급자와 구매자간 거래의 원활화를 도모함에 있지만, 공급자입장에서는 자사의 품질시스템 향상을 도모할 수 있으며 간접적으로는 소비자 보호라는 측면도 있다.

ISO 9000 시리즈는 EU 12개국을 비롯하여 세계 100여개 국가에서 EU지역규격 내지 국가규격으로 받아들이고 등록을 마친 회사가 45,000사에 이를 만큼 세계적인 관심사가 되고 있다. 그 이유는 다음과 같다.

- 전 세계적으로 ‘ISO 9000시리즈’를 품질시스템 표준으로 수용하고 있는 점.
- EU 시장 내 영업이나 거래활동에 있어서 ‘EN 29000시리즈’(ISO 9000시리즈)의 등록이 EU통합이후 필수요건이 되고 있는 점
- 따라서 ‘ISO 9000시리즈’의 등록은 범세계적인 품질보증 내지 품질인증의 선행요건이 될 것이라는 점이다.

1.2 국제표준화기구(ISO)

국제표준화기구(ISO)는 1947년에 성립되어 90여개 국가급 표준화단체들이 참가한 국제적인 조직기구이며 세계에서 가장 큰 민간적인 표준화기구이다. 이는 국제전기공업위원회인 IEC(International Electro-technical Commission)와 긴밀한 협조를 통해 전 세계에서 통일된 표준화를 추구하여 왔다. ISO와 IEC는 모두 비 정부기관이며 제정한 표준도 원칙적으로 자발적이다. ISO의 취지는 전 세계 범위 내에서 표준화발전에 추진하여 국제적인 물질교류와 상호협조의 편리화를 구축하는 동시에 문화, 화학, 기술 및 경제 등 다양한 차원의 협력을 확대하는데 있다.

국제표준화기구(ISO)의 주요업무는 ISO표준을 작성하여 범세계적인 표준화활동을 협조하고 국제표준화의 교류상황을 반영한다. 또 기타 국제적인 조직기구와의 협력을 추진하여 함께 표준화에 관한 문제들을 연구모색하고 있다. ISO기구의 조직구조도는 아래 [그림 11-1]

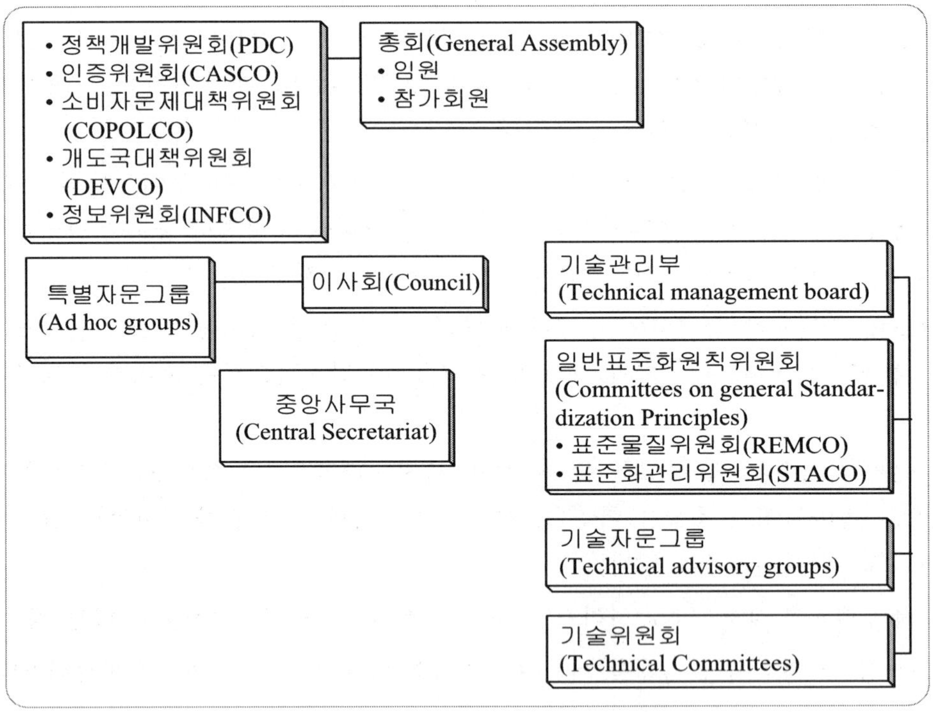

[그림 11-1] ISO기구 조직 구조도

현재 국제표준화기구(ISO)는 약 900개의 전문분야기술위원회 TC(techinical committee)와 분야별기술위원회 SC가 있다. 각 회원국 대표들이 이러한 위원회에 참여하여 국제표준을 구축하고 있으며 매년 약 800개의 표준을 제정하고 또 보완하고 있다.

1.3 ISO/TC176

ISO는 각 전문분야의 특징에서 따라 기술위원회(TC)를 성립하여 각 표준의 초안에 대한 작성을 담당하고 있다. 또 각 기술위원회에서는 업무의 수요에 따라 분야별 기술위원회(SC)와 작업그룹(WG)을 두고 있다. TC와 SC의 성원들은 P성원과 O성원으로 분리되어 있으며 P성원들은 참가성원이며 O성원들은 관찰성원들이다. P성원은 TC와 SC의 기술적 업무에 직접참여 할 수 있고 O성원들은 기술업무에 직접참여하지는 않지만 업무진행상황과 관련정보의 수집에 대해 조사할 수 있다. ISO9000시리즈표준이 바로 TC176 및 이와 관련된 SC와 WG에서 초안을 작성한 것이다. 1979년 영국표준화협회(BSI)에서 ISO에 정식적인 제안을 제시할 새로운 기술위원회를 성립하여 품질보증의 기술과 응용에 대한 국제표준을 제작하는 것을 건의하였다. 이 새로운 기술위원회는 허가를 받아 설립되어 ISO/TC176이라는 번호를 부여하여 품질보증기술위원회로 명칭을 지정되었고 또 업무범위와 사무국을 확정하였다. ISO/TC176의 조직구조도는 아래 [그림 11-2]와 같다.

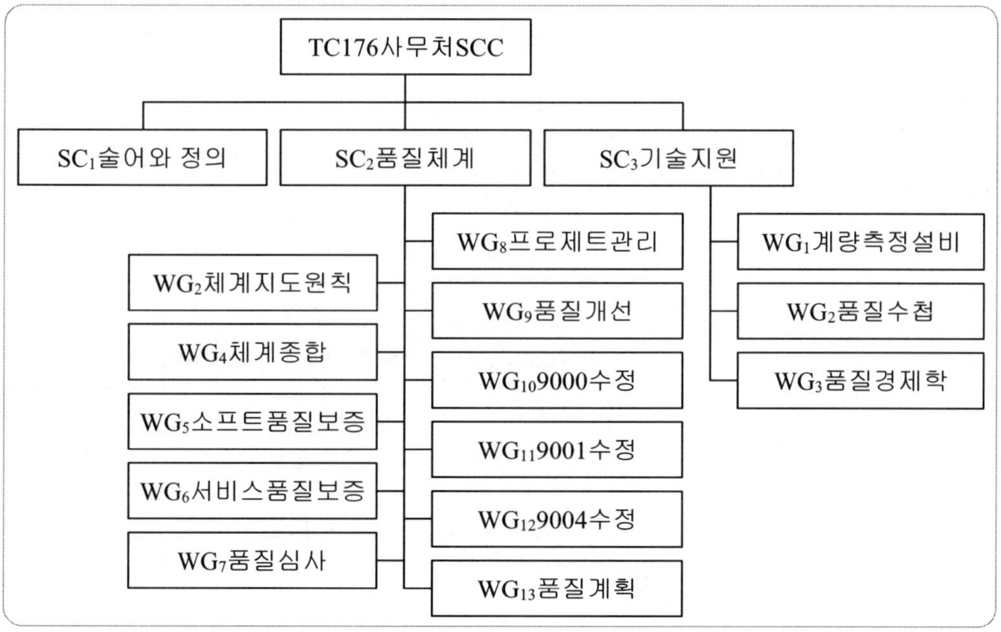

[그림 11-2] ISO/TC176 조직구조도

ISO/TC176의 업무범위는 국제무역에서 제품 혹은 서비스에 대한 품질경영과 품질보증에 대한 요구의 80%~90%를 포괄하고 있다. 1988년 한 해에도 ISO에서 이미 발표한 700여개의 국제표준에서 ISO/TC176가 제작한 6개 표준은 그해 발표한 전체 표준판매액의 1/3을 점하였다. 이 6개 표준은 아래와 같다.

ISO 8402 - 86 품질 - 용어의 정의
ISO 9000 - 87 품질경영 및 품질보증규격 - 선택 및 사용에 관한 지침
ISO 9001 - 87 품질체계 - 설계, 개발, 제조, 설치 및 부대 서비스의 품질보증모델
ISO 9002 - 87 품질체계 - 제조, 설치 및 부대 서비스의 품질보증모델
ISO 9003 - 87 품질체계 - 최종검사 및 시험에 있어서의 품질보증 모델
ISO 9004 - 87 품질경영 및 품질시스템요소 - 지침
ISO 14000 - 환경경영체계

1.4 국제표준의 제정

국제표준제정의 일반적 절차는 아래 [그림 11-3]과 같다.

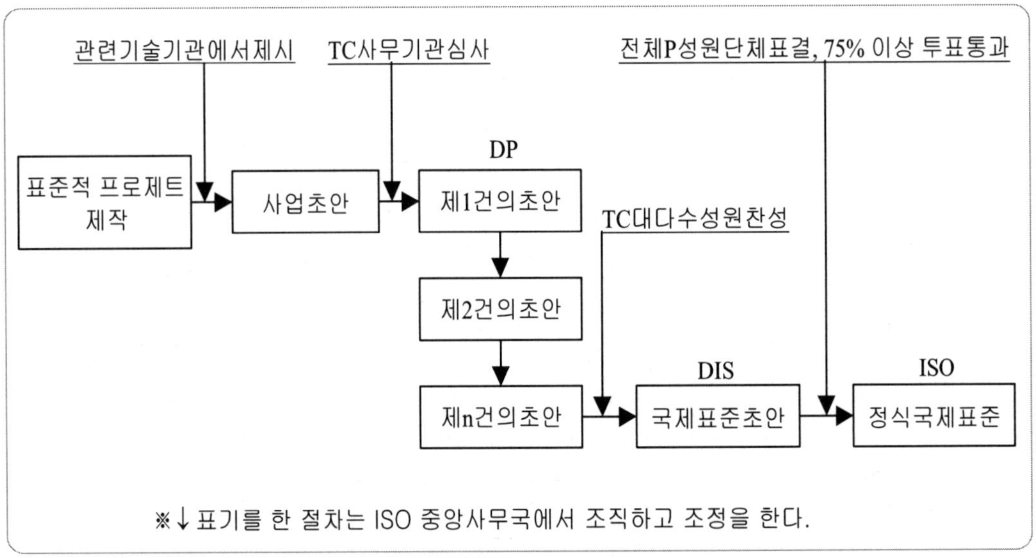

[그림 11-3] 국제표준제정의 절차 흐름도

1.5 ISO 9000시리즈의 세계적 동향과 역할

1.5.1 ISO 9000시리즈의 세계적 동향

ISO 9000시리즈가 출범된 시간은 얼마 되지 않았지만 그의 국제화는 이미 지정된 사실이다. ISO 9000시리즈 1994년판의 응용은 이미 호조를 일으켜 "ISO 9000시리즈현상"이라고도 한다. 요즘에 와서 사람들은 규모가 매우 작은 기업 외에는 모든 서비스와 제조업체의 주요경쟁자는 외국업체라는 것을 알고 있다. 따라서 제품의 개발과 마케팅 전략은 반드시 세계 지향적이야만 하며 글로벌시대의 경쟁에 초점을 두어야 하는데 여기서 품질은 시장점유의 성공적 요소이다. 또한 이의 비중은 갈 수 록 커질 것이다.

ISO 9000시리즈에 의한 인증제도의 요즈음 동향을 살펴보면

① EU시장을 포함한 국제시장에서 인증취득을 요구하는 기업이나 조직이 증가하고 있다.
② 이에 따라 공급업자는 협력업체에게 인증취득을 요구할 것이고,
③ 시장의 압력과 구매자의 요구를 만족시키기 위한 수단으로 인증제도를 이용하려 한다.
④ 일부의 기관구매자는 품질관리를 인증제도로 대체하여 검사를 간소화하는 경향이다 (DOD(미국국방성), FDA(미국후생성) 등 각국의 관청을 비롯하여 민간기업에서도 ISO 9000시리즈를 적용하려는 움직임이 있음).
⑤ 안정성 및 제품책임(PL)대책의 일부로서 ISO 9000시리즈를 적용하는 경향이 있으며,
⑥ 생산성 및 업무의 효율증대, 품질시스템의 정비 및 개선에 이용하는 기업도 있다.

1.5.2 ISO 9000시리즈의 역할

ISO 9000시리즈의 품질시스템 인증제도의 역할은 다음과 같다(이순룡, 1999).

① 제3자 체크에 의한 자사의 품질관리 수준 향상
② PL 문제를 염두에 둔 품질보증 및 책임체제의 명확화
③ 수요자·구매자·소비자로부터의 신뢰 향상
④ 구매자의 중복된 검사 회피
⑤ 상호인증제도에 의한 UL 등의 정기적인 공장감사의 감소
⑥ 품질시스템의 정형화로 품질경영의 기반 조성

1.6 ISO 9000시리즈 구조

국제품질보증규격원은 ISO 9000 시리즈는 외부고객인 구매자를 위한 품질보증규격(ISO 9001, 9002, 9003)과 내부고객인 공급자를 위한 품질보증규격(ISO 9004)과 이들 규격을 선택 사용하기 위한 지침들을 모두 규정한 ISO 9000을 합해서 [그림 11-4]와 같이 총 5가지의 구조로 되어있다.

규격의 선택과 사용방법

ISO 9000 품질경영 및 품질보증 규격 : 선택 및 사용에 관한 지침(KS A 9000)

- **외부 품질보증**
  - **설계~애프터서비스**
    ISO 9001 품질시스템 : 설계·개발, 제조, 설치 및 애프터서비스에 있어서의 품질보증 모델(KS A 9001)
  - **제조·설계**
    ISO 9002 품질시스템 : 제조, 설치 및 애프터 서비스에의 품질보증 모델(KS A 9002)
  - **최종검사·시험**
    ISO 9003 품질시스템 : 최종검사 및 시험에 있어서의 품질보증 모델(KS A 9003)
- **내부 품질경영**
  ISO 9004 품질경영 및 품질시스템 요소 : 지침(KS A 9004)

[그림 11-4] ISO 9000시리즈의 기본규격

1.7 ISO 9000 주요내역

품질이나 제품의 라이프 사이클을 「설계 · 개발 →제조 · 설치→최종검사 · 시험→에프터 서비스」의 과정으로 나누어 볼 때, 이들 전과정에 관여하는 기업이 있는가 하면, 어떤 기업은 '최종검사 및 시험'만으로 충분한 기업도 있다. 그래서 ISO 9000 시리즈에는 급부(재화 및 서비스)의 생산 및 공급형태에 따라서 [그림 11-5]와 같이 ISO 9001, ISO 9002, ISO 9003 의 세 가지 규격으로 나누어 업체의 실정에 따라 등록을 하도록 규정하고 있다.

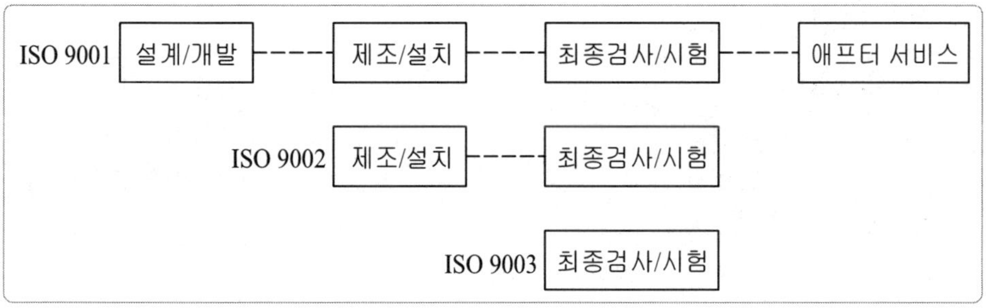

[그림 11-5] ISO 9000구조 관계

이들에 대해 좀 더 상세히 살펴보면,

첫째, ISO 9001은 관련범위가 가장 넓은 데, 「설계·개발에서 제조·설치, 최종검사·시험 및 애프터서비스」에 이르기까지 전 과정에 걸친 생산활동을 공급자가 행하는 경우에 선택한다.

둘째, ISO 9002는 설계·개발의 과정 없이 '제조에서 설치까지'를 대상으로 하므로 '설계관리'를 제외한 19개 항목의 요구사항으로 규정되어있다.

셋째, ISO 9003은 설계, 제조 및 사용방법이 장기간에 걸쳐 확립되어 있는 경우에 선택되는데, 품질보증 요구사항을 주로 제품의 '최종검사 및 시험'만을 대상으로 하여 이들의 품질보증에 필요한 '계약내용의 확인', '문서와 자료관리', '고객에 의한 지급품', '검사 및 시험의 상태'를 비롯한 16개 요구사항을 규정하고 있다(표10-1참조). 이 규격은 전세계 등록업체 중 5% 미만이 선택하고 있다.

넷째, ISO 9004는 공급자의 품질경영 및 품질시스템 요소에 관한 지침을 제시하고 있다. 이 규격(ISO 9004)에서는 공급자가 품질보증을 위해 품질시스템을 구축하고 실시하는데 있어 기본이 되는 요소들을 지침으로 제시하고 있다. 〈표 11-1〉 참조.

〈표 11-1〉 품질시스템 요소 대조표

외부 품질 보증				ISO9001의 조항 제목	품질경영지침 ISO 9004-1	Road map ISO 9000-1
요구사항			적용지침 ISO 9000-2			
ISO 9001	ISO 9002	ISO 9003				
4. 1■	■	○	4. 1	경영자의 책임	4	
4. 2■	■	○	4. 2	품질시스템	5	
4. 3■	■	■	4. 3	계약내용의 확인	×	
4. 4■	×	×	4. 4	설계 관리	8	
4. 5■	■	■	4. 5	문서와 자료관리	5.3 : 11.5	
4. 6■	■	×	4. 6	구매	9	
4. 7■	■	■	4. 7	고객에 의한 지급품	×	
4. 8■	■	○	4. 8	제품의 식별과 추적성	11.2	4.1;4.2;4.3
4. 9■	■	×	4. 9	공정관리	10; 11	4.4;4.5;4.8
4.10■	■	○	4.10	검사 및 시험	12	8
4.11■	■	■	4.11	검사, 측정 및 시험장비의 관리	13	5
4.12■	■	■	4.12	검사 및 시험의 상태	11.7	4.6;4.7
4.13■	■	○	4.13	부적합품의 관리	14	4.9
4.14■	■	○	4.14	시정과 예방조치	15	5.4
4.15■	■	■	4.15	취급, 보관, 포장, 보존 및 인도	10.4;16.1;16.2	
4.16■	■	○	4.16	품질기록의 관리	5.3;17.2;17.3	
4.17■	■	○	4.17	내부품질감사	5.4	
4.18■	■	○	4.18	교육·훈련	18.1	
4.19■	■	×	4.19	서비스	16.4	
4.20■	■	○	4.20	통계적 방법 품질 경제성 제품안전성 마케팅	20 6 19 7	

범례 : ■ : 강제요건(요구사항)
. ○ : ISO 9001 및 ISO 9002 보다 덜 엄격한 요구사항.
.× : 없는 요소

2. ISO 9000 시리즈 구성

2.1 ISO 인증의 필요성

2.1.1 ISO 9000인증의 특징

ISO/IEC지침 2에서는 합격인증이란 '충분히 신뢰할 수 있는 제 3자의 심사를 통해 제품 혹은 서비스가 특정표준 혹은 기술규격에 부합된다는 것을 인증하는 하나의 과정'이라고 정의하였다.

ISO 9000, 즉 품질경영시스템 인증제도는 기업 또는 공장의 품질경영시스템이 한국 산업규격(KS A 9000 시리즈) 또는 국제규격(ISO 9000 시리즈)에 적합한지를 인증기관이 심사하여 인증하고 공표하는 인증기능(Certification), 인증심사를 수행할 심사원의 자격을 평가하고 등록하는 심사원자격 인증기능(Registration), 그리고 인증기관 및 연수기관이 수행하는 인증업무와 연수업무에 대하여 적절한 능력을 보유하고 있음을 심사하여 인정하는 인정기능(Accreditation)이 상호 연계되어서 이루어지는 제3자 인증행위이다.

「인증기관」은 기업, 공장 등(공급자)의 품질경영시스템이 해당 규격(ISO / KS A 9001)에 적합한지를 심사하여 적합한 경우에는 기업, 공장 등의 품질시스템을 인증·공표하는 기능을 담당하는 기관을 말한다.

「연수기관」은 인증심사를 수행하는 인증심사원의 교육·연수를 실시하고 심사원 연수과정을 유지하며, 기업의 품질시스템에 관한 지도를 담당하는 기관을 말한다.

「인증심사원」은 인증기관에 소속되어 정해진 절차에 따라 기업, 공장 등의 품질경영시스템이 품질경영시스템 규격에 적합한지를 심사하는 자를 말한다.

「공급자」는 인증기관으로부터 품질시스템을 심사받아 ISO 관련 규격에 적합함을 인증 받은 기업이나 공장 등을 말한다.

따라서 다음과 같이 ISO 9000인증의 특징을 요약할 수 있다.

첫째, 인증의 기초는 표준 혹은 기술규격이다.

제품의 인증기초는 표준 혹은 기술규격이며, 품질경영체계인증의 기초는

ISO 9000시리즈규격이다.

둘째, 인증의 대상은 제품, 하드웨어, 소프트웨어, 흐름성 재료 및 서비스도 포함된다.

셋째, 인증은 제3자가 진행한다.

여기서의 제3자는 공급자 측과 수요자 측의 소속관계 그리고 경제적인 이해 관계 등 모두 무관한 인증기관 혹은 인증회사를 지칭한다.

넷째, 심사는 사실을 인증하는 방법이며, 사실에 대한 인증표현방법은 증서와 인증 표기이다.

여기서 우리가 유의하여야 할 것은 국제관례의 규정에 따르면 품질경영체계에 대한 인증은 제품에 대한 인증을 대체할 수 없다는 것이다.

2.1.2 ISO 9000 인증의 필요성

ISO9000 인증제도는 국가별 평가를 지양하고 국제적으로 동일한 평가제도를 수립하기 위해 제정된 것이다.

1. 업무시스템의 구축을 통한 업무의 효율성 향상
2. 책임과 권한의 구분화로 업무 구분의 명확화
3. 대내·외 영업, 마케팅 강화
4. 회사의 노하우 축적
5. 보다나은 업무의 기준, 절차 및 방법을 수립하여 시간과 원자재의 낭비를 제거 및 감소시킬 수 있습니다.
6. 기업 또는 조직이 국제적으로 인정된 규격과 부합하고 그것을 시행하려는 것을 보여주어 국내뿐만 아니라 국제적 인지도 향상으로 사업분야에서의 성공을 기약할 수 있다.
7. 원가상의 문제점을 제거하여 고객에게 제공한 제품이나 서비스의 품질개선을 도모하여 기업 또는 조직이 고객 만족의 극대화를 달성할 수 있습니다.
8. ISO9000은 조직의 운영효율, 생산성 개선 및 문제해결에 도움이 되는 제도입니다.
9. 모든 측면에 있어서 품질시스템의 지속적인 개선은 소속 직원들에 대한 동기부여를 제공하는 데 매우 중요한 역할을 할 것입니다.

2000년판 ISO 9000시리즈의 기본 규격은 아래 〈표 11-2〉와 같다.

〈표 11-2〉 2000년판 ISO 9000시리즈의 기본 규격

기본 규격	기타규격	기술보고	수첩
ISO 9000 ISO 9001 ISO 9004 ISO 19011	ISO 10012: 2001 《측정통제시스템》	ISO 10005:1995 - 《품질계획지침》 ISO 9000 《프로제트관리품질지침》 ISO 9000 《기술상태관리지침》 ISO 9000 《품질수첨제정지침》 ISO 9000 《품질경제성관리지침》 ISO 9000 《품질경영교육지침》 ISO 9000 《ISO9001:1994년통계기술지침》	《품질경영원칙》 《선택과 사용지침》 《소형조직실지지침》

2000년도 말까지 이미 정식으로 출시한 3개 규격에서 이전과의 변화는 아래와 같다.

첫째, ISO 9000: 2000 《품질경영체계 - 기초와 술어》 는 원 ISO 8402: 1994를 대체하였다.

둘째, ISO 9001: 2000 《품질경영체계 - 요구》 는 원 ISO 9001: 1994, ISO 9002: 1994 그리고 ISO 9003: 1994등 3개 규격을 대체하였다.

셋째, ISO 9004: 2000는 원 ISO 9004: 1994를 대체하였다.

또 〈표 11-2〉에서 우리는 ISO 9000: 2000시리즈 기본규격이 구조상 많은 변경이 있는 것을 알 수 있다. 변경된 ISO 9000: 2000시리즈 기본규격을 보면 기본규격의 수량이 많이 감소하였고 또 기본규격의 요구/지침의 통용성, 편리성, 적합성 및 적용성이 많이 강화된 것을 알 수 있다.

2.2 2000년판 ISO 9000시리즈의 특징

ISO 9000시리즈기본규격과 내용을 아래와 같은 특징으로 요약할 수 있다.

첫째, ISO 9000: 2000시리즈 기본규격의 목적은 8개 조항의 품질경영원칙으로 충분히 설명 할 수 있다.

둘째, 고객에 대한 조직의 지향적 방침을 선명하게 인도하였다.

셋째, 조직의 최고경영자의 리더십역할을 충분히 발휘하도록 유도하였다.

넷째, 조직의 자체평가를 할 수 있도록 지도하였다.

다섯째, 조직의 지속적인 개선과 최고의 추구를 유도하였다.

여섯째, ISO 9000: 2000시리즈기본규격의 통용성, 편리성, 적합성 및 적용성을 강화하였다.

2.3 ISO 9000시리즈 활용

이상처럼 ISO 9000시리즈 구조비용에서 살펴본 것처럼 제품적인 특성을 고려하여 표준의 단순성과 호환성을 유지하도록 하여 실용성을 높이고자한 것으로 보다 표준을 보완 활용 되고 있다. [그림 11-6참조].

첫째, ISO 9000-2(ISO 9001, 9002, 9003의 실행지침)
둘째, ISO 9000-3(소프트웨어 산업에 관한 적용지침)
셋째, ISO 9004-1(조립산업에 관한 품질경영지침)
넷째, ISO 9004-2(서비스산업에 관한 품질경영지침)
다섯째, ISO 9004-3(장치산업에 관한 품질경영지침)

ISO 9000시리즈의 용도는 다음과 같다.

① 품질시스템을 검토·개선하기 위한 규격으로 사용할 수 있다.
② 제3자기관에 의한 품질시스템심사를 위한 규격으로 사용한다.
③ 구매자와 공급자간에 체결된 품질보증계약서에서 공급자가 갖추어야 할 품질시스템에 대한 요구사항규격으로 사용한다.
④ 양자간 계약에 앞서서 공급자가 적절한 품질시스템을 갖추고 있는지를 심사할 때의 규격으로 사용한다.
⑤ 하청업체 내지 외주업체의 평가 및 관리 기준으로 사용한다.
⑥ 경영자의 품질진단에서 품질보증시스템을 진단할 때의 규격으로 사용한다.
⑦ 품질시스템의 정형화 내지 사내표준화의 확립으로 품질경영의 기반이 구축된다.

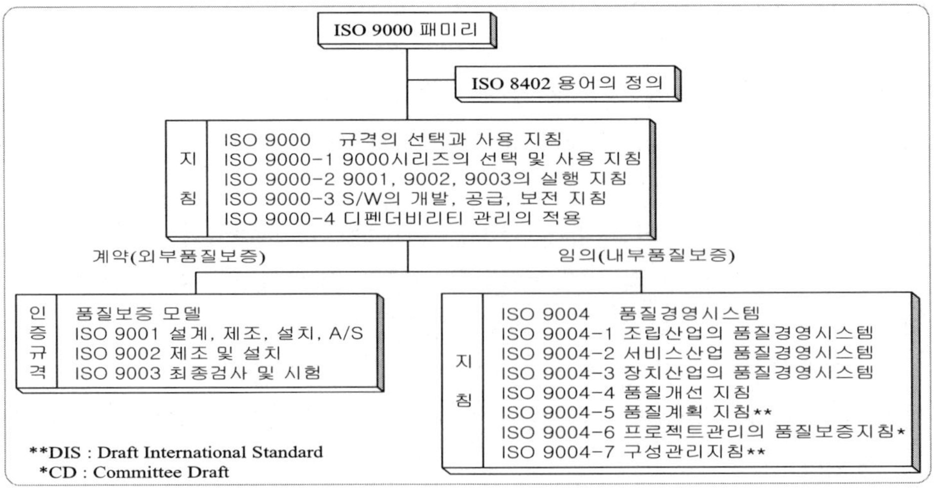

[그림 11-6] ISO 9000 패미리의 구성

2.4 ISO 9001:2008 요구사항

2.4.1 ISO 9001:2008구조

국제인정포럼(IAF) 및 국제표준화기구(ISO)는 품질경영시스템분야에서 세계적으로 가장 널리 사용되고 있는 기준(standard)의 최신버전인 ISO 9001:2008 인증의 부드러운 전환을 위한 이행 계획에 동의하였다. 이 계획의 세부사항은 아래와 같이 이 두 기구에 의해 공동 공식설명에 주어졌다.

ISO 9001:2000 인증의 유효성 ISO 9001:2008 공표 후 1년 동안 ISO 9001:2008로 전환(최초 또는 갱신)되어야 한다. ISO에 의해 ISO 9001:2008 공표 후 24개월 후 기존에 ISO 9001:2000에 의해 발행된 인증은 효력을 잃는다.

2.4.2 규격 변경사항 개요

- ISO 9001:2008은 ISO 9001:2000을 8년 동안 사용한 경험을 바탕으로 기존 요구사항의 명확화에 중점을 두고 개정된 규격으로 어떠한 신규 요구사항을 포함하고 있지 않는다.
- 모든 변경사항은 기존의 요구사항에 대한 요구수준과 다르지 않기 때문에 전환을 위한 회사에 요구되는 경영시스템 변경 범위는 최소화될 수 있다.
- 규격 개정내용은 아래와 같으며, 요구사항별 세부변경사항에 대해서는 '[별첨] ISO 9001:2008 주요개정내용'에서 확인할 수 있으며, 개정 규격에 따른 조직의 시스템 개정 필요성을 검토할 필요가 있다.

2.4.2 주요 개정 내용

4.1 품질경영시스템(일반요구사항)

외주처리 프로세스의 정의 명확화

5.5.2 경영대리인

조직의 경영자 중에서 선임된다. (cf. 조직에 소속된 자이어야 함)

6.2.1 인적자원(일반사항)

제품요구사항에 대한 적합성에 직/간접적으로 영향을 미치는 업무를 수행하는 인원에 적격성 관리로 관점을 넓힐 필요가 있다.

6.3 기반구조

지원서비스에 정보시스템이 추가된다.

6.4 업무환경

비고를 추가하여 업무환경의 범위를 명확히 한다.

비고 "업무환경" 용어는 물리적, 환경적 및 기타 요소(소음, 온도, 습도, 조명 또는 날씨 등)를 포함하여 업무가 수행되는 상황과 관련이 있다.

7.2.1 제품에 관련된 요구사항 결정

제품 인도 후 활동으로 고려되어야 할 사항이 어떤 것이 있는지를 비고를 통해서 부연 설명된다.

참고로 인도 후 활동에는 예들 들어 보증제공, 유지보수 서비스와 같은 계약 의무 및 회수나 최종 폐기와 같은 부가서비스 등을 포함한다.

7.3.3 설계 및 개발 출력

설계 및 개발 출력사항으로 포장 등 제품보존 요구사항을 고려할 필요가 있다.

7.5.4 고객재산

고객 재산은 지적소유권 뿐만 아니라, 개인정보도 포함한다.

7.6 모니터링 및 측정장비

의도된 적용을 만족시키기 위한 컴퓨터 소프트웨어의 능력에 대한 확인 방법이 명확해야 한다.

8.2.1 고객만족

고객만족 상태를 파악하기 위한 입력사항을 비고를 통해 더 자세히 예시하여 설명한다.

참고로 고객 인식의 모니터링에는 고객만족도 조사, 인도된 제품 품질에 대한 고객의 데이터, 사용자 의견조사, 사업손실 분석, 칭찬의 말, 보증 클레임, 판매업자보고서 와 같은 출처로부터 획득한 입력사항을 포함할 수 있다.

8.2.3 프로세스 모니터링 및 측정

프로세스에 대한 측정을 위하여 적절한 방법을 적용하여야 하며, 적절한 방법을 결정할 때 조직은 제품요구사항의 적합성과 품질경영시스템의 효과성에 대한 그 방법들의 영향에 관하여 프로세스 각각에 적절한 모니터링 또는 측정의 형태와 범위를 고려하는 것을 권장한다.

8.5.2 시정조치 8.5.3 예방조치

수행된 조치의 효과성 검토가 필요하다.

ISO 9001:2008 규격이 2008년 11월 13일에 개정됨에 따라 한국산업규격(KS)이 개정 공고(2009년 1월 21일) 되었다. 또한 산업표준화법 개정에 따라 기존의 KS A ISO 14001:2004 규격은 KS Q ISO 14001:2004로 변경 되었다.

2.5 ISO 9001:2000의 인증 요구사항

ISO 9001:2000의 인증 요구사항은 다음과 같다.

① **경영책임** : 회사의 경영자는 품질방침을 정하고 필요한 조직 자원을 갖추도록 요구하고 있으며, 회사 내 경영자 대리인을 선정하여 품질시스템을 정기적으로 검토해야 함.

② **품질 시스템** : 제품의 품질에 관련된 시스템을 구축하여 유지관리 해야 하며, 그 구체적 것은 회사의 실정에 맞게 설정함.

③ **계약 검토** : 고객과의 계약 시는 반드시 상호 계약사항을 검토한 후 계약 체결이 이루어지도록 함.

④ **설계 관리** : 고객의 요구사항 및 설계 단계별 검토, 검증들을 거쳐 설계를 하도록 하며, 회사가 100 % 설계를 거쳐 제품이 나오지 않는 한 이 항목은 ISO 9002에서 제외될 수 있음.

⑤ **문서 및 자료 관리** : 회사 내 모든 품질관련 문서는 제정, 개정들의 정해진 관리가 이루어져야하며, 특히 도면 등의 관리로 오작업, 기밀관리를 해야 함.

⑥ **구매관리** : 외주업체로부터 구매 시 정해진 절차에 따리 행하며 외주업체의 평가를 통하여 품질력이 있는 재료를 구매해야함

⑦ **고객지급품 관리**: 고객이 자기네 제품생산에 필요한 재료 또는 치공구를 제공해 주는 경우 업체는 이를 정해진 절차에 따라 관리해야 하며, 해당되지 않는 경우 적용치 않을 수 있음.

⑧ **제품식별 및 추적성 관리** : 제품을 식별하기 위한 방안을 강구하여 혼입 및 차후 원인을 추적할 수 있어야 함.

⑨ **공정관리**: 제품을 만드는 단계별로 관리해야 할 사항들을 추출하여 불량이 발생되지 않도록 관리를 해야 함.

⑩ **검사 및 시험** : 제품의 검사 또는 테스트를 실시하고 그 결과를 유지 관리해야함.

⑪ **측정 장비, 시험 장비 관리** : 제품의 성능을 체크하는 장비는 주기적으로 그 정확도 또는 성능을 확인, 즉 검교정을 실시하여 관리해야함.

⑫ **검사 및 시험 상태** : 제품의 검사 후에는 양품, 또는 비정상적인 제품 구분 표시를 하여 서로 섞이지 않도록 관리해야 함.

⑬ **부적합품 관리** : 문제가 있는 제품은 정해진 절차에 다라 처리를 하여 처분토록 함.

⑭ **시정 및 예방 조치** : 문제가 발생된 후에는 차후에 재발되지 않도록 시정 빛 예방조치 방안을 강구하여 실천토록 함.

⑮ **취급, 보관, 포장, 보존, 인도** : 제품을 취급하고 보관할 대는 품질에 영향을 주지 않도록 하는 방안을 강구해야 함.

⑯ **품질기록 관리** : 품질에 관련된 모든 기록 및 양식들은 보존 연한을 설정하여 잘 보관하도록 하고 있으며 이 경우 디스켓 보관 방법도 허용됨.

⑰ **내부품질 감사** : 이런 모든 시스템을 자체적으로 점검하고 필요시 시정조치 해야 함.

⑱ **교육 훈련** : 품질에 관련된 모든 인원은 필요한 교육훈련을 받아야 하며 교육훈련 내용은 자체적으로 필요한 사항이면 됨.

⑲ **부가서비스** : 부가서비스가 있는 경우, 이의 수행, 보고에 대한 절차를 정하고 시행해야함.

⑳ **통계적 기법** : 필요한 경우, 이 기법을 활용해야 함.

3. ISO 9000 시리즈의 인증절차와 효과

3.1 ISO 9000 시리즈의 인증효과

인증은 제품 혹은 서비스가 관련된 표준 혹은 기술규격에 모두 부합되어 제3자 기관의 인증을 받는 하나의 과정이다.

품질인증은 또 합격인증(conformity certification)이라고도 한다. 품질인증은 품질인증과 기관담당자들의 인정 2가지로 구성된다. 품질인증은 합격판정의 주체활동이며 제품인증과 품질경영체계인증 2가지내용이 있다. 제품인증은 또 합격인증과 안전인증이 포함되고 품질경영체계인증은 또 품질경영체계의 등록이라고 한다.

1993년 5월 합격인증위원회(CASCO: Committee on Conformity Assesement)는 품질경영체계의 등록을 "체계등록"이라고 지정하였다. 기관 인원 인증은 교정과 검증기관, 검사기관 혹은 심사기관, 인증기관, 검사원/심사원자격등의 인증이 포함된다. 심사원은 검증기관의 능력에 대한 검증을 실시하며 검사원은 심사받은 기업의 품질경영체계능력에 대한 검증을 실시한다. 기관인원의 인증은 하나의 지원적인 활동이라고 할 수 있다.

ISO 9000 시리즈는 국제 무역 거래에서 외적으로 구매자뿐만 아니라 공급자에게도 꼭 필요한 제도이다. 그의 효과를 살펴보면 다음과 같다.

① 제품이나 서비스의 매출액이 증가된다.
② 재작업이나 수리 등의 모든 불합리한 실패요소제거에 따른 이익이 증가된다.
③ 개별 구매자로부터의 중복된 평가를 줄인다.
④ 기업의 모든 절차가 관리된 상태로 되어 업무결과에 대한 신뢰성이 증가된다.
⑤ 기업 내의 모든 업무가 체계화, 문서화되어 기업의 노하우가 축적된다.

구매자에게는 안정된 품질의 제품을 구입하게 해주고 공급자에게는 품질보증 면에서 구매자가 요구하는 제품을 공급할 수 있으며 보다 생산성을 올릴 수 있고, 업무에 효율화를 가져 올 수 있다.

3.2 ISO 9000 시리즈의 인증절차

인증절차는 추진방식에 따라 다소 달라질 수 도 있을 뿐 아니라 지도위원의 지도 방식에서도 달라질 수 있으나 일반적으로 다음과 같은 절차에 따라 진행된다. [그림 11-7] ISO 9000인증 심사절차 참조.

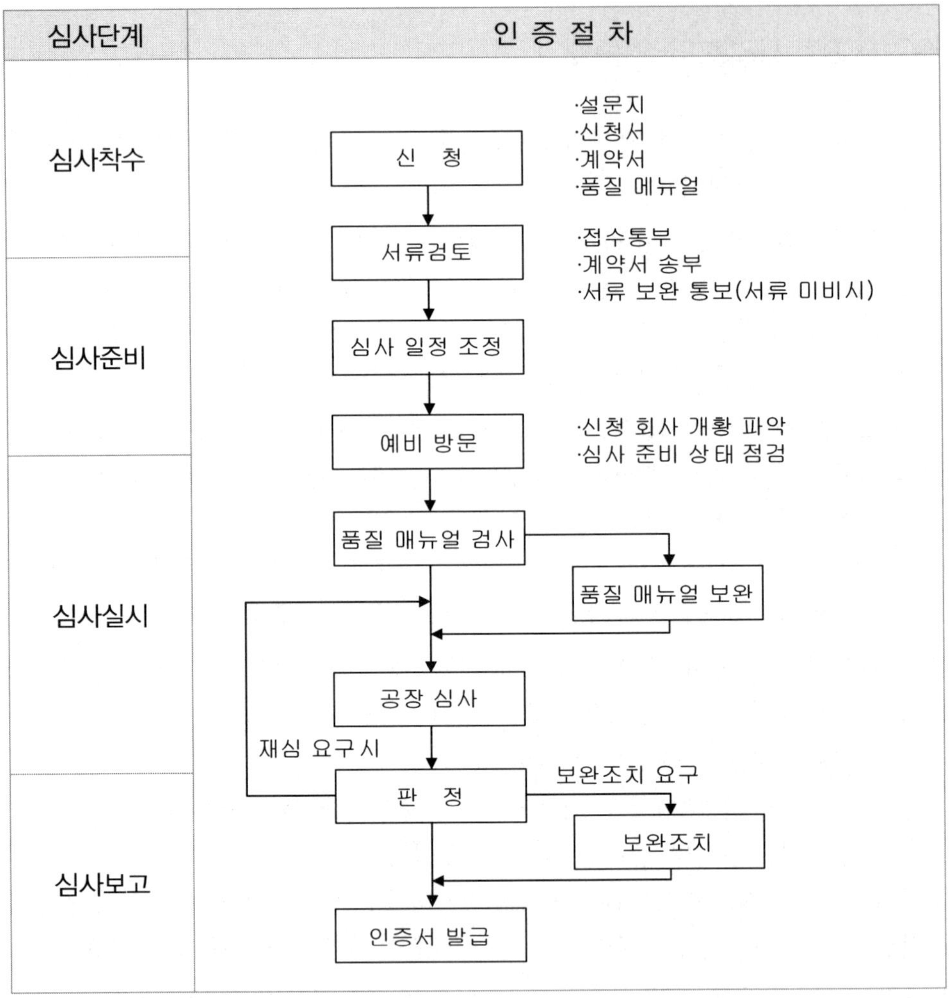

[그림 11-7] ISO 9000인증 심사절차

3.3 ISO 9000인증의 특징

ISO/IEC지침 2에서는 합격인증의 정의를 아래와 같이 정리하였다. 즉 충분히 신뢰할 수 있는 제 3자의 심사를 통해 제품 혹은 서비스가 특정표준 혹은 기술규격에 부합된다는 것을 인증하는 하나의 과정이다.

위와 같은 정의에 따라 아래와 같이 ISO 9000인증의 특징을 요약할 수 있다.

첫째, 인증의 기초는 표준 혹은 기술규격이다.

제품의 인증기초는 표준 혹은 기술규격이며, 품질경영체계인증의 기초는 ISO 9000 시리즈 규격이다.

둘째, 인증의 대상은 제품, 하드웨어, 소프트웨어, 흐름성재료 및 서비스도 포함된다.

셋째, 인증은 제3자가 진행한다.

여기서의 제3자는 공급자측과 수요자측의 소속관계 그리고 경제적인 이해관계 등 모두 무관한 인증기관 혹은 인증회사를 지칭한다.

넷째, 심사는 사실을 인증하는 방법이며, 사실에 대한 인증표현방법은 증서와 인증표기이다.

여기서 우리가 유의하여야 할 것은 국제관례의 규정에 따르면 품질경영체계에 대한 인증은 제품에 대한 인증을 대체할 수 없다는 것이다.

4. 시스템 인증

4.1 ISO 14000 시리즈

4.1.1 ISO 14000의 의의

ISO 14000은 1992년 국제표준화기구(ISO) 내에 환경경영 기술위원회(TC 207)가 설치되면 본격화되어 1996년 국제환경 경영체제 ISO가 제정되면서 1996년 환경감사규격(ISO 14010, 14011, 14012)을 제정 공표하였다. ISO14000은 환경경영체제, 환경심사, 환경성과평가 등은 조직의 환경경영에 대한 평가를 위한 표준이다.

환경경영인증제도는 국제환경보증 규격으로써 향후 실질적인 요구조건이 Green round의 실제로 생산 활동이 환경에 미치는 영향을 최소화하기 위하여 환경관리 체계와 관리결과를 평가하고 지속적인 발전에 기여하는 환경관리 기술에 지침을 정한 규격이다.

〈표 11-3〉 ISO 14001 환경경영시스템 모형

주요내용	ISO 시리즈	관련항목
중요한 환경측면	ISO 14040	제품의 환경성과 기술
설계 및 개발에서의 환경과 조화	ISO 14062	제품의 환경성과 개선
환경성과에 대한 의사소통	ISO 14020	제품의 환경측면에 대한 정보
환경성과에 대한 의사소통	ISO 14063	환경성과에 대한 의사소통
환경성과에 대한 모니터링	ISO 14030	조직의 환경성과 기술
시스템성과에 대한 모니터링	ISO 19011	환경경영 시스템의 성과에 대한 정보

ISO 14001에서 규정한 환경경영체제는 기업의 일부분으로서 기업 활동에 의해 발생할 수 있는 환경영향을 지속적으로 개선하기 위한 체계적 접근방법이다. 이와 같은 환경경영은 현황분석, 개선계획, 계획실행, 실행평가(PDCA)의 기본 모형으로 운영된다.

4.1.2 ISO 14000 핵심

4.1.2.1 결의 및 방침 설정

ISO 14000이 빠른 시일 내 기업경영에 필요한 시스템으로 정착하기 위하여 경영자의 결의를 바탕으로 환경방침을 제정한다. 환경방침은 기업 활동과 관련된 환경성과 개선과 천연자원의 보존 및 보호에 대한 조직의 결의를 공표한다.

4.1.2.2 목표 및 계획 수립

환경경영 방침을 달성하기 위하여 조직의 목표 및 세부적 환경경영추진계획을 수립한다. 목표수립과정에서 경영조직 활동의 전반을 목표에 반영한다.

4.1.2.3 실행 및 운영

수립된 계획을 추진하기 위하여 조직 구성원 전원에게 환경문제에 대한 인식과 실천기법을 교육훈련하고 환경경영을 추진한다.

4.1.2.4 측정 및 평가

계획단계에서 설정한 목표 및 세부기준을 조직이 달성하였는지를 측정하고 감사하고 평가한다.

4.1.2.5 검토 및 개선

경영전반에서 환경경영을 개선하고 실현할 수 있도록 최고경영자는 지원하고 지속적으로 개선하여 나갈 수 있도록 검토하고 이끌어 간다.

〈표 11-4〉 ISO 14001 도입효과

직접비 절감	간접비 절감
- 폐기물 관리 - Utility 관리 - 소모원자재 투입감소 - 유해물질 투입감소	- 환경관련 사고, 사건 감소 - 손해배상에 대한 책임 감소 - 생산손실 사고 감소 - 보험료 절감 - 임직원의 건강 및 안전
대외 이미지 개선	**대외무역장벽 극복**
- 고객요구사항 충족 - 지역사회 관계 증진 - 시장점유율 증가 - 투자촉구	- Green 상품에 대한 판매촉진 - 국제규제 장벽 극복

4.2 HACCP

4.2.1 HACCP의 의의

HACCP란 "Hazard Analysis Critical Control Points"의 머리글자로서, HA는 위해 가능성이 있는 요소를 찾아 분석 평가하는 것이며, CCP는 그 위해성을 제거하고 안전성을 확보하기 위하여 중점적으로 다루어야 할 관리점을 설정하여 사전에 예방하는 수단과 절차로 일명 "해썹"이라 부르며 식품의약품안전청에서는 이를 "식품위해요소중점관리기준"으로 번역하고 있다.

HACCP은 식품의 원재료 생산에서부터 제조, 가공, 보존, 유통단계를 거쳐 최종 소비자가 섭취하기 전까지의 각 단계에서 발생할 우려가 있는 위해요소를 규명하고, 이를 중점적으로 관리하기 위한 중요 관리점을 결정하여 자주적이며 체계적이고 효율적인 관리로 식품의 안전성(Safety), 건전성(Wholesomeness) 및 품질(Quality)을 확보하기 위한 과학적인 위생관리체계로써, 종전의 관리방식은 위해발생시 원인규명과 책임소재를 찾기가 어려운 실정이었으나, HACCP은 각 제조공정별로 위해 요인을 관리·기록하도록 함으로써 위해발생 요인과 책임소재를 명확하게 파악할 수 있어 Recall제도와 연계하여 가장 효과적인 식품의 안전성 확보수단으로 부각되고 있는 제도이다.

4.2.2 HACCP의 필요성

국제사회에서 지속적으로 대두되고 있는 식품안전사고를 사전에 예방할 수 있는 시스템으로 발전된 HACCP는 통상, 식품의 "위해요소중점관리기준"으로 표현되며 식품의 제조, 가공, 보관, 유통 등의 전 과정에서 발생 가능한 위해요소를 분석하여 중요관리점을 선정, 관리함으로 써 위해를 사전에 차단하는 예방체계이다.

최근 세계 각국은 식품의 안전성 확보를 위해 HACCP를 이미 도입하였거나 도입을 서두르고 있다. 미국, 캐나다, 유럽, 호주, 뉴질랜드, 싱가포르 등에서는 일부식품군 혹은 농, 축, 수산품에 대하여 HACCP적용을 의무화하고 있으며, 적용대상범위도 점차 확대되고 있는 추세이다.

더욱이 1993년 7월 CODEX(국제식품규격위원회) 제20차 총회에서 "HACCP 시스템의 적용지침"을 채택하여 각국에 HACCP 도입을 권고함에 따라 HACCP는 전 세계에 빠른 속도로 확산되고 있다.

국내에서는 1995년 HACCP가 도입되고 1996년 일부제품에 대한 관리기준을 고시함으로써 HACCP시스템의 적용체제를 구축하였으며 현재 희망업체의 신청에 따른 지정제도를 운영하고 있다.

최근 수입식육이나 냉동식품, 아이스크림류 등에서 살모넬라, 병원성대장균 O-157, 리스테리아, 캠필로박터 등의 식중독 세균이 빈번하게 검출되고 있으며, 농약이나 잔류수의약품, 항생물질, 중금속 및 화학물질(포장재가소제(DOP), 식물성 가수분해단백질(MCPD), 다이옥신 등)에 의한 위해발생도 광역화되고 있다. 그러므로 우리나라도 이들 위해요소에 대한 안전지대가 아니라는 우려가 확산되고 있으며, 식품의 위생안전성 확보에 대한 관심이 전 사회적으로 고조되어 가고 있다. 따라서 이들 위해요소를 효과적으로 제어할 수 있는 새로운 위생관리기법인 HACCP를 법적 근거에 따라 도입하여 적용하고 있거나 적용을 추진하고 있다.

더욱이 EU, 미국 등 각국에서는 이미 자국 내로 수입되는 몇몇 식품에 대하여 HACCP를 적용하도록 요구하고 있어, 일종의 무역장벽으로도 작용할 것이므로 수출경쟁력 확보를 위해서도 HACCP 도입이 절실히 요구되고 있는 실정이다.

HACCP 도입의 필요성을 간단히 요약하면 다음과 같다.

① 식품유통의 국제화로 국제적 기준에 대응한다.
② 유통점, 매장 등에서의 품질보증강화를 요구하고 있다.
③ 최종제품의 검사는 식품안정성에 대한 충분한 보증을 하지 못 한다.
④ HACCP은 정부가 사용하는 일반적인 식품안전성 검사 프로그램이다.
⑤ 안전한 식품을 기대하는 고객의 요구는 생활의 향상과 더불어 점점 높아지고 있다.
⑥ 안전한 식품에 대한 품질 입증 방법이다.
⑦ 자사의 차별화 및 기업 경쟁력을 확보하는 수단이다.
⑧ 유통구조를 개선하고 고품질 제품을 공급하기 위한 수단이다.
⑨ 제조물책임법 및 Recall제 시행에 따른 효과적 대응방안이다.

4.2.3 HACCP 원칙 및 절차

HACCP는 국제식품규격위원회(CODEX)에서 정한 다음의 7원칙 및 12절차에 따라 수행된다. 절차 1~5 는 원칙 1의 위해분석을 하기 위한 준비단계라 할 수 있다.

절차 1 : HACCP팀을 편성한다.
절차 2 : 제품의 특징을 기술한다.
절차 3 : 제품의 사용방법을 명확히 한다.
절차 4 : 제조공정흐름도를 작성한다.

절차 5 : 제조공정흐름도를 현장에서 확인한다.
절차 6(원칙1) : 위해분석(HA)을 실시한다.
절차 7(원칙2) : 중요관리점(CCP)을 결정한다.
절차 8(원칙3) : 관리기준(CL)을 결정한다.
절차 9(원칙4) : CCP에 대한 모니터링 방법을 설정한다.
절차10(원칙5) : 모니터링 결과 CCP가 관리상태의 위반 시 개선조치(CA)를 설정한다.
절차11(원칙6) : HACCP가 효과적으로 시행되는지를 검증하는 방법을 설정한다.
절차12(원칙7) : 이들 원칙 및 그 적용에 대한 문서화와 기록유지방법을 설정한다.

4.2.4 접근방법

HACCP의 실행을 위한 일반적인 접근방법은 다음과 같다.

- **HACCP팀 구성**: HACCP 시스템의 수립을 위한 프로젝트팀이 구성되어야 한다. 이에는 생산, 기술, 설계, 연구/개발, QA/QC부서의 대표자와 미생물전문가, 팀 리더 등이 포함된다.
- **자료수집**: 제품의 구성, 보관, 포장상태, 사용방법, 사용연령층 등을 나타내는 제품 대한 기술서, 생산의 공정흐름도등이 작성되어야 하며 이를 통해 제품 및 소비자에 대한 잠재적인 유해요소가 도출된다.
- **위험평가**: 생산공정의 각 단계와 도출된 유해요소와의 연관성을 파악한다. 각 단계별로 파악된 유해요소별로 발생가능성과 발생 시 결과의 심각성에 근거하여 위험을 평가한다. 식품안전을 위해 특별한 관리가 요구되는 중요관리점(CCPs)을 선정한다. 식품안전을 위한 일반관리사항(POA)과 HACCP보조프로그램 GMP, GLP, ISO등을 파악한다.
- **HACCP 시스템 이행**: 파악된 CCP 및 POA에 대한 관리가 수행되고 이행결과를 기록해야 한다. 관리한도를 초과한 CCP에 대한 시정조치절차가 수립되어야 한다.
- **감시(모니터링)시스템**: HACCP시스템이 효과적으로 이행되는지를 검증할 수 있는 시스템이 갖춰져야 한다. 예를 들어 내부감사, 제품품질의 검사 등 실패의 가능성이 가장 높은 순으로 감시가 집중될 필요가 있다. 그리고 경향분석을 통해 원인파악 및 적절한 대책이 수립되어야 한다.
- **지속적인 개선**: 시정조치를 통한 시스템의 지속적인 개선이 이루어져야 한다.

단계	내용
1단계	HACCP팀 구성
2단계	제품에 대한 기술
3단계	사용의도의 식별
4단계	공정도 작성
5단계	공정도 현장검증
6단계	모든 잠재요소 열거, 위해요소 분석 실시, 관리방법결정
7단계	중요 관리점 결정
8단계	각 CCP에서의 허용한도(CL) 설정
9단계	각 CCP에서의 모니터링 시스템 결정
10단계	발생할 수 있는 일탈에 대해 시정조치 설정
11단계	검증절차 설정
12단계	기록보관 및 문서화 시스템의 결정

[그림 11-8] HACCP 인증절차

4.2.5 주요 체크리스트

[성분]

① 식품이 미생물학적 위해(예: Salmonella, Staphylococcus aureus), 화학적 위해(예: aflatoxin, scombroid, 항생제 또는 잔류농약, ciguatera, PSP) 또는 물리적 위해(돌, 유리, 금속) 등이 존재할 수도 있는 성분을 함유하고 있는가?

② 식품의 제조 또는 취급 시 음용수가 사용되었는가?

[본질적인 요소]

물리적 특성과 성분(예 : pH, 산 처리제), 발효 탄수화물, 수분활성도, 가공전후에 사용되는 식품의 보존제

① 식품 안전성을 보장하기 위하여 반드시 관리되어야 하는 식품의 본질적인 요소는 무엇인가?

② 가공하는 동안 식품에 병원균(세균)이나 독소가 잔존 또는 증식 하는가?

③ 식품제조과정 동안 식품에 병원균이나 독소가 잔존 또는 증식할 수 있는가?
④ 시장에 유사한 제품이 있는가? 이러한 제품에 대한 안전성 기록은 무엇이 있었는가?

[공정에 사용된 절차]

① 병원성 미생물을 소멸시킬 수 있는 제조단계가 있는가?
② 제조과정(예 : 조리, 살균)과 포장 사이에 제품이 재 오염되는가?
③ 제조과정에 화학적 또는 물리적 위해를 제거할 수 있는 단계가 포함되는가?

[식품의 미생물]

① 식품이 살균되었나? (예: 저산성 통조림 식품)
② 식품이 생육할 수 있는 포자형성 또는 무포자 병원성 균을 함유할 가능성이 있는가?
③ 식품 내 통상적인 미생물 함량은 어느 정도인가?
④ 소비하기 전 식품을 저장하는 동안 미생물 균수가 변화하는가?
⑤ 식품의 안전성을 변화시키는 미생물 균수의 연속적인 변화가 있는가?

[시설 설계]

① 시설의 배치가 즉석 소비식품(ready-to-eat foods)에서 원재료를 적절하게 분리(분획)하도록 되었는가? 이것은 식품 안전성에 중요한가?
② 제품포장지역에서 적당한 공기압이 유지되는가? 이것은 제품의 안전성에 필수적인가?
③ 사람 및 움직일 수 있는 장비의 이동방법이 중요 오염원이 되는가?

[장비설계]

① 필수적인 시간-온도 관리에 가공장비가 제공될 것인가?
② 가공될 식품의 부피에 대하여 장비가 적절한 크기인가?
③ 제조과정 중에 기계 등 설비의 오차율로 인한 식품 안전성 위해를 방지키 위해 장비가 충분히 관리되는가?
④ 장비는 믿을 수 있나? 또는 자주 고장을 일으키는 경향이 있는가?
⑤ 장비는 청소될 수 있고 소독될 수 있도록 설계되었나?
⑥ 유리와 같은 유해한 물질로 인한 제품의 오염 가능성은 있는가?
⑦ 소비자의 안전성을 향상시키기 위해 사용되는 제품 안전성 장치는 무엇이 있는가?

- 금속 탐지기
- 자석
- 이동장비
- 여과기
- 망
- 온도계
- 탈골기
- 소지품 감지기

[포장]

① 포장법이 병원성 미생물의 증식이나 독소생성에 영향을 미치는가?
② 만약 제품의 안전을 위해 냉장이 필요하다면 포장에 "냉장보관"이 분명하게 표시되는가?
③ 소비자에 의한 식품의 안전한 취급 및 준비에 대한 지시가 포장에 표시되어 있는가?
④ 포장 재료가 미생물 오염의 유입을 방지할 수 있고 손상에 적절하게 견딜 수 있는가?
⑤ 개봉 흔적이 있는 포장법이 사용되었는가?
⑥ 각 포장과 상자는 읽기 쉽고 정확하게 코드화 되었는가?
⑦ 각각의 포장은 적당한 표시를 하였는가?

[위생]

① 위생이 제조되고 있는 식품의 안전성에 영향을 미치는가?
② 식품의 안전한 처리를 위해 시설이나 장비는 청결하고 위생적인가?
③ 식품의 안전성을 확보하기 위해 지속적이며 충분한 위생적 조건이 확보되었는가?

[종업원의 건강, 위생 및 교육]

① 종업원의 건강 또는 개인위생 규범이 가공되고 있는 식품의 안전성에 영향을 줄 수 있는가?
② 종업원들이 안전한 식품의 제조를 위하여 관리해야 하는 공정 및 요소를 이해하는가?
③ 종업원들은 식품의 안전에 영향을 미칠 수 있는 문제를 관리자에게 통보할 필요성을 이해하고 있는가?

[포장 후부터 사용 전까지의 저장조건]

① 식품이 잘못된 온도에서 부적절하게 저장될 가능성은 무엇인가?
② 저장을 적절하게 하지 않음으로써 미생물학적으로 불안전한 식품으로 만드는가?

[사용방법]

① 소비자에 의해 식품이 가열될 것인가?
② 남는 분량이 있을 것인가?

[대상 소비자]

① 일반적 소비자가 대상인가?
② 식품이 질병을 쉽게 일으킬 수 있는 사람들(예 : 소아, 노인, 허약자, 면역능력이 약한 사람)이 주 대상이 되는가?

4.3 ISO 22000

4.3.1 ISO 22000의 정의

식품을 취급하는 모든 취급단계에서 발생할 수 있는 위해요소를 효과적으로 관리하기 위하여 개발한 국제규격으로 식품공급사슬 내의 모든 이해관계자들이 적용할 수 있는 제도이다. ISO 22000은 기존의 HACCP이 가지는 지역성 및 규제중심의 강제성에서 식품산업의 식품안전관리를 품질경영시스템(ISO 9001)차원에서 접근한 국제표준화 규격이다.

[ISO 22000의 핵심 요구사항]

- 상호 의사소통(Interactive communication)
- 시스템 경영(System management)
- HACCP 원칙(HACCP principles)
- 선행요건 프로그램(Prerequisite program)

4.3.2 ISO 22000 구성

ISO 22000은 ISO 9001(품질경영시스템 요구사항)을 기본 틀로 하고 있으며, 제 7항에서 제품설계 대신 HACCP(원칙 12단계)을 모두 포함한 '안전한 제품의 기획 및 실현'에 대한 요구사항을 규정하고 있다.

〈표 11-5〉 ISO 9001과 ISO 22000의 비교

ISO 9001	ISO 22000
개요	개요
1. 적용범위	1. 적용범위
2. 인용규격	2. 인용규격
3. 용어 및 정의	3. 용어 및 정의
4. 품질경영시스템	4. 식품안전경영시스템
5. 경영책임	5. 경영책임
6. 자원관리	6. 자원관리
7. 제품실현	7. 안전한 제품의 기획 실현
8. 측정, 분석 및 개선	8. 식품안전경영시스템의 타당성 확인, 검증 및 개선

〈표 11-6〉 HACCP와 ISO 22000의 절차비교

원칙	HACCP 적용단계		ISO 22000:2005	
	- HACCP 팀 편성	1단계	7.3.2	식품안전팀
	- 제품기술	2단계	7.3.3 7.3.5.2	제품특성 프로세스단계 및 관리 수단기술
	- 의도하는 용도 확인	3단계	7.3.4	의도하는 용도
	- 흐름도 작성, 현장 확인	4단계 5단계	7.3.5.1	흐름도
원칙 1 위해요소분석	- 모든 잠재적 위해 요소 목록화 - 위해요소 분석 실시 - 관리 수단 고려	6단계	7.4 7.4.2 7.4.3 7.4.4	위해요소 분석 위해요소파악 및 허용가능 수준의 결정 위해요소 평가 관리수단의 선택 및 평가
원칙 2 중요관리점(CCPs) 결정	- CCPs 결정	7단계	7.6.2	중요관리점(CCPs) 파악
원칙 3 한계기준 수립	- 각CCP에 대한 한계 기준 수립	8단계	7.6.3	CCP의 한계기준 결정
원칙 4 모니터링시스템 수립	- 각 CCP에 대한 모니터링 - 시스템 수립	9단계	7.6.4	CCP의 모니터링시스템

원칙 5 특정 CCP의 한계 기준 초과시 시정 조치 설정	- 시정조치 설정	10단계	7.6.5	모니터링 결과 한계기준이 초과되었을 경우의 조치
원칙 6 HACCP시스템 검증절차 수립	- 검증절차 수립	11단계	7.8	검증기획
원칙 7 절차 및 기록에 대한 문서화	- 문서화 및 기록관리 절차수립	12단계	4.2 7.7	문서화 요구사항 예비정보 및 선행요건 프로그램과 HACCP계획을 규정한 문서의 갱신

CCP : 위해성 제거 및 안전 확보의 중점 관리점

〈표 11-6〉 HACCP와 ISO 22000의 주요 내용 비교

HACCP	ISO 22000
정부 주도 중심 + 민간	민간 주도
규제중심 정부중심의 강제성/민간의 참여	자율성 고객만족중심-자율성
지역성 - 국가별 해석	통용성 - 범세계성
12절차 7원칙	객관적 규격
부가적 프로그램 필요	포괄적, 효율적
경직성	유연성, 개방성
체적 접근 - How, 제품별	시스템적 접근 - What,목표

4.4 TS 16949

4.4.1 TS 16949의 의의

ISO와 IATF(International automotive task force)가 작성한 IATF는 미국의 자동차 메이커(다임러 크라이슬러, GM, 포드)와 유럽 자동차 메이커(푸조, 르노, 폭스바겐, 피아트, BMW 등)들의 자동차 협회 등이 참여하여 결선된 규정으로 자동차관련 품질 시스템 요구사항으로 미국과 유럽을 통합하는 글로벌 규격이다.

4.4.2 TS 16949의 특징

자동차 부품업체로서 자동차 산업에 필요한 품질보증 시스템도입의 필요성 나타남에 따라 제정된 규정은 다음과 같은 특징이 있다.

① 제품 및 고정 품질 개선

② 국제간 무역에서의 신뢰감 확보

③ 품질 개선을 위한 공급자의 자원 재 배분으로 공급자와 외주업체간의 공급체계에서 공통의 품질 시스템적 접근과 일관성 유지

④ 자동차 관련 산업에서 유럽과 미국을 거래하는 기업의 단일심사로 고객의 요구사항을 만족

4.4.3 TS 16949 인증효과

국제화된 ISO/TS 16949 자동차산업품질시스템을 기업이 도입함으로써 다음의 효과 및 효율성 증대를 기대할 수 있다(korex.net).

① TS 16949 규격을 통한 자동차산업 품질시스템에 대한 전사적 마인드 조성

② 자동차 부품업계에 맞는 시스템 구축으로 업무의 체계 정립 및 효율적 운영가능

③ 모기업의 협력업체 평가에 사전 대응 가능

④ 구매 및 자재관리 체계화로 과잉재고 및 결품 방지

⑤ 품질문제의 체계적 접근으로 품질문제의 지속적 감소

⑥ 통계적 공정관리 도입으로 공정에서 사전에 문제 해결

⑦ 설계변경 및 도면관리의 시스템화로 과잉발주, 결품, 과잉재고, 불용재고, 불량 발생 등을 사전에 예방

⑧ 대외 신뢰도 향상 효과

〈표 11-7〉 QS-9000과 TS 16949 비교

구 분	TS 16949	QS 9000	비 고
채택사	포드, GM, 다임러크라이슬러, BMW, 푸조-시애트론, 피아트, 르노, 폭스바겐, 미쓰비시 등	포드, GM, 다임러크라이슬러	Big3외 유럽의 주요 자동차가 채택함
인증기관지정	IATF가 직접 인증기관지정	각국 인정기관에서 인증기관 지정	TS16949의 경우 IATF가 인증기관 직접승인 및 감독함으로써 세계 자동차 메이커와의 연계성 강화
Base	ISO 9001: 2000	ISO 9001: 1994	▶ IATF와 TC176의 협력 - ISO 9001:2000개발에 참여 - TS 16949자동차 분야 - 규격과의 조화 - 자동차 부문 공급자의 품질시스템 요구 사항의 기본으로 ISO 9001 채택
접근방법	Process Approach 강조Process 접근법에 따른 시스템의 효과성 및 효율적 운영을 중시	문서화된 절차 강조요건 각 조항별로 문서화된 절차 요구	
주요개정내용	내부고객 동기부여 및 만족도 측정		
	개발과정관리로 APAQ[2] 또는 프로젝트 관리 적용	공정설계	
	공정설계 입력자료 파악/검토/문서화		
	회사가 기록 보유기간 결정 기록	보유기간(1,3년 및 Active + 1년)	
	시스템 감사, 공정감사, 제품감사로 구분	내부감사	
	직무교육훈련추가(신입/보직 변경시)	교육훈련	
목표	규정된 목표달성을 위해 프로세스를 설계하고 지속적으로 측정, 검토, 개선	요건을 기준으로 한 일련의 과업중심(System 성과 ≠ 경영목표달성)	
목적	프로세스는 출력(Output) 달성	절차는 과업의 완수	
초점	프로세스는 이해관계자의 만족	절차는 규칙준수	
범위	모든 프로세스와 기능을 품질경영시스템에 포함	고객주문과 직접 관계된 기능만을 품질경영시스템에 포함	
실행	품질경영 8원칙에 의해 사업과의 연관성 및 목표 달성도를 점검	품질 목표 달성보다 절차 준수	
문서화	프로세스 중심의 문서화	기능 중심의 문서화	

4.5 TL 9000

4.5.1 TL 9000의 의의

QUEST(Quality excellence for suppliers telecommunications form)에서 1998년 세계 통신 업계의 공급망의 품질 요구 사항을 충족하기 위해 TL9000 품질경영시스템을 개발했다. ISO 9001:2000 표준을 기반으로 TL 9000 요구사항은 이동 통신의 특정 요구 사항을 추가하였다.

TL 9000은 공급 사슬의 모든 분야의 품질이 일관성 있게 제공되어야 하며, 구매자와 공급자 그리고 서비스 제공자가 함께 급속한 기술 변화에 적응하고 고객의 욕구를 충족시켜주는 시스템이다.

4.5.2 TL 9000인증효과

① 서비스에 대한 지속적 개선
② 단일 비용 및 성과중심의 성과 지표
③ 고객과 공급자간의 관계 증진
④ 비용절감 및 효율성 증진
⑤ 품질시스템 요구사항의 표준화
⑥ 공급자 성과 증진
⑦ 내부감사 및 현장 방문의 효율적 운영
⑧ TL9000성과 지표를 이용한 업계 벤치마킹(korex.net).

[TL 9000 인증분야]

TL 9000-HW : 하드웨어 부문
TL 9000-SW : 소프트웨어 부문
TL 9000-SC : 서비스 부문

---

2) APAQ(Advanced product quality planning : 사전제품 품질계획) 고객이 만족하는 제품 개발을 보장하기 위해 신제품 개발단계별로 해야 할 일을 구체적으로 기술한 지침서이다.
① 고객, 공급자, 외주업체간 제품개발 업무에 대한 의사소통
② 신제품 개발업무가 모든 단계별로 정시에 완료됨을 보장하기 위한 목적을 가지고 있다.
APQP는 미국 Big 3社(GM, Ford, Chrysler)에 의해 개발된 내·외부 공급자 및 협력업체를 위한 공통지침으로 제품이 고객을 만족한다는 것을 보증하는데 필요한 단계를 정의하고, 확립하는 체계화된 방법이며 공급자들의 설계에서 제조과정까지 일정에 의해 해당 기법을 적용하도록 하고 있다.

4.5.3 TL 9000 특징

ISO 9000(특히 ISO 9001)을 그대로 활용하면서 이를 보완하는 차원에서 통신산업의 다음과 같은 요구사항을 추가하였다(korex.net).

ISO 90001의 제반 요구사항을 검토한 후 다음의 분야에 대한 사항이 보완되어야 할 필요성 이 제시 되었다.

① 신뢰도와 관련 비용
② S/W 개발과 life-cycle 경영
③ 설치(installation)나 엔지니어링(engineering)과 같은 특정서비스 기능에 대한 사항
④ 통신서비스 제공자와 기기 공급자간의 독특한 관계의 지속과 추가 개발을 보증하기 위한 사항

또한 실적과 비용(performance and cost)에 근거한 메트릭스(metrics) 제안 메트릭스에 대한 요구사항은 TL 9000의 가장 독특한 사항이다. 이 메트릭스를 이용하여 다음과 같은 결과를 얻을 수 있다.

① 새로운 품질 시스템을 적용함으로써 얻어지는 이익을 정량화 할 수 있다.
② 품질개선이 이루어지는 정도를 평가할 수 있게 된다.
③ 경제적 효과가 가장 큰 품질개선 분야를 파악할 수 있게 된다.
④ 산업 내에서의 경쟁적 위치를 알 수 있게 된다.
⑤ 이 메트릭스를 통해 품질활동을 경영활동과 연계시킬 수 있게 된다.
⑥ 회사의 경영층은 품질경영시스템에 대한 이해 및 지원을 전략적으로 추구할 수 있게 된다.

메트릭스 수치보고(reporting)를 통한 효과는 다음과 같다.

① 메트릭스에 대한 통계수치를 제공함으로써 기기 공급자들은 그들이 통신산업 내에 처한 위치를 알게 된다.
② 서비스 공급자들은 기기 공급자들의 품질노력이 어떠한 곳에 집중되는지를 파악할 수 있게 된다.
③ 이러한 보고된 수치 값을 바탕으로 서비스 제공자와 기기공급자간에 공동으로 문제를 해결하는 노력을 증진시켜 문제를 좀 더 빨리 파악하고 해결책을 찾는데 공동보조를 취할 수 있도록 하였다.

4.6 OSAS 18000

4.6.1 OSAS 18000의 의의

직장안전 및 보건 경영시스템은 종전의 안전관리자 중심의 안전활동에서 최고 경영자 및 모든 조직원 및 이해관계자가 참여하는 활동으로 전환하여 사업장 활동에서 발생할 수 있는 위험을 사전예측, 예방하여 조직원의 안전 보건과 건강을 지켜 궁극적으로 기업의 이윤창출과 조직원의 안전을 체계적으로 관리하는 시스템이다. 산업체에서의 직장안전 보건 경영시스템을 체계적으로 도입하도록 제정된 OHSAS 18000(Occupational Health and Safety Assessment Series)은 직장안전 보건 경영 시스템 심사 기준 및 안내지침으로 기업의 산업보건 및 안전활동의 성과를 향상시키는 체계적이고, 효과적인 시스템일 뿐만 아니라, ISO 9001, ISO 14001 등의 시스템과 통합적으로 운영될 수 있는 방향을 제시하고 있다.

기업의 재해률이 지속적으로 증가하고 있으며 국제노동기구(ILO)의 산업재해통계를 기준으로 볼 때 노동후진국에 속하고 있으며 정부는 일정한 산업안전기준 미달기업 또는 재해다발 기업 등에 대한 입찰제한, 영업중지, 보험료 차등부과, 경영자책임 등 규제가 한 층 강화되고, 재해로 인한 직접손실비용과 간접손실비용의 절감 및 기업은 장기적 손실관리 측면에서 안전보건에 투자를 하여 노동력을 보호하고 재해손실을 줄임으로서 국가나 국제사회로부터 신뢰감을 확보하여 기업을 안정적으로 성장시키며 기업의 내재가치를 향상시키기 위하여 제정된 규정이다.

4.6.2 OHSAS 18000의 시스템 구축

OHSAS 18001:1999규격은 ISO 9000:2000 품질경영시스템 및 ISO 14001 환경경영시스템과 동일한 PDCA 사이클의 원칙으로 구성되어 있다. 특히 OHSAS 18001과 ISO 14001은 일정형태의 위험성평가를 실시하고 식별된 위험을 관리해 나가는 점이 유사하며 차이점은 안전경영시스템 붕괴로 인한 사고 시 사업장내의 종업원이나 계약자에게 직접적인 유해를 입히는 반면 환경경영시스템의 붕괴 시에는 조직과 직접 관련되지 않는 사업장 외부의 인원에 영향을 미친다는 점이다. 이점에서 OHSAS 18001에서는 안전위해성분석에 필요한 실태분석 및 위해성 분석기법의 적용이 강조되고 있다.

OHSAS 18001에 따른 시스템은 기업의 경영자가 회사의 안전보건에 관한 방침을 수립하고, 이를 이행하기 위한 목표와 세부목표를 수립함과 동시에 조직의 업무분장, 책임과 권한부여, 세부절차와 지침을 수립해 모든 종업원이 각자에게 부여된 책임과 권한,

업무지침에 따라 업무를 수행토록하며, 경영자가 주기적으로 안전보건경영방침 및 목표에 대한 실행결과를 점검해 지속적인 안전보건개선을 유도하는 체계이며 방침수립, 책임과 역할, 내부감사, 경영검토, 문서 및 기록관리 등은 ISO 9000:2000 및 ISO 14001과 동일하다(korex.net).

〈표 11-8〉 직장안전보건 경영시스템 요소

일반요건	· 직장 안전보건경영방침 · 계획 위험요인파악, 위험성평가 및 관리의 계획 · 법규 및 그 밖의 요건
목 표	· 직장 안전보건경영방침 · 직장안전보건경영 추진계획 · 실행 및 운영 구조 및 책임 · 훈련, 인식 및 자격 · 협의 및 의사소통 · 문서화 · 문서 및 데이터관리 · 운영관리 · 비상사태 대비 및 대응
점검 및 시정조치	· 성과 측정 및 모니터링 · 사고, 사건, 부적합 사항, 시정 및 예방조치 · 기록 및 기록관리 · 감사
경영자 검토	

4.6.3 안전경영시스템인증의 효과

안전경영시스템을 도입하고 인증을 취득한 기업은 조직운영에 있어서 다음과 같은 유·무형의 효과를 기대 할 수 있다.

① 사업장 자율안전보건관리체제의 조속한 구축 및 지속적 개선 추구한다.
② 기업위험을 정량적으로 평가하여 효과적인 안전보건관리를 추진한다.
③ 재해율, 작업손실율 감소 등으로 재해보상액감소, 생산성향상, 근로자 복지개선 등에 기여한다.
④ 포괄적 이해관계자에 대한 공신력 확보 및 사회적 이미지를 제고한다.
⑤ 안전부문의 무역장벽 해소를 통한 수출력 증대한다.
⑥ 현장 환경개선에 따른 불량률 감소한다.
⑦ ISO 9000 및 ISO 14000과 함께 통합시스템구축과 최적화 가능하다.
⑧ 전 계층의 안전경영시스템참여로 인한 노사관계 안정에 기여 한다.

연 습 문 제

1. ISO(국제표준화기구)에 대하여 설명하라.

2. ISO 인증절차에 대하여 설명하라.

3. ISO 인증 효과에 대하여 설명하라.

4. 환경인증제도를 비교하고 설명하라.

5. 보건안전인증제도를 비교하고 설명하라.

6. 자동차 및 전자산업인증제도를 비교하고 설명하라.

제12장

서비스품질경영

가속화되는 국제화 속에서 기업이 국제화 환경에 알맞은 서비스품질을 개발하여야 한다. 이와 같은 서비스품질의 향상은 조직의 가치를 증대시키고 고객만족도를 높일 수 있다. 또한 산업의 고도화는 생산시스템과 서비스품질을 접목한 경영환경으로 변화시키고 있다. 따라서 본장에서는 서비스품질경영에 대하여 논하자고 하였다.

1. 서비스 경영의 이해

1.1 서비스의 특성

서비스에 대한 정의는 다양하지만 모두가 무형성과 동시소모성의 공통된 특징을 가지고 있다. 서비스는 전통적사고의 한계인 봉사, 친절 등의 추상적인 한계를 벗어나 눈에 보이지 않는 아름다움의 창조와 같은 무형적이면서도 인간의 삶의 질을 향상 시켜주는 것이다. 따라서 서비스는 기업의 사명, 기업의 목표 또는 기업의 정신으로 승화 시켜야만 한다.

일반적으로 서비스의 특성은 무형성, 비분리성, 변화성, 소멸가능성으로 분류한다. 서비스는 기본시설과 보조용품을 이용한 명시적이고 묵시적인 패키지로서 다중적인 차원의 서비스 프로세스를 개방적인 관점에서 만들어져야 한다. 서비스의 일반적 특징을 분류하면 다음과 같다.

1.1.1 무형의 활동

제품은 그 자체가 고객의 욕구를 만족시켜주나 서비스는 서비스의 주체인 서비스 제공자와 고객 간의 접점에서 그 특성이 나타난다. 따라서 서비스는 서비스를 제공하는 고객접점의 제공자의 능력에 의존하기 때문에 인간미가 중요시 되며 서비스 제공자의 능력에 따라 달라지므로 프로세스화하여 고객에게 믿음을 제공하여야 한다.

따라서 구매자는 서비스제공자에게 믿음을 가져야 하는데 고객들의 신뢰를 개선하기 위하여 서비스제공자들은 다음과 같은 방안을 선택할 수 있다(임종만 외, 2003).

첫째, 그들은 서비스의 구체성과 유형성 증대를 위해 노력해야 한다. 헤어스타일리스트나 뷰티 카운슬러는 고객이 퍼머나 기타 원하는 서비스를 받은 후 기대할 수 있는 고객의 외모나 스타일을 가늠할 수 있게 사진 또는 컴퓨터 그래픽을 통해 제시할 수 있다.

둘째, 서비스제공자들은 단순히 그 특징을 묘사하기보다는 서비스 혜택을 강조할 수 있다. 예를 들어, 치과의사는 치열교정의 기술적 단계를 설명하기보다는 교정 후 그가 얼마나 아름다운 미소를 가질 수 있는지 말해준다. 헤어디자이너도 마찬가지다. 머리를 아름다운 모양으로 만들어 줌과 동시에 유지하고 만지는 비결을 알려주고 그 편의성과 시간절약에 대한 다른 혜택도 함께 제공한다.

셋째, 신뢰를 증대시키기 위해 자신의 서비스에 대해 상표명을 개발할 수 있다. 머릿결을 보호하며 퍼머를 할 수 있다는 산소퍼머나 곱슬머리라도 마술처럼 펴준다는 매직스트레이트 등은 말만으로도 고객에게 효과성과 신뢰를 주고 있다.

넷째, 서비스제공자들은 서비스에 대한 신뢰성을 창출하기 위해 저명인사를 이용할 수 있다. 가장 대표적인 저명인사, 특히 연예인을 많이 이용한 마케팅이다.

1.1.2 동시 소비성

상품은 생산과 소비가 분리되어 생산 이후 판매되고 나중에 소비되는 과정이 있다. 제품이 생산되면서 서비스도 함께 생산되고 있지만 일반적으로 서비스는 제공자와 소비자의 접촉에서 발생된다. 즉, 서비스는 제품과 같이 포장되어 있다가 고객이 필요로 할 때 제공될 수는 없다. 따라서 서비스는 최적의 프로세스를 개발하여 고객에게 만족을 제공하기도 한다. 이는 생산과 소비가 동일 장소에서 이루어짐을 의미한다.

서비스는 공급자와 수요자의 접점에서 발생됨으로 매우 중요한 의미를 갖는다. 예를 들면 e-서비스를 받기위하여 컴퓨터라는 제품을 구매하여야 한다. e-서비스는 무형의 서비스이지만 컴퓨터 구매는 유형의 서비스이다. 여기서 컴퓨터라는 제품을 구매하기까지는 제품과 서비스가 공존하여 판매되고 있다. 고객이 컴퓨터를 구매하기 위하여 매장을 방문하였을 때 유형의 제품인 컴퓨터 외에도 매장의 분위기와 청결함 그리고 직원의 친절함을 함께 구매하는 것이다.

1.1.3 다양성

제품 생산은 일정한 품질의 원료를 공급하면 동일한 제품을 생산할 수 있으나 서비스는 소비자의 접점에서 제공자에 따라 다양하게 나타난다. 이는 소비자의 환경, 욕구, 문화, 등에 따라 다양한 주문을 원하기 때문이며, 서비스를 제공하는 제공자 역시 개인의 성격, 기분, 업무 처리 능력 등에 따라 다양하게 나타난다. 따라서 누가 제공하느냐에 따라 서비스는 달라진다.

1.1.4 즉흥성

고객에게 제공된 서비스는 서비스 제공자에게는 제품이지만 고객에게는 만족과 불만족의 경험이 된다. 서비스는 고객만족을 목표로 하기 때문에 잘 훈련된 직원의 자질에 따라 결과가 다르게 나타난다. 따라서 기업의 성공여부는 인적 자원관리가 중요한 역할을 한다.

1.1.5 소멸성

제품은 재고를 보유하면서 반복 판매가 가능하지만 서비스는 고객이 구매 후 보관 저장하여 추후에 사용할 수가 없다. 서비스는 수요가 안정적이지 못할 때 대처능력이 없으면 고객은 떠나게 된다. 따라서 예약제도와 같은 고객과의 사전약속으로 서비스의 수요에 대처하는 방법도 있다.

예를 들면 고속철도와 같이 시간과 좌석은 제한되어 있어 출발 직전까지 판매하지 못하면 소멸된다. 이러한 과잉 생산은 기업의 손실로 전환되며, 수요가 충족하지 못할 경우 소비자의 인지된 이미지 하락 등에 의하여 기업의 이미지와 기회이익을 잃게 된다.

〈표 12-1〉 제품과 서비스 차이

요소	제품	서비스
형체	유형적	무형적
생산과 소비의 분리여부	분리됨	생산과 소비가 동시 발생
유통과정	유통경로 있음	소비자가 직접 제공 현장에 와야 함
상품의 성질	동질성 유지 및 표준화 용이	다양하며 표준화가 어려움
재고저장	가능	불가능
소유권 이전	가능	불가능
고객참여	간접 참여	직접 참여
수요와 공급의 탄력성	수요와 공급이 비탄력적	수요는 탄력적이나 공급은 비탄력적
생산방식	계획, 대량생산이 가능하고 기계의 의존성이 높음	주문생산이며, 인적 의존성이 높음
생산비용	고정비 보다는 변동비가 높음	변동비 보다는 인건비 등의 고정비가 높음
판매방식	사전 설명이 가능하고 구체적이며 진열판매 가능	사전 설명이 어렵고 비구체적이며 진열판매 불가능
품질 및 가격평가	객관적	주관적
가격 차별화	불가능·동일 제품에는 구매시기와 구매자의 구분 없이 동일적용	가능-구매시기와 구매자에 따라 차별화 가능
연구개발 초점	물적 품질	인적 서비스

자료 : 이정학, 『서비스경영』, 기문사, 2000.

1.2 서비스의 분류

슈메너(Schmenner)는 서비스 프로세스 매트릭스를 노동집약도와 고객과의 상호작용 정도에 따라 분류하였다. 분류기준은 서비스공장, 서비스 숍, 대량 서비스, 전문 서비스로 분류하고 있다. 서비스 개념은 모든 서비스 조직에 적용된다. 따라서 서비스 경영은 모든 산업에서 공통적으로 적용된다.

		상호 작용과 고객화의 정도	
		낮다	높다
노동집약도의 정도	낮다	**서비스 공장** • 항공사 • 화물트럭 회사 • 호텔 • 휴양시설	**서비스 숍(shop)** • 병원 • 자동차 정비소 • 기타 정비회사
	높다	**대량 서비스** • 소매점 • 도매점 • 학교 • 상업은행의 소매 측면	**전문 서비스** • 의사 • 변호사 • 회계사 • 건축가

자료 : 서비스경영연구회 편역, 「서비스경영」, 한경사, 2002.

[그림 12-1] 서비스 프로세스 매트릭스

또한 우리나라의 서비스산업의 분류는 표준산업분류에 의하여 분류된다. 보통 대 분류에서 3차 산업에 속하는 산업에 종사하는 직업을 말한다. 3차 산업(서비스업)으로는 방송업, 투자 자문업, 리스업, 소프트웨어 개발, 신용카트업, 경호업 등이 분류에 포함된다.

이정학(2001)의 상품체계에 의한 서비스의 분류로 제품과 서비스를 더욱 세분화하면 제품의 경우 순수제품과 제품을 팔기 위해 서비스가 수반되는 제품위주로 나눌 수 있으며, 서비스의 경우에도 순수 서비스와 유형의 제품이기는 하지만 서비스가 비중이 높은 서비스위주 상품으로 나눌 수 있다. 순수제품과 제품위주의 상품을 생산하는 업체를 제조업이라고 하며, 순수 서비스와 서비스위주의 상품을 취급하는 업체를 서비스업이라고 정의할 수 있다.

여기서 제품과 서비스의 기준, 순수 서비스와 서비스위주의 상품을 어떻게 구별할 것인가에 대해서 논란이 생길 수 있다. 이에 대한 기준을 다음과 같이 정의하고자 한다.

1.2.1 순수제품

제조업체에서 생산하는 유형제로서 서비스가 수반되지 않는 경우이다. 예를 들면 칫솔, 치약, 비누 등의 소비재와 철강 등의 산업재를 들 수 있다.

1.2.2 제품위주

제조업체에서 생산하는 유형제이지만 서비스가 수반되는 경우이다. 즉, 공장에서 기계에 의하여 대량생산된 제품이 유통과정을 거쳐 소비자에게 전달된 후 사후 서비스가 부가되는 경우이다. 예를 들면 자동차, 컴퓨터, 복사기, 가전제품 등을 들 수 있다.

1.2.3 순수 서비스

소비자가 어떠한 유형의 제품을 획득하지 못하고 편익만 제공받는 경우이다. 편익의 종류는 시설, 인적, 지식, 정보, 유통, 기타 편익으로 나눌 수 있다. 예를 들면 시설의 편익 서비스는 숙박업, 운수업, 헬스센터 등, 인적 편익 서비스는 의료서비스, 여행사, 가사대행 등, 지식 서비스는 컨설팅, 법률, 교육 등, 유통 서비스는 백화점, 할인점, 도소매점 등, 기타로는 금융, 오락, 방송, 공공기관 등을 들 수 있다.

1.2.4 서비스위주

서비스는 제조업처럼 기계에 의하여 대량생산을 하고 유통과정을 거쳐 판매하는 것이 아니라 소비자가 생산 현장에 와서 주문을 하고 그것을 인적 노동에 의하여 생산한 다음 소비자에게 직접 판매하는 경우이다. 즉, 유형의 제품을 만들어 제공하지만 반드시 인적 서비스가 수반되고 그 비중이 높은 경우 이다. 예를 들면 레스토랑에서 판매하는 음식은 유형재이지만 상품의 가치는 브랜드, 종업원의 친절, 포장, 맛, 진열, 내부 시설, 분위기 등의 서비스가 70%차지하고, 주문식 옷의 경우 옷감의 재료보다는 디자인, 재단 등의 인적 서비스가 차지하는 비율이 높으므로 이들 업체는 서비스위주의 상품이라고 할 수 있다.

2. 경영쟁우위의 서비스 전략

2.1 서비스 경쟁의 우위 확보전략

최근 신경제는 정보 흐름을 개방(예로 인터넷, 매스미디어 등)되어 공급자나 고객이 입수할 수 있는 정보량을 증가시킴으로써 활발한 경쟁이 전개되는 글로벌 규모의 시장을 창출하고 있다. 이와 같은 환경 하에서 서비스 경쟁우위를 확보하기 위한 전략은 다음과 같다.

2.1.1 신 경제 하에서도 지속적 경쟁 우위의 달성은 가능함

일반적으로, 신경제 하에서는 상황의 변화가 너무 빠르기 때문에 지속적 경쟁 우위를 달성하는 것은 불가능하다고 인식하는 경향이 있으며, 이러한 환경 하에서는 경쟁 우위를 실현했다 하더라도 단기간에 사라져 버린다.

2.1.2 희귀성과 모방불가 능력 확보

지속적 경쟁 우위를 좌우하는 요인은 소속된 업계의 특질이 아니라 그 기업이 업계에 제공하는 능력이다. 기업 전략의 일환으로 이러한 종류의 능력을 개발하기 위해 적절하게 조직이 편성되어 있는 기업은 지속적 경쟁 우위를 달성할 수 있다.

2.2 고객확보 전략

단골고객이 된다는 것은 고객은 더 많은 편의를 제공 받고, 서비스 기업은 고객관리에 유리한 이점에 이르게 된다. 단골고객은 소비자가 받는 품질, 만족, 편익 등에서 경쟁기업보다 우수하다고 판단하기 때문이다. 많은 소비자들은 삶의 질을 향상시키고자하기 때문에 서비스 프로세스 내에서도 우월한 위치에 있기를 바란다. 또한 고객과 장기적인 관계를 유지하기 위하여 단골고객 지원 시스템을 개척하고 유지함으로서 서비스 기업 이익과 연계될 수 있다.

소비자 또한 단골고객으로 머물면서 특화된 서비스, 자기만의 우월한 서비스를 받기를 원하고 있다. 이와 같이 고객을 확보하기 위한 방안은 다음과 같다.

2.2.1 이용가능성

서비스에 쉽게 접근이 가능한 것을 말한다. 은행의 경우 은행서비스를 받기 위하여 창구에 도달하기 직전 입구에 자동화기기를 설치하여 은행업무 시간대와는 상관없이 서비스를 이용할 수 있게 되어있어 고객을 쉽게 접근토록 유도하였다.

2.2.2 편리성

고객의 이동 편리성에 따라 서비스를 제공하는 위치를 설정하여야 한다. 대형 마켓의 경우 한곳에서 다양한 상품을 구매할 수 있도록 서비스를 제공하여 고객이 품목 마다 점포를 이동하는 불편과 시간적 낭비를 해소하고 있다. 이러한 대형 마켓은 도심의 번화가 보다는 주차공간이 편한 외곽지역도 가능하다.

서비스를 제공하는 품목에 따라 고객 이동의 편의성을 고려하여 위치를 선정한다.

2.2.3 믿음

약속한 서비스를 정확하게 제공되는 능력으로 약속한 배달 서비스, 문제해결 능력, 정확성 등 고객과 약속한 내용을 철저히 이행하는 것이다.

2.2.4 단골 고객화

소비자는 항상 남들보다 우월한 서비스를 받기를 원하고 있다. 호텔의 경우 VIP 대우를 하여주는 경우와 자동차 수리점의 경우 자주 이용하는 고객에게 정기점검 일정을 알려주어 우수고객임을 인지시켜주는 것이다.

2.2.5 가격

서비스 경우 가격을 전략을 통하여 수요와 공급의 균형을 이루는 것은 쉽지 않다. 예를 들어 자주 출장은 다니는 출장자들에게 호텔의 계절적 비수기에 할인은 별로 호응을 얻지 못한다. 그러나 가족단위로 고급호텔에서 여행을 하고 싶은 경우 겨울철 비수기에 할인하여 주는 것은 효율적일 수 있다. 서비스에서 가격할인은 품질의 저하를 인식할 수 있다.

2.2.6 서비스품질

서비스품질은 고객의 기대서비스와 인지서비스의 갭에서 발생한다. 고객의 기대서비스와 인지서비스는 고객의 인식의 차이에 따라 다르게 나타난다.

2.2.7 브랜드

브랜드 이미지는 고객의 기대 이미지에 중요한 역할을 한다. 이미지에 의해 고객은 서비스 수준을 기대하게 된다. 브랜드 명성이 형성되면 스스로 강화하려는 속성이 있기 때문에 이미지 명성 형성이 중요하다.

2.2.8 유능한 동반자 선발

노동집약적인 서비스는 서비스를 수행하는데 가장 적합한 사람을 기용하는 것이다. 서비스 수행자의 자질은 고객이 경험하는 서비스품질에 절대적인 영향을 미친다. 서비스 기업이 찾는 적합한 인물은 기업에서 성공하고 승진할 수 있는 능력뿐만 아니라 덕목을 갖춘 사람이다.

서비스 기업의 인재는 마음으로부터 진정 고객에게 서비스를 제공할 수 있는 사람을 원한다. 또한 서비스 기업이 원하는 사람은 당신이 자식들에게 하는 것처럼 고객에게 서비스를 제공하는 모습을 가진 사람을 원한다.

유능한 인재를 찾는 데는 절대 서두르지 않고 인내심을 갖고 인재를 채용한다. 인재를 채용한다는 것은 평생을 함께할 동반자를 구하는 것과 같다.

2.2.9 뛰어난 인지효과를 창출

무형의 서비스는 고객들의 입소문을 통하여 전파되는 것이 효과적이다. 이러한 서비스의 전파는 유형의 재화를 결합시킬 때 잘 나타나게 된다. 예를 들면 호텔은 그 자체를 만질 수 없기 때문에 유형의 보조용품을 통하여 구체적인 경험을 하도록 한다.

저렴한 식대를 받는 레스토랑이라도 풍요스러운 의자, 도자기 그릇, 흰색의 천이 깔린 테이블 등에서 제공되는 음식은 고객을 사전 만족하게 해준다. 낮은 가격에 형편없는 서비스에 익숙한 고객이 이러한 레스토랑에 들어와서 고급 손님의 대접을 받는 다고 생각하면 음식이 나오기 전에 서비스 차원이 다름을 고객은 느낄 수 있다.

이와 같은 여러 유형의 재화를 결합하면 더 뛰어난 인지효과를 낼 수 있다. 기억할 만한 유형의 재화들을 조합과 서비스를 제공하는 종업원 태도와 친절이 결합되면 고객에게는 깊은 신뢰를 가져다주게 된다.

다른 한편으로는 융통성 있는 서비스의 제공이다. 서비스는 서비스 제공자에 의하여 다양한 융통성을 제공할 수 있다.

2.2.10 고객의 의견 청취

서비스를 지속적으로 개선하려면 개선의 포인트를 찾아야 한다. 종업원에게 목표를 주지 않고 개선하라고 하면 형식적인 즉, 감독자에게 보여주기 위한 개선은 하지만 고객에게 개선된 서비스는 제공되지 않는다.

고객을 위한 서비스 개선을 위하여 적극적으로 고객의 의견을 청취하여야하며 고객과의 접점에 있는 서비스 요원의 의견을 체계적으로 수집하여 데이터베이스화 하여야 한다. 이러한 자료는 고객의 인지된 기대성향의 변화를 수집할 수 있다. 다양한 의견수렴을 통하여 기업의 약점과 장점을 보완하고 개선의 목표로 삼는 것이다.

3. 서비스 생산 시스템 디자인

3.1 서비스 생산 시스템 설계

기업들의 서비스 프로세스 설계 및 재설계는 최고의 품질과 생산성을 창출하여 고객과 종업원에게 가치와 만족 그리고 수익을 창출하기 위함이다. 따라서 최고의 고객만족을 위한 서비스 시스템 설계의 원칙은 다음과 같다(서비스 경영연구회, 2004).

첫째, 서비스의 제공자가 아니라 고객이 품질의 가치를 결정하고 정의 한다.

둘째, 고객이 품질의 가치를 결정하고 정의함으로 이 정의는 절대적인 것이 아니라 상대적이다.

셋째, 품질의 가치에 대한 고객의 평가는 결과, 프로세스 품질, 가격 그리고 서비스를 획득하는데 소요된 비용의 측면에서 기대되는 것이 아니라 실제로 전달된 것에 기초한다.

넷째, 고객의 기대는 실제로 전달된 것만큼이나 인식되는 가치 면에서 중요한 요소이다. 그 기대를 관리하는 것이 중요하다.

다섯째, 고객의 품질과 가치에 대한 인식은 상대적이므로 효과적인 서비스 전달은 개별욕구에 맞추어야 한다.

여섯째, 개별욕구의 서비스에 맞추는데 가장 효과적인 방법은 그 욕구를 인지하고 반응하는 일선의 종업원이나 정보기술과 같은 지원 체계를 사용하는 것이다.

일곱째, 고객을 고려하지 못하는 품질과 가치에 관련된 어떤 한 결정도 의심을 해야 한다. 이는 의사 결정을 지원하는데 사용된 기술에도 똑같이 적용된다.

3.2 서비스 시스템 분류

서비스 시스템의 프로세스는 서비스 활동이 목표하는 대상 즉, 고객접촉에서 분류 할 수 있다. 이와 같은 서비스 시스템은 표준화된 서비스와 고객화된 서비스로 분류한다. 표준화된 서비스는 대량 서비스를 위하여 설계된다. 물론 표준화된 서비스는 경영측면에서는 효율적이지만 고객화 서비스기업에는 적합하지 못하다. 표준화된 서비스는 반복적인 수작업을 자동화하는 경우 많이 있다. 예로 자동 세차장, 밴딩머시인 등이 있으나 소비자들은 부정적인 반응을 나타낼 수 있다.

고객화 서비스는 고객의 심리에 따라 제공되는 서비스가 달라져야 함으로 서비스를 수행하는데 많은 유연성과 판단력이 요구된다. 또한 고객과의 접점에서 이루어지기 때문에 고객의 정보를 쉽게 얻을 수 있다. 따라서 서비스 제공자는 높은 판단능력과 기술을 보유하여야 한다.

3.3 서비스 시스템 디자인 절차

서비스 시스템 디자인은 고객의 관점에서 경쟁자와 차별화된 전략을 수립하여야 한다. 서비스는 다양한 고객층의 다양한 욕구에 따라 우수한 서비스 디자인도 고객 만족도에서 차이가 발생한다.

따라서 서비스 시스템이 고객의 관점에서 설계되었는가를 판단하기 위하여 고객의 소리와 고객접점에서 데이터를 분석하고 고객에게 전달되는 서비스 프로세스를 추적하여 서비스 시스템을 평가한다.

〈표 12-2〉 단계별 서비스 시스템 구축

단 계	내 용
1단계	고객접점의 데이터를 수집한다.
2단계	수집된 데이터를 분석하고 세분화 한다.
3단계	분석된 데이터를 중심으로 제공할 서비스의 큰 그림을 그린다.
4단계	고객에게 제공될 표준화된 서비스를 설계한다.
5단계	서비스 프로세스를 조정하고 완성한다.

3.4 서비스 시스템 디자인

고객이 경험하는 서비스의 특징으로는 기본시설, 보조용품, 명시적 서비스, 묵시적 서비스로 이루어지고 있다. 훌륭하게 설계된 서비스 시스템에서 이러한 특징들은 바람직한 서비스 패키지를 위해 조화롭게 조정된다. 이러한 서비스 패키지는 서비스 시스템을 디자인하는데 핵심 요소가 된다. 이와 같은 훌륭한 서비스 시스템의 디자인 요소는 다음과 같다.

3.4.1 대량생산 방식

서비스는 고객 접점에서 이루어지는 것으로 판단하는 경향이 있다. 그러나 서비스도 제조업과 같이 대량의 생산라인 방식을 도입 할 수 있다고 본다. 단지 서비스는 고객접점으로서 대량 생산방식에는 제한적일 수 있어 서비스 디자인에는 방해 요소가 될 수 있다.

제조시스템의 생산성은 투입량과 산출량의 관계로 나타난다. 따라서 설비 향상과 작업방법 개선, 프로세스 혁신을 통하여 생산성 향상을 가져올 수 있다. 이러한 생산 방식을 서비스 디자인에 적용하여 원가 주도형 디자인을 가능케 하였다.

3.4.2 자율성 부여

도요타 생산방식 중에서 '표준화된 업무는 지속적인 개선과 종업원에게 권한 위임의 토대'가 도요타 생산방식의 핵심원리 중의 하나이다. 이는 프로세스의 예측 가능성, 규칙적인 시간 조절과 일정한 생산량을 유지하기 위해 항상 안정적이고 반복적인 방법을 사용하는 것이다. 그리고 현재의 베스트 프랙티스를 표준으로 정함으로서 해당 시점까지 축적된 학습을 확보하는 것이다. 이 표준을 개선하기 위해 창조적이며 개인적인 표현을 허용하는 것이다. 그리고 이를 새로운 기준과 결합하여, 한 개인이 자리를 옮길 때마다 다음 사람에게 해당 학습이 전수될 수 있도록 예전의 표준들을 새로운 표준으로 통합하는 것이다.

도요타에서와 같이 개인에게 재량권과 자율성을 부여하면 더욱 고객화된 서비스를 생산할 수 있다. 따라서 일상적인 서비스도 표준화하여 고객에게 서비스를 제공할 때 더욱 가치를 부여하게 된다.

3.4.3 균일한 생산과 스케줄

서비스 접점에서의 서비스제공 방법을 세분화하여 서비스 제공자의 전문화를 달성할 수 있다. 이와 같은 서비스를 제공하기 위하여 고객의 수요를 균일화된 스케줄에 맞춘다. 이것은 생각보다 서비스 관리에서 보편적인 일이다. 의사와 치과의사가 왜 스케줄에 따라 진료하고, 환자가 그에 맞추는가? 이를 통하여 그들은 작업 부담을 일정하게 할 수 있으며, 일정한 소득 흐름을 가질 수 있다. 서비스관리에서 시간은 돈이다.

또한, 여러 가지 타입의 서비스를 전달하는데 소요되는 표준 시간을 구축한다. 의학 분야에서와 같이 비록 모두가 조금씩 다른 환자들을 진찰한다 해도 의사는 여러 가지 타입의 절차를 위한 표준 시간을 구축할 수 있다. 그리고 진단을 절차로부터 분리한다. 환자가 방문하고 그들은 진단하며 대부분의 경우 절차에 필요한 시간을 예측할 수 있다.

3.4.4 서비스 표준화

서비스 시스템에서의 표준화는 대량의 고객을 상대로 하고 고객참여가 낮은 업종에 적합할 것이다. 표준화된 서비스는 서비스준거를 마련하게 된다.

서비스의 표준화는 서비스의 일상적인 프로세스가 된다. 따라서 서비스 표준화는 프로세스를 통제하며, 일관성 있게 진행될 수 있도록 한다. 예로 프랜차이즈의 경우 전국적인 지점망에서 표준화된 서비스를 제공함으로서 고객은 어느 곳에서나 유사한 서비스를 경험하게 된다.

3.4.5 고객참여

서비스는 서비스가 수행될 때 고객이 참여함으로서 고객이 생산자의 활동을 한다. 이는 고객을 일정한 생산에 전가하여 생산성을 향상시키는 기회가 된다. 또한 서비스에 고객 참여를 적극 유도하여 고객화를 증대할 수 있다.

셀프서비스가 대표적인 사례로 고객화를 집중한다면 원가주도의 경쟁력을 발휘 할 수 있다.

4. 서비스품질

4.1 서비스 품질

서비스품질을 평가를 위하여 고객이 사용하는 공통적이고 일반적인 10개의 준거들은 다음과 같다.

- 유형성 : 물리적 시설, 장비, 직원의 외양
- 신뢰성 : 약속한 서비스를 믿을 수 있고 정확하게 수행하는 능력
- 대응성 : 고객을 기꺼이 돕고 신속한 서비스를 제공하려 하는 것
- 능 력 : 필요한 기술 소유 여부와 서비스를 수행할 지식 소유 여부
- 예 절 : 일선 근무자의 정중함, 존경, 배려, 친근함
- 신빙성 : 서비스 제공자의 신뢰성, 정직성
- 안전성 : 위험, 의심의 가능성이 없는 것
- 가용성 : 접촉 가능성과 접촉 용이성
- 커뮤니케이션 : 고객들이 이해하기 쉬운 고객언어로 이야기하는 것, 고객의 말에 귀 기울이는 것
- 고객이해 : 고객의 욕구를 알기 위해 노력하는 것

이러한 서비스품질 10개 차원의 특성요인을 요약하면, 신뢰성(Reliability)은 약속한 서비스를 정확하게 수행할 수 있는 능력, 확신성(Assurance)은 고객에게 확신감을 주는 제반 안전교육, 직원의 예절 및 신용, 유형성(Tangibles)은 눈에 보이는 시설, 장비, 복장 등이다. 공감성(Empathy)은 고객에게 개별적으로 기울이는 주의 배려이며, 대응성(Responsiveness)은 신속하고 자발적으로 응대하려는 마음가짐이다. 이는 서비스 상품의 품질을 검사하는 유용한 기준이 된다. 이 기준은 호텔, 병원, 교육 등 서비스업의 품질을 측정하는데 사용될 수 있다.

〈표 12-3〉 SERVQUAL 5개 차원의 정립

서비스품질 평가 10차원	Servqual 차원	Servqual 차원의 정의
유형성	유형성	물리적 시설, 장비, 커뮤니케이션, 직원의 외양
신뢰성	신뢰성	약속한 서비스를 믿을 수 있고 정확하게 수행할 수 있는 능력
대응성	대응성	고객을 돕고 신속한 서비스를 제공하려는 태도
능력	확신성	직원의 지식과 예절, 신뢰와 자신감을 전달하는 능력
예절		
신빙성		
안전성		
가용성	공감성	회사가 고객에게 제공하는 개별적 배려와 관심
커뮤니케이션		
고객이해		

자료 : 이재관·유한주, 『품질문화와 리더십』, 숭실대학교출판부, 2003.

4.2 서비스품질 측정도구

서비스품질을 측정하기 위하여 서비스품질 10개 차원이나 SERVQUAL을 이용한다. 서비스품질은 객관적이라기보다는 고객의 심리적 특징을 포함한 무형적인 요인에 따라 결정된다.

Parasuraman, Zeithmal 및 Berry(1988)는 서비스의 질을 논함에 있어 위에서 논의한 바와 같이 서비스의 질을 분류하고 서비스 질의 결정요인을 고찰한 후 기업이 제공하는 서비스의 질을 평가할 수 있는 척도를 개발하였다. 이 척도는 두 부분으로 나누어져 있는데 하나는 소비자가 서비스를 제공받을 때 그 서비스에 대한 기대와 다른 하나는 서비스를 받으며 갖는 지각을 측정하도록 구성되어 있다. 서비스의 질에 대한 소비자들의 평가는 결국 소비자의 기대와 지각의 차이로 결정된다고 보는 견해이다. 이와 같이 서비스의 결정요인 10개에 입각하여 SERVQUAL이라는 척도를 개발하였다. 이 척도는 서비스의 질을 측정하기 위한 것으로 97개 항목으로 출발하였다. 이 연구에서 서비스의 질에 대한 조작적 정의는 서비스를 받는 동안 소비자에게 형성된 지각과 서비스를 받기 전에 소비자가 가졌던 기대의 차이로 보았다.

즉, $Q = P - E$ 　　　　Q = 서비스의 질

P = 지각 　　　　E = 기대

〈표 12-4〉 SERVQUAL 측정방법

번호	구 성	항 목
1	유형성	최신 설비를 갖추고 있을 것이다.
2		물적 시설이 시각적으로 마음에 들 것이다.
3		직원의 복장과 용모가 단정할 것이다.
4		물적 시설의 외관이 제공된 서비스와 일치할 것이다.
5	신뢰성	정해진 시간에 하기로 한 일은 약속을 지킬 것이다.
6		고객이 문제를 제기할 때 관심을 보일 것이다.
7		기업을 신뢰할 수 있을 것이다.
8		약속한 시간에 서비스를 제공할 것이다.
9		기록을 정확하게 유지할 것이다.
10	대응성	서비스가 언제 제공되는지 정확하게 알려줄 것이다.
11		직원으로부터 신속한 서비스를 기대 할 수 있다.
12		직원은 자발적으로 고객을 도울 것이다.
13		직원이 바빠도 고객의 요구에 즉시 응대할 것이다.
14	확신성	직원을 신뢰 할 수 있을 것이다.
15		안심하고 거래하기 위한 안전을 느낄 것이다.
16		직원들이 예의 바르고 공손할 것이다.
17		질문에 답변할 충분한 지식을 보유하고 있을 것이다.
18	공감성	기업은 고객에게 개별적인 관심을 가질 것이다.
19		고객의 편리에 영업시간을 맞출 것이다.
20		직원들은 고객에게 개별적인 관심을 가질 것이다.
21		기업은 고객의 이익을 진심으로 생각해 줄 것이다.
22		직원은 고객의 최대 관심사를 알고 있을 것이다.

자료 : 서비스경영연구회 편역, 「서비스경영」, 한경사, 2002.

4.3 서비스품질 갭(gap)

서비스 업계에서는 고객의 욕구에 대한 신속한 피드백을 위하여 고객의 기대 서비스와 인지서비스간의 격차를 측정하여 프로세스에 반영한다.

4.3.1 갭(Gap) 1 : 고객과 경영층

갭(gap) 1의 발생은 경영자는 고객이 기대하는 서비스의 욕구를 분석하여 경영전략에 반영하는 도구로서 경영자가 고객의 욕구를 정확하게 파악하지 못하여 발생하는 차이이다. 갭 1의 주요 발생원인은 경영자가 고객을 잘 파악하고 있다는 잘못된 해석에서 발생한다. 이러한 갭을 해소하기 위하여 경영자는 의사소통과 조직체계 재 설립이 필요하다.

4.3.2 갭(Gap) 2 : 경영층과 종업원

갭(gap) 2의 발생은 기업의 목표를 달성하기 위하여 서비스 프로세스를 디자인하고 프로세스 전달 시스템을 구축하였을 때 경영자가 서비스 프로세스를 종업원에게 전달할 때 전달시스템에서 경영자와 종업원간의 의사소통의 단절에서 발생한다. 이러한 갭을 해소하기 위하여 서비스 프로세스 설계부터 종업원 참여를 유도하여야 한다.

4.3.3 갭(Gap) 3 : 종업원과 고객

갭(gap) 3의 발생은 서비스를 제공하는 종업원이 고객에게 서비스를 제공 할 때 표준화된 서비스 전달시스템에 의하여 서비스를 수행하지 않음으로서 발생하는 차이이다. 이를 극복하기 위하여 종업원에 대한 지속적인 교육과 훈련 그리고 정확한 서비스 프로세스 설계에 따르도록 적절한 직무 설계가 필요하다.

4.3.4 갭(Gap) 4 : 제공된 서비스와 고객의 인지

갭(gap) 4의 발생은 종업원들이 제공하는 서비스를 고객이 인지하게 된다. 고객의 판단은 고객 주관적, 절대적 판단을 하게 된다. 따라서 표준화된 서비스에 의한 고품질의 서비스를 제공하더라도 고객의 주관적 기준과 만족은 고객접점에서 다양하게 나타나는 차이이다. 이러한 갭의 해소를 위하여 종업원에게 권한 이양이 필요하고 다양한 고객의 요구에 능동적으로 대처할 수 있도록 훈련되어야 한다.

4.3.5 갭(Gap) 5 : 전달시스템과 광고

갭(gap) 5의 발생은 고객에게 사전에 인지된 서비스를 제공하는 전달시스템으로서 광고 등에 의하여 전달된다. 이 때 광고내용과 고객에게 제공된 서비스 내용 차이에서 발생된다.

이러한 차이를 해소하기 위하여 과장 광고, 허위 광고는 절대 피하여야 한다. 진실을 제공하는 광고가 요구되며 갭 5의 격차가 심하게 발생되면 잠재고객까지 상실되는 손실을 입게 된다. 가능한 서비스만을 약속하고 서비스 마케팅적 노력이 필요하다.

4.3.6 갭(Gap) 6 : 광고와 기대서비스

고객의 기대서비스는 외부정보 혹은 광고 선전 등을 통하여 기대를 예상한다. 갭(gap) 6의 발생은 이러한 외부 요인에 의한 기대서비스와 인지 서비스와 차이에서 발생한다. 예를 들어 피자점의 경우 30분 이내 배달한다고 홍보하였을 때 고객은 30분 이내 도착할 것을 기대하고 있다. 따라서 20분 내에 도착하면 고객은 만족하지만 30분이 경과하면 기대 서비스와 인지 서비스의 차이에 따른 고객 불만의 원인이 된다.

이러한 차이를 해소하기 위하여 제공될 수 있는 서비스를 정확히 측정하고 약속한 서비스가 제공될 수 있도록 프로세스 개선이 필요하다.

4.3.7 갭(Gap) 7 : 기대서비스와 인지서비스 그리고 고객평가

광고 선전 등에 의하여 형성된 고객의 기대서비스와 고객이 받은 인지서비스와의 차이를 최종적으로 고객이 평가한 차이이다.

이러한 모든 갭(gap)의 발생은 어느 곳에서만 개선되었다고 모든 고객이 만족하는 것은 아니다. 따라서 서비스품질경영을 통하여 서비스 기업의 총체적 혁신이 필요하다.

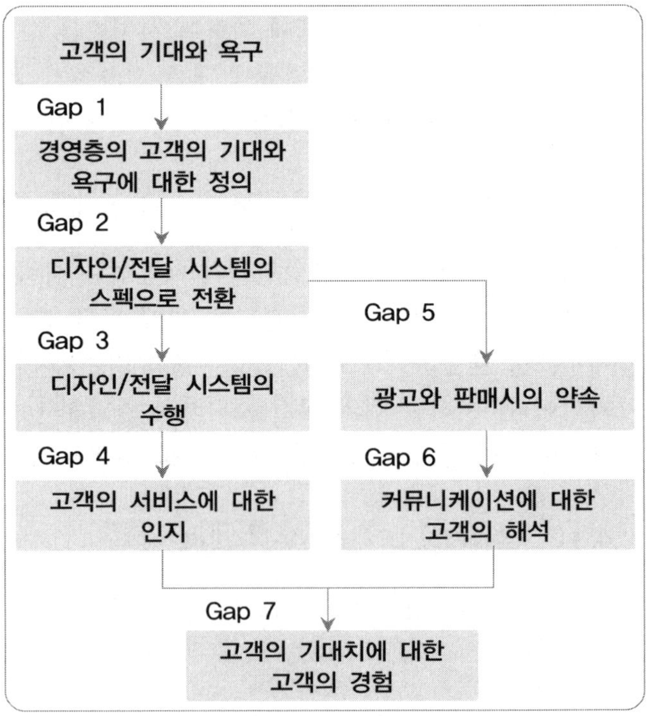

[그림 12-2] 서비스품질 갭(gap)

4.4 서비스품질 특성

서비스품질은 서비스 접점에서 일어난다. 즉, 고객과 접촉할 때 고객만족, 고객 불만족이 발생하게 된다. 따라서 서비스품질은 고객이 인지한 기대서비스와 고객이 받은 서비스와의 비교로 정의할 수 있다.

서비스품질은 고객이 기대한 것 이상의 서비스를 받았다고 느낄 때 특별한 서비스품질로 평가되며 고객감동이 발생한다. 그러나 고객은 기대보다 낮은 서비스를 받았다고 인식할 때 불만족 품질로 나타나게 된다.

따라서 서비스품질의 표준화는 고객에게 일관된 서비스품질을 제공하기 위한 것이다. 표준화는 고객을 위한 표준화 즉, 고객지향의 서비스품질 표준화가 필요하다. 일반적으로 서비스품질은 조직원 전원이 참여하는 종합 품질관리이다.

서비스품질의 정의는 탁월성, 표준의 적합성, 고객기대 충족 등 다양하게 나타낼 수 있다. 공공분야의 품질은 서비스 산업의 품질 특성을 보인다. 서비스품질은 무형성, 이형성, 비분리성, 소멸성 등의 특성을 갖는다.

4.5 서비스품질 영역

서비스품질을 측정하기 위한 종합적인 측면은 서비스 내용의 표준화, 서비스가 수행되는 과정, 물리적인 시설, 고객만족 결과, 서비스가 미치는 영향 등이다.

4.5.1 표준화

서비스 업무를 표준화하여 일관성 있게 수행되는지를 측정한다. 대표적 표준화는 ISO 기준절차가 있다. ISO(International Organization for Standardization)는 국제 표준화 기구로 국제적인 규격의 제정, Guide 제정 및 관련 정보의 제공을 주임무로 하고 있으며 ISO인증 업무는 제 3자인 인증기관에서 수행하고 인증기관에서 소정의 인증서를 발급해준다. 즉 ISO 9000에 의한 품질보증 시스템을 관련 규격에 따라 공급자 스스로 수립하고, 공급자의 프로그램 이행상태를 인증기관이 평가·심사를 통하여 공급자가 품질시스템에 따라 경영할 수 있다는 능력을 인증하는 제도이다. ISO 인증 대상은 다음과 같다.

- **하드웨어** : 식품, 음료제조업, 직물·의류제조업, 금속제조업, 전기·전자제품제조업, 건설업 등
- **소프트웨어** : 컴퓨터소프트웨어, 정보처리, 엔지니어링 등
- **서비스** : 광고업, 출판업, 호텔, 식당, 교육기관, 컨설팅업체, 자동차 수리업, 전기가스수도공급업, 도·소매업 등
- **가공재료** : 석유화학제품, 화공약품, 핵연료, 의약, 광물, 펄프/제지, 콘크리트, 고무 등

특히, 서비스분야의 품질시스템 인증은 소비자들의 삶의 질적 향상에 상당한 기여를

할 것으로 생각된다. UR 타결과 관련 정보통신 및 서비스시장 개방에 대비하여 우리나라에서는 품질경영촉진법에 하드웨어, 소프트웨어 및 서비스 분야를 포함하여 품질보증체제 인증범위를 세분화하여 고시하였다.

4.5.2 과정

서비스가 프로세스에 따라 운영되는지를 고객의 입장에 체크하는 것이다. 이러한 서비스 운영과정은 서비스 전달시스템의 프로세스와 체크리스트를 통하여 측정한다.

4.5.3 구성 및 구조

서비스의 물리적 시설과 인적자원이 고객서비스에 적합하게 구성되었는지를 측정한다. 예를 들어 물리적 시설의 적합성은 서비스 기업의 표준과 비교하여 결정할 수 있다. 유명 호텔의 체인점의 경우 총지배인의 책임 하에 불시 점검에 대비하여 항시 준비한다. 또한 인사관리도 인사제도 기준에 따라 시행한다. 조직구조를 평가하는 데는 신인사제도를 통하여 상하 또는 동료간에 주기적으로 평가하여 통합하는 방법이 있다.

4.5.4 결과

서비스 영향으로 변화된 상태를 말한다. 프로세스 개선이란 회사 조직의 프로세스 안에 이미 존재하고 있는 성과를 둘러싼 문제점들의 근본 원인을 제거하기 위한 해결 방안을 모색하는 전략이다. 프로세스 개선 노력이란 기본적인 프로세스는 그대로 둔 채, 프로세스의 변동 원인을 제거함으로써 문제를 고치는 것을 말한다. 식스 시그마에서는 프로세스 개선 팀은 프로세스에 의해 발생되는 원치 않는 Y(결함)를 만들어 내는 결정적인 X(원인들)를 찾는 것이다.

이는 고객이 서비스 기업의 프로세스에 만족하는지 여부를 측정하는 것으로서 호텔의 경우 고객의 의견서를 쉽게 볼 수 있다.

4.5.5 영향력

서비스가 고객에게 미치는 영향에 관한 측정이다. 의료서비스의 영향력은 평균수명, 사망률 등으로 측정한다.

〈표 12-5〉 의료기관에 대한 서비스품질 측정

품질관점	측정대상	측정방법
내용	의료관행의 평가	의료기록이 일반 의료기준에 적합한지 검토
과정	진료 및 환자와 진료진간의 상호 작용 절차	체크리스트로 절차의 적합성 감독, 환자에게 출구조사 실시
구조	물적 시설, 장비, 인력계획, 의료진의 자질	환자의 진료 대기시간 측정, 당직중인 의사 대 간호사 비율, 의료장비 이용률
결과	진료 후 환자상태의 차도	사망률 측정, 불만건수로 환자의 불만족 수준 평가, 수술로 제거된 질병상태의 장기 수
영향	지역사회에서의 적절성, 이용가능성, 접근용이성 등 전반적 영향	비 보험이나 재정적 이유로 진료 받지 못한 환자 수, 의료기관까지 오는 교통수단과 거리를 기록

출처 : 서비스경영연구회, 2002.

〈표 12-6〉 국가 품질상 서비스 부문 기준

심 사 항 목	배 점	평 점
Ⅰ. 서비스 리더십과 전략수립	(250)	
1. 서비스 경영철학과 비전	70	A B C D E
2. 산업 및 사회에 대한 공헌	50	A B C D E
3. 서비스 목표 및 전략개발	65	A B C D E
4. 서비스 전략의 전개	65	A B C D E
Ⅱ. 서비스혁신 문화 구축	(150)	
1. 조직의 서비스혁신 문화	50	A B C D E
2. 종업원의 소리(VOE) 반영	50	A B C D E
3. 성과평가 및 보상체계	50	A B C D E
Ⅲ. 서비스표준 관리	(150)	
1. 고객의 소리(VOC) 반영	50	A B C D E
2. 서비스표준의 설정	50	A B C D E
3. 서비스표준의 매뉴얼화	50	A B C D E
Ⅳ. 서비스 프로세스 관리	(150)	
1. 서비스개발 프로세스 관리	50	A B C D E
2. 서비스전달 시스템 관리	50	A B C D E
3. 서비스전달 시스템 설계	50	A B C D E
Ⅴ. 신 서비스개발 성과	(150)	
1. 신 서비스상품의 창출	50	A B C D E
2. 신 서비스프로세스의 창출	50	A B C D E
3. 기존 서비스개선 및 보완	50	A B C D E
Ⅵ. 서비스 경영성과	(150)	
1. 재무 성과	70	A B C D E
2. 마케팅 성과	80	A B C D E
계 : 18개 항목	1,000	

5. 서비스품질 보증

5.1 서비스품질비용

우수한 품질의 제품과 서비스를 보다 효율적으로 만들기 위한 방법을 찾고, 품질관리 활동의 효과성과 경제성을 평가하기 위한 방법이 품질비용(Q-Cost)이다. 식스 시그마(Six sigma)에서는 부적합 품질 비용(Cost of Poor Quality : COPQ)라고 하여 존재하는 그대로의 프로세스에 있어서 문제의 영향력(내부와 외부의 실패들)을 묘사하는 금전적인 측정, 다음 프로세스에 이관을 위한 노동과 원재료, 재작업, 검사, 그리고 다른 비 부가가치 활동들을 말하며, QS-9000에 이어 제정된 ISO/TS 16949:2002 규격에서도 요구사항 8.4.1에서 조직의 성과(Performance)를 평가하는 지표의 하나로 중요시되고 있다.

품질비용에 의한 관리방법은 품질관리 활동을 위하여 사용되는 모든 비용을 기간 원가로 계산하여 품질관리 활동의 개별 효과를 파악하며 이를 분석하면 다음과 같은 기회를 찾는다.

- 품질관리 활동상의 문제점을 발견
- 발견된 문제점에 대한 개선 대책을 강구
- 품질관리 활동의 경제성과 효과를 증대

쥬란(juran)은 품질비용을 관리 회계적 시스템과 접목하여 다음의 네 가지 비용으로 분류하였다.

1) 내부실패 비용 : 고객에게 전달되기 전에 발견된 불량 비용.
2) 외부실패 비용 : 고객에게 전달된 후 발견된 비용.
3) 평가 비용 : 고객이 서비스 상태를 만족하는지를 평가하기 위한 비용.
4) 예방 비용 : 처음부터 불량이 발생하지 않도록 하는 비용.

쥬란은 일반적으로 제조업에서의 품질비용 중 내부 및 외부품질비용이 품질비용의 50~80%를 차지한다고 하였다. 따라서 총비용의 최소화를 위하여 철저한 예방관리를 주장하였다. 즉, 예방비용에 일원을 투자하는 것은 평가비용에서 100원을 투자하는 것과 같고, 실패비용에서 백만 원을 투자하는 것과 같다.

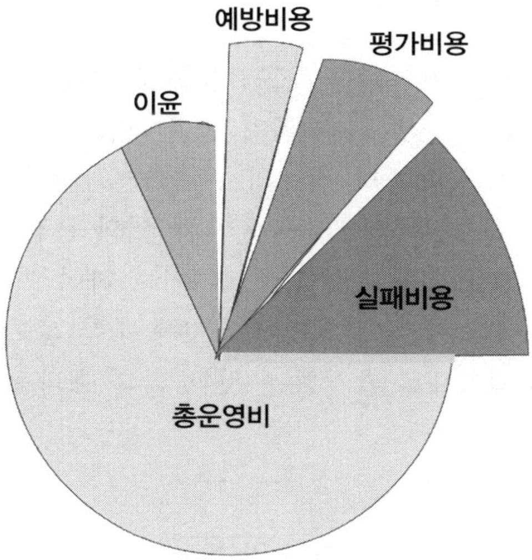

[그림 12-3] 품질비용

5.2 서비스 보증

서비스의 보증은 가전제품과 같이 수리하거나 교환하는 보증과는 다르다. 각각의 고객의 욕구가 달라 서비스품질을 평가하는 기준 또한 다르기 때문이다. 일반적으로 서비스 보증은 불가능하다고 하나 서비스 보증은 존재하며 다음의 특징의 가지고 있다.

5.2.1 무조건적 이어야 한다.

고객의 생각이 무조건적으로 옳다는 철학이 있어야 한다. 고객과 논쟁은 결국 서비스 기업에 손실만 가져온다. 이러한 보증은 고객의 불평을 즉시 받아들이고 교체해주거나 환불하여 준다.

5.2.2 고객과 용이한 의사소통과 이해가 필요하다.

고객이 무엇을 기대하고 있는가를 정확하게 파악하여 서비스를 제공하여야 한다. 일부식당에서 메뉴마다 식사가 제공되는 시간을 표시하고 있다. 김치찌개의 경우 고객이 도착하여 주문 후 15분 이내 서비스를 제공하겠다고 메뉴 등에 홍보 하였을 때 고객은 15분 이내 식사가 제공되기를 기대하고 있다. 서비스가 15분 이내 제공되지 못하면 무료로 식사를 제공한다고 약속하기도 한다.

5.2.3 상세한 의미가 있어야 한다.

서비스 보증은 구체적이 여야 한다. 고객이 쉽게 이해 할 수 있는 수준이여야 한다. 예를 들어 타이어 판매점을 보면 국내 최저가 판매라고 홍보하며 만약 다른 곳에서 더 싸게 판다면 고객의 구입가격과 타 점포의 판매가격과의 차액만큼 보상한다고 홍보한다. 여기서 국내 최저가의 기준은 무엇인가? 타이어의 품질, 규격, 구매수량 등에 따라 가격은 변동 될 수 있다. 고객은 가격을 비교하기 위하여 여러 곳에서 타이어를 구매하여 가격을 제시하여야 한다. 따라서 타이어 가격에 대한 정보만을 제시하여도 차액에 몇 배의 보상의 크기를 구체적으로 제시하는 것이 더욱 효과적이다.

5.2.4 절차가 쉬워야 한다.

일부 기업들은 보증절차를 까다롭게 하여 보증 청구를 포기하게 만드는 경우가 있다. 이는 우수한 고객을 불만족 고객으로 만드는 대표적인 방법이다. 따라서 복잡한 서식 등으로 고객을 불편하게 해서는 안 된다. 간단하게 무료전화 한통화로 보증 서비스를 받게 하는 것이 효율적이다.

5.2.5 신속한 보상

서비스 실패에 대하여 고객에게 보상하고자할 때 보상은 신속하게 진행되어야 한다. 곧 이는 즉석에서 보상이 최고의 효과가 있다.

6. 서비스 실패

6.1 서비스 실패의 규명

6.1.1 서비스 실패의 의의

서비스 실패란 서비스 접점에서 고객 불만족을 야기하는 열악한 서비스 경험을 말하며 서비스가 전달되어지는 동안 발생하는 여러 실수들, 고객에 대한 서비스의 약속 위반 혹은 여러 형태의 서비스 오류 등을 포함한다(Weun, 1997).

다른 한편으로는 소비자의 감성적인 차원에서 서비스 과정이나 결과에 대하여 서비스를 경험한 고객이 좋지 못한 감정을 갖는 것이 서비스 실패라고도 한다. 또한 서비스 과정이나 결과에 있어서 무엇인가 잘못된 것을 서비스 실패라고 할 수 있다.

서비스 실패는 단지 결과에서 일어나는 것이 아니고 서비스를 제공하는 과정에서도 일어날 수 있으며 소비자의 인지적 차원과 감성적 차원에서 전반적으로 서비스 실패를 이해하여야 한다.

6.1.2 서비스 실패의 책임

서비스 실패를 책임이 분명한 대상의 과실로 인하여 초래된 서비스과정이나 결과에 대한 과실로 보고 있으며 천재지변과 같은 불가항력적인 문제는 서비스 제공자의 과실이 아니기 때문에 서비스 실패라고 볼 수 없다. 서비스 실패 문제의 원인이 무엇이든 간에 서비스 제공자가 서비스 실패에 대하여 회복을 하여야 한다.

서비스 실패를 종합하여 보면 고객과 기업의 상호작용에 있어 고객의 기대와 지각된 서비스성과 간의 차이로 인한 인지적 혹은 정서적 불만족의 반응이 초래된 상태라고 볼 수 있다.

6.1.3 서비스 통제성

서비스 기업은 문제의 원인과 관계없이 서비스 문제가 발생하면 회복 노력을 갖는 것이 필요하다. 이러한 서비스는 통제성이 필요하다. 통제성 여부로서 고객은 특정 원인에 대한 책임이 있을 것으로 지각되는 자가 그 원인을 통제하였는지를 판단한다. 예를 들어 항공사의 지연된 비행을 경험한 승객들을 상대로 조종사 연구를 실시한 결과 불평에 대한 욕구와 재구매 의도들은 실패를 야기한 기업에 대한 지각된 통제성과 유의적으로 관계한다는 것을 보여주고 있다. 또한 지연을 경험한 승객들은 그 지연이 항공사의 통제 불가능한 실패라고 믿을 때보다도 사전에 통제가능하다고 믿을 때 더욱 분노하게 된다. 이것은 고객은 기업이 통제 가능한 것을 통제하지 못한 것으로 느낄 때 제품 혹은 서비스에 대한 불평이 증가하게 된다.

명확한 실패가 사전에 통제가능 했다는 것을 고객이 알고 있는데도 서비스 실패를 통제 하지 못할 때 고객의 분노는 증대하고, 서비스에 대한 재구매에 영향을 미치게 된다.

항공사의 경우 승객들이 통제 불가능한 기계장치의 결함에 의해 야기된 지연이라고 판단할 경우도 항공사가 문제해결 의지를 가져야 한다고 믿고 있으며, 만일 직면한 문제가 해결되지 않는다면 동일 항공사를 재이용하지 않을 것이다.

6.1.4 서비스 불평의 유형

고객의 서비스 불평은 수단적인 것과 비수단적인 것으로 분류할 수 있다. 수단적 불평(instrumental complaints)은 어떤 일의 바람직스럽지 못한 상태를 변경할 목적으로 표현되는 불평을 말한다. 예를 들어 잘 요리되지 못한 스테이크에 대하여 웨이터에게 불평하는 것은 수단적 불평에 속한다. 이 경우 불평 고객은 웨이터가 그 상황을시정해 줄 것으로 기대하고 있다. 조사에 의하면 수단적 불평은 매일 제기되는 불평 가운데서 극히 일부분을 차지하고 있다.

비수단적 불평(non-instrumental complaints)은 바람직하지 않은 상태가 수정될 것이라는 기대 없이 제기되는 불평으로서 수단적 불평보다도 훨씬 많이 제기되고 있다. 예를 들면 '너무 어둡다.'와 같이 날씨나 개인적인 외모에 관련된 불평은 조건이 변화할 것이라는 기대 없이 제기하는 불평들이다.

또한 불평은 지시적 불평과 재귀적 불평으로 분류할 수 있다. 지시적 불평(ostensive complaints)은 불평 제기자 영역 밖에 있는 어떤 사람이나 어떤 것을 향하여 불평을 제기하는 것을 말한다. 재귀적 불평(reflexive complaints)은 불평 제기자 안에 있는 어떤 것을 향하여 불평을 제기하는 것을 말한다. 일반적으로 불평은 다음과 같은 두 가지 이유 때문에 재귀적이라기보다는 지시적이다. 첫째, 일반적으로 사람들은 자신에 대한 부정적인 감정을 강화시키는 것을 막기 위하여 자신에 대한 부정적인 코멘트를 피하는 경향이 있다. 둘째, 사람들은 다른 사람에게 자신에 대한 부정적 귀인을 원하는 경우가 거의 없다(김형순, 1998).

6.1.5 서비스 불평관리

서비스 불평관리의 가장 중요한 요소는 고객으로부터 오는 정보가 어떻게 조직을 통하여 의사결정자에게 흘러들어 가는가를 이해하는 것이다. 이러한 이해는 무형성과 비분리성 때문에 고객이 여러 종업원과 반복적 접촉을 하여야 하는 서비스기업의 경우 특히 중요하다. 따라서 서비스 기업의 마케팅관리자는 마케팅조사로부터 획득한 정보를 고객 접촉 종업원이 제공하는 마케팅 정보로 보충할 수 있다(김형순, 1998).

6.2 서비스 실패의 유형

6.2.1 정책의 실패

정책 실패란 고객들이 정책이 불공평하다고 느끼는 경우의 실패를 말한다. 예를 들면 영수증 없이 판매한 제품의 반품, 뒤이은 세일판매에 포함된 제품의 반품 등이 포함된다. 또 다른 정책실패의 예로 40달러짜리 화장품을 사는 경우 무료로 여성용 손가방을 주었는데, 39.99달러짜리 화장품을 산 후 손가방을 요구하였는데 거절당한 것을 들 수 있다.

6.2.2 속도가 느린 서비스나 이용할 수 없는 서비스

상점에 점원이 부족하거나 고객이 현장 훈련을 받고 있는 종업원에게 서비스를 받거나, 판매한 제품의 재고를 보충하지 않거나 하는 경우에 발생하는 실패이다.

6.2.3 시스템 가격산정 실패

판매대에 등록된 가격과 개별제품의 가격이 일치하지 않을 때 발생하는 실패를 말한다. 이 경우 실패는 접촉종업원 때문에 일어나는 것이 아니라 기계적 시스템의 잘못된 정보가 입력되어 일어나는 실패이다.

6.2.4 포장오류

포장의 표찰이 부정확하거나 포장에 다른 제품이 들어가거나 포장에 일부 부품이 빠진 경우에 발생하는 실패를 말한다.

6.2.5 재고부족

고객이 특정품목을 구매하기 위하여 상점을 방문했을 때 그 품목이 없는 경우 발생하는 실패를 말한다. 제품이 선반에 없거나 광고를 했는데 재고가 없는 경우가 이에 해당된다.

6.2.6 제품결함

가장 많은 실패가 일어나는 분야이다. 흥미있는 점은 제품결함 실패의 대부분은 제조업체의 책임인데도 불구하고 많은 소비자가 그 책임을 판매점에게 돌린다.

6.2.7 보관실패

예약된 제품을 다른 사람에게 판매하는 경우 발생하는 실패를 말한다.

6.2.8 변경과 수선

어떤 제품의 변경과 수선 동안에 발생하는 실패를 말한다. 예를 들면 의복의 잘못된 디자인 변경이나 잘못된 제품의 수리 등을 포함한다.

6.2.9 부정확한 정보제공

고객이 부정확한 정보를 제공받았기 때문에 발생하는 실패를 말한다. 예를 들어 부정확한 정보로 인하여 잘못된 규격의 제품을 구매하거나 판매원이 말 한대로 제품의 성능을 발휘하지 못하는 경우를 말한다.

6.2.10 특별한 주문

처음에 상점에 없는 제품을 특별히 주문하는 경우에 발생하는 실패를 말한다. 예를 들면 특별 주문한 제품이 파손된 채 도달하거나 다른 제품이 우송되는 경우를 포함한다.

6.2.11 인정하는 고객의 실수

이 범주에 속하는 사건의 특징은 고객이 자신의 실수를 인정하고 그 실패가 일어난 것에 대한 책임을 받아들인다는 것이다.

6.2.12 대금청구 오류

고객에게 제품가격을 잘못 부과하는 경우 발생하는 실패를 말한다. 예를 들어 종업원이 거스름돈을 잘못 계산하거나, 세일가격을 반영하는 것을 잊어버리거나, 세일품목에 추가적인 할인을 제공하지 않는 것을 포함한다.

6.2.13 들치기 혐의

고객이 들치기 했다고 주장하는 경우로서 고객의 입장에서 볼 때 서비스 실패의 심각성이 매우 높은 경우이다. 만약의 경우 들치기 혐의가 잘못된 것으로 나타났다면 판매점은 만족할 만한 서비스회복을 창조하는 것은 불가능하다.

6.2.14 종업원이 야기한 당혹감

종업원이 부주의하거나 판단에 결정적인 실수를 일으켜 발생하는 실패를 말한다. 예를 들면 판매원의 실수로 집에 와보니 구매한 제품이 없거나, 판매원의 추천에 의하여 의복을 구매했는데 집에 와서 입어보니 너무 크거나 하는 경우를 포함한다.

6.2.15 종업원 주의 소홀

종업원이 위압적이거나 변덕스러울 때 발생하는 실패를 말한다. 예를 들어 종업원이 다른 고객에게 서비스를 제공하기 위하여 자리를 뜨거나 대기 중인 고객에게 아무런 주의를 기울이지 않거나 '그것은 우리 부서의 일이 아니다.'라고 말하는 경우 이다(S. W. Kelly, K. D. Hoffman, and M. A. Davis, 1993).

6.3 서비스 회복

6.3.1 서비스 회복의 의의

서비스 회복이란 고객과의 접점에서 발생된 고객의 불만족에 대한 직원의 재량으로 고객의 불만족을 만족으로 전환시키는 것을 말한다. 또한 서비스 회복은 서비스 제공자가 원래의 서비스를 제공하지 못함에 따른 고객의 손실을 완화하거나 개선하기 위한 서비스 제공자의 행동이며, 기대 불일치 패러다임을 적용하여 최초의 서비스제공에 대한 고객지각이 고객의 인내영역 이하로 하락한 결과에 대한 서비스 종업원의 회복노력 및 실행이라고 할 수 있다.

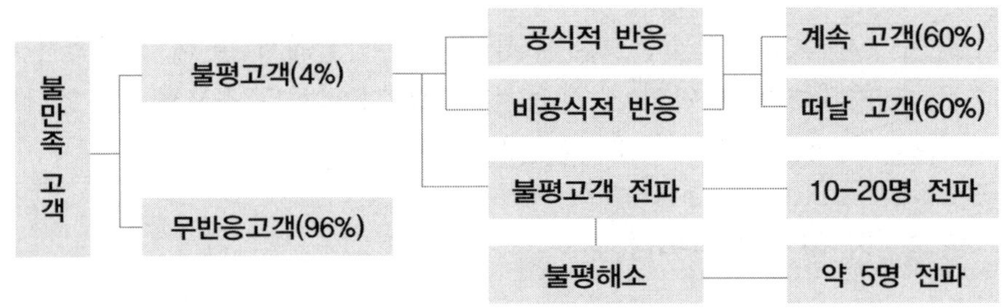

- ❖ 제품이나 서비스에 대한 불만은 단지 4%의 고객만이 불평한다. 나머지 96%는 불평으로 인한 귀찮은 경험을 하고 싶어 하지 않으며, 그 중에서 25%는 심각한 문제를 가지고 있다.
- ❖ 4%의 불평고객은 96%의 불평하지 않는 고객보다 충성스러운 경향이 있다.
- ❖ 불평하는 사람의 60%는 만일 문제가 해결되면 계속 고객으로 남고 싶어 하고, 95%는 문제가 신속히 해결된다면 계속 고객으로 남을 것이다.
- ❖ 불만족 고객은 보통 10명에서 20명에게 그들의 불만족 경험을 이야기한다.
- ❖ 문제가 해결된 고객들은 약 5명의 사람에게 그들의 경험을 이야기한다.

출처 : Fitzsimmons, J.A. & Fitzsimmons, M. J.(1998)

[그림 12-4] 고객 불만족 전이

불만족 고객의 반응은 공식적 반응으로는 회사에 직접 배상청구, 법적 대응, 사적, 공식적인 불평으로 반응하며, 비공식적(사적 대응)은 재구매 중지, 보이코트, 주변사람에게 제품 및 판매자에 대한 주의 경고를 한다.

위의 그림에서와 같이 실패한 서비스를 신속히 회복하면 충성된 고객을 만들 수 있다. 서비스 회복 기술을 잘 습득한 종업원은 실패한 서비스를 고객충성으로 전환 시킬 수 있다.

6.3.2 서비스 회복 효과

서비스 회복 효과는 불만족 고객을 충성 고객으로 전환시키는 중요한 요인이 된다. 그러나 불만족 고객으로 남게 되면 고객 불만족을 많은 잠재 고객에게 전파하게 된다.

불만족 고객이 서비스 회복으로 만족 고객으로 전환 되었을 때 처음 보다 더욱 높은 신뢰도를 나타낸다.

간단한 서비스가 구전광고를 통하여 잠재고객에게 전파되면 아주 적은 비용으로 광고효과를 얻을 수 있다. 서비스 실패를 예방하기 위하여 가장 먼저 종업원에게 서비스 회복 교육이 필요하다.

6.3.3 서비스 회복 처리

고객 불평처리를 위한 접근 방법으로 체계적인 시스템이 필요하다. 서비스 회복을 위한 접근 방법으로는 다음의 네 가지가 있다.

6.3.3.1 사례별 접근법

개별적으로 불평고객을 처리하는 방법이다. 비용이 적게 들고 처리방법이 쉬우나 체계적이지 못한 단점이 있다.

6.3.3.2 체계적 접근법

실패 사례와 회복 방법의 사례를 표준화하여 실패사례별로 접근하는 방법이다. 서비스 회복을 위한 사례와 방침을 프로세스화하여 불만고객에게 대응할 수 있는 유용한 방법이다.

6.3.3.3 사전예방 접근법

실패가 발견되기 전에 문제점을 발견하고 개선하는 방법이다. 예를 들어 정시에 피자가 도착되지 못할 경우 고객에게 미리 연락하여 고객의 불만을 사전에 예방하는 방법이다.

6.3.4 서비스 불평 평가 시스템

고객 불평 측정 시스템에 대한 설계는 체크리스트를 통하여 찾아볼 수 있다.

〈표 12-7〉 서비스품질 측정 도구

품질요인	측정치	측정방법
접근성	- 걷는 거리 - 길 찾기의 용이함	고객조사 및 내부업무 자료 고객조사
미학/외형	- 직원외모 - 기업의 외관 - 제품의 양, 질, 모양	고객조사 고객조사 고객조사
이용가능성	- 설비의 이용 가능성	내부결함 감독 시스템 및 고객조사 고객조사 및 내부업무자료
청결도	- 환경과 설비의 청결도	고객조사 및 관리자 점검
편안함	- 혼잡정도	고객조사 및 관리자 점검
의사소통	- 정보의 명료함 - 라벨부착과 가격의 명확함	고객조사 관리자 점검
능력	- 직원의 효율성	관리자 점검
예절	- 직원의 예의바름	고객조사 및 관리자 점검
친절	- 직원의 태도와 도움 정도	고객조사 및 관리자 점검
신뢰성	- 설비의 결함 수	내부결함 감독 시스템
응답성	- 직원의 응답성	고객조사
안전성	- 안전체크의 효율성 - 긴급안전 보고의 수	고객조사 내부업무자료

출처: 한국경제신문, 2000, 서비스경의 측정. 저자 재구성

6.3.5 서비스 회복의 공정성

고객들은 불공정하다고 느낄 때 불공정을 제거하고자 보상을 요구하거나 불평행동을 한다. 예를 들면 부정적인 구전 행위, 다른 서비스로 전환 행동을 하게 된다. 또한 서비스 실패 이후의 지각된 공정성이 서비스 회복의 결과로 제공되어졌다고 느끼는 고객들은 고객만족을 통하여 서비스 기업에 더욱 애호하게 되거나 이탈하게 될 것이다.

6.3.5.1 절차의 공정성

절차의 공정성은 상호갈등을 해결하는 과정에서의 기준 혹은 의사결정 절차의 적정성을 말한다. 서비스 회복에 있어서 절차적 공정성은 서비스 문제를 해결하거나 불평을 관리하는데 있어 적절한 절차를 의미하며, 고객이 느낀 절차적 공정성은 고객만족에 영향을 미친다. 또한 공정한 절차상의 부정적 성과보다도 불공정한 절차상의 부정적성과는 고객에게 더욱 인내하기 어려울 것이다.

6.3.5.2 상호관계의 공정성

상호 관계적 공정성은 갈등과 관련된 당사자간의 정보의 체계 혹은 상호관계의 질을 말한다. 상호 관계적 공정성은 절차적 공정성과 유사하나 전자가 상호 관계적 절차에 초점을 두는 반면 절차적 공정성은 전반적인 구조적 절차에 초점을 맞추고 있다. 한편 상호 관계적 공정성은 부적절한 행동에 대한 지각을 상쇄하는 수단으로 불평 해결에 매우 적절하다.

6.3.6 서비스 회복의 유형

6.3.6.1 할인

실패에 대한 보상으로 제품가격을 할인해 주는 경우를 말한다.

6.3.6.2 시정

서비스 실패를 바로 잡는 것을 말한다. 대부분의 실패는 단순한 시정을 통하여 회복될 수 있다. 예를 들면 잘못 전달된 제품을 찾고, 신속하게 수리해주며, 정책을 신속하게 설명해 주어 서비스 실패를 회복할 수 있다.

6.3.6.3 관리자나 종업원의 관여

문제해결을 돕기 위하여 관리자나 종업원이 관여하는 경우를 말한다. 이 형태의 회복에는 다른 형태의 회복인 할인, 시정 등과 병행하여 수반되는 것이 보통이지만 다른 점은 회복을 위하여 관리자나 다른 종업원이 관여하는 점이다.

6.3.6.4 시정 그리고 알파

서비스 실패를 시정해 줄 뿐만 아니라 어떤 추가적인 방법으로 보상해 주는 형태를 말한다. 일반적으로 서비스 실패가 보다 심각한 경우 채택하는 회복전략이다.

6.3.6.5 교환

결함이 있는 제품을 교체해 주는 전략을 말한다.

6.3.6.6 사과

종업원이 고객에게 사과하는 전략을 말한다. 이 회복전략은 사과와 관련된 실패의 정도뿐만 아니라 사과가 전달되어지는 방법에 따라 크게 달라진다.

6.3.6.7 환불

결함이 있는 제품에 대하여 지불한 금액을 돌려주는 전략이다. 교환의 경우 서비스 회복에 상당히 호의적인 반면 환불은 고객이 겨우 받아들이는 정도이다.

6.3.6.8 고객이 주도하는 시정

회복노력의 주도자로서의 고객행동이 있는 회복전략을 말한다.

6.3.6.9 상점신용의 제공

많은 상점들은 실패가 일어났을 경우 고객의 돈을 환불해 주는 대신에 상점의 신용을 제공하고 있다.

6.3.6.10 불만족스러운 시정

판매점이 시정을 하려고 노력은 했지만 시정이 되지 않은 회복노력을 말한다. 예를 들면 매우 오랜 시간이 지난 후 수리, 많은 싸움 뒤에 이루어진 교환 등이 있다.

6.3.6.11 실패의 확대

고객의 관점에서 볼 때 회복의 노력이 오히려 사태를 더욱 악화시키는 경우를 말한다.

6.3.6.12 무전략

실패로부터 아무런 회복전략을 취하지 않는 경우를 말한다. 대부분의 경우 판매점이 서비스실패를 알고 있으면서 회복을 위하여 아무 것도 하지 않으려고 의식적인 결정을 내리는 경우 이다(김형순, 1998).

6.4 서비스 회복 과정

서비스신뢰성이 높은 기업들은 최초의 서비스를 올바르게 수행하기 때문에 대부분 자만에 빠지고 예외적인 문제에 대한 대비를 소홀히 하고 있다. 그러나 신뢰성 있는 서비스 거래를 통하여 구축한 선의의 감정이 서비스문제를 효과적으로 처리하지 못함으로써 크게 훼손될 수 있다. 이러한 문제의 해결로 최대 이익을 얻기 위해서 체계적이고 지속적인 서비스회복 과정을 구축하여야 한다. Berry and Parasuraman은 효과적인 서비스 회복과정을 다음과 같이 제시하였다.

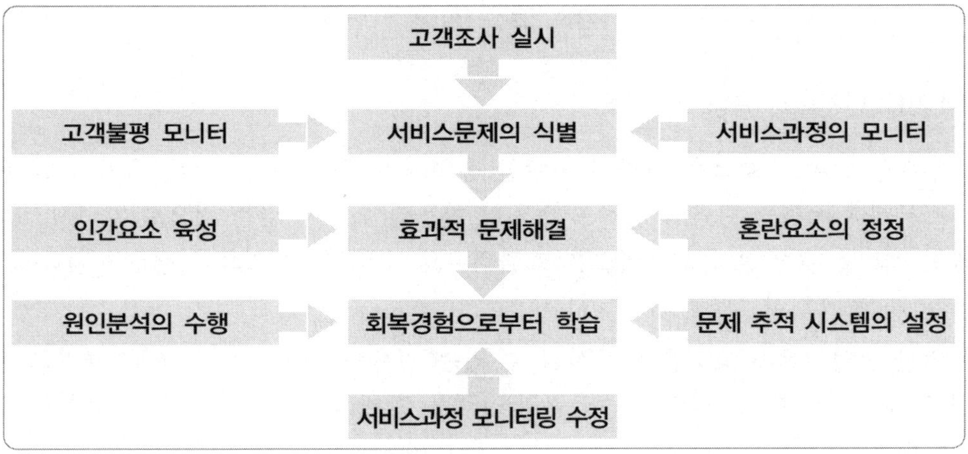

출처 : L. L. Berry and Parasuraman.

[그림 12-5] 효과적인 서비스 회복과정

6.4.1 서비스문제의 구별

사소한 문제라도 고객들을 실망시키는 요인을 모두 찾아내는 것이 우수한 서비스회복 기업으로서 명성을 강화하는 것이 필수적이다.

6.4.1.1 고객 불평 모니터

기업들이 자주 사용하는 방법으로서 수신자부담 전화, 평가카드, 제안 등이 있다. 기업은 고객의 불평을 포착하고 분석하는 지속적인 시스템을 구축하여 많은 효율을 얻을 수 있다.

6.4.1.2 고객조사 실시

서비스문제를 찾기 위하여 수행되는 고객조사는 정성적인 방법과 정량적인 방법, 관찰법, 설문지법이 있다.

6.4.1.3 서비스과정 모니터

가상고객을 서비스에 투입하여 관찰하는 방법은 서비스 모니터링의 한 방법이다.

6.4.2 문제의 효과적 해결

고객들은 처음 수행되는 서비스의 경우 신뢰성에 가장 큰 관심을 두지만 서비스 회복 기간에는 과정차원에 보다 큰 관심을 두는 경향이 있다.

6.4.2.1 인간요소 육성

우수한 서비스 회복을 위하여 우수한 종업원이 필요하다. 일반적으로 종업원은 서비스문제에 적절히 반응할 능력이 없거나 반응할 의사가 없는 것으로 알려져 있다. 따라서 서비스 종업원이 회복역할을 효과적으로 수행할 수 있도록 적절한 훈련을 시키는 것이 중요하다.

또한 종업원에게 고객을 만족시킬 수 있는 권한을 부여하여야 한다. 그리고 종업원이 문제해결을 할 수 있도록 종업원의 능력을 확대하기 위하여 훈련과 권한부여가 필요하다.

종업원이 문제해결에 적극적으로 나서게 할 수 있도록 적절한 보상이 필수적이다. 서비스종업원이 좋은 문제해결 자가 되도록 동기를 유발하고, 더 나은 문제해결 자가 되도록 자극하기 위한 보상 시스템이 필요하다.

6.4.2.2 회복경험 학습

문제해결 상황은 고객서비스 개선을 위한 매우 가치 있는 진단적, 처방적 정보의 원천이다. 서비스 기업은 각 회복경험을 전 종업원에게 전파하여 학습할 수 있도록 배려하여야 한다.

연 습 문 제

1. 현대사회의 서비스 경영의 특징을 여러 측면에서 논술해 보시오.

2. 제품과 서비스의 차이점에 대하여 설명하시오.

3. 제품과 서비스를 접목한 고객확보전략에 대하여 논술해 보시오.

4. 서비스품질 측정방법에 대하여 논의해 보시오.

제13장

시그마 품질경영

식스 시그마 경영은 기업 구성원들의 사고와 행동방식을 송두리째 바꿔 놓은 경영철학으로 식스 시그마 운동은 제품설계 제조 서비스품질 산포를 최소화해 규격상한과 하한이 목표로 정한 품질 중심으로부터 6시그마 거리에 있도록 하겠다는 목적으로 식스 시그마 경영은 불량을 통계적으로 측정 · 분석하고 그 원인을 제거함으로써 식스 시그마수준의 품질을 확보하려는 전사차원의 활동이다. 따라서 본장에서는 식스 시그마 경영철학을 이해하고 식스 시그마 경영에 대하여 논하자고 하였다.

1. 식스 시그마 품질경영

1.1 식스 시그마의 정의

식스 시그마(Six Sigma)는 제품이나 서비스를 초월하여 모든 경영관리 시스템 전 분야에 적용 가능한 경영혁신 도구로서 프로세스에 내재된 문제점을 제거하여 손실을 획기적으로 줄여주는 도구로서 식스 시그마 용어는 결점을 제로에 가깝게 줄이는 목표를 지칭한다.

시그마란 그리스 문자로서, 통계학자들이 "모집단의 표준 편차"를 나타내기 위해 사용해온 것이다. 시그마 혹은 표준 편차는 한 그룹(모집단)안에 얼마나 많은 변동이 있는지를 말해준다. 변동이 크면 클수록 표준편차도 커진다. 따라서 통계학적인 관점에서 보면 식스 시그마의 목적은 변동을 줄임으로써 아주 작은 표준편차에 도달해서 우리가 제공하는 제품이나 서비스의 거의 모든 것이 고객의 요구를 만족시키거나 혹은 그것을 초과 달성하도록 하는데 있다(Peter S. Pande et al., 2002).

시그마(sigma)란 통계적 용어로 표준편차(standard deviation)를 의미한다. 식스 시그마는 불량의 발생확률을 말하며 통계적 용어로 1백만 번의 검사 중에서 3.4개의 결함을 나타내는 수준을 식스 시그마 수준이라고 한다.

1.2 식스 시그마 정책

식스 시그마의 창시자인 Mikel J, Harry의 식스 시그마에 대한 개념으로 통계적 측정치, 기업 전략, 기업의 철학으로 분류하였다(문혜란 외, 2004).

1.2.1 통계적 측정치

객관적인 통계수치로 나타나기 때문에 제품이나 업종, 업무 및 생산 프로세스가 달라도 비교가 가능하고 고객만족의 달성 정도와 방향 등을 정확하게 알 수 있게 해주는 척도로 제품이나 서비스 공정의 적합성을 표현하는 탁월한 척도이다.

1.2.2 기업전략

시그마 수준을 높이는 만큼 서비스가 높아 원가절감으로 경쟁우위를 시그마수준과 같게 해준다.

1.2.3 기업의 철학

서비스의 생산방식으로부터 인사, 경리, 원무, 진료, 생산, 검사 등 모든 부서에서 발생할 수 있는 불량을 감소시키는 것이다. 식스 시그마는 직장 내의 새로운 사고방식을 갖게 해준다. Mikel J, Harry는 "만약 우리가 수치로 설명할 수 없다면 우리는 그것을 잘 알지 못할 것이다. 잘 알지 못하면 우리는 관리할 수 없다. 관리할 수 없다면 품질개선의 기회를 잃게 된다."고 하였다.

1985년 미국 모토롤라에서 처음 사용하기 시작한 식스 시그마는 전략적인 프로세스 개선과 신제품 그리고 서비스 개발을 위하여 전략적인 방법과 과학적인 방법으로 고객 결점률을 드라마틱하게 줄여주는 조직적이고 시스템적인 방법이라고 정의한다.

식스 시그마는 통계적인 측정단위로, 이 개념은 프로세스품질을 설명하는데 사용된다. 본래, $\pm 6\sigma$는 표준편차를 말한다. 식스 시그마는 품질 특성 값의 평균에서 규격의 상·하한값까지 $\pm 6\sigma$의 여유를 갖도록 함으로써 불량을 절대적으로 줄이는데서 기인한 것이다. 다시 말해서 품질 특성 값의 분포를 정규분포로 가정할 경우, 정상품 99.9999998%, 즉 불량률이 0.002ppb(표기, 2ppb ; part per billion)수준을 확보하는 것과 동일한 개념이다. 즉, 식스 시그마는 0.002ppm으로 10억분의 2회라는 확률이다. 그러나 이러한 수치를 달성한다는 것은 어려우며, 제품과 서비스 공정이 10억회 이상 반복적으로 발생한다고 볼 수는 없을 것이다. 또한 높은 목표치는 인간 지능의 한계성으로 인해 달성하지 못하기 때문에 각종 통계분석을 통하여 도달 가능토록 하기 위해서 평균치를 1.5시그마 이동하여 좌측의 결함을 무시 할 수 있는 4.5시그마 수준을 식스 시그마로 본다. 식스 시그마에서는 100만 번의 제품과 서비스 제공 기회에서 3.4개 이내의 결함을 제안한다(3.4 DPMO).

과거 인기가 있었던 경영기법과 달리 식스 시그마는 품질개선과 경영의 탁월성을 위한 체계적인 경영기법으로 평가되고 있다. 현재 국내 대기업을 포함한 제조업체들에서는 식스 시그마 경영을 도입하는 기업이 늘어나고 있으며 서비스 및 공공서비스 분야에서도 식스 시그마 경영을 도입하고 있거나 도입하기 위해서 검토단계에 있는 경우도 있다.

정리하면 통계용어에 불가하던 식스 시그마를 기업경영에 도달하여야 할 목표치로 설정한 것이 식스 시그마 운동의 출발점이다. 즉, 식스 시그마는 제품과 프로세스 상에서 무결점 즉, 품질성과를 달성할 수 있도록 자료 중심적인 접근 방법이라고 할 수 있다. 식스 시그마의 목표 달성을 위한 필요 도구는 '식스 시그마 프로그램'이다. 이 프로그램을 전사적으로 추진하는 것이 품질경영에서의 새로운 패러다임이 되고 있다고 볼 수 있다.

식스 시그마는 통계적인 측정단위로 프로세스 품질을 설명하는데 사용된다. 이것을 도표로 나타내면 다음과 같다.

〈표 13-1〉 규격한계와 부량품의 관계

규격한계	양품률(%)	불량품(ppm)
± 1 σ	68.27	317,300
± 2 σ	95.45	45,500
± 3 σ	99.73	2,700
± 4 σ	99.9973	63
± 5 σ	99.99973	0.57
± 6 σ	99.99999973	0.002

정규분포에서 목표 값으로부터 표본의 평균 이동은 편중이라고 한다. 이러한 원인은 잘못된 공구로 인한 갑작스런 공정평균의 이동 또는 공구의 마모에 의한 점진적인 변화의 결과를 의미한다. 이러한 편중은 ±1.5시그마 이내라는 사실이 경험적으로 증명되었다. 이것을 식으로 나타내면 다음과 같다.

$$\mu = \frac{S_L + S_u}{2} + 1.5\,\sigma$$

이러한 결과를 모토롤라에서 운용하고 있는 식스 시그마운동에 적용할 경우, +1.5시그마, -1.5시그마만큼 이동해 있는 경우 3.4ppm으로 불량률이 증가하게 된다. 따라서 식스 시그마는 3.4ppm의 불량률을 목표로 하고 있는 것이다. 이것을 식으로 나타내면 다음과 같다.

$$P(x > S_u) = P\left(Z > \frac{S_u - \mu}{\sigma}\right) = P\left(Z > \frac{S_u - \dfrac{S_u + S_L}{2} + 1.5\sigma}{\sigma}\right)$$

$$= P\left(Z > \frac{\dfrac{S_u - S_L}{2} - 1.5\sigma}{\sigma}\right) = P\left(Z > \frac{6\sigma - 1.5\sigma}{\sigma}\right)$$

$$= P(Z > 4.5) = 0.00000340$$

결과적으로 경영혁신 수단으로서의 식스 시그마 운동은 제품설계 및 서비스의 품질 산포를 최소화하여 규격상한과 하한이 품질 중심으로부터 식스 시그마의 거리, 즉 1백만 개 중 3.4개에 있도록 하겠다는 것이다. 단지, 통계용어에 불과하던 식스 시그마를 기업경영에 도달하여야 할 목표치로 설정한 것이 식스 시그마 경영의 출발점이다. 식스 시그마의 목표달성을 위한 필요도구는 '식스 시그마 프로그램'이다.

이와 같은 식스 시그마경영은 품질에 대한 새로운 정의를 내리게 되었다. 과거의 품질의 정의는 제조품질로서 스펙(specifications)의 허용오차 내에 들어가는 제품과 서비스를 생산하는 것이었다면 식스 시그마 혁신전략의 품질의 정의는 기업과 소비자에게 경제적 가치와 실질적 효용까지 포함시킨다. 여기서 품질이란 모든 비즈니스 관계에 있어서 고객과 기업을 위해 실현되는 '가치부여(value entitlement)'상태를 의미한다. 그래서 새로운 품질의 정의는 가치부여를 달성하는데 초점을 둔다. 식스 시그마 세계에서 가치부여란 실현 가능한 최고의 수익성을 달성하기 위해 생산하여야 하는 제품의 품질수준에 대한 기업의 소망을 뜻하고 소비자들에게 있어서 부여란 가급적 최저비용으로 고품질 제품을 사고자 하는 소망을 의미한다. 가치(value)란 소비자와 제품 및 서비스를 창출하는 기업 모두에게 경제적 가치와 실질적 효용 그리고 이용성을 의미한다. 고객에게 있어서 실질적 효용이란 완제품의 세 가지 특성 즉, 형태와 적합성 그리고 기능을 의미한다. 이 세 가지 특성은 전부 고객의 욕구를 충족시켜야 한다. 또한 전통적으로 결함(defect)란 고객의 기대나 욕구를 충족시키지 못하는 모든 것을 의미한다. 그러나 식스 시그마는 결함을 훨씬 더 광범위하게 정의하여 결함이란 프로세스나 서비스를 방해하는 모든 요인들을 말한다(안영진, 1999).

1.3 식스 시그마 경영효과

1.3.1 식스 시그마경영 효과

식스 시그마는 비즈니스의 성공을 달성하고, 유지하고, 극대화하기 위한 포괄적이고 유연한 시스템으로 식스 시그마는 고객의 요구에 대한 철저한 이해와 사실 정보, 데이터 및 통계 분석의 능숙한 사용과 비즈니스 프로세스의 관리, 향상, 재설계에 대해 면밀한 주의를 기울임으로써 이루어진다. 식스 시그마는 조직을 위해 식스 시그마의 잠재성을 개발하려는 우리의 노력에 대한 기반을 제공할 것이다. 식스 시그마의 효과는 다양하며 성공적인 식스 시그마를 달성하면 다음과 같은 효과를 얻을 수 있다(신완선 외, 2002).

① 비용절감

② 생산성 향상
③ 시장 점유율 성장
④ 고객보유
⑤ 사이클 타임 단축
⑥ 불량률 감소
⑦ 문화 변화
⑧ 제품 및 서비스 개발

1.3.2 식스 시그마경영 혜택

식스 시그마를 경영한 GE의 사례에서 살펴보면 식스 시그마 경영은 다음과 같은 혜택을 가져다준다(신완선 외, 2002).

1.3.2.1 지속적인 성장을 가져온다.

지난 수년 동안 많은 기업들이 탄생하고 사라져 갔다. 많은 기업들이 실패한 이유 중의 하나가 변화하는 환경에 적응하기 위한 조직혁신을 추진하지 못하였기 때문이다. 식스 시그마는 조직에 대한 끊임없는 재충전으로서 혁신적인 조직을 창출할 수 있는 도구이다.

1.3.2.2 조직원 전체에 대한 목표를 수립한다.

식스 시그마는 공동의 목표에 집중하고 공통의 비즈니스 프로세스와 고객을 이용하여 지속적인 목표를 창출한다. 또한 식스 시그마의 성과는 완벽에 가깝다. 고객의 요구사항을 이해하고 목표에 대한 성과를 완벽하게 수행하는 것이다.

1.3.2.3 고객에 대한 가치를 중심으로 한다.

GE의 사례에서와 같이 품질이 경쟁업체보다는 우수할지는 몰라도 고객을 위한 아주 특별한 제품이 고객들에게 유일하고 진정한 가치 선택이 되는 제품이 아님을 인정하고 식스 시그마의 중점을 고객에게 어떤 가치를 전달하고 이러한 가치가 어떻게 고객을 만족 시킬 것인가를 식스 시그마를 통하여 계획하게 되었다.

1.3.2.4 개선을 가속화한다.

매년 개선 목표를 설정하여 조직 내에서 경쟁하도록 만들었다. 또한 고객의 기대도 상승되었다. 훈련과 아이디어를 도출하여 식스 시그마를 추진하였다.

1.3.2.5 목표를 수평적으로 공유한다.

학습조직에서와 같이 식스 시그마도 학습조직을 통하여 새로운 아이디어를 공유하고 창출하는 접근법이다. 식스 시그마는 조직학습도구로서 중요한 역할을 한다. 프로세스 개선에서 전문 지식을 갖춘 벨트들이 관리하고 향상시키는 식스 시그마의 방법은 짧은 학습곡선을 창출하고 아이디어를 신속하게 응용할 수 있다.

1.3.2.6 전략적 변화를 수행한다.

새로운 제품을 도입하고 새로운 사업을 시작하고, 새로운 시장에 진입하고, 새로운 조직을 얻는 것과 같이 한때 특별한 비즈니스 활동이었던 것들이 이제는 많은 기업들 사이에서 평범한 일이다. 기업들은 프로세스와 절차를 더 잘 이해해야만 21세기 비즈니스 성공이 요구할 커다란 변화를 수행할 수 있는 능력을 얻게 될 것이다.

1.3.3 식스 시그마 경영의 주제선정

경영혁신의 주제선정은 새로운 것을 창출하기 위하여 어려운 주제를 찾고자 한다. 그러나 식스 시그마는 완전한 새로운 것을 창출하는 것이 아니라 현재의 경영방식에서 문제점을 찾아 현재의 방법을 접목하여 기업 내에서 단절된 아이디어와 도구들을 연결시키는 방법이다.

식스 시그마를 추진하기 위한 6가지 주제선정 방법을 통하여 식스 시그마를 기업에 어떻게 접목하는지를 알아 볼 수 있다(신완선 외 2002).

1.3.3.1 고객에 대한 진정한 관심

식스 시그마 경영은 고객을 최우선으로 한다. 식스 시그마 성과 측정 역시 고객만족으로부터 시작한다. 또한 개선의 초점도 고객의 요구사항과 성과에 미치는 영향력으로 정의 한다. 따라서 어떻게 고객의 요구사항을 정의하고, 성과를 측정하고, 고객을 위한 새로운 개발과 최고의 위치에 머물 것 인가를 찾는 것이다.

1.3.3.2 데이터에 의한 경영

식스 시그마는 사실에 의한 경영이다. 식스 시그마는 기업의 사실적인 데이터를 분석하여 핵심변수를 구축하고 결과를 최적화하는 것이다.

1.3.3.3 프로세스 지향, 관리 그리고 개선

기업을 운영하는 데는 프로세스가 있다. 제품과 서비스를 생산하고 기업의 성과를 측정하고, 고객만족을 향상시키기 위한 프로세스는 식스 시그마 성공의 핵심 수단이다.

1.3.3.4 순향(順向 : Proactive Management) 경영

순향적이란 선행 학습이 다음 학습에 영향을 주는 것으로서 순향적 경영은 무시되었던 것을 사업에 적용하여 실천하는 것이다. 지루해 지거나 지나치게 분석하려는 것과는 달리 순향적 경영은 실제적인 창의성과 효과적인 변화를 위한 출발점이다.

1.3.3.5 벽없는 협력

조직의 상하부와 조직 내에 만연한 장벽을 없애고 팀워크를 향상시키는 경영기법이 식스 시그마이다. 식스 시그마는 구성원간의 협력을 통하여 프로세스 내에서 상호의존하고 협력하여 기회를 확장시켜 나가는 것으로 기업의 목표달성을 위하여 프로세스를 이용하여 경영구조를 창출하는 것이다.

1.3.3.6 완벽한 추진과 실패에 대한 용인

새로운 아이디어를 시도하지 않고 식스 시그마에 도달할 수 없다. 고객을 위하여 더 좋은 서비스와 낮은 비용, 새로운 능력을 달성하기 위하여 식스 시그마를 추진할 때 조직원은 실수를 두려워 할 것이다. 따라서 식스 시그마의 핵심은 실수를 기꺼이 용인하는 반면 더욱 완벽한 프로세스를 추진하기 위하여 지속적으로 노력한다.

〈표 13-2〉 기존의 품질관리와 식스 시그마의 차이점

구분	기존의 품질관리	식스 시그마 품질관리
기본관점	조직의 관점	고객만족 중심
추진자	현장 담당자 중심	사내 전문가 중심으로 품질 개선
적용범위	생산공정의 실수나 오차	조직 전체의 Total Process, 구매, 서비스, 마케팅 등.
개선방법	임기응변적 대처	경영 프로세스의 총체적 설계
품질수준	현상의 품질	경영의 품질
목표	생산공정의 만족	고객만족
측정지표	불량률(%)	시스마 수준
추진방법	하위상달 방식	상위하달 방식

출처 : 문혜란 외(2004), 「6시그마 정도관리」.

1.4 식스 시그마로 가는 길

고객에 대한 지식과 효과적인 측정은 식스 시그마의 3엔진과 함께 식스 시그마의 중요한 연료이다. 이 모든 것은 조직의 프로세스 집중되며, 이 세 가지 요소들의 연관은 식스 시그마가 가져온 가장 중요한 혁신 중의 하나이다. 이 세 부분은 프로세스 개선, 프로세스 설계/재설계, 프로세스 매니지먼트이다(Peter S, Pende et al., 2002).

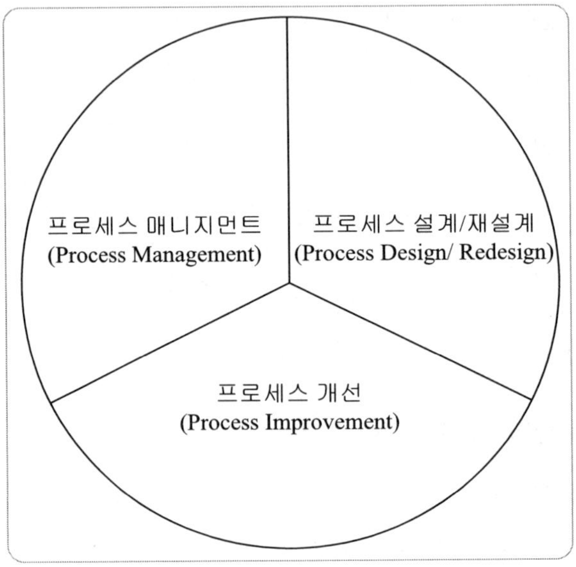

[그림 13-1] 식스 시그마의 3엔진

1.4.1 프로세스 개선

프로세스 개선이란 기업의 프로세스에 이미 존재하고 있는 경영의 문제점들의 근본 원인을 찾아내어 이를 제거하기 위한 해결 방안을 모색하는 전략을 말한다. 프로세스 개선 노력이란 기본적인 프로세스는 현재의 경영방법대로 추진하고 프로세스의 변동 원인을 제거함으로써 문제를 고치는 것을 말한다. 프로세스 개선팀은 프로세스에 의해 발생되는 원치 않는 Y(결함)를 만들어내는 결정적인 X(원인들)를 찾는 것이다. X는 문제의 원인이나 비즈니스 프로세스에 영향을 미치는 요인을 말하며, Y는 프로세스의 결과로서 식스 시그마 경영을 추진하면서 성취하고자하는 결과를 Y로, 이러한 성취하고자 하는 결과에 영향을 미치는 요인 X들을 인식하는 것을 말한다.

프로세스 개선팀은 문제를 공략하기 위해 5가지 단계를 밟는다.

1.4.1.1 정의(Define)

문제점과 고객이 원하는 것을 정의 한다.
중요한 것이 무엇인지 문제를 정의 한다.

1.4.1.2 측정(Measure)

결함과 프로세스의 운영을 측정한다.
어떻게 실행할 것인가를 측정한다.

1.4.1.3 분석(Analyze)

데이터를 분석하고 문제의 원인을 발견한다.
잘못된 것이 무엇인가를 분석한다.

1.4.1.4 개선(Improve)

결함의 원인을 제거해 프로세스를 개선한다.

1.4.1.5 관리(Control)

결함이 다시 재발하지 않도록 프로세스를 관리 한다.

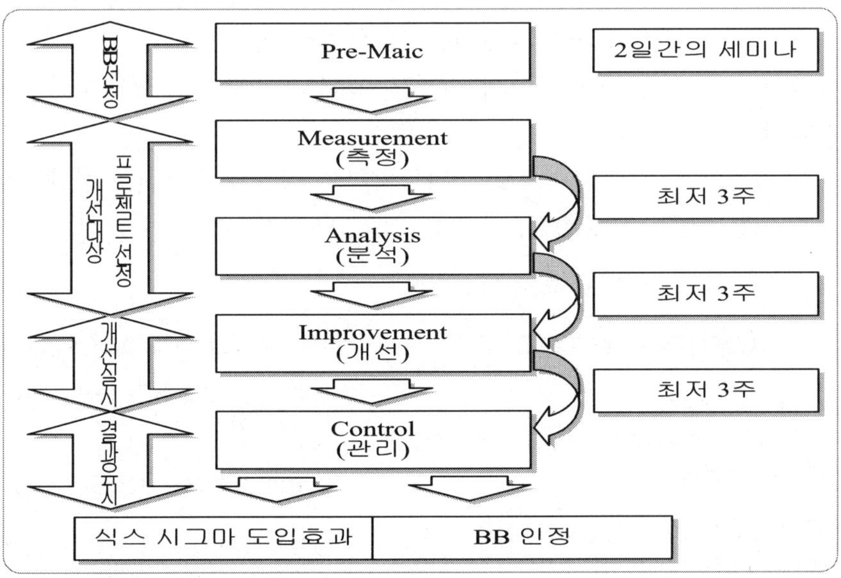

출처 : 문혜란 외(2004), 「6시그마 정도관리」.

[그림 13-2] MAIC 추진과정

1.4.2 프로세스 설계/재설계

프로세스 설계/재설계는 핵심프로세스를 단순히 고치는 단계가 아니라 전면적으로 재개편이 필요하거나 고객의 요구품질 수준을 프로세스를 일부 개선하여 달성하기 어려울 경우와 새로운 제품이나 서비스를 제공할 때는 프로세스 설계/재설계가 필요하다.

프로세스 설계/재설계는 일반적으로 프로세스 개선보다는 시간이 많이 걸린다. 이는 새로운 제품이나 서비스를 위하여 새로운 프로세스를 만드는 것으로 기존의 프로세스 개선보다는 실패의 위험도 크다.

1.4.3 프로세스 매니지먼트

프로세스 매니지먼트는 프로세스 개선을 통하여 나타난 식스 시그마 성과를 전체 조직에 전파하기 위한 것으로 프로세스 매니지먼트는 서로 다른 부서들 간에 개별적인 기능들을 관리하는 것이 아니라 전 조직의 프로세스를 동시에 관리하는 것이다.

프로세스 매니지먼트는 조직이 구조화되고 관리되는 방식에 대한 근본적인 변화를 요구하기 때문에 식스 시그마의 세 가지전략 중 가장 숙달하기 어려운 것이기도 하다. 그럼에도 불구하고 프로세스 매니지먼트가 없으면 식스 시그마는 추진할 수가 없다. 프로세스 매니지먼트는 다음과 같은 것 들이 포함되어 있다(Peter S, Pende et al., 2002).

① 프로세스, 고객들의 주요 요구사항, 프로세스의 책임자를 정한다.
② 고객요구 사항과 주요 프로세스 지수를 측정한다.
③ 데이터를 분석하여 측정 기준의 수준을 높이고 프로세스 매니지먼트 메커니즘을 보강한다.
④ 인풋/운영/아웃풋을 지속적으로 모니터링하여 성과를 통제하고 문제점들과 프로세스변동들에 재빨리 대응한다.

〈표 13-3〉 개선 프로세스와 설계프로세스의 비교

구분	식스 시그마 개선 프로세스	프로세스 설계/재설계
1. 정의	- 문제를 파악한다. - 요구사항을 정의한다. - 목표를 정한다.	- 특정 또는 전반적인 문제를 파악한다. - 목표를 정의 한다. - 비전을 변화시킨다. - 범위와 고객요구 사항을 명백하게 한다.
2. 측정	- 문제/프로세스를 확인한다. - 문제/목표를 정의한다. - 핵심단계/인풋을 측정한다.	- 요구사항에 대한 성과를 측정한다. - 프로세스 효율성 데이터를 수집한다.
3.	- 원인 가설을 개발한다.	- 베스트 프랙티스를 파악한다.

분석	- 중요한 소수의 근본원인을 파악하라. - 가설을 확인하라.	- 프로세스 설계를 평가한다 • 부가가치/비부가가치 • 병목/단절 • 교체경로 - 요구사항을 보강한다.
4. 개선	- 근본원인을 제거하기 위해 아이디어를 개발한다. - 해결방안을 시험한다. - 해결방안을 표준화 한다. - 결과를 측정한다.	- 새로운 프로세스를 설계한다. • 가정에 도전한다. • 창의력을 쏟아 붓는다. • 워크폴로우 원칙 - 새로운 프로세스, 구조, 시스템을 구현한다.
5. 관리	- 성과를 유지하기 위해 표준을 확립한다. - 필요에 따라 문제를 수정한다.	- 측정기준을 확립하고, 성과 유지를 위해 재검토한다. - 필요에 따라 문제를 수정한다.

출처 : Peter S, Pende et al.,(2002), 「The Six Sigma Way」.

1.5 식스 시그마 로드맵

식스 시그마를 추진하기 위하여 이상적인 로드맵을 구축하는 방법으로서 식스 시그마 개선을 뒷받침하여 주고 유지시켜주기 위한 기초를 구축한다. 로드맵의 특징은 다음과 같다(신완선 외, 2004).

① 프로세스와 고객들의 상호 연관된 시스템으로서 비즈니스에 대한 보다 명확한 이해
② 식스 시그마 개선으로부터 가능한 가장 많은 양의 혜택을 얻기 위한 보다나은 의사결정과 자원의 이용
③ 중요한 데이터와 프로젝트의 선정으로 인한 개선 사이클
④ 식스 시그마 이점에 대한 정확한 확인-비용, 결점, 고객만족 또는 기타 규준들
⑤ 변화를 지원해 주고 결과를 유지시키기 위한 더욱 강력한 인프라 구축

1.5.1 1단계 : 핵심 프로세스와 중요 고객파악

글로벌화 되어감에 따라 제품과 서비스는 다양화되어 경영 프로세스를 수행하는데 필요한 전략을 수립하는데 어려움이 있다. 제1단계는 기업의 중요한 프로세스를 정의하고 광범위한 경영초점을 명확히 하는데 있다.

〈표 13-4〉 제1단계의 개요

목 표	산 출 물
조직의 가장 중요한 수평 기능 활동에 대해 그리고 그것들이 외부 고객들과 접하는 방법에 대해 명확한 '큰 그림'을 가지고 이해를 한다.	다음과 같은 세 가지 질문에 의해 유도된 당신의 조직에 있어서의 가치 전달 활동에 대한 '로드맵' 또는 목록 ① 우리의 핵심 또는 부가가치의 프로세스는 무엇인가? ② 우리는 고객들에게 어떠한 제품과 서비스를 제공하는가? ③ 프로세스들은 조직을 통해 어떻게 흐르는가?

출처 : Peter S, Pende et al.,(2002), 「The Six Sigma Way」.

1.5.2 2단계 : 고객의 요구사항을 정의

식스 시그마를 추진하게 되면 경영자는 진정으로 고객을 이해하지 못하였다는 것을 느끼게 된다. 이와 같이 식스 시그마는 진정으로 고객의 요구사항을 알아내는 것으로 식스 시그마의 도전적인 측면이다. 만약 고객의 욕구사항을 모른다면 경영혁신을 추진 할 이유가 없다.

기업이 경영혁신을 추진하기 이전에 기업의 문제에 빠져서 헤쳐 나오지 못한 것은 고객을 위한 서비스를 하고 고객이 무엇을 원하는지를 명확히 알고 있다고 판단하고 있었기 때문이다. 그러나 기업은 고객의 변화요구를 파악하지 못하고 시장의 변화에 대응하지 못하였다고 볼 수 있다.

〈표 13-5〉 제2단계의 개요

목 표	산 출 물
1. 프로세스 효과성/능력이 정확하게 측정될 수 있도록 그리고 고객만족이 예측될 수 있도록 하기 위해 고객 인풋에 근거한 성과 기준을 확립한다. 2. 계속되는 '고객소리'데이터 수집에 기여하는 시스템 전략을 개발하거나 향상시킨다.	각 아웃풋과 프로세스에 대한 고객만족을 이끌어 내는 요소들에 대한 명확하고 완벽한 설명(두 개의 핵심범주에 있어서 '요구사항', 또는 '규격') ① 고객에게 유효한 최종 생산물이나 서비스에 묶어있는 '아웃풋 요구사항'(품질 대가들이 '사용에 적합한 것'이라고 부르는 것) ② 조직이 어떻게 고객과 상호 작용하는지를 설명하고 있는 '서비스요구 사항'

출처 : Peter S, Pende et al.,(2002), 「The Six Sigma Way」.

1.5.3 3단계 : 현재의 성과측정

전 단계에서 고객의 요구사항을 파악하였다면 3단계에서는 이러한 고객의 요구사항에 맞는 프로세스를 개발하여 어떻게 전달할 것인가를 정의 하는 단계이다.

〈표 13-6〉 제3단계의 개요

목　　표	산　출　물
정의할 수 있는 고객의 요구 사항에 대한 각 프로세스의 성과를 정확하게 평가한다. 그리고 아웃풋 산출과 서비스 특성을 측정하기 위한 시스템을 확립한다.	① 기준 측정-현행/최근 프로세스 성과의 전략적 평가 ② 능력 측정-요구 사항을 전달하기 위한 현행 프로세스/아웃풋의 능력에 대한 평가. 여기에는 매우 다양한 프로세스의 비교를 허용하는 각 프로세스에 대한 '시그마'점수가 포함된다. ③ 측정 시스템-고객 집중성과 기준에 대한 계속되는 측정을 위한 새로운, 또는 향상된 방법들과 자원들

출처 : Peter S, Pende et al.,(2002), 「The Six Sigma Way」.

1.5.4 4단계 : 프로세스 개선

이 단계에서는 문제점과 결점을 제거시키고 프로세스를 향상시키기 위한 최적의 개선 방법을 도출하는데 있다. 식스 시그마는 기업의 복잡한 경영상의 문제점이나 단순한 프로세스의 결점을 개선시키는데 모두 사용된다.

〈표 13-7〉 제4단계의 개요

목　　표	산　출　물
높은 잠재적 개선 기회를 파악하고 사실분석과 창의적 사고가 뒷받침되는 프로세스 지향적 해결 방법을 개발한다. 또한, 새로운 해결방안과 프로세스를 효과적으로 수행하고 측정 가능하고 지속적인 수익을 제공한다.	① 개선 우선순위, 핵심역량과 실행가능성에 근거하여 평가된 잠재적 식스 시그마 프로젝트 ② 프로세스 개선, 특정 근본 원인을 목표로 한 해결 방안(즉 '지속적인', 또는 '점진적인' 개선) ③ 새로운 또는 재설계된 프로세스, 새로운 기술과 통합하거나 속도, 정확성, 비용 성과 등에 있어서 극적인 증가를 달성하여 새로운 요구 사항을 만족시키기 위해 만들어진 새로운 활동이나 작업 흐름(즉 식스 시그마 설계, 또는 비즈니스 프로세스 재설계)

출처 : Peter S, Pende et al.,(2002), 「The Six Sigma Way」.

1.5.5 5단계 : 장기적 비전을 구축

식스 시그마의 개선 프로젝트는 장기적인 실행을 통하여 달성될 수 있다. 식스 시그마 경영은 장기적이 관점에서 추진하여야 성과를 거둘 수 있다. 식스 시그마를 추진한 기업과 추진하지 않은 기업의 차이점은 고객과의 의시소통 및 피드백, 핵심의 변동을 추적하는 측정시스템, 고객의 욕구를 만족시키기 위한 새로운 프로세스 및 제품과 서비스의 개발에서 차이를 보이게 된다.

〈표 13-8〉 제5단계의 개요

목 표	산 출 물
성과 향상을 도출하고 지속적인 측정, 재검토, 제품과 서비스 프로세스, 절차의 갱신을 확실히 해 주는 계속되는 비즈니스 실행을 시도한다. 제5단계는 당신의 조직이 식스 시그마 조직의 비전을 달성하기 위해 열심히 노력하는 단계이다.	① 프로세스 통제, 성과 개선을 유지하기 위한 측정과 감시 ② 프로세스 책임과 관리, 고객의 소리, 시장의 소리, 종업원의 소리, 프로세스 측정 시스템으로부터의 투입과 함께 지원 프로세스의 수평기능 감독 ③ 반응 계획, 전략, 제품/서비스, 그리고 프로세스를 채택하기 위한 핵심 정보에 근거한 활동 메커니즘 ④ 식스 시그마 '문화', 일상적 비즈니스 환경의 중요한 부분을 위한 식스 시그마 주제들과 도구들과 함께 지속적 갱신을 위해 배치된 조직

출처 : Peter S, Pende et al.,(2002), 「The Six Sigma Way」.

2. 식스 시그마 조직구성

2.1 식스 시그마 전문가구성

식스 시그마는 단순히 데이터 분석 툴이나, 결함 계산 방법만은 아니다. 또한 팀 만들기에 관한 것도 아니다. 팀이란 마치 공사에 들어간 건물 주위에 발판을 만드는 것과 마찬가지로 조직의 재설계를 도와 줄 수 있도록 고안된 하부구조의 일부가 되어야 한다. 이러한 혁신 구조를 이해하는 한 가지 방법은 식스 시그마 조직을 발전시키는데 참여하고 있는 사람들의 역할을 검토하는 것이다. 반드시 개발되어야 하는 일곱 가지 기능과 역할은 다음과 같다(Peter S, Pende et al., 2002).

2.1.1 팀 구성원

일반적으로 검토되고 있는 프로세스 업무를 담당하기 위해 선발된 팀 구성원들은 온 힘을 모아서 서로 협력해야 하며, 필요한 데이터를 분석하여 개선해야 한다.

① 팀 작업에 적극 참여한다.
② 데이터 수집과 분석에 필요한 지시 사항들을 실행한다.
③ 다른 사람들의 말을 귀담아 듣고 토론이나 결정, 계획 등에 관한 좋은 회의 기술들을 연마한다.
④ 할당된 과제물을 완성하고 그 결과를 팀에 와서 발표 한다.
⑤ 수시로 팀 노력을 검토하고 회의 프로세스를 개선 한다.

2.1.2 팀 구성원 선발요령

한 명의 팀 리더에 4-5명 정도의 구성원들이 있는 것이 적당하다.

① 프로세스, 제품, 고객에 대해서 잘 알고 있어야 한다.
② 문제점이나 프로세스에 관한 데이터에 접근할 수 있는 능력이 있어야 한다.
③ 팀의 다른 구성원들과 기꺼이 상호 협력하여 일할 수 있어야 한다.
④ 일주일에 서너 시간은 데이터 수집과 팀 회의에 바칠 수 있는 능력이 있어야 한다.

⑤ 현상 유지되는 것들에 도전할 수 있는 자질을 갖추어야 한다.

2.1.3 프로세스 책임자

프로세스 책임자는 보통 특정 기능을 담당하는 관리자가 된다. 이들은 개선 팀이 만들어 낸 해결방안을 수용하고 개선된 프로세스를 관리하고 책임을 지는 '책임자'의 역할을 담당하게 된다.

결과적으로 식스 시그마가 발전해 가고 조직이 진화해 감에 따라 직무에 맞춰지던 초점은 점차 핵심 프로세스들에 맞춰지게 될 것이다. 그렇게 되면 프로세스 책임자의 업무도 프로세스를 전 조직에 걸쳐 처음부터 끝까지 관리하는 일이 될 것이다. 프로세스 책임자는 식스 시그마를 운영하는 조직에서 서서히 출현하게 된다. 프로세스 책임자의 권한은 프로세스 매니지먼트가 조직의 비즈니스 방법으로 선택되어 완전히 구현된 조직에서만 의미가 있다.

2.2 벨트제도와 역할

식스 시그마 조직 내에서의 특별한 역할을 지칭하는 벨트제도는 일본의 가라대 무술의 단수에서 영감을 받아 만들어진 것들로 각 벨트제도에 따라 교육과 훈련을 받고 프로젝트 수행에서 역할을 담당하게 된다.

[그림 13-3]의 식스 시그마 조직도 사례에서는 공장장을 중심으로 식스 시그마 혁신을 추진한다. 사례의 조직도에서는 TQM 추진팀과 공장추진 위원회는 매월 1회 추진실적 및 과정을 토의하고 문제점에 대한 개선 방안을 모색한다. 또한 부문 추진팀과 부문 추진위원회는 매주 1회 추진실적 및 과정을 토의하고 문제점에 대한 개선방안을 찾는다. 여기서 TQM 추진팀은 전사적 식스 시그마운동을 총괄 기획하고 실행상황을 점검하여 전사 및 공장 추진 위원회에 보고한다. 부문 추진팀은 부서별 식스 시그마활동 실적을 점검하고 매주 과정 및 실적을 취합 후 TQM 추진팀에 보고한다.

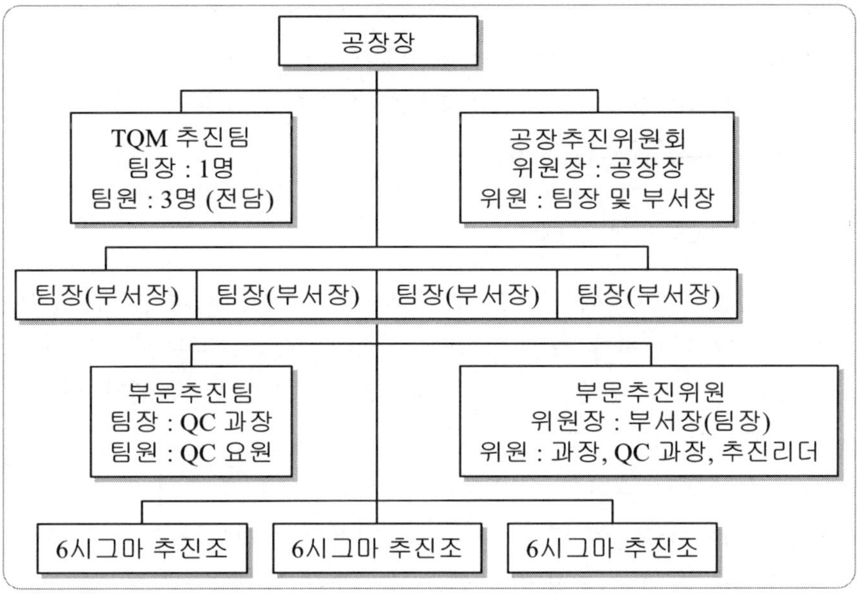

[그림 13-3] 식스 시그마 조직도 사례

2.2.1 챔피언(champion)

챔피언은 각 사업부 책임자들이 그 역할을 수행한다. 챔피언은 식스 시그마 활동을 위한 챔피언 역할, 프로젝트 선정방법, 블랙벨트와 그린벨트 선정방법, 기본적인 식스 시그마 추진 기법들을 알아야하고 식스 시그마 활동에 대한 주기적인 점검과 블랙벨트 및 그린벨트의 프로젝트 진행을 지원하고 추진상의 장애를 제거해 주는 역할을 한다. 챔피언의 주요역할은 다음과 같다(문혜란 외, 2004).

① 프로젝트의 선정 및 진행상태의 확인
② 블랙벨트와 그린벨트를 선정하고 프로젝트의 성공적 수행을 독려한다.
③ 각 부서원들의 원활한 협조체계를 구축한다.
④ 프로젝트 추진상의 장애물을 제거한다.
⑤ 챔피언은 식스 시그마 활동을 주 업무로 하지 않고 지원한다.

2.2.2 마스터 블랙벨트(master black belt : MBB)

식스 시그마 활동을 이끌어가는 역할을 하는 최고 전문가로 블랙벨트와 그린벨트를 지도하고 프로젝트과정의 이론적, 실무적인 문제를 해결해 주는 역할을 한다. 식스 시그마에 대한 해박한 이론적 지식과 각 벨트의 인력개발 의지와 지도능력 그리고 현장의 문제해결능력을 갖추어야 한다. 마스터 블랙벨트의 역할은 다음과 같다(문혜란 외, 2004).

① 블랙벨트의 프로젝트의 수행에 대한 자문과 지도
② 문제해결과정에서 발생하는 모든 실수를 해결하고 지원
③ 각종 기법과 교육 자료의 개발

2.2.3 블랙벨트(black belt : BB)

팀 리더 혹은 프로젝트 리더는 프로젝트에서 반복적으로 이루어지는 업무와 그 결과에 대해 일차적으로 책임져야 하는 사람이다. 블랙 벨트의 임무는 코치의 임무와 거의 흡사하지만 블랙 벨트는 구체적인 팀 하나만을 상대한다는 점에서 다르다(Peter S, Pende et al., 2002).

① 프로젝트의 이론적 근거를 검토하고 수정하고 명확히 한다.
② 팀 구성원들과 협력하여 팀의 방향과 실행계획을 개발하고 업데이트 한다.
③ 팀 구성원들을 직접 선발하거나 선발하는 것을 돕는다.
④ 팀에 사용될 자원이나 데이터를 파악하고 찾는다.
⑤ 팀 구성원들이 식스 시그마의 방법이나 툴들을 배우고 직접 구현할 때 팀 구성원들에게 지원을 아끼지 않는다.
⑥ 회의 관리 기술이나 의사결정 전략 기획 툴과 같은 것을 사용함으로써 팀원들이 효과적으로 시간을 사용할 수 있도록 한다.
⑦ 프로젝트 일정을 계획대로 유지하도록 하고 프로젝트를 제시간에 끝낼 수 있도록 팀을 독려한다.
⑧ 새로운 해결 방안이나 프로세스가 현재 진행 중인 업무에도 전이될 수 있도록 지원한다.
⑨ 프로젝트에 대한 최종 결과 보고서를 작성하고 스토리보드를 만들어 팀의 업무와 결과를 보여준다.

2.2.4 그린벨트(green belt : GB)

그린벨트는 식스 시그마를 추진하는 최일선의 실무자로 블랙벨트가 주도하는 추진팀의 팀원이다. 그린벨트는 현업에서 업무를 수행하면서 식스 시그마 활동에 참여한다. 식스 시그마 프로젝트에 대해 블랙벨트들의 작업 범위의 연장선상에 있는 사람들이다. 특정 분야에 파트타임으로 참여하며, 자신들의 소규모 프로젝트에 참여 한다.

2.2.5 화이트벨트(white belt : WB)

화이트벨트는 현업에서 업무를 담당하면서 식스 시그마 프로젝트 수행에 참여하는 조직원으로서 개선에 직접 참여한다. 프로젝트와 관련된 파트타임 프로세스에 그리고 부서를 뛰어넘어 지원을 제공할 수 있도록 기본적인 식스 시그마 훈련을 받는다. 이들은 블랙벨트의 지도하에 식스 시그마프로젝트에 의해 창출된 결과를 유지할 수 있도록 협력할 뿐만 아니라 데이터를 수집하고 분석한다. 프로젝트 팀원들은 프로젝트에 파트타임으로 일할 수도 있고, 프로세스와 직접 또는 간접적으로 관련된 분야에 대해 경험을 공유할 수도 있다.

〈표 13-9〉 식스 시그마 벨트자격 기준 사례

구 분	교육훈련 이수	과제해결	과제지도
화이트벨트	- 시험평가 점수 : 60점 이상 - 출석률 : 70% 이상		
그린벨트	- 시험평가 점수 : 70점 이상 - 출석률 : 80% 이상	- BB과제 : 1건/년 이상	
블랙벨트	- 시험평가 점수 : 70점 이상 - 출석률 : 80% 이상	- BB과제 : 2건/년 이상 - GB, BB 교육훈련 각 5명 이상	- 1건/년 이상

3. 식스 시그마 추진

3.1 정의단계(Define)

정의단계에서 문제 진술서나 목표를 보강하고 조사 중인 프로세스와 관련이 있는 고객을 파악하며 고객의 요구사항을 정의하고 프로젝트를 어떻게 완수할 것인가에 대해 기록한다. 정의단계에서는 주요고객과 고객의 요구사항(CTQ)을 정의하고 개선대상의 프로세스를 선정한다.

[사례]

- 판매량이 3/4분기동안 계속해서 지난해 수준을 훨씬 밑돌아 현금 흐름이 사상 최저치를 기록했다.
- 고성능 제품의 판매가 지난해 이래로 20% 감소함에 따라 현금 흐름이 급격히 감소하는 원인이 되고 있다.

문제점 진술서는 다음의 질문에 대한 답변으로 구체화 한다.

① 무엇이 잘못 되었는가?
② 문제가 어디서 나타났는가?
③ 문제가 얼마나 큰가?
④ 문제가 비즈니스에 미친 타격은 무엇인가?

〈표 13-10〉 서비스 요구사항 및 아웃풋 요구사항의 사례

서비스 요구사항		아웃풋 요구 사항	
프로세스	전형적 요구 사항	아웃풋	전형적 요구 사항
자동차 판매/구매 프로세스	• (2분 이내에)관심을 촉발 시킨다. • 압박감을 주지 않는다(고객을 10분마다 체크한다). • 시범 운전을 해볼 수 있는 능력 (모든 차가 시범 운행이 가능한	자동차	• 엔진이 0.5초 이내에 시동이 걸린다. • 연비 능력이 등급과 같거나 더 좋다. • 자동차 잠금장치가 제대로 작동

	상태로 준비되어 있다).		한다.
담보 대출 신청/승인 프로세스	• 고객의 일정에 따라 대출양식을 완성해 준다. • 신청에 필요한 문서들을 체크 목록에 포함시킨다. • 15일 이내에 신청자에게 결과를 통보한다.	담보 대출	• 에스크로우(escrow)가 종료되자마자 대금 거래가 완료되었다. • 대불서류에 있는 날짜를 정확히 지킨다. • 유리한 이자율
도매 패키지음식 주문 프로세스	• 고객 친화적인 주문 프로세스(팩스 양식을 사용할 수 있음). • 고객에게 언제 선적된 물건이 부두를 떠나는지 통보한다(전화 팩스). • 사후 조사를 통해 고객들이 주문에 만족하고 있는지 확인한다(제 시간에 도착 했는지 손상된 제품은 없는지 등).	포장 식품의 선적	• 고객이 요청한 날짜까지는 배달한다. • 파렛(pallet)를 이용한 선적 시스템을 이용 • 하자 없는(손상 없는) 제품

출처 : Peter S, Pende et al., (2002), 「The Six Sigma Way」.

〈표 13-11〉 고객의 요구사항 기술 사례

잘못된 사례	잘된 사례
- 신속한 배달	- 구매 주문 영수증 접수일로부터 영업일 3일 이내 배달완료 한다(구매주문은 반드시 오후 3시 이전에 접수해야 한다).
- 모든 환자들을 내 가족처럼 대한다.	- 입구에서 대기실로 들어오는 20초 동안에 환자를 만나 인사를 나눈다. - 모든 환자들을 "씨"라는 호칭으로 정중하게 부른다. - 환자의 허락이 있다면 편하게 이름을 부른다.
- 제품을 조립하기 쉽도록 만들고 전문적인 기술이 많이 필요하지 않게끔 한다.	- 1200모델 자전거들은 어느 성인이 조립하더라도 15분 이내에 할 수 있어야하고, 스패너와 십자드라이버만 사용해도 아무런 문제없이 조립할 수 있어야 한다.

출처 : Peter S, Pende et al., (2002), 「The Six Sigma Way」.

〈표 13-12〉 프로젝트 워크시트 사례

DMAIC 프로젝트 현장 워크시트	
프로젝트 제목: 멍자국을 없애자 개선 팀	팀구성원 블렉벨트 : 수잔 테라곤 그린벨트 : 냇 콜린스, 트레이 브루맨, 로스코 스미스, 앨리 스미스
프로젝트 리더: 아이리스 워싱턴 팀리더	
비즈니스 케이스 로버카는 미드웨스트오토의 중요한 틈새시장이다. 스탬핑 공정의 문제로 인한 반품 환불 비용이 한 달에 약 15만 달러에 달한다. 판매 손실로 인한 비용은 알 수 없는 상태이다.	목표 진술서 2008년 10월 15일까지 멍자국의 수를 스펙 수준, 혹은 문짝당 3 미만으로 줄인다.

문제점/기회 진술서 로보카 문짝에 나타난 멍자국은 지난 6개월간 평균 2개 내지 3개였던 것이 18개까지 크게 증가했다. 일단 문에 페인트 작업이 끝나면 이 멍자국은 더욱 선명해 지기 때문에 점점 더 많은 반품이 돌아오고 있다. 더욱이 미처 찾아내지 못한 멍자국이 전시장에서 발견되어 로버카 차량판매에 타격을 주고 있다.	
프로젝트 범위, 제약, 가정 새로 장비를 구입하거나 그 공정에 새로 직원들을 투입할 계획은 없다. 챔피언과 논의한 후에 좋은 데이터들을 수집해 사용하기만 한다면 팀에서는 모든 결정에 대해 권한을 가질 수 있다.	이해관계자 팀 후원 : 제리 트라비아노 운영진 : 자재구매자, 스탬핑 공정 전원

예비 계획	목표일	실제일
시작일	7월 7일	
정의	7월 15일	
측정	7월 29일	
분석	8월 26일	
개선	9월 23일	
관리	10월 15일	
완료일	10월 15일	

출처 : Peter S, Pende et al., (2002), 「The Six Sigma Way」.

3.2 측정단계(Measurement)

측정은 식스 시그마로 가는 길에서 매우 중요한 전이 단계로서 문제점을 정교하게 다듬고 근원적인 원인 규명을 시작하는데 도움을 준다. 어떤 척도를 사용할 것인가를 결정하는 것이 어려운데, 특히 DMAIC을 처음 시작한 팀의 경우가 그럴 것이다. 처음에는 그저 무엇을 어디서 측정할 것인가를 파악하는데 있어 가정에 의존할 수밖에 없을지 모른다. 경험이 많아지면 프로세스는 어떻게 수행되고 있는가? 혹은 변동이 고객에 미치는 영향은 무엇인가? 이 문제의 원인은 어디에 있는가? 등과 같은 구체적인 문제를 답하기 위해서 어떤 종류의 데이터를 수집해야 하는지 잘 알 수 있게 될 것이다. 단, 어떤 데이터를 수집하던 간에 반드시 왜/어떻게 우리 팀의 프로세스가 고객의 요구사항들을 만족하고 있는가, 혹은 만족하고 있지 않은가에 대해 해결의 실마리를 가져다 줄 수 있는 데이터여야 한다. 측정의 기본 개념은 다음과 같다(Peter S, Pende et al., 2002).

[기본적인 측정의 개념]

① 관찰을 먼저하고 측정은 다음에 한다.
② 이산형 척도와 연속형 척도의 차이점에 대해 이해한다.
③ 근거를 찾기 위한 척도
④ 측정 프로세스를 마련한다.

〈표 13-13〉 시그마 계산 워크시트

시그마 계산 워크시트

프로세스의 시그마 수준은 여러 가지방법으로 결정될 수 있다. 아래에 제시된 단계들은 프로세스의 끝에 나타난 결함의 수를 토대로 한 가장 간단한 방법이다(일반적으로 '프로세스 시그마'라고 한다).

1단계 : 프로세스, 단위, 요구 사항들을 선택한다.

➢ 평가하고자 하는 프로세스를 확인한다..(프로세스)
➢ 프로세스가 생산하는 것 중에 가장 주요한 것은 무엇인가?.............................(단위)
➢ 단위에 있어 고객의 주요 요구 사항은 무엇인가?.....................................(요구사항)

2단계 : 결함과 기회의 수를 정의한다.

➢ 위에 기술된 요구사항을 토대로 단일 단위에 있을 수 있는 모든 가능한 결함들의 목록을 적고, 결함들은 반드시 객관적으로 파악할 수 있게 한다.................................(결함)
➢ 단일 단위에서 얼마나 많은 결함들이 발견되었는가?......................................(기회)

3단계 : 데이터를 수집하고 DPMO를 계산한다.

➢ 프로세스 마지막 데이터를 수집한다............(세어본 단위 수)................(총 결함 수)
➢ 수집된 데이터에서 기회가 총 얼마인지를 결정한다.
세어본 단위 수 X 기회 =...(총 기회)
➢ 100만 번의 기회당 결함 수를 계산한다.
세어 본 결함 수 / 총 기회 X 10^6 = ...(DPMO)

4단계 : DPMO를 시그마로 전환한다.

➢ 전환표를 사용하고 측정된 시그마 수준을 적는다.......................................(시그마)

출처 : Peter S, Pende et al., (2002), 「The Six Sigma Way」.

3.3 분석단계(Analysis)

분석단계는 구체적인 문제점을 도출하기 위해서 개선기회를 분석하여 쉽게 이해할 수 있도록 문제를 정의한다.

데이터의 분석은 결함의 원인에 관한 이론을 제시하거나 뒷받침해 주거나 혹은 거부하도록 하는 패턴이나 추세 기타 추세를 찾아내기 위해 수집한 데이터를 이용하는 것이며, 프로세스 분석은 사이클 타임이나 재작업, 중단, 기타 고객에게 부가가치가 없는 단계들을 파악하기 위해 고객에게 그들이 원하는 요구사항을 제공해 주고 있는 기존의 주요 프로세스들을 세밀하게 들여다보는 것이다.

분석은 논리적인 원인분석을 통하여 결함을 가진 프로세스나 원료, 방법, 사람들과 기타의 것들 간에 차이나 변동 사항을 파악하는데 도움이 될 만한 질문들을 만들어 내는 것이다(Peter S, Pende et al., 2002).

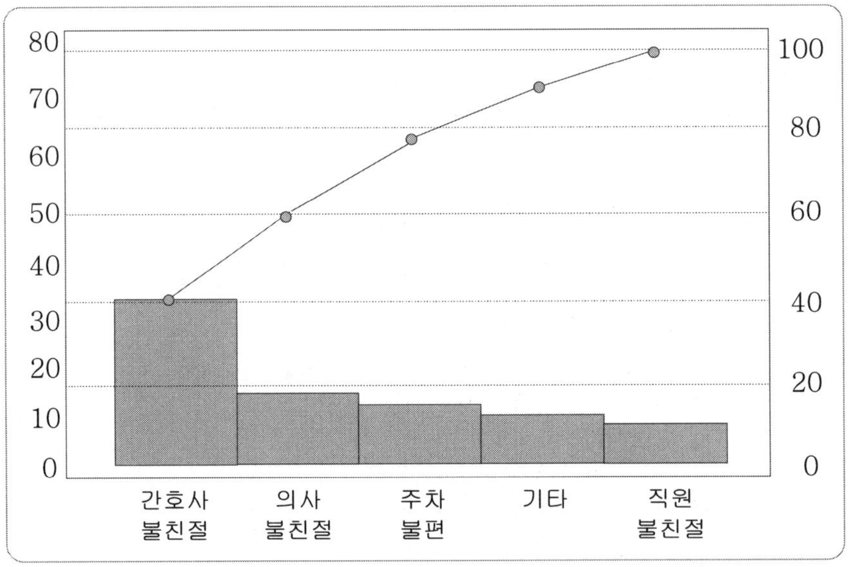

[그림 13-4] 분석을 위한 파레토분석 사례

〈표 13-14〉 분석 툴 킷

	데이터 분석	프로세스 분석
탐색	접근법 : 측정 단계에서 여러 가지 방법을 사용해 수집된 데이터들을 검사하고 문제점의 근본 원인에 대한 단서를 발견한다.	접근법 : 프로세스에서 실제로 무슨 일이 일어나고 있는가 하는 것을 포착하는 프로세스 맵이다.
	툴 : 파레토, 런 챠트, 히스토그램	툴 : 기본적인 프로우 차트, 전개 프로우챠트
가설도출	접근법 : 탐색 단계에서 알아 낸 정보를 이용하여 결함 원인에 대한 아이디어를 도출한다.	접근법 : 프로세스 맵을 이용하여 어느 부문에서 프로세스 단계, 책임, 성과 등이 분명하지 않은가 혹은 아무런 부가가치도 생성하지 못하는가를 파악한다. 어느 단계가 가치를 부가하는지 혹은 단지 비용만 낭비하는지를 알아보기 위해 프로세스를 분석한다.
	툴 : 브레인스토밍, 인과관계도표	툴 : 브레인스토밍, 가치분석
원인증명	접근법 : 추가적으로 데이터를 수집하거나 시범 적용/실험을 거쳐 진정으로 문제가 있는지를 알아낸다.	접근법 : 데이터를 모아 여러 곳으로 프로세스 단계에서 발생한 지체/시간 손실을 정량화 한다. 심사숙고하여 프로세스를 변화 시켜보고 파악된 문제점들이 사라졌는가를 살펴본다. 효과가 없는 경우에는 소규모로 다시 변화를 모색해 본다.
	툴 : 산점도	툴 : 데이터수집 툴, 프로세스 맵 및 문서기록

출처 : Peter S, Pende et al., (2002), 「The Six Sigma Way」.

3.4 개선단계(Improvement)

혁신적인 프로세스를 개발하였어도 갑자기 조직에서 프로세스를 변화하기는 어렵다. 이러한 문제를 해소하기 위하여 프로세스의 개선은 문제의 근본원인을 해결하고 프로젝트 헌장의 목표에 충족 되어야 한다. 또한 많은 해결 방안을 도출하여 가장 효과적인 방안을 선택한다. 그리고 해결방안을 수행하는데 비용이 과다하게 들어서는 안 되며 선택된 프로세스의 효과성을 증명하여야 한다. 개선단계는 다음의 절차를 거쳐 진행한다(Peter S, Pende et al., 2002).

3.4.1 창의적 아이디어 도출

불가능할 것 같은 프로세스를 선택하여 가능하게 만들 필요가 있다. 브레인스토밍을 통하여 창의적인 아이디어를 도출한다.

3.4.2 도출된 아이디어를 가공

브레인스토밍을 통하여 많은 아이디어를 얻으면 가능성 있는 실용적인 아이디어로 가공한다.

3.4.3 해결대안을 선택

일정한 과정을 거쳐 선택 사항 중에서 가장 우수한 것을 선택하는데 직감으로 결정하는 것보다는 일정 프로세스를 테스트하여 보고 결정하는 것이 효과적이다.

3.4.4 예상치 못한 문제점 개선

해결방안이 결정되면 시험 적용을 수행하여 예상치 못한 문제점들을 개선하고 새로운 아이디어를 첨가하여 프로세스 개선에 확신성이 있을 때 다음단계로 시행한다.

3.4.5 전사적 실행

개선된 프로세스를 전사적으로 추진하는데 다음의 절차에 따라 진행한다. ① 교육 : 새로운 프로세스에 대한 교육과 기존의 관습을 버림 ② 문서기록 : 프로세스 맵 등에 관한 모든 문서를 기록한다 ③ 분쟁조정 : 책임한계를 분명히 하여 문제발생시 책임을 지고 해결한다 ④ 성과관리 : 프로젝트 결과에 대한 인센티브 등으로 보상한다 ⑤ 측정 : 프로젝트 결과를 측정하여 문서화한다.

3.5 통제(Control)

개선결과를 유지하고 새로운 목표를 설정하는 단계로서 개선 프로젝트가 만들어지고 그 결과가 문서화되고 나면 지속적으로 반복해서 프로세스의 성과를 측정하고 데이터 측정으로 프로세스의 운영방법을 조정하는 것이 좋겠다는 결과가 나오거나 고객의 요구사항이 바뀌었을 때 프로세스 운영방안을 조정하는 것이다. 우리의 프로세스가 이 경지에 오르도록 하는 것이 바로 DMAIC의 존재 의미이기도하다. 관리하려는 노력이 없다면 이미 개선된 프로세스라도 이전의 상태로 되돌아 갈 것이며 우리가 이루어 냈다고 생각하는 것들을 모두 망가뜨리고 우리의 노고를 지워버릴 것이다.

〈표 13-15〉 식스 시그마의 적용 통계적 기법들

분류	기법	수행단계				
		정의	측정	분석	개선	관리
프로세스분석기법	QFD	○		○	○	
	프로세스 맵핑	○	○	○	○	
	자료분석 기초도구	○	○	○	○	○
	신품질 개선도구	○			○	
	아이디어 도출도구				○	○
	관리도법	○	○			
통계적 분석기법	시그마수준계산		○			
	표본조사 및 시장분석	○	○			
	추정 및 가설검정			○	○	
	상관관계분석			○	○	
	회귀분석			○	○	
	분산분석			○	○	
	판별분석			○	○	

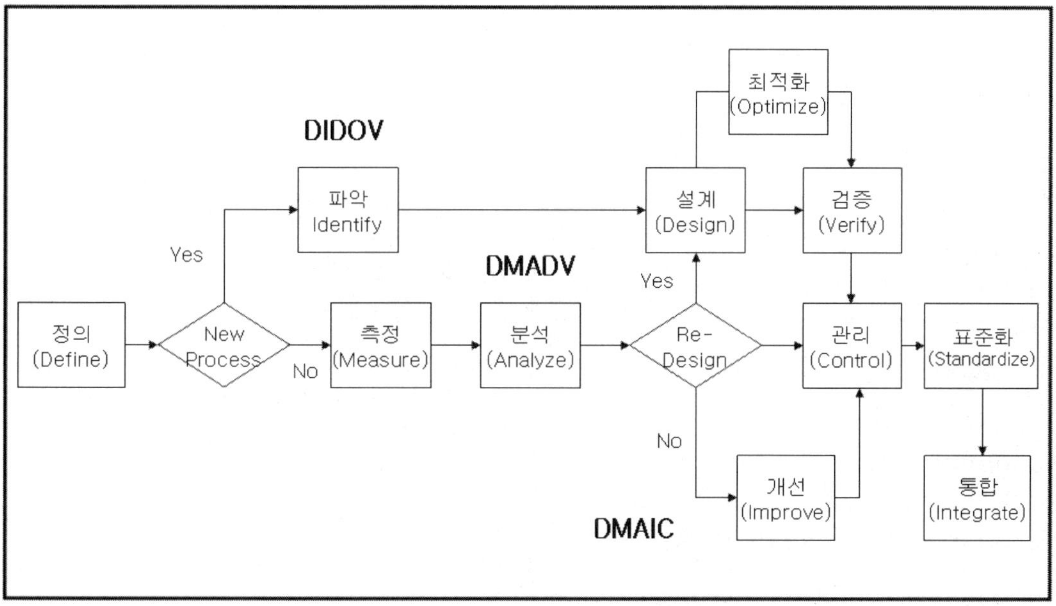

[그림 13-5] 식스 시그마 추진 프로세스

4. 블랙벨트의 추진단계

4.1 블랙벨트의 목표 및 절차

블랙벨트의 추진단계는 다음의 그림과 같은 절차로 추진되지만 꼭 이 절차를 지키지는 않아도 된다. 절차 중에서 불필요한 과정은 사용하지 않아도 문제를 해결할 수 있다. 블랙벨트는 문제를 해결하는 능력을 키워야 하며 자신만의 노하우를 습득하여야 한다.

문제해결은 과학적이면서 통계적인 기법을 사용하여 보다 빠르게 원가절감을 하면서 문제를 해결할 수 있도록 프로젝트를 추진하여야 한다. 블랙벨트의 프로젝트 추진목표는 다음과 같다.

① 문제해결을 위한 통계적이고 과학적인 지식을 향상시킨다.
② 통계적 기법을 숙지한다.
③ 문제를 체계적으로 개선한다.
④ 고객만족에 중점을 둔다.

〈표 13-16〉 블랙벨트 추진단계

1. Define	중요품질특성(CTQ)의 선정	• 고객 및 고객에게 제공되는 OUTPUT 파악 • CTQ의 y의 확인 • QFD를 통한 고객의 요구확인 • 도구 : FMEA, FTA
2. Define	중요공정의 확인	• 제품이나 서비스의 CTQ와 관련 프로세스 확인 • 불량원인을 파악 • 도구 : QA Matrix도, QC공정도, 프로세스맵핑
3. Define	과제선정	• CTQ 기준, 제품기준 등에 따라 큰 문제의 프로젝트부터 선정 • 도구 : 공정 FMEA
4. Measure	품질수준 확인	• CTQ의 y 수준확인 • 불량률의 확인
5. Measure	측정시스템의 확인	• Gage R&R 테스트 • 필요 계측기기의 확보
6. Measure	공정능력 파악	• 공정해석(불안정, 중심이탈, 산포) • y에 대한 Cp, Cpk의 파악 및 시그마로 산출
7. Measure	개선목표의 설정	• 시그마 목표치 설정

8. Analyze	공정변수의 나열	• y에 영향을 미치는 공정변수 (Xi)를 파악함 • 도구 : 브레인스토밍, 다이어그램, 공정도
9. Analyze	우선순위의 결정	• 다수의 공정변수로부터 중요변수를 파악함 • 도구 : 단순회귀분석, Contingency 표, 주관적 평가, 스크리닝 분석, 상관분석, 직교배열표, 일부실시법, Plackette-Burman 법, 다변량해석
10. Improve	평가	• y에 대한 주요효과 및 상호작용의 영향을 파악 • 최적의 setting 조건을 파악 • 개선효과 예측 • 중요변수 (Xi)간의 방정식파악 • 도구 : 요인실험, 다중회귀분석, 샤이닝 DEO, 다구찌 메소드
11. Improve	최적화	• 중요변수의 영향에 따른 최적조건을 결정함 - 중요변수는 규격 재설정(품질향상) - 중요하지 않은 변수는 규격완화(비용절감) • 도구 : 몬테칼로 모의실험, 반응표면실험
12. Control	중요변수의 측정시스템 검정	• Gage R&R 테스트 • 필요계측기 확보
13. Control	중요변수의 관리능력 확인	• 중요변수의 공정능력 확인 • Cp, Cpk의 파악 및 시그마 수준으로 환산
14. Control	중요변수의 공정관리 시스템 확립	• 공정변수의 관리방식 개선 - 영구적 해결책, 지속적 해결책
15. Control	효과파악 및 결과정리	• Q-Cost 관점에서 효과파악 - 결과정리

* FMEA(Failure Mode and Effect Analysis) : 고장모드 영향분석의 약자로 시스템을 구성하고 있는 부품들의 고장모드가 시스템과 타 부품에 미치는 영향, 고장원인 등을 밑에서 위로 조사하는 방법
* COPQ : Cost of Poor Quality, CTQ : Critical to Quality, COQ : Cost of Quality, DPMO : Defect per Million Opportunity.
* Gage R & R : 측정시스템 자체가 공정의 변동값에 얼마나 영향을 주는지를 검토하는 방법이며, 측정의 반복성과 재현성으로 구성된다.

4.2 정의단계

4.2.1 블랙벨트 1단계 : CTQ의 선정

4.2.1.1 CTQ의 선정

CTQ(Critical to Quality)는 기대품질에 치명적인 영향을 주는 요인으로 소비자의 요구 품질이다. 즉, 고객이 평가하는 품질평가에서 가장 중시 되는 요인을 말한다.

CTQ 선정은 고객으로부터 확인 및 요구를 우선으로 하며 고객에게 제공하는 OUTPUT을 파악한다. CTQ를 파악하는 방법으로는 QFD(Quality Function Deployment)를 통해 설계에서부터 고려된 CTQ를 찾아낸다. Green Belt 단계에서 파악한 공정의 FMEA(Failure Mode and Effect Analysis)에서 만성적인 문제가 CTQ가 된다.

4.2.1.2 COPQ(Cost of Poor Quality)

부적합 품질로 인한 비용으로서 눈에 보이는 비용을 포함하여 경영활동에 고려할 모든 현상을 말한다. 보통 정량적으로 파악할 수 없는 현상이 발생시키는 비용도 포함된다.

〈표 13-17〉 COPQ의 대표적 비용항목

• 수율저하	• 운전 코스트의 상승	• 설계변경지시에 따른 코스트
• 고객의 불만상승(PPM)	• 폐기 비용, 재작업 비용의 상승	• 사이클 타임의 장기화
• 품질비용의 상승	• 재고의 증가	• 과잉품질
• 제품 품질문제의 발생	• 사이클 타임의 증가	• 생산계획 변경
• 예측 불가능한 품질	• 예측 불가능한 제품 성능	• 운전자금의 증가
• 열악한 프로세스(Cp, Cpk)	• 능력의 제약	• 납품지연
• 계측된 시스템 에러	• 생산량의 증대	• 매출저하
• 고객에 대한 과거 부채 증대	• 사내에서 발견된 부적합 품질	• 브랜드 이미지의 손상
• 유지보수 비용 상승	• 사외에서 발견된 부적합품질	
• 기계 가동률의 저하	• 빈번한 라인 준비 교체의 발생	
• 가동 정지 시간의 발생	• 라인변경 준비 교체의 상승	

4.2.1.3 QFD(Quality Function Deployment)

QFD는 고객의 요구사항을 제품의 기술특성으로 변환하고, 이를 다시 부품특성과 공정특성, 그리고 생산에서의 구체적인 시방과 활동으로 변환하여 고객의 요구사항을 만족시키면서 Time to Market과 Market Share를 확보하고자 하는 목적이다. 고객을 만족시킬 수 있는 제품이나 서비스의 품질을 명확히 한 후 이를 평가 할 수 있는 품질특성의 원인을 관리하는 것이다.

4.2.1.4 품질의 집(House of Quality)

QFD는 고객의 요구를 기술적 요구로 변형시킴에 있어서 품질의 집이라는 잘 짜여진 표를 이용한다. 품질의 집은 아래의 그림과 같이 여러 요소들을 고려하여 각 설계

특성에 대한 목표치를 하나의 집과 같이 일목요연하게 나타낸 일람표라 할 수 있다.

4.2.1.5 QFD와 블랙벨트 단계와 연계

품질은 설계 때부터 만들어지며 식스 시그마 경영에서 QFD가 작성되어 있다면 QFD를 통하여 CTQ를 파악할 수 있다. CTQ를 찾아내는 방안의 하나로 QFD를 작성하기 때문이다. QFD는 자사의 제품뿐만 아니라 타사의 제품과도 비교 평가가 가능하다. 또한 고객이 요구하는 사항이 무엇인지를 발견할 수 있다.

제품이나 서비스에 대한 정보가 없으면 어느 정도의 수준에 맞게 공정을 개선해야 하는지 목표를 설정하기가 어렵다. 무조건 수준을 높게 잡게 되면 지나친 관리에 대한 부담이 생긴다. 제품이나 서비스의 설계에 대한 체계적인 노하우를 QFD를 통하여 수립할 수 있다.

〈표 13-18〉 QFD 전개과정

단 계		추진업무
품질전개	1단계	원시데이터 수집
	2단계	요구품질로 변환
	3단계	요구품질 전개표 작성
	4단계	품질특성(요소) 전개표 작성
	5단계	품질표 작성
	6단계	요구품질 중요도 산출
	7단계	기획품질의 설정
	8단계	중요도(웨이트)의 변환
	9단계	설계품질의 설정
종합전개	10단계	기술전개
	11단계	Cost 전개
	12단계	신뢰성 전개
	13단계	Sub System 부품전개
	14단계	QA표
공정전개	15단계	공법전개
	16단계	QC공정계획표
	17단계	QC공정표
	18단계	작업표준서, 검사규격서
	19단계	협력업체 관리와 차기계발에 활용

4.2.1.6 FMEA(Failure Mode and Effects Analysis)

FMEA는 설계된 시스템이나 기기의 잠재적 고장모드(mode)를 찾아내고 시스템이나 기기의 가동 중에 이와 같은 고장이 발생하였을 경우 업무 달성에 미치는 영향을 조사하여 평가하고 영향이 큰 고장 모드에 대하여 적절한 대책을 세워 고장을 사전에 방지하는 방법으로 설계의 평가뿐만 아니라 제조공정의 평가나 안전성 평가에도 널리 사용되고 있다. 미국의 자동차 3사에 의한 QS-9000의 활성화에 의해 Design FMEA, Process FMEA, System FMEA 등과 Circuit FMEA 등에 적용하고 있다.

〈표 13-19〉 FMEA 실행절차

단 계	실 행 프 로 세 스
1단계	시스템 및 서브시스템의 기능 역할을 분석한다.
2단계	시스템 및 서브시스템의 분석 레벨을 결정한다.
3단계	기능별 블록을 결정한다.
4단계	신뢰성 블록도를 작성한다.
5단계	FMEA에 효과적인 고장모드를 선정한다.
6단계	선정된 고장모드에 대한 추정원인을 열거한다.
7단계	FMEA용지에 기입한다.
8단계	평가된 고장 등급을 결정한다.
9단계	고장 등급이 높은 것에 대해 대책을 수립한다.

〈표 13-20〉 FMEA 공정분석

제품(부품)명 : FMEA 실시일 :

제품(부품)번호 : 개 정 일 :

납 기 : 작 성 자 :

팀 원 : 검 토 자 :

공정기능	잠재불량 모드	불량의 잠재영향	치명도 (S)	잠재 불량 원인	발생 빈도(O)	현재공정 관리방법	검출력 (D)	RPN	개선안	책임부서	개선결과			RPN
											S	O	D	
폭	폭 초과 및 미달	고속주행시 접힘발생	10	백 높이 변경	7	백 교환시 조정	5	350	백 교환시 체크 3회/월	영선반				

4.2.1.7 FAT(Fault Tree Analysis)

FAT는 시스템 고장을 발생시키는 원인과 인과관계를 논리기호를 사용하여 나뭇가지 모양의 그림으로 나타낸 고장목(Fault Tree)을 만들고 이에 따라서 시스템의 확률을 구함으로써 문제가 되는 부분을 찾아내어 시스템을 개선하는 개량적 고장해석 및 신뢰성 평가방법이다.

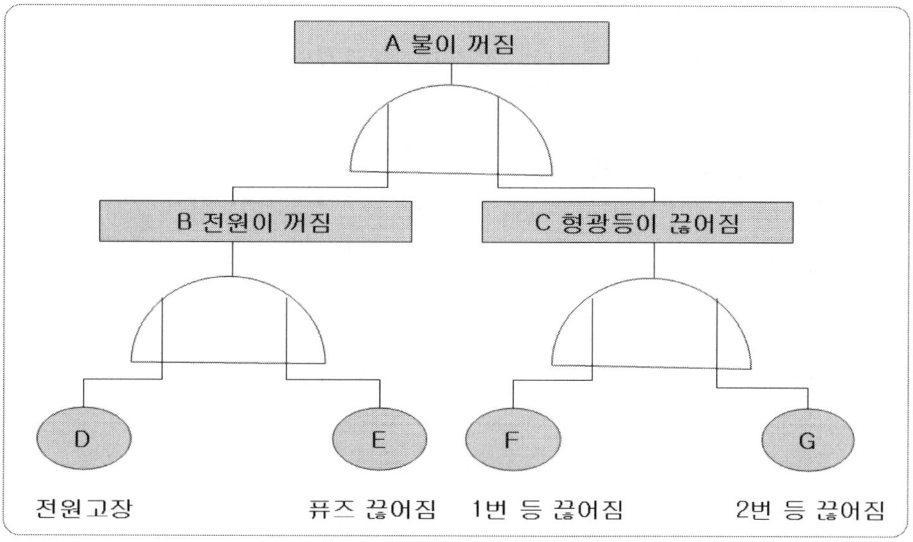

[그림 13-6] 고장확률 계산방법

그림의 고장목에 대하여 고장이 날 확률은 다음과 같다.

F(D)=F(E)=F(F)=F(G)=1/4

전원이 끊길 F(B)는 D와 or 결합이므로 위의 식에 따라 계산하면

F(B)=1-(1-F(D))(1-F(E)=1-(1-1/4)=1-(3/4)(3/4)=7/16

또한 형광등이 끊어질 확률은 F(C)에 따르면 다음과 같다.

F(C)=F(F)XF(G)=1/4 X 1/4 = 1/16

따라서 불이 꺼질 확률은 F(A)는 다음과 같다.

F(A)=1-(1-F(B)(1-F(C)=1-(1-7/16)(1-1/16)=1-(9/16)(15/16)=121/256

4.2.2 블랙벨트 2단계 : 중요공정도 확인

4.2.2.1 중요공정도 확인

고객에게 제공하는 제품이나 서비스의 CTQ와 관련된 중요 프로세스를 확인하는 과정으로 아래와 같이 CTQ와 고장간의 매트릭스를 만들어 공정과 CTQ간의 연관성을 찾아낸다.

중요공정도를 확인하는 도구로는 공정도, 프로세스 맵핑, QA Matrix, QC공정도 등이 있다.

〈표 13-21〉 중요공정 확인표

구 분	CTQ1	CTQ2	CTQ3
공정1	◆		⊙
공정2		⊙	
공정3		⊙	
공정4	◇		
공정5		◆	◇

범례 : ◆ : 매우중요 ⊙ : 중요 ◇ : 보통

4.2.2.2 프로세스 맵핑

프로세스 맵핑은 제조와 서비스 프로세스를 그림으로 표현한 것으로 각 프로세스를 구분하고 프로세스별로 입력과 출력을 확인하는 절차이다. 프로세스 맵핑은 프로세스를 정확히 이해하고 확인하는 과정으로서 프로세스 맵핑에서 확인해야 할 요소는 CTQ와 CTP(Critical To Process)를 찾는 것과 프로세스의 어느 위치에서 데이터를 취합할 것인가를 찾는 방법이다.

〈표 13-22〉 프로세스 맵핑 절차

단 계	실 행 프 로 세 스
1단계	일반적인 프로세스 단계와 제품/서비스의 품질에 영향을 주는 주요특성(CTQ)을 열거한다.
2단계	프로세스의 모든 단계를 부가가치가 있는 단계와 없는 단계로 구분한다.
3단계	프로세스 단계별로 CTQ를 표기한다.
4단계	주요입력변수(KPIV : Key Process Input Variable)의 종류와 위치를 나타낸다.
5단계	조절 가능한 변수와 주요 입력변수에 대한 현재의 운용 프로세스 조건과 목표 값을 표기한다.

4.2.3 블랙벨트 3단계 : 과제의 선정

4.2.3.1 과제 선정방법

과제 선정은 중요하고 불량이 많은 것을 선정하며 만성적인 품질의 문제인 것을 선정한다. 또한 가장 불량이 많은 대상을 선정하는데 선정 방법은 공정전체, CTQ기준, 제품기준, 특정 공정의 특정 CTQ기준 등으로 선정할 수 있다. 과제를 선정할 때 사용할 수 있는 도구는 공정 FMEA가 있다.

4.2.3.2 공정 FMEA

제조 및 조립공정도를 해석하기 위해서 사용하며 공정상의 결함에 인한 제품의 잠재적 결정요인을 쉽게 확인할 수 있다.

〈표 13-23〉 공정 FMEA 분석

공정 기능	잠재 불량 모드	불량의 영향	S (치명도)	잠재원인 불량의 흐름	D (검출력)	발생 빈도 (O)	RPN	개선대안	확인 부서	개선결과				RPN
										조치사항	S	O	D	
저항용접	용접 Break output 결과	바인더 상자가 판넬을 밀어뜨림	10	• 부적절한 셋업 • 자재의 오염	10 4	3 4	300 160	• DOE 실시 • JIT실시	품질	• DOE 실시 • 칸반시스템실시	10 10	1 2	10 4	160 80

4.3 측정단계

4.3.1 블랙벨트 4단계 : 품질규격 및 수준확인

4.3.1.1 시그마 수준확인

식스 시그마는 CTQ 측정이 가능해야 한다. 즉, CTQ로 규격 및 표준을 파악하고 이를 현재의 수준에서 시그마로 계산한다. 그리고 불량률(DPMO)를 확인한다.

- 불량률 : 불량품 개수 / 검사 개수
- 단위당 결함 수(DPU : Defects Per Unit) : 총 결함 수 / 총 생산 단위 수
- 기회당 결함 수(DPO : Defects Per Opportunity) : DPU / 결함이 발생할 수 있는 기회

- 백만회당 결함수 : (DPMO : Defects Per Million Opportunities) :

DPMO = (DPU×1,000,000) / 한 단위에 대한 총 결함 발생기회

4.3.1.2 시그마 수준의 계산

시그마로 계산하는 것은 공정의 능력을 나타내는 척도로서 품질특성의 평균값과 규격의 중심과 일치할 때 규격과 평균값의 차이가 표준편차의 몇 배에 해당하는 거리인가 나타내는 것이다.

시그마 수준 Z = 3 Cp, Cpk = Cp − 0.5

계수치를 시그마 수준으로 계산하는 방법으로 적합과 부적합으로 판별되는 데이터의 계산은 다음과 같다.

Z = $Z=\boldsymbol{\Phi}^{-1}(\gamma)$, γ는 양품률,

γ가 장기에 걸쳐 수집되면 단기적으로 가질 수 있는 프로세스의 시그마 수준은 다음과 같다.

$$Z = Z + 1.5$$

결함 및 결점으로 판별되는 데이터의 식스 시그마 수준으로 계산방법으로 한 단위당 평균 결점수를 DPU로 나타내면 결점 수 X는 포아송 분포를 따른다.

$$P(X) = \frac{(DPU)^{x} e^{-DPU}}{X!}$$

[시그마 수준 계산사례]

가공공정에서 생산되는 샤프트가 규격을 만족 시키지 못할 기회는 100가지인데 이 부품의 1,000개를 생산하는 동안 총 100,000개의 기회 중 10,000개 기회를 평가하였다. 그 중 10개가 불량임을 발견하였다. 시그마수준을 구하여라.

DPO = 10/10,000 = 0.001

DPU = DPO×100 = 0.1

따라서

$$\gamma = e^{-0.1} = 0.9048$$

$$Z = \Phi^{-1}(0.9048) = 1.31$$

이것은 장기에 걸쳐 수집된 데이터를 바탕으로 계산한 값이므로 이 값에 1.5시그마를 더하여 계산한다.

$$Z = 1.31 + 1.5 = 2.81 \text{시그마이다.}$$

4.3.2 블랙벨트 5단계 : 측정시스템의 확인

측정된 데이터 및 CTQ를 측정시스템으로 확인하는 단계로서 GAGE R&R 평가를 하여 측정된 데이터가 올바른지를 검증한다. 측정 시스템의 구성요소인 측정자와 측정기의 변동이 공정에 얼마나 영향을 주는지 통계적으로 분석하는 검정방법이다. 측정시스템을 확인할 수 있는 도구들은 엑셀, JMP S/W, Minitab 등이 있다.

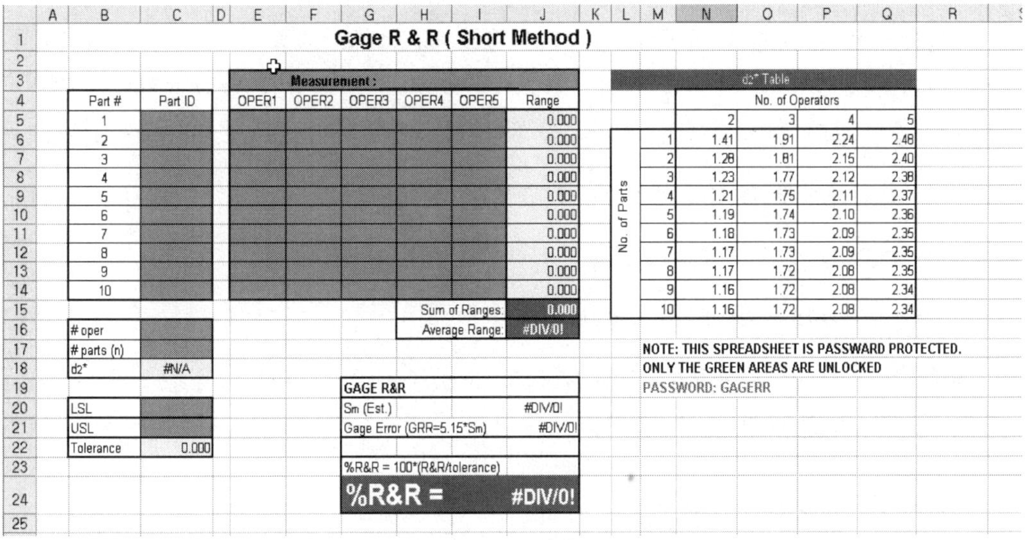

[그림 13-7] 엑셀을 이용한 GAGE R&R

4.3.3 블랙벨트 6단계 : 공정능력파악

공정능력을 파악하기 위하여 먼저 품질특성의 분포도를 파악하고 그리고 관리도를 통한 공정해석을 한다. 공정해석은 불안정 문제, 중심이탈 문제, 산포의 문제 등을 해석한다. 또한 Y에 대한 Cp, Cpk를 파악하여 시그마수준으로 환산한다. 공정능력을 파악하기 위하여 사용되는 도구는 정규검정, 관리도 해석, 공정능력 평가 등의 프로그램을 사용한다.

4.3.3.1 공정능력 계산

단기공력 능력은 일반적으로 며칠에서 몇 주사이의 프로세스 능력을 나타내고 약 30-50개의 데이터로 구성된다. Cp(단기)값은 비록 짧은 기간에 실제로 나타내지 못할 수도 있으나 현재의 프로세스가 도달할 수 있는 최대의 공정능력을 의미한다. 이를 잠재적인 공정능력이라고 한다. 이때 Cpk(단기)값은 현재의 프로세스가 짧은 기간에 보여주는 공정능력이다.

장기공정능력 평가는 수주에서 몇 개월에 걸친 장기간의 프로세스능력을 나타내고 약 100-200개의 데이터로 구성되어 있다. Cpk(장기)는 프로세스에 대한 장기간의 공정능력을 반영하는 값으로 평균의 변동 ±1.5시그마를 고려하는 경우, Cpk(장기)=Cp(단기)-0.5의 관계식이 성립한다.

공정능력을 계산하기 이전에 선행되어야할 조건으로 공정이 안정되어 있어야하며, 데이터가 정규분포를 이루고 있어야하고, 정해진 기준에 따라 관리한계선이 계산되었을 때 두 조건이 충족되어야 한다. 공정능력을 계산하는 공식은 다음과 같다.

- Cp(잠재적 공정능력지수) = 규격의 폭/공정 폭 = (Su - Sl)/6σ= T/6σ
- Cpk(실질적 공정능력지수) = Cp - (off target/3σ)
- Cr (공정능력 비율) = 1/Cp

계수치 관리도를 사용하는 경우 관리도가 공정이 안정되어 있음을 보일 때 평균값으로 공정능력을 나타낼 수 있다.

- 평균불량률 = $\frac{\Sigma pn}{\Sigma n}$
- 평균 불량개수 = $\frac{\Sigma pn}{k}$
- 평균 결점수 = $\frac{\Sigma c}{k}$
- 단위당 평균결점수 = $\frac{\Sigma c}{\Sigma n}$

4.3.3.2 공정능력 평가

특정 프로세스에 대한 공정능력을 분석할 때 가장문제가 되는 것은 공정능력 분석의 대상이 되는 품질 특성이 여러 개라는 점이다. 따라서 품질 특성별로 공정능력을 분석하여 실시한 결과로부터 전체 프로세스에 대한 공정능력을 어떻게 표현하는가하는 점이다. 프로세스의 공정능력은 개개의 품질 특성에 대한 것으로 각 품질 특성에 대한 공정능력을 어떤 형태로든 합치는 것이 의미없는 일이 될 수 있다. 식스 시그마의 가장 큰 장점은 시그마 수준을 이용하여 모든 형태의 결함을 계산하여 공정능력지수를 계산하는 것이다.

공정능력비 공정능력지수

$$C_p = \frac{\text{규격폭}}{\text{공정폭}} = \frac{USL}{6\sigma} \qquad C_{pk} = \min\left[\frac{\mu - LSL}{3\sigma},\ \frac{USL - \mu}{3\sigma}\right]$$

〈표 13-24〉 공정능력 판정기준

공정능력 지수	등급	공정능력판단	시정조치	비고	
				Cp 값	시그마
$C_p \geqq 1.67$	0	공정능력 매우충분	• 비용절감이나 관리의 간소화를 추진	$C_p = 1.67$	$\pm 5\sigma$
$1.67 > C_p \geqq 1.33$	1	공정능력 충분	• 현재의 공정상태를 유지	$C_p = 1.33$	$\pm 4\sigma$
$1.33 > C_p \geqq 1.00$	2	공정능력 보통	• 불량의 발생 가능성이 있어 주의	$C_p = 1.00$	$\pm 3\sigma$
$1.00 > C_p \geqq 0.67$	3	공정능력 부족	• 공정개선 필요	$C_p = 0.67$	$\pm 2\sigma$
$0.67 > C_p$	4	공정능력 매우부족	• 긴급 원인조사 및 개선이 필요	$C_p = 0.33$	$\pm 1\sigma$

4.3.4 블랙벨트 7단계 : 개선목표 설정

개선목표는 의욕적이고 과감한 도전목표를 설정한다. 목표는 년간 0.5시그마 이상의 개선효과를 창출할 수 있도록 선정한다.

〈표 13-25〉 시그마 목표설정

기간	시그마 수준	품질수준
5년 후	6 시그마	최고의 품질
3년 후	5 시그마	양호한 품질
1년 후	4 시그마	낮은 품질
현 재	3 시그마	매우 낮은 품질

4.4 분석단계

4.4.1 블랙벨트 8단계 : 공정변수의 나열

공정변수를 나열하는 이유로는 사람들은 친숙한 변수에 대해 조치를 취하는 경우가 있기 때문이다. 이러한 경향은 의심이 가는 변수를 나열하는 것을 방해하고 친숙한 변수를 주요 원인이라고 판단하게 만든다. 따라서 선입견을 버리고 모든 변수를 나열하는 것이 문제해결에 실질적인 접근 방법이다.

공정변수를 나열하는 도구로는 브레인스토밍(Brainstorming), 특성요인도 및 다이어그램, 공정도, PM분석 등이 있다.

4.4.2 블랙벨트 9단계 : 우선순위결정

우선순위는 다수의 공정변수 중에서 결과에 영향을 미치는 중요한 요인을 파악하는 것으로 모든 변수들을 고려하여 문제를 해결하려고 하면 시간과 비용이 많이 들기 때문에 우선순위를 선정하여 개선의 주요 변수를 찾아내는 것이다. 우선순위를 결정하면 실험의 수를 줄일 수 있으며, 우선순위에 의하여 공정변수들이 어느 정도 걸러지기 때문에 중요하지 않은 변수들은 실험에서 제외된다.

우선순위를 결정하는 도구로는 상관분석, 단순회귀분석, Contingency표, 주관적 평가, Screening분석 등이 있다.

〈표 13-26〉 우선순위 결정 도구들

기 법	적용조건 및 방법
상관분석	• 두 확률변수 사이의 관련성을 분석함 • y와 x가 1:1인 경우(인자수가 1개) • 계량치(X, Y)에 적용
단순회귀분석	• x값을 지정했을 때 y가 갖는 값을 직선관계로 추정 • 계량치(X,Y)에 적용
Contingency 표	• 분할표 사용, 공정에서의 양품, 불량품 발생이 작업자에 따라 틀린지 여부 결정 • 계수치에 적용
주관적 평가	• 공정에 대한 경험과 상식이 있는 경우 • 계량치, 계수치 모두적용
Screening 분석	• 새로운 공정/제품으로 경험이 없는 경우 • 인자수가 4개 이하인 경우 • 인자수가 11개 까지 : Plackett Burman Screening 분석 • 계량치, 계수치 적용 • 일부실시법, 직교배열표 등

4.5 평가단계(Improve)

4.5.1 블랙벨트 10단계 : 개선결과 평가

개선결과에 대한 평가는 Y에 대한 주요한 효과와 교호작용의 영향을 파악하는 단계로서 분석은 전체의 산포를 2부분(군내산포, 군간산포)으로 나누고 최적의 Setting 조건을 파악한다. 그리고 개선효과를 예측하고 중요변수(X)간의 방정식을 파악한다. 평가단계에서 사용되는 도구로는 요인실험법, 다중회귀분석, 샤이닌 D.O.E 등이 있다.

평가단계에서 알아야 할 사항으로 군간산포가 2개 변수 A, B일때 변수 A의 영향, 변수 B의 영향, A, B의 교호작용을 파악하여야 하고, 4개 변수 즉, A, B, C, D의 경우 주효과(A,B,C,D)의 영향과 2수준의 교호작용(AB, AC, AD, BC, BD, CD)와 3수준의 교호작용(ABC, ABD, ACD, BCD) 그리고 4수준의 교호작용(ABCD)를 파악한다.

평가단계에서 다음과 같은 4가지 중요한 질문을 하여본다.

① 어떤 공정변수와 교호작용이 output에 영향을 주는가?
② output을 개선하기 위한 변수들의 최적 setting은 무엇인가?
③ 주요변수들의 최적 setting 상태에서에서 예상되는 개선의 정도는 얼마인가?
④ output과 주요변수들의 수학적 관계(방정식)는 어떤가?

4.5.2 블랙벨트 11단계 : 최적화

최적화는 평가단계의 연장으로 평가 단계에서 설정된 요소들을 이용하여 최적화를 진행한다. 평가단계에서 파악된 최적의 setting에서 출발하여 공정을 통제할 수 있는 모든 가능한 setting이 알려질 때 까지 반복함으로써 완벽한 반응표면을 유도하도록 한다.

반응실험결과 최적 해에 대하여 재 실험을 걸친 후 재현성이 확보되면 규격을 재설정한다. 또한 중요하지 않은 변수에 대하여 규격을 완화하여 관리의 중점을 중요한 변수로 이전한다. 이와 같은 최적화를 위한 도구로는 단일요인실험법(일원배치), 반응표면실험, 몬테칼로 실험 등이 있다.

4.6 측정시스템 검정(Control)

4.6.1 블랙벨트 12단계 : 중요변수 측정시스템 검정

이 단계에서는 모든 X의 조건들이 설정된 상황이므로 X의 데이터를 명확히 얻기 위한 측정시스템을 정비하고 정밀도 있는 계측기를 확보한다. 따라서 기존 계측기에 대한 검·교정을 실시하여 정확한 데이터를 얻는다. 앞의 Black Belt 5단계에서 언급한 게이지에 대한 R&R을 실시하고 평가와 대책을 수립한다. 중요변수 측정 시스템 검정에 사용되는 도구로는 Gage R&R이 있다.

4.6.2 블랙벨트 13단계 : 중요변수의 관리능력확인

최적화한 중요변수의 공정능력을 확인하고 관리하는 단계로서 불량률, C_p, C_{pk}를 계산하여 시그마 수준으로 환산하여 통합적 공통의 품질지표로 바꾼다.

4.6.3 블랙벨트 14단계 : 중요변수의 공정관리 시스템 확립

공정관리 방법을 개선하고 영구적인 해결방법과 지속적인 해결방법을 제시한다. 이 단계는 통계적 해결방법을 현실적 해결방법으로 전환하는 단계로서 해결방법은 한 번에 해결하는 방법과 지속적으로 변경하는 방법이 있다. 한 번에 해결하는 방법은 영구적 변화로 설계변경, 자재변경, 공구디자인 등이 있으며, 지속적인 변경은 부분적인 자동화로 이중자동경보 등이 있으며 완전자동화 등이 있다.

4.6.4 블랙벨트 15단계 : 효과 파악 및 결과정리

개선은 곧 품질비용의 절감으로 개선효과를 표현하는 것이 매우 중요하다. 효과는 유형의 효과와 무형의 효과로 표현된다.

결과 정리는 문제 해결하는 과정을 기록하고 그 결과를 정리하는 것은 식스 시그마의 노하우를 쌓은 기본절차이다. 따라서 항상 결과를 기록하고 기록된 결과를 여러 사람이 공유하여야 한다. 또한 이런 기록들이 모아져 회사의 무형의 자산을 축적할 수 있다. 결과를 정리하는데 사용되는 도구로는 Q-Cost, 파레토도 등이 있다.

지금까지의 식스 시그마 추진절차를 도식화하면 다음의 그림과 같다.

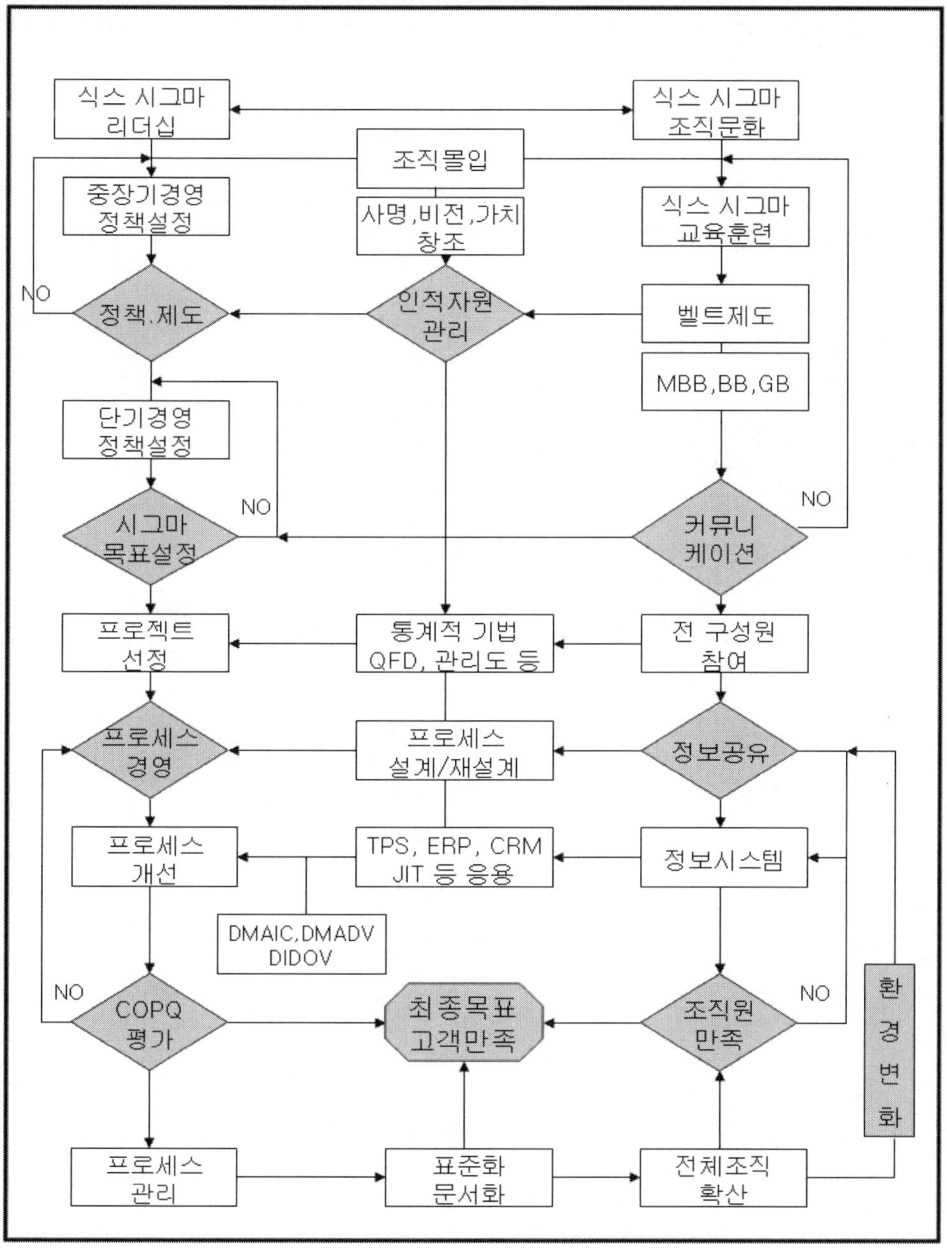

[그림 13-8] 식스 시그마 추진절차

연습문제

1. 식스 시그마품질경영을 정의하시오.

2. DMAIC 추진과정을 설명하시오.

3. 벨트제도의 특징 대하여 간략히 언급하시오.

4. 주제를 선정하여 워크시트를 작성하여 보십시오.

제14장

고객만족 품질경영

무한경쟁의 시대에서 기업의 핵심은 현재의 경쟁자 그리고 미래이 도전자보다 고객의 욕구를 먼저 파악하여 제품 및 서비스를 제공하는 것이다. 이러한 고객관점의 관점으로의 품질경영은 고객 지향적 사고로 고객의 눈높이에서 제품과 서비스를 창출하는 것이다. 따라서 본장에서는 고객을 감동시킬 수 있는 전략과 도구를 대하여 논하자고 하였다.

1. 고객만족과 고객만족의 조건

1.1 고객만족(CS)의 의의

캐나다의 QMI(Quality Management Institute)는 품질경영을 "고객이 항상 만족하도록 올바른 일을 처음부터 올바르게 끊임없이 행하는 것"이라 정의하고 품질경영의 1차 목표로 '고객만족'을 들고 있다.

일본의 품질관리 대가인 이시가와(Gaoru Ishikawa)는 "다음 공정은 나의 고객"이라 하였다. 이는 후속공정은 선행공정의 고객이며, 최종 완성공정은 소비자가 고객임을 의미함으로써, 내부고객 및 외부고객 모두를 포함하여 고객을 정의하고 있다. 쥬란(J. M. Juran)과 그리나 2세(F. M. Gryna, Jr.)는 고객(customer)을 제품이나 서비스에 의해서 영향을 받는 내부고객과 외부고객으로 구분하고, 제품은 모든 생산과정의 산물로서 재화, 소프트웨어, 서비스 등이 있다고 하였다.

이들은 고객만족의 성취요인으로 품질, 즉 제품특징과 무결점을 꼽았다. 제품특징은 가격 및 판매량에 직접 영향을 주는 판매수입의 주요 영향요인으로 이는 설계품질과 관련이 있다. 무결점은 불량비용, 즉 실패비용(스크랩, 재작업, 불만, 클레임 등)의 주요 영향요인으로서 적합품질과 관련이 깊다.

기업이 한정된 자원으로 경쟁우위를 확보하려면 고객만족을 통해서만이 가능하다. 고객만족(customer satisfaction : CS)이란 고객이 '원하는 것'을 찾아내어 고객의 만족요건을 최대로 보장하고, 충족시켜 주는 것을 말한다. 여기서 '만족'이란 개인의 주관적인 경험, 즉 인지 또는 지각된 결과가 당초의 기대 이상이 됨을 의미한다.

고객이 만족하려면 우선 제품을 사용한 결과 만족할 만한 경험이 소비자에 의해 지각되어야 한다. 즉, 품질의 인식주체인 고객이 지각한 품질(perceived quality)이 그가 기대한 품질(expected quality)과 같거나 그 이상이 되면 고객만족에 이르게 된다.

$$\underset{\text{(기대품질)}}{\text{고객의 기대}} \le \underset{\text{(지각품질)}}{\text{고객의 지각}} \rightarrow \text{고객만족}$$

만족(satisfaction)은 소비에서 이루어지는 심리적 결과이기 때문에 제품판매 후의 적절한 서비스는 소비자 내지 고객만족의 영향요인이 된다. 제품에 대해 불만족한 고객은 반복구매를 하지 않음은 물론 제품의 나쁜 점들을 다른 사람들에게 알려주려는 경향[구전(口傳: word-of-mouth)]이 있을 뿐만 아니라, 손해배상을 요구하고 법적 소송을 하기도 하는데, 이 경우 기업이미지에 큰 손상을 줄 수 있다.

연구에 의하면, 불만고객 100명 중 4명 정도가 불만을 호소하지만, 불만고객 한 사람이 주위의 10명의 고객에게 불만사항을 전하는 바람에 결국 1,000명의 고객을 잃을 수 있다는 것이다.

1.2 고객만족의 조건

상품이나 서비스를 구매하는 고객들은 보편적으로 사물의 품질·시간·가격에 가장 민감하다. 따라서 이들 세 가지 요인에 대한 고객의 기대를 벗어난 채 고객을 만족시키기는 어렵다.

1.2.1 고객만족을 위한 첫 번째 조건은 품질이다.

우리 기업들이 생산해 내는 제품의 품질수준이 상당히 높아졌지만, 아직도 소비자들이 못미더워하는 측면이 바로 품질이다. 선진국의 통계를 보면, 품질이 잘못되어 기업이 사후에 부담하는 비용은 매출액의 15~30% 정도 된다. 따라서 품질은 고객만족뿐만 아니라 기업의 수익성 측면에서 무시할 수 없는 요소이다.

1.2.2 두 번째 조건은 고객을 위한 시간관리이다.

시간관리는 최근 주목받는 주요 경쟁요소이다. 고객요구에 신속하게 대응하는 것은 우량고객을 유지하는 필수 작용요인이다. 렌터카 업체로 유명한 미국의 허츠(Hertz)사는 예약고객이 공항에 내리면 에어컨이나 히터를 미리 켜 놓고 트렁크는 짐을 싣기 쉽도록 열어 놓은 채 대기시켜 놓는다. 고객이 지체 없이 공항을 빠져나갈 수 있도록 하기 위한 것이다. 주문에 신속히 반응하는 것도 중요하지만 물건 배달이나 애프터서비스를 하면서 고객의 시간을 귀히 여기는 것도 중요하다. 방문할 날짜만 정해 놓고 고객으로 하여금 아무것도 하지 못하게 하고 하루 종일 기다리게 하는 것보다는 방문할 일자와 시간을 정하여 정시에 방문하는 것도 고객불만을 없게 하는 요령이다.

소비자들의 불평을 즉각적으로 해결해 주면 고객의 만족도를 높일 수 있으며, 더 좋은 제품을 개발할 수 있는 정보도 얻을 수 있기 때문에 애프터서비스는 소비자들의 불만을 효과적으로 통제하고 아울러 소비자의 만족도를 높여줄 수 있는 중요한 마케팅 변수라 할 수 있다.

1.2.3 고객만족의 세 번째 조건은 고객가치이다.

고객이 제품을 구입하고 나서 드는 추가비용이 클 경우, 가격을 싸게 지불했다 하더라도 고객으로서는 불만이 쌓일 소지가 크다. 오히려 조금 비싸더라도 구입에 따른 추가비용이 없을 때 고객은 만족하는 법이다.

값이 싸면 품질이 나쁘더라도 팔리고, 품질이 좋으면 값이 아주 비싸더라도 팔리는 것은 일시적인 현상이다. 자유시장 경제체제에서는 품질이 좋으면서 가격이 저렴해야 많은 소비자들로부터 오랫동안 애용된다.

위의 세 가지 조건을 종합해 볼 때, 고객만족은 고객가치의 충족에서 찾아야 할 것이다. 1980년대까지 고전하던 미국산업의 부활은 크라이슬러(Chrysler)자동차의 네온(Neon)발매로 상징된다. 네온이 갖는 의미는 그 가격이 싸지 않다는 점이다. "양질의 상품을 저가격으로"란 종래의 관행에서 "고객가치를 낳는 상품을 적절한 가격으로"라는 새로운 경영이념으로의 이행을 뜻한다. '고객가치를 낳는 상품을 적절한 가격으로'라는 것은 "수요자측이 가치를 인정하는 상품/서비스의 제공을 철저히 추구"함을 의미한다.

따라서 현대경영의 패러다임 전환은 '양질 저가'로부터 '고객가치 추구'로의 이행에서 찾을 수 있다. 간단히 말해서 고객의 요구나 기대사항들을 충족시켜 주거나 훨씬 뛰어넘는 상품이나 서비스를 제공하는 기업만이 경쟁에서 살아남을 수 있다.

고객만족경영(customer satisfaction management)은 고객 지향적 사고로 경영의 목적을 고객 최우선으로 정하여 고객의 시선에서 제품과 서비스를 창출하는 것이다. 이제는 고객중심경영(customer-based management)이라고도 하여, 생산-판매의 모든 과정을 고객중심으로 파악하고 고객만족 내지는 고객감동을 달성하기 위해 끊임없이 노력하는 경영이념으로 본다.[3]

고객만족이란 고객의 기대수준에 부응하는 제품이나 서비스를 제공함으로써 고객이 그의 가치를 인정하는 것이고, 고객감동이란 고객이 전혀 기대하지 못했던 제품이나 서비스의 가치를 제공함으로써 고객에게 감동을 주는 것을 말한다. 고객만족을 통하여 서비스의 재구매가 이루어지며 고객과의 신뢰를 통하여 고객확보를 추진할 수 있다. 따라서 고객의 관점에서 고객이 원하는 것이 무엇인지를 파악하고 고객 불만이 나타나기 이전에 프로세스에서 불만 요소를 제거하여 고객의 기대 서비스 보다 인지서비스를 향상 시키는 것이다. 고객이 생각하지 못했던 즉 사전에 인지하지 못하였던 서비스를 개발하여 고객을 프로세

3) Richard Whiteley and Diane Hessan, Customer Centered Growth, (Addison-Wesley, 1996)을 참고로 정리하였음.

스 내로 이끌어 들여 만족을 통한 충성 고객을 창조하는 것이다.

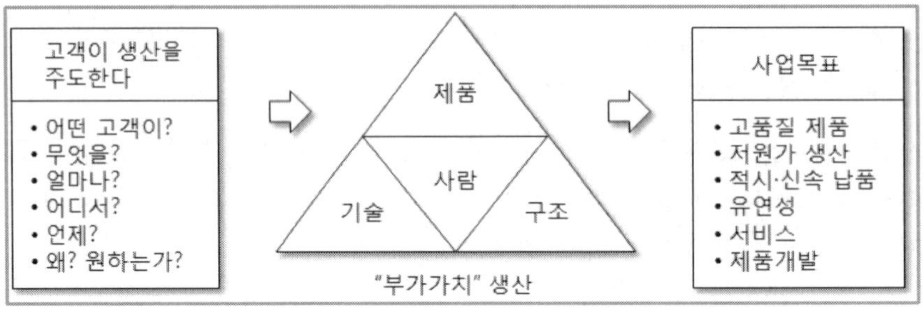

[그림 14-1] 고객중심경영(Customer-Based Management)

진정한 고객만족은 고객들을 단순하게 만족시키는 것이 아니라 완전하게 만족시키는 것을 의미한다. 단순하게 만족한 소비자는 매력적인 구매조건을 제시하는 다른 기업의 제품에 대한 구매욕을 느끼고 구매할 수 있다. 또한 고객들은 제공받는 제품 및 서비스에 대하여 일단 만족하더라도 다음에는 더욱 향상된 제품/서비스를 제공받기를 원하게 된다. 즉 만족요구수준이 높아지게 되고, 기업이 그들의 지속적으로 증가하는 서비스 요구에 대하여 충족시키기를 요구한다.

고객만족을 구성하는 요소는 서비스 기업의 모든 역량에서 나타난다. 기업의 이미지, 서비스, 상품, 시설, 품질, 프로세스 등 기업의 전반적 활동에서 나타나며, 이러한 기업의 모든 자원이 조화되어 고객에게 제공됨으로서 고객만족을 창출할 수 있다. 고객만족 요소 중에 가격이나 품질을 중요시 하겠지만 정보기술의 발달로 비교 서비스가 가능하여 고객은 사전에 인지하고 서비스를 받게 된다. 따라서 어느 한 부문에서 경쟁자보다 우수하다고해서 고객은 만족하지 못할 것이다. 만족한 서비스의 종합적 요소는 직접적인 요소와 간접적인 요소의 통합적 결정체이며, 기업의 목표이기도 하다.

고객만족에 대한 도전은 고객의 외형적인 요구에 대한 만족을 의미할 뿐만 아니라 고객의 명확하지 않은 문제들을 찾아내어 이를 만족시킬 수 있는 시스템의 개발을 의미하기도 한다. 이렇게 하면 일단 한번 고객은 영원한 고객이 된다. 이러한 보이지 않는 고객의 기대와 욕구를 충족시키는 것은 많은 차원에서 기업의 노력을 필요로 한다.

고객만족	실감(實感) 서비스 수준 ≧ 기대(期待) 서비스 수준 (Perceived Service) (Expected Service)
고객감동	실감(實感) 서비스 수준 ≧ 예기치 못한 서비스 수준 (Perceived Service) (Unexpected Service)

◆ ABB(Asia-Brown-Boveri)사는 제품의 디자인 단계부터 품질과 고객만족을 철저하게 따진다. 모든 제품은 회사가 보유하고 있는 경험과 노하우를 총동원해서 설계되도록 체계화돼 있다. 여기서 가장 강조되는 개념은 튼튼하고 오래 쓸 수 있고 소비자가 다루기 쉽도록 만들어져야 한다는 것이다. 결국 품질과 고객만족의식이 ABB사의 모든 제품에 배어 있도록 하고 있다.[4)]

[그림 14-2] 고객만족과 고객감동

1.3 고객지향의 사고

글로벌 경쟁하의 무한경쟁시대에서의 경쟁우위의 핵심은 서비스 기업이 현재의 경쟁자 그리고 미래의 도전자보다도 고객이 원하는 욕구를 먼저 파악하고 욕구를 해결할 수 있는 프로세스를 먼저 제공하는데 있다. 그 동안 일부 기업들은 제품 및 서비스를 기업의 관점에서 개발하여 고객을 이 프로세스 안으로 끌어 들이려는 전략을 추진하였다. 그러나 고객지향적 사고는 기업의 관점에서 개발하는 것이 아니라 고객의 관점에서 고객의 필요와 요구를 따라가는 것이다.

왜 고객을 만족시키고 고객관점에서 기업을 운영하여야 하는가? 고객감동은 기업의 매출상승과 신규고객의 창출 그리고 기존고객의 반복구매에서 일어나는 고정고객화가 가능하기 때문이다. 새로운 고객을 창출하는 것은 기존의 고객을 유지하는 것보다 많은 비용이 든다. 그러므로 신규고객 창출보다 기존 고객의 유지가 기업의 생존에 보다 중요하다. 중요성을 갖는 기존 고객유지의 핵심은 고객을 만족시키는 것이다. 만족한 고객은 반복구매를 하며 다른 사람에게 제품에 대해 좋게 평하며, 경쟁업체의 브랜드와 광고에 관심을 크게 쏟지 않으며, 그 회사의 다른 제품에 대해서도 호의적인 반응을 보낸다. 따라서 기업은

4) "불량률제로에 도전한다: ABB," 매일경제, 1997. 08. 04. 스웨덴의 ABB그룹은 전기 전력설비분야의 세계적인 기업으로, 140개국에 생산거점을 확보하고 있는 다국적기업이다. 전력공급 및 분배시스템 전력케이블을 비롯한 각종 산업용 전력용품과 발전설비 터빈 환경설비 공장자동화 산업용 로봇 등을 주로 생산한다. 기술과 품질을 바탕으로 한 ABB의 사업전략은 ① 주력사업 분야에서 세계적인 리더십 확보, ② 모든 주력시장에서의 현지정착으로 다국적화, ③ 고객가치 증대로 경쟁력 향상 등의 세 가지로 요약된다.

고객의 가치를 창출하여 주어야 한다. 고객의 가치는 고객이 특정 제품이나 서비스로부터 기대하는 여러 가지 혜택의 묶음과 그들이 지불하게 될 총 비용 사이의 차이다. 이러한 고객 가치를 창출하는 가치사슬은 보다 많은 고객 가치를 창출하기 위한 전략적 도구이다.

원가와 서비스

미국의 한 노인이 도시 근교에서 핫도그 가게를 운영하고 있었다. 노인의 핫도그는 그 맛이 일품이라 근처 수십 킬로미터 사방까지 알려졌다. 사람들은 '전국 제일의 핫도그'를 선전하는 그 노인의 광고판을 보면서 한번 먹어 보자고 앞다투어 몰려들었다. 손님들은 이제까지 맛본 적이 없는 막 구운 빵에 아삭아삭한 피클, 절묘한 풍미의 겨자와 양파로 이루어지는 맛의 조화에 감탄했다. 또한 출입문 앞에서 밝은 웃음으로 손님을 맞이하는 노인과 웃는 얼굴로 부지런히 일하는 아가씨들도 마음에 들었다. 핫도그를 먹고 가게를 나서는 손님들의 얼굴에는 만족스러운 미소가 넘쳐흘렀다.

그러던 어느 날 하버드 대학에서 경영학석사 학위와 경제학박사 학위를 받고 돌아온 아들이 말했다.

"아버지, 이래서는 안 됩니다. 지금이 지독한 불황이라는 것을 모르십니까? 먼저 비용을 절약해야 합니다."

그러면서 그는 광고판을 철거하여 선전비용을 줄이고 손님을 배웅하는 시간을 없애고 그 시간에 조리를 하고, 값싼 빵과 소시지, 겨자, 피클을 쓰고 양파는 아예 빼는 방법으로 원가를 줄여야 한다고 말했다. 아버지는 아들이 고마웠다. 그리고 대견했다. "역시, 박사는 다르긴 다르구나!" 그는 아들의 말을 한 치도 의심치 않고 그대로 실천에 옮겼다.

2개월이 지난 어느 날 아들이 다시 와서 장사는 잘 되는지 보러 왔을 때, 아버지는 인기척 없는 가게, 텅 빈 주차장, 쓸쓸한 카운터에 눈길을 보내면서 힘없이 말했다.

"네가 말한 그대로였다. 정말 엄청난 불경기구나."

("엄청난 불경기", 『좋은 생각』, 1999. 7, p.83.)

1.4 고객의 욕구

임종만(2003)은 고객들의 욕구는 그들이 접하는 다양한 환경에 따라 변하게 된다. 사실 환경변화에 대한 지각은 어렵기 때문에 고객욕구의 변화를 살펴봄으로서 환경변화가 있었다는 것을 간접적으로 감지할 수 있게 된다. 신제품 아이디어도 고객의 변화과정을 파악함으로서 하나의 세분시장을 대상으로 하여 창출된다고 할 수 있다. 욕구란 고객이 필요로 하는 것이다. 이러한 고객의 욕구는 무엇을 받기 원할 때와 주는 것(시간, 노력, 비용)을 원하지 않을 때 발생한다. 즉, 고객의 욕구란 구체적으로 혜택과 비용 두 가지 측면에서 발생한다.

[그림 14-3]에서 고객의 욕구를 분석하고 이해하는데 기본적인 틀을 제공하고 있다. 여기서 우리는 고객욕구의 발생시점을 확인하거나 고객욕구에 대한 발생 원인과 고객욕구 형태를 분류하고 고객의 욕구를 확인해야 한다.

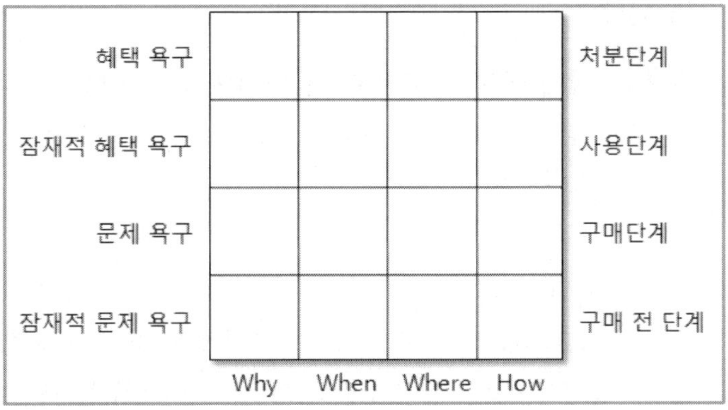

출처 : 임종만 외, 2003.

[그림 14-3] 고객욕구분석의 틀

1.4.1 고객욕구의 출발점

고객의 욕구는 서비스 단계의 어디서나 일어날 수 있으며 서비스 단계를 4단계로 구분하였다. 즉, 고객의 욕구는 발생시점에 따라 구매전, 구매단계, 사용단계, 처분단계로 구분한다.

첫 번째 구매 전 단계는 고객이 어떤 서비스를 받을 것인가에 대한 정보를 수집하는 단계이다. 정보는 가격, 서비스품질, 장소 등의 다양한 정보를 수집하게 된다.

두 번째 구매단계는 고객이 서비스를 경험하면서 제공되는 서비스가 만족한가를 평가하는 단계이다. 이 단계에서는 서비스를 제공하는 종업원의 서비스가 중요한 요소가 된다.

세 번째 사용 시 단계로서 고객은 서비스를 받으면서 고객 불만을 경험하게 될 수 있다. 이러한 고객 불만을 통하여 고객은 재 구매시 서비스에 대하여 판단하게 된다. 일부 고객은 서비스의 불만족을 표현하여 재 구매시 개선된 서비스를 원하고, 일부는 다른 곳에서 재 구매를 하거나 일부는 불만족에 대한 표현을 하지 않게 된다.

네 번째 처분단계에서는 고객 불만족에 대하여 서비스 개선을 원하였지만 서비스가 개선되지 않았을 때 고객은 부정적인 사고를 같게 된다.

1.4.2 고객욕구의 발생지

고객의 욕구 발생은 시간, 장소, 목적, 과정에 따라 나타나며 고객의 욕구분석을 위하여 고객이 무엇을 원하는지 정확히 파악해야 한다.

1.4.3 고객욕구의 형태

고객이 서비스를 받기 전에 이미 인지하고 있는 혜택을 혜택의 욕구라고 하며, 고객이 서비스를 구매하기 전에 인지하지 못한 혜택을 잠재적 혜택이라고 한다.

1.4.4 욕구충족

고객의 욕구를 충족시킨다는 것은 고객이 지불한 가치보다 고객이 받은 만족도가 높을 때 발생한다. 특히, 소요시간의 단축과 같은 고객에게 잠재적 혜택을 제공함으로서 인지한 서비스보다 더 많은 가치를 제공함으로서 만족도를 높일 수 있다.

1.5 고객감동 경영의 필요성

1.5.1 고객지향 사고

경영혁신의 도구들이 유행처럼 나타났다 기억 속에서 지워지는 것처럼 고객감동도 유행의 흐름이라고 판단하고 정확히 고객감동 경영에 대하여 이해하지 못하거나 불확실한 상태에서 출발하면 확신을 가지지 못하여 단순히 머릿속에서 이해하는데 그치고 자기행동이나 생활을 고객 지향적으로 바꾸지 못한다. 또한 기업의 경우에도 고객 지향적 사고가 기업경영에 실질적으로 반영하지 못하고 형식적인 슬로건 또는 일과성 캠페인으로만 그칠 수 있다.

따라서 고객감동경영이 실질적으로 이루어지기 위해서는 먼저 고객 지향적 사고가 무엇을 의미하며, 왜 고객 지향적으로 사고로 전환을 해야 하는지 그리고 고객 지향적으로 했을 때 어떻게 달라지는지에 대한 조직구성원들의 정확한 이해가 있어야할 것이다.

고객 지향적 경영이란 고객의 욕구를 사전에 찾아서 욕구를 감동시킴으로써 기업의 목표를 달성하려는 이념이라고 할 수 있다. 고객 지향적 경영이념은 목표고객의 욕구와 필요를 찾아서 이것을 충족시켜 줄 수 있는 제품과 서비스를 제공함으로써 고객의 감동을 극대화하고 이러한 고객감동의 결과가 기업의 목표와 일치시키려는 것을 의미한다.

1.5.2 고객감동 경영의 중요성

고객감동 경영은 고객이 진정으로 원하는 것을 제공함으로서 충성고객을 만들 수 있다. 무한경쟁시대에서의 경쟁우위의 핵심은 다른 어떤 경쟁자보다도 고객의 욕구를 사전에 잘 파악하여 이를 해결할 수 있는 해결책을 제공하는데 있다. 즉 고객감동 경영은 자기의 관점에서가 아니라 고객의 관점에서 고객의 필요와 욕구를 규정하기를 요구한다.

이처럼 고객 관점의 사고는 신규고객 창출과 기존고객의 재 구매로 확대하는 경영 전략이다. 그러나 새로운 고객을 창출하는 것은 기존의 고객을 유지하는 것보다 많은 비용이 든다. 그러므로 신규고객 창출보다 기존 고객의 유지가 기업의 생존에 보다 중요하다. 이러한 중요성을 갖는 고객유지의 핵심은 고객을 감동시키는 것이다.

최근에는 고객감동경영에서는 고객감동을 뛰어넘어 고객을 열광 또는 감탄하게 만드는 것을 목표로 삼고 있다. 이것은 고객의 단순한 기대를 충족시키는 것 이상으로, 고객감동보다 더 높은 단계이다.

감동한 고객이 단순한 매체광고보다 훨씬 효과적인 광고이다. 고객 지향적 사고에 의한 고객감동의 중요성은 불감동한 고객의 행동을 살펴봄으로써 더욱 명확하게 알 수 있다. 한 조사에 의하면 일반적으로 감동한 고객은 제품에 대한 좋은 경험을 3명의 타인에게 이야기하는 반면 불감동한 고객은 11명에게 이야기한다. 즉, 나쁜 내용이 좋은 내용보다 사람들의 입을 통해 더욱 빨리 전달되며, 제품에 대한 소비자의 태도를 쉽사리 나쁘게 만든다.

따라서 고객의 감동도를 정기적으로 측정하는 것은 매우 중요한 일이다. 고객 지향적 기업은 단순히 불감동한 고객이 자발적으로 불평, 불만을 자신들에게 이야기할 때까지 기다려서는 안 된다. 한 조사에 의하면 불감동한 고객의 96%는 회사의 불만을 이야기하지 않는 것으로 나타났다. 따라서 기업은 고객이 불평을 토로할 기회를 극대화하기 위한 고객 제안제도를 마련하거나 소비자 감동도 조사를 정기적으로 실행해야 한다. 이와 같은 제도를 마련함으로써 기업은 자기들이 얼마나 잘 하고 있는지를 알 수 있게 되며, 또한 어떻게 하면 보다 잘 할 수 있는지를 배우게 된다.

미국에서 신제품개발로 유명한 3M은 자사의 신제품 아이디어 중 2/3 이상이 고객의 불평에서 나온 것이라고 말하고 있다. 기업이 고객 지향적으로 되기 위해서는 매 분기마다 자사의 고객감동 수준을 조사하여 개선목표를 설정해야 한다.

2. 고객감동경영 운영의 원칙

2.1 고객감동경영 선행조건

고객감동의 경영체제를 수립하기 위해서는 고객에 대한 진심으로 우러나는 고객 지상주의 기업정신을 바탕으로 추진되어야 한다. 고객감동경영 체제는 다음과 같이 구축할 수 있다.

2.1.1 고객접점에서의 최우선

고객과 기업은 가장 먼저 고객접점에서 만나게 되며, 고객의 기업평가는 고객접점에서 평가하게 되므로 고객접점에서 고객감동경영의 출발점을 시작하여야 한다. 고객접점은 종업원과 고객과의 만남으로 전화 응대 및 종업원의 서비스 태도 등과 기업의 이미지, 실내분위기, 공조시설 등의 고객감동에 미치는 모든 요소를 말한다.

고객접점에서 고객이 기업을 평가하고 고객의 만족도가 결정되므로 고객감동경영은 고객접점에서 최우선의 경영목표로 선정하여 추진하여야 한다.

2.1.2 정기적인 평가

제품 및 서비스에 대한 고객감동도 조사는 정기적으로 조사되어야 한다. 서비스의 경우 아주 간단한 조사라도 고객의 만족도를 항상 측정하여야 한다. 이러한 조사 방법은 항시 고객의 입장에서 고객의 관심사항과 고객의 변화추이를 분석하여야 한다. 서비스는 모방이 쉬운 프로세스로서 정기적인 고객감동도 조사를 통하여 경쟁기업과 비교분석하여 새로운 서비스 상품을 개발하고 고객의 욕구변화를 측정하여 프로세스에 반영하게 된다. 측정은 통계적 기법으로 신뢰할 수 있는 설계에 의하여 해석되어져야 하고 해석결과는 고객감동경영에 필히 반영하여야 한다.

2.1.3 최고 경영자의 리더십

최고 경영자는 고객감동 조사결과에 대하여 지속적인 관심을 가지고 최일선에서 고객감동 경영을 솔선 추진하여야 한다. 최고 경영자는 조사결과를 프로세스에 신속히 반영하여 변화된 프로세스를 서비스 접점에서 실행되도록 지휘·감독하여야 한다.

서비스 프로세스의 개선은 복잡한 이해관계가 얽혀 있음으로 문제가 제기되어도 혁신적인 개선 프로세스를 도출하기는 쉽지 않다. 최고 경영자는 스스로 개선의 선두에 서서 고객감동경영에 대한 의사결정을 신중하고 신속하게 판단하는 것이 중요하다.

2.1.4 경영자의 의지

전사적품질경영(TQM)을 저해하는 요인 중의 하나가 비즈니스 리더들의 결단력 부족이었다. 최고 경영진은 의례적인 말만하지 행동을 하지는 않는다. 몇몇 품질 운동은 정말로 시작된 것은 아니다. 다른 것들은 한동안은 매우 성공적이나, 기업과 기업의 리더들이 다른 유행이나 도전에 직면해서 곧 시들해졌다(신완선 외, 2003).

식스 시그마경영에서와 같이 고객감동경영은 변화에 흔들리지 않고 안정적으로 추진하기 위하여 최고 경영자의 강력한 리더십이 요구된다.

2.1.5 기업문화

고객감동경영 혁신을 통한 모든 변화를 구성원들의 행동규범(norms)과 공유가치(shared value)로 연결시켜 새로운 기업문화로 정착시키는 것이다. 기업문화의 변화는 구성원들의 가치관과 태도 그리고 행동의 변화를 의미하는 만큼, 구성원들의 의식구조의 전환과 함께 새로운 행동이 그들에게 만족감을 가져다 줄 때 영구적인 행동변화가 비로소 새로운 기업문화로 정착될 수 있다. 이와 같이 새로운 기업문화는 어떤 일시적, 인위적인 그리고 조작적인 방법으로 개발될 수 없다(이학종, 2003).

서비스 기업은 기업전체에 내포되어 있는 기업문화가 있어야 한다. 기업문화는 오직 고객감동을 위한 문화가 구축되어야 한다.

2.1.6 종업원 만족

고객감동경영을 성공적으로 정착시키려면 내부 종업원들을 만족 시켜야 한다. 자사의 상품과 서비스에 만족하지 못하는 종업원들이 자부심을 가지고 고객에게 판매활동이나 서비스 활동을 하도록 기대하는 것은 힘들 것이다(원융희 외, 2003).

[고객감동 경영의 선행 조건]

- 고객접점에서의 최우선
- 정기적인 평가
- 최고 경영자의 리더십
- 경영자의 의지
- 기업문화
- 종업원 만족

2.2 고객감동경영 운영체계

고객감동경영을 추진하기 위한 조직운영은 대량생산 시스템의 피라미드형 조직운영과는 반대로 역 피라미드형 조직을 운영하는 것이 서비스산업에서 고객과 사람을 중요시하는 조직개념이다. 역 피라미드 조직이란 서비스 접점에서의 종업원에게 권한을 위양하고 관리자는 서비스접점의 종업원을 지원하는 조직이다. 서비스 경영에서의 조직은 종업원 만족이 곧 고객감동으로 연결된다는 것을 명심해야 한다. 서비스 접점에서의 종업원들이 고객에 대한 올바른 주인의식을 갖추고 즐거운 직장을 만드는 경영환경을 조성해야 한다. 종업원 만족이 고객감동에 미치는 영향은 [그림 14-4]와 같다.

고객감동경영 기업에서의 관리자란 지시하고 권위를 지키는 카리스마의 관리자가 아니라 조직의 리더로서 솔선하는 관리자를 요구한다. 즉, 관리란 조직 내의 역할자로서 조직의 목표와 서비스에 대한 철학, 서비스 프로세스를 통하여 고객감동을 창출하는 것이다.

출처 : 김영한, 1992.

[그림 14-4] 종업원 만족이 고객감동이 미치는 영향

2.3 고객감동 향상방법

고객감동도를 높이는 방법으로는 고객의 구매형태에 따라 구매과정에서 사전 기대치와 사후 감동도를 평가하여 고객의 감동도를 향상시키는 전략을 수립하여야 한다. 따라서 고객감동에 대한 사전 철저한 분석이 요구된다.

2.3.1 구매단계별 감동

고객은 구매 전 사전 서비스 예측과 구매 중 그리고 구매 후 프로세스를 통하여 경쟁사 또는 유사제품과 서비스를 비교한다. 따라서 고객감동도를 향상시키기 위하여 구매단계별로 고객의 혜택을 향상시켜 주어야 한다.

〈표 14-1〉 구매단계별 고객감동도

구매단계	고객의 감동도
구매 전	기대 서비스를 높이는 것이 중요함으로 광고나 영업 전략을 통하여 고객에게 보다 구체적인 메시지를 전달한다.
구매 중	고객이 편리하고 쉽게 제품과 서비스를 구매할 수 있도록 서비스 스테이션을 개선하고 제품의 디자인과 포장 그리고 대금지불방법 등에 변화를 준다.
구매 후	사후 서비스로서 철저한 고객의 불만을 해소시켜야한다. A/S는 고객의 불만을 감소시키지 못한다. 따라서 제품 및 서비스를 완벽하게 제공하는 것만이 고객감동도를 향상시키는 방법이다.

구매 전은 고객의 기대를 향상시키기 위하여 마케팅을 통하여 고객에게 직·간접적으로 접근하여 고객의 기대를 향상시킨다. 구매 중에는 매장 내에서 고객이 편리하게 제품을 구매할 수 있도록 제품의 전시와 고객의 동선, 결재방법 등 보다 편리한 구매가 이루어지도록 서비스를 제공한다. 구매 후에는 철저한 애프터서비스를 통하여 고객에게 다가가야 한다. A/S는 고객의 감동도를 높여주는 요소는 아니다. 따라서 사후관리가 불충분하여 고객의 불감동도는 극에 달한다.

2.3.2 고객감동 구성요소

고객감동을 구성하는 3대 요소로 제품, 서비스, 이미지가 있다.

2.3.2.1 제품

과거 감동하는 제품의 가치는 품질, 가격 등에 비중을 두었지만 시대의 변화에 따라 제품에 대한 감동도는 디자인, 사용상 편리성 등 하이테크, 하이터치 제품으로 가치의 중대성이 이동하고 있다.

2.3.2.2 서비스

고객의 마음을 차지하는 방법으로서 서비스는 매장의 분위기, 고객접점의 종업원 등의 행동은 고객의 감동도에 많은 변화를 주고 있다. 따라서 제품의 우수성과 판매방법의 혁신에 따라서 고객의 감동도는 현저하게 차이를 나타나게 된다.

2.3.2.2 기업 이미지

기업의 이미지는 고객감동도를 향상시키는 간접적인 영향요소이다. 기업의 이미지로는 기업의 사회 공헌도, 환경경영 등 고객이 느끼는 기업의 경영활동도 고객감동에 중요한 요소이다.

2.4 고객지향 사고

2.4.1 고객지향 사고의 필요성

고객 지향적 사고로의 전환이 필요한 것은 시장에서의 경쟁이 점점 더 심화되고 있다는 것과 규제조치가 철폐되면서 국내 및 외국의 신규 참여기업이 늘어나고 있고 기업의 생산능력이 대규모로 확충되고 고객의 패턴이 다양화됨으로 생산수율 조절이 어렵게 되어 기업은 생산보다는 판매가 중요한 과제가 되었다.

그리고 시장의 경쟁도 브랜드 간의 경쟁이 주된 경쟁이었으며 현재 우리 기업은 경쟁의 폭과 경쟁구조가 과거에 비해 훨씬 심화된 경쟁 환경에 놓여 있는 것이다. 예를 들어 금융기관의 경우 과거 은행은 은행끼리, 투신사는 투신사끼리, 보험사는 보험사끼리 경쟁했으면 됐지마는 최근에는 이와 같은 금융업종간의 구분이 없어지고 모든 금융기관간의 경쟁이 시작되고 있다.

이 결과 고객의 마음을 사로잡기 위한 시장 경쟁이 치열해지게 되었다. 따라서 소비자는 시장에서 제품 선택의 폭이 크게 늘어나 과거와 달리 훨씬 까다로워진 구매행동을 보이고 있다. 즉, 현대 소비자들은 과거와 달리 제품에 대한 정보를 수집하여 브랜드간의 비교 평가를 하여 자기가 지불하는 가격에 비해 가장 많은 가치를 제공하는 제품을 선택하게 된다.

2.4.2 고객지향 사고로의 전환

과거 의료서비스의 경우 대표적인 고객 불감동 현장이었다. 경쟁이 심하지 않았던 경우에는 대부분의 의사 및 간호사 그리고 병원경영자들이 환자에 대한 고객인식이 부족했었고 환자들의 고객감동에 대해서 대부분 무관심했었다. 그러나 최근 의사들의 독점적 진료에서 의사들의 공급 과잉으로 개인병원을 중심으로 자기 병원을 찾는 환자들의 의료서비스에 대한 감동도를 높이기 위한 고객관리로 특화하는 병원들이 급증하고 있다.

이와 같이 의료서비스기관들이 의사중심의 사고에서 환자 중심의 사고로 전환하게 되는 이유는 시장경제에 따른 경쟁 때문이라고 볼 수 있다. 과거처럼 병원만 개업하면 환자가 찾아오는 시대는 지났으며, 환자의 마음을 사로잡기 위한 경쟁이 치열하게 일어나고 있다.

금융시장에서도 금융시장이 개방, 자율화되면서 많은 외국 금융기관 예를 들어 은행 및 증권회사들이 국내 금융시장에 새로이 진출하고 있다. 또한 기존의 금융기관간 업무영역의 경계가 무너지면서 금융시장의 경쟁이 그 어느 때보다 치열해지고 있다. 이와 같이 금융시장의 경쟁이 치열해지면서 우리나라 금융기관 사이에 고객 지향적 사고의 필요성이 점점 커지고 있다.

2.5 고객지향 사고의 전환

마케팅 발전과정을 보면 기업의 경영 전략적 사고는 크게 세 가지로 나눠볼 수 있다. 첫째는 제품중심 사고, 둘째는 판매중심 사고, 셋째가 고객중심 즉 고객지향 사고이다.

2.5.1 제품중심 사고

제품중심 사고는 좋은 제품을 만들어 시장에서 비싼 값으로 판매한다는 사고이다. 즉, 세계에서 최고의 독점적 제품을 만들면 고객은 제품을 구입하려고 몰려들기 때문에 별도의 마케팅이 필요 없는 사고이다. 이러한 사고는 엔지니어들이 강한 회사에서 흔히 찾아볼 수 있다. 그러나 과연 좋은 제품만 만들어내면 시장에서 잘 팔리는가? 반드시 그렇지 않다는데 문제가 있다.

제품중심 사고가 어떤 문제가 있는가를 보여주는 좋은 사례들이 있다. 미국의 어느 회사에서 세계에서 제일 튼튼하고 편리한 쥐덫을 만들었다. 이 회사의 사장은 이 쥐덫이 시장에서 성공하여 곧 백만장자가 될 것으로 기대했었다. 그러나 결과는 시장에서 소비자들이 이 쥐덫을 찾지 않아 결국 회사가 파산됐다는 것이다. 왜 이 세계에서 제일 튼튼하고 편리한 쥐덫이 시장에서 실패하게 되었을까? 이 질문에 대한 대답이 바로 제품중심 사고가 어떤 문제를 갖고 있는가를 보여 준다. 첫째, 제품중심 사고가 갖는 문제점은 고객의 욕구보다 제품 그 자체를 중요시하는 것이다. 즉, 고객이 정말 제품을 구매함으로써 충족시키려는 본원적 욕구를 고려하지 않고 단순히 제품 그 자체로 예를 들어 제품의 스타일 또는 제품의 기능만을 잘 만들려고 하는 것이다. 오히려 소비자가 정말 원하는 것은 하드웨어로서 제품 그 자체를 원하는 것이 아니라 제품을 통해 충족하려는 욕구에 대한 해결책이다. 즉 쥐덫사례에서는 소비자들이 정말 원했던 것은 튼튼하고 편리한 쥐덫 그 자체가 아니라 쥐를 잡는 해결책을 원했던 것이다. 그러니까 시장에서 쥐덫보다 쥐를 잡는 더 좋은 해결책, 즉 쥐 잡는 약품이 개발되니까 사람들은 더 이상 쥐덫을 찾지 않게 되는 것이다.

이처럼 제품중심 사고가 갖는 문제점은 제품에 대한 고객의 근본적 욕구를 찾지 못하고 제품에만 치중한다는 것이다.

소비자들의 구매결정에 영향을 미치는 요인에는 우선순위가 있으며 제품에 따라 우선순위가 달라진다는 것이다. 쥐덫의 경우에는 일반적으로 소비자들은 품질보다 가격이 보다 중요한 구매요인으로 작용한다. 즉 소비자들이 원하는 일정수준의 품질이 충족되면 더 이상 품질이 구매에 크게 영향을 끼치지 못하게 되며, 대신 가격이 중요한 구매요인으로 작용하게 된다는 것이다. 이 쥐덫은 세계에서 제일 튼튼하고 편리하게 만들려고 했기 때문에 생산비가 높게 되고 따라서 가격도 기존 쥐덫의 평균가격인 9.55달러보다 훨씬 비싼 가격에 시장에 내놓았던 것이다. 소비자들은 쥐덫의 경우에는 가장 중요한 구매요인이 가격이기 때문에 추가적인 품질에 더 많은 가격을 지불하려 하지 않았으며 그 결과 이 쥐덫은 시장에서 소비자들이 찾지 않게 된 것이다.

또한 소비자들의 구매행위는 제품에 대한 사실에 의해서라기보다는 제품에 대한 소비자들의 인식에 의해서 결정되는 것이다. 따라서 아무리 좋은 기능과 품질의 제품이라도 소비자에게 그것이 충분히 알려져서 소비자들이 그 브랜드에 대한 인식이 좋아지지 않으면 시장에서 구매로 나타나지 않는 것이다. 따라서 이 쥐덫의 경우 세계에서 제일 좋은 쥐덫을 만들어 내었으나, 소비자들이 저절로 와서 사가지고 갈 것이라고 믿고 광고 및 판촉활동을 소홀히 한 결과 소비자들이 제품에 대한 정보를 충분히 갖지 못하게 되어 시장에서 찾지 않게 된 것이다.

2.5.2 판매위주 사고

판매위주의 사고는 광고와 판촉을 주된 마케팅을 수단으로 한다. 판매위주의 사고가 고객 지향적 사고와의 차이점은 고객지향 사고에서는 고객 감동이 목표가 되나 판매위주의 사고에서는 많이 파는 것이 마케팅활동의 목표가 된다.

2.5.3 고객지향 사고

고객지향의 사고는 고객이 원하는 것이 무엇인지를 찾아서 이를 충족시켜 주는 제품 또는 서비스를 제공함으로써 고객감동을 이끌어내는 경영으로 기존의 기업들이 생산자 또는 판매자중심적인 사고로 기업을 경영하고 고객을 대할 때 이 기업들은 고객지향 사고를 도입하여 제품개발 및 마케팅활동을 고객 중심적으로 함으로써 시장에서 성공할 수 있다는 것이다.

고객지향 경영이 비용이 많이 드는 것도 아니고 그 효과가 장기적으로 나타나는 것도 아니며, 적은 비용으로서도 할 수 있으며 그 효과가 단기적으로도 나타난다. 중요한 것은 올바른 사고로의 전환이지 결코 비용 또는 시간이 문제가 되는 것은 아니다.

[고객 지향의 사고 전환]

제품중심 사고 ⇨ 판매위주의 사고 ⇨ 고객지향의 사고

2.6 고객감동 측정방법

오늘날 치열한 시장경쟁에서 살아남기 위한 고객감동경영을 하기 위해서는 먼저 고객의 기대수준, 자기 제품에 대하여 고객이 인식하는 성능수준, 그리고 고객의 감동수준을 조사하여 측정하여야 한다. 고객감동도는 제품이나 서비스의 고객감동을 조사하는 방법에는 간단한 기법에서 복잡하고 정교한 기법에 이르기까지 여러 가지 방법이 있다.

2.6.1 고객 제안시스템 이용

고객 제안시스템은 고객이 제품과 서비스에 대해 불평과 제안을 쉽게 하도록 하는 방법이다. 호텔 및 콘도 등에서 이용객에게 좋았던 점과 싫었던 점을 묻는 고객설문지를 비치하여 고객의 의견을 적극적으로 반영하는 방법도 고객 제안시스템의 일환이다. 병원에서도 퇴원 환자들에게 불편한 점이 무엇인지를 묻는 카드를 작성하게끔 하고 환자의 의견을 받는 제안함을 복도에 비치해 놓는 방법과 수신자 부담의 080 고객 상담 클로버 서비스나 고객 불만처리 부서를 설치하여 고객들이 부담 없이 불만이나 개선책을 전달할 수 있게 한다. 이와 같은 방식으로 수집된 고객의 불만 및 불평 정보는 기업에게 많은 새로운 아이디어를 제공해 주며, 또한 기업으로 하여금 고객의 불만사항에 대해 신속하게 반응할 수 있게끔 한다.

2.6.2 설문조사 방법

고객감동도를 직접 설문조사하는 방법으로서 이 방법의 문제점은 불감동한 고객의 적극적인 불만의 자료를 얻기가 힘들다는 것이다.

따라서 기업은 단순히 고객 불평의 회수를 고객감동의 측정치로 삼을 수 없으며, 보다 직접적으로 고객감동도를 조사할 필요가 있다. 고객의 반응에 보다 민감한 기업들은 정기적인 조사를 통하여 고객감동을 직접적으로 측정하는 방법을 사용한다.

이러한 설문조사를 통해 고객감동을 측정하는 방법으로는 고객들에게 직접 묻는 방법으로 고객으로 하여금 제품이나 서비스에 대해 얼마나 감동했는지를 리커트 측정방법으로 1점(아주 불감동)에서 5점(아주 감동)까지 체크하여 측정할 수 있다.

2.6.3 유령고객 이용

유령고객을 이용하여 고객감동수준을 측정하는 방법으로 조사원이 고객으로 가장하여 제품과 서비스를 구매하는 과정에서 경험하는 강점과 약점을 보고하게 하는 방법이다. 이런 유령 고객들은 심지어 문제를 제기하여 이를 자사의 판매원이나 종업원이 어떻게 대응하는 지를 테스트하기도 한다.

2.6.4 이탈 고객 조사

고객 이탈률을 조사하여 고객감동을 측정하는 방법으로 자사의 제품이나 서비스를 구매하다가 구매를 중단했거나 타 구매선으로 전환한 고객에 대하여 무엇이 문제인지를 조사하는 방법이다.

IBM의 고객감동경영 사례에서와 같이 IBM의 경우 고객이탈현상이 심각하게 발생하여 시장점유율이 급격하게 떨어졌을 때, 새로운 최고 경영자로 등장한 루이 거스터너는 이탈한 예전 고객들을 하나하나 방문하여 IBM이 무엇을 잘못하는지 예를 들어 가격이 너무 높은지, 서비스가 부족한지, 제품의 신뢰도가 떨어지는지 즉, IBM의 문제점이 무엇인지를 찾으려고 노력하였다. 그 결과 IBM에 대한 고객의 불만은 제품의 품질이나 기술이 문제가 아니라 IBM에 대해서 고객들이 원하는 그리고 IBM만이 할 수 있는 통합적 문제해결 솔루션을 제공하지 않는데 있다는 것을 알았다. 그 결과 고객들이 원하는 종합적 문제해결 솔루션을 제공함으로써 IBM은 기적처럼 부활하였다. 즉 IBM의 부활은 이탈고객들 때문에 부활하였다고 해도 과언이 아니다.

2.7 고객감동의 효과와 문제점

2.7.1 고객감동의 효과

고객감동 경영의 효과는 다음과 같다(홍석보 외, 1998).

2.7.1.1 전사적 확산

경영자의 리더십에 의해 전사적으로 확산된다는 점이다. 제품뿐만 아니라 서비스, 관리시스템은 기업 전반의 모든 영역에서 고객감동이 이루어진다.

2.7.1.2 고객중심의 전개

우선적으로 고객감동 경영 도입의 여건 조성부터 시작하여 공감대 조성을 위한 작은 운동전개, 이에 대한 측정과 평가 그리고 제2의 전략수립 등의 순서를 단계별 전략과 그에 맞는 전개 내용을 한걸음씩 밝혀갈 수 있다.

2.7.1.3 고객관계 개선

고객과의 관계가 개선되어 서비스가 좋아졌다는 점이다. 고객을 만나는 접점의 순간을 진실되게 맞이함으로써 보다 나은 고객과의 관계를 유지할 수 있다.

2.7.1.4 고객정보 공유

전사에 고객정보를 고유할 수 있다는 점이다. 고객감동 성과는 측정하는 고객감동도 조사를 실시하고 고객의 요구와 미비점을 전 직원이 함께 공유하는 효과는 다른 혁신기법에 비해 뛰어나다.

2.7.2 고객감동의 문제점

고객감동 경영의 문제점으로 지적할 수 있는 것은 다음과 같다(홍석보 외, 1998).

2.7.2.1 의식개혁으로 끝날 수 있다.

의식개혁으로 끝날 수 있다는 점이다. 즉 일시적인 친절운동이나 캠페인 수준에서 중단되어 조직의 구조적인 개혁을 이루어 기업에 뿌리를 내리지 못한다는 것이다. 한 단계 한 단계 성장한다면 문제가 없지만 장애 요인 등의 야기로 중도에 포기하거나 혹은 다음 단계의 내용과 연계성이 부족 된다면 각각의 의식 개혁적인 효과만을 낳게 된다.

2.7.2.2 구조적 개혁으로 연결 부족

구조적 개혁으로 연결이 부족하다는 점을 지적할 수 있다. 고객감동에서 고객은 외부 고객만을 의미하는 말은 아니다. 그러나 외부 고객의 기대에 부응해야 한다는 기본적인 생각이 내부 고객의 감동에 의해서 외부 고객이 감동할 수 있다는 사실을 간과하기 때문이다.

2.7.3 내부 고객감동

2.7.3.1 내부고객

그동안 우리는 고객감동 경영의 초점을 외부고객을 감동시키기 위해서 추진하였다. 그러나 외부고객을 감동시키기 위해서는 먼저 내부고객을 감동시키는 것이 중요하다. 고객과의 접점에 있는 판매사원 또는 현장 종업원을 감동시켜 이들이 고객과 가지는 상호관계의 질을 높이는 것도 중요하다. 감동하지 않은 종업원이 고객과의 만남에서 감동적인 서비스를 제공할 수 없다.

특히 서비스 산업은 생산과 소비가 동시에 일어나기 때문에 직접 제공하는 종업원과 동시에 이를 받아 소비하는 고객과의 직접적인 접촉에서 일어난다. 따라서 이와 같은 고객과의 상호관계의 질을 높이는 것이 외부 고객감동에 중대한 영향을 미친다.

2.7.3.2 내부고객 감동 방법

고객감동에 중요한 영향을 미치는 종업원과 고객과의 관계의 질을 높이려면 종업원을 고객으로 인식하고 이들을 감동시켜야 한다. 따라서 내부 고객감동을 위하여 종업원들에게 고객감동을 위한 효과적인 교육 훈련 및 동기부여를 제공하며 모든 지원서비스를 제공하는 사람들이 하나의 팀으로 일하게 하는 것을 의미한다.

2.7.3.3 내부고객 감동 사례

내부마케팅을 강조하여 성공한 사례로 세계적으로 유명한 메리오트(Marriott)호텔을 들 수 있다. 이 다국적 호텔 체인의 회장인 빌 메리오트는 호텔관리자를 채용할 때 후보자들에게 다음과 같은 질문을 던진다. “우리 호텔은 감동시켜야 할 세 집단 즉 고객, 종업원, 그리고 주주들이 있는데 감동시켜야 할 우선수위별로 말해 보라.” 대부분의 후보자들은 첫 번째로 감동시켜야 할 집단을 고객이라고 말한다. 그러나 메리오트 회장의 논리는 전혀 다르다. 그에 의하면 첫 번째로 종업원을 감동시켜야 한다. 왜냐하면 종업원들이 자신들의 일을 사랑하게 되고 자신들의 호텔에 자부심을 느끼면, 호텔을 찾는 고객들에게 좋은 서비스를 제공할 것이다. 이렇게 감동한 고객은 다시 메리오트 호텔을 찾게 될 것이며, 행복한 고객을 맞이하는 종업원들은 더욱 일에 대한 감동감을 느껴 더 좋은 서비스를 제공할 것이며 그 결과 더 많은 고객이 호텔을 다시 찾게 될 것이다. 이 모든 일은 결과적으로 메리오트호텔의 이익을 높여서 호텔주주들을 감동시켜 줄 것이다.(http://blog.naver.com/sg21c/)

이와 반대로 내부마케팅을 소홀히 하여 외부마케팅에 들인 투자의 효과를 극대화하지 못하는 경우도 있다. 어느 사립대학의 경우 최근 많은 돈을 투자하여 좋은 교수들을 다수 초빙하고 학교 시설들을 대폭 확충하며 또한 이러한 학교의 발전상을 많은 돈을 들여 광고도 열심히 해왔다. 그 결과 학교의 질적인 측면에 대한 평가가 최근에 급속도로 좋아졌다. 그러나 이 대학은 대학의 내부고객인 교직원들과 교수들의 후생복지 및 연구지원을 소홀히 하는 바람에 내부고객들의 불만이 많고 사기가 저하되었다. 그 결과 학생들에 대한 교육 및 행정서비스의 질이 떨어져서 학교에 대한 평가가 투자한 만큼 크게 개선되지 못하는 경우를 본다.

이들 사례에서 한결 같이 우리가 알 수 있는 사항은 외부 고객을 대상으로 하여 광고 판촉 등 외부마케팅을 열심히 하는 것도 중요하지만 내부고객인 종업원들을 감동시켜 종업원들이 역으로 고객을 감동시키게 하는 것이 보다 중요하다는 것이다.

3. 고객감동 전략

3.1 서비스 컨셉설정

고객을 감동시키기 위하여 우선 기업이 제공하고자하는 서비스의 차별성을 설정하여야 한다. 서비스에 대한 컨셉은 고객이 무엇을 원하는지를 먼저 파악하여야 한다. 고객의 욕구에 맞추어 기업의 고객감동 컨셉을 설정한다.

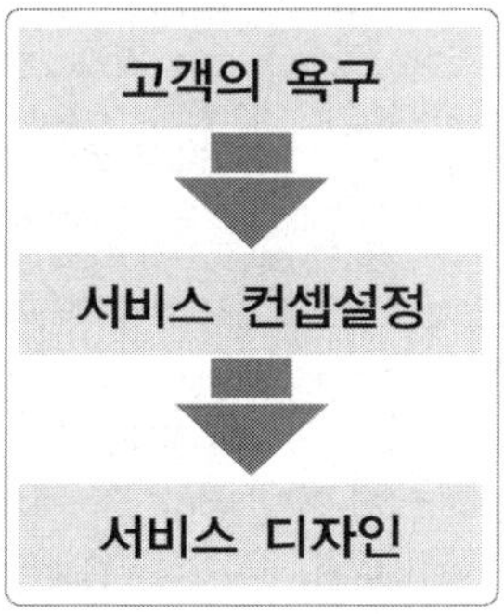

[그림 14-5] 서비스 컨셉 설정 단계

우리가 추구하고자하는 고객감동을 위한 서비스 컨셉은 고객의 욕구, 특히 주요고객의 욕구를 파악하고 이를 기반으로 서비스 컨셉을 결정하고 디자인 한다.

고객은 모든 고객이 주요고객은 아니다. 기업이 제공하고자하는 서비스의 디자인은 제품 및 서비스의 특성에 따라 주요 고객층을 설정하고 이들 고객에 맞는 컨셉을 결정하여야 한다. 주요 고객층의 구분은 나이별, 성별 등을 기준으로 주요고객에 대한 컨셉을 설정한다. 또한 우리의 주요 고객은 무엇을 어떻게 원하는지를 분석할 필요가 있다.

주요고객이 결정되면 차별화되는 컨셉을 정하여야 한다. 컨셉은 독창적이며 고객의 눈높이에서 설정한다. 컨셉은 우선 고객에게 전달하고자하는 매시지의 키워드를 설정하고 이를 문장으로 설정한다.

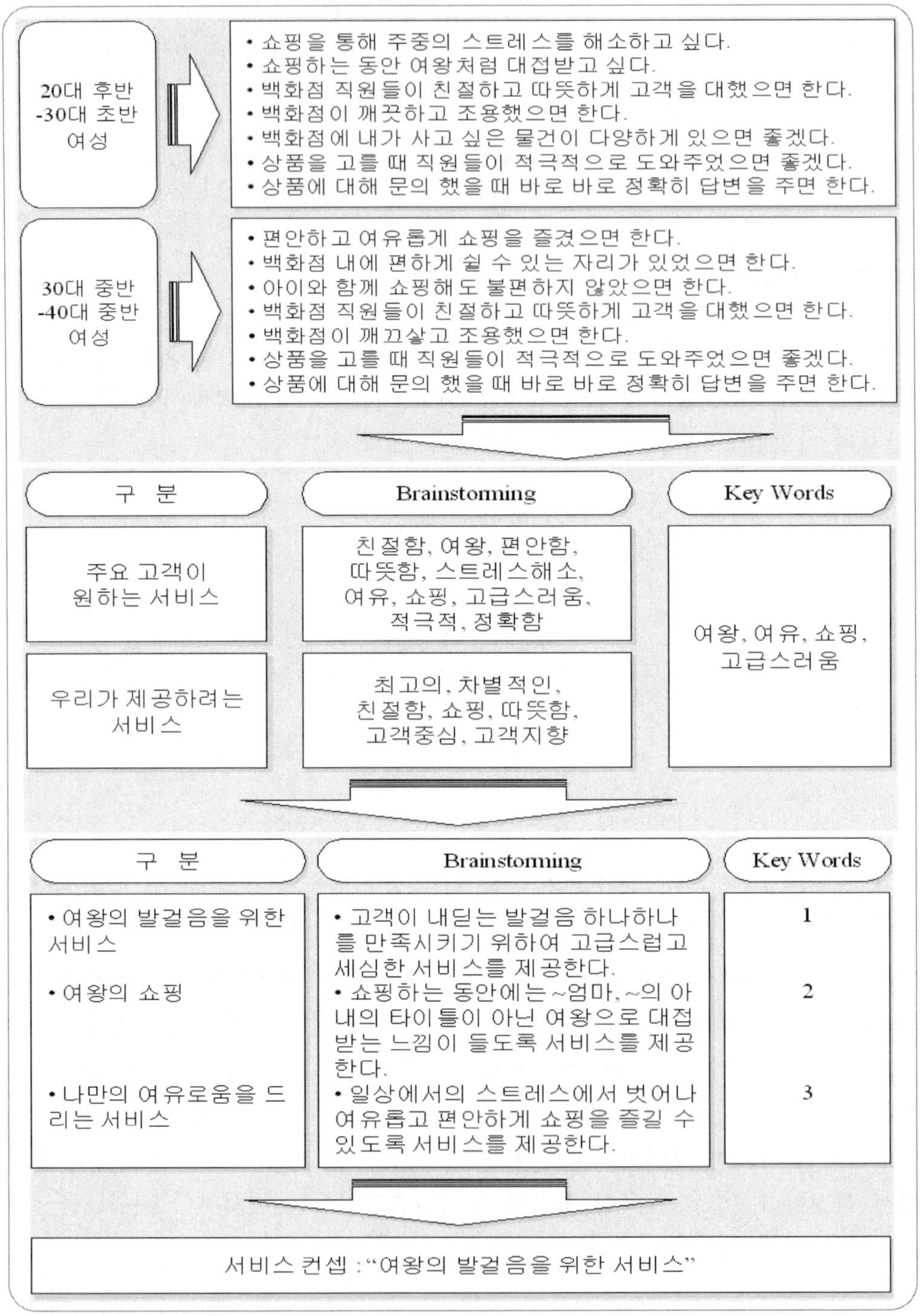

출처 : 박휘섭 외, 2005.

[그림 14-6] 백화점 고객감동 컨셉 사례

3.2 서비스 디자인

기업의 서비스에 대한 컨셉이 결정되면 이 컨셉에 맞는 고객에게 제공할 적절한 서비스를 독창적으로 디자인 하여야 한다. 이러한 서비스 디자인은 서비스를 제공하는 직원과 고객과의 만남의 시점에 대하여 디자인 한다. 이를 우리는 진실의 순간이라고도 한다.

진실의 순간(moment of truth)은 고객과 서비스를 제공하는 종업원 사이에 짧은 순간 이루어지는 서비스에서 나타나는 고객의 만족과 불만족의 판단이다. 이러한 짧은 순간에 종업원은 회사의 책임과 권한을 갖고 회사의 서비스를 고객에게 입증하여야 한다. 따라서 고객은 회사의 서비스 공간에 들어와서 상품을 구매하기까지 종업원과의 몇 번의 짧은 만남을 통하여 순간의 서비스를 경험하게 되는데 서비스를 제공하는 종업원은 고객이 만족할 수 있도록 최대의 역량을 동원하여 고객감동을 창출하여야 한다.

서비스 경영자는 고객접점에서 눈에 보이는 서비스를 담당하는 요원뿐만 아니라 눈에 보이지 않는 전화 서비스, 용모 등을 전 직원에게 서비스 정신을 배양하여야 한다.

서비스를 제공하는 종업원 본인이 만족하지 않으면서 고객에게 만족한 서비스를 제공한다는 것을 기대하기는 어렵다. 따라서 종업원에 대한 보상 시스템도 잘 갖추어져야한다.

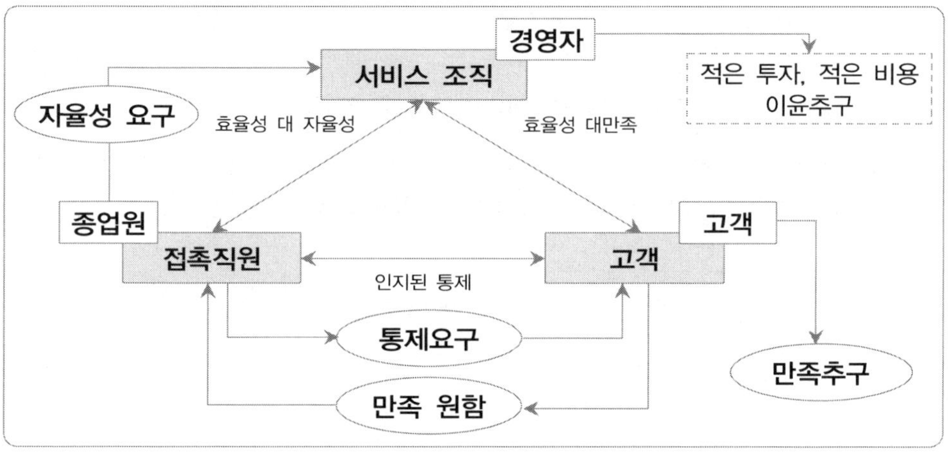

[그림 14-7] 서비스접점 삼각구조

디자인 단계는 고객이 우리의 서비스 접점에서 고객이 떠날 때까지의 모든 단계를 디자인 한다. 예로 음식점의 경우 고객의 동선을 살펴보면, 먼저 고객이 전화로 예약을 할 때 전화예약에 대한 서비스 디자인을 하며, 고객이 음식점을 찾았을 때 그리고 주차장에 차를 주차하고 홀 안으로 들어와서 자리를 안내받고 자리에 앉을 때 그리고 메뉴판을 받고 주문하고 식사가 끝나면 후식을 주문하고 식사가 완료되면 대금을 지불하고 주차장에서 차를 운전하여 음식점을 떠날 때의 모든 프로세스 서비스를 디자인하여 서비스 접점에서 표준을 디자인하여 종업원들이 서비스를 제공할 수 있도록 하여야 한다. 이를 위한 프로세스는 다음과 같다.

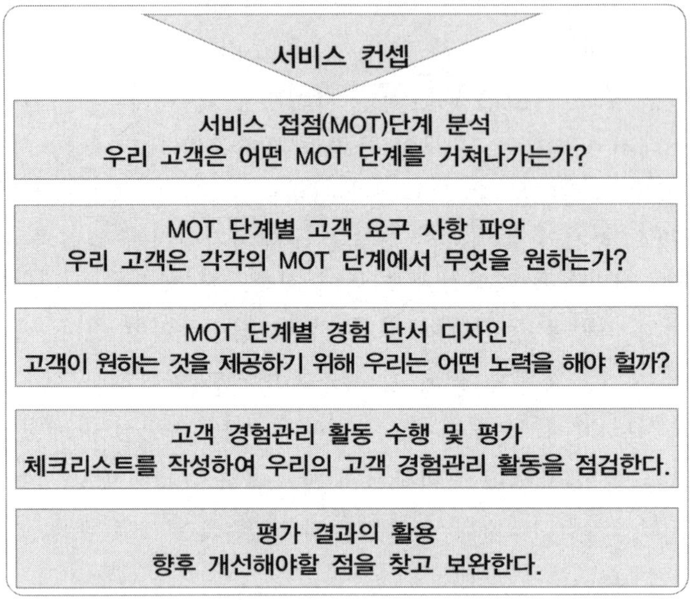

출처 : 박휘섭 외, 2005.

[그림 14-8] 서비스 디자인 프로세스

고객의 요구사항을 디자인하기 위하여 고객의 입장에서 고객의 동선을 살펴보면서 고객이 무엇을 원하는지를 분석하여 주요 서비스 디자인을 설계한다.

〈표 14-2〉 백화점 디자인 사례

서비스 과정	MOT	주요고객 요구사항
백화점에 들어오기 까지	• 주차장 안내원 접객 태도 • 주차장 안내원 복장 • 입간판/매장의 안내 표지판 • 매장의 외관 • 이용 편리성	• 주차장 안내원이 미소를 지으며 친절했으면 한다. • 주차장 안내원의 복장이 깔끔해서 보기에 좋았으면 한다. • 내가 주차하기 쉽도록 주차장 안내원이 신속하고 정확했으면 한다. • 주차 시설이 좋았으면 한다. • 매장의 안내 표지판이 적절하게 붙어 있어서 매장으로 들어가기 쉬웠으면 한다. • 외관이 깨끗해서 들어갈 때 기분이 좋았으면 한다.
해당 코너에 도착하기까지	• 눈에 띄는 판매원의 태도 • 헬프 데스크 안내원의 친절도/정확도/신속도 • 엔트런스의 상태 • 점내의 외관 • 진열용구의 관리 상태	• 매장들을 둘러볼 때 판매원들이 친절했으면 한다. • 헬프 데스크의 직원이 내 질문에 정확하고 신속하며 친절하게 답했으면 한다. • 매장 입구의 우산꽂이/에어컨/난방이 좋았으면 한다. • 매장에 들어섰을 때 깔끔하고 고급스러웠으면 한다. • 화장실/엘리베이터/층별 상품 등 표지판이 잘 보여서 즐거운 쇼핑이 되었으면 한다. • 상품들이 깔끔하게 진열되어 구경하기 편했으면 한다.
구입하기까지	• 매장의 판매원 접객태도 • 판매원의 정보 제공태도 • 계산원의 접객태도 • 계산원의 정확도/신속도 • 제품 진열상태	• 매장의 판매원이 인사, 언행 등이 친절했으면 한다. • 내가 질문했을 때 신속/정확/쉽게 설명했으면 한다. • 계산 직원은 신속/정확/친절하게 결제해주었으면 한다.
구입 후 백화점에서 나가기까지	• 경비원의 접객태도 • 주차장 안내원의 태도 • 출구상태 • 주차장 이용편리성	• 경비원의 태도가 위압적이지 않고 친절하다는 느낌을 주었으면 한다. • 주차장 안내원이 미소를 지으며 친절했으면 한다. • 주차장 안내원 복장이 깔끔해서 보기에 좋았으면 한다. • 매장 밖으로 나가기 쉽게 주차장이 운영되었으면 한다.

출처 : 박휘섭 외, 2005.

4. 고객감동경영의 추진절차

고객감동경영은 다른 모든 경영시스템과 같이 최고경영자의 강력한 의지와 리더십을 통하여 서비스 접점에 있는 종업원까지 조직원 전원이 참여하는 종합적 경영시스템이다. 고객감동경영을 통하여 고객의 가장 중요한 문제를 해결함으로서 고객 가치창출에 영향을 미치게 된다.

4.1 단계별 추진절차

1단계 : 고객감동경영 기업문화 확립

고객을 최우선으로 존중하는 기업문화를 만들고 최고 경영자의 의지를 선포하고, 전사적 행동지침을 개발하여 참여정신을 함양하는 단계이다.

2단계 : 추진 책임자 선정

고객감동경영의 추진 팀을 구성하고 책임자를 선발하여 고객감동경영의 핵심을 구축하는 단계로서 외부기관과 협력하여 함께 추진할 수도 있다.

3단계 : 고객감동도 조사

고객감동도 조사는 제 2 절에서 설명하였듯이 객관적이고 정확한 데이터를 수집하여 분석하는 것이다.

4단계 : 목표설정

고객감동경영 이념을 토대로 고객감동의 목표와 개선을 위한 뚜렷한 목표를 설정하여 전 사원이 공통된 목표를 추진하도록 한다.

5단계 : 마인드 조성

전 사원이 고객감동경영의 목표 안에서 왜 추진하여야 하는가의 목적 수립과 마음자세 변화를 위하여 교육과 훈련을 통하여 전사적 마인드 조성이 필요하다.

6단계 : 매뉴얼 작성

고객감동경영 실천 프로그램을 작성하여 서비스 접점에서 고객에 대한 대응능력을 함양 시켜준다. 이 단계에서는 교육과 홍보를 통하여 고객을 위한 서비스 프로세스를 강조한다.

7단계 : 상품 및 서비스의 개선

이 단계는 수집, 분석된 정보를 제품 및 서비스 프로세스 개선에 적용하는 단계이다.

8단계 : 결과에 대한 평가

전 단계에서 개발된 상품과 서비스 프로세스를 점검하고 평가하는 단계이다. 평가는 공정성을 유지하여야 하며 객관적인 평가가 이루어져야 한다. 또한 개선된 사례가 적용되기 이전에 여러 단계의 테스트를 거쳐 확신성을 인증 받아야 한다.

9단계 : 보상

기업에서는 종업원에 대한 적정한 보상을 해주는 것이 매우 중요하다. 어떤 의미에서 보상을 고려하지 않는 인적자원관리란 존재하지 않는다. 고객만족을 위하여 노력한 결과에 대한 종업원의 보상이 없다면 고객감동경영은 일시적인 유행으로 그치게 된다. 따라서 최고경영자는 개선된 프로세스를 추진한 개인 및 팀에 대한 보상은 꼭 필요한 요소이다.

10단계 : 피드백

개선된 프로세스를 전사적으로 정착하고 운영되도록 개선된 프로세스와 메뉴얼을 홍보한다. 이러한 문화가 기업전체에 전파되도록 관리하여야 하며 하나의 개선프로젝트가 끝나면 새로운 도전을 할 수 있도록 문화를 만들어야 한다. 또한 개선된 프로젝트도 고객의 욕구변화에 따라 새롭게 개선할 필요가 있기 때문에 항시 처음의 마음자세를 유지하고 자만에 빠지지 않게 한다.

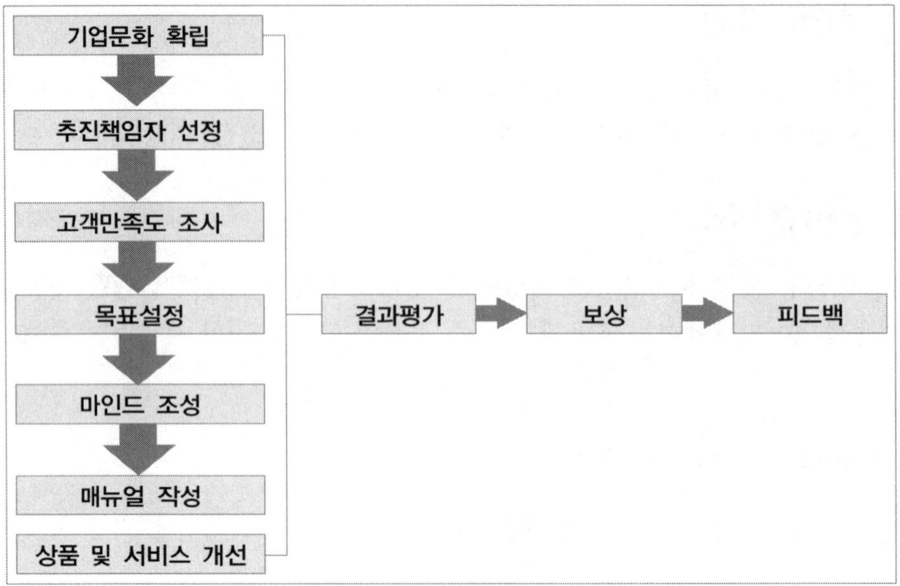

출처 : 김영한, 1992. 수정.

[그림 14-9] 고객감동경영 실천단계

4.2 고객감동도 측정

4.2.1 고객감동 측정 도구

다음의 표는 항공회사의 고객감동도 조사의 사례로서 미국에서 사용되는 것을 참고로 만들었다. 자료를 참고로 하여 서비스 기업에 적용하면 효율적일 것이다(원융희 외, 2003).

〈표 14-3〉 항공회사의 앙케트조사 미국사례

항상 저희 회사를 이용해 주셔서 감사합니다. 보다 좋은 서비스를 하기 위한 아래와 같은 조사에 협력해 주신다면 기쁘겠습니다. 나중에 회수해 가겠습니다.

1. 비행에 대하여

1. 어느 클래스에 탑승하셨습니까?
① 퍼스트 클래스 ② 비즈니스 클래스 ③ 이코노미 클래스

2. 항공 운임료 지불은?
① 자기 자신 ② 회사 ③ 친지, 친구 ④ 기타

3. 이번 여행의 목적은?
① 비즈니스 ② 관광 ③ 기타

4. 이번 여행은 다른 항공사를 이용하셨어도 되셨습니까?
① 아니요
② 예(만약 그렇다면, 저희 회사를 선택해 주신 이유는 무엇입니까?)
① 가격 ② 시간의 편리 ③ 서비스의 질 ④ 평판 ⑤ 특전제도 ⑥ 기타

2. 서비스에 대하여

5. 저희들의 서비스에 대하여 평가해 주십시오.
① 모르겠다 ② 안 좋다 ③ 보통이다 ④ 좋다 ⑤ 멋지다

ⓐ 예약했을 때
- 접수담당원의 효율 .... ⑤ ④ ③ ② ①
- 접수담당원의 응대 .... ⑤ ④ ③ ② ①

ⓑ 공항에서
- 접수계의 효율 .... ⑤ ④ ③ ② ①
- 접수계의 응대 .... ⑤ ④ ③ ② ①
- 탑승순서 .... ⑤ ④ ③ ② ①
- 수하물 취급 .... ⑤ ④ ③ ② ①

6. 저희 회사에 대해 어떻게 느끼고 계십니까?
① 신뢰할 수 있다 ② 효율적이다 ③ 친근감이 있다 ④ 혁신적이다
⑤ 편리하다 ⑥ 요금이 싸다 ⑦ 유능하다 ⑧ 책임진다.

7. 지불하신 항공운임에 근거하여 가치가 어느 정도 있었다고 생각하십니까?
① 근사하다 ② 좋다 ③ 보통 ④ 좋지 않다 ⑤ 최저

8. 모든 것을 묶어, 이번의 비행여행을 어떻게 평가하십니까?
① 멋지다 ② 좋다 ③ 보통이다 ④ 좋지 않다 ⑤ 최저

9. 다음 항공사와 비교하여 저희들은 어떻습니까?
ⓐ 전체적인 서비스는
① 좋다 ② 비슷하다 ③ 나쁘다

10. 당신자신에 대하여

11. 직업
① 경영관리직 ② 전문직 ③ 공무원 ④ 영업직 ⑤ 학생 ⑥ 주부
⑦ 퇴직자 ⑧ 여행업자 ⑨ 기타

12. 학력
① 대졸 ② 고졸 ③ 중졸 ④ 재학생

13. 연령
① 18세 미만 ② 18-24세 ③ 25-34세 ④ 35-49세 ⑤ 50-64세 ⑥ 65세 이상

14. 성별
① 남 ② 여

15. 연간수입
① 1백만원 이하 ② 1백만원-3백만원 ③ 3백만원-5백만원
④ 5백만원-1천만원 ⑤ 1천만원 이상

많은 협조에 감사드립니다. 기타 의견이 있으시다면 여백에 적어 주십시오.

출처 : 원융희 외, 2003.

4.2.2 고객감동 경영 사례

4.2.2.1 SK 텔레콤의 고객 만족 경영 사례

SK텔레콤은 모든 경영활동을 할 때 고객의 입장에서 고객 중심적 사고를 가지고 의사결정을 함으로써 고객을 만족시키고 이를 통해 회사도 성장하는 것을 추구하는 고객중심 경영을 실천을 기업 최대의 목표로 삼고 있다. 이는 모기업의 "고객이 OK할 때까지, OK! SK!"라는 광고 모토와 무관하지 않다. 게다가 최근에는 한석규를 광고 모델로 활용하여 "말하지 않아도 통하는 대표 번호"로서 이미지를 각인시켜 기존 이용 고객의 충성도를 높이고, 새로운 고객에게는 가장 갖고 싶은 휴대 번호로서 자리 잡아가고 있다.

SK텔레콤의 고객감동 경영의 시작은 21세기 무한경쟁시대에 적응하기 위한 과감한 변신시도를 위해 '97년 3월 CI를 한국이동통신㈜에서 SK텔레콤으로 변경하면서 TOP 경영진의 강력한 고객감동경영의지 표명과 함께 회사 경영의 최우선 과제를 고객감동에 두고 총체적 고객감동경영을 추구한 데에서였다.

실제적인 고객 중심경영의 실천이력을 살펴보면, 1997년에는 접점의 고객감동(CS)을 중심으로 하는 CS경영체계를 도입하였고, 1998년에는 총체적 CS를 통한 CS경영체계를 정착시키고자 노력하고 있으며, 1999년은 CS경영의 생활화를 통해 세계일류의 CS수준으로 도약하겠다는 목표를 가지고 고객감동경영을 추진하고 있다.

2001년에는 고객정보 보호 캠페인을 실시하고 있다. 즉, '고객정보 유출은 범죄행위입니다.'라는 문구를 SK텔레콤 전 직원의 PC와 전화기에 스티커로 붙였다. 이는 고객정보 유출에 대한 경각심을 불러일으키기 위한 조치라고 할 수 있다. 또 11월 한 달 동안 고객정보보호 캠페인을 전개하기로 하고 사내 방송을 통해 하루 2회씩 관련 영상물을 내보내고 있다. SK텔레콤 측은 "캠페인 실시에 맞춰 직원들의 고객정보 접근 권한을 제한하고 정보보호 교육과정을 사내 필수 이수과목으로 지정하기로 했다"고 밝혔다.

고객정보보호를 위한 시스템도 강화했다. 직원들이 고객정보를 조회하거나 업무를 처리할 경우 접속자와 접속시간 등을 저장해 사후에 고객접근 내용을 확인할 수 있도록 시스템을 갖췄다. 정보를 조회할 때 이동전화번호와 주민번호를 모두 입력해야 접근할 수 있도록 절차도 변경했다. 고객정보시스템에 대한 접근권한도 차등화해 특별 보안이 요구되는 고객 통화내역에 대해서는 지역별 영업 센터와 지점 당 직원 1명이 열람할 수 있도록 했으며, 정보보호 교육이수 후 고객정보 보호 관련 법률조항이 명시된 서약서에 서명토록 함으로써 고객접점 직원들의 경각심을 높이고 책임인식을 강화했다. 이러한 모든 조치들은 바로 고객의 정보보호가 고객감동의 선두임을 무엇보다도 절실히 느꼈기 때문이다.

다음은 SK텔레콤의 고객감동경영 활동현황을 정리한 것이다.

① 고객감동경영체계 구축 운영

- **CS조직 활성화** : 고객감동경영 전담 추진조직 운영(TCS부문)
- **CS경영회의 개최** : CS추진위원회, 고객감동경영회의, 품질보고회의

② 고객감동 10대 과제 선정 중점 개선

- **선정배경** : CSI 재정립('97.3) 시 고객감동경영 TFT를 구성 운영/ 사내 VOC채널에 접수된 모든 고객불만 사항을 통해 고객 불만이 높은 10개 중점개선 과제를 선정
- **실천약속** : 국내 전 언론기관을 통해 고객 불만내용을 사실대로 공표하고 고객감동실천 약속 (책임시리즈 광고)
- **추진방법** : 부문별 실천과제부여 및 회장 주재 경영회의를 통해 장애요인 해결
- **추진성과** : 자동납부개선, 요금납부 다양화, 해지 후 재가입 절차 개선, 해지절차 개선, 부가서비스 편리성 증대 및 다양화, 대리점 CS강화, 통화품질향상, 서비스지역 확대, 친절한 고객상담, AS접점 확대

③ 고객감동경영 정보시스템 구축

경영정보시스템(EIS), 고객상담시스템(CMIS), 고객정보시스템(COIS), 사이버 고객센터

④ 고객의 소리 접수 채널 구축

고객센터, Cyber 고객센터, PC통신, 고객대표자 회의, AS접점, 지점/대리점, 사장실 전화, 사내 Internet

⑤ 내부구성원 보상체계

OK! SK상 제정, 전사 고객감동경영 성과가 탁월한 사원 포상

⑥ 고객상담 및 CS분야 ISO 9002 인증 획득 ('98. 8. 1)

⑦ 사회 공헌 활동

소년·소녀가장 돕기, 지체장애 청소년 지원, 청소년 보호 등 고객과의 관계강화

통신예절 광고 시행 등 올바른 이동통신 문화정착 추진

SK 텔레콤의 고객감동 경영은 '먼저 사람이 변화되어야 한다.'는 판단에서 고객

중심경영 이념을 전직원이 공유하고 실천하도록 하기 위한 상시적인 교육체계를 갖추어 운영하기 시작했으며, 실제 업무에서 고객중심경영을 실천하는 정도를 정기적으로 평가하고, 이를 향상시키기 위해 다양한 방안을 수립하여 시행했다. 고객중심경영을 실천하기 위한 People, Process, Product 혁신이 그 중의 하나인데, People 혁신은 구성원들이 자발적으로 실천력을 발휘하는 것이다. 이를 위해서 구성원들 스스로의 자발적인 창의력 발휘와 임원, 단위 부서장의 솔선수범한 Lead/Help/Check가 강조되고 있다. SK텔레콤은 구성원들에 대한 지속적인 교육과 홍보 등을 통해 구성원들이 현장에서 고객 서비스를 실천할 수 있도록 적극 육성하고 있다.

한편, 직원들의 고객중심경영 실천의지를 바탕으로 회사의 모든 업무 Process를 고객 중심적으로 재구축하는 것도 함께 추진하였으며, 고객이 원하는 바를 파악하여 이에 맞는 상품과 제도를 만들고, 다양한 경로를 통해 고객이 불편을 느끼는 사항을 파악하여 이를 개선해나가는 활동들을 전개하고 있다.

또한, 최적의 통화 환경구축을 위한 기지국의 신설 및 재배치, 중계기 설치를 통한 통화음영 지역의 해소, 단말기 음질의 지속적인 개선 등을 제공하고 있으며, 지점이나 대리점을 직접 방문하거나 고객센터에 전화로 상담하는 고객에게 최상의 상담서비스를 제공하기 위하여 인력충원 및 교육, 상담시스템의 고도화 등에도 많은 노력을 기울이고 있다.

이러한 지속적인 노력의 가시적인 성과에 힘입어 SK텔레콤의 고객중심경영에 대한 지속적 노력의 가시적인 성과들은 여러 곳에서 나타나고 있다. 모든 스피드011 고객분들께 평생특권의 혜택을 드리는 리더스클럽 제도의 시행, 18~23 세대를 대상으로 개성을 중시하는 젊은이들의 라이프 스타일에 맞춘 새로운 서비스인 스무살의 011-TTL의 탄생 등 고객이 원하시는 바에 부합하는 새로운 상품과 제도가 만들어졌다. 이 밖에도 매년 정보통신부에서 실시하는 통화품질 측정에서 2년 연속 1위를 차지하였고, 각종 기관에서 실시하는 소비자 만족도 조사를 통해서도 부동의 1위를 기록하고 있다. 아울러 가입자가 가장 많음에도 불구하고 소비자보호원 등의 조사결과 고객의 피해사례가 가장 적은 이동전화 업체로 손꼽히고 있다.

이외에도 기술/품질 면에서 고객에게 최상의 만족을 제공하기 위해 노트북이나 개인휴대단말기(PDA)를 이용해 유선 초고속인터넷(ADSL) 수준의 빠른 속도로 무선인터넷 서비스를 이용할 수 있도록 하고 있다. 즉, 2001년 11월에는 휴대폰을 이용해 최고 2.5Mbps (초당 전송 비트수)급 속도로 무선인터넷을 이용할 수 있는 동기식 3세대 서비스인 cdma2000-1x EV-DO의 시범 서비스를 실시하여, 3월부터 서울과 경기도를 중심으로 상용서비스를 개시할 예정이다. 이는 축적된 기술력과 망설계 기술을 바탕으로 외국 사업자들보다 6~12개월 앞서 고품질의 무선데이타 서비스를 제공하게 된 것으로 SK 텔레콤 고객들은 보다 편리하고 빠르게 서비스를 이용하도록 만들어 만족도를 극대화 시킬 수 있다.

4.2.2.2 교보문고의 고객 만족 경영 사례

교보문고는 1981년 6월 1일, 국민교육진흥의 실천적 구현, 독서인구 저변확대를 통한 국민정신문화 향상, 사회교육적 기능을 살린 문화공간 창출을 창립 이념으로 교보생명 빌딩 지하 1층에 문을 열었다. 교보문고의 설립은 침체에 빠져 있던 당시 출판업계에 활력이 되었고, 이후 성장을 거듭하면서 양서보급을 통한 출판·독서문화 향상에 기여하는 도심 속의 문화공간으로 자리 잡았다. 또한 독자들에게 보다 쾌적하고 안락한 환경에서 한 차원 높은 서비스를 제공하기 위해, 영업상의 막대한 손해를 감수하며 1991년 6월 1일 전면적인 매장 개보수 작업에 착수하여 1년 만인 1992년 5월 30일 재오픈을 했다. 국제 규격 축구장보다 넓은 2,704평(서가 길이는 25km)에 이르는 단일층 매장을 완전 개가식으로 꾸며 우리나라 초대형서점의 시초가 되었으며, 2,704평의 매장을 완전 개가식으로 꾸몄으며, 230만권에 달하는 도서를 합리적으로 분류·진열함으로써 독자들이 원하는 책을 손쉽게 찾을 수 있도록 배려했다.

교보문고는 1994년부터 해마다 대규모 독서진흥 행사인 "책사랑 운동"을 실시하고 있다. 천만독서인구 저변확대를 위해 실시하고 있는 책사랑 운동은 "중·고교 순회 문학강좌", "전국 초등학생 독후감 경연대회", "전국 주부글짓기 경연대회", "고객 독서력 경시대회", "해외 한국학연구대학 도서지원사업" 등 다양한 행사를 개최하고 있다. 또한 화제의 저자를 초청하여 독자들과 직접 만남의 자리를 마련하는 "저자와의 대화 및 저자 사인회"를 개점 이후 488여 회 실시했으며, 2000년부터는 저자와의 대화를 한 단계 격상시킨 "교보 교양강좌"를 매월 실시하고 있다. 한편 어릴 때부터 책과 가까이하여 올바른 독서습관을 기를 수 있도록 해마다 "유치원생 초청 매장견학"을 실시하고 있으며, 2001년부터 지방소재 중·고등학생들을 대상으로 "책과 함께하는 수학여행"이란 테마로 매장견학 행사를 실시하고 있다.

1993년부터는 회원제 통신판매제도인 "교보북클럽" 제도를 운영하고 있다. 회원들에게 양질의 도서정보를 주기적으로 제공하는 "교보북클럽"은 100만 회원이 주문한 도서를 희망하는 곳까지 신속하게 배달해 주는 통신판매 제도로 서점에 나오기 힘든 독자나 지방의 독자들에게 큰 호응을 얻고 있다. 또한 교보문고 전산팀의 자체 개발로 1997년 9월 9일 오픈한 "인터넷 교보문고"는 디지털로 이루어진 '책의 숲'이라고 할 만큼 방대한 양의 데이터베이스를 갖추고 있다. 또한 편리한 도서 주문 및 배송 시스템을 구비함으로써 변화되는 고객 환경에 한 발 먼저 다가서도록 노력하고 있다.

또한 지난 94년에는 그 동안 고객들로부터 지적받았던 불편·불만족·불친절 사례들을 100가지로 정리해, 이를 고객들에게 공개하고 지속적으로 개선하는 경영혁신제도를 도입했다. 이는 '동양 최대의 서점'이라는 양적인 성장을 넘어서, 단 한명의 고객에게 최선을 다하는 '질적인 성장', 즉 고객경영의 가치를 실현하는 과정이라고 할 수 있다. 이후 97년부터는 "쉽고·빠르게, 친절하게, 깨끗하게"라는 슬로건 하에 모든 도서정보를 신속하고 정확하게 제공하는 "서비스 21" 경영혁신 제도를 추진했으며, '고객모니터 제도', '사내 모니터 제도'를 통한 친절 사원 및 우수조 선발을 시행하여 사원간 선의의 서비스 경쟁을 유도하였다.

① 고객 참여 경영시스템 구축 및 고객 지향 업무체제 전환

- 고객모니터제도 운영(온라인, 오프라인에 걸쳐 고객들로부터 다양한 의견 수렴을 통해 보다 질 높은 고객 서비스 제도 운영)
- 고객 제안제도 운영(고객 제안, 고객의 소리를 통하여 고객의 다양한 의견 수렴 및 개선 시행 : 2000년 평균 월 80건 개선 시행)
- 고객집중시간(14:00~17:00시) 고객 응대강화 시스템 시행 : 영업점 전 직원이 일상 업무를 최소화하고 고객응대에 집중하는 제도
- 100% 구매 서비스 시스템 추진 : 고객이 필요로 하는 책에 대한 책임담당자를 정하여 원하는 상품을 100% 구매해주는 일괄 담당제 시행

② 국내 최초 도서 상담제도인 '북마스터' 운영

각 분야별 고객의 각종 문의에 대한 응대 및 다양한 도서정보에 대한 상담 및 컨설팅 기능 을 갖춘 북마스터 제도를 운영하고 있다.

③ 전직원이 경영인이라는 의식으로 전환하기 위한 다양한 프로그램 추진, 전 직원이 주요 의사결정에 참여할 수 있는 경영협의회 운영

- 고객감동을 위한 의식전환 교육 및 관련내용 프로그램 진행('나는 교보문고 경영인이다!' 의식 전환 프로그램 실시, 포스터 경영, 팀별 경영토의 실시)

④ 책으로 여는 행복한 아침 'HAPPY HOUR' 제도 도입

매일 오전 10시부터 12시까지 도서를 구입하는 북클럽 회원들에게 다양한 혜택을 부여하는 제도이다.

결과적으로, 교보문고 경영혁신의 1단계가 사원의식 개혁, 친절 서비스, 편리한 쇼핑 공간의 제공이었다면, 2단계는 고객에 대한 도서정보 제공 및 부가 서비스 제공 등 복합적인 문화 공간화였다. 향후 3단계에서는 고객감동을 목표로 하여 다양

한 오락기능을 가미한 종합 문화정보 공간 창출이 기본적인 추진 방향이라고 한다. 또한 '인터넷 교보문고'를 지속적으로 확대하여 서점 이상의 가치 제공은 물론 쾌적하고 신속한 쇼핑이 될 수 있도록 유도하여 On-line과 Off-line이 연계된 초일류 복합문화기업으로 나아갈 계획이라고 한다.

교보문고는 지난 20년 동안 '동양 최대의 서점', '한국 대형서점의 대명사' 등의 별명을 얻으며, 변함없이 업계 1위 자리를 지켜 왔다. 그 힘의 바탕에는 '고객감동'이라는 절대가치를 구현하는 경영이 있었기 때문이며, 21세기에도 '고객감동' 경영을 실현하기 위해 최선의 노력을 다하고 있다(출처 : andong.ac.kr.)

4.3 고객 불만족 사례

4.3.1 Coke Classic, New coke 사례

펩시콜라에게 시장점유율을 빼앗긴 코카콜라는 이를 만회하기 위하여 새로운 맛의 콜라를 만들어 냈다. 그리고 새로운 맛의 콜라, 기존 코카콜라, 펩시콜라에 대해 소비자의 반응을 알아보기 위하여 콜라의 이름을 알려주지 않은 채 200,000건에 달하는 콜라 맛 테스트를 실시하였다. 그 결과 맛에 있어서 새 콜라가 기존 코카콜라 보다 월등하게 좋지만, 펩시보다는 맛이 떨어진다는 사실을 알게 되었다. 이에 따라 코카콜라 회사는 기존 콜라의 생산을 중단하고 새로운 콜라를 생산, 시판하였다. 그러나 소비자들은 기존 콜라를 찾았으며 시애틀에 한 소비자 단체에서는 옛날 콜라맛을 되돌려 달라는 소비자 운동까지 벌였다.

이에 코카콜라 회사는 기존 콜라를 Coke classic, 새맛의 콜라를 New coke라 하여 동시에 판매하게 되었다. 그런데 어찌되니 영문인지 Coke Classic이 New coke보다 더 잘 팔렸으며 맛이 우월하다는 펩시보다도 코카콜라가 더 많은 매상을 올렸다. 마케팅에서는 알 길이 없는 고객의 마음을 Brand name and image affect taste(상품명과 이미지가 맛에 영향을 미친다)라고 표현한다.

4.3.2 울워스의 고객심리 파악 실패사례

미국에서 쥐덫을 가장 많이 제조, 판매하던 '울워스'라는 회사는 종래의 나무로 된 쥐덫을 플라스틱으로 바꾸어 만들었다. 이 새로운 쥐덫은 모양도 더 좋았고, 쥐도 잘 잡히며 아주 위생적이었다. 값도 종래의 나무제품보다 약간 비싼 정도였다.

나무로 된 쥐덫은 잡힌 쥐와 쥐덫을 함께 버려 그 쥐덫을 다시 사용하지 않았다. 그러나 플라스틱 쥐덫은 종래의 나무 쥐덫보다 약간 비싸지만 모양도 좋고 위생적이라 어쩐지 한번 쓰고 버리기가 아깝다는 생각이 들게 하였다. 이에 따라 소비자에게 잡힌 쥐만 버리고 쥐덫을 깨끗이 세척해야 하는 즐겁지 않은 일이 생기게 되었다. 그러자 고객들은 점점 이 귀찮은 일을 하지 않기 위해 종래의 나무쥐덫을 더 선호하게 되었다. 새롭고 질적으로 우수한 쥐덫은 팔리지 않게 되었다.

5. 고객의 소리

5.1 고객의 소리란

고객의 소리(VOC : Voice of Customer)는 단순히 고객의 불만을 접수하고 처리하는 과정이 아니라 다양한 채널을 통해 고객의 소리를 수집하고 이를 분석하여 가치 있는 정보로 만들어 기업 경영에 적극 활용하는 것이다(ksac.co.kr).

고객을 유지하는데 들어가는 비용이 $10, 고객을 잃는데 10분, 고객을 다시 얻는 데는 10년이 걸린다. 이는 고객 서비스의 ten, ten, ten 법칙이다. 고객을 한 번 잃으면 다시 찾는 데 많은 노력이 필요하기 때문에 사전에 고객을 잃을 수 있는 일들을 방지하는 것이 중요하다는 의미를 내포하고 있다. "고객이 무엇을 좋아하고, 싫어하는가?"를 정확히 알아내어 그에 맞는 서비스를 개발하는 방법 중의 하나가 고객의 소리에 귀를 기울이는 것이다(박휘섭 외, 2005).

고객의 소리는 고객으로부터 들려오는 모든 의견 및 불평, 건의사항 등과 고객접점에서 담당자가 작성한 고객의 소리카드, 소비자 상담실의 접수 사항, 고객 엽서, 홈페이지의 고객의 소리 등이 있다.

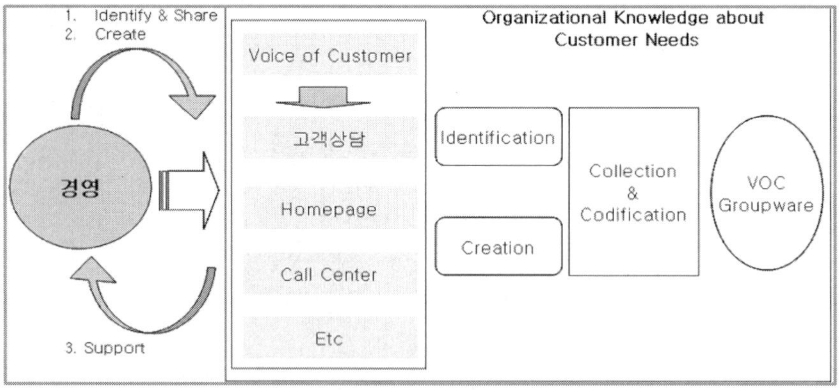

출처 : ksncu 홈페이지(ksac.co.kr)

[그림 14-10] 고객의 소리 시스템

기업의 생존이 미치는 가장 큰 영향중의 하나가 고객의 소리에 얼마나 빨리 대응하느냐이다. 고객의 소리에 귀를 기울이고 고객의 마음을 사로 잡기위하여 전 종업원이 신속하게 대응하는 것만이 기업이 생존경쟁에서 살아남는 방법 중의 하나이다.

5.2 고객의 소리를 통한 개선 절차

고객의 소리는 고객이 우리에게 원하는 소중한 자료이다. 이러한 고객의 소리를 접수하여 새로운 상품 및 서비스 개발에 적용하여 고객중심의 신제품 및 서비스를 창출하여야 한다. 고객의 소리에 대한 처리 절차는 다음과 같다.

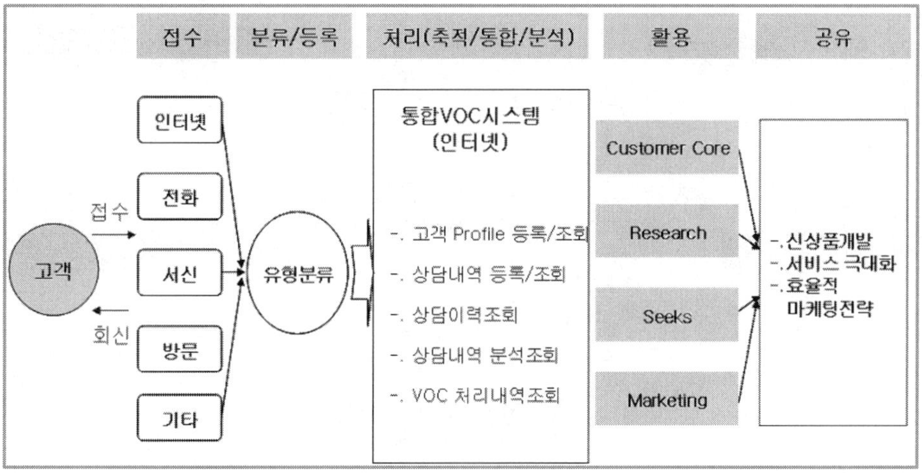

출처 : ksncu 홈페이지(ksac.co.kr)

[그림 14-11] 고객의 소리 업무 흐름

5.2.1 고객의 소리 수집

고객의 소리를 수집하는 방법에는 VOC 카드작성, A/S센터의 접수현황, 고객접점의 직원의 고객 불평청취, 전화상담, e-mail 접수, 홈페이지의 고객의 글 등 다양한 방법으로 고객의 소리를 접수 할 수 있다.

5.2.2 고객의 소리 공유

접수된 고객의 소리를 전 직원이 공유하고 평가하여 진정 고객이 원하는 것이 무엇이지를 분류한다. 분류된 고객의 소리는 테마별로 개선 팀이 주제로 선정하여 개선을 추진한다.

5.2.3 개선활동

개선 팀은 선정된 주제를 고객의 입장에서 개선을 추진하고 개선된 결과를 측정한다. 수집된 고객의 소리는 통계적 기법을 통하여 측정 분석하고 개선결과는 프로세스에 반영하여 전 직원이 공유하도록 한다.

5.2.4 문서화

개선결과는 문서화하고 고객에게 개선 결과를 홍보한다. 개선결과 프로세스가 지속적으로 반영되는지에 대한 프로세스 점검을 통하여 측정한다.

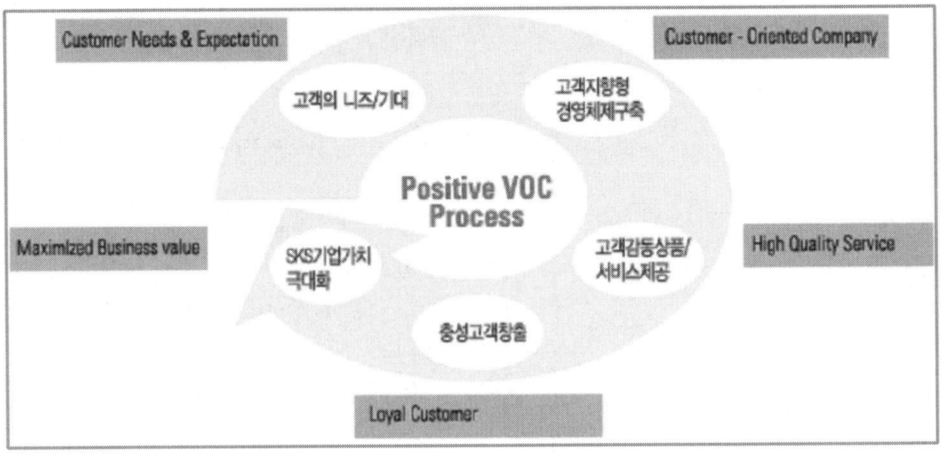

출처 : ksac.co.kr

[그림 14-12] 고객의 소리를 프로세스 효과

5.3 단계별 고객의 요구사항 수집방법

고객들이 진정으로 원하는 것이 무엇인가? 그리고 시간이 지남에 따라 그들의 요구와 욕구사항, 고객 태도의 변화를 이해하는 데는 훈련과 인내력과, 창의성, 민감성, 과학 그리고 때로는 행운을 조합한 그 무엇인가가 필요할 것이다(고기전 외, 2003). 고객감동 경영을 통하여 고객의 요구사항, 경쟁사의 활동들, 시장변화를 지속적으로 추적하고 갱신하는 전략과 시스템이 고객의 소리(VOC) 시스템이다.

5.3.1 1단계 : 전략의 개발

5.3.1.1 고객의 소리전략 개발

많은 기업들은 서비스 상품을 개발하는데 고객의 요구사항을 잘 파악하지 못하고 있다. 이러한 문제점을 해결하기 위하여 고객의 소리를 기반으로 새로운 데이터에 기반 한 서비스 상품 개발에 노력하여야 한다. 고객의 요구를 얼마나 명확하게 이해하고 고객의 소리에 주의를 기울이고 있는지 측정하는 것이 필수적이다.

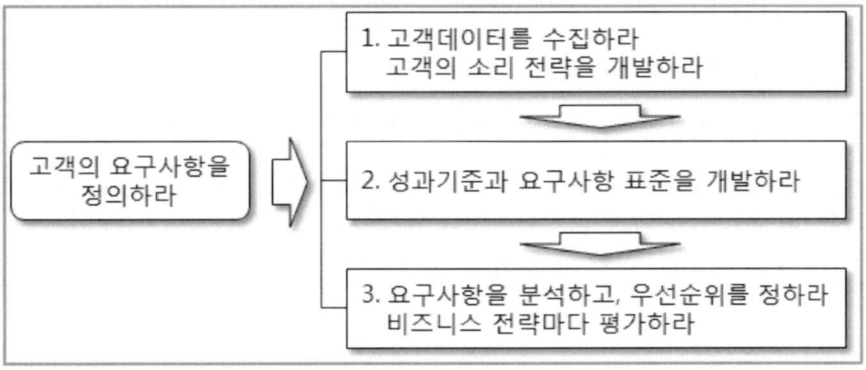

출처 : 신완선 외, 2003.

[그림 14-13] 고객의 요구사항 정의 단계

5.3.1.2 고객의 소리 핵심요소 개발

효과적인 고객의 소리를 얻기 위하여 지속적인 관심과 집중이 필요하다. 일시적인 유행에 따른 고객의 소리를 얻는 것은 변화의 속도에 적응하지 못하는 발상이다. 고객의 소리의 핵심요소는 누가 우리의 고객인가를 파악하는 것이다. 예를 들면 화난 고객, 특별한 것을 요구하는 고객은 새로운 프로세스를 개발하는데 시험할 수도 있다.

5.3.1.3 광범위한 조사방법 활용

과거의 고객소리 조사법은 고객의 요구사항을 자세히 파악할 수 없었다. 전통적인 도구들은 정보와 고객의 선호는 정확히 파악하지만 고객이 요구하는 세부사항은 파악하지 못하고 있다. 따라서 새로운 세대의 고객의 데이터 수집기법이 요구되고 있다.

〈표 14-4〉 고객의 소리 조사 방법

전통적인 방법	새로운 세대의 방법
• 설문조사 • 포커스 그룹 • 인터뷰 • 정형화된 불만 시스템 • 시장조사 • 전문 구매 프로그램	• 목표가 있으며 다양한 수준의 인터뷰와 설문조사 • 고객 스코어카드 • 데이터웨어하우징과 데이터마이닝 • 고객/공급자 '감사' • 품질 기능 전개

출처 : 신완선 외, 2003.

5.3.1.4 상세한 데이터 마이닝

고객의 소리를 통하여 고객의 핵심요구 사항을 찾아서 시장의 변화에 한발 앞서나가는 것이 목표이다. 고객들은 자신의 정보가 노출되는 것을 꺼리기 때문에 효과적인 고객과의 의사소통은 쉽지가 않다. 따라서 고객들이 원하는 것을 명확히 찾아내기 위하여 데이터의 충분한 검토와 분석이 필요하다.

5.3.1.5 정보의 활용

많은 기업들이 정보를 수집하여 이용 가능한 데이터를 수집하였지만 수집된 정보로 새로운 프로세스에 이용하려고 하지 않는다. 정교하고 훌륭한 정보를 효과적으로 활용될 수 있도록 경영진의 적극적인 관심이 필요하다.

5.3.1.6 현실적인 목표부터 출발

고객의 소리를 수집하는데 하루아침에 이루어질 수 없다. 고객의 데이터를 수집하기 위하여 처음부터 광범위하게 목표를 설정하는 것이 아니라 현재 기업의 약점을 보완해줄 데이터 수집부터 출발하는 것이 효과적이다.

5.3.2 2단계 : 표준을 개발

5.3.2.1 고객의 구체적 요구사항의 개발

고객들이 원하는 구체적이고 객관적인 최종의 서비스 상품 및 서비스의 유용성과 효과성에 대한 조사결과의 아웃풋 목록을 작성한다.

5.3.2.2 고객의 요구사항에 대한 설명서 작성

고객의 목소리를 통하여 얻어진 분석 자료에 고객 요구사항에 대한 설명서를 구체적으로 작성하고 고객 요구가 발생한 원인을 설명하여야만 좋은 자료가 된다.

〈표 14-5〉 고객의 요구사항 설명 사례

잘못된 작성 사례	잘 작성된 사례
고객은 빠른 배달을 원한다.	고객은 주문 후 30분 이내 배달을 원한다.
고객은 가족처럼 대하기를 원한다.	고객이 들어오면 10초 이내 인사를 한다.
가정에서 쉽게 조립하기를 원한다.	성인이 10분 이내 조립할 수 있게 한다.

5.3.2.3 3단계 : 요구사항의 우선순위 정립

고객의 요구사항을 개선하기 위하여 주요사항의 구체적인 활동기준을 설정하고 우선순위를 결정한다.

연 습 문 제

1. 고객 지향적 사고와 나의 사고를 비교하여 발표한다.

2. 고객감동을 위한 나만의 컨셉을 정하여 토론한다.

3. 앙케트 조사표를 응용하여 사례기업을 선정하여 조사하여 발표한다.

4. 고객감동 경영 사례기업을 팀별로 조사하여 발표한다.

부록

I. 관리도용 계수표

샘플의 크 기 R	관리도			관리도		관리도					R 관리도					
	관리한계 계수			관리한계 계수		중심선 계 수	관리한계 계수				중심선 계 수	관리한계 계수				
	A	A_1	A_2	m_3	m_2A_2	C_2	B_1	B_2	B_3	B_4	d_1	d_1	D_1	D_2	D_3	D_4
2	2.121	1.760	1.880	1.000	1.880	0.5642	0	1.843	0	3.267	1.128	0.853	0	3.686	0	3.267
3	1.732	2.394	1.023	1.160	1.187	0.7236	0	1.858	0	2.568	1.693	0.888	0	4.358	0	2.575
4	1.500	1.880	0.729	1.092	0.796	0.7979	0	1.808	0	2.266	2.059	0.880	0	4.698	0	2.282
5	1.342	1.596	0.577	1.198	0.691	0.8407	0	1.756	0	2.089	2.326	0.864	0	4.918	0	2.115
6	1.225	1.410	0.483	1.135	0.549	0.8686	0.026	1.711	0.030	1.970	2.534	0.848	0	5.078	0	2.004
7	1.134	1.277	0.419	1.214	0.509	0.8882	0.105	1.672	0.118	1.882	2.704	0.833	0.205	5.203	0.076	1.924
8	1.061	1.175	0.373	1.160	0.432	0.9027	0.167	1.638	0.185	1.815	2.847	0.820	0.387	5.307	0.136	1.864
9	1.000	1.094	0.337	1.223	0.412	0.9139	0.219	1.609	0.239	1.761	2.970	0.808	0.546	5.394	0.184	1.816
10	0.949	1.028	0.306	1.176	0.363	0.9227	0.262	1.584	0.284	1.716	3.078	0.797	0.687	5.469	0.223	1.777
11	0.905	0.973	0.285	1.229	0.350	0.9300	0.299	1.561	0.321	1.679	1.173	0.787	0.812	5.534	0.256	1.744
12	0.866	0.925	0.266	1.184	0.315	0.9359	0.331	1.541	0.354	1.646	3.258	0.778	0.924	5.592	0.284	1.716
13	0.832	0.884	0.249	1.233	0.307	0.9410	0.359	1.523	0.382	1.618	3.336	0.770	1.026	5.646	0.308	1.692
14	0.802	0.848	0.255	1.193	0.280	0.9453	0.384	1.507	0.405	1.594	3.407	0.762	1.121	5.693	0.329	1.671
15	0.775	0.816	0.223	1.235	0.275	0.9490	0.406	1.492	0.428	1.572	3.472	0.755	1.207	5.737	0.348	1.652
16	0.750	0.788	0.212	1.200	0.254	0.9523	0.427	1.478	0.448	1.192	3.532	0.749	1.285	5.779	0.364	1.636
17	0.728	0.762	0.203	1.237	0.251	0.9551	0.445	1.465	0.466	1.534	3.588	0.743	1.359	5.817	0.379	1.621
18	0.707	0.738	0.194	1.206	2.0234	0.9576	0.461	1.454	0.482	1.518	3.640	0.738	1.426	5.854	0.392	1.608
19	0.688	0.717	0.187	1.239	0.232	0.9599	0.477	1.443	0.497	1.503	3.689	0.733	1.490	5.888	0.404	1.596
20	0.671	0.697	0.180	1.211	0.218	0.9619	0.491	1.433	0.510	1.490	3.735	0.729	1.548	5.922	0.414	1.586

II. 통계분포표

1. 표준정규분포표

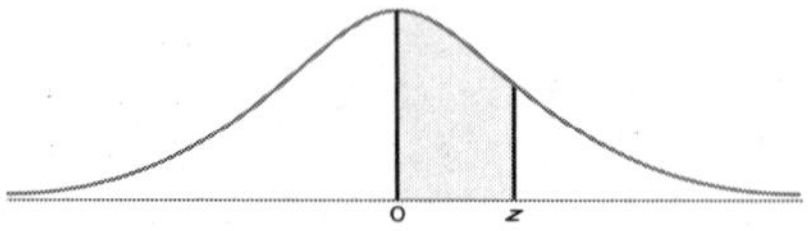

z	0.00	0.01	0.02	0.03	0.04	0.05	0.06	0.07	0.08	0.09
0.0	0.0000	0.0040	0.0080	0.0120	0.0160	0.0199	0.0239	0.0279	0.0319	0.0359
0.1	0.0398	0.0438	0.0478	0.0517	0.0557	0.0596	0.0636	0.0675	0.0714	0.0753
0.2	0.0793	0.0832	0.0871	0.0910	0.0948	0.0987	0.1026	0.1064	0.1103	0.1141
0.3	0.1179	0.1217	0.1255	0.1293	0.1331	0.1368	0.1406	0.1443	0.1480	0.1517
0.4	0.1554	0.1591	0.1628	0.1664	0.1700	0.1736	0.1772	0.1808	0.1844	0.1879
0.5	0.1915	0.1950	0.1985	0.2019	0.2054	0.2088	0.2123	0.2157	0.2190	0.2224
0.6	0.2257	0.2291	0.2324	0.2357	0.2389	0.2422	0.2454	0.2486	0.2517	0.2549
0.7	0.2580	0.2611	0.2642	0.2673	0.2704	0.2734	0.2764	0.2794	0.2823	0.2852
0.8	0.2881	0.2910	0.2939	0.2967	0.2995	0.3023	0.3051	0.3078	0.3106	0.3133
0.9	0.3159	0.3186	0.3212	0.3238	0.3264	0.3289	0.3315	0.3340	0.3365	0.3389
1.0	0.3413	0.3438	0.3461	0.3485	0.3508	0.3531	0.3554	0.3577	0.3599	0.3621
1.1	0.3643	0.3665	0.3686	0.3708	0.3729	0.3749	0.3770	0.3790	0.3810	0.3830
1.2	0.3849	0.3869	0.3888	0.3907	0.3925	0.3944	0.3962	0.3980	0.3997	0.4015
1.3	0.4032	0.4049	0.4066	0.4082	0.4099	0.4115	0.4131	0.4147	0.4162	0.4177
1.4	0.4192	0.4207	0.4222	0.4236	0.4251	0.4265	0.4279	0.4292	0.4306	0.4319
1.5	0.4332	0.4345	0.4357	0.4370	0.4382	0.4394	0.4406	0.4418	0.4429	0.4441
1.6	0.4452	0.4463	0.4474	0.4484	0.4495	0.4505	0.4515	0.4525	0.4535	0.4545
1.7	0.4554	0.4564	0.4573	0.4582	0.4591	0.4599	0.4608	0.4616	0.4625	0.4633
1.8	0.4641	0.4649	0.4656	0.4664	0.4671	0.4678	0.4686	0.4693	0.4699	0.4706
1.9	0.4713	0.4719	0.4726	0.4732	0.4738	0.4744	0.4750	0.4756	0.4761	0.4767
2.0	0.4772	0.4778	0.4783	0.4788	0.4793	0.4798	0.4803	0.4808	0.4812	0.4817
2.1	0.4821	0.4826	0.4830	0.4834	0.4838	0.4842	0.4846	0.4850	0.4854	0.4857
2.2	0.4861	0.4864	0.4868	0.4871	0.4875	0.4878	0.4881	0.4884	0.4887	0.4890
2.3	0.4893	0.4896	0.4898	0.4901	0.4904	0.4906	0.4909	0.4911	0.4913	0.4916
2.4	0.4918	0.4920	0.4922	0.4925	0.4927	0.4929	0.4931	0.4932	0.4934	0.4936
2.5	0.4938	0.4940	0.4941	0.4943	0.4945	0.4946	0.4948	0.4949	0.4951	0.4952
2.6	0.4953	0.4955	0.4956	0.4957	0.4959	0.4960	0.4961	0.4962	0.4963	0.4964
2.7	0.4965	0.4966	0.4967	0.4968	0.4969	0.4970	0.4971	0.4972	0.4973	0.4974
2.8	0.4974	0.4975	0.4976	0.4977	0.4977	0.4978	0.4979	0.4979	0.4980	0.4981
2.9	0.4981	0.4982	0.4982	0.4983	0.4984	0.4984	0.4985	0.4985	0.4986	0.4986
3.0	0.4987	0.4987	0.4987	0.4988	0.4988	0.4989	0.4989	0.4989	0.4990	0.4990
3.1	0.4990	0.4991	0.4991	0.4991	0.4992	0.4992	0.4992	0.4992	0.4993	0.4993
3.2	0.4993	0.4993	0.4994	0.4994	0.4994	0.4994	0.4994	0.4995	0.4995	0.4995
3.3	0.4995	0.4995	0.4995	0.4996	0.4996	0.4996	0.4996	0.4996	0.4996	0.4997
3.4	0.4997	0.4997	0.4997	0.4997	0.4997	0.4997	0.4997	0.4997	0.4997	0.4998

2. χ^2 분포표

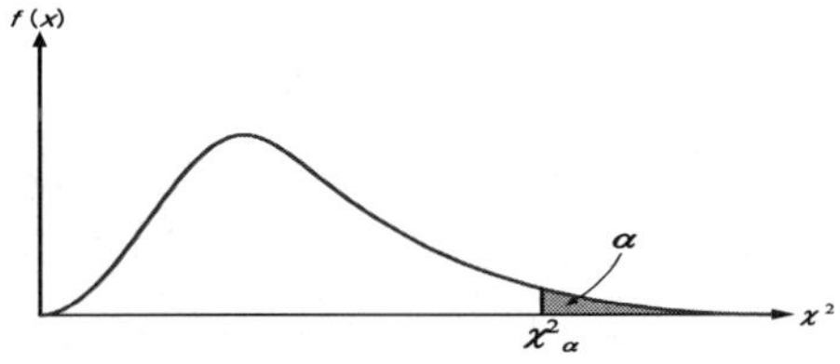

df	.999	.995	.99	.975	.95	.9	.5
1	0.0000	0.0000	0.0002	0.0010	0.0039	0.0158	0.4549
2	0.0020	0.0100	0.0201	0.0506	0.1026	0.2107	1.3863
3	0.0243	0.0717	0.1148	0.2158	0.3518	0.5844	2.3660
4	0.0908	0.2070	0.2971	0.4844	0.7107	1.0636	3.3567
5	0.2102	0.4117	0.5543	0.8312	1.1455	1.6103	4.3515
6	0.3811	0.6757	0.8721	1.2373	1.6354	2.2041	5.3481
7	0.5985	0.9893	1.2390	1.6899	2.1673	2.8331	6.3458
8	0.8571	1.3444	1.6465	2.1797	2.7326	3.4895	7.3441
9	1.1519	1.7349	2.0879	2.7004	3.3251	4.1682	8.3428
10	1.4787	2.1559	2.5582	3.2470	3.9403	4.8652	9.3418
11	1.8339	2.6032	3.0535	3.8157	4.5748	5.5778	10.3410
12	2.2142	3.0738	3.5706	4.4038	5.2260	6.3038	11.3403
13	2.6172	3.5650	4.1069	5.0088	5.8919	7.0415	12.3398
14	3.0407	4.0747	4.6604	5.6287	6.5706	7.7895	13.3393
15	3.4827	4.6009	5.2293	6.2621	7.2609	8.5468	14.3389
16	3.9416	5.1422	5.8122	6.9077	7.9616	9.3122	15.3385
17	4.4161	5.6972	6.4078	7.5642	8.6718	10.0852	16.3382
18	4.9048	6.2648	7.0149	8.2307	9.3905	10.8649	17.3379
19	5.4068	6.8440	7.6327	8.9065	10.1170	11.6509	18.3377
20	5.9210	7.4338	8.2604	9.5908	10.8508	12.4426	19.3374
21	6.4467	8.0337	8.8972	10.2829	11.5913	13.2396	20.3372
22	6.9830	8.6427	9.5425	10.9823	12.3380	14.0415	21.3370
23	7.5292	9.2604	10.1957	11.6886	13.0905	14.8480	22.3369
24	8.0849	9.8862	10.8564	12.4012	13.8484	15.6587	23.3367
25	8.6493	10.5197	11.5240	13.1197	14.6114	16.4734	24.3366
26	9.2221	11.1602	12.1981	13.8439	15.3792	17.2919	25.3365
27	9.8028	11.8076	12.8785	14.5734	16.1514	18.1139	26.3363
28	10.3909	12.4613	13.5647	15.3079	16.9279	18.9392	27.3362
29	10.9861	13.1211	14.2565	16.0471	17.7084	19.7677	28.3361
30	11.5880	13.7867	14.9535	16.7908	18.4927	20.5992	29.3360
40	17.9164	20.7065	22.1643	24.4330	26.5093	29.0505	39.3353
50	24.6739	27.9907	29.7067	32.3574	34.7643	37.6886	49.3349
60	31.7383	35.5345	37.4849	40.4817	43.1880	46.4589	59.3347
70	39.0364	43.2752	45.4417	48.7576	51.7393	55.3289	69.3345
80	46.5199	51.1719	53.5401	57.1532	60.3915	64.2778	79.3343
90	54.1552	59.1963	61.7541	65.6466	69.1260	73.2911	89.3342
100	61.9179	67.3276	70.0649	74.2219	77.9295	82.3581	99.3341

3. t 분포표

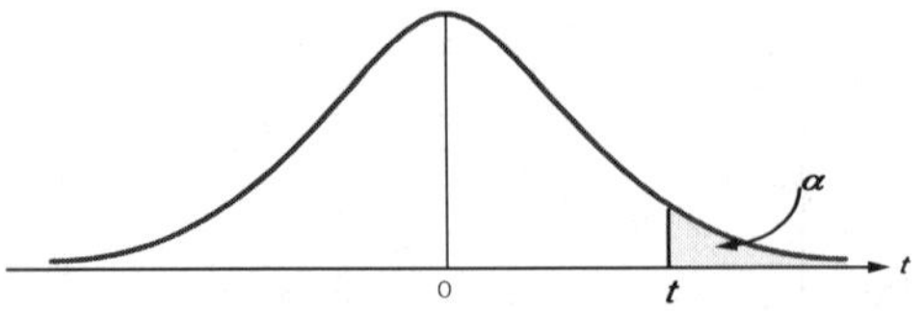

df	.4	.25	.2	.15	.1	.05	.025	.01	.005	.0025	.001	.0005
1	0.325	1.000	1.376	1.963	3.078	6.314	12.706	31.821	63.657	127.321	318.309	636.619
2	0.289	0.816	1.061	1.386	1.886	2.920	4.303	6.965	9.925	14.089	22.327	31.599
3	0.277	0.765	0.978	1.250	1.638	2.353	3.182	4.541	5.841	7.453	10.215	12.924
4	0.271	0.741	0.941	1.190	1.533	2.132	2.776	3.747	4.604	5.598	7.173	8.610
5	0.267	0.727	0.920	1.156	1.476	2.015	2.571	3.365	4.032	4.773	5.893	6.869
6	0.265	0.718	0.906	1.134	1.440	1.943	2.447	3.143	3.707	4.317	5.208	5.959
7	0.263	0.711	0.896	1.119	1.415	1.895	2.365	2.998	3.499	4.029	4.785	5.408
8	0.262	0.706	0.889	1.108	1.397	1.860	2.306	2.896	3.355	3.833	4.501	5.041
9	0.261	0.703	0.883	1.100	1.383	1.833	2.262	2.821	3.250	3.690	4.297	4.781
10	0.260	0.700	0.879	1.093	1.372	1.812	2.228	2.764	3.169	3.581	4.144	4.587
11	0.260	0.697	0.876	1.088	1.363	1.796	2.201	2.718	3.106	3.497	4.025	4.437
12	0.259	0.695	0.873	1.083	1.356	1.782	2.179	2.681	3.055	3.428	3.930	4.318
13	0.259	0.694	0.870	1.079	1.350	1.771	2.160	2.650	3.012	3.372	3.852	4.221
14	0.258	0.692	0.868	1.076	1.345	1.761	2.145	2.624	2.977	3.326	3.787	4.140
15	0.258	0.691	0.866	1.074	1.341	1.753	2.131	2.602	2.947	3.286	3.733	4.073
16	0.258	0.690	0.865	1.071	1.337	1.746	2.120	2.583	2.921	3.252	3.686	4.015
17	0.257	0.689	0.863	1.069	1.333	1.740	2.110	2.567	2.898	3.222	3.646	3.965
18	0.257	0.688	0.862	1.067	1.330	1.734	2.101	2.552	2.878	3.197	3.610	3.922
19	0.257	0.688	0.861	1.066	1.328	1.729	2.093	2.539	2.861	3.174	3.579	3.883
20	0.257	0.687	0.860	1.064	1.325	1.725	2.086	2.528	2.845	3.153	3.552	3.850
21	0.257	0.686	0.859	1.063	1.323	1.721	2.080	2.518	2.831	3.135	3.527	3.819
22	0.256	0.686	0.858	1.061	1.321	1.717	2.074	2.508	2.819	3.119	3.505	3.792
23	0.256	0.685	0.858	1.060	1.319	1.714	2.069	2.500	2.807	3.104	3.485	3.768
24	0.256	0.685	0.857	1.059	1.318	1.711	2.064	2.492	2.797	3.091	3.467	3.745
25	0.256	0.684	0.856	1.058	1.316	1.708	2.060	2.485	2.787	3.078	3.450	3.725
26	0.256	0.684	0.856	1.058	1.315	1.706	20.56	2.479	2.779	3.067	3.435	3.707
27	0.256	0.684	0.855	1.057	1.314	1.703	2.052	2.473	2.771	3.057	3.421	3.690
28	0.256	0.683	0.855	1.056	1.313	1.701	2.048	2.467	2.763	3.047	3.408	3.674
29	0.256	0.683	0.854	1.055	1.311	1.699	2.045	2.462	2.756	3.038	3.396	3.659
30	0.256	0.683	0.854	1.055	1.310	1.697	2.042	2.457	2.750	3.030	3.385	3.646
35	0.255	0.682	0.852	1.052	1.306	1.690	2.030	2.438	2.724	2.996	3.340	3.591
40	0.255	0.681	0.851	1.050	1.303	1.684	2.021	2.423	2.704	2.971	3.307	3.551
45	0.255	0.680	0.850	1.049	1.301	1.679	2.014	2.412	2.690	2.952	3.281	3.520
50	0.255	0.679	0.849	1.047	1.299	1.676	2.009	2.403	2.678	2.937	3.261	3.496
55	0.255	0.679	0.848	1.046	1.297	1.673	2.004	2.396	2.668	2.925	3.245	3.476
60	0.254	0.679	0.848	1.045	1.296	1.671	2.000	2.390	2.660	2.915	3.232	3.460
70	0.254	0.678	0.847	1.044	1.294	1.667	1.994	2.381	2.648	2.899	3.211	3.435
80	0.254	0.678	0.846	1.043	1.292	1.664	1.990	2.374	2.639	2.887	3.195	3.416
90	0.254	0.677	0.846	1.042	1.291	1.662	1.987	2.368	2.632	2.878	3.183	3.402
100	0.254	0.677	0.845	1.042	1.290	1.660	1.984	2.364	2.626	2.871	3.174	3.390
500	0.253	0.675	0.842	1.038	1.283	1.648	1.965	2.334	2.586	2.820	3.107	3.310
∞	0.253	0.674	0.842	1.036	1.282	1.645	1.960	2.326	2.576	2.807	3.090	3.291

df	.1	.05	.025	.01	.005	.001
1	2.706	3.841	5.024	6.635	7.879	10.828
2	4.605	5.991	7.378	9.210	10.597	13.816
3	6.251	7.815	9.348	11.345	12.838	16.266
4	7.779	9.488	11.143	13.277	14.860	18.467
5	9.236	11.070	12.833	15.086	16.750	20.515
6	10.645	12.592	14.449	16.812	18.548	22.458
7	12.017	14.067	16.013	18.475	20.278	24.322
8	13.362	15.507	17.535	20.090	21.955	26.124
9	14.684	16.919	19.023	21.666	23.589	27.877
10	15.987	18.307	20.483	23.209	25.188	29.588
11	17.275	19.675	21.920	24.725	26.757	31.264
12	18.549	21.026	23.337	26.217	28.300	32.909
13	19.812	22.362	24.736	27.688	29.819	24.528
14	21.064	23.685	26.119	29.141	31.319	36.123
15	22.307	24.996	27.488	30.578	32.801	37.697
16	23.542	26.296	28.845	32.000	34.267	39.252
17	24.769	27.587	30.191	33.409	35.718	40.790
18	25.989	28.869	31.526	34.805	37.156	42.312
19	27.204	30.144	32.852	36.191	38.582	43.820
20	28.412	31.410	34.170	37.566	39.997	45.315
21	29.615	32.671	35.479	38.932	41.401	46.797
22	30.813	33.924	36.781	40.289	42.796	48.268
23	32.007	35.172	38.076	41.638	44.181	49.728
24	33.196	36.415	39.364	42.980	45.559	51.179
25	34.382	37.652	40.646	44.314	46.928	52.620
26	35.563	38.885	41.923	45.642	48.290	54.052
27	36.741	40.113	43.195	46.963	49.645	55.476
28	37.916	41.337	44.461	48.278	50.993	56.892
29	39.087	42.557	45.722	49.588	52.336	58.301
30	40.256	43.773	46.979	50.892	53.672	59.703
40	51.805	55.758	59.342	63.691	66.766	73.402
50	53.167	67.505	71.420	76.154	79.490	86.661
60	74.397	79.082	83.298	88.379	91.952	99.607
70	85.527	90.531	95.023	100.425	104.215	112.317
80	96.578	101.879	106.629	112.329	116.321	124.839
90	107.565	113.145	118.136	124.116	128.299	137.208
100	118.498	124.342	129.561	135.807	140.169	149.449

4. 이항확률분포표

$$P(X=x\,;\,n,\,p) = {}_nC_x\,p^x\,(1-p)^{n-x}$$

n	x	0.05	0.10	0.15	0.20	0.25	0.30	0.35	0.40	0.45	0.50
1	0	0.9500	0.9000	0.8500	0.8000	0.7500	0.7000	0.6500	0.6000	0.5500	0.5000
	1	0.0500	0.1000	0.1500	0.2000	0.2500	0.3000	0.3500	0.4000	0.4500	0.5000
2	0	0.9025	0.8100	0.7225	0.6400	0.5625	0.4900	0.4225	0.3600	0.3025	0.2500
	1	0.0950	0.1800	0.2550	0.3200	0.3750	0.4200	0.4550	0.4800	0.4950	0.5000
	2	0.0025	0.0100	0.0225	0.0400	0.0625	0.0900	0.1225	0.1600	0.2025	0.2500
3	0	0.8574	0.7290	0.6141	0.5120	0.4219	0.3430	0.2746	0.2160	0.1664	0.1250
	1	0.1354	0.2430	0.3251	0.3840	0.4219	0.4410	0.4436	0.4320	0.4084	0.3750
	2	0.0071	0.0270	0.0574	0.0960	0.1406	0.1890	0.2389	0.2880	0.3341	0.3750
	3	0.0001	0.0010	0.0034	0.0080	0.0156	0.0270	0.0429	0.0640	0.0911	0.1250
4	0	0.8145	0.6561	0.5220	0.4096	0.3164	0.2401	0.1785	0.1296	0.0915	0.0625
	1	0.1715	0.2916	0.3685	0.4096	0.4219	0.4116	0.3845	0.3456	0.2995	0.2500
	2	0.0135	0.0486	0.0975	0.1536	0.2109	0.2646	0.3105	0.3456	0.3675	0.3750
	3	0.0005	0.0036	0.0115	0.0256	0.0469	0.0756	0.1115	0.1536	0.2005	0.2500
	4	0.0000	0.0001	0.0005	0.0016	0.0039	0.0081	0.0150	0.0256	0.0410	0.0625
5	0	0.7738	0.5905	0.4437	0.3277	0.2373	0.1681	0.1160	0.0778	0.0503	0.0313
	1	0.2036	0.3280	0.3915	0.4096	0.3955	0.3601	0.3124	0.2592	0.2059	0.1563
	2	0.0214	0.0729	0.1382	0.2048	0.2637	0.3087	0.3364	0.3456	0.3369	0.3125
	3	0.0011	0.0081	0.0244	0.0512	0.0879	0.1323	0.1811	0.2304	0.2757	0.3125
	4	0.0000	0.0005	0.0022	0.0064	0.0146	0.0283	0.0488	0.0768	0.1128	0.1563
	5	0.0000	0.0000	0.0001	0.0003	0.0010	0.0024	0.0053	0.0102	0.0185	0.0313
6	0	0.7351	0.5314	0.3771	0.2621	0.1780	0.1176	0.0754	0.0467	0.0277	0.0156
	1	0.2321	0.3543	0.3993	0.3932	0.3560	0.3025	0.2437	0.1866	0.1359	0.0938
	2	0.0305	0.0984	0.1762	0.2458	0.2966	0.3241	0.3280	0.3110	0.2780	0.2344
	3	0.0021	0.0146	0.0415	0.0819	0.1318	0.1852	0.2355	0.2765	0.3032	0.3125
	4	0.0001	0.0012	0.0055	0.0154	0.0330	0.0595	0.0951	0.1382	0.1861	0.2344
	5	0.0000	0.0001	0.0004	0.0015	0.0044	0.0102	0.0205	0.0369	0.0609	0.0938
	6	0.0000	0.0000	0.0000	0.0001	0.0002	0.0007	0.0018	0.0041	0.0083	0.0156
7	0	0.6983	0.4783	0.3206	0.2097	0.1335	0.0824	0.0490	0.0280	0.0152	0.0078
	1	0.2573	0.3720	0.3960	0.3670	0.3115	0.2471	0.1848	0.1306	0.0872	0.0547
	2	0.0406	0.1240	0.2097	0.2753	0.3115	0.3177	0.2985	0.2613	0.2140	0.1641
	3	0.0036	0.0230	0.0617	0.1147	0.1730	0.2269	0.2679	0.2903	0.2918	0.2734
	4	0.0002	0.0026	0.0109	0.0287	0.0577	0.0972	0.1442	0.1935	0.2388	0.2734
	5	0.0000	0.0002	0.0012	0.0043	0.0115	0.0250	0.0466	0.0774	0.1172	0.1641
	6	0.0000	0.0000	0.0001	0.0004	0.0013	0.0036	0.0084	0.0172	0.0320	0.0547
	7	0.0000	0.0000	0.0000	0.0000	0.0001	0.0002	0.0006	0.0016	0.0037	0.0078
8	0	0.6634	0.4305	0.2725	0.1678	0.1001	0.0576	0.0319	0.0168	0.0084	0.0039
	1	0.2793	0.3826	0.3847	0.3355	0.2670	0.1977	0.1373	0.0896	0.0548	0.0313
	2	0.0515	0.1488	0.2376	0.2936	0.3115	0.2965	0.2587	0.2090	0.1569	0.1094
	3	0.0054	0.0331	0.0839	0.1468	0.2076	0.2541	0.2786	0.2787	0.2568	0.2188
	4	0.0004	0.0046	0.0185	0.0459	0.0865	0.1361	0.1875	0.2322	0.2627	0.2734
	5	0.0000	0.0004	0.0026	0.0092	0.0231	0.0467	0.0808	0.1239	0.1719	0.2188
	6	0.0000	0.0000	0.0002	0.0011	0.0038	0.0100	0.0217	0.0413	0.0703	0.1094
	7	0.0000	0.0000	0.0000	0.0001	0.0004	0.0012	0.0033	0.0079	0.0164	0.0313
	8	0.0000	0.0000	0.0000	0.0000	0.0000	0.0001	0.0002	0.0007	0.0017	0.0039

n	x	0.05	0.10	0.15	0.20	0.25	0.30	0.35	0.40	0.45	0.50
9	0	0.6302	0.3874	0.2316	0.1342	0.0751	0.0404	0.0207	0.0101	0.0046	0.0020
	1	0.2985	0.3874	0.3679	0.3020	0.2253	0.1556	0.1004	0.0605	0.0339	0.0176
	2	0.0629	0.1722	0.2597	0.3020	0.3003	0.2668	0.2162	0.1612	0.1110	0.0703
	3	0.0077	0.0446	0.1069	0.1762	0.2336	0.2668	0.2716	0.2508	0.2119	0.1641
	4	0.0006	0.0074	0.0283	0.0661	0.1168	0.1715	0.2194	0.2508	0.2600	0.2461
	5	0.0000	0.0008	0.0050	0.0165	0.0389	0.0735	0.1181	0.1672	0.2128	0.2461
	6	0.0000	0.0001	0.0006	0.0028	0.0087	0.0210	0.0424	0.0743	0.1160	0.1641
	7	0.0000	0.0000	0.0000	0.0003	0.0012	0.0039	0.0098	0.0212	0.0407	0.0703
	8	0.0000	0.0000	0.0000	0.0000	0.0001	0.0004	0.0013	0.0035	0.0083	0.0176
	9	0.0000	0.0000	0.0000	0.0000	0.0000	0.0000	0.0001	0.0003	0.0008	0.0020
10	0	0.5987	0.3487	0.1969	0.1074	0.0563	0.0282	0.0135	0.0060	0.0025	0.0010
	1	0.3151	0.3874	0.3474	0.2684	0.1877	0.1211	0.0725	0.0403	0.0207	0.0098
	2	0.0746	0.1937	0.2759	0.3020	0.2816	0.2335	0.1757	0.1209	0.0763	0.0439
	3	0.0105	0.0574	0.1298	0.2013	0.2503	0.2668	0.2522	0.2150	0.1665	0.1172
	4	0.0010	0.0112	0.0401	0.0881	0.1460	0.2001	0.2377	0.2508	0.2384	0.2051
	5	0.0001	0.0015	0.0085	0.0264	0.0584	0.1029	0.1536	0.2007	0.2340	0.2461
	6	0.0000	0.0001	0.0012	0.0055	0.0162	0.0368	0.0689	0.1115	0.1596	0.2051
	7	0.0000	0.0000	0.0001	0.0008	0.0031	0.0090	0.0212	0.0425	0.0746	0.1172
	8	0.0000	0.0000	0.0000	0.0001	0.0004	0.0014	0.0043	0.0106	0.0229	0.0439
	9	0.0000	0.0000	0.0000	0.0000	0.0000	0.0001	0.0005	0.0016	0.0042	0.0098
	10	0.0000	0.0000	0.0000	0.0000	0.0000	0.0000	0.0000	0.0001	0.0003	0.0010
11	0	0.5688	0.3138	0.1673	0.0859	0.0422	0.0198	0.0088	0.0036	0.0014	0.0005
	1	0.3293	0.3835	0.3248	0.2362	0.1549	0.0932	0.0518	0.0266	0.0125	0.0054
	2	0.0867	0.2131	0.2866	0.2953	0.2581	0.1998	0.1395	0.0887	0.0513	0.0269
	3	0.0137	0.0710	0.1517	0.2215	0.2581	0.2568	0.2254	0.1774	0.1259	0.0806
	4	0.0014	0.0158	0.0536	0.1107	0.1721	0.2201	0.2428	0.2365	0.2060	0.1611
	5	0.0001	0.0025	0.0132	0.0388	0.0803	0.1321	0.1830	0.2207	0.2360	0.2256
	6	0.0000	0.0003	0.0023	0.0097	0.0268	0.0566	0.0985	0.1471	0.1931	0.2256
	7	0.0000	0.0000	0.0003	0.0017	0.0064	0.0173	0.0379	0.0701	0.1128	0.1611
	8	0.0000	0.0000	0.0000	0.0002	0.0011	0.0037	0.0102	0.0234	0.0462	0.0806
	9	0.0000	0.0000	0.0000	0.0000	0.0001	0.0005	0.0018	0.0052	0.0126	0.0269
	10	0.0000	0.0000	0.0000	0.0000	0.0000	0.0000	0.0002	0.0007	0.0021	0.0054
	11	0.0000	0.0000	0.0000	0.0000	0.0000	0.0000	0.0000	0.0000	0.0002	0.0005
12	0	0.5404	0.2824	0.1422	0.0687	0.0317	0.0138	0.0057	0.0022	0.0008	0.0002
	1	0.3413	0.3766	0.3012	0.2062	0.1267	0.0712	0.0368	0.0174	0.0075	0.0029
	2	0.0988	0.2301	0.2924	0.2835	0.2323	0.1678	0.1088	0.0639	0.0339	0.0161
	3	0.0173	0.0852	0.1720	0.2362	0.2581	0.2397	0.1954	0.1419	0.0923	0.0537
	4	0.0021	0.0213	0.0683	0.1329	0.1936	0.2311	0.2367	0.2128	0.1700	0.1208
	5	0.0002	0.0038	0.0193	0.0532	0.1032	0.1585	0.2039	0.2270	0.2225	0.1934
	6	0.0000	0.0005	0.0040	0.0155	0.0401	0.0792	0.1281	0.1766	0.2124	0.2256
	7	0.0000	0.0000	0.0006	0.0033	0.0115	0.0291	0.0591	0.1009	0.1489	0.1934
	8	0.0000	0.0000	0.0001	0.0005	0.0024	0.0078	0.0199	0.0420	0.0762	0.1208
	9	0.0000	0.0000	0.0000	0.0001	0.0004	0.0015	0.0048	0.0125	0.0277	0.0537
	10	0.0000	0.0000	0.0000	0.0000	0.0000	0.0002	0.0008	0.0025	0.0068	0.0161
	11	0.0000	0.0000	0.0000	0.0000	0.0000	0.0000	0.0001	0.0003	0.0010	0.0029
	12	0.0000	0.0000	0.0000	0.0000	0.0000	0.0000	0.0000	0.0000	0.0001	0.0002

n	x	0.05	0.10	0.15	0.20	0.25	0.30	0.35	0.40	0.45	0.50
13	0	0.5133	0.2542	0.1209	0.0550	0.0238	0.0097	0.0037	0.0013	0.0004	0.0001
	1	0.3512	0.3672	0.2774	0.1787	0.1029	0.0540	0.0259	0.0113	0.0045	0.0016
	2	0.1109	0.2448	0.2937	0.2680	0.2059	0.1388	0.0836	0.0453	0.0220	0.0095
	3	0.0214	0.0997	0.1900	0.2457	0.2517	0.2181	0.1651	0.1107	0.0660	0.0349
	4	0.0028	0.0277	0.0838	0.1535	0.2097	0.2337	0.2222	0.1845	0.1350	0.0873
	5	0.0003	0.0055	0.0266	0.0691	0.1258	0.1803	0.2154	0.2214	0.1989	0.1571
	6	0.0000	0.0008	0.0063	0.0230	0.0559	0.1030	0.1546	0.1968	0.2169	0.2095
	7	0.0000	0.0001	0.0011	0.0058	0.0186	0.0442	0.0833	0.1312	0.1775	0.2095
	8	0.0000	0.0000	0.0001	0.0011	0.0047	0.0142	0.0336	0.0656	0.1089	0.1571
	9	0.0000	0.0000	0.0000	0.0001	0.0009	0.0034	0.0101	0.0243	0.0495	0.0873
	10	0.0000	0.0000	0.0000	0.0000	0.0001	0.0006	0.0022	0.0065	0.0162	0.0349
	11	0.0000	0.0000	0.0000	0.0000	0.0000	0.0001	0.0003	0.0012	0.0036	0.0095
	12	0.0000	0.0000	0.0000	0.0000	0.0000	0.0000	0.0000	0.0001	0.0005	0.0016
	13	0.0000	0.0000	0.0000	0.0000	0.0000	0.0000	0.0000	0.0000	0.0000	0.0001
14	0	0.4877	0.2288	0.1028	0.0440	0.0178	0.0068	0.0024	0.0008	0.0002	0.0001
	1	0.3593	0.3559	0.2539	0.1539	0.0832	0.0407	0.0181	0.0073	0.0027	0.0009
	2	0.1229	0.2570	0.2912	0.2501	0.1802	0.1134	0.0634	0.0317	0.0141	0.0056
	3	0.0259	0.1142	0.2056	0.2501	0.2402	0.1943	0.1366	0.0845	0.0462	0.0222
	4	0.0037	0.0349	0.0998	0.1720	0.2202	0.2290	0.2022	0.1549	0.1040	0.0611
	5	0.0004	0.0078	0.0352	0.0860	0.1468	0.1963	0.2178	0.2066	0.1701	0.1222
	6	0.0000	0.0013	0.0093	0.0322	0.0734	0.1262	0.1759	0.2066	0.2088	0.1833
	7	0.0000	0.0002	0.0019	0.0092	0.0280	0.0618	0.1082	0.1574	0.1952	0.2095
	8	0.0000	0.0000	0.0003	0.0020	0.0082	0.0232	0.0510	0.0918	0.1398	0.1833
	9	0.0000	0.0000	0.0000	0.0003	0.0018	0.0066	0.0183	0.0408	0.0762	0.1222
	10	0.0000	0.0000	0.0000	0.0000	0.0003	0.0014	0.0049	0.0136	0.0312	0.0611
	11	0.0000	0.0000	0.0000	0.0000	0.0000	0.0002	0.0010	0.0033	0.0093	0.0222
	12	0.0000	0.0000	0.0000	0.0000	0.0000	0.0000	0.0001	0.0005	0.0019	0.0056
	13	0.0000	0.0000	0.0000	0.0000	0.0000	0.0000	0.0000	0.0001	0.0002	0.0009
	14	0.0000	0.0000	0.0000	0.0000	0.0000	0.0000	0.0000	0.0000	0.0000	0.0001
15	0	0.4633	0.2059	0.0874	0.0352	0.0134	0.0047	0.0016	0.0005	0.0001	0.0000
	1	0.3658	0.3432	0.2312	0.1319	0.0668	0.0305	0.0126	0.0047	0.0016	0.0005
	2	0.1348	0.2669	0.2856	0.2309	0.1559	0.0916	0.0476	0.0219	0.0090	0.0032
	3	0.0307	0.1285	0.2184	0.2501	0.2252	0.1700	0.1110	0.0634	0.0318	0.0139
	4	0.0049	0.0428	0.1156	0.1876	0.2252	0.2186	0.1792	0.1268	0.0780	0.0417
	5	0.0006	0.0105	0.0449	0.1032	0.1651	0.2061	0.2123	0.1859	0.1404	0.0916
	6	0.0000	0.0019	0.0132	0.0430	0.0917	0.1472	0.1906	0.2066	0.1914	0.1527
	7	0.0000	0.0003	0.0030	0.0138	0.0393	0.0811	0.1319	0.1771	0.2013	0.1964
	8	0.0000	0.0000	0.0005	0.0035	0.0131	0.0348	0.0710	0.1181	0.1647	0.1964
	9	0.0000	0.0000	0.0001	0.0007	0.0034	0.0116	0.0298	0.0612	0.1048	0.1527
	10	0.0000	0.0000	0.0000	0.0001	0.0007	0.0030	0.0096	0.0245	0.0515	0.0916
	11	0.0000	0.0000	0.0000	0.0000	0.0001	0.0006	0.0024	0.0074	0.0191	0.0417
	12	0.0000	0.0000	0.0000	0.0000	0.0000	0.0001	0.0004	0.0016	0.0052	0.0139
	13	0.0000	0.0000	0.0000	0.0000	0.0000	0.0000	0.0001	0.0003	0.0010	0.0032
	14	0.0000	0.0000	0.0000	0.0000	0.0000	0.0000	0.0000	0.0000	0.0001	0.0005
	15	0.0000	0.0000	0.0000	0.0000	0.0000	0.0000	0.0000	0.0000	0.0000	0.0000

n	x	0.05	0.10	0.15	0.20	0.25	0.30	0.35	0.40	0.45	0.50
16	0	0.4401	0.1853	0.0743	0.0281	0.0100	0.0033	0.0010	0.0003	0.0001	0.0000
	1	0.3706	0.3294	0.2097	0.1126	0.0535	0.0228	0.0087	0.0030	0.0009	0.0002
	2	0.1463	0.2745	0.2775	0.2111	0.1336	0.0732	0.0353	0.0150	0.0056	0.0018
	3	0.0359	0.1423	0.2285	0.2463	0.2079	0.1465	0.0888	0.0468	0.0215	0.0085
	4	0.0061	0.0514	0.1311	0.2001	0.2252	0.2040	0.1553	0.1014	0.0572	0.0278
	5	0.0008	0.0137	0.0555	0.1201	0.1802	0.2099	0.2008	0.1623	0.1123	0.0667
	6	0.0001	0.0028	0.0180	0.0550	0.1101	0.1649	0.1982	0.1983	0.1684	0.1222
	7	0.0000	0.0004	0.0045	0.0197	0.0524	0.1010	0.1524	0.1889	0.1969	0.1746
	8	0.0000	0.0001	0.0009	0.0055	0.0197	0.0487	0.0923	0.1417	0.1812	0.1964
	9	0.0000	0.0000	0.0001	0.0012	0.0058	0.0185	0.0442	0.0840	0.1318	0.1746
	10	0.0000	0.0000	0.0000	0.0002	0.0014	0.0056	0.0167	0.0392	0.0755	0.1222
	11	0.0000	0.0000	0.0000	0.0000	0.0002	0.0013	0.0049	0.0142	0.0337	0.0667
	12	0.0000	0.0000	0.0000	0.0000	0.0000	0.0002	0.0011	0.0040	0.0115	0.0278
	13	0.0000	0.0000	0.0000	0.0000	0.0000	0.0000	0.0002	0.0008	0.0029	0.0085
	14	0.0000	0.0000	0.0000	0.0000	0.0000	0.0000	0.0000	0.0001	0.0005	0.0018
	15	0.0000	0.0000	0.0000	0.0000	0.0000	0.0000	0.0000	0.0000	0.0001	0.0002
	16	0.0000	0.0000	0.0000	0.0000	0.0000	0.0000	0.0000	0.0000	0.0000	0.0000
17	0	0.4181	0.1668	0.0631	0.0225	0.0075	0.0023	0.0007	0.0002	0.0000	0.0000
	1	0.3741	0.3150	0.1893	0.0957	0.0426	0.0169	0.0060	0.0019	0.0005	0.0001
	2	0.1575	0.2800	0.2673	0.1914	0.1136	0.0581	0.0260	0.0102	0.0035	0.0010
	3	0.0415	0.1556	0.2359	0.2393	0.1893	0.1245	0.0701	0.0341	0.0144	0.0052
	4	0.0076	0.0605	0.1457	0.2093	0.2209	0.1868	0.1320	0.0796	0.0411	0.0182
	5	0.0010	0.0175	0.0668	0.1361	0.1914	0.2081	0.1849	0.1379	0.0875	0.0472
	6	0.0001	0.0039	0.0236	0.0680	0.1276	0.1784	0.1991	0.1839	0.1432	0.0944
	7	0.0000	0.0007	0.0065	0.0267	0.0668	0.1201	0.1685	0.1927	0.1841	0.1484
	8	0.0000	0.0001	0.0014	0.0084	0.0279	0.0644	0.1134	0.1606	0.1883	0.1855
	9	0.0000	0.0000	0.0003	0.0021	0.0093	0.0276	0.0611	0.1070	0.1540	0.1855
	10	0.0000	0.0000	0.0000	0.0004	0.0025	0.0095	0.0263	0.0571	0.1008	0.1484
	11	0.0000	0.0000	0.0000	0.0001	0.0005	0.0026	0.0090	0.0242	0.0525	0.0944
	12	0.0000	0.0000	0.0000	0.0000	0.0001	0.0006	0.0024	0.0081	0.0215	0.0472
	13	0.0000	0.0000	0.0000	0.0000	0.0000	0.0001	0.0005	0.0021	0.0068	0.0182
	14	0.0000	0.0000	0.0000	0.0000	0.0000	0.0000	0.0001	0.0004	0.0016	0.0052
	15	0.0000	0.0000	0.0000	0.0000	0.0000	0.0000	0.0000	0.0001	0.0003	0.0010
	16	0.0000	0.0000	0.0000	0.0000	0.0000	0.0000	0.0000	0.0000	0.0000	0.0001
	17	0.0000	0.0000	0.0000	0.0000	0.0000	0.0000	0.0000	0.0000	0.0000	0.0000
18	0	0.3972	0.1501	0.0536	0.0180	0.0056	0.0016	0.0004	0.0001	0.0000	0.0000
	1	0.3763	0.3002	0.1704	0.0811	0.0338	0.0126	0.0042	0.0012	0.0003	0.0001
	2	0.1683	0.2835	0.2556	0.1723	0.0958	0.0458	0.0190	0.0069	0.0022	0.0006
	3	0.0473	0.1680	0.2406	0.2297	0.1704	0.1046	0.0547	0.0246	0.0095	0.0031
	4	0.0093	0.0700	0.1592	0.2153	0.2130	0.1681	0.1104	0.0614	0.0291	0.0117
	5	0.0014	0.0218	0.0787	0.1507	0.1988	0.2017	0.1664	0.1146	0.0666	0.0327
	6	0.0002	0.0052	0.0301	0.0816	0.1436	0.1873	0.1941	0.1655	0.1181	0.0708
	7	0.0000	0.0010	0.0091	0.0350	0.0820	0.1376	0.1792	0.1892	0.1657	0.1214
	8	0.0000	0.0002	0.0022	0.0120	0.0376	0.0811	0.1327	0.1734	0.1864	0.1669
	9	0.0000	0.0000	0.0004	0.0033	0.0139	0.0386	0.0794	0.1284	0.1694	0.1855
	10	0.0000	0.0000	0.0001	0.0008	0.0042	0.0149	0.0385	0.0771	0.1248	0.1669
	11	0.0000	0.0000	0.0000	0.0001	0.0010	0.0046	0.0151	0.0374	0.0742	0.1214
	12	0.0000	0.0000	0.0000	0.0000	0.0002	0.0012	0.0047	0.0145	0.0354	0.0708
	13	0.0000	0.0000	0.0000	0.0000	0.0000	0.0002	0.0012	0.0045	0.0134	0.0327

n	x	0.05	0.10	0.15	0.20	0.25	0.30	0.35	0.40	0.45	0.50
18	14	0.0000	0.0000	0.0000	0.0000	0.0000	0.0000	0.0002	0.0011	0.0039	0.0117
	15	0.0000	0.0000	0.0000	0.0000	0.0000	0.0000	0.0000	0.0002	0.0009	0.0031
	16	0.0000	0.0000	0.0000	0.0000	0.0000	0.0000	0.0000	0.0000	0.0001	0.0006
	17	0.0000	0.0000	0.0000	0.0000	0.0000	0.0000	0.0000	0.0000	0.0000	0.0001
	18	0.0000	0.0000	0.0000	0.0000	0.0000	0.0000	0.0000	0.0000	0.0000	0.0000
19	0	0.3774	0.1351	0.0456	0.0144	0.0042	0.0011	0.0003	0.0001	0.0000	0.0000
	1	0.3774	0.2852	0.1529	0.0685	0.0268	0.0093	0.0029	0.0008	0.0002	0.0000
	2	0.1787	0.2852	0.2428	0.1540	0.0803	0.0358	0.0138	0.0046	0.0013	0.0003
	3	0.0533	0.1796	0.2428	0.2182	0.1517	0.0869	0.0422	0.0175	0.0062	0.0018
	4	0.0112	0.0798	0.1714	0.2182	0.2023	0.1491	0.0909	0.0467	0.0203	0.0074
	5	0.0018	0.0266	0.0907	0.1636	0.2023	0.1916	0.1468	0.0933	0.0497	0.0222
	6	0.0002	0.0069	0.0374	0.0955	0.1574	0.1916	0.1844	0.1451	0.0949	0.0518
	7	0.0000	0.0014	0.0122	0.0443	0.0974	0.1525	0.1844	0.1797	0.1443	0.0961
	8	0.0000	0.0002	0.0032	0.0166	0.0487	0.0981	0.1489	0.1797	0.1771	0.1442
	9	0.0000	0.0000	0.0007	0.0051	0.0198	0.0514	0.0980	0.1464	0.1771	0.1762
	10	0.0000	0.0000	0.0001	0.0013	0.0066	0.0220	0.0528	0.0976	0.1449	0.1762
	11	0.0000	0.0000	0.0000	0.0003	0.0018	0.0077	0.0233	0.0532	0.0970	0.1442
	12	0.0000	0.0000	0.0000	0.0000	0.0004	0.0022	0.0083	0.0237	0.0529	0.0961
	13	0.0000	0.0000	0.0000	0.0000	0.0001	0.0005	0.0024	0.0085	0.0233	0.0518
	14	0.0000	0.0000	0.0000	0.0000	0.0000	0.0001	0.0006	0.0024	0.0082	0.0222
	15	0.0000	0.0000	0.0000	0.0000	0.0000	0.0000	0.0001	0.0005	0.0022	0.0074
	16	0.0000	0.0000	0.0000	0.0000	0.0000	0.0000	0.0000	0.0001	0.0005	0.0018
	17	0.0000	0.0000	0.0000	0.0000	0.0000	0.0000	0.0000	0.0000	0.0001	0.0003
	18	0.0000	0.0000	0.0000	0.0000	0.0000	0.0000	0.0000	0.0000	0.0000	0.0000
	19	0.0000	0.0000	0.0000	0.0000	0.0000	0.0000	0.0000	0.0000	0.0000	0.0000
20	0	0.3585	0.1216	0.0388	0.0115	0.0032	0.0008	0.0002	0.0000	0.0000	0.0000
	1	0.3774	0.2702	0.1368	0.0576	0.0211	0.0068	0.0020	0.0005	0.0001	0.0000
	2	0.1887	0.2852	0.2293	0.1369	0.0669	0.0278	0.0100	0.0031	0.0008	0.0002
	3	0.0596	0.1901	0.2428	0.2054	0.1339	0.0716	0.0323	0.0123	0.0040	0.0011
	4	0.0133	0.0898	0.1821	0.2182	0.1897	0.1304	0.0738	0.0350	0.0139	0.0046
	5	0.0022	0.0319	0.1028	0.1746	0.2023	0.1789	0.1272	0.0746	0.0365	0.0148
	6	0.0003	0.0089	0.0454	0.1091	0.1686	0.1916	0.1712	0.1244	0.0746	0.0370
	7	0.0000	0.0020	0.0160	0.0545	0.1124	0.1643	0.1844	0.1659	0.1221	0.0739
	8	0.0000	0.0004	0.0046	0.0222	0.0609	0.1144	0.1614	0.1797	0.1623	0.1201
	9	0.0000	0.0001	0.0011	0.0074	0.0271	0.0654	0.1158	0.1597	0.1771	0.1602
	10	0.0000	0.0000	0.0002	0.0020	0.0099	0.0308	0.0686	0.1171	0.1593	0.1762
	11	0.0000	0.0000	0.0000	0.0005	0.0030	0.0120	0.0336	0.0710	0.1185	0.1602
	12	0.0000	0.0000	0.0000	0.0001	0.0008	0.0039	0.0136	0.0355	0.0727	0.1201
	13	0.0000	0.0000	0.0000	0.0000	0.0002	0.0010	0.0045	0.0146	0.0366	0.0739
	14	0.0000	0.0000	0.0000	0.0000	0.0000	0.0002	0.0012	0.0049	0.0150	0.0370
	15	0.0000	0.0000	0.0000	0.0000	0.0000	0.0000	0.0003	0.0013	0.0049	0.0148
	16	0.0000	0.0000	0.0000	0.0000	0.0000	0.0000	0.0000	0.0003	0.0013	0.0046
	17	0.0000	0.0000	0.0000	0.0000	0.0000	0.0000	0.0000	0.0000	0.0002	0.0011
	18	0.0000	0.0000	0.0000	0.0000	0.0000	0.0000	0.0000	0.0000	0.0000	0.0002
	19	0.0000	0.0000	0.0000	0.0000	0.0000	0.0000	0.0000	0.0000	0.0000	0.0000
	20	0.0000	0.0000	0.0000	0.0000	0.0000	0.0000	0.0000	0.0000	0.0000	0.0000

n	x	0.05	0.10	0.15	0.20	0.25	0.30	0.35	0.40	0.45	0.50
25	0	0.2774	0.0718	0.0172	0.0038	0.0008	0.0001	0.0000	0.0000	0.0000	0.0000
	1	0.3650	0.1994	0.0759	0.0236	0.0063	0.0014	0.0003	0.0000	0.0000	0.0000
	2	0.2305	0.2659	0.1607	0.0708	0.0251	0.0074	0.0018	0.0004	0.0001	0.0000
	3	0.0930	0.2265	0.2174	0.1358	0.0641	0.0243	0.0076	0.0019	0.0004	0.0001
	4	0.0269	0.1384	0.2110	0.1867	0.1175	0.0572	0.0224	0.0071	0.0018	0.0004
	5	0.0060	0.0646	0.1564	0.1960	0.1645	0.1030	0.0506	0.0199	0.0063	0.0016
	6	0.0010	0.0239	0.0920	0.1633	0.1828	0.1472	0.0908	0.0442	0.0172	0.0053
	7	0.0001	0.0072	0.0441	0.1108	0.1654	0.1712	0.1327	0.0800	0.0381	0.0143
	8	0.0000	0.0018	0.0175	0.0623	0.1241	0.1651	0.1607	0.1200	0.0701	0.0322
	9	0.0000	0.0004	0.0058	0.0294	0.0781	0.1336	0.1635	0.1511	0.1084	0.0609
	10	0.0000	0.0001	0.0016	0.0118	0.0417	0.0916	0.1409	0.1612	0.1419	0.0974
	11	0.0000	0.0000	0.0004	0.0040	0.0189	0.0536	0.1034	0.1465	0.1583	0.1328
	12	0.0000	0.0000	0.0001	0.0012	0.0074	0.0268	0.0650	0.1140	0.1511	0.1550
	13	0.0000	0.0000	0.0000	0.0003	0.0025	0.0115	0.0350	0.0760	0.1236	0.1550
	14	0.0000	0.0000	0.0000	0.0001	0.0007	0.0042	0.0161	0.0434	0.0867	0.1328
	15	0.0000	0.0000	0.0000	0.0000	0.0002	0.0013	0.0064	0.0212	0.0520	0.0974
	16	0.0000	0.0000	0.0000	0.0000	0.0000	0.0004	0.0021	0.0088	0.0266	0.0609
	17	0.0000	0.0000	0.0000	0.0000	0.0000	0.0001	0.0006	0.0031	0.0115	0.0322
	18	0.0000	0.0000	0.0000	0.0000	0.0000	0.0000	0.0001	0.0009	0.0042	0.0143
	19	0.0000	0.0000	0.0000	0.0000	0.0000	0.0000	0.0000	0.0002	0.0013	0.0053
	20	0.0000	0.0000	0.0000	0.0000	0.0000	0.0000	0.0000	0.0000	0.0003	0.0016
	21	0.0000	0.0000	0.0000	0.0000	0.0000	0.0000	0.0000	0.0000	0.0001	0.0004
	22	0.0000	0.0000	0.0000	0.0000	0.0000	0.0000	0.0000	0.0000	0.0000	0.0001
	23	0.0000	0.0000	0.0000	0.0000	0.0000	0.0000	0.0000	0.0000	0.0000	0.0000
	24	0.0000	0.0000	0.0000	0.0000	0.0000	0.0000	0.0000	0.0000	0.0000	0.0000
	25	0.0000	0.0000	0.0000	0.0000	0.0000	0.0000	0.0000	0.0000	0.0000	0.0000

5. 포아송확률분포표

$$P(X=x\,;\mu) = \frac{e^{-\mu}\,\mu^{x}}{x!}$$

x	μ 0.001	0.002	0.003	0.004	0.005	0.006	0.007	0.008	0.009	0.01
0	0.9990	0.9980	0.9970	0.9960	0.9950	0.9940	0.9930	0.9920	0.9910	0.9900
1	0.0010	0.0020	0.0030	0.0040	0.0050	0.0060	0.0070	0.0079	0.0089	0.0099
2	0.0000	0.0000	0.0000	0.0000	0.0000	0.0000	0.0000	0.0000	0.0000	0.0000

x	μ 0.01	0.02	0.03	0.04	0.05	0.06	0.07	0.08	0.09	0.10
0	0.9900	0.9802	0.9704	0.9608	0.9512	0.9418	0.9324	0.9231	0.9139	0.9048
1	0.0099	0.0196	0.0291	0.0384	0.0476	0.0565	0.0653	0.0738	0.0823	0.0905
2	0.0000	0.0002	0.0004	0.0008	0.0012	0.0017	0.0023	0.0030	0.0037	0.0045
3		0.0000	0.0000	0.0000	0.0000	0.0000	0.0001	0.0001	0.0001	0.0002
4							0.0000	0.0000	0.0000	0.0000

x	μ 0.1	0.2	0.3	0.4	0.5	0.6	0.7	0.8	0.9	1.0
0	0.9048	0.8187	0.7408	0.6703	0.6065	0.5488	0.4966	0.4493	0.4066	0.3679
1	0.0905	0.1637	0.2222	0.2681	0.3033	0.3293	0.3476	0.3595	0.3659	0.3679
2	0.0045	0.0164	0.0333	0.0536	0.0758	0.0988	0.1217	0.1438	0.1647	0.1839
3	0.0002	0.0011	0.0033	0.0072	0.0126	0.0198	0.0284	0.0383	0.0494	0.0613
4	0.0000	0.0001	0.0003	0.0007	0.0016	0.0030	0.0050	0.0077	0.0111	0.0153
5	0.0000	0.0000	0.0000	0.0001	0.0002	0.0004	0.0007	0.0012	0.0020	0.0031
6	0.0000	0.0000	0.0000	0.0000	0.0000	0.0000	0.0001	0.0002	0.0003	0.0005
7	0.0000	0.0000	0.0000	0.0000	0.0000	0.0000	0.0000	0.0000	0.0000	0.0001
8	0.0000	0.0000	0.0000	0.0000	0.0000	0.0000	0.0000	0.0000	0.0000	0.0000

x	μ 1.1	1.2	1.3	1.4	1.5	1.6	1.7	1.8	1.9	2.0
0	0.3329	0.3012	0.2725	0.2466	0.2231	0.2019	0.1827	0.1653	0.1496	0.1353
1	0.3662	0.3614	0.3543	0.3452	0.3347	0.3230	0.3106	0.2975	0.2842	0.2707
2	0.2014	0.2169	0.2303	0.2417	0.2510	0.2584	0.2640	0.2678	0.2700	0.2707
3	0.0738	0.0867	0.0998	0.1128	0.1255	0.1378	0.1496	0.1607	0.1710	0.1804
4	0.0203	0.0260	0.0324	0.0395	0.0471	0.0551	0.0636	0.0723	0.0812	0.0902
5	0.0045	0.0062	0.0084	0.0111	0.0141	0.0176	0.0216	0.0260	0.0309	0.0361
6	0.0008	0.0012	0.0018	0.0026	0.0035	0.0047	0.0061	0.0078	0.0098	0.0120
7	0.0001	0.0002	0.0003	0.0005	0.0008	0.0011	0.0015	0.0020	0.0027	0.0034
8	0.0000	0.0000	0.0001	0.0001	0.0001	0.0002	0.0003	0.0005	0.0006	0.0009
9	0.0000	0.0000	0.0000	0.0000	0.0000	0.0000	0.0001	0.0001	0.0001	0.0002
10	0.0000	0.0000	0.0000	0.0000	0.0000	0.0000	0.0000	0.0000	0.0000	0.0000

x	μ 2.1	2.2	2.3	2.4	2.5	2.6	2.7	2.8	2.9	3.0
0	0.1225	0.1108	0.1003	0.0907	0.0821	0.0743	0.0672	0.0608	0.0550	0.0498
1	0.2572	0.2438	0.2306	0.2177	0.2052	0.1931	0.1815	0.1703	0.1596	0.1494
2	0.2700	0.2681	0.2652	0.2613	0.2565	0.2510	0.2450	0.2384	0.2314	0.2240
3	0.1890	0.1966	0.2033	0.2090	0.2138	0.2176	0.2205	0.2225	0.2237	0.2240
4	0.0992	0.1082	0.1169	0.1254	0.1336	0.1414	0.1488	0.1557	0.1622	0.1680
5	0.0417	0.0476	0.0538	0.0602	0.0668	0.0735	0.0804	0.0872	0.0940	0.1008
6	0.0146	0.0174	0.0206	0.0241	0.0278	0.0319	0.0362	0.0407	0.0455	0.0504
7	0.0044	0.0055	0.0068	0.0083	0.0099	0.0118	0.0139	0.0163	0.0188	0.0216
8	0.0011	0.0015	0.0019	0.0025	0.0031	0.0038	0.0047	0.0057	0.0068	0.0081
9	0.0003	0.0004	0.0005	0.0007	0.0009	0.0011	0.0014	0.0018	0.0022	0.0027
10	0.0001	0.0001	0.0001	0.0002	0.0002	0.0003	0.0004	0.0005	0.0006	0.0008
11	0.0000	0.0000	0.0000	0.0000	0.0000	0.0001	0.0001	0.0001	0.0002	0.0002
12	0.0000	0.0000	0.0000	0.0000	0.0000	0.0000	0.0000	0.0000	0.0000	0.0001
13	0.0000	0.0000	0.0000	0.0000	0.0000	0.0000	0.0000	0.0000	0.0000	0.0000

x	μ 3.1	3.2	3.3	3.4	3.5	3.6	3.7	3.8	3.9	4.0
0	0.0450	0.0408	0.0369	0.0334	0.0302	0.0273	0.0247	0.0224	0.0202	0.0183
1	0.1397	0.1304	0.1217	0.1135	0.1057	0.0984	0.0915	0.0850	0.0789	0.0733
2	0.2165	0.2087	0.2008	0.1929	0.1850	0.1771	0.1692	0.1615	0.1539	0.1465
3	0.2237	0.2226	0.2209	0.2186	0.2158	0.2125	0.2087	0.2046	0.2001	0.1954
4	0.1733	0.1781	0.1823	0.1858	0.1888	0.1912	0.1931	0.1944	0.1951	0.1954
5	0.1075	0.1140	0.1203	0.1264	0.1322	0.1377	0.1429	0.1477	0.1522	0.1563
6	0.0555	0.0608	0.0662	0.0716	0.0771	0.0826	0.0881	0.0936	0.0989	0.1042
7	0.0246	0.0278	0.0312	0.0348	0.0385	0.0425	0.0466	0.0508	0.0551	0.0595
8	0.0095	0.0111	0.0129	0.0148	0.0169	0.0191	0.0215	0.0241	0.0269	0.0298
9	0.0033	0.0040	0.0047	0.0056	0.0066	0.0076	0.0089	0.0102	0.0116	0.0132
10	0.0010	0.0013	0.0016	0.0019	0.0023	0.0028	0.0033	0.0039	0.0045	0.0053
11	0.0003	0.0004	0.0005	0.0006	0.0007	0.0009	0.0011	0.0013	0.0016	0.0019
12	0.0001	0.0001	0.0001	0.0002	0.0002	0.0003	0.0003	0.0004	0.0005	0.0006
13	0.0000	0.0000	0.0000	0.0000	0.0001	0.0001	0.0001	0.0001	0.0002	0.0002
14	0.0000	0.0000	0.0000	0.0000	0.0000	0.0000	0.0000	0.0000	0.0000	0.0001
15	0.0000	0.0000	0.0000	0.0000	0.0000	0.0000	0.0000	0.0000	0.0000	0.0000

x	μ 4.1	4.2	4.3	4.4	4.5	4.6	4.7	4.8	4.9	5.0
0	0.0166	0.0150	0.0136	0.0123	0.0111	0.0101	0.0091	0.0082	0.0074	0.0067
1	0.0679	0.0630	0.0583	0.0540	0.0500	0.0462	0.0427	0.0395	0.0365	0.0337
2	0.1393	0.1323	0.1254	0.1188	0.1125	0.1063	0.1005	0.0948	0.0894	0.0842
3	0.1904	0.1852	0.1798	0.1743	0.1687	0.1631	0.1574	0.1517	0.1460	0.1404
4	0.1951	0.1944	0.1933	0.1917	0.1898	0.1875	0.1849	0.1820	0.1789	0.1755
5	0.1600	0.1633	0.1662	0.1687	0.1708	0.1725	0.1738	0.1747	0.1753	0.1755
6	0.1093	0.1143	0.1191	0.1237	0.1281	0.1323	0.1362	0.1398	0.1432	0.1462
7	0.0640	0.0686	0.0732	0.0778	0.0824	0.0869	0.0914	0.0959	0.1002	0.1044
8	0.0328	0.0360	0.0393	0.0428	0.0463	0.0500	0.0537	0.0575	0.0614	0.0653
9	0.0150	0.0168	0.0188	0.0209	0.0232	0.0255	0.0281	0.0307	0.0334	0.0363
10	0.0061	0.0071	0.0081	0.0092	0.0104	0.0118	0.0132	0.0147	0.0164	0.0181
11	0.0023	0.0027	0.0032	0.0037	0.0043	0.0049	0.0056	0.0064	0.0073	0.0082
12	0.0008	0.0009	0.0011	0.0013	0.0016	0.0019	0.0022	0.0026	0.0030	0.0034
13	0.0002	0.0003	0.0004	0.0005	0.0006	0.0007	0.0008	0.0009	0.0011	0.0013
14	0.0001	0.0001	0.0001	0.0001	0.0002	0.0002	0.0003	0.0003	0.0004	0.0005
15	0.0000	0.0000	0.0000	0.0000	0.0001	0.0001	0.0001	0.0001	0.0001	0.0002
16	0.0000	0.0000	0.0000	0.0000	0.0000	0.0000	0.0000	0.0000	0.0000	0.0000

x	μ 5.1	5.2	5.3	5.4	5.5	5.6	5.7	5.8	5.9	6.0
0	0.0061	0.0055	0.0050	0.0045	0.0041	0.0037	0.0033	0.0030	0.0027	0.0025
1	0.0311	0.0287	0.0265	0.0244	0.0225	0.0207	0.0191	0.0176	0.0162	0.0149
2	0.0793	0.0746	0.0701	0.0659	0.0618	0.0580	0.0544	0.0509	0.0477	0.0446
3	0.1348	0.1293	0.1239	0.1185	0.1133	0.1082	0.1033	0.0985	0.0938	0.0892
4	0.1719	0.1681	0.1641	0.1600	0.1558	0.1515	0.1472	0.1428	0.1383	0.1339
5	0.1753	0.1748	0.1740	0.1728	0.1714	0.1697	0.1678	0.1656	0.1632	0.1606
6	0.1490	0.1515	0.1537	0.1555	0.1571	0.1584	0.1594	0.1601	0.1605	0.1606
7	0.1086	0.1125	0.1163	0.1200	0.1234	0.1267	0.1298	0.1326	0.1353	0.1377
8	0.0692	0.0731	0.0771	0.0810	0.0849	0.0887	0.0925	0.0962	0.0998	0.1033
9	0.0392	0.0423	0.0454	0.0486	0.0519	0.0552	0.0586	0.0620	0.0654	0.0688
10	0.0200	0.0220	0.0241	0.0262	0.0285	0.0309	0.0334	0.0359	0.0386	0.0413
11	0.0093	0.0104	0.0116	0.0129	0.0143	0.0157	0.0173	0.0190	0.0207	0.0225
12	0.0039	0.0045	0.0051	0.0058	0.0065	0.0073	0.0082	0.0092	0.0102	0.0113
13	0.0015	0.0018	0.0021	0.0024	0.0028	0.0032	0.0036	0.0041	0.0046	0.0052
14	0.0006	0.0007	0.0008	0.0009	0.0011	0.0013	0.0015	0.0017	0.0019	0.0022
15	0.0002	0.0002	0.0003	0.0003	0.0004	0.0005	0.0006	0.0007	0.0008	0.0009
16	0.0001	0.0001	0.0001	0.0001	0.0001	0.0002	0.0002	0.0002	0.0003	0.0003
17	0.0000	0.0000	0.0000	0.0000	0.0000	0.0001	0.0001	0.0001	0.0001	0.0001
18	0.0000	0.0000	0.0000	0.0000	0.0000	0.0000	0.0000	0.0000	0.0000	0.0000

x	6.1	6.2	6.3	6.4	6.5	6.6	6.7	6.8	6.9	7.0
	μ									
0	0.0022	0.0020	0.0018	0.0017	0.0015	0.0014	0.0012	0.0011	0.0010	0.0009
1	0.0137	0.0126	0.0116	0.0106	0.0098	0.0090	0.0082	0.0076	0.0070	0.0064
2	0.0417	0.0390	0.0364	0.0340	0.0318	0.0296	0.0276	0.0258	0.0240	0.0223
3	0.0848	0.0806	0.0765	0.0726	0.0688	0.0652	0.0617	0.0584	0.0552	0.0521
4	0.1294	0.1249	0.1205	0.1162	0.1118	0.1076	0.1034	0.0992	0.0952	0.0912
5	0.1579	0.1549	0.1519	0.1487	0.1454	0.1420	0.1385	0.1349	0.1314	0.1277
6	0.1605	0.1601	0.1595	0.1586	0.1575	0.1562	0.1546	0.1529	0.1511	0.1490
7	0.1399	0.1418	0.1435	0.1450	0.1462	0.1472	0.1480	0.1486	0.1489	0.1490
8	0.1066	0.1099	0.1130	0.1160	0.1188	0.1215	0.1240	0.1263	0.1284	0.1304
9	0.0723	0.0757	0.0791	0.0825	0.0858	0.0891	0.0923	0.0954	0.0985	0.1014
10	0.0441	0.0469	0.0498	0.0528	0.0558	0.0588	0.0618	0.0649	0.0679	0.0710
11	0.0244	0.0265	0.0285	0.0307	0.0330	0.0353	0.0377	0.0401	0.0426	0.0452
12	0.0124	0.0137	0.0150	0.0164	0.0179	0.0194	0.0210	0.0227	0.0245	0.0263
13	0.0058	0.0065	0.0073	0.0081	0.0089	0.0099	0.0108	0.0119	0.0130	0.0142
14	0.0025	0.0029	0.0033	0.0037	0.0041	0.0046	0.0052	0.0058	0.0064	0.0071
15	0.0010	0.0012	0.0014	0.0016	0.0018	0.0020	0.0023	0.0026	0.0029	0.0033
16	0.0004	0.0005	0.0005	0.0006	0.0007	0.0008	0.0010	0.0011	0.0013	0.0014
17	0.0001	0.0002	0.0002	0.0002	0.0003	0.0003	0.0004	0.0004	0.0005	0.0006
18	0.0000	0.0001	0.0001	0.0001	0.0001	0.0001	0.0001	0.0002	0.0002	0.0002
19	0.0000	0.0000	0.0000	0.0000	0.0000	0.0000	0.0001	0.0001	0.0001	0.0001
20	0.0000	0.0000	0.0000	0.0000	0.0000	0.0000	0.0000	0.0000	0.0000	0.0000

x	7.1	7.2	7.3	7.4	7.5	7.6	7.7	7.8	7.9	8.0
	μ									
0	0.0008	0.0007	0.0007	0.0006	0.0006	0.0005	0.0005	0.0004	0.0004	0.0003
1	0.0059	0.0054	0.0049	0.0045	0.0041	0.0038	0.0035	0.0032	0.0029	0.0027
2	0.0208	0.0194	0.0180	0.0167	0.0156	0.0145	0.0134	0.0125	0.0116	0.0107
3	0.0492	0.0464	0.0438	0.0413	0.0389	0.0366	0.0345	0.0324	0.0305	0.0286
4	0.0874	0.0836	0.0799	0.0764	0.0729	0.0696	0.0663	0.0632	0.0602	0.0573
5	0.1241	0.1204	0.1167	0.1130	0.1094	0.1057	0.1021	0.0986	0.0951	0.0916
6	0.1468	0.1445	0.1420	0.1394	0.1367	0.1339	0.1311	0.1282	0.1252	0.1221
7	0.1489	0.1486	0.1481	0.1474	0.1465	0.1454	0.1442	0.1428	0.1413	0.1396
8	0.1321	0.1337	0.1351	0.1363	0.1373	0.1381	0.1388	0.1392	0.1395	0.1396
9	0.1042	0.1070	0.1096	0.1121	0.1144	0.1167	0.1187	0.1207	0.1224	0.1241
10	0.0740	0.0770	0.0800	0.0829	0.0858	0.0887	0.0914	0.0941	0.0967	0.0993
11	0.0478	0.0504	0.0531	0.0558	0.0585	0.0613	0.0640	0.0667	0.0695	0.0722
12	0.0283	0.0303	0.0323	0.0344	0.0366	0.0388	0.0411	0.0434	0.0457	0.0481
13	0.0154	0.0168	0.0181	0.0196	0.0211	0.0227	0.0243	0.0260	0.0278	0.0296
14	0.0078	0.0086	0.0095	0.0104	0.0113	0.0123	0.0134	0.0145	0.0157	0.0169
15	0.0037	0.0041	0.0046	0.0051	0.0057	0.0062	0.0069	0.0075	0.0083	0.0090
16	0.0016	0.0019	0.0021	0.0024	0.0026	0.0030	0.0033	0.0037	0.0041	0.0045
17	0.0007	0.0008	0.0009	0.0010	0.0012	0.0013	0.0015	0.0017	0.0019	0.0021
18	0.0003	0.0003	0.0004	0.0004	0.0005	0.0006	0.0006	0.0007	0.0008	0.0009
19	0.0001	0.0001	0.0001	0.0002	0.0002	0.0002	0.0003	0.0003	0.0003	0.0004
20	0.0000	0.0000	0.0001	0.0001	0.0001	0.0001	0.0001	0.0001	0.0001	0.0002
21	0.0000	0.0000	0.0000	0.0000	0.0000	0.0000	0.0000	0.0000	0.0001	0.0001

x	μ									
	8.1	8.2	8.3	8.4	8.5	8.6	8.7	8.8	8.9	9.0
0	0.0003	0.0003	0.0002	0.0002	0.0002	0.0002	0.0002	0.0002	0.0001	0.0001
1	0.0025	0.0023	0.0021	0.0019	0.0017	0.0016	0.0014	0.0013	0.0012	0.0011
2	0.0100	0.0092	0.0086	0.0079	0.0074	0.0068	0.0063	0.0058	0.0054	0.0050
3	0.0269	0.0252	0.0237	0.0222	0.0208	0.0195	0.0183	0.0171	0.0160	0.0150
4	0.0544	0.0517	0.0491	0.0466	0.0443	0.0420	0.0398	0.0377	0.0357	0.0337
5	0.0882	0.0849	0.0816	0.0784	0.0752	0.0722	0.0692	0.0663	0.0635	0.0607
6	0.1191	0.1160	0.1128	0.1097	0.1066	0.1034	0.1003	0.0972	0.0941	0.0911
7	0.1378	0.1358	0.1338	0.1317	0.1294	0.1271	0.1247	0.1222	0.1197	0.1171
8	0.1395	0.1392	0.1388	0.1382	0.1375	0.1366	0.1356	0.1344	0.1332	0.1318
9	0.1256	0.1269	0.1280	0.1290	0.1299	0.1306	0.1311	0.1315	0.1317	0.1318
10	0.1017	0.1040	0.1063	0.1084	0.1104	0.1123	0.1140	0.1157	0.1172	0.1186
11	0.0749	0.0776	0.0802	0.0828	0.0853	0.0878	0.0902	0.0925	0.0948	0.0970
12	0.0505	0.0530	0.0555	0.0579	0.0604	0.0629	0.0654	0.0679	0.0703	0.0728
13	0.0315	0.0334	0.0354	0.0374	0.0395	0.0416	0.0438	0.0459	0.0481	0.0504
14	0.0182	0.0196	0.0210	0.0225	0.0240	0.0256	0.0272	0.0289	0.0306	0.0324
15	0.0098	0.0107	0.0116	0.0126	0.0136	0.0147	0.0158	0.0169	0.0182	0.0194
16	0.0050	0.0055	0.0060	0.0066	0.0072	0.0079	0.0086	0.0093	0.0101	0.0109
17	0.0024	0.0026	0.0029	0.0033	0.0036	0.0040	0.0044	0.0048	0.0053	0.0058
18	0.0011	0.0012	0.0014	0.0015	0.0017	0.0019	0.0021	0.0024	0.0026	0.0029
19	0.0005	0.0005	0.0006	0.0007	0.0008	0.0009	0.0010	0.0011	0.0012	0.0014
20	0.0002	0.0002	0.0002	0.0003	0.0003	0.0004	0.0004	0.0005	0.0005	0.0006
21	0.0001	0.0001	0.0001	0.0001	0.0001	0.0002	0.0002	0.0002	0.0002	0.0003
22	0.0000	0.0000	0.0000	0.0000	0.0001	0.0001	0.0001	0.0001	0.0001	0.0001

x	μ									
	9.1	9.2	9.3	9.4	9.5	9.6	9.7	9.8	9.9	10.0
0	0.0001	0.0001	0.0001	0.0001	0.0001	0.0001	0.0001	0.0001	0.0001	0.0000
1	0.0010	0.0009	0.0009	0.0008	0.0007	0.0007	0.0006	0.0005	0.0005	0.0005
2	0.0046	0.0043	0.0040	0.0037	0.0034	0.0031	0.0029	0.0027	0.0025	0.0023
3	0.0140	0.0131	0.0123	0.0115	0.0107	0.0100	0.0093	0.0087	0.0081	0.0076
4	0.0319	0.0302	0.0285	0.0269	0.0254	0.0240	0.0226	0.0213	0.0201	0.0189
5	0.0581	0.0555	0.0530	0.0506	0.0483	0.0460	0.0439	0.0418	0.0398	0.0378
6	0.0881	0.0851	0.0822	0.0793	0.0764	0.0736	0.0709	0.0682	0.0656	0.0631
7	0.1145	0.1118	0.1091	0.1064	0.1037	0.1010	0.0982	0.0955	0.0928	0.0901
8	0.1302	0.1286	0.1269	0.1251	0.1232	0.1212	0.1191	0.1170	0.1148	0.1126
9	0.1317	0.1315	0.1311	0.1306	0.1300	0.1293	0.1284	0.1274	0.1263	0.1251
10	0.1198	0.1210	0.1219	0.1228	0.1235	0.1241	0.1245	0.1249	0.1250	0.1251
11	0.0991	0.1012	0.1031	0.1049	0.1067	0.1083	0.1098	0.1112	0.1125	0.1137
12	0.0752	0.0776	0.0799	0.0822	0.0844	0.0866	0.0888	0.0908	0.0928	0.0948
13	0.0526	0.0549	0.0572	0.0594	0.0617	0.0640	0.0662	0.0685	0.0707	0.0729
14	0.0342	0.0361	0.0380	0.0399	0.0419	0.0439	0.0459	0.0479	0.0500	0.0521
15	0.0208	0.0221	0.0235	0.0250	0.0265	0.0281	0.0297	0.0313	0.0330	0.0347
16	0.0118	0.0127	0.0137	0.0147	0.0157	0.0168	0.0180	0.0192	0.0204	0.0217
17	0.0063	0.0069	0.0075	0.0081	0.0088	0.0095	0.0103	0.0111	0.0119	0.0128
18	0.0032	0.0035	0.0039	0.0042	0.0046	0.0051	0.0055	0.0060	0.0065	0.0071
19	0.0015	0.0017	0.0019	0.0021	0.0023	0.0026	0.0028	0.0031	0.0034	0.0037
20	0.0007	0.0008	0.0009	0.0010	0.0011	0.0012	0.0014	0.0015	0.0017	0.0019
21	0.0003	0.0003	0.0004	0.0004	0.0005	0.0006	0.0006	0.0007	0.0008	0.0009
22	0.0001	0.0001	0.0002	0.0002	0.0002	0.0002	0.0003	0.0003	0.0004	0.0004
23	0.0000	0.0001	0.0001	0.0001	0.0001	0.0001	0.0001	0.0001	0.0002	0.0002
24	0.0000	0.0000	0.0000	0.0000	0.0000	0.0000	0.0000	0.0001	0.0001	0.0001
25	0.0000	0.0000	0.0000	0.0000	0.0000	0.0000	0.0000	0.0000	0.0000	0.0000

x	μ 11	12	13	14	15	16	17	18	19	20
0	0.0000	0.0000	0.0000	0.0000	0.0000	0.0000	0.0000	0.0000	0.0000	0.0000
1	0.0002	0.0001	0.0000	0.0000	0.0000	0.0000	0.0000	0.0000	0.0000	0.0000
2	0.0010	0.0004	0.0002	0.0001	0.0000	0.0000	0.0000	0.0000	0.0000	0.0000
3	0.0037	0.0018	0.0008	0.0004	0.0002	0.0001	0.0000	0.0000	0.0000	0.0000
4	0.0102	0.0053	0.0027	0.0013	0.0006	0.0003	0.0001	0.0001	0.0000	0.0000
5	0.0224	0.0127	0.0070	0.0037	0.0019	0.0010	0.0005	0.0002	0.0001	0.0001
6	0.0411	0.0255	0.0152	0.0087	0.0048	0.0026	0.0014	0.0007	0.0004	0.0002
7	0.0646	0.0437	0.0281	0.0174	0.0104	0.0060	0.0034	0.0019	0.0010	0.0005
8	0.0888	0.0655	0.0457	0.0304	0.0194	0.0120	0.0072	0.0042	0.0024	0.0013
9	0.1085	0.0874	0.0661	0.0473	0.0324	0.0213	0.0135	0.0083	0.0050	0.0029
10	0.1194	0.1048	0.0859	0.0663	0.0486	0.0341	0.0230	0.0150	0.0095	0.0058
11	0.1194	0.1144	0.1015	0.0844	0.0663	0.0496	0.0355	0.0245	0.0164	0.0106
12	0.1094	0.1144	0.1099	0.0984	0.0829	0.0661	0.0504	0.0368	0.0259	0.0176
13	0.0926	0.1056	0.1099	0.1060	0.0956	0.0814	0.0658	0.0509	0.0378	0.0271
14	0.0728	0.0905	0.1021	0.1060	0.1024	0.0930	0.0800	0.0655	0.0514	0.0387
15	0.0534	0.0724	0.0885	0.0989	0.1024	0.0992	0.0906	0.0786	0.0650	0.0516
16	0.0367	0.0543	0.0719	0.0866	0.0960	0.0992	0.0963	0.0884	0.0772	0.0646
17	0.0237	0.0383	0.0550	0.0713	0.0847	0.0934	0.0963	0.0936	0.0863	0.0760
18	0.0145	0.0255	0.0397	0.0554	0.0706	0.0830	0.0909	0.0936	0.0911	0.0844
19	0.0084	0.0161	0.0272	0.0409	0.0557	0.0699	0.0814	0.0887	0.0911	0.0888
20	0.0046	0.0097	0.0177	0.0286	0.0418	0.0559	0.0692	0.0798	0.0866	0.0888
21	0.0024	0.0055	0.0109	0.0191	0.0299	0.0425	0.0560	0.0684	0.0783	0.0846
22	0.0012	0.0030	0.0065	0.0121	0.0204	0.0310	0.0433	0.0560	0.0676	0.0769
23	0.0006	0.0016	0.0037	0.0074	0.0133	0.0216	0.0320	0.0438	0.0559	0.0669
24	0.0003	0.0008	0.0020	0.0043	0.0083	0.0144	0.0226	0.0328	0.0442	0.0557
25	0.0001	0.0004	0.0010	0.0024	0.0050	0.0092	0.0154	0.0237	0.0336	0.0446
26	0.0000	0.0002	0.0005	0.0013	0.0029	0.0057	0.0101	0.0164	0.0246	0.0343
27	0.0000	0.0001	0.0002	0.0007	0.0016	0.0034	0.0063	0.0109	0.0173	0.0254
28	0.0000	0.0000	0.0001	0.0003	0.0009	0.0019	0.0038	0.0070	0.0117	0.0181
29	0.0000	0.0000	0.0001	0.0002	0.0004	0.0011	0.0023	0.0044	0.0077	0.0125
30	0.0000	0.0000	0.0000	0.0001	0.0002	0.0006	0.0013	0.0026	0.0049	0.0083
31	0.0000	0.0000	0.0000	0.0000	0.0001	0.0003	0.0007	0.0015	0.0030	0.0054
32	0.0000	0.0000	0.0000	0.0000	0.0001	0.0001	0.0004	0.0009	0.0018	0.0034
33	0.0000	0.0000	0.0000	0.0000	0.0000	0.0001	0.0002	0.0005	0.0010	0.0020
34	0.0000	0.0000	0.0000	0.0000	0.0000	0.0000	0.0001	0.0002	0.0006	0.0012
35	0.0000	0.0000	0.0000	0.0000	0.0000	0.0000	0.0000	0.0001	0.0003	0.0007
36	0.0000	0.0000	0.0000	0.0000	0.0000	0.0000	0.0000	0.0001	0.0002	0.0004
37	0.0000	0.0000	0.0000	0.0000	0.0000	0.0000	0.0000	0.0000	0.0001	0.0002
38	0.0000	0.0000	0.0000	0.0000	0.0000	0.0000	0.0000	0.0000	0.0000	0.0001
39	0.0000	0.0000	0.0000	0.0000	0.0000	0.0000	0.0000	0.0000	0.0000	0.0001
40	0.0000	0.0000	0.0000	0.0000	0.0000	0.0000	0.0000	0.0000	0.0000	0.0000

6. 부호검정표

n	α 1	5	10	25	n	α 1	5	10	25	n	α 1	5	10	25
	(%)					(%)					(%)			
1					31	7	9	10	11	61	20	22	23	25
2					32	8	9	10	12	62	20	22	24	25
3				0	33	8	10	11	12	63	20	23	24	26
4				0	34	9	10	11	13	64	21	23	24	26
5			0	0	35	9	11	12	13	65	21	24	25	27
6		0	0	1	36	9	11	12	14	66	22	24	25	27
7		0	0	1	37	10	12	13	14	67	22	25	26	28
8	0	0	1	1	38	10	12	13	14	68	22	25	26	28
9	0	1	1	2	39	11	12	13	15	69	23	25	27	29
10	0	1	1	2	40	11	13	14	15	70	23	26	27	29
11	0	1	2	3	41	11	13	14	16	71	24	26	28	30
12	1	2	2	3	42	12	14	15	16	72	24	27	28	30
13	1	2	3	3	43	12	14	15	17	73	25	27	28	31
14	1	2	3	4	44	13	15	16	17	74	25	28	29	31
15	2	3	3	4	45	13	15	16	18	75	25	28	29	32
16	2	3	4	5	46	13	15	16	18	76	26	28	30	32
17	2	4	4	5	47	14	16	17	19	77	26	29	30	32
18	3	4	5	6	48	14	16	17	19	78	27	29	31	33
19	3	4	5	6	49	15	16	18	19	79	27	30	31	33
20	3	5	5	6	50	15	17	18	20	80	28	30	32	34
21	4	5	6	7	51	15	18	19	20	81	28	31	32	34
22	4	5	6	7	52	16	18	19	21	82	28	31	33	35
23	4	6	7	8	53	16	18	20	21	83	29	32	33	35
24	5	6	7	8	54	17	19	20	22	84	29	32	33	36
25	5	7	7	9	55	17	19	20	22	85	30	32	34	36
26	6	7	8	9	56	18	20	21	23	86	30	33	34	37
27	6	7	8	10	57	18	20	21	23	87	31	33	35	37
28	6	8	9	10	58	19	21	22	24	88	31	34	35	38
29	7	8	9	10	59	19	21	22	24	89	31	34	36	38
30	7	9	10	11	60	20	21	23	25	90	32	35	36	39

7. 상관계수검정표

$n-2$	5%	1%	$n-2$	5%	1%	$n-2$	5%	1%
1	0.997	1.000	16	0.468	0.599	35	0.325	0.418
2	0.950	0.990	17	0.456	0.579	40	0.304	1.393
3	0.878	0.959	18	0.444	0.561	45	0.288	0.372
4	0.811	0.917	19	0.433	0.549	50	0.273	0.354
5	0.754	0.874	20	0.423	0.537	60	0.250	0.325
6	0.707	0.834	21	0.413	0.526	70	0.232	0.302
7	0.666	0.798	22	0.404	0.515	80	0.217	0.283
8	0.632	0.765	23	0.396	0.505	90	0.250	0.267
9	0.602	0.735	24	0.388	0.496	100	0.195	0.254
10	0.576	0.708	25	0.381	0.487	125	0.174	0.228
11	0.553	0.684	26	0.374	0.478	150	0.159	0.208
12	0.532	0.661	27	0.367	0.470	200	0.138	0.181
13	0.514	0.641	28	0.361	0.463	300	0.113	0.148
14	0.497	0.623	29	0.355	0.456	400	0.098	0.128
15	0.482	0.606	30	0.349	0.449	1000	0.062	0.081

8. 직교실험계획표

$L_4(2^3)$

행 \ 열	1	2	3
1	1	1	1
2	1	2	2
3	2	1	2
4	2	2	1

$L_{16}(2^{15})$

행 \ 열	1	2	3	4	5	6	7	8	9	10	11	12	13	14	15
1	1	1	1	1	1	1	1	1	1	1	1	1	1	1	1
2	1	1	1	1	1	1	1	2	2	2	2	2	2	2	2
3	1	1	1	2	2	2	2	1	1	1	1	2	2	2	2
4	1	1	1	2	2	2	2	2	2	2	2	1	1	1	1
5	1	2	2	1	1	2	2	1	1	2	2	1	1	2	2
6	1	2	2	1	1	2	2	2	2	1	1	2	2	1	1
7	1	2	2	2	2	1	1	1	1	2	2	2	2	1	1
8	1	2	2	2	2	1	1	2	2	1	1	1	1	2	2
9	2	1	2	1	2	1	2	1	2	1	2	1	2	1	2
10	2	1	2	1	2	1	2	2	1	2	1	2	1	2	1
11	2	1	2	2	1	2	1	1	2	1	2	2	1	2	1
12	2	1	2	2	1	2	1	2	1	2	1	1	2	1	2
13	2	2	1	1	2	2	1	1	2	2	1	1	2	2	1
14	2	2	1	1	2	2	1	2	1	1	2	2	1	1	2
15	2	2	1	2	1	1	2	1	2	2	1	2	1	1	2
16	2	2	1	2	1	1	2	2	1	1	2	1	2	2	1

Ⅲ. 난수표

12651	61646	11769	75109	86996	97669	25757	32535	07122	76763
81769	74436	02630	72310	45049	18029	07469	42341	98173	79260
36737	98863	77240	76251	00654	64688	09343	70278	67331	98729
82861	54371	76610	94934	72748	44124	05610	53750	95938	01485
21325	15732	24127	37431	09723	63529	73977	95218	96074	42138
74146	47887	62463	23045	41490	07954	22597	60012	98866	90959
90759	64410	54179	66075	61051	75385	51378	08360	95946	95547
55683	98078	02238	91540	21219	17720	87817	41750	95785	12563
79686	17969	76061	83748	55920	83612	41540	86492	06447	60568
70333	00201	86201	69716	78185	62154	77930	67663	29529	75116
14042	53536	07779	04175	41172	36473	42123	43929	50533	33437
59911	08256	06596	48416	69770	68797	56080	14223	59199	30162
62368	62623	62742	14891	39247	52242	98832	69533	91174	57979
57529	97751	54976	48957	74599	08759	78494	52785	68526	64618
15469	90574	78033	66885	13936	42117	71831	22961	94225	31816
18625	23674	53850	32827	81647	80820	00420	63555	74489	80141
74626	68394	88562	70745	23701	45630	65891	58220	35442	60414
11119	16519	27384	90199	79210	76965	99546	30323	31664	22845
41101	17336	48951	53674	17880	45260	08575	49321	36191	17095
32123	91576	84221	78902	82010	30847	62329	63898	23268	74283
26091	68409	69704	82267	14751	13151	93115	01437	56945	89661
67680	79790	48462	59278	44185	29616	76531	19589	83139	28454
15184	19260	14073	07026	25264	08388	27182	22557	61501	67481
58010	45039	57181	10238	36874	28546	37444	80824	63981	39942
56425	53996	86246	32623	78858	08143	60377	42925	42815	11159
82630	84066	13592	60642	17904	99718	63432	88642	37858	25431
14927	40909	23900	48761	44860	92467	31742	87142	03607	32059
23740	22505	07489	85986	74420	21744	97711	36648	35620	97949
32990	97446	03711	63824	07953	85965	87089	11687	92414	67257
05310	24058	91946	78437	34365	82469	12430	84754	19354	72745
21839	39937	27534	88913	49055	19218	47712	67677	51889	70926
08833	42579	93981	94051	28382	83725	72643	64233	97252	17133
58336	11139	47479	00931	91560	95372	97642	33856	54825	55680
62032	91144	75478	47431	52726	30289	42411	91886	51818	78292
45171	30557	53116	04118	58301	24375	65609	85810	18620	49198
91611	62656	60128	35609	63698	78356	50682	22505	01692	36291
55472	63819	86314	49174	93582	73604	78614	78849	23096	72825
18573	09729	74091	53994	10970	86557	65661	41854	26037	53296
60866	02955	90288	82136	83644	94455	06560	78029	98768	71296
45043	55608	82767	60890	74646	79485	13619	98868	40857	19415
17831	09737	79473	75945	28394	79334	70577	38048	03607	06932
40137	03981	07585	18128	11178	32601	27994	05641	22600	86064
77776	31343	14576	97706	16039	47517	43300	59080	80392	63189
69605	44104	40103	95635	05635	81673	68657	09559	23510	95875
19916	52934	26499	09821	97331	80993	61299	36979	73599	35055
02606	58552	07678	56619	65325	30705	99582	56690	46357	13244
65183	73160	87131	35530	47946	09854	18080	02321	05809	04893
10740	98914	44916	11322	89717	88189	30143	52687	19420	60061
98642	89822	71691	51573	83666	61642	46683	33761	47542	23551
60139	25601	93663	25547	02654	94829	48672	28736	84994	13071

참고문헌

- 김계수·김용철·박주영·장정근(2008), 「프로세스중심의 경영혁신」, 도서출판대경.
- 김기영 외(1999), 「품질경영」, 박영사.
- 김영한(1992), 「고객만족 혁명」, 도서출판 성림.
- 김진규(2004), 「신뢰성공학」, 한올출판사.
- 김호종(2007), 「실용트리즈의 창의성 과학」, 두양사.
- 김형순(1998), "서비스 회복전략에 관한 연구," 「사회과학연구」, 제18집.
- 문혜란·정상우(2004), 「6 시그마 정도관리」, 펴냄 홍.
- 박휘섭·김준철·박희경(2005), 「고객감동만들기」, 한국표준협회컨설팅.
- 송재근(2006), 「Q-COST & COPQ 관리시스템 구축 매뉴얼」, 한국표준협회컨설팅.
- 서비스경영연구회 편역, 「서비스경영」, 한경사, 2002.
- 원중호·김병태·최성룡(2004), 「현대품질경영」, 도서출판대경.
- 원융희·김상회(2003), 「서비스 경영철학」, 두남.
- 윤태홍 외(2009), 품질경영학회지. 37권 2호.
- 이정학(2001), 「서비스 경영」, 기문사.
- 이순룡(1999), 「품질경영론」, 법문사.
- 이학종(2003), 「경영혁신과 조직개발」, 법문사.
- 이재관·유한주, 「품질문화와 리더십」, 숭실대학교출판부, 2003.
- 임종만·윤천성·임은진·정미영(2008), 「서비스경영론」, 무역경영사.
- 홍석보·송병선·김창원·이내풍(1998), 「전략적 경영혁신 기법」, 학문사.
- A. V, Feigenbaum(1983), "Total Quality Control," 3rd ed., McGraw-Hill.
- A. Parasuraman, V. A. Zeithaml, and L. L. Berry.,(1988), "SERVQUAL: A Multiple-Item Scale for Measuring Consumer Perceptions of Service Quality," Journal of Retailing, 64(1), Spring.
- Feigenbaum, A. V.(1983), "Total Quality Control," 3rd ed., McGraw-Hill.
- Harrington, H. J.(1981), "Painting a Total Quality Cost Picture," Proceeding of 25th EOQC Conference, Vol. 2, June.
- Harrington, H. J.(1981), "Painting a Total Quality Cost Picture," Proceeding of

25th EOQC Conference, Vol. 2, June.

- Juran, J. M(1974), "Quality Control Handbook," 3th ed., McGraw-Hill.
- Kelly, S. W., K. D. Hoffman, and M. A. Davis.(1993), "A Typology of Retail Failures and Recovery", Journal of Retailing, Vol.69, no. 4.
- Pende, P. S. Neuman, R. P. Cavanagh, R. R.,(2002), "The Six Sigma Way".

찾아보기

영문색인

P

Q

R

S

T

W

X

국문색인

저자소개

김용철

- 건국대학교 상학사
- 인하대학교 경영학석사
- 세명대학교 경영박사
- 전) 한라중공업 기획실 근무
- 전) Halla Euro UK 법인 근무
- 현) 세명대학교 경영학과 겸임교수
- 현) (주)애플테크 연구소장

저서

- 경영정보시스템(공저)
- ERP 실무(공저)
- 서비스 시스템 운영관리(저서)
- 생산경영(공저)
- 경영혁신(저서)
- 원가절감기법(저서)
- 엑셀을 활용한 경영과학(공저)
- 미래가치 창출을 위한 경영혁신(편저)
- 서비스 기업경영(저서)

특허

- 과일꼭지건조방지 커버(실용신안)
- 상하진동볼이 부착된 밸트(실용신안)
- 높낮이를 조절할 수 있는 골프 티(실용신안)
- 사과를 이용한 주류제조방법(특허)
- 폐합성수지와 폐타이어를 이용한 보일러(실용신안)

e-Mail : yongtrad@naver.com

품질경영

2013년 09월 05일 초판 1쇄 인쇄
2013년 09월 10일 초판 1쇄 발행

저자 / 김용철
발행인 / 고우용
발행처 / 우용출판사
등록일 / 1997년 11월 25일
출판등록 / 제 313-1997-139호
주소 / 서울특별시 마포구 망원1동 338-53
전화번호 / 02)324-6577
팩시밀리 / 02)324-6177

정가 / 23,000원

ISBN / 978-89-6249-054-1